警察行政法

최신 판례와 실례를 체계적으로 쉽게 이해할 수 있도록 제시

경찰행정법

김영환 저

백산출판사

머리말

경찰행정법을 체계적으로 그리고 보다 쉽게 이해할 수 있어야 한다는 생각으로 수년 동안 경찰행정법을 연구하였으나 짧은 지식으로 인하여 책의 출판을 망설였다. 그동안 경찰행정법의 환경을 구성하는 입법과 판례 등이 끊임없이 쏟아져 나왔고, 학생들과 국민들의 법의식 및 경찰에 대한 법 감정에도 엄청난 변화가 있었다. 이에 더 늦출 수 없다고 판단하여 경찰행정법을 출판하기로 하였다.

이 책을 서술하면서 다음과 같은 사항을 염두에 두었다.

첫째, 경찰행정법을 처음으로 접하는 독자들을 위하여 기본개념을 충분히 이해할 수 있도록 많은 설명과 예를 제시하였다. 기본개념을 완전하게 파악하면 경찰행정법은 읽기 쉽고, 이해하기 쉬우며, 보다 오랫동안 기억할 수 있는 것이라는 저자의 믿음을 반영한 것이다.

둘째, 경찰행정법을 체계적으로 이해할 수 있도록 하기 위하여 체계도 또는 표 등을 작성하여 각주 또는 본문에 삽입하였으며, 보다 쉽게 이해할 수 있도록 판례와 실례를 많이 제시하였다. 경찰행정법이 어렵다고 생각하는 사람들에게 조금이라도 도움을 주기 위한 것으로서 유용한 자료가 될 것이라고 생각한다.

셋째, 2012년 6월 30일까지 제 · 개정된 법률을 반영하였다. 그동안 '경찰행정법'에 많은 개정이 있었지만 경찰질서벌에 관한 일반법인 「질서행위위반규제법」, 경찰상 조사에 관한 일반법인 「행정조사기본법」, 행정심판에 관한 일반법인 「행정심판법」 등 행정법으로서 중요한 법들이 제정 또는 개정되어 경찰행정법의 내용에 큰 영향을 주었다. 이를 적극적으로 반영하였다.

책을 출간하고 나면 항상 불충분하고 부족하다고 생각하게 되며 아쉬운 점이 남게 된다. 이에 대하여 독자들의 질책과 격려를 받아 완성도가 높은 책이 될 수 있도록 할 예정이다. 마지막으로 본서의 출간을 기꺼이 승낙해 준 백산출판사 진욱상 사장님과 김종욱 편집이사님을 비롯한 직원 여러분에게 감사드린다.

2012년 8월 31일

저자 씀

차 례

제1장 경찰행정법 서설

제2장 경찰조직법

제1장

경찰행정법 서설

제1절 경찰

제1항 경찰의 개념

I 경찰 개념의 유형

일반적으로 경찰이란 위험의 발생을 예방하거나 이미 발생한 장해를 제거하여 사회공공의 안녕과 질서를 보호하는 행정작용을 말한다.

이러한 경찰의 개념은 실질적 의미와 형식적 의미로 사용된다.[1] 실질적 경찰 개념은 국가작용의 성질(내용)과 목적을 기준으로 정립되며, 어떤 행정기관이 담당하는가의 문제는 논외로 한다. 이에 반하여 형식적 의미의 경찰 개념은 제도적 의미의

---

1) 학자에 따라서는 경찰의 개념의 유형을 실질적 의미, 조직적(제도적) 의미와 형식적 의미로 나누기도 한다(홍정선, 경찰행정법, 박영사, 2010, 10면; 손재영, 경찰법, 박영사, 2012, 30면 참조). 그러나 대부분의 학자들은 조직적 의미의 경찰을 형식적 의미의 경찰로 이해한다(박균성, 행정법론(하), 박영사, 2012, 30면; 하경미, 경찰학개론, 박영사, 2011, 11면).
조직적(제도적) 의미의 경찰은 어떤 행정청이 경찰행정청에 속하는가를 기준으로 정립하며, 행정조직법상 경찰이라고 하는 조직에 속하는 행정기관의 총체를 말한다. 따라서 조직적 의미의 경찰은 「정부조직법」과 경찰법령에서 그 범위가 정해진다. 「정부조직법」 제29조 제4항은 "치안에 관한 사무를 관장하기 위하여 행정안전부장관 소속으로 경찰청을 둔다"고 하고, 제5항에서는 "경찰청의 조직·직무범위 그 밖에 필요한 사항은 따로 법률로 정한다"고 규정하였다. 이에 따라 국가경찰의 조직에 관한 법으로서 「경찰법」이 제정되었고, 「경찰법」 제2조는 국가경찰의 조직을 규정하고 있다. 즉 제1항에서는 "치안에 관한 사무를 관장하게 하기 위하여 행정안전부장관 소속으로 경찰청을 둔다"고 하고, 제2항에서는 "경찰청의 사무를 지역적으로 분담하여 수행하게 하기 위하여 특별시장·광역시장 및 도지사 소속으로 지방경찰청을 두고, 지방경찰청장 소속으로 경찰서를 둔다"고 하였다. 이에 따르면 경찰청과 그 소속기관인 지방경찰청과 경찰서의 총체가 바로 조직적 의미의 경찰이 된다. 한편, 해양에서의 경찰 및 오염방제에 관한 사무를 관장하기 위하여 국토해양부장관 소속으로 해양경찰청을 설치하고 있다(「정부조직법」 제37조 제3항). 따라서 우리나라 경찰행정청은 행정안전부장관 소속의 경찰청과 국토해양부장관 소속의 해양경찰청으로 이원화되어 있다.
그리고 2006년 7월 1일 「제주특별자치도 설치 및 국제자유도시 조성을 위한 특별법」이 시행되어 제주특별자치도에 자치경찰이 설치되었기 때문에(제106조), 제주특별자치도의 자치경찰조직도 조직적 의미의 경찰의 한 부분이 되었다.

경찰이 수행하는 활동을 중심으로 이해한다.[2)]

1. 실질적 의미의 경찰 개념

실질적 의미의 경찰은 실제 담당하는 경찰행정기관의 소관사무와 관계없이, 국가작용의 내용과 성질을 기준으로 학문적으로 정립되는 개념이다. 이러한 의미에서 경찰은 직접 사회공공의 안녕과 질서에 대한 위험으로부터 개인이나 공중을 보호하거나, 이미 발생한 장해를 제거하는 것을 목적으로 하는 국가활동이다. 따라서 실질적 의미의 경찰개념은 소극성과 사회목적성을 기본 성격으로 삼고 있으며, 「경찰법」 제3조와 「경찰관직무집행법」 제2조에서 규정하고 있는 "공공의 안녕과 질서유지"라는 용어로 표현된다.

따라서 실질적 의미의 경찰은 조직적 의미의 경찰에 의해서만 수행되는 것이 아니고 다른 행정기관에 의해서도 수행될 수 있다.

2. 형식적 의미의 경찰 개념

형식적 의미의 경찰이란 그 작용의 특징이나 성질 여하를 불문하고, 실정법상 보통경찰기관의 권한에 속하는 모든 경찰작용을 말한다.

형식적 의미의 경찰은 실질적 의미의 경찰과 그 내용이 일치되지 않는다. 즉 보통

---

2) 형식적 의미의 경찰과 실질적 의미의 경찰을 비교하면 다음과 같다.

	개념	특징
형식적 의미 경찰	① 실정법상(「경찰법」이나 「경찰관직무집행법」 등) 보통경찰기관에 분배되어 있는 임무를 달성하기 위하여 행해지는 경찰활동 ② 일반경찰기관의 권한에 속하는 일체의 작용 ③ 정보경찰, 보안(대공)경찰, 수사경찰, 사법경찰, 서비스 활동 등 포함	① 조직 중심 ② 역사적·제도적 개념 ③ 국가의 환경에 따라 범위가 다소 다르다.
실질적 의미 경찰	① 직접적으로 사회공공의 안녕과 질서를 유지하기 위해 일반통치권에 의거하여 국민에게 명령·강제하는 권력 작용 ② 건축경찰, 위생경찰, 산림경찰, 도로경찰, 행정경찰, 예방경찰, 보안경찰, 자치경찰, 공물경찰 등 포함	① 작용 중심 ② 이론적·학문상 개념
양자의 관계	① 형식적 의미의 경찰과 실질적 의미의 경찰이 반드시 일치하는 것은 아니다. ② 사법경찰·정보경찰·보안(대공)경찰·수사경찰·경찰 서비스 활동은 형식적 의미의 경찰에는 포함되지만, 실질적 의미 경찰에는 포함되지 않는다. ③ 의원경찰과 법정경찰은 특별권력관계 내부질서유지를 위한 것으로 실질적 의미 경찰에 포함되지 않는다(의원경찰과 법정경찰은 형식적 의미의 경찰에도 포함되지 않음). ④ 건축경찰, 위생경찰, 영업경찰, 공물경찰 등은 경찰이 아닌 다른 행정기관의 소관 사항이므로 형식적 의미의 경찰에 포함되지 않지만, 실질적 의미 경찰에는 포함된다. ⑤ 실질적 의미의 경찰이면서 형식적 의미의 경찰인 것이 있다(불심검문, 생활안전경찰, 교통경찰, 경비경찰 등)	

경찰기관의 소관에 속하는 작용 중에는 성질상 경찰작용이라고 볼 수 없는 것이 있고, 일반행정기관의 권한 중에서도 실질적 의미의 경찰작용도 많이 있다. 실질적 의미의 경찰작용 중 어느 것을 보통경찰기관의 권한으로 할 것인가는 그 나라의 입법정책에 따라 달라진다. 국가에 따라서는 위험방지 뿐만 아니라 공공복리의 증진, 범죄의 수사활동 등이 포함되기도 한다.

우리나라의 국가경찰에 대하여, 「정부조직법」은 "치안에 관한 사무"를 경찰청의 사무로 규정하고 있고, 구체적인 내용은 「경찰법」 제3조(경찰의 임무)와 「경찰관직무집행법」 제2조(직무의 범위)에서 규정되어 있다. 즉 경찰법령이 제도적 의미의 경찰에 부여한 권한은 ㉠ 국민의 생명 · 신체 및 재산의 보호, ㉡ 범죄의 예방 · 진압 및 수사, ㉢ 경비 · 요인경호 및 대간첩작전수행, ㉣ 치안정보의 수집 · 작성 및 배포, ㉤ 교통의 단속과 위해의 방지, ㉥ 기타 공공의 안녕과 질서유지이다. 이것이 형식적 의미의 경찰 개념이다. 여기서 "기타 공공의 안녕과 질서유지"란 앞에 열거한 5개의 직무가 아닌 것으로서 제도적 의미의 경찰에 속하지 아니하는 다른 행정기관이 처리하는 공공의 인녕과 질서유지 사무에 속하지 않는 사무를 말한다.

이 중에서 사법경찰작용인 범죄의 예방 · 진압 및 수사, 비권력 작용인 치안성보의 수집, 군사사무인 대간첩작전수행은 위험방지사무가 아닌 사무이기 때문에 실질적 의미의 경찰 개념에 해당하지 않는다.

그리고 경찰은 교통정보의 제공, 인명구조, 어린이 교통안전교육 등과 같은 경찰서비스를 국민에게 제공하고 있는데, 이것은 기본적으로 위험으로부터 보호하기 위한 것이지, 적극적으로 국민의 권익을 향상 · 증대시키는 것이 아니기 때문에 복리작용이라고 할 수 없다.

한편, 「제주특별자치도 설치 및 국제자유도시 조성을 위한 특별법」 제108조에서는 제주특별자치도의 자치경찰사무로서 ㉠ 주민의 생활안전활동에 관한 사무(생활안전을 위한 순찰 및 시설 운영, 주민참여 방범활동의 지원 및 지도, 안전사고 및 재해재난 등으로부터의 주민보호, 아동 · 청소년 · 노인 · 여성 등 사회적 보호가 필요한 자에 대한 보호 및 가정 · 학교 폭력 등의 예방, 주민의 일상생활과 관련된 사회질서의 유지 및 그 위반행위의 지도 · 단속), ㉡ 지역교통활동에 관한 사무(교통안전 및 교통소통에 관한 사무, 교통법규위반 지도 · 단속, 주민참여 지역교통활동의 지원 및 지도), ㉢ 공공시설 및 지역행사장 등의 지역경비에 관한 사무, ㉣ 「사법경찰관리의 직무를 행할 자와 그 직무범위에 관한 법률」에서 자치경찰공무원의 직무로 규정하고 있는 사법경찰관리의 직무를 규정하고 있다.

Ⅱ 실질적 경찰 개념의 역사적 발전

실질적 의미의 경찰 개념은 역사적 발전과정의 산물이라고 할 수 있다. 역사적으로 경찰이라는 개념은 처음부터 고정된 내용을 갖고 있었던 것이 아니고, 시대와 국가의 상황에 따라 그 성질과 범위가 변하여 왔다. 일반적으로 경찰개념은 경찰국가에서 법치국가로의 발전과정이라고 할 수 있다.[3]

1. 고대 그리스 · 로마 시대

오늘날 경찰이라는 말은 Police(영어), Polizei(독일어)라는 단어로 사용되고 있는데, 이 용어는 그리스의 Politeia에서 유래한다. 이 말은 국가의 헌법, 국가 기능의 공동행사, 국가 기능의 공동작용을 의미하였다. 로마에서는 라틴어로 Politia라고 하였는데, 이 말도 국가의 헌법과 그것이 수행하는 일반적인 행정활동으로 이해되었다.

따라서 그리스 · 로마 시대의 경찰은 '국가 · 국헌(國憲) · 국가활동 전체'를 의미한다고 볼 수 있다.

2. 중세(15~17세기 초기)

15세기에서 17세기까지는 국가활동의 종류를 구분하지 교회행정 외의 국가작용을 경찰이라고 하였다.

이 시기에 프랑스에서는 경찰을 국가목적, 국가작용, '공동체의 질서정연한 상태' 또는 '공동체의 질서정연한 상태의 창설 · 유지를 위한 활동'으로 이해하였으며, 15세기 말에 이 개념이 독일에 계수되어 교회의 권한을 제외한 일체의 국가행정을 의미하게 되었다.

3) 서정범, 경찰개념의 역사적 발전에 관한 고찰, 중앙법학 제9집 제3호, 2007, 130면.

3. 절대주의적 경찰국가 시대(17~18세기)

1) 경찰국가

17~18세기 유럽에서는 국가권력이 정치 · 경제 · 사회 · 문화의 모든 면에서 전제적으로 행사되고, 국민의 자유와 권리가 법적 보장을 받지 못하는 절대군주국가가 성립되었다. 이 절대군주국가는 강력한 국가권력을 배경으로 경찰권의 내용을 확대 · 강화하였고, 중상주의를 취하여 국부의 증대를 꾀하였다. 이 당시에는 국가목적을 공공복지의 실현과 증대로 설정하였으므로 국가는 '신민의 지상행복을 위하여' 모든 국민의 생활을 무제한으로 간섭하였다. 이와 같이 공공의 복지를 추구한 절대주의국가를 복지국가 또는 경찰국가라 불렀으나, 이후 권력이 남용되는 타락한 상태를 지칭하는 것으로 그 의미가 변질되었다.

이 시기의 경찰은 경찰권 · 행정권을 포함한 군주에게 귀속된 절대적 지배권의 총체였다. 국민에 대한 경찰권의 발동에는 아무런 법적 제약도 없었으며, 경찰권의 발동이 부당하더라도 그에 대한 구제수단이 없었다.

결국, 경찰은 소극적 치안유지와 적극적 공공복리 증진을 포함하는 복리경찰의 개념이었으며, 경찰이 법적 재판적 통제를 받지 않아서, '만능의 대명사'로서 역할을 하였다. 시민은 경찰의 객체에 불과하고 경찰관료는 국왕의 절대적인 권력에 복종하고 헌신하고 국민과 대립되는 관계를 형성하였다.

2) 내무행정으로서 경찰

17세기에는 경찰과 행정의 분화되어 경찰 개념이 외무 · 재정 · 사법으로부터 분리 · 발전되었다. 특히 1648년 베스트팔렌조약에서는 사법을 경찰에서 분리하였다.

그리고 18세기에는 경찰을 '사회공공질서와 공공복리를 위해 행하는 내무행정'만으로 이해하여 경찰의 범위가 양적으로 축소되었다. 즉 경찰의 개념에는 위험방지뿐만 아니라 복지사무까지 포함되었다.

3) 프로이센 일반란트법과 경찰 개념

18세기 중엽에 계몽주의의 등장과 법치주의 및 권력분립 사상에 영향을 입어 시민의 주체성이 확립되고 유럽과 미국에서 시민혁명이 발생하였다. 이에 따라 국가의 기능도 경찰국가에서 야경국가 또는 소극국가로 변화되었다. 그래서 경찰의 임무도 복지에 관한 사항이 제외되고 소극적인 질서유지에 한정되었다. 특히 1770년 독일 괴팅엔(Göttingen) 대학의 요한 쉬테판 퓌터(Johann Stephan Pütter) 교수는 ≪독일의 공법제도≫에서 경찰의 직무는 임박한 위험을 방지하는 것이고, 복리의 증진은 경찰의 본래 직무가 아니라고 하였다.

이러한 사상은 경찰에 관한 최초의 실정법인 1794년 「프로이센 일반란트법(Das Allgemeine Landrecht für die Preußichen Staaten)」에 반영되었다. 이 법 제10조 제2항에서는 "경찰은 공공의 평온, 안전 및 질서를 유지하고, 공공 또는 그 구성원에게 발생하는 급박한 위험을 제거하기 위하여 필요한 작용이다"고 규정하였다. 그러나 그 후 프랑스 혁명의 이념에 대한 반동으로 이 규정은 실현되지 않았고 과거의 복지경찰로 회귀하였다.

그리고 프랑스에서도 소극적인 경찰 개념이 1795년 「프랑스 경범죄처벌법」에 반영되었다. 이 법 제18조에서는 "경찰은 공공의 질서 · 자유 · 재산 및 개인의 안전을 유지하기 위하여 설치된다"고 하여 근대법치국가적 경찰 개념을 명확히 하였다.

4. 근대 자유주의적 법치국가 시대(18~19세기)

19세기에 들면서 유럽에서는 시민혁명으로 인하여 시민적 자유를 보장하는 법치주의국가가 성립되었다. 법치주의가 실현되면서 경찰작용에도 법률에 의한 행정의 원리가 적용되었으며, 경찰법규도 정비되었다. 그리고 경찰작용에서 적극적인 복리증진작용은 제외되었고, 소극적인 위험방지작용을 중심으로 하는 경찰 개념이 그대로 유지되었다. 특히 1882년 5월 프로이센 고등경찰법원이 내린 크로이츠베르그 판결(Kreuzberg Urteil)은 「프로이센 일반란트법」을 구체화하면서 경찰의 권한을 소극적인 위험방지에 국한된다고 판시하였다.

그리고 당시 경찰 개념에는 그 임무를 수행하는 행정청을 불문하고 국가의 모든 위험방지작용을 포함하는 것으로 이해되었기 때문에, 경찰은 건축경찰, 어업경찰, 보건위생경찰, 시장경찰, 집회경찰 등으로 세분되었다.

소극적인 경찰 개념은 프랑스 1884년 「지방자치법」에 반영되었다. 이 법 제97조에서는 경찰은 공공의 질서 및 안전과 위생의 확보를 그 임무로 한다고 규정하였다.

한편 이 시기에 프랑스에서는 행정경찰과 사법경찰이 구분되었다.

5. 사회적 법치국가시대(20세기)

21세기 초에는 19세기의 소극적인 경찰 개념이 그대로 유지되었다. 특히 1931년 「프로이센 경찰법(Preußes Polizeiverwaltungsgesetz von 1931)」에서는 그러한 견해를 확고하게 규정하고 있었다. 이 법 제4조에서는 "경찰행정청은 현행법의 범위 내에서 의무에 합당한 재량에 따라 공공의 안녕과 질서에 대한 위험을 방지하기 위하여 필요한 처분을 행하여야 한다. 그 밖의 경찰행정청은 법률로써 특별히 자신에게 부여된 임무를 수행하여야 한다"고 규정하여 현대적 의미의 경찰 개념을 확립하였다.

그러나 1933년 이후 나치시대의 경찰은 독일민족공동체를 보호하기 위하여, 위험의 유무를 불문하고 모든 질서업무를 수행하였다. 그리고 정치경찰인 비밀국가경찰의 권한에는 어떠한 제한이나 통제도 할 수 없었는데, 이 비밀국가경찰은 국민의 자유와 권리의 주재자로서의 역할을 하였다. 이 경찰의 개념에는 공공복지행정이 포함되었다.

제2차 세계대전이 종결되고, 연합국이 경찰의 탈나치회, 탈군국주의화, 민주화, 분권화를 추구하게 되었고, 비경찰화[4]를 통하여 경찰 개념도 소극적인 목적에 한정되었다. 경찰은 통일적인 제복을 입은 경찰이라는 내용의 명제가 성립되었는데, 이러한 개념의 경찰은 일반시민이 평범하게 생각하는 경찰에 접근하고 있다.

1977년 독일의 「표준경찰법」에는 이러한 소극적인 경찰 개념을 반영하였다. 이 법 제8조에서는 "경찰은 공공의 안녕과 질서에 대한 위험을 방지하기 위하여 필요한 조치를 취할 수 있다"고 하여 경찰작용을 질서유지작용에 제한하였다.

그러나 이러한 경찰소극론에 맞서 현대행정의 발전과 경찰행정과 복리행정의 유기적 관계를 강조하여 공공복리의 증진이라는 적극적 목적을 가진 권력작용을 경찰 개념에 포함시켜야 한다는 경찰적극론이 탄생하고 있다. 그러나 경찰과 복리는 서로 성격을 달리하고 그에 적용되는 법의 원칙이 다르므로, 경찰은 여전히 소극적 질서유지작용에 한정된다(통설)고 본다. 다만, 복리작용에 수반하는 질서유지작용은 관장기관이 다르지만 적용법원리가 동일하므로 경찰 개념에 포함될 수 있다.

4) 독일은 제2차 세계대전 이후 영업경찰, 건축경찰, 보건경찰 등 협의의 행정경찰사무를 다른 행정관청에 이관하게 되는데 이를 비경찰화 또는 탈경찰화라 한다. 그러나 보안경찰은 여기서 제외된다.

Ⅲ 실질적 의미의 경찰 개념의 분석

오늘날 학문적으로 경찰행정법학에서는 실질적 의미의 경찰 개념을 연구의 대상으로 하고 있다. 실질적 의미의 경찰 개념은 실제 경찰행정기관의 소관사무와 관계없이 행정작용의 성질을 기준으로 학문적으로 정립되는 개념이다. 이러한 의미에서 경찰은 직접 사회공공의 안녕 · 질서의 유지를 위하여 일반통치권에 근거하여 국민에게 명령 · 강제하는 권력적 작용으로서 경찰작용을 말한다.5) 이것은 보안경찰을 의미한다. 따라서 경찰의 개념은 목적의 소극성, 수단의 강제성, 권력적 기초로서 일반통치권을 요소로 하고 있다.6)

1. 경찰의 목적

경찰은 직접 사회공공의 안녕과 질서를 유지하고 그 위해를 예방 · 제거하는 것을 목적으로 한다.

1) 경찰목적의 분석

(1) 공공의 안녕

사회공공의 안녕이란 일반적으로 객관적 법질서, 즉 국가법 질서, 국가와 국가기관의 존속과 그 기능, 개인의 주관적 권리와 법익의 완전성과 불가침성을 의미한다. 따라서 사회공공의 안녕이라는 개념은 집단적 법익(공동체 법익)과 개인적 법익이 침해되지 아니한 상태를 말한다.

① 집단적 법익

집단적 법익은 국가 및 국가기관의 존립 · 기능의 보장과 법질서의 보호 · 유지 등을 말한다.

---

5) 김도창, 일반행정법론(하), 청운사, 1993, 288-290면; 하경미, 전게서, 11-12면.

6) 그러나 새로운 견해는 실질적 의미의 경찰 개념을 "공공의 안녕과 공공의 질서를 위협하는 위험으로부터 개인이나 공중을 보호하거나, 공공의 안녕과 공공의 질서에 대한 장해(교란)의 제거를 통하여 피해(가치감소)의 방지를 목적으로 하는 국가적 활동(국가작용)"으로 이해하고, 공공의 안녕, 공공의 질서, 위험, 장해, 피해를 기본개념으로 주장하고 있다. 홍정선, 전게서, 15-31면 참조.

국가 및 국가기관의 존립과 기능보장이란 국회 · 정부 · 법원과 지방자치단체 및 그 소속 기관이 질서에 적합한 활동에 대한 위법한 방해로부터 보호받는 것을 말한다. 그러나 이러한 기관들이 스스로 자신의 기능수행의 방해를 방지하기 위하여 행하는 가택권과 질서권 등의 권한행사는 경찰에 해당하지 않는다.[7]

여기서의 법질서의 개념 속에는 모든 성문법규가 포함되지만 행정규칙은 포함되지 아니한다. 그리고 이 법질서는 형법이나 경찰법규 등과 같은 공법질서를 말하기 때문에 민사작용에 의하여 보호되는 사법질서는 포함되지 아니한다.

그리고 범죄행위 및 질서위반행위의 방지는 공공의 안녕에 속하기 때문에 경찰은 이에 대하여 권한을 행사할 수 있다. 범죄행위의 예방은 위험방지임무의 영역에 속하여 경찰 개념에 포함되지만, 범죄수사는 이미 공공의 안녕을 파괴한 행위의 조사에 해당하여 형사작용에 속한다.

② 개인적 법익

개인적 법익에는 물질적인 것과 정신적인 것이 모두 포함되어, 사회생활을 영위하는 개인의 생명, 신체, 건강, 재산, 명예 등을 말한다.

그러나 개인적 법익은 공익과 관련된 범위 내에서만 경찰의 보호를 받을 수 있고, 사익만을 보호하는 경우는 경찰의 개입이 인정되지 아니한다. 일반적으로 개인의 생명, 신체, 건강, 자유 등은 공익성을 가지지만 재산은 공익성이 부정된다. 개인이 공중의 대표자로서 행동하는 경우 공익과 관련있는 것으로 보며, 불특정다수인의 개인적 법익도 공익관련성이 인정된다. 그러나 스스로 자신의 이익을 침해하는 행위는 제3자나 공중에게 위험을 가하는 경우가 아니면 공익관련성이 부정된다(정신착란자 또는 만취자 보호).

그리고 사권은 일차적으로 민사법원에 의해 보호되므로, 경찰의 보호없이 사권실

7) 가택권은 공공기관이 그 행정활동과정을 보장하기 위해 공공기관의 건물에 출입하고 그 안에 체재하는 것을 결정하는 권한이다. 이것은 공물주체의 권한이다. 그리고 질서권은 공공시설을 방해 없이 이용하고 공적 행위를 방해 없이 행할 수 있도록 하기 위한 것으로서 영조물권력의 한 부분이며, 시설책임자의 운영권에 속한다. 질서권은 출입권한이 있거나 출입허가를 받았거나 사실상 출입권한을 가진 이용자나 참여자에게만 문제된다. 일반적으로 공공기관이나 그 책임자가 가지고 있는 질서권은 경찰권행사로 인정되지 않는다. 따라서 행정기관이 자신을 위협하는 위험의 방지를 위하여 스스로 경찰법에 근거하여 경찰권을 행사할 수 없다.

현이 불가능하거나 매우 곤란한 경우에 예외적으로 경찰의 개입이 인정되고, 그것도 일시적으로만 인정되므로(실력으로 영화관에 무료입장하려는 자의 단속 등) 경찰에 의한 사권보호는 보충적인 것에 지나지 않는다.

(2) 공공의 질서

① 공공의 질서의 개념

공공의 질서라 함은 일반사회생활이 정상적으로 행하여지는 상태를 말한다. 독일의 통설과 판례에 의하면 그 당시 사회의 지배적인 사회관·윤리관에 기초하여 개인의 건전하고 정상적인 공동생활을 위하여 필요불가결한 요건이 되는 모든 규범의 총체를 말한다. 즉 사회의 다수의 가치관에 근거하고 있는 것으로서 공공의 안녕에 의해 보장되는 법규범을 제외한 모든 불문의 사회규범이다. 공동체의 가치상황을 나타내는 관습과 도덕을 의미한다. 따라서 공공의 질서는 공공의 안녕에 대한 보충적인 개념이다.

공공의 질서는 법적으로 인정되고 보호되는 것이므로 헌법과 법률에 위반되는 가치는 그 내용이 될 수 없다. 따라서 공공의 질서의 판단기준은 헌법이다. 헌법상 기본권의 범위 내에서 행하는 행위는 공공의 질서에 문제를 제기하지 않는다.

② 공공의 질서의 구체적 사례

공공의 질서 개념과 관련된 사례로 고찰의 가치가 있는 것은 자살, 동성애, 동거, 옷을 입지 않는 행위 등을 들 수 있다.

첫째, 자살은 최상위의 법익 침해이며, 공공의 질서에 대한 침해이므로 그 방지가 경찰의 임무가 된다.

둘째, 성적 문제는 인간생활의 기본기능이므로 동성애가 공공의 질서에 대한 침해라고 단언할 수는 없다. 다만, 동성애를 인정하는 국가에서도 미성년자의 동성애는 금지하고 있다.

셋째, 헌법상 혼인제도와 가족제도가 보장되고 있지만 강제적인 것이 아니기 때문에 성년자 사이의 이성간의 동거는 공공의 질서에 대한 침해라고 할 수 없다. 미혼성년자간의 성적 관계의 자유도 헌법 제10조의 내용이라고 할 수 있으므로 공공의 질서에 대한 침해라고 볼 수 없다.

넷째, 전통적으로 이해하면 사람은 도로상에서 옷을 입고 지내기 때문에 스트리킹(streaking)은 공공의 질서에 대한 침해행위이다. 해수욕장이나 수영장에서 남성이 상의를 입지 않는 것은 공공의 질서와 관련이 없으나, 여성이 상의를 입지 않은 경우 남성과 마찬가지로 공공의 질서에 반하는 행위가 되지 않을 수 있으나, 「경범죄처벌법」 제1조 제41호(과다노출)에 해당되어 경찰이 개입할 수 있다.

다섯째, 노약자를 조롱하는 행위, 종교행사에 참여하는 자에 대한 조롱행위, 스트립 쇼 등은 공공의 질서에 대한 침해행위로서 경찰이 개입할 수 있다.

(3) 위해의 예방과 제거

① 위해의 개념

위해란 사회공동생활의 평온 · 건전한 상태를 교란하는 원인이 되는 인위적 자연적 질서 위반의 상태를 말하며, 위험과 장애를 포함한다.[8)]

② 위험

위험이란 현재의 상황을 방치하면 멀지 아니하는 시점에 공공의 안녕과 질서에 피해를 가져 올 개연성이 충분히 있는 상황으로서 예방조치로서 방지할 수 있는 것이다.

위험의 존부는 피해의 발생과 관련이 있으며, 피해발생의 개연성이 있으면 족하다. 개연성은 확실성과 가능성 사이에 존재하며, 구체적으로는 법령에서 규정한 위험의 내용에 따라 다르다.[9)]

위험은 구체적 위험과 추상적 위험으로 나누지만 원칙적으로 경찰은 구체적 위험에만 개입할 수 있다. 구체적 위험이란 개별적 구체적인 사실관계에서 나오는 위험으로서 현재의 상태에서 아무런 방해없이 진행된다면 가까운 미래에 공공의 안녕과

---

8) 사람의 건강과 보건을 해치는 비위생상태의 발생, 교통의 혼란과 위험상태의 발생, 인명 또는 신체에 대한 위해의 발생, 가옥이나 토지에 대한 침해 등을 들 수 있다.

9) 법령에서는 급박한 위험(피해발생에 개연성이 강하게 요구되는 경우), 중대한 위험(국가의 존엄, 개인의 생명 등 중요한 법익에 위험이 있는 경우), 현재의 위험(위험이 현실화되고 있거나 현실화되려는 경우), 공동의 위험(피해가 불특정 다수인과 관련되는 경우), 직접 존재하는 위험(피해발생의 개연성이 아니라 확실성으로 판단될 수 있는 경우), 생명 · 신체에 대한 위험 등으로 표현되고 있다.

질서에 손해가 발생할 개연성이 충분히 있는 사실상태를 말한다. 구체적 위험의 판단 시점은 경찰처분을 할 때이고, 판단기준은 객관적이어야 한다.

예외적으로 개인의 권리를 침해하지 아니하는 경찰작용은 추상적 위험의 존재만으로도 발동될 수 있다. 추상적 위험이란 추상적 · 일반적 사실관계에서 추론될 수 있는 위험이다. 추상적 위험에 대해서는 경찰상 개별처분은 불가능하고 법규명령으로 발령될 수 있다.[10)]

③ 장해(교란)

장해란 예견된 위험이 현실화되어 피해가 발생하여 보호법익의 가치가 직접적 객관적으로 감소되고 있는 상태로서 진압조치로 제거할 수 있다. 그러나 장해제거를 위하여 사용하는 처분은 진압적이면서 동시에 예방적이라고 할 수 있다. 예를 들면 형법위반행위가 장해를 가져온다면 경찰은 범죄수사를 할 수도 있고, 위험방지를 위하여 개입할 수도 있다.

(4) 피해

피해란 보호법익의 감소를 말한다. 즉 사실상 존재하는 생활상 이익이 비정상적이고 외부적인 영향에 의하여 중대하게 침해되는 것을 말한다. 따라서 이익이나 가치의 증대를 위하여 경찰이 개입할 수 없다. 법익의 감소는 현재적이어야 하고, 소극적인 감소(기대이익의 감소)는 포함되지 아니한다.

피해는 단순한 불이익, 부담, 불편 등과 구별이 된다. 정도, 시간과 장소에 따라 피해와 구별된다.[11)]

법익의 감소는 다른 사람 또는 자연(해일, 홍수, 눈사태, 번개에 의한 화재 등)과 같은 외부에 의하여 발생되어야 한다. 물건의 속성이나 자연적 성질에 의한 발생(음식의 부패)은 위험과 관계가 없다. 그러나 그것이 다른 법익을 침해하는 경우(부패된 식품

---

10) 그 예로서 특정범죄자에 대한 정보수집을 들 수 있다.

11) 주간에는 단순한 소음이라고 할지라도 취침이 필요한 야간에는 타인의 법익(수면, 건강, 평온)을 침해할 수 있다. 그리고 공동생활에서 아주 빈번하게 누구나 겪는 단순한 불이익이나 부담은 피해에 해당되지 않는다. 또한 특별한 경우에만 발생하는 불이익(민감한 성격의 소유자에게만 발생하는 불이익)은 피해에 해당하지 않는다.

판매로 건강 훼손) 피해에 해당하여 경찰이 개입할 수 있다.

2) 경찰의 소극목적성

실질적 의미의 경찰은 사회공공의 안녕 · 질서의 유지 및 그 위해의 예방 · 제거를 목적으로 발동되는 소극적인 작용이다. 즉 경찰은 건전한 사회상태의 교란원인이 되는 인위적 자연적 위해를 예방 · 제거하는 작용이다. 따라서 적극적으로 사회공공의 복리를 증진시키기 위하여 발동될 수 없다.

이는 경찰권의 자의적인 행사를 억제하고 그 남용을 방지하기 위한 것이다. 경찰은 국민의 자유를 제한하는 강제적인 권력작용이기 때문에 이에 대하여 엄격한 제한이 요구된다. 그러나 경찰권의 발동대상인 사회공공의 안녕 · 질서에 대한 위해를 모두 예견하는 것이 불가능하다. 이 때문에 법률은 경찰권의 근거를 개괄적인 수권규정으로 정하는데 그치고 경찰기관에게 광범한 재량을 부여하고 있다. 그러므로 경찰권의 자의적인 행사를 억제하고 국민의 자유를 보호하기 위하여 이 재량의 남용을 방지하는 것이 선결과제가 된다. 경찰목적을 소극적으로 한정하는 것은 재량권의 한계를 획정한다는 의미를 가진다.

3) 경찰의 사회목적성

경찰은 직접 사회공공의 안녕 · 질서를 유지하는 작용으로서 사회목적적 작용이다. 사회공공의 안녕 · 질서의 유지란 사회통념상 인정될 수 있는 사회공동생활의 질서가 보존되어 사회가 평온 · 건전한 상태를 유지하는 것을 말한다.

(1) 국가목적작용과 구별

경찰은 사회공공의 안녕 · 질서유지라는 사회목적작용인 반면에, 국가목적작용은 국가 그 자체의 존립과 활동을 직접 목적으로 하는 작용이다(조직, 외교, 군사, 재정 등). 국가목적작용이 비록 개인에게 명령 · 강제권을 행사하더라도(밀입국단속, 밀수단속, 군항기지 내 항공 및 측량 금지 등) 그것은 목적에 있어서 경찰과 구별된다. 즉 관세경찰, 재정경찰, 군사경찰은 재정권 또는 군정권의 작용에 부수된 것이지 실질적 의미의 경찰이 아니다.

(2) 복리행정작용과 구별

경찰과 복리행정작용은 모두 사회목적작용인 점에서 동일하다. 그러나 경찰은 소극적 질서유지를 목적으로 하는 작용이므로 현상의 적극적 개선(공공복리의 증진)을 목적으로 하는 복리작용(국토개발행정, 환경보전행정, 경제규제행정 등)과 구별된다.

(3) 급부행정작용과 구별

경찰은 권력적인 작용이라는 점에서 상수도의 유지·경영 또는 국립의료원의 유지·경영 등과 같은 비권력적 관리작용인 급부행정작용과 구별된다.

(4) 사법작용(司法作用)과 구별

사법작용은 직접 법질서 유지를 목적으로 하고 있는 점에서 경찰과 구별된다.

첫째, 경찰은 민사사법작용과 구별된다. 경찰은 사회질서유지를 기본적 목적으로 하는 사회목적작용이며, 경찰공공의 원칙이 적용되어 사인 상호간의 법률관계에 경찰이 원칙적으로 관여할 수 없다. 민사사법작용은 사인 사이의 법률관계에 관한 법적 질서를 유지·보호하는 것이 직접 목적으로 하는 법목적 작용으로서 사인상호간의 법적 분쟁을 해결한다는 점에서 경찰과 구별된다.

민사사법작용으로 인하여 법질서가 유지됨으로써 결국 공공질서가 유지되기도 하지만, 양자의 직접적 목적이 다르다. 민사사법작용은 오로지 개인 상호간의 법률관계를 직접 규율하는 것을 목적으로 하여 그 위반한 행위가 법률상 유효하게 성립하지 못하도록 무효로 취급하나, 사실상의 행위를 직접 금지하는 것은 아니다. 그러나 경찰은 사회공공의 질서와 안녕이라는 사실적 상태를 유지함을 직접적인 목적으로 하고 공공의 질서를 교란하는 유해행위를 금지할 뿐이고 법률관계의 유효한 성립에는 관여하지 아니한다.

둘째, 경찰은 형사사법작용과 구별된다. 형사사법작용은 이미 실행된 과거의 범죄에 대한 제재로서 형벌을 과하는 것을 직접목적으로 하는 형벌목적작용이고, 경찰은 장래를 향하여 사회질서의 유지를 목적으로 하는 사회목적작용이라는 점에서 구별된다. 그러나 형사사법작용과 경찰은 밀접한 관련성을 가진다. 먼저, 경찰의무 위반자에게 대하여 법규가 벌칙으로 형벌을 부과하는 경우가 있는데 이것은 형사사법작용이고 경찰은 아니다. 이 작용은 경찰의무이행을 담보하기 위한 하나의 보조수단에 불과하다. 그리고 범인을 체포 · 수사하는 사법경찰은 광의의 사법작용으로 경찰권과 구별되나, 우리나라에서는 행정경찰이 이를 수행하고 있다. 이것은 능률성을 위하여 사회질서를 유지하는 기관이 이를 아울러 행사하는 것에 불과하다.

2. 경찰의 수단

1) 권력적 수단

경찰은 권력으로써 개인에게 명령 · 강제하여 그 자연적 자유를 제한하는 행정작용이다. 경찰 외의 행정작용 중에서 권력을 수단으로 하는 경우도 있으나(경제규제, 공용부담, 조세, 군정작용 등) 경찰은 권력적 수단을 주된 요소로 한다.

경찰수단은 본질적으로 권력작용이지만 예외도 있다. 행정수요에 적절하게 대응하기 위하여 준법률행위적 행정행위[12]나 행정지도 등 비권력적인 수단[13]을 사용하는 경우가 있다. 특히 현대국가에서는 예방경찰을 강조하고 있으며, 예방경찰의 수단으로 경찰조사를 많이 활용하고 있는데, 국민의 인권보호를 위하여 비권력적 경찰조사를 강조하고 있다.

2) 자연적 자유의 제약

경찰은 사람의 자연적 자유를 제약하는 작용이다. 따라서 직접 법률상의 능력 또는 권리를 형성 · 변경 · 소멸시키거나 법률상의 효과를 제한하는 형성적 행위와 구별된다.

형성적 행위는 법률적 능력을 대상으로 하며, 자연적 자유의 제한과 관계가 없고, 법률에서 규정하고 있는 유효요건을 구비하지 못한 경우 무효로 하지만 특별규정이 없으면 처벌하지 않는다. 그러나 경찰은 개인의 사실상 자유를 대상하며, 자연적 자유를 제한하거나 제한을 해제하여 사실상 필요한 일정한 상태를 실현시킨다. 그리

12) 행정수요에 적절하게 대응하기 위하여 준법률행위적 행정행위를 사용하는 경우가 있다. 예를 들면 경찰허가를 위하여 일정한 시험을 보고 합격자 결정하는 경우(확인), 경찰허가를 하는 경우 면허증을 교부하거나(공증), 경찰의무이행을 최고하고 대집행 계고를 하는 경우(통지) 등이 있다.

13) 경찰기관이 때로는 주의 · 권고 · 조언 · 지도 · 검문 · 물건의 임의제출 등 임의적 비권력적 행정수단을 사용한다. 고압가스취급자에 대한 교육(행정지도) 등을 들 수 있다.

고 경찰의무를 위반한 경우 처벌을 하나 행위의 효력에는 영향을 주지 않는다.

3. 권력의 기초

1) 일반통치권

국가경찰은 국가의 일반통치권에 근거를 두고서 직접 공공의 안녕과 질서를 유지하기 위하여 국민에게 명령 · 강제하는 권력으로서 국가통치권의 일부이다.[14] 따라서 국가경찰권은 국가에 귀속되며, 지방자치단체에 귀속되지 아니한다. 지방자치단체가 행하는 자치경찰도 그 권력은 일반통치권에서 유래하며 일반적으로 국가로부터 유래된 것이다.

경찰은 일반통치권에 기초를 두고 있으므로 특별권력관계에 있어서 특별권력에 의한 명령 · 강제하는 작용(법정경찰, 의원경찰, 군사경찰 등)은 일정한 조직의 내부질서 유지를 위한 작용이지 경찰이 아니다.

2) 국가와 지방자치단체

국가와 지방자치단체가 경찰권의 대상이 되는가? 사회공공의 안녕 · 질서의 유지를 위하여 필요하다고 인정하는 경우 원칙적으로 국가 · 공공단체도 경찰권의 대상이 된다. 예를 들면 국가가 소유하는 건물이 노후하여 위험을 조성하는 경우 또는 군대의 기동연습이 타인에게 위해를 가하는 경우이다.

그러나 경찰권은 다른 행정기관 또는 행정주체의 공적 책무수행에 개입할 수 없으므로 당해 활동이 사법적 활동인 경우에 한하여 발동이 허용되고 그 공적 책무의 수행을 저해하지 않아야 한다. 현실적으로 국가 또는 공공단체가 경찰의무를 위반한 경우 제재로써 벌칙을 부과한다면 국가나 공공단체에는 적용할 수 없고 행위자인 공무원이 처벌받는데 그친다.

---

14) "일반통치권이 국민으로부터 나오는 권력이 아닐 수 없는 바, 일반통치권에 근거를 두지 아니한 국가작용이나 지방자치단체의 작용은 예상할 수 없다"고 주장하면서 경찰은 일반통치권에 기초를 둔 작용이라는 전통적인 경찰 개념 요소에 반대하는 견해도 있다. 홍정선, 전게서, 30면 참조.

제2항 경찰의 종류15)

Ⅰ 사법경찰과 행정경찰

경찰의 직접적인 목적을 기준으로 구별하는 것이다. 이 분류는 삼권분립사상에 투철하였던 프랑스에서 확립되어 대륙법계 국가에서 일반화되어 있다. 영미법계와 우리나라에서는 이러한 구별이 없다. 우리나라에서는 보통경찰기관이 사법경찰과 행정경찰 중 보안경찰 사무를 모두 담당하고 있다.

1. 사법경찰

사법경찰은 범죄를 수사하고 범인을 체포하는 경찰작용으로서 형사사법작용의 일부이다. 이는 형벌권의 작용으로서 「형사소송법」의 적용을 받으며 검사의 지휘를 받아 보통경찰기관이 수행한다. 최종적으로는 검찰총장이 책임자이다.

「형사소송법」 제196조에 의하면 수사관, 경무관, 총경, 경정, 경감, 경위는 사법경찰관으로서 검사의 지휘를 받아 수사를 하여야 하고, 경사, 경장, 순경은 사법경찰리로서 검사 또는 사법경찰관의 지휘를 받아 수사를 보조하도록 함으로써 경찰의 수사권에 한계를 두고 있다.

우리나라에서 사법경찰은 형식적 의미의 경찰에 속하지만 실질적 의미의 경찰이 아니다. 사법경찰의 업무가 사회공공의 안녕과 질서를 유지하는 기관에 담당시키는

15) 경찰의 종류를 개괄하면 다음과 같다.

기준	분류	내용	비고
3권분립 사상	행정경찰	공공질서유지, 범죄예방, 경찰법규 적용	실질적 의미의 경찰
	사법경찰	형사사법권 보조, 형사소송법 적용	형식적 의미의 경찰
경찰권 발동 시점	예방경찰	위해발생 방지	
	진압경찰	발생된 위해의 진압, 발생된 범죄 수사 및 체포	
업무의 독자성	보안경찰	다른 행정영역에 독립된 경찰작용	교통경찰, 풍속경찰
	협의의 행정경찰	다른 행정영역에 관련된 경찰작용	위생경찰, 산업경찰
권한의 책임·소재	국가경찰	국가가 설립·관리	
	자치체경찰	자방자치단체가 설립·관리	
위해정도·담당기관	평시경찰	평상시, 일반경찰법규 적용, 보통경찰기관이 행사	
	비상경찰	국가비상시 병력이 일반치안 담당	
경찰의 질·내용	질서경찰	강제력을 수단으로 법집행	범죄수사, 즉시강제
	봉사경찰	비권력적 수단으로 직무 수행	생활안전지도, 청소년 지도, 교통정보제공

것이 편리하기 때문에 보통경찰기관에 위탁되어 있는데 불과하기 때문이다.

2. 행정경찰

행정경찰은 본래적 의미의 경찰을 말하는 바, 사회공공의 안녕과 질서를 유지하는 행정작용을 말한다. 이는 실질적 의미의 경찰 개념에 속한다. 그리고 여기에는 경찰법규가 적용된다.

행정경찰은 보안경찰과 협의의 행정경찰로 구분된다. 그러나 2차 세계대전 후 연합국이 독일, 일본, 우리나라의 경찰사무에 대하여 소위 탈경찰화(entopolizeilichung) 작업을 하여 협의의 경찰행정사무가 다른 행정관청의 분장사무로 정리되었다.

1) 보안경찰

보안경찰(일반경찰)은 보통경찰기관의 소관사무와 같이 사회공공의 안녕과 질서의 유지를 위하여 다른 행정작용에 부수되지 아니하고 오직 독립하여 수행하는 경찰작용이다. 교통경찰, 정보경찰, 외사경찰, 경비경찰, 방범경찰, 풍속경찰, 해양경찰, 소방경찰, 집회 · 결사 · 대중운동에 관한 경찰, 언론 · 출판에 관한 경찰, 고물상 · 전당포 · 위험물 단속 등이 그것이다.

현재 보안경찰은 보통경찰기관이 담당하고 있고, 경찰청장이 책임자이며 「경찰관직무집행법」 등 경찰법규가 적용된다. 일반적으로 경찰이란 보안경찰을 말한다.

2) 협의의 행정경찰

협의의 행정경찰(특별경찰)은 다른 행정작용에 부수되어 거기에서 발생할 수 있는 사회공공의 안녕과 질서에 대한 위험을 방지하기 위해서 행하여지는 경찰작용이다. 대부분 적극적 행정목적을 위하여 행하여지는 행정작용의 부수적 수단으로 행하여진다. 위생경찰, 어업경찰, 경제경찰, 건축경찰, 한경경찰, 문화경찰, 철도경찰, 관세경찰, 산업경찰, 공물경찰 등이 그 예이다.

이러한 경찰은 적극적 목적을 가진 규제작용 내지 급부작용에 융화되어 있고, 독립적인 행정작용으로 인정되지 아니한다. 협의의 행정경찰은 주무부처의 장의 책임하에 수행되며, 실질적 의미의 경찰작용에 속한다.

Ⅱ 국가경찰과 자치경찰

경찰행정의 직권(조직 · 인사 · 경비부담 등)이 누구에게 있는가를 기준으로 하는 분류이다.

국가경찰의 경우 경찰유지의 책임과 권한이 국가에 있고, 자치경찰의 경우 지방자치단체에 있다.16) 우리나라 「경찰법」은 행정안전부장관 소속 하에 국가경찰을 담당하는 경찰청을 두고, 특별시 · 광역시 · 도지사 소속 하에 지방경찰청을 두고 있다. 지방경찰청도 경찰청장의 지휘 · 감독을 받기 때문에 국가경찰의 일부이다.

한편, 「제주특별자치도 설치 및 국제자유도시 조성을 위한 특별법」에 의하면 제주특별자치도지사 소속 하에 자치경찰을 둔다. 자치경찰사무를 처리하기 위하여 제주자치도에 자치경찰단을 설치하며(제106조), 자치경찰단장은 도지사가 임명하고, 도지사의 지휘 · 감독을 받는다(제107조).

자치경찰사무를 처리함에 있어서 국가경찰과 자치경찰 간의 사무분담 및 사무수행방법은 도지사와 제주자치도 지방경찰청장이 협약으로 정하고 이를 공표하여야 한다(제110조 제1항). 국가경찰과 자치경찰은 치안행정의 연계성을 확보하고 지역특

16) 국가경찰과 자치체 경찰을 비교하면 다음과 같다.

구분	국가경찰제도	자치경찰제도
의의	• 경찰의 조직 · 관리에 관한 모든 권한을 중앙정부인 국가가 장악한다.	• 경찰의 조직 · 관리에 관한 권한이 지방자치단체에 분산되어 있다.
특징	• 경찰조직 : 중앙집권적 관료적인 국가경찰제도로서 단일화된 명령체제(프랑스, 한국) • 경찰사명 : 일반공안의 유지에 국한하지 않고 복지증진상의 질서유지를 위한 권력작용도 포함한다(한국은 공공의 안녕과 질서유지와 사법경찰인 범죄수사에 국한). • 경찰수단 : 권력적 명령 · 강제 강조, 개인에 대한 명령 · 강제가 주된 수단임	• 경찰조직 : 지방분권적 민주적 조직 체계(영국, 미국) • 경찰사명 : 엄격히 공공의 안녕과 질시유지에 국한(협의의 행정경찰)하며, 범죄의 예방과 수사 등 사법경찰 사무만 담당 • 경찰수단 : 개인적 이익, 사회적 안전 보호에 치중하기 때문에 권력적 명령 · 강제보다 서비스 등 비권력적 수단 강조
장점	• 국가권력을 배경으로 강력한 기능과 집행력 발휘 • 통일적인 지휘체계 하에 있어 명령계통의 일원성이 유지되고 협조와 조정 원활 • 기동성 능률성 확보 • 타 행정부분과 밀접한 협조와 조정 원활 • 전국적인 통계자료의 정확성 확보	• 각 지방의 특성에 적합한 경찰행정 운영 가능 • 인권보장과 민주성, 정치적 중립성이 보장되어 주민들 지지 • 지방별 독립된 조직이므로 조직 · 운영의 개혁 용이
단점	• 국민으로부터 신뢰 상실 및 관료화 우려 • 중립성 상실 및 특정정책 수행에 이용되어 본연의 임무 소홀 우려 • 각 지방의 특수성 창의성 저해	• 기능과 집행력 약화 • 전국적 기동력에 부적합하고 조직체계의 무질서 가능성 있음 • 전국적 광역적 통일적 경찰활동에 부적합 • 전국적 협조와 조정 곤란, 타 경찰기관과의 협조 응원체제 곤란 • 통계자료의 부정확성 • 지방세력이 간섭하여 정실에 흐르기 쉬움

성에 맞는 치안서비스를 제공하기 위하여 자치경찰사무의 범위 안에서 필요한 정보와 기술을 제공하는 등 상호 협조하여야 한다(제119조 제1항).

Ⅲ 평시경찰과 비상경찰

경찰기관에 의한 분류이다. 일반경찰기관이 일반경찰법규에 따라 행하는 경찰작용을 평시경찰이라 하고, 대규모 사회적 혼란이나 소요, 전쟁 등 국가적 비상사태 하에서 병력이 계엄령에 따라 공공의 안녕과 질서유지작용을 담당하는 것을 비상경찰이라 한다.

사회의 안녕과 질서의 유지는 일반경찰기관이 담당하는 것이 원칙이나 계엄령이 선포되면, 계엄사령관이 경비계엄일 경우 군사에 관한 행정사무와 사법사무를, 비상계엄일 경우 모든 행정사무와 사법사무를 관장한다. 이 때 행정사무의 일환으로 계엄사령관이 경찰사무도 관장한다.

Ⅳ 예방경찰과 진압경찰

경찰권 발동의 시점을 기준으로 하는 분류이다. 예방경찰은 공공의 안녕과 질서에 위해가 발생할 위험이 있을 때 예방적으로 발동되는 경찰이고, 진압경찰은 위험이 현실화되어 공공의 안녕과 질서에 위해가 발생한 경우 그것을 제거하기 위한 경찰작용이다. 그러나 실정법상 이 구별의 실익은 없다.

Ⅴ 고등경찰과 보통경찰

보호대상을 기준으로 하는 분류이다. 고등경찰은 국가의 안전을 보호하는 경찰로서 사상 · 종교 · 집회 · 언론 등에 대한 경찰이고, 보통경찰은 개인의 안전을 보호하는 경찰로서 교통 · 풍속 등에 대한 경찰이다.

Ⅵ 일반경찰과 청원경찰

일반경찰은 경찰법에 의하여 일반사회의 안녕과 질서를 유지하는 경찰작용이며, 청원경찰은 「청원경찰법」에 의하여 중요 산업시설, 중요 사업장 또는 국내주재 외국기관 등에서 경비업무를 담당하는 경찰이다.

Ⅶ 질서경찰과 봉사경찰

형식적 의미의 경찰 중에서 경찰활동의 질과 내용을 기준으로 한 분류이다. 질서경찰은 보통경찰조직의 직무범위 중에서 강제력을 수단으로 사회공공의 안녕과 질서유지를 위한 법집행을 주로 하는 경찰활동을 말하며, 봉사경찰은 강제력이 아닌 서비스 · 계몽 · 지도 등을 통하여 경찰직무를 수행하는 경찰활동을 말한다.

질서경찰로서 범죄수사, 진압, 즉시강제, 교통위반자에 대한 처분 등이 있으며, 봉사경찰로서는 방범지도, 청소년선도, 교통정보제공, 방범순찰, 수난구조 등이 있다.

제2절 경찰행정법

제1항 경찰행정법의 의의와 종류

I 경찰행정법의 의의

1. 경찰행정법의 개념

실질적 의미의 경찰 개념을 공공의 안녕과 질서에 대한 위험방지와 장애제거를 위한 국가활동으로 이해한다면, 경찰행정법은 당연히 위험방지에 관한 법원칙과 법규범의 총제라고 할 수 있다. 구체적으로 말하면 경찰행정법은 공공의 안녕과 질서에 대한 위험을 방지하고 이미 발생한 장애를 제거하는 국가의 모든 작용의 근거가 되는 법규범의 총체라고 할 수 있다.

경찰행정법은 경찰에 관하여 독자성과 고유성을 가진 국내공법이며, 내용적으로는 경찰의 조직·작용 및 행정구제에 관한 규범으로 구성된다.

2. 경찰행정법의 특수성

경찰행정법은 통일법전이 없고 경찰행정의 조직·작용·구제에 관한 무수히 많은 잡다한 개별법으로 구성된 법이다.

규정 형식상으로는 성문성을 특징으로 한다. 즉 경찰행정법은 행정주체가 우월적 지위에서 국민에게 일방적으로 명령·강제하는 것을 내용으로 하는 법이다. 따라서 법적 안정성과 예측가능성을 확보는 것이 중요하며, 이를 위하여 원칙적으로 성문법주의를 취한다. 또한 경찰행정법의 규율대상은 복잡·다기하고 유동적이므로 하나의 성문법으로 모든 대상을 규율할 수 없다. 따라서 그 입법형식은 법률, 명령, 규칙 등 다양하다.

규정 성질상으로 경찰행정법은 획일 · 강행성과 기술성 · 수단성을 특수성으로 한다. 경찰행정법은 불특정 다수인인 국민을 대상으로 경찰목적을 실현하고자 하는 법이기 때문에 상대방의 의사와 상관없이 어떤 사항을 획일 · 강행적으로 규율한다. 그리고 경찰행정법은 경찰목적을 달성하기 위한 기술성 · 수단성을 가진다.

또한 경찰행정법은 규정 내용상으로 행정주체의 우월성과 공익우선성을 특징으로 한다. 즉 경찰행정법은 행정주체에게 우월적 지위를 인정하여, 경찰관청이 국민에게 경찰상 의무를 부과하고 법률관계를 형성할 수 있는 일방적인 명령권과 형성권을 가지고 있다. 그리고 경찰행정법은 공공의 안녕과 질서유지라는 공익을 내용으로 하고 그 공익의 실현을 목적으로 하는 법이다. 경찰기관은 이 공익실현을 위하여 경찰행정법에 의하여 설치되고 그 권한이 부여된다.

Ⅱ 경찰행정법의 종류

경찰행정법은 일반경찰행정법과 특별경찰행정법으로 구분될 수 있다.

일반경찰행정법은 위험방지에 관한 일반규정과 일반법원칙을 내용으로 하는 법이다. 「경찰법」, 「경찰공무원법」, 「전투경찰대설치법」, 「경찰관직무집행법」, 「경찰직무응원법」, 「제주특별자치도 설치 및 국제자유도시 조성을 위한 특별법」, 경찰행정법의 일반원칙 등을 들 수 있다.

특별경찰행정법은 특별한 행정영역에서 위험방지를 목적으로 제정된 특별법을 말한다. 「집회와 시위에 관한 법률」, 「경범죄처벌법」, 「경비업법」, 「공중위생관리법」, 「소방법」, 「식품위생법」, 「도로교통법」, 「건축법」 등을 들 수 있다.

특별한 행정영역에서는 특별경찰행정법이 우선적으로 적용되고 특별경찰행정법이 없는 경우 일반경찰행정법이 적용된다(경찰특별법 우선의 원칙).

제2항 경찰과 법치주의

I 법치주의의 의의

1. 법치주의의 개념

법치주의(法治主義)란 인권보장을 위하여 모든 국가작용은 법에 따라 행하여져야 한다는 것이다. 즉 법률에 우월한 지위를 인정하고 행정과 사법은 그 밑에 자매관계에 있으며, 입법과 행정의 관계를 법률에 의한 행정(법치행정, 행정의 법률적합성)이라 하고, 입법과 사법의 관계를 법률에 의한 재판(죄형법정주의)이라 한다. 따라서 법치주의의 요소는 기본권 보장, 권력분립에 의한 의회입법, 행정과 사법의 법률에의 기속, 사법에 의한 권리구제이다. 이러한 법치주의는 행정법 성립의 전제조건이며, 현대행정의 기본원리이다.

2. 법률에 의한 행정

법치주의는 행정에서 '법률에 의한 행정' 즉 법치행정으로 표현된다. 이것은 행정권의 법적 기속과 사법심사에 의한 국민의 권익 보장을 그 내용으로 한다. 특히 국민의 자유와 권리를 제한하거나 국민에게 새로운 의무를 부과하는 경우 법치행정의 원리는 철저히 적용되어야 하므로 침해적 권력작용인 경찰작용에는 전형적으로 적용된다.

II 법률에 의한 행정의 내용

법률에 의한 행정은 법률의 법규창조력, 법률의 우위의 원칙, 법률의 유보의 원칙을 그 내용으로 한다.

1. 법률의 법규창조력

법률의 법규창조력이란 국민의 대표기관인 국회가 만든 법률만이 국민의 자유와 권리에 관하여 새로운 규율을 정할 수 있다는 원칙을 말한다. 헌법상 국회의 입법권

(헌법 제40조), 법률에 근거한 법규명령(헌법 제75조, 제95조) 등에 비추어 보면, 법규창조력은 원칙적으로 인정된다.

그러나 오늘날 행정법의 일반원칙이나 관습법도 법규성을 가지고 있으며, 대통령의 긴급명령과 긴급재정 · 경제명령(헌법 제76조)은 법률적 효력을 가지는 명령이라는 점에서 법률의 법규창조력이 변화를 겪고 있다.

2. 법률우위의 원칙

법률우위의 원칙이란 법률의 형식으로 표현된 국가의 의사는 법적으로 다른 모든 국가작용(행정 · 사법)보다 상위에 있으며, 특히 행정은 법률에 저촉될 수 없다는 원칙이다.

여기서 말하는 법률에는 헌법, 국회제정법인 형식적 의미의 법률, 법률의 위임에 의한 법규명령, 행정법의 일반원칙 등이 포함된다. 다만, 법률의 내용이 헌법에 합치되어야 한다.

법률우위의 원칙은 행정의 성질, 행정의 분야에 관계없이 모든 행정에 적용된다.

그리고 법률우위의 원칙은 헌법 제107조 제2항에 의하여 보장된다. 법률우위의 원칙에 반하는 행정작용은 위법한 행위가 되고, 하자의 중대 · 명백성 여하에 따라 무효 또는 취소할 수 있는 행위가 되며, 개인에게 손해를 가한 경우에는 국가배상청구권이 발생한다. 그리고 법률우위의 원칙에 반하는 행정입법은 무효이다.

3. 법률유보의 원칙

행정권은 개별적인 법률에 근거를 두고 발동되어야 한다는 원칙이다. 특히 국민의 자유와 권리를 침해하는 행정권의 발동에는 반드시 개별적인 법률의 수권을 요한다.[1)]

법률유보에서 말하는 '법률'은 국회가 제정한 형식적 의미의 법률을 의미하는 것이 원칙이지만, 법률의 위임에 따른 법규명령도 이에 포함된다. 그러나 불문법원인 관습법과 판례법 등은 포함되지 아니한다.

---

1) 법률우위의 원칙은 모든 행정작용이 현행법에 위배될 수 없다는 것을 의미하지만(법치주의의 소극적 측면), 법률유보의 원칙은 행정작용에 대한 법적 근거를 요구한다(법치주의의 적극적 측면).

법률유보의 범위에 대하여 과거에는 국민의 권리와 자유를 침해하거나 새로운 의무를 부과하는 침해행정에는 반드시 법률의 근거가 있어야 한다는 침해유보설에서 출발하여 오늘날 실질적 법치주의에서는 법률유보의 범위를 점차 넓혀 나가고 있다.[2] 오늘날 통설은 중요사항유보설(본질사항유보설, 단계설, 의회유보설)로서 헌법상 법치국가 원칙, 민주주의 원칙 및 기본권 규정과 관련하여 볼 때, 국가와 사회생활에 있어서 중요하고도 본질적인 사항에 관해서는 국회가 심의 · 의결하여야 한다(즉 법률로서 정하여야 한다)는 견해이다. 그래서 각 행정부분의 본질적 사항에 관한 것은 법률에 유보되어야 한다.[3]

Ⅲ 경찰행정법에의 적용

법치행정의 원리는 경찰작용에도 당연히 적용된다. 특히 침해작용을 중심으로 하는 경찰행정에서는 더 엄격하게 요구된다고 할 수 있다. 따라서 경찰조직이나 경찰작용은 헌법이나 법률 등의 상위법규에 근거를 가져야 하며, 그것을 위반할 수 없다.

법률우위의 원칙에 의하여 행정조직법정주의가 일반화되어 있으며, 이에 따라 국가경찰과 지치경찰도 법률에 근거를 두고 조직되었다. 국가경찰의 경우 헌법 제96조에 근거를 두고 제정된 「정부조직법」, 「경찰법」 등에 근거를 두고 있으며, 자치경찰의 경우 「제주특별자치도 설치 및 국제자유도시 조성을 위한 특별법」에 근거를 둔다.

그리고 법률유보의 원칙에 따라 경찰작용은 법률에 근거를 두어야 하는데 대표적인 법률로서 「경찰관직무집행법」을 들 수 있다.

---

2) 종래에는 법률유보의 범위를 매우 제한적으로 파악하였으나, 오늘날에는 그 범위를 확대하는 것이 학설과 판례의 입장이다. 침해유보설, 권력행정유보설, 급부행정유보설, 본질성설, 전부유보설 등에 따라 법률유보의 범위가 확대되고 있다.

3) 중요사항유보설은 법률유보의 범위를 행성부문이나 행정작용의 속성(침해행정, 급부행정, 권력행정, 비권력행정 등)에 따라 획일적으로 정하는 것이 아니라 그 행정부문 · 영역에서 당해 사항에 대한 법적 규율이 일반국민 및 개인에게 가지는 의미 · 중요성 · 효과 등에 따라 구체적으로 결정되어야 한다는 주장이다. 독일연방헌법재판소(Kalkar 결정(1978.8.8))의 견해이다. 이 사건에서는 원자력발전소의 설치와 같은 국가사회공동체 내에서 극단의 갈등요소가 존재하는 근본적인 결정은 전적으로 입법자의 몫이며, 입법자는 침해라는 특징과는 무관하게 기본적인 규범영역에서, 특히 기본권 실현의 영역에서 국가 전체적인 규율의 필요성을 감안하여 모든 본질적인 결정을 스스로 하여야 한다고 하였다.

제3항 경찰행정법의 법원

I 법원의 의의

1. 법원의 개념

경찰행정법의 법원(法源)이란 경찰행정법의 인식근거 또는 경찰행정에 관한 실정법의 존재형식을 의미한다. 경찰행정권은 이 법원을 준수해야 한다.

경찰행정법은 원칙적으로 성문법의 형식으로 존재하지만 불문법의 형식으로도 존재한다.

2. 경찰행정법의 성문법주의

경찰행정법은 성문법주의(成文法主義)를 원칙으로 한다. 성문법이란 문서의 형식으로 표현되고 일정한 절차와 형식을 거쳐서 공포된 법을 말한다. 법의 형식으로서 이러한 성문법을 중심으로 하는 것을 성문법주의라 한다.

경찰행정법이 성문법주의를 채택한 이유는, 첫째, 경찰행정법은 국민의 권리 · 의무에 관한 것을 규율대상으로 하고 그 규율을 행정주체가 일방적으로 정하기 때문에 경찰권 발동에 예측가능성과 법적 안정성을 부여하기 위하여 그 한계와 조건을 미리 명확히 하여야 하기 때문이다(법률관계의 명확성 보장). 그리고 경찰행정법의 획일평등성 · 강행적 · 기술적 성질 때문에 공평한 기준을 제시하여야 하며(경찰작용의 공정성 확보 요청), 경찰작용에는 법률에 의한 행정의 원리가 적용되므로 반드시 법적 근거가 있어야 하기 때문이다.

우리나라 헌법도 성문법주의를 채택하고 있다. 즉 일정한 기본권에 관한 법률유보(헌법 제12조, 제23조, 제37조 제2항), 중요한 행정작용의 법률유보(헌법 제23조 제3항, 제59조), 행정조직법정주의(헌법 제96조), 위임입법(헌법 제75조, 제95조, 제114조 제6항) 등에서 볼 수 있다.

경찰행정법은 성문주의를 기본원칙으로 하고 있으나, 헌법 · 민법 · 형법과 달리 통일법전이 존재하지 아니하고, 경찰조직 · 작용 등에 관한 많은 법령의 집합으로 되어 있으며, 통칙적 규정이 없다. 경찰작용의 대상이 광범하고 다양하며 유동적이어서 하나의 통일법전으로 규율하기 곤란하기 때문이다. 따라서 법의 흠결이 있을 수 있고, 이 경우 불문법이 보충적으로 적용된다.

Ⅱ 성문법원

1. 헌법

헌법은 국가의 기본조직과 작용에 관한 기본법으로서 국가의 최고규범이다. 헌법은 경찰행정법에 관한 명시적이고 직접적인 규정을 두고 있지 않지만, 경찰조직에 관한 규정(대통령, 국무총리, 각부 등), 경찰작용에 관한 규정(국가와 국민의 관계인 기본권 규정, 대통령과 정부의 권한 등) 및 행정구제에 관한 규정(행정쟁송, 행정상 손해전보 등)을 두어 간접적으로 경찰행정법을 규율하고 있으므로 경찰행정법의 법원이 된다. 따라서 헌법은 경찰행정법의 법원 중 최고의 법원이다.

2. 법률

법률은 형식적 의미의 법률로서 국회가 헌법상 입법절차에 따라 제정한 성문법을 말한다. 경찰행정법의 성문법주의로 인하여 법률은 가장 중요한 행정법의 법원이 된다.

경찰행정법의 법원으로서 법률은 일반경찰행정법의 법원과 특별경찰행정법의 법원으로 나눌 수 있다. 일반경찰행정법의 법원에는 「경찰법」, 「경찰공무원법」, 「전투경찰대설치법」, 「경찰관직무집행법」, 「경찰직무응원법」, 「제주특별자치도 설치 및 국제자유도시 조성을 위한 특별법」 등이 있다. 그리고 특별경찰행정법으로는 「집회와 시위에 관한 법률」, 「경범죄처벌법」, 「경비업법」, 「공중위생관리법」, 「소방법」, 「식품위생법」, 「도로교통법」 등 많은 법률을 들 수 있다.

법률은 법규명령이나 조례 · 규칙보다 우월한 효력을 가지며, 법률에 저촉되는 법규명령이나 조례 · 규칙은 무효이다. 다만, 헌법 제76조의 긴급명령 및 긴급재정 · 경제명령은 법률대위적인 것으로서 형식적으로는 행정입법이지만 내용적으로 법률과 같은 효력을 가진다.

3. 명령

오늘날 행정은 고도의 전문성 · 기술성을 띠고 있고, 임기응변적 신속성이 요구되므로 법률에서 대강만을 규정하고 구체적인 범위를 정하여 행정부에 위임하고 있다. 이에 따라 행정권에서 정한 법규를 명령 또는 행정입법이라 한다. 명령은 그 성질에 따라 법규명령과 행정규칙으로 나눈다. 각종 법률의 시행령 또는 시행규칙 등을 들 수 있다.

4. 조약 · 국제법규

조약은 국가와 국가 사이 또는 국가와 국제기구 사이에서 법적 효력이 있는 문서에 의한 합의로서, 협약 · 협정 · 의정서 · 각서 등의 용어를 사용한다. 그리고 국제법규는 우리나라가 당사국이 아닌 조약으로서 국제사회에서 그 규범성이 승인된 것과 국제관습법을 말한다.

헌법에 의하여 체결 · 공포된 조약과 일반적으로 승인된 국제법규는 국내법과 같은 효력을 가지기(헌법 제6조) 때문에 이러한 국제법규는 법률과 동일한 효력을 가지고 있다.

5. 자치법규

지방자치단체가 자치입법권에 의하여 헌법과 법령의 범위 안에서 제정하는 자치규범이다. 지방의회가 제정하는 조례와 지방자치단체의 장이 제정하는 자치규칙이 있다.

6. 행정규칙

행정규칙이란 행정기관이 법률의 수권 없이 그 권한의 범위 안에서 정립하는 일반적 추상적 규정으로서 내부규범을 말한다. 그러나 행정주체와 국민 사이에 구속력을 가지는 일반적 · 추상적 규범인 법규만을 경찰행정법의 법원으로 인정하는 견해에 따르면 행정규칙의 법원성은 부인된다(판례, 통설).

Ⅲ 불문법원

1. 관습법

1) 의의

관습법(慣習法)은 국민의 전부 또는 일부 사이에서 일정한 사실이 장기간 반복되고, 아울러 그것이 민중의 법적 확신(정의감)을 얻어 법규로서 인식 · 승인된 것을 말한다. 따라서 관습법은 국민의 법적 확신에 의하여 법적 규범으로 승인될 정도에 이르지 않은 '사실인 관습'과 구별된다.[4)]

2) 관습법의 성립요건

관습법이 성립하기 위해서는 첫째, 장기적이고 일반적인 관행이 존재하여야 하고, 둘째, 일반국민이 그 관행을 준수하는 것이 법에 따르는 것이라고 법적 확신을 가져야 한다. 국가의 승인은 필요 없다(법적 확신설 또는 법력내재설; 통설. 판례).

3) 관습법의 법원성

경찰법규가 명문으로 관습법에 의한다는 규정을 두고 있는 경우 경찰관습법이 성립될 수 있으나, 법규가 명문의 규정을 두고 있지 않은 경우 침익적 효과를 가지는 경찰작용에서는 법률유보의 원칙상 관습법의 법원성은 부정된다.

2. 판례법

1) 의의

판례법(判例法)이란 같은 종류의 사건에 동일한 취지의 판결이 계속되고, 판례의

---

4) 관습법이란 사회의 거듭된 관행으로 생성한 사회생활규범이 사회의 법적 확신과 인식에 의하여 법적 규범으로 승인 · 강행되기에 이른 것을 말하고, 사실인 관습은 사회의 관행에 의하여 발생한 사회생활규범인 점에서 관습법과 같으나, 사회의 법적 확신이나 인식에 의하여 법적 규범으로서 승인된 정도에 이르지 않은 것을 말하는 바, 관습법은 바로 법원으로서 법령과 같은 효력을 갖는 관습으로서 법령에 저촉되지 않는 한 법칙으로서의 효력이 있는 것이며, 이에 반하여 사실인 관습은 법령으로서의 효력이 없는 단순한 관행으로서 법률행위의 당사자의 의사를 보충함에 그치는 것이다(대판 1983.6.14, 80다3231).

합리성을 이유로 장래에도 같은 종류의 사건에 같은 취지의 판결이 내려질 것이라고 법적 확신을 갖게 된 판례를 말한다. 판례법은 추상적 경찰법규의 내용을 구체화하고, 관습법의 존재를 명확히 하며, 조리를 적용함으로써 성문법규의 흠결을 보충하는 기능을 수행한다.

영미법계 국가에서는 선례구속성(先例拘束性)의 원칙(doctrine of stare decisis)이 적용되므로 한번 형성된 판례는 기속력이 엄격하여 하급법원을 무조건 구속하는 효력을 가진다. 그러나 대륙법계 국가에서는 선례구속성 원칙이 인정되지 않고 판례의 법원성도 부정된다.

2) 우리나라에서 판례의 법원성

(1) 법원의 판결

우리나라에서도 대륙법계 국가와 마찬가지로 선례구속성의 원칙이 인정되지 않는다. 「법원조직법」 제8조와 「민사소송법」 제436조 제2항의 '상급법원의 재판에 있어서의 판단은 당해 사건에 관하여 하급심을 기속한다'는 규정은 당해 사건에만 구속력이 있다는 것이고, 동종의 다른 사건에서까지 구속력을 가진다는 뜻이 아니다. 즉 환송판결에서 하급심은 파기사유인 상급심의 사실상 법률상의 판단에 기속되고, 그 판결에 대해 다시 상고할 경우 그 상고사건을 재판하는 법원도 그 파기이유로 한 판단에 구속된다는 것을 의미하는 것이다. 따라서 형식상으로 판례법은 경찰행정법의 법원으로 인정되지 아니한다(통설).

그러나 실질적으로 대법원의 판례는 하급법원과 행정기관을 사실상 기속하고 있다. 그것은 같은 종류의 사건에서 하급법원의 판결과 대법원의 판결이 상치할 때 상고가 인정되고, 대법원이 입장을 수정하지 않는 한 파기될 가능성이 있기 때문이다.

(2) 헌법재판소의 결정

헌법재판소의 결정은 모든 국가기관 및 지방자치단체를 기속하므로 법원성이 있다. 헌법재판소에서 위헌으로 결정된 법률 또는 법률조항은 그 효력을 상실하고 법원 기타 국가기관이나 지방자치단체를 기속하기 때문이다. 그리고 헌법재판소의 위헌결정의 효력은 위헌제청을 한 당해 사건은 물론 재판에 계속 중인 사건과 위헌결정 후에 같은 이유로 제소된 일반사건에도 미친다.

3. 조리법

조리(條理)란 사물의 본질적 법칙 또는 법의 일반원칙을 말하며, 일반사회의 정의감에 비추어 반드시 그러하여야 할 것이라고 인정되는 것을 말한다. 조리를 법률관계를 지배하는 사물 · 자연의 성질에 적합한 이치, 사물의 근본이치, 사물의 본성(Natur der Sache) 등으로 표현되며, 미발전의 관습법이라 할 수 있다. 일반적으로 조리는 정의, 형평(衡平), 공평, 도리, 사회통념, 공서양속, 신의성실 등을 내용으로 하며, 성문법의 바탕을 이루고 있는 자연법의 내용으로 인정되고 있다.

조리는 ㉠ 법해석의 기본원리 또는 법의 일반원리로서 경찰행정법의 모든 영역에서 타당한 일반원칙이며, ㉡ 최후의 보충적 법원으로서 법률이 침묵을 지키고 있는 영역에서 최종적으로 적용된다. 따라서 조리는 경찰행정법의 제3의 불문법원이며, 경찰행정법의 일반원리라고 할 수 있다.

조리의 내용은 영구불변하는 것이 아니고 시대와 사회에 따라서 그 내용이 변천한다. 경찰행정법에서 적용할 수 있는 조리로서는 평등원칙, 비례원칙, 신뢰보호의 원칙, 자기구속성의 원칙 등을 들 수 있다.

Ⅳ 법의 일반원칙

1. 평등원칙

1) 의의

평등원칙이란 헌법 제11조 제1항에 따라 법의 불평등한 적용을 금지하고 불평등한 대우를 내용으로 하는 법의 제정도 금지하는 것을 말한다. 이를 자의금시의 원칙이라고도 한다.

여기서 법이란 헌법, 법률, 법규명령 등 모든 법규범을 말한다. 따라서 평등원칙은 경찰재량권에 대한 한계를 결정하는 기능을 가진다.

2) 근거와 기능

평등원칙의 실정법상 근거는 헌법 제11조 제1항이다. 그러나 이 조항은 법 앞의 평등만 규정하고 있을 뿐 행정상 평등원칙의 내용을 이루고 있는 공공부담 앞의 평등, 공역무 앞의 평등 등에 대해서는 직접 규정하고 있지 않다. 그래서 경찰행정법상 평등원칙은 헌법 제11조의 기본이념으로부터 도출되는 불문법원이라고 보는 것이 타당하다.

평등원칙은 자유재량을 제한하고, 행정의 자기구속의 법리의 근거가 된다.

3) 효력

평등원칙은 헌법적 효력을 가지고 또한 경찰행정법의 일반원칙이므로 그에 위반되는 경찰작용은 위헌·위법이 된다. 이 경우 상대방은 행정상 손해배상을 청구하거나 행정쟁송을 제기할 수 있다.

2. 비례의 원칙

1) 의의

비례(比例)의 원칙은 경찰행정에서 경찰의 목적과 그 실현수단 사이에 합리적인 비례관계가 있어야 한다는 원칙이다(광의의 비례의 원칙, 과잉조치 금지의 원칙). 즉 비례의 원칙은 공익실현(경찰목적)을 위하여 경찰작용(목적 실현의 수단)을 함에 있어서 사익을 침해하는 경우, 경찰작용이 경찰목적을 실현하는데 적합하고, 실현되는 공익과 침해되는 사익 사이에 정당한 균형이 유지되어야 하며, 공익을 실현하기 위하여 침해가 부득이한 경우에도 필요한 최소한의 침해에 그쳐야 한다는 것을 의미한다.

2) 근거

비례의 원칙은 헌법상 법치국가의 원리에서 나오는 헌법원칙이다. 헌법은 비례의 원칙에 대하여 명문의 규정을 두고 있지는 않지만 제37조 제2항에서 "필요한 경우"라고 표현하여 이 원칙을 인정하고 있다. 따라서 비례의 원칙은 조리상의 원칙에 그치지 않고 헌법 아래서 제도화된 원칙이다(통설). 개별법령에서 이를 규정하고 있지 않더라도 모든 경찰작용에 적용된다.

비례의 원칙의 법률적 근거로 대표적인 것은 「경찰관직무집행법」 제1조 제2항인데, 여기서는 '이 법에 규정된 경찰관의 직권은 그 직무수행에 필요한 최소한도 내에서 행사되어야 하며 남용하여서는 아니된다'고 규정하고 있다.

3) 내용

비례의 원칙은 적합성의 원칙, 필요성의 원칙, 협의의 비례원칙으로 구성된다.

(1) 적합성의 원칙

적합성의 원칙이란 경찰목적을 달성하기 위하여 행하는 경찰작용은 그 달성하고자 하는 경찰목적에 법적 사실적으로 적합하고 유용한 수단이어야 한다는 원칙이다. '적합하고 유용한 수단'이라는 것은 위험을 방지할 수 있는 수단이라는 것을 전제로 한다.

수단의 적합성은 위험한 상태의 일부 또는 완전 제거, 위험의 감소 또는 제한의 효과를 가져 오면 족하고, 수단이 위험의 방지나 제거에 부적합한 것이 아니면 된다. 수단이 사실적 법적으로 불가능하거나, 허용되지 않거나, 목적이 없거나, 목적에 반하는 경우는 부적합한 것이 된다.

적합성은 행위시 경찰관청의 관점에서 합리적으로 판단한다. 그리고 판단 당시 적합성이 인정된 경우 사후에 부적합한 것으로 판단되더라도 적법성이 문제되지 않는다.

(2) 필요성의 원칙

필요성의 원칙이란 경찰목적을 달성하기 위하여 행하는 경찰작용은 그 목적달성을 위하여 적합한 많은 수단 중에서 그 상대방과 국민에게 필요최소한의 침해를 주는 수단을 선택하여야 한다는 것이다(최소침해의 원칙, 최소수단의 원칙).

필요최소 여부는 기본적으로 객관적인 관찰방법을 적용하여 판단하여야 한다.

(3) 상당성의 원칙

상당성의 원칙은 경찰작용이 달성하고자 하는 목적과 경찰작용에 의한 침해 사이에 합리적인 비례관계가 있어야 한다는 원칙이다(협의의 비례의 원칙, 적량성의 원칙, 균

형성의 원칙). 즉 법익형량(法益衡量)을 요구하여, 경찰작용이라는 수단을 사용하여 나타나는 불이익(침해)이 그 목적상의 이익(효과)보다 크지 않아야 한다는 원칙이다. 그러므로 경찰이 개입하지 않아서 나타나는 피해보다 경찰이 개입하여 나타나는 피해가 크다면 그 경찰개입은 상당성의 원칙에 반한다.

경찰작용에 대한 이익형량은 경찰관청이 특정수단을 선택할 때 이성적으로 하여야 한다.

4) 경찰행정법에서 적용

(1) 재량권의 한계 판단

비례의 원칙은 경찰관청이 가지고 있는 재량권의 내적 한계를 설정하는 경찰행정법의 일반원리이다. 즉 경찰법규가 경찰관청에게 판단권을 부여하고 있는 경우에도 비례의 원칙은 그 합리성의 판단기준으로 작용한다.

(2) 경찰하명

경찰권은 사회공공의 안녕 · 질서유지에 묵과할 수 없는 장애를 제거하거나 장애발생의 직접적인 위험을 예방하기 위하여 발동되어야 하고(발동조건의 문제), 발동하는 경우에도 그 제거를 위하여 필요한 최소한도로 발동되어야 한다(발동정도의 문제).

여기서 '묵과할 수 없는 장애'란 제거하려는 장애의 정도와 제거함으로써 생기는 사회적 불이익 사이에 정당한 비례가 없는 경우로서, 장애를 방치할 경우의 불이익과 장애를 제거한 경우의 불이익을 비교 형량하여 전자의 불이익이 더 큰 경우이다. 또한 비례의 원칙에 의할 때 경찰권의 발동은 국민의 자유 · 권리의 제한의 정도와 제거될 장애와의 정당한 비례관계가 유지되어야 한다. 장애제거에 필요한 정도를 넘으면 위법이 된다.

(3) 경찰강제

경찰강제권의 행사방법과 정도는 이행할 의무의 정도와 적당한 비례가 유지되어야 하며, 사소한 의무이행을 실현시키기 위하여 과도하게 실력을 행사해서는 아니된다. 그리고 경찰상 강제집행에 속하는 대집행, 집행벌, 직접강제의 3가지 방법 중

가장 약한 대집행을 일반적 수단으로 하여야 한다. 경찰상 강제징수의 경우 재산압류 또는 경매에서도 비례의 원칙이 적용된다.

(4) 행정행위의 취소 · 철회의 제한

행정행위의 취소(取消) 또는 철회(撤回)는 이미 발효되고 있는 행정행위의 효력을 소멸시키는 행위이다. 행정행위에 취소 또는 철회의 사유가 있더라도 기득의 권리 또는 자유의 침해를 정당화할 만큼 중대한 공익상의 필요 또는 제3자의 이익보호의 필요가 있는 경우에 인정된다. 즉 취소 · 철회하고자 하는 공익상의 요구가 취소 · 철회로 인하여 나타나는 사인의 불이익보다 커야 한다.

(5) 경찰조사

경찰조사는 경찰목적을 달성하기 위하여 적절한 것으로서 합리적이고 필요한 최소한도에 그쳐야 한다.

5) 위반의 효과

비례원칙은 헌법상 법치국가원리에서 나온 헌법상 일반원칙이며, 경찰행정법의 일반원칙이므로 이를 위반한 행정작용은 위헌 · 위법이 된다. 이에 대해서는 행정상 손해배상을 청구하거나 행정쟁송을 제기할 수 있다.

3. 신뢰보호의 원칙

1) 개념

신뢰보호(信賴保護)의 원칙이란 경찰행정기관의 어떤 언동의 정당성 또는 계속성에 대한 개인의 신뢰가 보호가치 있는 경우 그 신뢰를 보호해 주어야 한다는 원칙이다. 즉 개인이 경찰관청의 어떤 언동이 정당하고 계속될 것이라고 믿고 어떤 행위를 한 경우, 그 개인에게 경찰관청의 언동을 믿게 된 데 대하여 아무런 잘못이 없는 경우, 경찰관청은 그 개인의 신뢰에 배반하는 행위를 해서는 아니되며, 배반행위로 인하여 손실이 발생한 경우 이를 보상하여야 한다.

2) 근거

신뢰보호의 원칙의 이론적 근거에 대하여 신의칙설, 법적 안정성설, 사회국가설, 기본권설 등의 주장이 있지만, 신뢰보호의 원칙은 헌법상 법치국가원리의 하나인 법적 안정성에 그 근거를 둔다. 즉 법치국가의 원리는 합법률성의 원칙과 법적 안정성의 원칙으로 구성되어 있는데 신뢰보호의 원칙은 후자에 그 기초를 두고 있다(법적 안정성설, 통설).[5)]

우리나라에서 신뢰보호의 원칙의 실정법적 근거로서 「행정절차법」 제4조 제2항,[6)] 「국세기본법」 제18조 제3항,[7)] 「행정심판법」 제27조 제5항[8)] 등을 들 수 있다. 그리고 대법원도 법적 안정성을 근거로 신회보호의 원칙을 인정하고 있다.[9)]

---

5) 행정의 법률적합성과 법적 안정성의 관계가 문제된다. 신뢰보호의 원칙은 법치국가원리의 한 내용인 법적 안정성을 위한 것이지만, 법치국가원리의 또 하나의 내용인 행정의 법률적합성의 원리와 충돌되는 경우에 이 두 원칙의 관계를 어떻게 파악할 것인가. 신뢰보호의 일반적 성립요건을 충족한 경우 신뢰보호원칙을 우선적으로 인정하는 것이 타당하며, 그 구체적인 한계설정은 구체적 사정하에서 적법상태의 실현에 의하여 달성되는 공익과 행정작용의 존속성 · 계속성에 대한 개인의 신뢰보호라는 사익의 구체적인 비교형량으로 결정하여야 한다(이익형량설; 통설. 판례).

6) 「행정절차법」 제4조(신의성실 및 신뢰보호) ① 행정청은 직무를 수행함에 있어서 신의에 따라 성실히 하여야 한다.
② 행정청은 법령 등의 해석 또는 행정청의 관행이 일반적으로 국민들에게 받아들여진 때에는 공익 또는 제3자의 정당한 이익을 현저히 해할 우려가 있는 경우를 제외하고는 새로운 해석 또는 관행에 의하여 소급하여 불리하게 처리하여서는 아니 된다.

7) 「국세기본법」 제18조(세법해석의 기준, 소급과세의 금지) ③ 세법의 해석 또는 국세행정의 관행이 일반적으로 납세자에게 받아들여진 후에는 그 해석 또한 관행에 의한 행위 또는 계산은 정당한 것으로 보며, 새로운 해석 또는 관행에 의하여 소급하여 과세되지 아니한다.

8) 「행정심판법」 제27조(심판청구의 기간) ⑤ 행정청이 심판청구 기간을 제1항에 규정된 기간보다 긴 기간으로 잘못 알린 경우 그 잘못 알린 기간에 심판청구가 있으면 그 행정심판은 제1항에 규정된 기간에 청구된 것으로 본다.

9) 택시운전사가 1983년 4월 5일 운전면허정지기간 중의 운전행위를 하다가 적발되어 형사처벌을 받았으나 행정청으로부터 아무런 행정조치가 없어 안심하고 계속 운전업무에 종사하고 있던 중 행정청이 위 위반행위가 있은 이후에 장기간에 걸쳐 아무런 행정조치를 취하지 않은 채 방치하고 있다가 3년여가 지난 1986.7.7에 와서 이를 이유로 행정제재를 하면서 가장 무거운 운전면허를 취소하는 행정처분을 하였다면 이는 행정청이 그간 별다른 행정조치가 없을 것이라고 믿은 신뢰의 이익과 그 법적 안정성을 빼앗는 것이 되어 매우 가혹할 뿐만 아니라 비록 그 위반행위가 운전면허취소사유에 해당한다 할지라도 그와 같은 공익상의 목적만으로는 위 운전사가 입게 될 불이익에 견줄 바 못된다 할 것이다(대판 1987.9.8, 87누373).

3) 신뢰보호의 일반적 요건

(1) 행정관청의 선행조치

신뢰보호가 성립하기 위해서는 먼저 경찰관청의 선행조치가 있어야 한다. 선행조치(先行措置)란 신뢰의 대상인 경찰관청의 언동을 말한다. 법령, 규칙, 계획, 처분, 약속(확약), 합의, 행정행위 등이 이에 해당된다. 적극적 · 소극적 언동(위법상태의 장기간 방치 묵인 등), 명시적 · 묵시적 언동을 모두 포함한다. 판례에서는 '공적인 견해표명' 이라는 표현을 사용하고 있다.

(2) 신뢰가치 있는 개인의 신뢰

신뢰보호의 두 번째 요건은 경찰관청의 선행행위에 대한 사인의 신뢰가 보호할 만한 것이어야 한다는 것이다. 개인이 선행조치의 정당성 · 계속성을 신뢰하였고, 그 신뢰가 보호가치 있어야 하며, 그 신뢰에 대하여 관계인에게 귀책사유가 없어야 한다(善意無責)는 것이다. 따라서 개인의 부정행위가 개입된 경우 또는 조치의 위법성을 인식하였거나 과실로 인식하지 못한 경우에는 보호가치가 없다.[10)]

(3) 사인의 처리

셋째 요건은 개인이 그 신뢰에 기초를 두고 어떤 행위를 하여야 한다. 상대방이 경찰관청의 조치를 신뢰하고 법률행위, 개인의 자본투하, 건축의 개시, 사업의 개시, 재산의 처분, 기성질서의 형성, 이주 등 일정한 조치를 한 경우에 신뢰보호가 인정된다. 이것을 보호대상이라 한다.

---

10) 일반적으로 행정상의 법률관계에 있어서 행정청의 행위에 대하여 신뢰보호의 원칙이 적용되기 위하여는, 첫째 행정청이 개인에 대하여 신뢰의 대상이 되는 공적인 견해표명을 하여야 하고, 둘째 행정청의 견해표명이 정당하다고 신뢰한 데에 대하여 그 개인에게 귀책사유가 없어야 하며, 셋째 그 개인이 그 견해표명을 신뢰하고 이에 상응하는 어떠한 행위를 하였어야 하고, 넷째 행정청이 그 견해표명에 반하는 처분을 함으로써 그 견해표명을 신뢰한 개인의 이익이 침해되는 결과가 초래되어야 하며, 마지막으로 위 견해표명에 따른 행정처분을 할 경우 이로 인하여 공익 또는 제3자의 정당한 이익을 현저히 해할 우려가 있는 경우가 아니어야 하는바, 둘째 요건에서 말하는 귀책사유라 함은 행정청의 견해표명의 하자가 상대방 등 관계자의 사실은폐나 기타 사위의 방법에 의한 신청행위 등 부정행위에 기인한 것이거나 그러한 부정행위가 없다고 하더라도 하자가 있음을 알았거나 중대한 과실로 알지 못한 경우 등을 의미한다고 해석함이 상당하고, 귀책사유의 유무는 상대방과 그로부터 신청행위를 위임받은 수임인 등 관계자 모두를 기준으로 판단하여야 한다(대판 2002.11.8, 2001두1512).

(4) 인과관계

경찰관청의 선행조치와 사인의 신뢰 사이에 인과관계가 있어야 한다(상당인과관계설). 즉 상대방이 경찰관청의 선행조치의 정당성 · 계속성을 믿고 그것으로 인하여 일정한 조치를 하여야 한다. 이러한 인과관계가 없다면 그 처분은 우연이고 보호받을 특별한 이유가 없다.

(5) 선행조치에 반하는 처분

마지막으로, 선행조치에 반하는 경찰관청의 처분 또는 부작위가 있어야 신뢰보호가 성립한다. 이 선행조치에 반하는 경찰관청의 후행처분이 있거나, 경찰관청의 선행조치에 의하여 신뢰를 준 행위를 하지 않음으로써(부작위), 선행행위를 신뢰한 상대방 및 관계인의 권익을 침해하게 된다.

4) 경찰행정법에서 적용

(1) 적법한 수익적 행정행위의 철회 제한

침익적 행정행위는 확정력이 발생하여도 그것을 철회할 수 있으나(철회자유의 원칙), 수익적 행정행위의 철회는 제한되며 철회로 인하여 그 존속을 신뢰한 수익자가 손실을 입은 경우 이를 보상하여야 한다.

(2) 소급효

법적 통용력에 대한 신뢰보호의 견지에서 법규명령, 행정규칙 등의 소급적 변경은 원칙적으로 금지된다.[11]

---

11) 유예기간 없이 개인택시 운송사업면허 기준을 변경하고 그에 기하여 한 행정청의 면허신청 접수거부처분이 위법하지 않다. 매년 그 때의 상황에 따라 적절히 면허 숫자를 조절해야 할 필요성이 있는 개인택시 면허제도의 성격상 그 자격요건이나 우선순위의 요건을 일정한 범위 내에서 강화하고 그 요건을 변경함에 있어 유예기간을 두지 아니하였다 하더라도 그러한 점만으로는 행정청의 면허신청 접수거부처분이 신뢰보호의 원칙이나 형평의 원칙, 재량권의 남용에 해당하지 아니한다(대판 1996.7.30, 95누12897).

(3) 실권

위법한 행위가 있는 후, 경찰관청이 그 사실을 장기간(독일의 경우 1년) 묵인·방치한 경우에는 그 위법성을 이유로 취소를 할 수 없다(취소권 상실). 이것은 위법한 경찰작용의 존속을 장기간 신뢰한 개인에게 피해를 주는 경우 경찰관청은 이를 수인하여야 하며, 위법성을 주장하지 못하기 때문이다.[12)]

(4) 불법에 있어서 동등처우

위법하지만 시행되고 있는 행정규칙 또는 행정관행을 신뢰한 경우 신뢰보호를 이유로 장래에 있어서도 그 관례에 따라 처리해 줄 것을 주장할 수 있는가의 문제이다. 일반적으로 청구할 수 없다고 본다.

(5) 처분사유의 추가·변경

취소소송에서 경찰관청이 처분사유를 추가·변경하는 것은 신뢰보호의 원칙상 당초의 처분사유와 기본적 사실관계에 있어서 동일성이 있는 것에 한하여 인정된다.

5) 위반의 효과

신뢰보호의 원칙은 실정법적 효력을 가지므로 이에 위반한 행정행위는 위법으로서 취소사유에 해당된다(다수설, 판례).

4. 행정상 자기구속의 원칙

1) 개념

행정의 자기구속(自己拘束)이란 경찰관청이 상대방에 대하여 이미 같은 종류의 사

12) 실권 또는 실효의 법리는 법의 일반원리인 신의성실의 원칙에 바탕을 둔 파생원칙인 것이므로 공법관계 가운데 관리관계는 물론이고 권력관계에도 적용되어야 함을 배제할 수는 없다 하겠으나 그것은 본래 권리행사의 기회가 있음에도 불구하고 권리자가 장기간에 걸쳐 그의 권리를 행사하지 아니하였기 때문에 의무자인 상대방은 이미 그의 권리를 행사하지 아니할 것으로 믿을 만한 정당한 사유가 있게 되거나 행사하지 아니할 것으로 추인케 할 경우에 새삼스럽게 그 권리를 행사하는 것이 신의성실의 원칙에 반하는 결과가 될 때 그 권리행사를 허용하지 않는 것을 의미한다(대판 1988.4.27, 87누915).

안에 대해서 제3자에게 행한 결정과 동일한 결정을 하여야 할 구속을 받는 것을 말한다. 즉 경찰관청이 재량권을 행사함에 있어서 제3자에게 어떤 사안에 대하여 일정한 결정을 하였으면 같은 종류의 사안에 대하여 동일한 결정을 하여야 한다는 것이다.

2) 적용영역과 기능

(1) 적용영역

① 재량영역

행정의 자기구속의 법리는 재량영역에만 적용되고, 기속행위에는 적용되지 않는다. 기속행위는 법규의 일의적인 규정에 의하여 선택의 여지가 없고, 경찰관청이 스스로 결정기준을 정립할 수 없기 때문이다.

② 행정선례 또는 행정규칙의 존재

행정의 자기구속의 법리가 적용되기 위해서는 비교대상이 되는 1회 이상의 행정선례 또는 행정규칙이 존재하여야 한다.

③ 행정선례 또는 행정규칙의 적법성

행정의 자기구속의 법리는 행정선례 또는 행정규칙 등이 적법한 경우에만 적용되어야 하며, 위법한 경우에는 적용되지 않는다.

(2) 기능

① 재량통제기능

행정의 자기구속의 법리는 재량권을 축소하는 기능을 가지고 있다. 자기구속의 법리는 스스로 정한 준칙을 통하여 모든 사안에서 모든 국민을 평등하게 다루도록 요구한다. 그 결과 경찰작용의 독자적 영역으로 인정되고 법원의 심사권이 미치지 않았던 재량부분은 평등원칙을 매개로 축소되고 사법심사의 범위가 확대된다.

② 행정의 통일성 유지

자기구속의 법리는 같은 종류의 사안에 대하여 동일한 취급을 하도록 하고 행정의 예측가능성을 확보함으로써 경찰법관계의 안정성을 도모하고 동일성을 유지하게 한다.

③ 국민의 권익 보호

일반적으로 행정규칙은 법규성이 없으므로 경찰관청이 행정규칙을 위반하여도 그 행위는 위법이 되지 아니한다. 그러나 위반행위가 헌법상 평등원칙에 위배되고 자기구속의 법리에 위반하는 것으로 인정된다면 위법이 된다. 이 경우에 행정의 자기구속의 법리는 행정규칙을 법규로 전환시키는 전환규범으로서의 기능을 하게 한다.

3) 근거

행정의 자기구속의 법리의 근거에 대하여 신뢰보호에 근거를 구하는 견해도 있으나, 평등원칙에서 구하는 것이 일반적이다(다수설, 판례). 이 평등원칙설에 의하면 재량권의 행사는 행정권이 스스로 정립한 행동준칙에 따라 균등하게 행사되어야 하며, 만일 같은 종류의 사안에서 불평등한 차별대우가 있다면 그 준칙에 의한 수익을 주장할 수 있다.

4) 성립요건

행정의 자기구속의 법리가 성립되기 위해서는 경찰관청이 과거에 상대방에 대하여 동종 사안에 대하여 1회 이상의 결정한 선례가 있어야 한다. 행정선례가 되풀이되어 실무상 행정관행이 되면 자기구속력이 강화되지만, 행정의 자기구속의 법리가 성립되기 위하여 관행까지 될 필요는 없다.

5) 내용과 효과

행정의 자기구속의 원칙은 경찰관청에 대하여 특정한 행위의 청구권을 부여하지 않는다. 다만, 경찰관청에게 평등한 고려를 요구할 수 있는 형식적 권리를 부여하고, 경찰관청이 평등한 고려를 하지 않으면 평등원칙 위반을 이유로 처분의 취소를 구할 수 있다.

경찰관청이 행정의 자기구속의 법리에 위반하는 결정을 한 경우 상대방은 같은 종류의 경찰상 행정행위를 청구하는 권리, 불평등배제청구권 등을 가질 수 있다.

그러나 자기구속의 법리는 적법한 행정작용을 전제로 한다. 만약에 위법한 행정작용에 대해서도 자기구속을 인정한다면, 이것은 불법의 유지를 조장하는 행위가 될 것이기 때문이다.

제4항 경찰행정법의 효력

Ⅰ 의의

경찰행정법의 효력이란 경찰행정법이 장소적 · 시간적 · 인적으로 그 관계자를 구속하는 힘을 말한다. 여기서 효력이란 실효성을 의미하는 것이 아니라 규범적 효력을 말한다.

Ⅱ 시간적 효력

1. 효력의 발생

1) 공포

경찰행정법은 헌법과 법률이 정하는 바에 따라 공포되어야 효력이 있다. 공포란 확정된 법령의 시행을 위하여 국민에게 알리는 것을 말하며, 법령 · 조약의 경우 관보에 게재하고, 조례 · 규칙의 경우 그 지방자치단체의 공보 · 일간신문에 게재 또는 게시판에 게시하는 것을 말한다.

일반적으로 '공포한 날'이란 공포하려는 법령이 게재된 관보 또는 신문이 현실적으로 발행된 날이다(「법령 등 공포에 관한 법률」 제12조). 관보발행일은 도달주의 입장에서 관보가 서울의 중앙보급소에 도달하여 국민이 구독할 수 있는 상태에 놓인 최초의 시점으로 본다(최초구독가능시설; 통설. 판례).

2) 효력발생

(1) 원칙

경찰행정법은 법령 · 조례 · 규칙에 시행일에 관하여 특별한 규정이 없는 한, 공포한 날로부터 20일이 경과함으로써 그 효력이 발생한다(「법령 등 공포에 관한 법률」 제13조). 이와 같이 공포일과 시행일 사이에 시간적 간격을 두는 것은 경찰법령이 강행성을 가지기 때문에 그 내용을 일반 국민에게 주지시키기 위한 것이다. 이를 주지기간 또는 시행유예기간이라 한다.

(2) 국민의 권리제한 및 의무부과와 직접 관련된 법령

국민의 권리제한 또는 의무부과와 직접 관련되는 법률 · 대통령령 · 총리령 및 부령은 긴급히 시행하여야 할 특별한 사유가 있는 경우를 제외하고는 공포일로부터 적어도 30일이 경과한 날로부터 시행되도록 하여야 한다(「법령 등 공포에 관한 법률」 제13조의2).

(3) 특칙

법령 · 조례 · 규칙 등은 실제로 위의 원칙에 의하지 아니하고 그 부칙이나 시행령에 그 시행일을 따로 정하는 경우가 많다. 공포한 후 일정한 유예기간을 두는 경우, 일정한 사실이 발생한 날로부터 시행하는 경우, 공포일로부터 시행하는 경우, 시행일을 대통령령에 위임하는 경우 등을 들 수 있다.

3) 시행일

경찰행정법의 시행일은 그 효력발생일을 말하며, 그 기준일은 공포일이다.

2. 소급효금지의 원칙과 예외

새 법령이 시행되기 전에 종결된 사실에 대하여 새 법령을 적용하지 못한다. 이를 소급효금지의 원칙 또는 불소급의 원칙이라 한다. 그 이유는 기득권 존중, 법적 안정성, 예측가능성이라는 실질적 법치주의의 요청 때문이다.

소급에는 진정소급과 부진정소급이 있다. 진정소급은 효력발생일 이전에 이미 완성된 사항에 대하여 소급하는 것이고, 부진정소급은 효력발생일까지 진행 중인 사항에 대하여 소급하는 것을 말한다. 진정소급효는 금지되지만 부진정소급효는 금지되지 않는다.[13)]

이와 같이 소급금지의 원칙은 상대방의 기득권 보호에 그 취지가 있으므로 예외적으로 소급하여 적용하는 것이 국민에게 권리·이익을 부여하는 경우, 국민의 기득권에 영향이 없는 경우, 국민의 기득권을 침해하더라도 합리적 타당성이 있는 경우에는 소급적용을 할 수 있다. 또한 입법으로 소급효를 인정하는 경우도 있다. 그리고 형벌법규가 헌법재판소에서 위헌으로 결정된 경우에도 소급이 인정된다(「헌법재판소법」 제47조 제2항).

한편, 신법이 시행되는 시점에 진행 중인 사실에 대한 신·구관계를 조정하기 위하여 부칙에 경과규정을 두는 것이 보통이다.

3. 효력의 소멸

경찰행정법은 그 법령 또는 동위·상위의 법령의 명시적인 개폐가 있거나 그 법령과 저촉되는 동위·상위의 법령이 제정됨으로써 상위법 우위의 원칙과 신법 우선의 원칙 등을 통하여 그 효력이 소멸된다.

일정한 유효기간이 규정되어 있는 한시법(限時法)인 경우 유효기간이 경과하거나 해제조건이 성취됨으로써 그 효력은 당연히 소멸한다. 다만, 그 유효기간 내의 위법행위에 대하여는 법령의 실효 후에도 처벌할 수 있다.[14)] 의문의 여지를 없애기 위하

13) 소급입법금지의 원칙은 각종 조세나 부담금 등을 납부할 의무가 이미 성립한 소득, 수익, 재산, 행위 또는 거래에 대하여 그 성립 후의 새로운 법령에 의하여 소급하여 부과하지 않는다는 원칙을 의미하는 것이므로, 계속된 사실이나 새로운 법령 시행 후에 발생한 부과요건 사실에 대하여 새로운 법령을 적용하는 것은 위 원칙에 저촉되지 않는다(대판 1995.4.25, 93누13728).

14) 조세법률주의의 원칙상 조세의무는 각 세법에 정한 과세요건이 완성된 때에 성립된다고 할 것이나, 조세법령이 일단 효력을 발생하였다가 폐지 또는 개정된 경우 조세법령이 정한 과세요건 사실이 폐지 또는 개정된 당시까지 완료된 때에는 다른 경과규정이 없는 한 그 과세요건 사실에 대하여는 종전의 조세법령이 계속 효력을 가지며, 조세법령의 폐지 또는 개정 후에 발생된 행위사실에 대하여만 효력을 잃는 것이라고 보아야 할 것이므로, 조세법령의 폐지 또는 개정 전에 종결된 과세요건 사실에 대하여 폐지 또는 개정 전의 조세법령을 적용하는 것이 조세법률주의의 원칙에 위배된다고 할 수 없다(대판 1993.5.11, 92누18399).

여 이에 대하여 법령에서 명문의 규정을 두는 것이 보통이다.

Ⅲ 장소적 효력

경찰행정법은 그것을 제정한 기관의 관할구역 내에서만 효력을 미치는 것이 원칙이다. 중앙정부에서 제정한 경찰법규는 전국에 미치는 것이 일반적이나, 자치법규는 당해 지역 내에서만 효력을 가진다.

그리고 법령의 성질상 일정한 장소에만 효력이 미치는 경우가 있다. 「제주특별자치도 설치 및 국제자유도시 조성을 위한 특별법」은 제주자치도에서만 효력이 있다.

국제법상 치외법권이 미치는 구역(외국공관 등)에는 경찰행정법이 적용되지 않는다.

Ⅳ 인적 효력

경찰행정법은 원칙적으로 속지주의(屬地主義)에 따라 대한민국의 영토 내에 있는 자연인 · 법인 · 내국인 · 외국인 등 모든 권리주체에게 적용된다.

그러나 이에 대한 예외가 있다. 첫째, 외국원수 · 외교사절 등과 같이 치외법권을 가진 자에게는 우리나라의 과세권이나 경찰권이 적용되지 않는다. 둘째, 우리나라에 주둔하고 있는 미합중국군대구성원에 대하여는 한미행정협정에 의하여 우리나라 경찰행정법이 매우 제한적으로 적용된다. 셋째, 일반외국인에 대해서는 경찰법규가 일반적으로 적용되지만 상호주의에 의하여 그 적용이 제한되거나 법령상 특칙을 두는 경우가 많다. 넷째, 국외에 주거하는 우리나라 국민에게도 우리의 경찰법규가 적용되는 경우가 있다. 「여권법」이나 경찰법규가 국가의 공공이익과 관련되고 그 취지 · 목적이 국외에서의 행위까지 규율할 것이 요구되는 경우이다.

경찰행정법

제2장

경찰조직법

제1절 경찰조직법 개설

제1항 경찰조직법의 개념

I 행정조직법과 경찰조직법

경찰조직법이란 행정주체의 경찰에 관한 행정조직법을 말하며, 행정주체의 경찰조직에 관한 법의 총체를 말한다.

이 관념을 검토하기 위하여 행정주체, 행정조직, 행정기관에 대한 이해가 필요하다. 행정주체란 행정작용의 법적 효과가 궁극적으로 귀속되는 주체로서 행정을 행할 수 있는 권한과 그에 따른 의무를 가지며, 자기의 이름과 책임으로 행정을 행한다. 국가와 공공단체(지방자치단체, 공공조합, 영조물법인, 공법상 재단)가 대표적인 행정주체이다. 그러나 행정주체는 공법인이므로 직접 현실적으로 행정을 수행할 수 없고, 그 행정사무를 담당하는 기관이 필요하다. 이것을 행정기관이라 한다. 즉 행정기관은 행정에 관한 권한을 실제로 행사하는 기관이며, 이렇게 행정기관이 권한을 행사하면 그 결과로 발생한 법적 효과가 행정주체에게 귀속한다. 그리고 행정조직이란 여러 행정기관으로 구성된 계통적 조직을 말한다.

이러한 개념요소를 가진 행정조직법은 그 내용과 범위에 따라 광의, 협의, 최협의로 파악할 수 있다. 광의의 행정조직법은 행정기관의 설치 · 구성 · 권한 등에 관한 규율과 행정기관을 구성하는 모든 인적 요소, 물적 요소, 인적 · 물적 종합요소에 관한 법을 말한다. 이러한 의미에서 행정조직법은 행정기관법, 공무원법, 공물법, 공기업법을 포함한다. 한편, 협의의 행정조직법은 광의의 행정조직법에서 공무원 · 공물 · 공기업에 관한 규율을 제외한 것으로서 행정주체의 조직 자체에 관한 법, 즉 국가 또는 지방자치단체 및 기타의 공공단체의 행정기관의 설치 · 폐지 · 구성 · 권한 · 상호관계를 정한 법만을 의미한다. 행정기관법과 동일한 의미를 가진다. 그리고 최협의의 행정조직법은 협의의 관념에서 지방자치단체 및 기타의 공공단체를 제외하고 국가행정기관의 조직에 관한 법만을 말한다.

공물과 공기업 등도 행정조직의 물적 요소에 포함되지만 그 핵심은 국민의 이용관계에 있으므로 급부행정에서 취급하는 것이 일반적이다. 그리고 경찰공무원법은 그 자체로서 하나의 독자적인 체계성을 갖추고 있지만, 경찰기관을 구성하는 인적 요소로서 경찰기관과 밀접한 관계에 있으므로 이 두 가지를 함께 고찰하는 것이 적절하다. 따라서 경찰조직법이란 국가 · 지방자치단체의 경찰기관과 경찰공무원에 관한 법이라고 할 수 있다.

Ⅱ 행정조직법정주의

행정조직은 행정권 행사를 목적으로 하는 조직이고, 행정기관의 설치와 권한은 국민에게 지대한 영향을 미치며, 또한 경제적으로 국민에게 상당한 부담을 줄 수 있다. 따라서 행정조직에 관한 입법부의 통제가 필요하고 볼 수 있다. 이에 헌법에서는 행정조직에 관한 기본적인 사항을 법률로서 정하도록 하고 있다. 이를 행정조직법정주의라고 한다.[1] 이것은 행정조직의 영역에서 법치주의 원리의 반영 내지 실현이라고 할 수 있다. 행정조직법정주의의 적용 대상에 경찰조직 내지 경찰기관도 당연히 포함된다.

그러나 행정의 능률성 · 탄력성을 확보하기 위하여 법률에서 위임명령(대통령령)에 위임하는 경우가 많아서 행정조직법정주의가 상당히 약화되었다고 할 수 있다. 예를 들면 국가행정조직에 관한 기본법인 「정부조직법」 제3조 제1항에서는 "중앙행정기관에는 소관사무를 수행하기 위하여 필요한 때에는 특히 법률로 정한 경우를 제외하고는 대통령령으로 정하는 바에 따라 지방행정기관을 둘 수 있다"고 규정하고 있다. 이 규정에 의하여 지방의 경찰관서는 대통령령에 의하여 설치되고 있다.

1) 예를 들면, 「정부조직법」 제2조 제1항에서는 "중앙행정기관의 설치와 직무범위는 법률로 정한다"고 규정하고 있다.

제2항 경찰기관의 의의와 종류

I 경찰기관의 의의

1. 경찰기관의 개념

행정주체의 행정에 관한 권한을 실제로 행사하는 기관을 행정기관이라 하고, 행정기관 중 경찰사무를 수행하는 기관이 경찰기관이다. 그러나 경찰기관에서 실제로 그 직무를 담당하고 있는 것은 공무원이다. 즉 경찰기관은 자연인인 인간의 활동을 통하여 행위를 하며, 그 기관의 구성자는 인간인 공무원이다.

경찰기관은 경찰공무원과 구별된다. 따라서 기관구성원인 경찰공무원이 사망·퇴직·전보 등으로 변동되어도 그 기관의 행위에는 아무런 영향을 주지 않는다. 한편 경찰공무원은 독립된 권리주체로서 행정주체와 일정한 권리·의무 관계를 맺고 있다.

2. 경찰기관의 법인격성

행정조직상 권리주체는 행정주체이며, 표현기관인 행정기관의 행위를 통하여 법률효과가 국가·공동단체 등에 귀속한다. 이에 따라서 행정기관이 단순히 표현기관에 그치느냐 아니면 스스로 인격을 가지느냐가 문제된다.

행정기관 또는 경찰기관이 행정주체가 가지는 주관적 권리를 가지는 것이 아니라 행정에 관한 권한만을 가지기 때문에 원칙적으로 법인격성 또는 기관인격을 가지고 있지 않다. 즉 경찰기관은 행정주체의 임무를 담당하는 권한의 담당자일 뿐이며, 경찰기관의 행위는 자신을 위한 것이 아니라 행정주체인 국가나 지방자치단체를 위한 것이기 때문에 경찰기관은 권리능력을 가지고 있지 않다. 이 견해에 의하면 경찰기관은 국민에 대한 관계에서 행정주체에 몰입되어 그 표현기관으로서의 지위를 가질 뿐이고 독립된 법인격을 가지지 않는다.

그러나 예외적으로 실정법에서 법률관계의 당사자로 인정되는 경우에는 행정기관도 일정한 범위 내에서 권리와 인격을 소유한다고 할 수 있다. 예를 들면 ㉠ 법률이 행정기관에게 법률관계의 당사자로서의 지위를 부여한 경우에 그 한도 내에서 인격을 소유한다. 행정주체가 아닌 행정청이 행정소송이나 행정심판의 당사자가 경우를 그 예로 들 수 있다. ㉡ 조직내부에서는 기관 자신의 이름으로 행위하고 법률효과가 기관에 귀속하는 한도 내에서 인격을 소유한다. 권한의 위임, 기관쟁송의 당사자, 훈령, 협의 등에서 나타난다. 그러나 엄격하게 말하면 이 경우에도 그 법적효과의 귀속주체는 경찰기관이 아니라 행정주체인 국가 또는 지방자치단체이기 때문에 경찰기관이 인격을 갖는다고 할 수 없다.

Ⅱ 경찰기관의 종류

행정작용법적 관점에서 경찰기관의 종류를 논하는 경우 행정관청을 중심으로 하여, 그와의 관계에 따라 보조기관, 보좌기관, 의결기관, 자문기관, 집행기관, 공기업기관 및 영조물기관, 부속기관 등으로 구별한다.

1. 행정관청

1) 의의

행정관청은 행정에 관한 행정주체의 의사를 결정하고 이를 외부(국민, 주민 등)에 표시할 수 있는 권한을 가진 행정기관이다. 실정법상으로는 '행정기관의 장' 또는 '행정기관' 등으로 표시한다.

행정관청은 행정행위의 관념, 행정쟁송법상 청구인적격 · 피고적격, 항고쟁송의 대상 결정 등에 있어서 중요한 의의를 가진다. 행정관청의 설치 · 직무범위는 법률로 정한다(「정부조직법」 제2조 제2항).

2) 행정관청과 행정청

엄격한 의미의 행정청은 지방자치단체의 의사를 결정 · 표시할 수 있는 권한을 가진 행정기관으로서 서울특별시장, 광역시장, 도지사, 시장, 군수, 자치구청장을 말한다. 그러나 광의로 파악하면 행정관청도 포함된다. 「행정소송법」이나 「행정심판법」 제1조의 '행정청'은 이러한 의미를 가진다.

3) 종류

행정관청은 구성원의 수에 따라 독임제 행정관청(대통령, 국무총리, 행정안전부장관, 경찰청장, 해양경찰청장, 지방경찰청장, 경찰서장 등)과 합의제 행정관청(소청심사위원회 등)으로 분류된다.

그리고 관할지역의 범위에 따라 중앙관청(행정안전부장관, 경찰청장, 해양경찰청장 등 중앙행정기관의 장)과 지방관청으로 나눈다. 지방관청은 그 사무범위에 따라 보통지방관청(특별시장, 광역시장, 도시자 등)과 특별지방관청(지방경찰청장, 지방병무청장, 지방국세청장 등)으로 나눈다.

2. 보조기관

보조기관이라 함은 행정관청의 의사 또는 판단의 결정이나 표시를 보조함으로써 행정기관의 목적달성에 공헌하는 기관을 말한다(「행정기관의 조직과 정원에 관한 통칙」 제2조 제6호). 이 보조기관은 스스로 행정주체의 의사를 결정 · 표시 · 집행할 권한은 없고, 다만, 행정관청을 보조하는 것을 임무로 하는 행정기관이다. 예외적으로 보조기관이 권한을 위임받은 경우 또는 법률상 당연히 행정관청을 대리하는 경우 그 범위 안에서 행정관청의 지위에 선다.

중앙행정기관의 보조기관은 「정부조직법」과 다른 법률에 특별한 규정이 있는 경우를 제외하고는 차관 · 차장 · 실장 · 국장 또는 부장 및 과장으로 한다. 경찰보조기관으로는 경찰차장, 경무국장, 생활안전국장, 수사국장, 경비국장, 정보국장, 보안국장, 외사국장, 각 과장 등이 있다.

3. 보좌기관

보좌기관이라 함은 행정기관이 그 기능을 원활하게 수행할 수 있도록 그 기관장이나 보조기관을 보좌함으로써 행정기관의 목적달성에 공헌하는 기관을 말한다(「행정기관의 조직과 정원에 관한 통칙」 제2조 제7호). 보좌기관은 전문적 지식을 활용하여 정책의 기획, 계획의 입안, 연구 · 조사, 심사 · 평가 및 홍보와 행정개선 등에 관하여 행정기관의 장이나 그 보조기관을 보좌한다(「행정기관의 조직과 정원에 관한 통칙」 제12

조). 이 보조기관을 참모기관 또는 막료기관이라고도 한다. 경찰보좌기관으로서는 경찰청의 기획조정관, 감사관, 정보통신관리관, 교통관리관 등이 있다.

보좌기관도 넓은 의미의 보조기관의 일종이다. 그러나 보조기관은 자기의 명의로 든 아니면 직접 정책결정·행정집행에 관여하나, 보조기관은 정책의 기획, 계획의 입안 및 연구조사를 통하여 계선조직을 내부적으로 지원하여 간접적으로 행정목적에 이바지하는 점에서 구별된다. 그러나 실제 운영상 명확히 구분되지 아니한다.

4. 의결기관

의결기관은 행정에 관한 행정주체의 의사를 결정하는 권한을 가진 합의제 행정기관이다. 의결기관은 의결권만 가지고 대외적으로 행정주체를 대표하여 그 의사를 표시할 권한이 없다는 점에서 행정관청과 구별된다. 그리고 국가의 의사를 결정할 권한을 가진다는 점에서 단순한 자문기관이나 보조기관과 구별된다. 또한 직접 행정에 관한 의사를 결정하며 행정관청이 이에 구속된다는 점에서 자문기관과도 구별된다.

경찰의결기관으로는 경찰위원회, 경찰공무원징계위원회 등이 있다. 의결기관의 설치에는 법률의 근거가 필요하다.

5. 자문기관

자문기관이라 함은 부속기관 중 행정관청의 자문에 응하여 행정관청에 전문적인 의견을 제공하거나, 자문을 구하는 사항에 관하여 심의·조정·협의하는 등 행정관청의 의사결정에 도움을 주는 행정기관을 말한다(「행정기관의 조직과 정원에 관한 통칙」 제2조 제4호).

자문기관은 ㉠ 그 의사결정이 당해 행정관청을 기속하지 못하는 점에서 이결기관과 구별되며, ㉡ 행정주체의 의사를 결정 또는 표시할 수 없다는 점에서 행정관청과 구별된다. 그리고 법률상 자문절차가 규정되어 있음에도 불구하고 이를 거치지 않는 경우 그 행위는 절차상 하자있는 행위로서 그 하자는 원칙적으로 취소사유에 해당한다.

경찰자문기관으로는 경찰공무원 인사위원회, 치안행정협의회 등이 있다.

6. 집행기관

집행기관은 행정관청의 명을 받아 행정주체의 의사를 사실상 집행하는 행정기관이다. 집행기관은 실력을 행사하여 행정관청의 의사를 강제적으로 실현한다.

경찰집행기관으로는 경찰공무원, 소방공무원, 전투경찰대, 해양경찰대 등이 있다.

7. 감사기관

감사기관은 행정기관의 사무 또는 회계를 감시 · 검사하고, 그 비위를 적발 · 시정하는 권한을 가진 행정기관이다. 감사기관은 행정의 적법 · 타당성을 확보하고, 행정의 경제적 수행을 보장하기 위하여 설치된다. 보통감사기관은 상급관청이며 소속 행정기관을 감독하는 수단으로 감사를 하며, 특정한 감사업무를 수행하는 특별감사기관으로서 감사원이 있다.

8. 공기업기관 및 영조물(공공시설)기관

공기업기관 및 영조물(공공시설)기관은 국가의 사경제적 기업 또는 공기업이나 영조물의 관리 · 운영을 임무로 하는 행정기관으로서 현업기관(공기업 경영을 담당하는 기관)이라고도 한다. 이는 공기업기관(체신관서, 철도관서, 전매관서 등)과 영조물기관(국립병원, 국립대학, 국립도서관 등)으로 나눈다.

이 기관은 그 권한의 범위 내에서 행정에 관한 행정주체의 의사를 결정 · 표시할 수 있으므로 그 한도 내에서 행정관청의 지위에 선다.

영조물기관은 대통령령으로 설치할 수 있으나, 공기업기관은 별도의 법률에 그 근거를 요한다.

9. 부속기관

부속기관이라 함은 행정권의 직접적인 행사를 임무로 하는 기관에 부속하여 그 기관을 지원하는 행정기관을 말한다(「행정기관의 조직과 정원에 관한 통칙」 제2조 제3호).

경찰부속기관으로는 경찰청에 소속된 경찰대학, 경찰교육원, 중앙경찰학교, 경찰수사연수원 등이 있다.

제2절 경찰조직법

제1항 국가경찰조직법

I 국가경찰행정관청

1. 의의와 종류

우리나라의 경찰조직은 원칙적으로 중앙집권적 국가경찰로 일원화되어 있지만, 예외적으로 「제주특별자치도 설치 및 국제자유도시 조성을 위한 특별법」에 따라 제주특별자치도에는 자치경찰을 인정하고 있다.

국가경찰권의 발동은 국가행정작용이므로 일반경찰권은 행정권의 일부로서 대통령을 수반으로 하는 정부에 속한다. 즉 국가경찰권은 대통령과 국무총리의 통괄 아래에 있다.

국가경찰관청이란 경찰에 관한 국가의사를 결정하고 이를 외부에 표시할 수 있는 권한을 가진 경찰기관을 의미한다. 경찰관청은 경찰작용의 종류에 따라 일반경찰관청과 특별경찰관청으로 나눈다. 일반경찰관청은 보안경찰작용을 담당하는 일반경찰기관을 의미하며, 일반적인 위험방지사무를 담당한다. 보통경찰관청이라고도 한다. 일반경찰관청은 국가중앙경찰관청과 국가지방경찰관청으로 나눈다.

국가특별경찰관청은 특정의 전문영역에서 협의의 행정경찰작용을 담당하는 경찰기관으로서 그 주된 기능을 담당하는 행정관청(보건복지부장관, 국토해양부장관, 철도청장 등)이 행한다. 그리고 비상경찰을 담당하는 계엄사령관과 위수사령관 등도 국가특별경찰관청에 속한다.

2. 국가일반경찰관청

1) 의의

국가일반경찰관청은 경찰에 관한 국가의 의사를 결정 · 표시하는 권한을 가진 경찰에 관한 행정관청이다. 「정부조직법」에서는 치안에 관한 사무를 관장하기 위하여 행정안전부장관 소속의 외청으로서 경찰청을 두고, 경찰청의 조직 · 직무범위 그 밖에 필요한 사항은 따로 법률로 정하도록 하고 있다(「정부조직법」 제29조 제4항 및 제5항). 한편, 해양에서의 경찰 및 오염방제에 관한 사무를 관장하기 위하여 국토해양부장관 소속으로 해양경찰청을 설치하고 있다(「정부조직법」 제37조 제3항).

따라서 국가중앙경찰관청은 경찰청장과 해양경찰청장이며, 국가지방경찰관청은 지방경찰청장과 경찰서장 및 지방해양경찰청과 해양경찰서이다.

현재 행정안전부장관은 중앙경찰관청이 아니며, 경찰조직을 지휘 · 감독하는 주무부장관에 불과하다. 다만, 행정안전부장관은 총경 이상의 임명제청권, 3급 이상 공무원의 인사권, 중요 정책수립에 관하여 경찰청장에게 지휘 · 감독권을 행사함에 그친다.

2) 국가중앙경찰관청

(1) 경찰청장

① 일반적인 지위

치안에 관한 사무를 관장하기 위하여 행정안전부장관 소속으로 경찰청을 둔다(「정부조직법」 제29조 제4항 및 「경찰법」 제2조 제1항). 경찰청장은 치안총감으로 보하며(「경찰법」 제11조 제1항), 경찰위원회의 동의를 받아 행정안전부장관의 제청으로 국무총리를 거쳐 대통령이 임명한다(「경찰법」 제11조 제2항 및 「경찰공무원법」 제6조 제1항). 이 경우 국회의 인사청문을 거쳐야 한다.

경찰청장은 국가경찰에 관한 사무를 총괄하고 경찰청 업무를 관장하며, 소속 공무원 및 각급 국가경찰기관의 장을 지휘 · 감독한다(「경찰법」 제11조 제3항). 그리고 총경 이상의 경찰공무원의 임용추천권과 경정 이하의 경찰공무원의 임용권을 가진다.

경찰청장의 임기는 2년으로 하고 중임할 수 없다(「경찰법」 제11조 제5항). 경찰청장이 그 직무를 집행하면서 헌법이나 법률을 위배하였을 때에는 국회는 탄핵의 소추를 의결할 수 있다(「경찰법」 제11조 제6항).

② 비상시 지위

경찰청장은 비상시에 자치경찰에게 지휘 · 명령을 할 수 있다. 즉 경찰청장은 전시 · 사변, 천재지변, 그 밖에 이에 준하는 국가 비상사태, 대규모의 테러 또는 소요사태가 발생하였거나 발생할 우려가 있어 전국적인 치안유지를 위하여 긴급한 조치가 필요하다고 인정할 만한 충분한 사유가 있는 경우에는 제주특별자치도의 자치경찰공무원을 직접 지휘 · 명령할 수 있다. 다만, 제주특별자치도 지역 단위의 치안유지를 위하여 필요한 경우에는 제주특별자치도 지방경찰청장이 지휘 · 명령할 수 있다(「경찰법」 제25조 제1항).

③ 보조 · 보좌기관

경찰청장의 보조기관으로서 경찰청차장 · 국장 · 부장 및 과장이 있다(「경찰법」 제13조 제1항). 경찰차장은 치안정감으로 보한다. 차장은 경찰청장을 보좌하며, 경찰청장이 부득이한 사유로 직무를 수행할 수 없을 때에는 그 직무를 대행한다(「경찰법」 제12조). 보조기관으로서 국장은 경무국 · 생활안전국 · 수사국 · 경비국 · 정보국 · 보안국 및 외사국에 있다(「경찰청과 그 소속기관직제」 제4조 제1항).

그리고 경찰청장의 보좌기관으로 정책의 기획이나 계획의 입안 및 연구조사를 통하여 그를 직접 보좌하는 담당관을 둘 수 있다(「경찰법」 제13조 제2항). 현재 보좌기관으로 차장 밑에 기획조정관 · 감사관 · 정보통신관리관 및 교통관리관이 있다(「경찰청과 그 소속기관직제」 제4조 제2항).

④ 부속기관

경찰청장의 관장사무를 지원하기 위하여 경찰청장 소속 하에 경찰대학 · 경찰교육원 · 중앙경찰학교 및 경찰수사연수원을 두고, 책임운영기관으로 경찰병원을 둔다(「경찰청과 그 소속기관직제」 제2조 제1항 및 제2항).

(2) 해양경찰청장

① 지위

해양에서의 경찰 및 오염방제에 관한 사무를 관장하기 위하여 국토해양부장관 소속으로 해양경찰청을 둔다(「정부조직법」 제37조 제3항). 해양경찰은 해양에서의 경찰사무를 전반적으로 관장하므로 일반경찰에 해당하며, 특별경찰(협의의 행정경찰)이라고 할 수는 없다. 해양경찰은 「경찰법」의 적용을 받지 아니한다. 그러나 「경찰공무원법」이 적용되고 「경찰관직무집행법」에 의하여 직무를 수행한다.

해양경찰청에 청장 1명을 두되, 해양경찰청장은 치안총감으로 보한다(「정부조직법」 제37조 제4항 및 「해양경찰청과 그 소속기관 직제」 제4조).

해양경찰청장은 국토해양부장관의 제청으로 국무총리를 거쳐 대통령이 임명한다(「경찰공무원법」 제6조 제1항).

② 보조 · 보좌기관

해양경찰청장의 보조기관으로는 해양경찰차장과 국장 및 과장이 있다.

해양경찰청에 차장 1명을 두되, 차장은 치안정감으로 보한다(「정부조직법」 제37조 제4항 및 「해양경찰청과 그 소속기관 직제」 제5조). 그리고 해양경찰청에 운영지원과 · 경비안전국 · 정보수사국 · 장비기술국 및 해양오염방제국을 둔다(「해양경찰청과 그 소속기관 직제」 제4조). 각 국에는 국장 1명을 두며, 국장은 치안감 또는 경무관으로 보한다. 운영지원과장은 총경으로 보한다.

보좌기관으로는 차장 밑에 기획조정관 및 감사담당관 각 1명을 둔다(「해양경찰청과 그 소속기관 직제」 제6조).

③ 부속기관

해양경찰청장의 관장사무를 지원하기 위하여 해양경찰청장 소속으로 해양경찰학교 및 해양경찰연구소를 두고(「해양경찰청과 그 소속기관 직제」 제2조 제1항), 책임운영기관으로 해양경찰정비창을 둔다(「해양경찰청과 그 소속기관 직제」 제2조 제3항).

3) 국가지방경찰관청

(1) 지방경찰청장

① 지위

경찰청의 사무를 지역적으로 분담하여 수행하게 하기 위하여 특별시장 · 광역시장 및 도지사 소속으로 지방경찰청을 두고, 인구, 행정구역, 면적, 지리적 특성, 교통 및 그 밖의 조건을 고려하여 시 · 도지사 소속으로 2개의 지방경찰청을 둘 수 있다(「경찰법」 제2조 제2항).

지방경찰청에 지방경찰청장을 두며, 지방경찰청장은 치안정감 · 치안감(治安監) 또는 경무관(警務官)으로 보한다(「경찰법」 제14조 제1항). 서울특별시 · 부산광역시 및 경기도 지방경찰청장은 치안정감으로, 그 밖의 지방경찰청장은 치안감으로 보한다(「경찰청과 그 소속기관 직제」 제40조 제3항).

지방경찰청장은 경찰청장의 지휘 · 감독을 받아 관할구역의 국가경찰사무를 관장하고 소속 공무원 및 소속 국가경찰기관의 장을 지휘 · 감독한다(「경찰법」 제14조 제2항). 즉 지방경찰청장은 시 · 도지사에 소속되어 있지만, 국가경찰사무를 수행하면서 경찰청장의 지휘 · 감독을 받는다.

② 보조 · 보좌기관

지방경찰청장의 보조기관으로서 지방경찰청 차장과 각 부장 및 과장이 있다.

지방경찰청장을 보조하기 위하여 각 시 · 도(부산, 제주 제외)의 지방경찰청에 차장 각 1명을 두고, 경기도의 지방경찰청에 차장 2명을 둔다(「경찰청과 그 소속기관 직제」 제41조 제1항). 차장은 지방경찰청장을 보좌하여 소관 사무를 처리하고 지방경찰청장이 부득이한 사유로 직무를 수행할 수 없을 때에는 그 직무를 대행한다(「경찰법」 제15조). 서울과 경기도의 지방경찰청의 차장은 치안감으로, 그 외의 지방경찰청 차장은 경무관으로 보한다(「경찰청과 그 소속기관 직제」 제41조 제2항).

보조기관으로서 부장 또는 과장은 지방경찰청에 따라 다르다. 서울지방경찰청의 경우 경무부 · 생활안전부 · 수사부 · 교통지도부 · 경비부 · 정보관리부 및 보안부에 부장 1인을 두되, 부장은 경무관으로 보한다(「경찰청과 그 소속기관 직제」 제45조 제1항). 부산광역시지방경찰청에 제1부 · 제2부 · 제3부에 부장 1명씩을 두며, 부장은 경무관으로 보한다(「경찰청과 그 소속기관 직제」 제52조의2 제1항). 경기도지방경찰청의 제1차장 밑에 제1부 · 제2부 · 제3부를 두고, 제2차장 밑에 과단위 보조기관을 둔다(「경찰청과 그 소속기관 직제」 제53조). 부에는 부장 1인을 두되, 부장은 경무관으로 보한다(「경찰청과 그 소속기관 직제」 제54조). 서울, 부산, 경기도의 지방경찰청에 설치된 각 부에는 소정의 과를 두고 업무를 분장한다. 각 과장을 총경으로 보한다.

그 밖의 지방경찰청에는 경무과 · 생활안전과 · 수사과 · 경비교통과 · 정보과 및 보안과를 둔다. 다만, 인천광역시지방경찰청 및 경상남도지방경찰청에는 다른 도의 보안과에 속하는 사무를 보안과와 외사과로 나누어 분장한다. 각 과장은 총경으로 보한다(「경찰청과 그 소속기관 직제 시행규칙」 제34조 제3항 및 제4항).

지방경찰청에는 지방경찰청장의 보좌기관으로 홍보담당관을, 지방경찰 차장의 보좌기관으로 청문감사담당관, 정보통신담당관, 직할대의 장을 둔다. 지방경찰청장은 행정안전부령이 정하는 범위 내에서 차장 밑에 직할대를 둘 수 있다. 직할대의 장은 특정한 경찰사무에 관하여 지방경찰청장 또는 지방경찰청 차장을 보좌한다(「경찰청과 그 소속기관 직제」 제42조).

(2) 경찰서장

① 지위

지방경찰청장의 소관사무를 분장하기 위하여 지방경찰청장 소속하에 경찰서를 둔다. 경찰서에 경찰서장을 두며, 경찰서장은 경무관, 총경 또는 경정으로 보한다(「경찰법」 제17조 제1항). 경찰서장은 지방경찰청장의 지휘 · 감독을 받아 관할구역의 소관사무를 관장하고 소속 공무원을 지휘 · 감독한다(「경찰법」 제17조 제2항).

② 보조기관

경찰서의 사무를 분장하기 위하여 경찰서에 청문감사관과 5개과(경무과 · 생활안전과 · 수사과 · 경비교통과 및 정보보안과)를 둔다(「경찰청과 그 소속기관 직제 시행규칙」 제49조).

그리고 경찰서장 소속 보조기관으로 지구대 또는 파출소를 둔다. 그 설치기준은 치안수요 · 교통 · 지리 등 관할구역의 특성을 고려하여 행정안전부령으로 정한다. 다만, 필요한 경우에는 출장소를 둘 수 있다(「경찰법」 제17조 제3항).

지구대 또는 파출소는 지방경찰청장이 경찰청장의 승인을 얻어 설치하며(「경찰청과 그 소속기관 직제」 제44조 제1항), 출장소는 임시로 필요한 때 지방경찰청장이 설치할 수 있다(「경찰청과 그 소속기관 직제」 제44조 제2항).

파출소는 ㉠ 도서, 산간 오지, 농 · 어촌 벽지 등 교통 · 지리적 원격지로 인접 경찰관서에서의 출동이 용이하지 아니한 경우, ㉡ 관할구역 안에 국가 중요시설 등 특별한 경계가 요구되는 시설이 있는 경우, ㉢ 휴전선 인근 등 보안상 취약지역을 관할하는 경우, ㉣ 그 밖에 치안수요가 특수하여 지구대를 운영하는 것이 적당하지 아니한 경우에 설치할 수 있다(「경찰청과 그 소속기관 직제 시행규칙」 제50조의2).

(3) 지방해양경찰청장 및 해양경찰서장

① 지방해양경찰청장

해양경찰청장의 관장사무를 분장하기 위하여 해양경찰청장 소속으로 지방해양경찰청을 둔다(「해양경찰청과 그 소속기관 직제」 제2조 제2항). 지방해양경찰청은 해양에서의 경찰 및 오염방제에 관한 사무를 수행한다(「해양경찰청과 그 소속기관 직제」 제22조).

지방해양경찰청에 청장 1명을 두며, 청장은 경무관으로 보한다. 지방해양경찰청장은 해양경찰청장의 명을 받아 소관사무를 통할하고 소속 공무원을 지휘 · 감독한다(「해양경찰청과 그 소속기관 직제」 제24조).

지방해양경찰청에 두는 보좌기관 또는 보조기관으로는 경무기획과 · 경비안전과 · 정보수사과 및 해양오염방제과의 장과 청문감사담당관이 있다(「해양경찰청과 그 소속기관 직제 시행규칙」 제18조).

② 직할해양경찰서 및 해양경찰서

해양경찰청 소속으로 설치되는 직할해양경찰서는 관할해양에서의 경찰 및 오염방제에 관한 사무를 수행한다(「해양경찰청과 그 소속기관 직제」 제22조). 직할해양경찰서에 서장 1명을 두며, 서장은 총경으로 보한다. 직할해양경찰서장은 해양경찰청장의 명을 받아 소관사무를 통할하고, 소속 공무원을 지휘 · 감독한다(「해양경찰청과 그 소속기관 직제」 제26조).

해양경찰청장의 관장사무를 분장하기 위하여 지방해양경찰청장 소속으로 해양경찰서를 둔다(「해양경찰청과 그 소속기관 직제」 제2조 제2항).

해양경찰서에 서장 1명을 두며, 서장은 총경으로 보한다. 서장은 지방해양경찰청장의 명을 받아 소관사무를 통할하고, 소속 공무원을 지휘 · 감독한다(「해양경찰청과 그 소속기관 직제」 제27조).

지방해양경찰청장은 해양경찰서장의 소관 사무를 분장하기 위하여 국토해양부령으로 정하는 바에 따라 해양경찰서장 소속으로 파출소를 둘 수 있다(「해양경찰청과 그 소속기관 직제」 제28조 제1항). 그리고 지방해양경찰청장은 임시로 필요한 때에는 해양경찰서장 소속으로 출장소를 둘 수 있다(「해양경찰청과 그 소속기관 직제」 제28조 제2항).

3. 국가특별경찰관청

1) 협의의 행정경찰관청

협의의 행정경찰관청은 그 소관사무에 관련된 범위 내에서 전문적인 분야에서 경찰작용을 담당하는 경찰관청이다. 일반적으로 각 주무부장관, 외청의 장, 특별행정기관의 장, 지방자치단체의 장 등이 있다.[1)]

협의의 경찰관청은 그 지방경찰관청으로서 특별지방행정관청(지방산림청, 출입국관리사무소, 지방해양항만청, 지방식약청 등)을 가지고 있는 경우도 있으나, 그렇지 않은 경우 그 권한을 지방자치단체의 장에게 위임하기도 한다. 이 경우 지방자치단체의 장은 위임받은 범위 내에서 국가기관으로서의 지위를 가지며, 주무부장관 등은 위임사무의 처리에 대하여 지방자치단체의 장을 지휘 · 감독할 수 있다.

2) 비상경찰관청

비상경찰은 비상사태가 발생하여 일반경찰조직으로 치안을 유지할 수 없을 때 병력을 사용하는 것이므로, 비상경찰기관은 군사기관이 된다. 계엄사령관과 위수사령관이 여기에 속한다.

(1) 계엄사령관

전시 · 사변 또는 이에 준하는 국가비상사태에 있어서 병력으로써 군사상의 필요에 응하거나 공공의 안녕질서를 유지할 필요가 있을 때에는 대통령은 법률이 정하

---

1) 산림경찰의 경우 산림청장, 보건위생경찰의 경우 보건복지부장관, 영업경찰의 경우 행정안전부장관 · 지식경제부장관, 상공경찰의 경우 지식경제부장관, 출입국경찰의 경우 법무부장관, 관세경찰의 경우 관세청장, 항공경찰의 경우 국토해양부장관, 항만 · 해운경찰의 경우 국토해양부장관, 청소년경찰의 경우 여성가족부장관 · 행정안전부장관 등이 있다.

는 바에 의하여 계엄을 선포할 수 있다. 계엄이 선포되면 계엄사령관이 당해 지역 내의 경찰작용을 수행한다.

계엄은 비상계엄과 경비계엄으로 한다. 비상계엄의 선포되면 계엄사령관은 계엄 지역 안의 모든 행정사무와 사법사무를 관장하며, 경비계엄의 경우 계엄지역 안의 군사에 관한 행정사무와 사법사무를 관장한다.

계엄사령관은 현역 장관급(將官級) 장교 중에서 국방부장관이 추천하는 자를 국무회의의 심의를 거쳐 대통령이 임명한다. 계엄사령관은 계엄의 시행에 관하여 국방부장관의 지휘 · 감독을 받는다. 다만, 전국을 계엄지역으로 하는 경우와 대통령이 직접 지휘 · 감독을 할 필요가 있는 경우에는 대통령의 지휘 · 감독을 받는다.

(2) 위수사령관

위수근무를 행하기 위하여 위수지역에 위수사령관을 둔다. 위수근무란 육군 군대가 영구히 1지구에 주둔하여 당해 지구의 경비, 육군의 질서 및 군기의 감시와 육군에 속하는 건축물 기타 시설물의 보호를 행하는 것을 말한다.

위수근무를 행하기 위하여 위수지역에 위수사령관을 둔다. 위수사령관은 재해 또는 비상사태에 즈음하여 서울특별시장 · 광역시장 또는 도지사로부터 병력출동의 요청을 받았을 때는 육군참모총장의 승인을 얻어 이에 응할 수 있다. 이는 행정응원의 일종이다.

Ⅱ 국가경찰의결 · 자문기관

1. 경찰위원회

1) 의의

경찰위원회는 「경찰법」 제5조에 의하여 경찰에 관한 중요정책 및 경찰업무발전에 관한 사항을 심의 · 의결하기 위하여 행정안전부에 설치된 합의제 의결기관이다.

경찰위원회는 경찰청의 주요한 정책결정에 참여하면서 인권문제, 경찰발전을 위한 장기적 계획, 경찰의 민주적 운영 및 정치적 중립의 유지 등을 목적으로 설치되었다. 경찰위원회는 합의제 기관으로서 다수결과 민주적 토론에 의하여 결정을 함으로써 경찰단독결정의 단점을 보완하여 경찰활동의 민주성과 공정성을 확보하는 기능을 한다.

2) 성질

경찰위원회는 경찰관청의 의사를 심의·의결할 권한을 가진 합의제 의결기관이다. 따라서 경찰에 관한 국가의 의사를 대외적으로 표시할 권한을 가진 경찰관청은 아니다. 경찰위원회는 국가의 의사를 결정한 권한을 가진다는 점에서 보조기관이나 자문기관과는 구별된다.

3) 구성

위원회는 위원장 1명을 포함한 7명의 위원으로 구성하되, 위원장 및 5명의 위원은 비상임으로 하고, 1명의 위원은 상임으로 한다(「경찰법」 제5조 제1항). 상임위원은 정무직으로 한다(「경찰법」 제5조 제2항).

위원장은 위원회를 대표하며, 그 회무를 통할한다. 위원장은 비상임위원 중에서 호선하며, 위원장이 사고가 있을 때에는 상임위원, 위원 중 연장자순으로 위원장의 직무를 대리한다(「경찰위원회규정」 제2조).

위원은 행정안전부장관의 제청으로 국무총리를 거쳐 대통령이 임명한다. 행정안전부장관은 위원을 제청함에 있어서 국가경찰의 정치적 중립이 보장되도록 하여야 한다. 위원 중 2명은 법관의 자격이 있는 사람이어야 한다(「경찰법」 제6조 제1항 내지 제3항).

위원이 될 수 없는 결격사유는 ㉠ 당적을 이탈한 날부터 3년이 지나지 아니한 사람, ㉡ 선거에 의하여 취임하는 공직에서 퇴직한 날부터 3년이 지나지 아니한 사람, ㉢ 경찰, 검찰, 국가정보원 직원 또는 군인의 직(職)에서 퇴직한 날부터 3년이 지나지 아니한 사람, ㉣ 「국가공무원법」상 공무원임용 결격사유에 해당하는 사람이다(「경찰법」 제6조 제4항).

위원의 임기는 3년으로 하며, 연임(連任)할 수 없다. 이 경우 보궐위원의 임기는 전임자 임기의 남은 기간으로 한다(「경찰법」 제7조 제1항). 위원은 정당에 가입하거나 선거에 의하여 취임 또는 임용되거나 국가공무원 결격사유에 해당하게 된 때에는 당연히 퇴직된다(「경찰법」 제7조 제2항).

위원은 중대한 신체상 또는 정신상의 장애로 직무를 수행할 수 없게 된 경우를 제외하고는 그 의사에 반하여 면직되지 아니한다(「경찰법」 제7조 제3항). 위원이 중대한 심신상의 장애로 직무를 수행할 수 없게 되어 면직하는 경우에는 위원회의 의결이 있어야 하며, 그 의결요구는 위원장 또는 행정안전부장관이 한다(「경찰위원회규정」 제4조).

위원은 「국가공무원법」 제60조의 비밀엄수의무와 제65조의 정치운동금지의무를 진다(「경찰법」 제8조).

4) 권한

위원회의 심의 · 의결을 거쳐야 할 사항은 다음과 같다(「경찰법」 제9조 제1항).

㉠ 국가경찰의 인사, 예산, 장비, 통신 등에 관한 주요정책 및 국가경찰 업무 발전에 관한 사항

㉡ 인권보호와 관련되는 국가경찰의 운영 · 개선에 관한 사항

㉢ 국가경찰 임무 외에 다른 국가기관으로부터의 업무협조 요청에 관한 사항

㉣ 제주특별자치도의 자치경찰에 대한 국가경찰의 지원 · 협조 및 협약체결의 조정 등에 관한 주요 정책사항

㉤ 그 밖에 행정안전부장관 및 경찰청장이 중요하다고 인정하여 위원회의 회의에 부친 사항

그리고 경찰위원회는 경찰청장의 임명동의권을 가진다(「경찰법」 제11조 제2항).

또한 위원장은 위원회의 심의를 위하여 필요한 경우 관계공무원 또는 관계전문가의 출석 · 발언 및 자료의 제출을 요구할 수 있다(「경찰위원회규정」 제9조).

5) 재의요구

행정안전부장관은 위원회의 심의 · 의결된 내용이 적정하지 아니하다고 판단할 때에는 재의(再議)를 요구할 수 있다(「경찰법」 제9조 제2항).

6) 운영 등

위원회의 사무는 경찰청에서 수행한다. 위원회의 회의는 재적위원 과반수의 출석

과 출석위원 과반수의 찬성으로 의결한다(「경찰법」 제10조).

위원회의 회의는 정기회의와 임시회의로 구분한다. 정기회의는 특별한 사유가 있는 경우를 제외하고는 매월 1회 위원장이 소집한다. 위원장은 필요한 경우 임시회의를 소집할 수 있으며, 위원 3인 이상과 행정안전부장관 또는 경찰청장은 위원장에게 임시회의의 소집을 요구할 수 있다. 이 임시회의 소집요구가 있는 경우에는 위원장은 특별한 사유가 없는 한 회의를 소집하여야 한다(「경찰위원회규정」 제7조).

2. 치안행정협의회

1) 의의

치안행정협의회는 지방행정과 치안행정의 업무조정과 그 밖에 필요한 사항을 협의 · 조정하기 위하여 특별시장 · 광역시장 · 도지사 소속 하에 두는 협의기관이다(「경찰법」 제16조). 그 성질은 자문기관이다.

2) 기능

치안행정협의회의 협의사항은 다음과 같다(「치안행정협의회규정」 제2조).

㉠ 지역안정 및 질서유지에 관한 사항

㉡ 민방위 및 재해대책 운영에 관한 사항

㉢ 질서확립운동등 지역사회운동의 효율적 추진에 관한 사항

㉣ 지역주민과 경찰 간의 협조 및 요망사항

㉤ 기타 지방행정과 치안행정간 상호지원에 관한 사항과 시 · 도지사 및 지방경찰청장이 회의에 부치는 사항

3) 구성

치안행정협의회는 위원장을 포함한 위원 9인으로 구성한다(「치안행정협의회규정」 제3조 제1항).

위원장은 서울특별시 · 직할시 또는 도의 부시장 또는 부지사가 된다(「치안행정협의회규정」 제3조 제2항). 위원장은 협의회를 대표하며 그 회무를 통할한다. 위원장이 사고가 있을 때에는 위원장이 미리 지명하는 자가 그 직무를 대행한다(「치안행정협의

회규정」 제4조).

위원은 ㉠ 시 · 도 소속 공무원 중 서울특별시장 · 직할시장 또는 도지사가 임명하는 자 2인, ㉡ 지방경찰청 소속 경찰공무원 중 지방경찰청장의 추천으로 시 · 도지사가 임명하는 자 3인, ㉢ 지방행정과 치안행정에 관한 학식과 경험이 있는 자로서 지방경찰청장의 의견을 들어 시 · 도지사가 위촉하는 자 3인이 된다. 위원의 임기는 2년으로 한다(「치안행정협의회규정」 제3조 제2항).

협의회의 사무를 처리하게 하기 위하여 간사 2인을 두되, 시 · 도의 기획담당관 및 지방경찰청 경무과장이 된다(「치안행정협의회규정」 제6조 제1항).

4) 회의

협의회의 회의는 매분기 1회 개최하되, 특정사안에 관하여 지방행정과 치안행정과의 업무협조 등을 위하여 필요한 경우에는 수시로 개최할 수 있다. 회의는 위원장이 소집한다(「치안행정협의회규정」 제5조).

3. 경찰공무원인사위원회

1) 지위

경찰공무원 임용권자의 인사에 관한 중요 사항에 관하여 자문하거나 심의 · 의결하기 위하여 경찰공무원인사위원회가 설치되어 있다. 즉 국가경찰공무원의 인사에 관한 중요 사항에 대하여 경찰청장 또는 해양경찰청장의 자문에 응하게 하기 위하여 경찰청과 해양경찰청에 경찰공무원인사위원회를 둔다(「경찰공무원법」 제4조).

경찰공무원인사위원회는 자문기관으로서 그 자문 · 심의 · 의결에 경찰청장과 해양경찰청장이 구속되지 아니한다.

2) 기능

인사위원회는 ㉠ 경찰공무원의 인사행정에 관한 방침과 기준 및 기본계획, ㉡ 경찰공무원의 인사에 관한 법령의 제정 · 개정 또는 폐지에 관한 사항, ㉢ 그 밖에 경찰청장 또는 해양경찰청장이 인사위원회의 회의에 부치는 사항을 심의한다(「경찰공무원법」 제5조).

3) 구성

경찰공무원인사위원회는 위원장을 포함한 5인 이상 7인 이하의 위원으로 구성한다. 위원장은 경찰청 및 해양경찰청 인사담당국장이 되고, 위원은 경찰청 및 해양경찰청 소속 총경 이상의 경찰공무원 중에서 경찰청장 또는 해양경찰청장이 임명한다(「경찰공무원임용령」 제9조).

위원장은 인사위원회를 대표하며, 인사위원회의 사무를 총괄한다. 위원장이 부득이한 사유로 직무를 수행할 수 없는 때에는 위원 중에서 최상위계급 또는 선임의 경찰공무원이 그 직무를 대행한다(「경찰공무원임용령」 제10조).

4) 회의

위원장은 인사위원회의 회의를 소집하고 그 의장이 된다. 회의는 재적위원 과반수의 찬성으로 의결한다(「경찰공무원임용령」 제11조).

위원장은 인사위원회에서 심의된 사항을 지체 없이 경찰청장 또는 해양경찰청장에게 보고하여야 한다(「경찰공무원임용령」 제13조).

Ⅲ 국가경찰집행기관

1. 의의

국가경찰집행기관은 경찰관청의 명을 받아 현장에서 현실적으로 경찰에 관한 국가의사를 실력으로서 직접 사실상 집행하는 경찰기관이다.

2. 종류

국가경찰집행기관은 그 직무의 일반성 여하에 따라 일반(보통)경찰집행기관과 특별경찰집행기관으로 분류된다.

1) 일반경찰집행기관

경찰관청이 경찰업무 일반에 관하여 결정한 의사를 구체적으로 실현하는 집행기관이다. 공권력에 의한 실력행사를 포함하여 다양한 수단을 동원하여 경찰의사를 실현한다. 특정직 공무원인 경찰공무원으로 구성되며, 경찰청장에 소속된다.

경찰공무원은 상관의 지휘 · 감독을 받아 직무를 수행하고, 그 직무수행에 관하여 서로 협력하여야 한다. 경찰공무원은 제복을 착용하고 무기를 휴대할 수 있음을 특징으로 한다. 보통경찰기관은 원칙적으로 관할구역 안에서 치안을 담당하지만, 돌발사태의 진압 또는 특수지역의 경비를 위하여 필요한 때에는 다른 지방경찰청장의 요구 또는 경찰청장의 명에 의하여 서울특별시 · 광역시 및 도 사이에 응원을 위하여 파견할 수 있다.

그리고 경찰공무원은 사법경찰에 관한 사무를 아울러 담당하며, 이 지위를 담당할 때 사법경찰관리라고 하며 「형사소송법」에 따라 검사의 지휘를 받아 그 직무를 수행한다.

2) 특별경찰집행기관

일반경찰작용 중에서도 특정분야의 경찰작용에 관한 경찰집행기관을 말한다.

(1) 전투경찰대

간첩의 침투거부 · 포착 · 섬멸 기타의 대간첩작전을 수행하고 치안업무를 보조하기 위하여 지방경찰청장 또는 해양경찰청장 소속 하에 두는 특별경찰집행기관이다.

경찰청장 또는 해양경찰청장은 필요한 때에는 그 소속 하에 따로 전투경찰대를 둘 수 있다.

(2) 헌병

군사 및 군인 · 군무원에 관한 경찰집행기관으로서 그에 대한 행정경찰 또는 사법경찰사무를 관장한다. 헌병은 단순히 군조직의 내부질서를 유지하는데 그치지 아니하고 군인 · 군무원 또는 군사에 관한 일반경찰작용을 관장한다.

헌병은 군풍기의 유지 · 범죄예방 · 범죄수사 및 요인경호 등 군사경찰에 관한 업무를 수행하고, 군사법경찰관으로서 군사법원관할사건에 해당하는 범죄를 수사한다.

헌병은 일반인에 대하여 경찰권을 행사하지 못하는 것이 원칙이지만, 군사 또는 군인 · 군무원의 범죄에 관련 있는 일반인의 범죄 및 「군용물 등 범죄에 관한 특별조치법」에 의한 군용물과 군사시설에 관한 범죄에 관하여는 일반인을 수사할 수 있다.

(3) 소방공무원

화재를 예방 · 진압 · 경계하는데 종사하는 기관을 말한다. 국가소방공무원에는 소방총감, 소방정감, 소방감, 소방정, 소방령, 소방경, 소방위, 소방장, 소방교, 소방사가 있다. 지방소방공무원도 이에 대응되는 공무원이 있다.

(4) 청원경찰

청원경찰은 국가기관 또는 공공단체와 그 관리 하에 있는 중요시설 또는 사업장, 국내 주재 외국기관, 기타 행정안전부령으로 정하는 중요시설 · 사업장 또는 장소의 기관장 또는 경영자가 소요경비를 부담하는 조건으로 경찰의 배치를 신청하는 경우 그 기관 · 시설 또는 사업장 등의 경비를 담당하기 위하여 배치하는 경찰이다.

청원경찰은 관할 경찰서장의 감독을 받아 그 경비구역 안에서 경비목적을 위하여 필요한 범위 내에서 「경찰관직무집행법」에 의하여 경찰관의 직무를 수행한다.

제2항 자치경찰조직법

I 자치경찰행정청 : 제주특별자치도 자치경찰단장

제주특별자치도의 자치경찰사무[2]를 처리하기 위하여 제주특별자치도에 자치경찰단을 둔다. 따라서 제주특별자치도의 자치경찰행정청은 자치경찰단장이 된다(「제

---

2) 제주특별자치도의 자치경찰사무는 ① 주민의 생활안전활동에 관한 사무(생활안전을 위한 순찰 및 시설 운영, 주민참여 방범활동의 지원 및 지도, 안전사고 및 재해재난 등으로부터의 주민보호, 아동 · 청소년 · 노인 · 여성 등 사회적 보호가 필요한 자에 대한 보호 및 가정 · 학교 폭력 등의 예방, 주민의 일상생활과 관련된 사회질서의 유지 및 그 위반행위의 지도 · 단속), ② 지역교통활동에 관한 사무(교통안전 및 교통소통에 관한 사무, 교통법규위반 지도 · 단속, 주민참여 지역교통활동의 지원 및 지도), ③ 공공시설 및 지역행사장 등의 지역경비에 관한 사무, ④ 「사법경찰관리의 직무를 행할 자와 그 직무범위에 관한 법률」에서 자치경찰공무원의 직무로 규정하고 있는 사법경찰관리의 직무이다(「제주특별자치도 설치 및 국제자유도시 조성을 위한 특별법」 제108조).

주특별자치도 설치 및 국제자유도시 조성을 위한 특별법」 제106조). 자치경찰단장은 제주특별자치도지사가 임명하며, 도지사의 지휘 · 감독을 받는다. 자치경찰단장은 자치총경으로 보한다. 다만, 도지사는 필요하다고 인정하는 경우에는 개방형직위로 지정하여 운영할 수 있다(「제주특별자치도 설치 및 국제자유도시 조성을 위한 특별법」 제107조 제1항 및 제2항).

Ⅱ 자치경찰의결기관

1. 치안행정위원회

1) 지위

제주특별자치도의 지방행정과 치안행정의 업무 협조 및 기타 필요한 사항의 심의 · 의결을 위하여 도지사 소속하에 치안행정위원회를 둔다(「제주특별자치도 설치 및 국제자유도시 조성을 위한 특별법」 제113조 제1항). 치안행정위원회는 심의의결기관이다.

2) 기능

치안행정위원회는 ㉠ 국가경찰과 자치경찰 간 사무분담 및 사무수행방법에 관한 사항, ㉡ 자치경찰활동에 관한 목표의 수립 및 평가에 관한 사항, ㉢ 자치경찰의 운영에 대한 지원에 관한 사항, ㉣ 그 밖에 자치경찰의 운영에 관하여 치안행정위원회의 위원장이 부의하는 사항을 심의 · 의결한다(「제주특별자치도 설치 및 국제자유도시 조성을 위한 특별법」 제113조 제2항).

3) 구성

치안행정위원회는 위원장 1인과 당연직 위원 2인을 포함한 11인이 위원으로 구성하며, 위원장은 당연직 위원이 아닌 위원 중에서 호선한다(「제주특별자치도 설치 및 국제자유도시 조성을 위한 특별법」 제114조 제1항).

당연직 위원은 제주특별자치도 부지사와 제주자치도지방경찰청의 경무(警務)업무를 담당하는 과장이다(「제주특별자치도 설치 및 국제자유도시 조성을 위한 특별법」 제114조

제2항). 당연직 위원이 아닌 위원은 일정한 자격이 있는 자 중에서 도지사가 위촉하되, 그 중 3인은 도의회가 추천한 자를, 3인은 제주자치도지방경찰청장이 추천한 자를 위촉한다(「제주특별자치도 설치 및 국제자유도시 조성을 위한 특별법」 제114조 제3항). 그러나 「정당법」에 의한 정당의 당원, 지방의회의원, 지방공무원 결격사유에 해당하는 자는 위원이 될 수 없다(「제주특별자치도 설치 및 국제자유도시 조성을 위한 특별법」 제114조 제4항).

당연직 위원이 아닌 위원의 임기는 3년으로 하되, 1차에 한하여 중임할 수 있다. 다만, 당연직 위원의 임기는 그 직에 있는 동안 재임하고, 보궐위원의 임기는 전임자의 잔임기간으로 한다(「제주특별자치도 설치 및 국제자유도시 조성을 위한 특별법」 제114조 제5항).

4) 회의

치안행정위원회는 재적위원 과반수의 출석과 출석위원 과반수의 찬성으로 의결한다(「제주특별자치도 설치 및 국제자유도시 조성을 위한 특별법」 제114조 제6항).

2. 자치경찰공무원인사위원회

제주특별자치도 자치경찰공무원의 인사에 관한 사항을 심의·의결하기 위하여 자치경찰공무원인사위원회를 둔다(「제주특별자치도 설치 및 국제자유도시 조성을 위한 특별법」 제127조). 일정한 사항을 의결할 수 있는 의결기관이다.

Ⅲ 자치경찰집행기관

자치경찰집행기관이란 자치경찰행정청의 명을 받아 실제적으로 자치사무를 수행하는 경찰기관을 말한다. 자치경찰공무원의 계급은 자치총경·자치경정·자치경감·자치경위·자치경사·자치경장·자치순경으로 한다(「제주특별자치도 설치 및 국제자유도시 조성을 위한 특별법」 제125조).

자치경찰공무원의 임용권자는 제주자치도지사이다. 즉 도지사는 소속 자치경찰공무원의 임명 · 휴직 · 면직과 징계를 행하는 권한을 가진다(「제주특별자치도 설치 및 국제자유도시 조성을 위한 특별법」 제126조).

제3항 경찰관청과 권한행사

I 경찰관청의 권한

1. 의의와 한계

1) 의의

경찰관청이 법령상 유효하게 행정주체의 의사를 결정 · 표시할 수 있는 직무의 범위를 경찰관청의 권한(관할, 직무권한 또는 소관사무)이라 한다.[3]

2) 권한의 설정

행정조직법정주의에 따라 경찰관청의 권한은 일반적으로 법률에 의하여 정하여진다. 따라서 경찰관청이 스스로의 명령으로 그 권한을 결정하거나 변경 · 폐지할 수 없다. 그리고 상급관청이라고 하더라도 법률의 명시적 규정이 없는 한 하급관청의 권한에 속하는 행위를 대행하거나 대집행할 수 없다.

3) 권한의 내용

(1) 사물적 권한(사물관할, 사항적 권한, 실질적 권한)

사물적 권한이란 경찰사무의 내용(목적) 또는 종류에 의하여 정해지는 경찰관청의 활동범위를 말한다.[4] 경찰관청의 권한은 법령에서 정하고 있다. 따라서 상호 대립

---

3) 권한은 권리와 구별된다. 경찰관청은 권한을 가지나 권리는 가지지 못한다. 일반적으로 권리란 자기의 이익을 위하여 타인에게 일정한 주장을 할 수 있는 법적인 힘을 말하는데 인격주체만이 가질 수 있다. 행정상 권리는 인격주체인 행정주체만이 가질 수 있고, 행정기관인 경찰관청은 이를 가질 수 없다. 다만, 경찰관청은 행정주체가 가지는 권리를 행사할 권리만을 가진다.

4) 「정부조직법」 제7조 제1항에서 "각 행정기관의 장은 소관사무를 통할하고 소속공무원을 지휘 · 감독한다"고 할 때 이 소관사무는 사물관할을 의미한다. 그리고 제29조 제1항에서 "행정안전부장관은 국무회의의 서무, 법령 및 조약의 공포, 정부조직과 정원, 공무원의 인사 · 윤리 · 복무 · 연금, 상훈,

하는 행정청의 횡적 관계에서 다른 경찰관청의 권한에 속하는 사항은 처리할 수 없다. 사물적 권한을 위반한 경찰작용은 위법한 것으로서 원칙적으로 무효이다.

사물적 권한이 일반적 보편적으로 정하여져 있으면 이를 일반(보통)경찰관청이라 하고(경찰청장, 경찰서장), 비교적 특정적 한정적으로 정하여져 있으면 특별경찰관청(해양경찰청장, 헌병 등)이라 한다.

(2) 지역적 권한(토지관할)

① 의의

지역적 권한이란 경찰관청의 권한이 지역적으로 미치는 경찰관청의 공간적 활동범위를 말한다. 중앙관청의 권한은 전국에 미치므로 지역적 한계가 없고, 지방관청은 일정한 지역(관할구역, 행정구역, 행정구획) 안의 주민 또는 사물에 대해서만 유효한 국가행위를 할 수 있다. 따라서 지역적 권한은 동급의 경찰기관 사이에서 문제가 된다.

지역적 권한을 침해하는 경찰행위나 법규명령은 위법으로서 무효가 된다.

② 관할구역

하급경찰관청인 경찰서장의 지역적 권한이 미치는 구역을 관할구역이라 하며, 이 관할구역은 세분되어 있다. 경찰서장은 자신의 관할구역 내의 위험이나 장해를 제거 또는 방지하여야 한다. 그리고 경찰청장은 육상에서 경찰사무를 관장하고, 해양경찰청장은 해양에서 경찰사무를 관장한다.

③ 국회 내의 경찰작용

삼권분립의 원칙상 국회 내에서의 경찰작용은 국회의장이 「국회법」에 근거하여 경호권을 행사한다(「국회법」 제143조). 국회의 경호를 위하여 국회에 경위를 둔다(「국회법」 제144조 제1항).

국회의장은 국회의 경호를 위하여 필요한 때에는 국회운영위원회의 동의를 얻어 일정한 기간을 정하여 정부에 대하여 필요한 국가경찰공무원의 파견을 요구할 수

정부혁신, 행정능률, 전자정부 및 정보보호, 정부청사의 관리, 지방자치제도, 지방자치단체의 사무지원·재정·세제, 낙후지역 등 지원, 지방자치단체 간 분쟁조정, 선거, 국민투표, 안전관리정책 및 비상대비·민방위·재난관리제도에 관한 사무를 관장한다"고 규정한 것이 사항적 한계의 예이다.

있다(「국회법」 제144조 제2항). 경위와 파견된 국가경찰공무원은 의장의 지휘를 받아 경위는 회의장건물 안에서, 국가경찰공무원은 회의장건물 밖에서 경호한다(「국회법」 제144조 제3항). 그리고 국회의원이 본회의 또는 위원회의 회의장에서 「국회법」 또는 「국회규칙」에 위배하여 회의장의 질서를 문란하게 한 때에는 국회의장 또는 위원장은 이를 경고 또는 제지할 수 있고(「국회법」 제145조 제1항), 이 조치에 응하지 아니한 국회의원이 있을 때에는 국회의장 또는 위원장은 당일의 회의에서 발언함을 금지하거나 퇴장시킬 수 있다(「국회법」 제145조 제2항). 그리고 국회의장 또는 위원장은 회의장이 소란하여 질서를 유지하기 곤란하다고 인정할 때에는 회의를 중지하거나 산회를 선포할 수 있다(「국회법」 제145조 제3항).

한편, 국회의장은 가택권을 가지고 있다. 즉 회의장 안에는 국회의원 · 국무총리 · 국무위원 또는 정부위원 기타 의안심의에 필요한 자와 국회의장이 허가한 자 외에는 출입할 수 없으며(「국회법」 제151조), 국회의장은 방청권을 발행하여 방청을 허가한다(「국회법」 제152조).

④ 법정 내의 경찰작용

국회와 마찬가지로 법원의 경찰작용은 법원이 담당한다. 법정의 질서유지는 재판장이 이를 행하며, 재판장은 법정의 존엄과 질서를 해할 우려가 있는 자의 입정금지 또는 퇴정을 명하거나 기타 법정의 질서유지에 필요한 명령을 발할 수 있다(「법원조직법」 제58조 제2항). 누구든지 법정 안에서는 재판장의 허가 없이 녹화 · 촬영 · 중계방송 등의 행위를 하지 못한다(「법원조직법」 제59조).

재판장은 법정에 있어서의 질서유지를 위하여 필요하다고 인정할 때에는 개정전후를 불문하고 관할경찰서장에게 국가경찰공무원의 파견을 요구할 수 있고, 이 요구에 의하여 파견된 국가경찰공무원은 법정내외의 질서유지에 관하여 재판장의 지휘를 받는다(「법원조직법」 제60조).

그리고 법원은 직권으로 법정내외에서 입정금지 또는 퇴정의 명령에 위배하는 행위를 하거나, 녹화 등의 금지행위를 하거나 폭언 · 소란 등의 행위로 법원의 심리를 방해하거나 재판의 위신을 현저하게 훼손한 자에 대하여는 결정으로 20일 이내의 감치 또는 100만원 이하의 과태료에 처하거나 이를 병과할 수 있다(「법원조직법」 제61조 제1항).

(3) 심급상 권한

심급상 권한은 사물적 권한을 가진 상하경찰기관 사이에 분배된 사무의 범위를 말한다. 이 문제는 상급경찰기관과 하급경찰기관 간의 사무분배에 관한 것이다. 심급상 권한을 위배한 경찰작용은 위법한 행위로서 원칙상 취소할 수 있는 행위가 되며, 예외적으로 무효로 된다. 그러나 심급상 권한이 없는 경찰기관이 발한 법규명령은 무효이다.

2. 권한의 효과

1) 외부적 효과

(1) 적극적 효과

경찰관청이 자기에게 주어진 권한의 범위 내에서 행한 행위는 국가 또는 지방자치단체의 행위로서 효력을 발생한다. 경찰관청의 유효한 행위의 법적 효과는 경찰관청의 구성자의 교체 또는 경찰관청 자체가 폐지 · 변경되더라도 그 효과는 소멸 · 변경되지 않는다. 경찰관청의 법적 행위는 물론 사실행위에 결부된 법적 효과노 국가 또는 지방자치단체에 귀속되며, 경찰공무원의 직무상 불법행위도 행정주체의 행위로 효과가 발생한다.

(2) 소극적 효과

경찰관청의 권한 외에 행위는 무권한을 이유로 국가 또는 지방자치단체의 행위로서 효력을 가지지 못하고 무효이다. 다만, 단순한 권한의 초과의 경우에는 취소의 원인이 되며, 기존권한의 소멸과 같은 경우에는 표현대리로서 유효한 행위로 전환되는 경우가 있다. 경찰관청의 무권한의 행위로 권익이 침해당한 자는 국가나 제주특별자치도를 상대로 행정쟁송을 제기하거나 손해배상을 청구할 수 있다.

2) 내부적 효과

경찰관청의 권한은 법규에 의하여 설정되므로 국가 내부관계에서 경찰관청 상호간에 행위의 한계를 긋는 효과를 가지며, 상하 경찰관청 사이 또는 대등 경찰관청

사이에는 법규의 명문규정이 없는 한 하급경찰관청의 권한 내의 행위를 상급경찰관청이나 다른 경찰관청이 대신할 수 없다.

3. 권한의 행사

행정관청의 권한행사를 개괄하면 다음과 같다.

- 권한의 대리
  - 임의대리 (=수권대리, 위임대리, 일부대리)
  - 법정대리
    - 협의의 법정대리 (=보충대리)
    - 지정대리 ※서리
- 상하관청 상호간의 관계
  - 권한의 위임관계
  - 권한의 감독관계
    - 감시
    - 훈령
    - 인가・승인
    - 취소・정지
    - 권한쟁의결정
- 대등관청상호간의 관계
  - 권한존중관계
  - 권한협력관계
    - 협의
    - 사무위임(촉탁)
    - 행정응원

Ⅱ 경찰관청의 대리

1. 의의

1) 개념

경찰기관은 자기에게 수어진 법정권한을 법이 정한 바에 따라서 스스로 행사하여야 한다. 그러나 업무처리의 효율성을 위하여 또는 기관구성자의 사고시 권한행사의 보충을 위하여 다른 경찰기관이 권한을 행사하도록 하는 경우가 있다. 경찰관청의 대리와 권한의 위임이 이에 해당한다.

경찰관청의 대리란 경찰관청(피대리관청)의 권한의 전부 또는 일부를 다른 경찰관청(대리관청, 보조기관이나 다른 경찰관청)이 피대리관청을 위한 것임을 표시하고 자기의 이름으로(경찰청장 직무대리 경찰청차장 ○○○) 대신 행사하고, 그 행위의 법적 효과는 피대리관청의 행위로서 발생하여 행정주체에 귀속되는 것을 말한다. 실정법에서는 권한의 대행(헌법 제71조) 또는 직무대행(「정부조직법」 제7조 제2항)이라고도 한다.

2) 구별 개념

(1) 권한의 위임과 구별

경찰관청의 대리는 권한의 위임과 구별된다. 권한의 위임은 경찰관청이 자기의 법령상 권한의 일부를 다른 경찰관청에 이전하여 수임관청이 자기의 명의와 책임으로 그 권한을 행사하는 것을 말한다.

양자 모두 경찰관청의 권한을 다른 관청이 대신 행사한다는 점에서 공통성이 있다. 그러나 경찰관청의 대리는 경찰관청의 권한의 귀속 자체를 변경하는 것이 아니지만, 권한의 위임은 경찰관청의 권한의 일부를 다른 경찰관청의 권한으로 이전한다는 점에서 다르다.

(2) 권한의 이양과 구별

권한의 이양은 법률의 규정에 의하여 경찰관청의 권한의 일부를 실질적 법률적으로 다른 경찰관청에 이전하는 것을 의미한다. 그러나 행정관청의 대리는 실질적으로 또는 법률적으로 권한을 이전하는 것은 아니다. 권한의 대리에는 법적 근거가 반드시 필요한 것은 아니지만 권한의 이양에는 반드시 필요하다.

(3) 내부위임(위임전결) · 대결과 구별

경찰관청의 대리는 법률적인 것으로서 대리관청이 대외적으로 대리행위임을 표시하고 경찰관청의 권한을 자기의 이름으로 행하는 것을 말한다. 이에 반하여 내부위임(위임전결) · 대결은 수임자가 내부적 사실상으로 경찰관청의 권한을 대행하는데 그치고, 대외적으로는 본래의 경찰관청의 명의로 행위를 하며, 위임한 경찰관청

의 행위로 간주된다.[5)]

내부위임(위임전결) · 대결에서는 경찰관청이 보조기관 등에 대하여 사무처리에 대한 결재권을 부여하였으나, 그것은 어디까지나 내부적인 사무처리상의 편법이며, 외부적으로는 경찰관청 자체의 행위로서 표시된다.

(4) 사법상 대리와 구별

사법상 대리는 인격자 간의 관계로서 사적 자치의 원칙을 배경으로 하면서 그것을 확장 · 보충함을 목적으로 하여 계약에 의하여 대리관계가 성립한다. 이에 반하여 경찰관청의 권한의 대리는 하나의 인격자 내부에서 경찰관청의 권한을 예외적으로 다른 경찰관청으로 하여금 행사하여 경찰관청의 권한행사능력을 보충하여 주는 것이다. 따라서 양자는 제도의 취지, 발생원인, 기초 등을 달리한다. 따라서 행정관청의 대리에 있어서 대리에 관한 사법의 규정은 제한된 범위에서만 유추적용된다.

(5) 대표와 구별

대표의 경우 대표자의 행위가 바로 국가 또는 지방자치단체의 행위가 되므로 대리행위가 아니다. 국가를 당사자 또는 참가인으로 하는 소송에서는 법무부장관이 국가를 대표하는 경우가 여기에 해당한다(「국가를 당사자 또는 참가인으로 하는 소송에 관한 법률」 제2조).

---

5) 행정관청의 대리의 경우 대리관청은 대리행위임을 표시하여야 하지만, 내부위임(위임전결) · 대결에서는 이를 표시하지 않고 전혀 본래의 경찰관청의 이름으로 행한다. 그리고 경찰관청의 대리는 외부적 법률상의 것이나, 내부위임(위임전결) · 대결은 내부적 사실상의 것이다.
권한의 내부위임은 경찰관청이 내부적으로 사무처리의 편의를 도모하기 위하여 그 보조기관 또는 하급경찰관청으로 하여금 권한을 사실상 행사하도록 하는 것을 말한다. 내부위임에서는 권한의 귀속 자체의 변경이 없고 수임자는 위임경찰관청의 명의와 책임으로 그 권한을 행사한다(대판 1989.9.12, 89누671).
위임전결이란 행정사무의 편의상 경찰관청의 보조기관이 경찰관청의 이름으로 미리 제시된 조건하에서 경찰관청의 권한을 행사하는 것이다. 위임전결도 경찰관청의 권한의 귀속에 변동이 없다는 점에서 내부위임과 같으나, 내부위임은 소속 하급경찰관청에 대한 것이지만 전결은 경찰관청 내의 보조기관에 대한 것이 일반적이다.
대결이란 경찰관청 내부에서 구성원이 일시적으로 부재하는 경우 그 보조기관이 대신 결재하는 것을 말한다. 대결도 당해 경찰관청의 명의로 그 권한을 사실상 행사한다는 점에서 내부위임 · 위임전결과 같으나, 대결은 일시적으로 행해진다는 점에서 내부위임 · 위임전결과 구별된다.

2. 종류

행정관청의 대리는 그 발생원인을 기준으로 임의대리와 법정대리로 나눈다.

1) 임의대리

(1) 의의

임의대리는 경찰관청(피대리관청)이 스스로의 의사에 의하여 다른 경찰관청에 대리권을 부여함(수권행위)에 의하여 성립하는 대리를 말한다. 그래서 이를 수권대리 또는 위임대리라고 한다. 임의대리는 경찰관청 구성자의 사고 여부를 불문하고 인정된다.

(2) 수권행위의 성질

대리권을 수여하는 수권행위는 피대리관청의 일방적인 행위로서 대리관청의 동의를 요하지 않는다. 수권행위에는 의사표시의 일반원칙이 적용되므로 수권의 뜻을 대리관청에 통지하여야 하나, 일반인에게 공고할 필요는 없다.

(3) 법적 근거

법률의 명문 규정 유무를 불문하고 임의대리가 가능하다. 즉 경찰관청의 권한에 속하는 모든 사항을 경찰관청의 구성자가 반드시 직접 처리하는 것이 실제로 곤란하므로 법령의 근거가 없는 경우에도 수권이 가능하다.

(4) 대리관청

임의대리에서 대리관청은 주로 경찰관청의 보조기관 또는 하급기관이 된다.

(5) 범위와 제한

임의대리에서 대리권의 범위는 수권행위에서 정한다. 그러나 법령에 명시적으로 정한 경우를 제외하고 임의대리는 경찰관청의 일반적 포괄적 권한의 일부에 대하여 가능하다.

① 일반적 · 포괄적 권한

임의대리는 경찰관청의 일반적 포괄적 권한에 대해서만 가능하다. 일반적 포괄적 권한에 속하는 모든 행위를 반드시 당해 행정관청이 직접 행사할 것을 법이 요구하지 않고 있기 때문이다. 그러나 법령에서 특정한 행위를 반드시 특정기관만이 할 수 있도록 개별적으로 지정되어 있는 권한(총리령과 부령)은 이를 수권할 수 없다.

② 권한의 일부

권한의 전부에 대하여 임의대리를 허용하는 것은 피대리관청이 자신의 권한을 방기하는 결과가 되며, 사실상 당해 경찰관청의 일시적 폐지를 의미하여 법률이 직무를 당해 경찰관청의 사무로 규정한 취지에 위반하므로 허용되지 않는다. 따라서 임의대리는 피대리관청의 권한의 일부에 대해서만 인정된다. 그래서 임의대리를 일부대리라고도 말한다.

(6) 지휘 · 감독

임의대리의 경우 대리관청이 피대리관청의 책임 하에서 그 권한을 행사하므로 피대리관청은 대리관청의 권한행사를 지휘 · 감독할 수 있다. 그리고 피대리관청은 대리관청의 행위에 대하여 그 지휘 · 감독의 책임을 질뿐만 아니라 대리관청의 선임 · 감독에 대한 책임까지 진다.

(7) 대리행위의 효과

임의대리에서 대리관청이 피대리관청의 권한을 피대리관청을 위한 것임을 표시하면서 대리관청의 이름으로 행사하면, 대리관청의 행위는 피대리관청이 직접 행한 것과 같은 법적 효과가 있다. 행정쟁송법상 행위도 마찬가지이다. 대리관청이 대리권을 초과하여 권한을 행사한 경우 민법 제126조의 표현대리의 규정이 유추적용된다.

2) 법정대리

(1) 의의

법정대리는 법령에 규정된 일정한 사실이 발생한 경우 직접 법령의 규정에 의하여 당연히 성립되는 대리를 말한다. 법정대리가 발생하는 법정사유는 부재 등 피대리관청 구성자가 권한을 행사하는 것이 불가능한 사고이다. 법정대리에서는 수권행위의 문제가 발생하지 않는다.

(2) 법적 근거

법정대리는 반드시 법적 근거가 있어야 한다. 법적 근거로는 헌법 제71조, 「정부조직법」(제7조 제2항 및 제19조), 「지방자치법」(제111조 제1항) 등 개별법이 있고, 일반적 규정으로서는 「직무대리규정」(대통령령)이 있다.

(3) 대리관청

법정대리의 대리관청은 주로 피대리관청의 보조기관이지만, 다른 경찰관청이 되는 경우도 있다.

(4) 종류

법정대리는 대리관청의 지정방법에 따라 협의의 법정대리와 지정대리로 나눈다.

① 협의의 법정대리

일정한 법정사실이 발생한 경우 별도의 보충행위 없이, 법령에 명시된 대리관청에게 당연히 대리관계가 발생되는 것이다. 헌법 제71조, 「정부조직법」 제7조 제2항 및 제12조에서 그 예를 볼 수 있다.[6] 경찰청장 유고시 차장이 그 직무를 대행하는 것(「경찰법」 제12조)도 그 예이다.

---

6) 헌법 제71조(대통령권한대행) 대통령이 궐위되거나 사고로 인하여 직무를 수행할 수 없을 때에는 국무총리, 법률이 정한 국무위원의 순서로 그 권한을 대행한다.
「정부조직법」 제7조(행정기관의 장의 직무권한) ② 차관(제25조제2항에 따라 정무직으로 보하는 본부장을 포함한다) 또는 차장(국무총리실의 차장을 포함한다)은 …… 그 기관의 장이 사고로 직무를 수행할 수 없으면 그 직무를 대행한다.
「정부조직법」 제12조(국무회의) ① 대통령은 국무회의 의장으로서 회의를 소집하고 이를 주재한다. ② 의장이 사고로 인하여 직무를 수행할 수 없는 경우에는 부의장인 국무총리가 그 직무를 대행하고, 의장과 부의장이 모두 사고로 직무를 수행할 수 없을 때에는 제22조 제1항에 규정된 순서에 따라 국무위원이 그 직무를 대행한다.

② 지정대리

일정한 법정사실이 발생한 경우 일정한 자가 대리관청을 법적으로 지정함으로서 대리관계가 발생하는 경우이다. 「정부조직법」 제19조에서 그 예를 볼 수 있다.[7)]

지정대리는 피대리관청의 구성자가 존재하면서 다만, 유고가 있을 때 인정되는 것이 보통이나 그 구성자가 사망, 궐위, 면직한 경우 정식 후임자가 임명되기 전에 일시적으로 대리자를 두는 경우가 있다. 이를 서리라 하는데 지정대리의 일종으로 본다.

(5) 범위

법정대리는 피대리관청의 구성원이 그 권한을 행사할 수 없는 경우에 인정되므로 대리관청은 피대리관청의 권한의 전부를 대하여 대리를 할 수 있다. 그래서 법정대리를 전부대리라고도 말한다.

(6) 지휘 · 감독

법정대리에서는 피대리관청의 구성원이 권한을 행사할 수 없는 사고가 있기 때문에 피대리관청이 대리관청을 지휘 · 감독할 수 없다. 이 경우 대리관청은 자기의 책임으로 권한을 행사하고 그에 대하여 전적으로 대리관청 자신이 책임을 진다. 피대리관청은 대리관청의 선임 · 감독 · 지휘에 대한 책임을 지지 않는다.

그러나 피대리관청의 구성자가 해외출장이나 보행곤란 등과 같은 사고로 법정대리가 발생하는 경우 대리관청은 전화 등의 통신수단을 이용하여 지휘를 받을 수 있고, 피대리관청도 의사능력이나 행위능력을 온전히 가지고 있으므로 피대리관청의 지위 · 감독을 받는다고 보아야 할 것이다.

3. 대리권의 표시방법

대리권의 표시방법은 민법상 현명주의(顯名主義)의 규정이 유추적용된다. 그러므로 대리관청이 피대리관청을 위한 것임을 표시하고 자기 명의로 권한을 행사하여야 한다.

---

7) 「정부조직법」 제19조(국무총리의 직무대행) 국무총리가 사고로 직무를 수행할 수 없는 경우에는 대통령의 지명이 있으면 그 지명을 받은 국무위원이, 지명이 없는 경우에는 제22조 제1항에 규정된 순서에 따라 국무위원이 그 직무를 대행한다.

대리관청이 현명하지 않을 때에는 원칙적으로 대리관청의 무권한행위가 되어 무효가 된다. 그러나 이해관계인이 피대리관청의 행위라고 믿을만한 사정이 있는 경우 표현대리의 법리를 적용하여 유효를 주장할 수 있다.

대리관청이 대리권에 속하는 사항에 대한 행위는 피대리관청의 행위로서 법률상 효과가 발생한다.

4. 복대리

복대리란 대리관청이 대리권을 행사하지 않고 다시 다른 경찰관청으로 하여금 대리하게 하는 것을 말한다. 복대리는 대리관청의 대리가 아니고 피대리관청의 대리이며, 복대리는 임의대리에 해당한다.

복대리에 관하여 법령에 명문이 있는 경우 그에 의한다(헌법 제71조, 「정부조직법」 제22조). 명문의 규정이 없다면 임의대리의 경우 권한의 일부에 대해서만 대리가 인정되고, 대리관청의 구체적 사정에 따른 신임관계를 기초로 대리권이 발생하므로 복대리는 허용되지 않는다고 본다.

법정대리의 경우 권한의 전부에 대하여 대리가 인정되고, 법정사실로 당연히 대리관계가 성립되며, 대리관청의 행위에 스스로 책임을 져야 하므로 그 권한의 일부에 대하여 복대리가 가능하다.

5. 대리권의 소멸

임의대리의 경우 대리권 행사의 종료, 피대리관청의 대리 해제 명령에 의한 수권행위 철회, 수권행위의 실효, 대리자의 사망, 신분의 상실로 대리관계가 소멸한다.

법정대리의 경우 대리권을 발생하게 한 법정사실의 소멸(피대리관청 구성원의 질병 치료, 궐위 중인 자의 보충, 출장 후의 귀국 · 귀청 등)로서 대리관계가 소멸한다.

Ⅲ 경찰관청의 권한의 위임

1. 의의

1) 개념

경찰관청의 권한의 위임이란 경찰관청이 자기의 법령상 권한의 일부를 다른 경찰관청에 이전하여 수임관청이 자기의 명의와 책임으로 그 권한을 행사하는 것을 말한다.

본래적 의미의 위임은 감독관계에 있거나 그 관계를 유지하면서 하급경찰관청이나 보조기관에 위임하는 것을 말하나, 오늘날에는 지휘 · 감독관계에 있지 아니하는 행정기관이나 사인에게 위임하는 경우도 있다(광의의 위임).

2) 유사개념과 구별

(1) 경찰관청의 대리와 구별

경찰관청의 대리는 권한의 위임과 구별된다. 권한의 위임은 경찰관청의 권한이 실질적으로 다른 경찰관청에 이전되는 것으로서, 경찰관청의 권한을 다른 자가 대신하여 행한다는 점에서 양자가 공통성이 있다.

그러나 양자는 권한의 귀속주체의 변경 여부, 법적 근거, 대리자 등의 면에서 구별된다.

첫째, 권한의 위임은 경찰관청의 권한의 일부를 다른 경찰관청의 권한으로 실질적으로 이전되어(권한이 형식상으로는 위임기관에게 유보되어 있다) 권한의 귀속주체에 변경이 있다. 그러나 경찰관청의 대리는 권한을 실질적으로 대리관청이 대행하는 것에 지나지 않아 권한 자체가 실질적 형식적으로 이전되지 아니하므로 권한의 귀속주체에 변경이 없다.

둘째, 권한이 위임은 법령에 규정된 권한분배를 실질적으로 변경하는 것이므로 법령의 명시적 근거가 필요하지만, 경찰관청의 대리는 권한의 이전이 없으므로 법적 근거 없이도 가능하다(다만, 법정대리는 법적 근거가 있어야 한다).

셋째, 권한의 위임에서 수임관청은 보통 하급경찰관청이고, 경찰관청의 대리에서 대리관청은 주로 보조기관(차관, 국장 등)이다.

넷째, 권한의 위임을 한 행정행위에 대한 항고소송의 피고는 수임관청이 되지만 권한의 대리인 경우 항고소송의 피고는 피대리관청이다.

다섯째, 제도의 취지 면에서 권한의 위임은 행정의 신속과 편의를 도모하는 것이지만, 경찰관청의 대리는 직무수행능력의 결여를 사실상 보전하는 것이다.

이를 정리하면 〈표 1〉과 같다.

〈표 1〉 경찰관청의 대리와 권한의 위임

구분	권한의 대리		권한의 위임
	임의대리	법정대리	
동일한 점	타자가 대신하여 권한을 행사함 원칙적으로 피대리관청・위임관청의 지휘・감독이 가능함		
취지	직무수행능력의 결여를 사실상 보전		행정의 신속과 편의 도모
작용 영역	외부적 법률적		내부적 사실적
권한 이전 여부	권한 자체의 이전이 없음		권한 자체가 수임관청에 이전
법적 성질	수권행위는 피대리관청의 일방적 행위이고 대리관청의 동의를 요하지 않으며, 수권사실을 공시할 필요가 없다.		위임행위도 위임관청의 일방적 행위이지만, 권한이 이전되므로 일시적으로 공시가 필요하다
법적 근거	불필요	필요	반드시 필요
발생 원인	수권행위	법정사유 발생	법규에 근거한 위임관청의 위임행위
상대방	대부분 보조기관(대리관청)		보통 위임관청의 하급행정관청
표현방법	현명주의(피대리관청을 위한 것임을 표시하고 대리관청의 명의로)		수임관청의 명의 (현명주의 적용 없음)
권한의 범위	일반적 포괄적 권한의 일부	일반적 포괄적 권한의 전부	일반적 포괄적 권한의 일부
권한행사의 책임	피대리관청	대리관청	수임관청
지휘·감독	가능	불가능	보조기관, 지휘・감독하의 하급기관인 경우 가능
사무처리 효과귀속	피대리관청에 귀속		수임관청에 귀속, 수임관청이 처분청이 됨
항고소송 당사자	피대리관청		수임관청
복대리・복위임	불가능	가능	원칙적으로 불가능(법령근거시 가능)
소멸사유	수권행위 철회, 대리인 사망 등	발생원인인 법정사실 소멸	위임의 해제, 근거법령 소멸, 해제조건 성취, 종기의 도래

(2) 내부위임(위임전결)·대결과 구별

내부위임(內部委任, 위임전결)이란 경찰관청이 외부에 표시함이 없이(내부적으로) 일정한 사무처리의 편의를 도모하기 위하여 일정한 사항의 결정권을 보조기관 또는 하급경찰관청에 위임하여 그 권한을 사실상 대리행사하게 하는 것을 말한다. 내부위임의 경우 권한의 귀속 자체의 변경을 가져오는 것은 아니고, 수임자는 위임관청의 명의와 책임으로 그 권한을 행사한다. 소속 하급행정관청에 대하여 위임하는 것을 내부위임이라 하고 당해 행정관청 내에서 그 보조기관에게 위임하는 것을 (위임)전결이라고 구분하기도 한다.

권한의 위임은 위임관청의 권한을 외부적으로 이전·변경하는 것이지만 내부위임은 내부적으로 위임관청의 사무처리에 관한 결정권을 수임관청에 맡기는데 불과하여 권한의 이전·변경이 없다. 그리고 권한의 위임의 경우에는 수임관청이 자기의 이름으로 그 권한을 행사할 수 있지만, 내부위임의 경우에는 수임관청이 위임관청의 이름으로만 그 권한을 행사할 수 있을 뿐 자기의 이름으로 그 권한을 행사할 수 없다.

대결(代決)이란 행정관청의 내부에서 경찰관청 구성자(결재권자)가 일시부재인 경우 일시적으로 그 보조기관이 외부에 표시 없이 대신 결재하는 것을 말한다. 대결은 본래의 권한을 가진 행정관청의 명의로 하며, 사실상 대신 결정하는 것에 불과하다는 점에서 법정대리와 구별된다. 그리고 극히 일시적이라는 점에서 내부위임과도 구별된다.

내부위임 등은 행정관청의 권한에 변경을 초래하지 않는다는 점에서 권한의 위임과 구별된다.

(3) 위탁과 구별

위탁(委託)이란 경찰관청의 권한의 일부를 지휘·감독관계에 있지 아니한 대등한 경찰관청 또는 다른 하급행정기관에 위임하는 것을 말한다. 이 경우 위탁은 위임과 같은 성질을 가진다.

그리고 국가가 지방자치단체 외의 법인·단체 또는 그 기관이나 개인에게 위임하는 것을 특히 민간위탁(民間委託)이라 한다. 민간위탁의 대상이 되는 것은 조사·검사 · 검정 · 관리업무 등 국민의 권리 · 의무와 직접 관계되지 아니하는 사무이다.

(4) 사법상 위임과 구별

민법상 위임은 수임자가 위임받은 것을 자기의 명의와 책임으로 처리하고 그 법적 효과도 일단 수임자에게 귀속하는 점에서 행정청의 권한의 위임과 다를 바 없다.

그러나 민법상 위임은 인격주체 간에 그리고 수임자의 승낙을 요하는 위임계약에 의하여 성립되지만, 행정청의 권한의 위임은 인격주체의 내부에서 위임관청의 일방적인 행위에 의하여 성립된다는 점에서 차이가 있다.

(5) 권한의 이관

권한의 이관은 법령에 의하여 어느 행정기관의 권한이 다른 행정기관의 권한으로 변동되는 것을 말한다. 여기에는 위임의 법리가 적용되지 아니한다. 예를 들면 「정부조직법」의 개정으로 종래 행정안전부의 권한에 속하던 해양경찰사무가 국토해양부로 이전된 것을 들 수 있다.

2. 법적 근거

행정조직법정주의에 의하면 법적 근거 없이 법령이 정한 권한분배를 대외적으로 변경하는 것은 행정사무처리의 권한과 의무의 귀속을 변동하는 결과를 초래한다. 권한의 위임은 법률이 정한 경찰관청의 권한을 다른 경찰관청에 이전하는 권한의 법적 귀속을 변경하는 것이므로 법률에 근거가 반드시 있어야 한다. 법률의 근거가 없는 권한의 위임은 무효이며, 그 위임에 따라 행한 수임관청의 행위는 무권한의 행위로 되어 무효이다.

권한의 위임에 관해서는 「정부조직법」 제6조[8]가 일반원칙을 정하고 있으며, 이에 근거하여 대통령령으로 제정된 「행정권한의 위임 및 위탁에 관한 규정」이 중앙

8) 「정부조직법」 제6조(권한의 위임 또는 위탁) ① 행정기관은 법령으로 정하는 바에 따라 그 소관사무의 일부를 보조기관 또는 하급행정기관에 위임하거나 다른 행정기관 · 지방자치단체 또는 그 기관에 위탁 또는 위임할 수 있다. 이 경우 위임 또는 위탁을 받은 기관은 특히 필요한 경우에는 법령으로 정하는 바에 따라 위임 또는 위탁을 받은 사무의 일부를 보조기관 또는 하급행정기관에 재위임할 수 있다.

행정기관에 있어서 권한의 위임에 관한 사항을 일반적으로 규정하고 있다. 그리고 「지방자치법」 제104조[9]는 지방자치단체의 장의 권한의 위임에 관하여 일반적으로 규정하고 있다.

한편, 개별법에서도 권한의 위임에 관한 사항을 규정하고 있다.[10] 개별법에 특별한 규정이 없는 경우에도 「정부조직법」 제6조가 위임과 재위임에 관한 일반적 근거 규정이므로, 이에 근거하여 권한을 위임할 수 있다.[11]

3. 상대방

종래에는 권한의 위임은 상하 경찰관청 사이에서만 행하여졌고, 지휘 · 감독관계에 있는 보조기관이나 하급 경찰관청에 위임하는 것이 원칙이었다. 그러나 오늘날 행정영역이 확대되고 행정이 다양화됨으로 인하여 대등 관청, 지휘 · 감독관계를 달리하는 하급경찰관청, 지방자치단체 또는 그 기관, 사인 등에 대해서도 권한의 위임이 되고 있으며, 경찰관청 사이의 협조를 위한 법적 수단으로 기능을 하고 있다.

1) 보조기관 · 하급경찰관청에 대한 위임

이것은 가장 일반적인 행태에 해당한다. 지휘 · 감독관계에 있는 보조기관(경찰청장이 경찰차장에게) 또는 하급경찰관청(경찰청장이 지방경찰청장에게)은 수임관청의 위임사무에 밝으며, 상명하복의 조직원리에도 합치된다. 이러한 위임은 위임관청의 일방적인 행위로 성립되며, 수임관청의 동의가 필요 없다. 그리고 수임관청의 권한행사에 대해 위임관청이 지휘 · 감독할 수 있다. 그리고 보조기관이 수임관청이 되면

---

9) 「지방자치법」 제104조(사무의 위임 등) ① 지방자치단체의 장은 조례나 규칙으로 정하는 바에 따라 그 권한에 속하는 사무의 일부를 보조기관, 소속 행정기관 또는 하부행정기관에 위임할 수 있다.
② 지방자치단체의 장은 조례나 규칙으로 정하는 바에 따라 그 권한에 속하는 사무의 일부를 관할 지방자치단체나 공공단체 또는 그 기관(사업소 · 출장소를 포함한다)에 위임하거나 위탁할 수 있다.
③ 지방자치단체의 장은 조례나 규칙으로 정하는 바에 따라 그 권한에 속하는 사무 중 조사 · 검사 · 검정 · 관리업무 등 주민의 권리 · 의무와 직접 관련되지 아니하는 사무를 법인 · 단체 또는 그 기관이나 개인에게 위탁할 수 있다.
④ 지방자치단체의 장이 위임받거나 위탁받은 사무의 일부를 제1항부터 제3항까지의 규정에 따라 다시 위임하거나 위탁하려면 미리 그 사무를 위임하거나 위탁한 기관의 장의 승인을 받아야 한다.

10) 「식품위생법」 제91조, 「공중위생법」 제18조 등

11) 대판 1995.7.11, 94누4615

그 범위 내에서 경찰관청이 되고 자기의 명의와 책임으로 사무처리를 할 수 있다.

2) 대등경찰관청 또는 계통을 달리하는 경찰관청에 대한 권한의 위임

권한의 위임이 대등경찰관청(경찰청장이 국세청장에게) 또는 지휘 · 감독관계에 있지 아니한 하급경찰관청에 대한 경우(경찰청장이 세무서장에게)로서 권한의 위탁이라고도 한다. 위탁 중에서 특히 등기 · 소송에 관한 사무의 위탁을 촉탁이라 한다.

이러한 위임은 위임기관의 일방적 행위로 할 수 없고, 수임관청의 동의가 필요하다. 다만, 수임관청은 정당한 사유없이 동의를 거부하지 못한다. 그러나 오늘날 동의 없이 법령으로 규정하는 경우가 많다. 그리고 지휘 · 감독관계가 없으면 위임관청은 수임관청의 권한행사를 지휘 · 감독할 수 없다.

3) 지방자치단체 또는 그 기관에 대한 위임

국가는 그 행정에 관한 권한을 지방자치단체(행정안전부장관이 경기도에) 또는 지방자치단체의 기관(행정안선부장관이 경기도지사에게)에 위임할 수 있다. 전자를 단체위임, 후자를 기관위임이라 한다.

단체위임은 법인격을 달리하는 자 사이의 권한위임으로서 그 근본방침 등을 법률로 정하며, 원칙적으로 국가가 경비를 부담한다. 위임된 사무를 지방자치단체가 자율적으로 처리하고 국가는 최소한도의 사후감독만을 할 수 있다.

지방자치단체의 장은 원칙적으로 국가의 기관이 아니며, 국가의 감독을 받지도 않는다. 그러나 기관위임에 있어서 위임받은 한도 내에서 국가기관으로서의 지위를 가지며, 국가의 지휘 · 감독을 받는다. 이에 대하여 지방의회는 감독이나 관여를 할 수 없다.

한편 공공단체의 장은 그 권한의 일부를 지방자치단체나 그 기관에 위임할 수 있다. 공공조합의 조세 · 경비의 징수를 시 · 군 · 구청에 위임하는 경우를 들 수 있다.

4) 사인에 대한 위임

사인에 대한 위임은 법령에 의하여 조사 · 검사 · 검정 · 관리업무 등 국민의 권리 · 의무에 직결되지 아니한 사무를 행정기관이 아닌 법인 · 단체, 그 기관이나 개인

(공무수탁사인)에게 위임하는 경우로서 민간위탁이라고 한다.12)

민간위탁도 법적 근거가 있어야 한다. 그리고 사인에게 일정한 공권을 수여하고, 그에게 지휘 · 감독을 받을 의무를 부과하기 때문에 사인의 신청 또는 동의가 있어야 한다. 행정권한의 위임을 받은 자를 공무수탁인이라 한다. 공무수탁사인은 수임권한의 범위 내에서 행정청의 지위에서 공권력을 행사할 수 있으며, 그 행위는 행정처분의 성질을 가지고 있다.

위탁관청은 위탁사무의 처리에 대하여 공무수탁사인을 지휘 · 감독하고, 필요한 시정조치를 명할 수 있다. 그리고 위탁사무처리에 있어서 공무수탁사인의 처분에 불복하는 경우 공무수탁사인을 피청구인 또는 피고로 하여 행정심판이나 행정소송을 제기할 수 있다.

4. 한계

권한의 위임은 위임관청의 일반적 포괄적 권한의 일부에 대해서만 가능하다. 따라서 개별적 특정적 권한은 위임할 수 없다.

그리고 위임관청의 권한의 전부에 대한 위임은 위임관청의 권한의 소멸을 가지고 오므로 허용되지 않고 그 일부에 대해서만 위임할 수 있다.

5. 재위임

재위임이란 수임경찰관청이 수임사무의 일부를 다시 다른 하급경찰기관에 위임하는 것이다.

재위임에는 법적 근거가 필요하며, 법령의 근거가 없으면 무효이다. 재위임을 위하여 위임관청의 승인은 필요하지 않지만, 「행정권한의 위임 및 위탁에 관한 규정」 제4조에서는 승인을 요구하고 있다. 「지방자치법」 제104조 제4항도 또한 같다.

---

12) 예를 들면, 자동차검사 업무의 대행업자에 대한 위탁, 청소 등 폐기물처리업무의 민간사업자에 대한 위탁 등을 들 수 있다.

6. 효과

1) 권한의 실질적 이전

권한이 위임되면 위임된 권한은 위임관청으로부터 수임관청에 실질적으로 이전되어 권한의 귀속주체가 변경된다. 따라서 위임관청은 위임사무를 처리할 권한을 상실하며, 위임관계가 존속되는 한 그 권한을 스스로 행사할 수 없다.

수임관청은 위임된 권한을 자기의 명의와 책임과 권한으로 행사하며, 위임관청은 수임관청의 권한행사에 대하여 책임지지 않지만 그 감독책임을 진다. 따라서 위임사무에 관한 항고쟁송에 있어서 수임관청이 피청구인 또는 피고가 된다. 보조기관이 수임기관인 경우 위임사무에 관해서는 행정관청의 지위에 선다.

2) 지휘 · 감독권

위임 · 위탁기관은 수임 · 수탁기관의 수임 및 수탁사무처리에 대하여 지휘 · 감독하고, 그 처리가 위법 또는 부당하다고 인정되는 때에는 이를 취소하거나 정지시킬 수 있다(「행정권한의 위임 및 위탁에 관한 규정」 제6조).

3) 인력 · 비용의 부담

위임관청은 위임 및 위탁하기 전에 수임기관의 수임능력 여부를 점검하고 필요한 인력 및 예산을 이관하도록 하여야 한다(「행정권한의 위임 및 위탁에 관한 규정」 제3조 제2항).

7. 종료

위임은 위임의 해제, 종기의 도래, 조건의 성취, 근거법령의 소멸 등으로 종료된다. 위임이 종료되면 위임사항에 관한 수임기관의 권한은 소멸하고, 그 사항은 다시 위임관청의 권한에 귀속한다.

위임의 해제는 직접 법령에 의거한 위임의 경우에는 법령의 형식으로, 법령에 의거한 위임관청의 의사표시에 의해 위임된 경우에는 위임관청의 위임해제의 의사표시로 한다. 후자의 경우 공시도 하여야 한다.

Ⅳ 권한행사의 감독관계

1. 권한의 감독의 의의

1) 개념

권한의 감독이란 상급경찰관청이 하급경찰관청의 권한행사를 지휘하여 위법 · 부당한 권한행사를 예방 · 교정하고, 행정의 통일성을 유지하며, 행정의 합법성 및 합목적성을 보장하기 위하여 하급경찰관청의 권한행사에 일정한 구속을 가하는 통제적 작용이다. 행정기관은 상명하복의 기관계층제를 형성하여 상급관청이 하급관청의 권한을 감독하여 국가의사의 통일성을 기하고 있다.

권한의 감독은 동일한 지휘 · 감독계통에 있는 관청 상호간에만 인정된다.

2) 범위

감독권의 범위는 행정관청의 종류와 사무의 성질에 따른다. 독립관청(중앙선거관리위원회, 토지수용위원회, 감사원)의 행위나 확인행위(행정심판의 재결, 시험합격자의 결정, 당선자 결정)에 대해서는 감독을 할 수 없다.

3) 근거

감독권은 상급경찰관청이 하급경찰관청에 대하여 가지는 일반적인 권한이므로 개별적 법적 근거를 요하지 아니한다. 그러나 감독권 자체에 대한 일반 · 추상적인 법적 근거(조직규범)는 필요하다.

현행법상 근거로서 「정부조직법」 제22조 제3항,[13] 「경찰법」 제11조 제3항,[14] 제14조 제2항, 제17조 제2항 등을 들 수 있다.

---

13) 「정부조직법」 제22조(행정각부) ③ 장관은 소관사무에 관하여 지방행정의 장을 지휘 · 감독한다.

14) 「경찰법」 제11조(경찰청장) ③ 경찰청장은 국가경찰에 관한 사무를 총괄하고 경찰청 업무를 관장하며 소속 공무원 및 각급 국가경찰기관의 장을 지휘 · 감독한다.
제14조(지방경찰청장) ② 지방경찰청장은 경찰청장의 지휘 · 감독을 받아 관할구역의 국가경찰사무를 관장하고 소속 공무원 및 소속 국가경찰기관의 장을 지휘 · 감독한다.
제17조(경찰서장) ② 경찰서장은 지방경찰청장의 지휘 · 감독을 받아 관할구역의 소관 사무를 관장하고 소속 공무원을 지휘 · 감독한다.

4) 종류와 방법

감독에는 하급경찰관청의 위법 · 부당한 권한행사를 미리 방지하기 위한 사전예방적 감독(적극적)과 이미 행해진 위법 · 부당한 행위를 시정하기 위하여 실시되는 사후교정적 감독(소극적)이 있다. 사전예방적 감독의 수단으로는 감시권, 훈령권, 주관쟁의결정권, 인가 · 승인권을 들 수 있고, 사후교정적 감독의 수단으로는 취소 · 정지권이 있다.

5) 실효성 확보

감독은 상급경찰공무원의 직무상 명령에 대한 하급경찰공무원의 복종의무와 그 위반에 대한 징계권에 의하여 그 실효성이 담보된다.

2. 감시권

1) 의의 및 성질

감시권은 상급경찰관청이 하급경찰관청의 권한행사나 사무처리의 상황을 알기 위하여 서류 · 장부를 검사하며, 보고를 징수하고, 사무감사를 행하는 권한을 말한다. 원칙적으로 예방적 감독에 속하며, 예외적으로 교정적 감독수단으로도 사용된다.

2) 법적 근거

감시권은 상급경찰관청의 감독권에 당연히 포함되며, 이를 발동하기 위하여는 개별적인 법적 근거가 필요하지 않다. 상급경찰관청은 필요하면 언제든지 공무원을 파견하여 감시할 수 있다.

3. 훈령권

1) 의의

(1) 훈령의 개념

훈령은 행정조직 내부에서 상급경찰관청이 하급경찰기관(하급경찰관청 또는 보조기관)의 권한행사를 일반적으로 지휘하기 위하여 사전에 내리는 명령이다. 이 훈령을 발할 수 있는 권한을 훈령권이라 하며, 지시권이라고도 한다. 훈령권은 예방적 감독수단의 중추적 수단이나, 교정적 감독수단으로 행하는 경우도 있다.

훈령은 주로 법률해석이나 재량판단의 구체적 지침을 제시하여 행정의사의 통일을 기하기 위해 발한다.

(2) 법적 근거

훈령은 법령상 명문의 규정이 있는 경우도 있으나,[15] 특별한 법적 근거 없이 감독권의 당연한 작용으로 행할 수 있다. 따라서 법령에 명문규정이 없더라도 상급관청이 필요하다고 인정할 경우에는 가능하다.

(3) 권한의 대행

훈령은 오직 하급경찰관청의 권한행사를 지휘·감독할 수 있음에 그치고, 법령에 특별한 규정이 없는 한 상급경찰관청은 권한을 대행 또는 대집행할 수 없다. 왜냐하면 법령이 하급경찰관청의 권한으로 확정한 사항은 당해 하급경찰관청만이 행사할 수 있기 때문이다.

하급경찰관청이 훈령을 위반한 경우도 대행 또는 대집행할 수 없다. 이 경우 훈령 위반을 이유로 하급경찰관청 구성자를 징계할 수는 있을 뿐이다.

2) 훈령의 성질

(1) 비법규성

훈령은 일반적 추상적 법조의 형식으로 되어 있으나, 행정조직 내부에서 준거할 준칙을 정한 행정규칙의 일종으로서 대외적 구속력이 없으므로 원칙적으로 법규성이 인정되지 아니한다.[16]

훈령에 법규성이 없다고 보면 수명기관이 훈령을 위반한 행위 자체는 위법이 아니고 유효하다. 다만, 훈령을 위반한 수명기관은 징계를 받게 된다. 그리고 하급경찰관

---

15) 「정부조직법」 제22조 제3항, 「지방자치법」 제119조 등.

16) 대판 1994.8.9, 94누3414. 그러나 재량준칙이나 법률대위규칙 등과 같은 일정한 유형의 훈령에 대해서는 적어도 준법규성을 인정하는 설이 있다.

청이 훈령에 따랐다고 해서 그 행위가 당연히 적법한 행위로 인정되는 것도 아니다.

(2) 직무명령과 구별

훈령은 상급경찰관청의 하급경찰관청에 대한 명령이라는 점에서 상관이 하급자에 대하여 내린 명령인 직무명령과 구별된다. 훈령은 경찰기관에 대한 명령이지만, 직무명령은 경찰공무원 개인에 대한 명령이다. 따라서 훈령은 경찰기관의 의사를 구속하고 경찰기관의 구성원이 변경 · 교체되어도 여전히 유효하다. 그러나 직무명령은 경찰공무원 개인의 의사를 구속하는데 그치고, 경찰기관을 구성하는 경찰공무원의 변경 · 교체에 의해 당연히 효력을 상실하게 된다. 또한 훈령은 하급경찰기관의 직무권한 행사에 대하여 가능하지만, 직무명령은 직무사항 외에 객관적으로 직무수행에 필요하다고 인정되는 경찰공무원의 일상생활에 대해서도 관여할 수 있다. 훈령은 동시에 직무명령으로서의 성질을 갖게 되지만, 직무명령은 훈령으로서의 성질을 당연히 갖는 것은 아니다.

3) 훈령의 종류

훈령은 협의의 훈령, 지시, 예규, 일일명령으로 나뉜다.[17] 훈령의 종류에 의한 효력의 우열은 없다. 따라서 일일명령으로 협의의 훈령을 변경할 수 있다.

(1) 협의의 훈령

상급경찰기관이 하급경찰기관에 대하여 장기에 걸쳐 그 권한행사를 일반적으로 지시하기 위하여 발하는 것이다.

(2) 지시

상급경찰기관이 직권 또는 하급경찰기관의 문의 · 신청에 의하여 하급기관에 개별 · 구체적으로 발하는 명령이다.

---

17) 「행정업무의 효율적 운영에 관한 규정」 제4조 제2호.

(3) 예규

행정사무의 통일을 기하기 위해 반복적 행정사무의 처리기준을 제시하는 명령이다.

(4) 일일명령

당직, 출장, 시간외근무, 휴가 등 일일업무에 관한 명령이다.

4) 요건

훈령이 유효한 것으로서 하급경찰기관을 구속하기 위해서는 형식적 요건과 실질적 요건을 구비하여 한다.

(1) 형식적 요건

훈령은 ㉠ 훈령권을 가지고 있는 상급경찰기관이 발하여야 하고, ㉡ 하급경찰기관의 권한 내의 사항에 대한 것이어야 하며, ㉢ 하급경찰기관의 권한일지라도 하급경찰기관의 직무상 독립된 권한에 속하는 사항이 아니어야 한다.

(2) 실질적 요건

훈령의 내용은 ㉠ 적법·타당하여 법령에 위반하지 않고 공익에 적합하여야 하며, ㉡ 실현가능하고, ㉢ 명백한 것이어야 한다.

5) 형식과 절차

훈령은 원칙적으로 특별한 형식과 절차를 요하지 아니하며, 문서나 구두로도 가능하다. 그러나 「행정업무의 효율적 운영에 관한 규정」에서는 훈령은 문서로 하고, 관보에 공포할 것을 요구하고 있다.

6) 효과

요건을 갖춘 훈령이 발해지면 하급경찰기관은 훈령에 구속되고 훈령에 복종하여야 한다. 훈령에 복종하지 않으면 징계문제가 발생한다. 그러나 하급경찰기관이 불복종하더라도 상급경찰관청이 이를 대집행할 수 없다. 훈령은 권한행사를 지휘만

하기 때문이다.

그리고 훈령은 하급관청의 권한, 즉 소관사무에 관한 명령이므로 하급관청의 소관사무에 속하는 행위는 그 전부가 규율의 대상이 된다. 따라서 훈령의 규율대상에는 법률적 행위와 사실행위 모두가 포함된다. 하급관청의 법률적 행위가 훈령에 위반되는 경우 단순한 훈령위반만으로는 그 효력에 하등의 영향을 주지 않는다.

7) 하자있는 훈령의 효력

훈령이 형식적 요건이나 실질적 요건을 구비하지 못한 경우 하자 있는 훈령이 된다. 하급기관이 훈령을 심사할 수 있는가(하급기관의 심사권), 그리고 하자 있는 훈령에 복종하여야 하는가(하급기관의 복종의무)의 문제가 발생한다.

하급기관은 훈령의 형식적 요건의 구비여부를 심사하여 요건을 구비하지 못한 경우 그 준수를 거부할 수 있다. 만약 이를 그대로 집행하면 하급기관이 책임을 진다.

실질적 요건에 대한 심사권에 대해서는 의견의 대립이 있다. 다수설에 의하면 ㉠ 훈령의 내용이 부당한 경우 실질적 요건에 대한 심사권이 없으며, 하급기관은 그 준수를 거부할 수 없다. ㉡ 훈령에 중대 · 명백한 흠이 있어 절대무효이거나 범죄를 구성하는 경우에는 그 준수를 거부할 수 있으며, 이에 복종하면 하급기관이 그에 대한 책임을 져야 한다. 이를 정리하면 〈표 2〉와 같다.

〈표 2〉 훈령의 요건과 심사

내용	형식적 요건	실질적 요건
요건	① 훈령권을 가지는 상급경찰관청에 의하여 발해질 것 ② 하급경찰관청의 권한사항에 속하는 사항일 것 ③ 하급경찰관청의 권한에 관한 것일지라도 하급경찰관청의 권한행사의 독립성이 보장되어 있는 사항에 관한 것이 아닐 것	① 훈령의 내용이 적법 타당하여 합법적이고 공익에 적합할 것 ② 실현가능할 것 ③ 명백할 것
심사권	① 하급 경찰관청이 심사권을 갖는다. ② 형식적 요건이 구비되어 있지 않은 경우에는 복종을 거부할 수 있다. ③ 형식적 요건이 구비되지 않았음에도 복종하는 경우에는 하급관청이 책임진다.	① 원칙적으로 하급 경찰관청은 심사권이 없다. ② 그러나 훈령의 내용에 중대·명백한 하자가 있거나 명백하게 범죄를 구성하는 경우에는 복종을 거부할 수 있다. 복종하면 하급기관이 책임진다.

8) 경합

서로 모순되는 둘 이상의 훈령이 경합되는 경우 직급상급관청의 훈령에 따른다.

훈령이 경합하는 경우 주관상급관청의 훈령이 우선한다. 이 경우 주관이 아닌 상급관청의 훈령은 형식적 요건을 결여한 하자있는 훈령이다. 주관상급관청이 불명확하면 주관쟁의방법으로 결정한다.

상하관계에 있는 상급관청의 훈령이 경합한 경우 행정조직의 위계질서를 유지하기 위하여 직상급 경찰관청의 훈령이 우선된다.

4. 인가 · 승인권

1) 의의 및 성질

인가 · 승인권은 하급경찰관청이 특정사무를 처리함에 있어서 미리 상급경찰관청의 인가를 받게 하는 것으로서 하급경찰관청의 권한행사에 대한 적법 · 타당성을 보장하는 예방적 감독이다. 이 인가는 행정행위의 인가와 달리 행정주체의 내부에서 행하여지는 것으로서 인가가 거부되어도 하급경찰관청은 행정쟁송으로 이를 다툴 수 없다.

2) 법적 근거

법령이 명문으로 상급경찰관청의 인가를 받도록 규정하고 있는 경우도 있지만 법령에 근거가 없는 경우에도 상급경찰관청은 감독권의 내용으로 인가권을 가진다. 즉 상급경찰관청은 필요하다고 인정할 때 하급경찰관청에 인가받을 것을 지시할 수 있다.

3) 무인가행위의 효력

인가가 법령의 명시적 근거로 요구되는 경우, 인가는 하급관청의 권한행사에서 유효요건이므로, 무인가행위는 위법이고 그 원칙은 무효이다.

명시적 근거가 없이 감독권에 의한 경우 인가는 유효요건이 아니며, 무인가행위는 그대로 유효하다. 단지 공무원의 징계책임이 인정될 수 있다.

5. 권한쟁의결정권

1) 의의

권한쟁의결정권은 하급경찰관청 상호간에 주관권한에 대한 다툼이 있는 경우 상급경찰관청이 이를 결정하는 것으로 적법한 권한의 소재를 판정한다. 주관쟁의결정권이라고도 하며, 예방적 감독수단의 일종이다.

2) 권한쟁의의 결정

경찰기관 사이에 권한쟁의가 있는 경우 쌍방의 공통상급경찰관청이 있다면 그 상급경찰관청이 결정을 하고, 쌍방의 공통상급경찰관청이 없다면 상급경찰관청들이 협의하여 결정한다. 이러한 협의가 성립되지 않으면 최종적으로 행정각부의 권한쟁의가 되며, 국무회의의 심의를 거쳐 대통령이 결정한다.

6. 취소 · 정지권

1) 의의

취소 · 정지권은 상급경찰관청이 직권 또는 행정심판 등 불복신청에 의하여 하급경찰관청의 위법 · 부당한 행위를 취소 · 정지하는 권한으로서 사후 교정적 감독 수단이다.

취소는 위법 · 부당한 행위의 효력을 영속적으로 제거하는 것이고, 정지는 일시적으로 그 효력을 무력화하는 것이다. 취소 · 정지는 상급경찰기관의 직권에 의하는 경우도 있고, 행정심판에 의할 수도 있다.

2) 법적 근거

취소 · 정지권을 명문으로 규정하고 있는 경우[18]에는 상급관청이 당연히 취소 · 정지권을 가지고 있다. 명문규정이 없는 경우, 상급관청이 직접 하급관청의 위법 · 부당한 행위를 시정하는 것은 감독목적을 달성하기 위하여 필수적이기 때문에 법적

---

18) 「정부조직법」 제11조 제2항, 제16조 제2항, 「지방자치법」 제169조 등.

근거 없이도 당연히 취소 · 정지권을 행사할 수 있다(적극설).[19]

3) 효력

취소 · 정지는 경찰관청 상호간의 관계뿐만 아니라 유효한 하급관청의 행위를 취소하여 효력을 소멸시키므로 국민에게도 직접 효력을 가진다(대외적 효력). 따라서 취소 · 정지에 대한 적부의 판단은 행정쟁송의 대상이 된다.

V 대등관청 상호간의 관계

1. 권한의 존중관계

대등경찰관청 사이에서는 경찰관청이 다른 관청의 권한을 존중하여야 하고, 다른 관청의 권한을 침해하지 못한다(권한의 불가침). 경찰관청이 그 권한 내에서 행한 행위는 비록 흠이 있다고 할지라도 공정력을 가지므로 절대무효가 아닌 한 다른 경찰관청을 구속한다(구속성).

주관권한에 다툼이 있는 경우 주관쟁의에 의하여 결정한다(주관쟁의).

2. 권한의 협력관계

1) 협의

(1) 의의

협의는 하나의 사항이 둘 이상의 대등경찰관청의 권한과 관련될 때 그 관청들이 합의를 통하여 의사를 통일하는 것을 말한다.

---

19) 반대설인 소극설은 상급관청의 취소 · 정지는 하급관청의 권한의 대집행에 해당되며, 그 효과는 직접 행정객체에 미치므로 상급관청은 취소 · 정지를 할 수 없고, 다만 하급관청에 그 취소 · 정지를 명할 수밖에 없다고 한다(취소 · 정지명령권).

(2) 유형

① 둘 이상의 경찰관청이 공동주관관청으로 협의하는 경우

대등한 협의를 통하고, 공동의 명의로 외부에 표시하는 경우이다. 합의는 그 조치의 유효요건이 된다. 공동주관관청 간에 협의가 없이 어느 행정관청이 단독으로 권한을 행사한 경우 무권한의 행위로서 당연무효이다.

② 주관경찰관청이 관계경찰관청과 협의하는 경우

주관경찰관청의 단독 명의로 외부에 표시하며, 관계경찰관청의 의사는 행위의 요소가 아니다.

그러나 협의가 법령상 의무로 되어 있는 경우 협의가 없는 주관관청의 행위라도 당연무효라고는 할 수 없다.[20]

③ 경찰관청이 일정한 사업을 경영함에 있어서 사인에게 적용되는 인 · 허가에 갈음하여 그 사업의 주관행정관청과 협의 또는 승인을 받는 경우

「공유수면관리 및 매립에 관한 법률」 제28조, 「공익사업을 위한 토지 등의 취득 및 보상에 관한 법률」 제21조 등을 들 수 있다.

2) 사무위탁

사무위탁은 대등한 경찰관청 상호간에 일정한 사무가 다른 경찰관청의 권한에 속하는 경우, 그 경찰관청에 사무처리를 위탁하는 것을 말한다. 사무위탁은 법령의 근거를 요하며, 위탁받은 경찰기관은 위탁을 거부할 수 없다.

3) 행정응원

(1) 의의

행정응원은 대등한 경찰관청 사이에서 하나의 경찰관청이 다른 경찰관청의 요청에 의하거나 또는 직권으로 직무수행상 필요한 특정행위, 필요한 인력, 장비, 전문지

20) 대판 1995.11.7, 95누9730. 이 경우 다수설은 법정절차의 위반으로 무효라고 한다. 다만, 내부규율로서 협의하도록 한 경우 그것은 행정조직의 내부문제이므로 협의가 없이 한 행위는 국민에 대해서는 유효하다.

식 등 일반적인 협력을 하여 다른 경찰관청에 권한행사를 협력하는 것을 말한다.

(2) 유형

광의의 행정응원은 직무상 필요한 특정행위(의견, 장부제출), 공무원 파견, 기타 협력을 말한다. 그러나 일반적 행정응원은 재해, 비상, 사변시 당해 경찰관청의 요청으로 다른 경찰관청이 자기의 기능의 전부 또는 일부로 행정목적 달성에 응원하는 것으로서 경찰응원(「경찰직무응원법」), 소방응원(「소방기본법」), 군사응원(「위수령」) 등이 있다.

(3) 법적 근거

행정응원에 관한 일반조항으로 「행정절차법」 제8조가 있고, 특별법으로 「경찰직무응원법」,「소방기본법」 등이 있다. 그러나 행정응원은 명문의 법적 근거가 없어도 할 수 있다.

(4) 요청과 감독 등

① 요청

행정청은 ㉠ 법령 등의 이유로 독자적인 직무수행이 어려운 경우, ㉡ 인원 · 장비의 부족 등 사실상의 이유로 독자적인 직무수행이 어려운 경우, ㉢ 다른 행정청에 소속되어 있는 전문기관의 협조가 필요한 경우, ㉣ 다른 행정청이 관리하고 있는 문서(전자문서를 포함한다. 이하 같다) · 통계 등 행정자료가 직무수행을 위하여 필요한 경우, ㉤ 다른 행정청의 응원을 받아 처리하는 것이 보다 능률적이고 경제적인 경우에는 다른 행정청에 행정응원을 요청할 수 있다(「행정절차법」 제8조 제1항).

행정응원은 당해 직무를 직접 응원할 수 있는 행정청에 요청하여야 한다(「행정절차법」 제8조 제3항).

② 거부

행정응원을 요청받은 행정청은 원칙적으로 이를 거부할 수 없다. 그러나 ㉠ 다른 행정청이 보다 능률적이거나 경제적으로 응원할 수 있는 명백한 이유가 있는 경우,

또는 ㉡ 행정응원으로 인하여 고유의 직무수행이 현저히 지장받을 것으로 인정되는 명백한 이유가 있는 경우에는 이를 거부할 수 있다(「행정절차법」 제8조 제2항).

행정응원을 요청받은 행정청이 응원을 거부하는 경우에는 그 사유를 응원요청한 행정청에 통지하여야 한다(「행정절차법」 제8조 제4항).

③ 지휘 · 감독

행정응원을 위하여 파견된 직원은 응원을 요청한 행정청의 지휘 · 감독을 받는다. 다만, 당해 직원의 복무에 관하여 다른 법령 등에 특별한 규정이 있는 경우에는 그에 의한다(「행정절차법」 제8조 제5항).

④ 비용부담

행정응원에 소요되는 비용은 응원을 요청한 행정청이 부담하며, 그 부담금액 및 부담방법은 응원을 요청한 행정청과 응원을 행하는 행정청이 협의하여 결정한다(「행정절차법」 제8조 제6항).

(5) 경찰응원

① 요건

돌발사태의 진압 또는 공공질서가 교란되었거나 교란될 우려가 현저한 지역(특수지구)의 경비에 있어서 그 소관 경찰력으로는 이를 감당하기 곤란하다고 인정할 때이다(「경찰직무응원법」 제1조 제1항).

② 요청

지방경찰청장 또는 지방해양경찰관서의 장이 다른 지방경찰청장 · 지방해양경찰관서의 장 또는 자치경찰단을 설치한 제주특별자치도지사에게 경찰관의 파견을 요구할 수 있다(「경찰직무응원법」 제1조 제1항).

③ 파견경찰관의 소속 및 이동근무

파견된 경찰관은 파견받은 지방경찰청 또는 지방해양경찰관서의 경찰관으로서 직무를 수행한다(「경찰직무응원법」 제2조). 그리고 지방경찰청장이나 지방해양경찰관서의 장은 경호, 이동 승무, 물품 호송 등에 특히 필요한 경우에는 그 소속 경찰관으로 하여금 다른 지방경찰청 또는 지방해양경찰관서의 구역에서 직무를 수행하게 할 수 있다(「경찰직무응원법」 제3조).

④ 기동대의 편성 · 파견

경찰청장이나 해양경찰청장은 돌발사태를 진압하거나 특수지구를 경비하도록 하기 위하여 특히 필요할 때에는 경찰관으로 경찰기동대를 편성하여 필요한 지역에 파견할 수 있다(「경찰직무응원법」 제4조). 기동대의 대장은 경찰청장이나 해양경찰청장의 명을 받아 기동대의 업무를 맡아 처리하며 소속 경찰관을 지휘 · 감독한다(「경찰직무응원법」 제7조).

제3절 경찰공무원법

제1항 경찰공무원법 일반론

I 경찰공무원법의 의의

1. 개념

경찰공무원법이란 경찰행정의 인적 요소인 경찰공무원의 법률관계를 규율하는 법규범의 총체를 말한다. 경찰공무원법은 경찰공무원을 대상하며, 국가 · 지방자치단체의 조직내부관계를 규율한다.

그리고 경찰공무원은 경찰공무원법을 통하여 경찰기관의 구성자가 되기 때문에 경찰공무원법과 경찰기관법은 구별되어야 한다.

2. 법원

경찰공무원법의 법원(法源)으로는 성문법원인 헌법, 법률, 명령과 규칙, 조례와 자치규칙 뿐만 아니라 불문법원으로서 관습법과 조리 등을 들 수 있으나, 대표적인 것으로서 법률이 있다.

국가경찰공무원법의 법원으로서 가장 중요한 것은 「경찰법」과 「경찰공무원법」이다. 「경찰법」 제23조 제2항에서는 "국가경찰공무원의 임용 · 교육훈련 · 복무 · 신분보장 등에 관한 사항은 따로 법률로 정한다"고 규정하고 있다. 이 규정에 따라 「경찰공무원법」이 제정되었는데, 제1조에서는 "이 법은 국가경찰공무원의 책임 및 직무의 중요성과 신분 및 근무 조건의 특수성에 비추어 그 임용, 교육훈련, 복무(服務), 신분보장 등에 관하여 「국가공무원법」에 대한 특례를 규정함을 목적으로 한다"고 규정하고 있다. 따라서 모든 국가공무원에게 적용되는 「국가공무원법」도 경찰공무원법의 법원이 되며, 「경찰공무원법」과는 특별법과 일반법의 관계에 있다.

그 밖에도 국가경찰공무원법의 법원으로는 「경찰공무원임용령」 및 「경찰공무원 임용령 시행규칙」, 「경찰공무원 승진임용 규정」 및 「경찰공무원 승진임용 규정 시행규칙」, 「경찰공무원 징계령」, 「경찰공무원 교육훈련규정」, 「경찰공무원 복무규정」, 「경찰공무원 특수지근무수당 지급규칙」, 「경찰복제에 관한 규칙」 등이 있다.

한편, 제주특별자치도의 자치경찰공무원에 관해서는 「제주특별자치도 설치 및 국제자유도시 조성을 위한 특별법」에서 규정하고 있다. 이 법 '제11장 자치경찰 제8절 자치경찰공무원'에서는 계급구분, 임용권자, 자치경찰공무원인사위원회의 설치 및 기능, 신규임용, 국가경찰공무원과 자치경찰공무원 간의 인사교류 등, 승진, 근속승진, 시험실시기관 및 응시자격 등, 교육훈련, 직권면직, 정년, 징계의 절차 등을 규정하고 있으나, 「경찰공무원법」을 준용하는 경우도 많다.

Ⅱ 우리나라 경찰공무원제도

우리나라 경찰공무원제도는 민주적 경찰공무원제도와 직업적 경찰공무원제도를 기본원리로 한다.

1. 민주적 공무원제도

우리 헌법 제7조 제1항은 국민주권주의에 입각하여 국민의 공무원선거권 및 공무담임권을 보장하고, "공무원은 국민 전체에 대한 봉사자로서의 의무와 책임을 가진다"고 명시하여 민주적 공무원제도를 채택하고 있다. 경찰공무원도 국가공무원의 일종으로서 국민 전체에 대한 봉사자이며, 국민에 대하여 책임을 진다.

1) 국민 전체에 대한 봉사자

경찰공무원은 국민 전체에 대한 봉사자이다. 따라서 경찰공무원은 특정 개인 · 지역 · 특정정당의 봉사자가 아니며, 국민 전체의 이익(공익)을 위하여 공평무사하게 직무를 수행하여야 한다. 그러므로 그 한도 내에서 기본권이 제한되고, 특별한 의무와 책임을 진다. 특히 법집행자로서 경찰공무원은 직무를 수행함에 있어서 공정·중립을 지키고 권한을 남용해서는 아니된다.

2) 국민에 대한 책임

경찰공무원은 주권자인 국민에 대하여 책임을 진다. 공무원은 국민의 수임자이기 때문에 대통령이나 국회에 대하여 책임을 지는 것이 아니라 국민에게 책임을 진다. 경찰공무원의 직무수행과 관련하여 민사상·형사상 책임과 아울러 징계·변상 책임을 질 수 있다.

3) 공무담임의 평등

모든 국민은 법률이 정하는 바에 의하여 선거권과 공무담임권을 가진다. 따라서 모든 국민은 경찰공무원이 될 수 있는 평등한 기회를 가지고 있다. 경찰공무원 임용은 성별·종교·사회적 신분에 의한 차별을 받지 아니하고 원칙적으로 공개경쟁시험에 의하며 모든 국민에게 공개되어 있다.

4) 인사행정의 민주성

경찰공무원의 직급·직위분류·임면·복무·보수·징계 기타 경찰공무원에 관한 사항은 법률로 정한다. 이는 경찰공무원 인사가 집권층이나 외부의 간섭에 지배되지 않고 민주적 방식으로 운영되어야 한다는 것을 말한다.

그리고 경찰공무원의 인사행정기관은 그 직무의 독립성과 공정성이 요청되므로 합의제 행정기관으로 설치되는데, 경찰위원회, 경찰인사위원회, 승진심사위원회, 징계위원회, 고충심사위원회 등이 있다.

2. 직업공무원제도

우리 헌법 제7조 제2항은 "공무원의 신분과 정치적 중립성은 법률이 정하는 바에 의하여 보장된다"고 하여 직업공무원제도를 채택하고 있다. 직업공무원제도란 정권교체에 따른 국가작용의 중단과 혼란을 예방하며 일관성 있는 공무수행의 독자성 및 영속성을 유지하기 위하여 헌법과 법률로써 공무원의 신분을 보장하려는 공직구조에 관한 제도를 말한다. 그러한 보장이 있기 때문에 모든 공무원은 특정정당이나 특정상급자를 위하여 충성하는 것이 아니고 국민전체에 대한 공복으로서 법에 따라 그 소임을 다할 수 있게 되는 것이다.[1)]

1) 신분보장

직업공무원제도의 핵심은 공무원의 신분보장에 있다. 이것은 능력 있는 공무원을 확보하고 이들이 공무에 전념하며 공정하고 능률적으로 사무를 처리하도록 하기 위한 것이다. 「국가공무원법」 제68조에서는 "공무원은 형의 선고 · 징계처분 또는 이 법에 정하는 사유에 의하지 아니하고는 그 의사에 반하여 휴직 · 강임 또는 면직을 당하지 아니한다"고 규정하여 공무원의 신분보장을 구체화하고 있다.

다만, 경찰공무원의 특수성에 따라 치안총감과 치안정감 또는 시보임용 중인 경찰공무원에게는 「국가공무원법」 제68조가 적용되지 아니한다.

2) 정치적 중립성

직업공무원제도에서는 행정에 대한 정치적 영향이나 정권교체에 따른 공무원의 지위의 불안정을 배제하고 능률적인 행정을 확보하기 위하여 공무원의 정치적 중립이 요구된다. 이에 따라 「국가공무원법」 등에서는 공무원의 일정한 정치활동 및 집단행동을 금지하고 있다.

3) 성적주의

공무원의 임면에서는 정치적 고려나 실정에 의한 엽관제(spoils system)를 배제하고 오로지 능력, 즉 실력에 의해야 한다. 이를 성적주의 또는 실적주의(merit system)라 한다. 이 성적주의는 직업공무원제도의 성패를 좌우할 수 있는 요소이므로, 「국가공무원법」 제26조에서는 "공무원의 임용은 시험성적 · 근무성적 기타 능력이 실증에 의하여 행한다"고 규정하여 이를 명시하고 있다.

「경찰공무원법」도 경찰공무원의 신규채용은 공개경쟁시험에 의하여 행하고, 승진은 근무성적 · 경력평정 기타 능력의 실증에 의하도록 하고 있다.

---

1) 헌재결 1992.11.12, 91헌가2.

4) 능률성의 담보

직업공무원제도의 성공을 위해서는 공무원이 그 직무에 필요한 지식 · 기술 · 경험 등을 습득하고 그 직무를 의욕적 능률적으로 수행하여야 한다. 「국가공무원법」과 「경찰공무원법」은 생활보장, 사회보장제도, 교육훈련, 근무성적평정, 상훈과 표창, 제안제도, 경력평점, 특별승진, 고충처리 등의 제도를 채택하여 능률성 향상을 도모하고 있다.

제2항 경찰공무원관계의 발생 · 변경 · 소멸

I 경찰공무원관계의 관념

1. 의의

경찰공무원관계란 경찰공무원과 행정주체(국가 또는 제주특별자치도) 사이에 존재하는 공법상 근무관계를 말한다. 경찰공무원의 근무관계는 사기업 근로자의 사법상 근로관계에 대한 특수성을 가진 공법관계로 법령에 의하여 규정된 공법상 법률관계이다.

2. 임용주체

1) 임용주체의 의의

경찰공무원관계의 일방 당사자로서 임용주체인 국가 또는 지방자치단체가 있다. 임용주체란 경찰공무원관계를 형성하는 주체를 말한다. 국가 또는 지방자치단체는 행정주체로서의 지위에서 시원적인 임용주체가 된다. 즉 국가경찰공무원인 경우 국가가, 자치경찰공무원인 경우 지방자치단체가 임용주체이다. 다만, 지방자치단체는 제주특별자치도에 한정된다.

2) 임용권자

임용주체로서 국가 또는 지방자치단체의 임용권을 행사하는 자를 임용권자라고 한다.

국가경찰공무원의 경우 경찰공무원의 계급에 따라 대통령, 경찰청장 또는 해양경찰청장이 임용권자이다. 경찰청장이나 해양경찰청장의 임용권의 일부는 소속기관의 장과 지방경찰청장 또는 지방해양경찰관서의 장에게 위임할 수 있다(「경찰공무원법」 제6조).[2)]

제주특별자치도 자치경찰공무원의 경우 제주특별자치도의 도지사가 임용권자이다. 즉 도지사가 자치경찰공무원의 임명 · 휴직 · 면직과 징계를 행하는 권한을 가진다. 자치경찰단장은 도지사가 임명하며, 도지사의 지휘 · 감독을 받는다(「제주특별자치도 설치 및 국제자유도시 조성을 위한 특별법」 제107조 및 제126조).

3) 경찰공무원인사위원회

임용권자의 인사에 관한 중요사항에 관하여 자문하거나 심의 · 의결하기 위하여 경찰공무원인사위원회가 설치되어 있다. 즉 국가경찰공무원의 인사에 관한 중요 사항에 대하여 경찰청장 또는 해양경찰청장의 자문에 응하게 하기 위하여 경찰청과 해양경찰청에 경찰공무원인사위원회를 둔다(「경찰공무원법」 제4조). 그리고 자치경찰공무원의 인사에 관한 사항을 심의 · 의결하기 위하여 자치경찰공무원인사위원회를 둔다(「제주특별자치도 설치 및 국제자유도시 조성을 위한 특별법」 제127조).

2) 경찰공무원의 임용을 개괄하면 다음과 같다.

<table>
<tr><th>계급</th><th>신규채용</th><th>승진</th><th>전보</th><th>파견</th><th>휴직</th><th>직위해제</th><th>정직</th><th>강등</th><th>복직</th><th>면직</th><th>해임</th><th>파면</th></tr>
<tr><td>치안총감</td><td colspan="12" rowspan="4">(해양)경찰청장 추천 → 행정안전부장관(국토해양부장관) 제청 → 국무총리 경유 → 대통령 임용</td></tr>
<tr><td>치안정감</td></tr>
<tr><td>치안감</td></tr>
<tr><td>경무관</td></tr>
<tr><td>총경</td><td></td><td></td><td>A</td><td></td><td>A</td><td></td><td>A</td><td></td><td>A</td><td></td><td></td><td></td></tr>
<tr><td>경정</td><td>B</td><td>B</td><td colspan="7" rowspan="7">경찰청장 또는 해양경찰청장 임용</td><td>B</td><td></td><td></td></tr>
<tr><td>경감</td><td></td><td></td><td></td><td></td><td></td></tr>
<tr><td>경위</td><td></td><td></td><td></td><td></td><td></td></tr>
<tr><td>경사</td><td></td><td></td><td></td><td></td><td></td></tr>
<tr><td>경장</td><td></td><td></td><td></td><td></td><td></td></tr>
<tr><td>순경</td><td></td><td></td><td></td><td></td><td></td></tr>
</table>

*A (전보 · 휴직 · 정직 · 복직) : 경찰청장 또는 해양경찰청장 임용

**B (신규채용 · 승진 · 면직) : 경찰청장 또는 해양경찰청장 제청→국무총리 경유→대통령 임용

3. 임용객체

1) 경찰공무원의 의의

경찰공무원은 경찰공무원관계의 일방 당사자가 되는 임용객체이다.[3] 국가경찰공무원은 「국가공무원법」 및 「경찰공무원법」의 적용을 받는 특정직 공무원으로서 국민의 자유와 권리 보호 및 사회공공의 안녕과 질서유지를 목적으로 하는 공무원을 말한다.

경찰공무원의 담당 업무는 다른 공무원에 비하여 특수한 면이 많기 때문에 임용 · 교육 · 훈련 · 승진 · 신분보장 · 복무 등에 특수성이 인정된다. 이에 경찰공무원에 대해서는 「경찰공무원법」을 제정하여 규율하고 있다. 다만, 「경찰공무원법」에서 규정하고 있지 않은 것은 공무원법의 일반법인 「국가공무원법」의 적용을 받는다.

경찰공무원은 순경에서부터 치안총감에 이르는 계급을 가진 공무원을 말한다. 따라서 경찰조직상 경찰행정관청에 근무하는 일반직 · 기능직 등의 공무원과 작전전투경찰순경이나 의무전투경찰순경은 경찰공무원에 해당되지 아니한다. 다만, 작전전투경찰순경이나 의무전투경찰순경도 형법상의 공무집행방해죄의 공무원에 해당되며, 국가배상법상의 공무원 개념에도 포함된다.

2) 경찰공무원의 분류

국가공무원법상 경찰공무원은 경력식 공무원으로서 특정직 공무원에 속한다.[4] 그러나 일반적으로 경찰공무원은 계급 · 경과 · 특기 등 3가지 기준에 의하여 분류된다. 계급은 직책의 난이도와 보수를 결정하기 위한 것이고, 경과와 특기는 개인의 능력 · 적성 · 자격 등을 활용하기 위한 것이다.

(1) 계급제

계급제는 개인의 특성, 즉 학력, 경력, 자격을 기준으로 하여 유사한 개인적 특성

3) 경찰공무원에는 국가경찰공무원과 자치경찰공무원이 있다. 국가경찰공무원은 국가에 의하여 임명되며, 국가사무로서 경찰사무를 수행하며, 보수 기타 경비를 국가가 부담한다. 자치경찰공무원은 제주특별자치도에 의하여 임명되며, 자치사무로서 경찰사무를 수행하고 보수 기타 경비는 제주특별자치도가 부담한다.

을 가진 공무원을 여러 범주와 집단으로 구분하여 계층을 구분하는 것을 말한다.[5)]

경찰공무원은 순경, 경장, 경사, 경위, 경감, 경정, 총경, 경무관, 치안감, 치안정감, 치안총감 등 11개 계급으로 구분되어 있다. 이 중 경위에서 경무관까지는 사법경찰관(司法警察官)이라 하고, 순경에서 경사까지는 사법경찰리(司法警察吏)라고 하여 사법경찰사무를 담당한다.

경찰공무원의 계급체계는 신분상의 지위나 자격에 중점을 두고 개인의 특성을 고려하여 결정되며, 이것이 임용의 중요한 기준이 된다. 따라서 계급에 따라 권한의 격차가 크며 조직 내외의 평가와 보수에 있어서 차이가 크다. 예를 들면 계급이 높을수록 직무수행의 곤란도와 책임도가 높은 직책에 배치된다. 그리고 계급이 상승함에 따라 기본급을 중심으로 한 보수가 증가한다.

(2) 경과와 특기

경찰공무원은 그 직무의 종류에 따라 경과(警科)에 의하여 구분할 수 있다. 경찰공

---

4) 「국가공무원법」에 의한 공무원의 분류는 다음과 같다.

- 경력직 공무원
  - 일반직공무원 : 기술・연구 또는 행정일반에 대한 업무 담당, 직군・직렬별로 분류
  - 특정직공무원 : 법관・검사・외무공무원・경찰공무원・소방공무원・교육공무원・군인・군무원 및 국가정보원의 직원과 특수 분야의 업무 종사
  - 기능직공무원 : 기능적인 업무 종사
- 특수경력직 공무원
  - 정무직 공무원
    - ① 선거에 의하여 취임하거나 임명에 있어서 국회의 동의를 요하는 공무원
    - ② 감사원의 원장・감사위원 및 사무총장, 국회의 사무총장・차장・도서관장 및 의정연수원장, 헌법재판소의 재판관・사무처장 및 차장, 중앙선거관리위원회의 상임위원・사무총장 및 차장,
    - ③ 국무총리, 국무위원, 처의 처장, 각부의 차관, 청장(통계청장・기상청장・문화재청장・경찰청장 및 해양경찰청장과 중앙행정기관이 아닌 청의 장을 제외한다), 국무조정실장, 차관급 상당 이상의 보수를 받는 비서관,
    - ④ 국가정보원의 원장 및 차장, 국가과학기술자문회의의 위원장, 중앙인사위원회의 위원장 등
  - 별정직 공무원 : 국회수석전문위원, 감사원 사무차장 및 특별시・광역시・도선거관리위원회의 상임위원, 국가정보원 기획조정실장, 각급 노동위원회 상임위원, 해양안전심판원의 원장 및 심판관, 비서관・비서 등
  - 계약직 공무원 : 국가와 채용계약에 의하여 일정한 기간 전문지식 업무 종사
  - 고용직 공무원 : 단순한 노무 종사

5) 계급제에 대립하는 개념으로 직위분류제를 들 수 있다. 이것은 모든 직위를 직무의 종류와 곤란성 및 책임도에 따라 분류하고 동일직급에 속하는 직위에 대하여는 동일한 자격요건을 필요로 함과 동시에 동일한 보수를 지급하는 인사제도를 의미한다.

무원은 신규채용될 때에 경과가 부여되며, 경과별 직무분야에 따라 특기를 부여할 수 있다.

경찰공무원에서 경과와 특기는 경찰업무의 여러 가지 특성에 따라 그에 적합한 경찰관을 모집 · 채용하고, 능력과 경력을 전문화시키고 발전시킴으로써 경찰업무의 효율성을 높이기 위한 제도이다.

① 경과

경찰공무원의 경과에는 일반경과, 수사경과, 보안경과, 특수경과(해양경과, 운전경과, 항공경과, 정보통신경과)가 있다. 총경 이하의 경찰공무원은 경과로 구분한다. 다만, 수사경과와 보안경과는 경정 이하 경찰공무원으로, 특수경과 중 운전경과는 경사 이하 경찰공무원으로 한다(「경찰공무원임용령」 제3조 제1항).[6]

임용권자 또는 임용제청권자는 경찰공무원을 신규채용할 때에 채용구분에 따라 경과를 부여하여야 한다(「경찰공무원임용령」 제3조 제2항). 즉 일반요원으로 채용된 자에 대하여는 일반경과를, 수사요원으로 채용된 자에 대하여는 수사경과를, 보안요원으로 채용된 자에 대하여는 보안경과를, 특수기술요원으로 채용된 자에 대하여는 해당 특수경과를 부여한다(「경찰공무원임용령 시행규칙」 제22조).

② 특기

임용권자 또는 임용제청권자는 일정한 요건을 갖춘 경위 이상 경정 이하의 경찰공무원에 대하여 그 경과별 직무분야에 따라 일반특기 또는 전문특기를 부여할 수 있다(「경찰공무원임용령」 제3조 제3항).[7] 경찰공무원의 특기는 일반특기와 전문특기로

6) 경찰공무원의 경과와 직무의 종류는 다음과 같다.

경과		직무의 종류	부여 대상
일반경과		기획 · 감사 · 경무 · 생활안전 · 교통 · 경비 · 작전 · 정보 · 외사 기타의 직무로서 수사경과 · 보안경과 및 특수경과에 속하지 아니하는 직무	총경 이하
수사경과		범죄수사에 관한 직무	경정 이하
보안경과		보안경찰에 관한 직무	경정 이하
특수경과	항공경과	경찰항공기의 운영 · 관리에 관한 직무	총경 이하
	해양경과	해양경찰에 관한 직무	총경 이하
	정보통신경과	경찰정보통신의 운영 · 관리에 관한 직무	총경 이하
	운전경과	경찰차량의 운전 및 정비에 관한 직무	경사 이하

7) 경과의 부여는 기속행위이며, 특기의 부여는 재량행위이다.

분류한다.[8)]

전문특기를 부여하여 전문화관리를 할 수 있는 범위는 해당 일반특기분야 정원의 30% 이내로 하되, 경찰교육훈련기관에 해당 분야 전문화교육과정이 설치되어 있는 경우에는 그 교육을 받은 자에 한하여 전문특기를 부여한다(「경찰공무원임용령 시행규칙」 제20조 제2항).

특기는 예비분류와 확정분류의 2단계를 거쳐 분류되며(「경찰공무원임용령 시행규칙」 제23조 제1항), 특기를 분류할 때에는 본인의 희망, 근무경험, 적성(전공분야 및 자격증 등), 전문화교육, 소속 상사의 의견 등을 고려하여 심사한다(「경찰공무원임용령 시행규칙」 제29조 제1항).

③ 전과

전과란 경과를 변경하는 것이다(「경찰공무원임용령」 제2조 제3호).

전과는 일반경과에서 수사경과 · 보안경과 또는 특수경과로 전과하는 것에 한하여 인정한다. 다만, 정원감축 등으로 인하여 부득이한 경우에는 보안경과 · 수사경과 · 정보통신경과 또는 운전경과에서 일반경과로 전과하는 것을 인정할 수 있다(「경찰공무원임용령 시행규칙」 제27조 제1항).

그리고 특기의 변경은 예비분류기간 중 일반특기 상호간 또는 전문특기 상호간 1회에 한하여 할 수 있다. 다만, 특기분류에 중대한 흠이 있다고 인정될 때에는 재분류하여 이를 변경할 수 있다(「경찰공무원임용령 시행규칙」 제22조 제2항).

---

8) 경찰공무원의 특기의 종류와 직무는 다음과 같다.

종류			직무
일반특기			기획 · 감사 · 경무 · 생활안전 · 형사 · 수사 · 교통 · 경비 · 작전 · 정보 · 보안 및 외사 특기
전문특기	형사		범죄수사에 따른 범죄수법, 수사에 관한 기획 및 외근에 관한 직무
	조사		범죄조사에 관한 직무
	과학수사		화재, 지문, 발자국 기타의 흔적 또는 사진의 감식기술, 컴퓨터 및 거짓말탐지기의 작동에 관한 직무
	정보관리		정보기획 · 정보수집 및 정보자료 관리에 관한 직무
	정보분석		정보의 분석 및 판단에 관한 직무
	보안수사공작		보안수사기획 · 보안수사공작 및 보안수사분석에 관한 직무
	보안수사신문		보안수사신문에 관한 직무
	외사		외사정보의 수집 · 분석 · 판단, 외사공작, 외사수사, 외국어 번역 및 통역기술에 관한 직무
	기술	정보통신기술	정보통신의 관리 및 장비 운영에 관한 직무
		항공기술	항공조종 및 항공정비에 관한 직무
		해양기술	경비함정의 조종 및 정비 · 해난구조를 위한 잠수에 관한 직무

전과 또는 특기의 변경은 ㉠ 현재의 경과 또는 특기분야에서는 업무수행 능력이 현저히 부족하나 다른 경과 또는 특기분야에서는 더욱 발전할 수 있다고 인정되는 자, ㉡ 보충을 요하는 경과 또는 특기에 필요한 직무교육을 이수한 자, ㉢ 변경하고자 하는 경과 또는 특기분야와 관련된 자격증 소지자, ㉣ 변경하고자 하는 경과 또는 특기와 관련된 분야의 국가시행시험에 합격한 자만이 할 수 있다(「경찰공무원임용령 시행규칙」 제28조 제1항).

그러나 '변경하고자 하는 경과 또는 특기분야와 관련된 자격증 소지자'를 제외하고 ㉠ 현재의 경과 및 특기분야에서 1년을 경과하지 아니한 자, ㉡ 특수경과 또는 전문 특기분야에 근무할 것을 조건으로 채용된 자로서 5년을 경과하지 아니한 자는 전과 및 특기의 변경을 할 수 없다(「경찰공무원임용령 시행규칙」 제28조 제2항 단서).

Ⅱ 경찰공무원관계의 발생 · 변경 · 소멸

1. 경찰공무원관계의 발생

경찰공무원관계의 발생원인은 임용, 계약, 법률의 규정에 의한 강제적 설정 등이 있을 수 있으나, 임용이 주된 원인이 된다. 이하에서는 이를 중심으로 설명한다.

1) 임용의 의의 및 성질

(1) 의의

최광의의 임용은 공무원관계의 발생 · 변경 · 소멸 사유 전체를 의미하는 개념으로서, 신규채용 · 승진 · 전보 · 파견 · 휴직 · 직위해제 · 정직 · 강등 · 복직 · 면직 · 해임 및 파면을 말한다. 그러나 협의로는 신규채용 · 승진임용 · 강임 · 전직 · 전보를 의미한다. 최협의의 임용은 국가 · 지방자치단체가 특정 자연인과 공무원관계를 설정하는 행위로서 특정인에게 공무원의 신분을 부여하는 행위, 즉 신규채용(임명)만을 의미한다.

결국 임용은 공무원관계의 발생 · 변경 · 소멸 사유 전체를 의미하며, 임명은 공무원관계의 발생원인 중의 하나에 해당한다.

임명은 보직과 구별된다. 임명은 공무원관계의 설정행위인데 반하여, 보직은 공무원 신분이 설정된 자에게 일정한 직위를 부여하는 행위로서 국가의 단독적인 행정처분이다. 임명과 보직이 동시에 이루어지는 경우(경찰청장에 임하는 경우)가 원칙이지만, 예외적으로 분리되는 경우(총경 임명 후 경찰서장에 보직하는 경우)도 있다. 임용권자나 임용제청권자는 법령에 따로 정하는 경우 외에는 소속 공무원의 직급과 직류를 고려하여 그 직급에 상응하는 일정한 직위를 부여하여야 한다(「국가공무원법」 제32조의5).

(2) 임용 원칙

경찰공무원의 임용 원칙으로는 평등의 원칙, 실적주의의 원칙, 적격자임용의 원칙을 들 수 있다.

첫째, 공개경쟁에 따른 채용시험은 같은 자격을 가진 모든 국민에게 평등하게 공개하여야 하며 시험의 시기와 장소는 응시자의 편의를 고려하여 결정한다(「국가공무원법」 제35조, 평등의 원칙).

둘째, 공무원의 임용은 시험성적 · 근무성적, 그 밖의 능력의 실증에 따라 행한다. 다만, 국가기관의 장은 장애인 · 이공계전공자 · 저소득층 등에 대한 채용 · 승진 · 전보 등 인사관리상의 우대와 실질적인 양성 평등을 구현하기 위한 적극적인 정책을 실시할 수 있다(「국가공무원법」 제26조, 실적주의 원칙).

셋째, 경찰공무원은 경과, 특기, 교육훈련, 근무경력 등을 고려하여 임용하여야 한다(적격자임용의 원칙).

(3) 임명행위의 법적 성질

통상적인 경찰공무원 임명행위의 법적 성질에 대하여 쌍방적 행정행위설, 공법상 계약설, 동의를 전제로 한 단독행위설[9]과 같은 학설이 대립이 있다. 그러나 공무원

9) 공법상 계약설은 공무원 임명은 국가와 개인 사이에 공법상 근무관계의 설정이라는 공법상 효과의 발생을 목적으로 하는 의사의 합치로 성립하는 공법상 계약이라고 한다. 이 설에 의하면 공무원 임용은 부합계약의 성질을 가지며, 사용인인 국가가 일방적으로 결정한 바를 공무원이 될 자가 포괄적으로 받아들일지를 결정하게 된다. 그러나 공무원의 근무관계의 내용이 국가 등에 의하여 일방적으로 결정되고, 그 근무조건이 불리하게 변경되어도 공무원은 그에 대항할 수 없고, 또한 공무원에게는 공무원법상 성실의무가 부과되고 있다는 점에서 비판을 받고 있다.

의 임명은 상대방의 사전 동의가 있어야 하는 쌍방적 행정행위라고 할 수 있다. 따라서 상대방의 신청이나 동의는 임용의 절대적 유효요건이며, 신청이나 동의가 없는 임용행위는 당연무효이다. 그리고 임명행위에 대한 법적 분쟁은 항고소송의 대상이 된다. 임명행위에 관한 한 국민이 그 의사에 반하여 공무를 담당할 법적 의무가 없다는 점에서 타당한 견해이다. 판례[10]와 다수설의 입장이다.

그러나 국가와 대등한 지위에서 이루어지는 채용계약에 의하여 임명되는 계약직 경찰공무원의 임명행위는 공법상 계약에 해당한다. 계약의 기초가 되는 신뢰관계가 파괴되면 채용계약을 해지할 수 있다.[11] 계약직 경찰공무원의 임용행위에 대한 법적 분쟁은 당사자소송에 의한다.

2) 요건

(1) 능력요건

「경찰공무원법」은 공무에 대한 국민의 신뢰를 확보하기 위하여 일정한 결격사유에 해당하는 자는 경찰공무원으로 임용될 자격이 없는 것으로 규정하고 있다.

「경찰공무원법」이 정하고 있는 경찰공무원의 결격사유는 ㉠ 대한민국 국적을 가지지 아니한 사람, ㉡ 「국적법」 제11조의2 제1항에 따른 복수국적자, ㉢ 금치산자 또는 한정치산자, ㉣ 파산선고를 받고 복권되지 아니한 사람, ㉤ 자격정지 이상의 형(刑)을 선고받은 사람, ㉥ 자격정지 이상의 형의 선고유예를 선고받고 그 유예기간 중에 있는 사람, ㉦ 징계에 의하여 파면 또는 해임처분을 받은 사람이다(「경찰공무원법」 제7조 제2항).

동의를 전제로 한 단독행위설은 임명을 상대방의 동의를 전제로 한 국가의 일방적인 행위로서 특별권력관계의 설정행위라고 본다. 이 설에 따르면 국가의 단독적인 임명행위에 의하여 임용의 효력이 발생하나, 완전히 유효한 행위가 되기 위해서는 상대방의 동의가 필요하다고 한다. 그 동의가 결여된 경우 임명행위는 무효가 아니고 일응 유효한 것이며, 상대방은 위법을 주장하여 취소를 청구할 수 있다고 한다. 그러나 현대국가에서 국가의 일방적인 신분설정행위를 인정하기 곤란하다는 비판이 있다.

10) 대판 1962.11.8, 62누163.

11) 대판 2001.11.26, 2002두5948.

(2) 성적요건

① 임용의 원칙

공무원에 임용되기 위해서는 결격사유에 해당하지 않아야 한다는 소극적인 요건뿐만 아니라 일정한 자격(성적)요건이 필요하다. 경찰공무원은 신체 및 사상이 건전하고, 품행이 방정한 자 중에서 임용한다(「경찰공무원법」 제7조 제1항). 경찰공무원 임용의 자격은 시험성적 · 근무성적 기타 능력의 실증에 의한다.

② 신규채용

경정 및 순경의 신규채용은 공개경쟁시험으로 한다. 경위의 신규채용은 경찰대학을 졸업한 사람 및 대통령령으로 정하는 자격을 갖추고 공개경쟁시험으로 선발된 경찰간부후보생으로서 교육훈련을 마치고 정하여진 시험에 합격한 사람 중에서 한다(「경찰공무원법」 제8조 제1항 및 제2항).

경찰공무원은 예외적으로 특별채용시험에 의할 수 있다. 신규특별채용시험으로 임용할 수 있는 경우는 ㉠ 퇴직한 경찰공무원을 퇴직한 날부터 2년 이내에 퇴직 시에 재직하였던 계급의 경찰공무원으로 재임용하는 경우, ㉡ 공개경쟁시험으로 임용하는 것이 부적당한 경우에 임용예정 직무에 관련된 자격증 소지자를 임용하는 경우, ㉢ 임용예정직에 상응하는 근무실적 또는 연구실적이 있거나 전문지식을 가진 사람을 임용하는 경우, ㉣ 「국가공무원법」에 따른 5급 공무원의 공개경쟁채용시험이나 「사법시험법」에 따른 사법시험에 합격한 사람을 경정 이하의 경찰공무원으로 임용하는 경우, ㉤ 「국가공무원법」 제85조에 따라 재학 중에 장학금을 받고 졸업한 사람을 임용하는 경우, ㉥ 섬, 외딴곳 등 특수지역에서 근무할 사람을 임용하는 경우, ㉦ 외국어에 능통한 사람을 임용하는 경우, ㉧ 제주특별자치도의 자치경찰공무원을 그 계급에 상응하는 경찰공무원으로 임용하는 경우이다. 특별채용을 할 때에는 동일한 사유에 해당하는 여러 사람을 제한경쟁의 방법으로 채용할 수 있다(「경찰공무원법」 제8조 제3항 및 제4항).

경찰공무원의 채용시험은 계급별로 실시한다(「경찰공무원임용령」 제32조). 경찰공무원의 채용시험은 신체검사 · 체력검사 · 필기시험 · 종합적성검사 · 면접시험 또는 실기시험과 서류전형에 의한다(「경찰공무원임용령」 제35조).

그리고 경찰간부후보생공개경쟁선발시험 또는 순경공개경쟁채용시험에 응시하고자 하는 자는 제1종 운전면허중 대형면허 또는 보통면허를 받은 자이어야 한다. 다만, 해양경찰청 소속 경찰공무원의 채용시험에 있어서는 해양경찰청장이 정하는 바에 따라 그러하지 아니할 수 있다(「경찰공무원임용령」 제39조 제4항).

한편, 경찰공무원채용에서는 최종시험예정일을 기준으로 응시연령을 제한하고 있다(「경찰공무원임용령」 제39조 제1항).[12)]

(3) 임용요건 결여의 효과

능력요건이 결여된 자를 경찰공무원으로 임명하는 행위는 무효이다. 국가의 과실이 문제되지 아니한다.[13)] 공무원 임용결격사유가 있는지 여부는 채용후보자명부에 등록한 때가 아닌 임용 당시에 시행되던 법률을 기준으로 판단하여야 한다.[14)]

재직 중에 결격사유가 발생하면 당연퇴직사유가 된다.[15)] 그리고 성적요건을 결여한 자에 대한 임명은 취소될 수 있다.

그러나 임용요건이 결여되이 퇴직하거나 임용이 취소된 경우에도, 국가에 대하여 일정한 근무를 제공하였으므로 이들이 직무수행과 관련하여 받은 보수 기타 급여에 대하여 국가는 특별한 사정이 없는 한 부당이득반환청구권을 행사할 수 없다. 그러나 임용행위가 당연무효인 경우 그 공무원은 사실상 근무하였더라도 퇴직금청구권이 없다.[16)]

---

12) 경찰공무원채용시험과 연령 제한은 다음과 같다.

계급별	공개경쟁채용시험	특별채용시험
경정이상	25세 이상 40세 이하	27세 이상 40세 이하
경감·경위		23세 이상 40세 이하(정보통신 및 항공분야는 23세 이상 45세 이하)
경사·경장		20세 이상 40세 이하
순경	18세 이상 30세 이하	20세 이상 40세 이하(함정요원은 18세 이상 40세 이하, 전투경찰순경으로 임용되어 소정의 복무를 마친 것을 요건으로 특별채용하는 경우에는 21세 이상 30세 이하)
경찰간부후보생	21세 이상 30세 이하	

13) 대판 1998.1.23, 97누16985.
14) 대판 1987.4.14, 86누459.
15) 대판 1997.7.8, 96누4275.
16) 대판 1995.9.29, 95누7833.

3) 임용권자

경찰공무원의 임용권은 계급에 따라 대통령, 경찰청장, 해양경찰청장, 지방경찰청장, 지방해양경찰관서의 장에게 있다.

첫째, 총경 이상의 경찰공무원은 경찰청장 또는 해양경찰청장의 추천을 받아 행정안전부장관 또는 국토해양부장관의 제청으로 국무총리를 거쳐 대통령이 임용한다. 다만, 해양경찰청장은 국토해양부장관의 제청으로 국무총리를 거쳐 대통령이 임명하고, 총경의 전보, 휴직, 직위해제, 강등, 정직 및 복직은 경찰청장 또는 해양경찰청장이 한다(「경찰공무원법」 제6조 제1항).

둘째, 경정 이하의 경찰공무원은 경찰청장 또는 해양경찰청장이 임용한다. 다만, 경정으로의 신규채용, 승진임용 및 면직은 경찰청장 또는 해양경찰청장의 제청으로 국무총리를 거쳐 대통령이 한다(「경찰공무원법」 제6조 제2항).

셋째, 경찰청장 또는 해양경찰청장은 대통령령으로 정하는 바에 따라 경찰공무원의 임용에 관한 권한의 일부를 소속 기관의 장, 지방경찰청장 또는 지방해양경찰관서의 장에게 위임할 수 있다(「경찰공무원법」 제6조 제3항). 그 내용은 다음과 같다.

㉠ 경찰청장은 경찰대학 · 경찰교육원 · 중앙경찰학교 · 경찰수사연수원 · 경찰병원 및 지방경찰청의 장에게 그 소속 경찰공무원 중 경정의 전보 · 파견 · 휴직 · 직위해제 및 복직에 관한 권한과 경감 이하의 임용권을 위임할 수 있다. 임용권의 위임을 받은 소속기관 등의 장은 경감 또는 경위를 신규채용하거나 경위 또는 경사를 승진시키고자 할 때에는 미리 경찰청장의 승인을 얻어야 한다(「경찰공무원임용령」 제4조 제1항 및 제3항).

㉡ 지방경찰청장은 소속 경감 이하의 경찰공무원에 대한 당해 경찰서 안에서의 전보권을 경찰서장에게 다시 위임할 수 있다(「경찰공무원임용령」 제4조 제2항).

㉢ 해양경찰청장은 해양경찰학교장 및 지방해양경찰청장에게 그 소속 경찰공무원 중 경정의 전보 · 파견 · 휴직 · 직위해제 및 복직에 관한 권한과 경감 이하의 임용권을, 해양경찰연구소장 및 직할해양경찰서장에게 그 소속 경찰공무원 중 경감 이하의 전보권을 각각 위임할 수 있다(「해양경찰청 소속 경찰공무원 임용에 관한 규정」 제2조 제1항). 임용권의 위임을 받은 해양경찰학교장, 지방해양경찰청장은 소속 경찰공무원을 승진 임용할 때에는 미리 해양경찰청장에게 보

고하여야 한다(「해양경찰청 소속 경찰공무원 임용에 관한 규정」 제2조 제4항).

㉣ 해양경찰청장은 해양경찰정비창장에게 그 소속 경찰공무원 중 경정의 전보권과 경감 이하의 임용권을 위임할 수 있다(「해양경찰청 소속 경찰공무원 임용에 관한 규정」 제2조 제2항). 임용권의 위임을 받은 해양경찰정비창장은 소속 경찰공무원을 승진 임용할 때에는 미리 해양경찰청장에게 보고하여야 한다(「해양경찰청 소속 경찰공무원 임용에 관한 규정」 제2조 제4항).

㉤ 지방해양경찰청장은 해양경찰서장에게 그 소속 경감 이하의 경찰공무원에 대한 해당 해양경찰서에서의 전보권을 다시 위임할 수 있다(「해양경찰청 소속 경찰공무원 임용에 관한 규정」 제2조 제3항).

이를 종합하면 〈표 3〉과 같다.

4) 임명절차

(1) 채용후보자명부 등재

경찰청장 또는 해양경찰청장 및 임용권의 위임을 받은 자는 신규채용시험에 합격한 사람을 성적 순위에 따라 채용후보자명부에 등재하고, 그 등재순위에 따라 경찰공무원을 신규채용한다. 다만, 채용후보자가 경찰교육기관에서 신임교육을 받은 경우에는 그 교육성적 순위에 따른다. 경찰대학을 졸업한 사람과 경찰간부후보생도 이와 같다(「경찰공무원법」 제9조 제1항 및 제2항).

채용후보자 명부의 유효기간은 2년으로 하되, 경찰청장 또는 해양경찰청장은 필요에 따라 1년의 범위 안에서 그 기간을 연장할 수 있다. 유효기간을 연장하기로 결정한 때에는 그 사실을 공고하여야 한다(「경찰공무원법」 제9조 제3항 및 제4항).

임용권자는 경찰공무원의 결원을 보충할 때 채용후보자 명부 또는 승진후보자 명부에 등재된 후보자 수가 결원 수보다 적고, 인사행정 운영상 특히 필요하다고 인정할 때에는 그 결원된 계급에 관하여 다른 임용권자가 작성한 자치경찰공무원의 신규임용후보자 명부 또는 승진후보자 명부를 해당 기관의 채용후보자 명부 또는 승진후보자 명부로 보아 해당 자치경찰공무원을 임용할 수 있다. 이 경우 임용권자는 그 자치경찰공무원의 임용권자와 협의하여야 한다(「경찰공무원법」 제9조 제6항).

〈표 3〉 경찰공무원의 임용권자 및 임용절차

임용권자	대상	절차
• 대통령	총경 이상 임용	• 경찰청장 · 해양경찰청장 추천→행정안전부장관 · 국토해양부장관 제청→국무총리 경유→대통령 임용
	경찰청장 임명	• 경찰위원회 동의→행정안전부장관 제청→국무총리 경유→대통령 임명
	해양경찰청장 임명	• 국토해양부장관 제청→국무총리 경유→대통령 임명
	경정에의 신규채용 · 승진임용 및 면직	• 경찰청장 · 해양경찰청장 제청→국무총리 경유→대통령 임용
• 경찰청장/해양경찰청장	총경의 전보 · 휴직 · 직위해제 · 정직 및 복직	• 경찰청장 · 해양경찰청장이 행한다.
	경정 이하 임명	• 경찰청장 · 해양경찰청장이 행한다.
	위임	• 경찰청장은 경찰대학 · 경찰교육원 · 중앙경찰학교 · 경찰수사연수원 · 경찰병원 및 지방경찰청(소속기관등)의 장에게 그 소속경찰공무원 중 경정의 전보 · 파견 · 휴직 · 직위해제 및 복직에 관한 권한과 경감 이하의 임용권을 위임할 수 있다. • 해양경찰청장은 해양경찰학교장 및 지방해양경찰청장에게 그 소속 경찰공무원 중 경정의 전보 · 파견 · 휴직 · 직위해제 및 복직에 관한 권한과 경감 이하의 임용권을, 해양경찰연구소장 및 직할해양경찰서장에게 그 소속 경찰공무원 중 경감 이하의 전보권을 각각 위임할 수 있다.
• 소속기관등의 장(경찰대학 경찰교육원 · 중앙경찰학교 · 경찰수사연수원 · 경찰병원 및 지방경찰청의 장) • 해양경찰학교장 및 지방해양경찰청장	경정의 전보 · 파견 · 휴직 · 직위해제 · 복직	• 경감 또는 경위를 신규채용하거나 경위 또는 경사를 승진시키고자 할 때에는 미리 경찰청장의 승인 필요
	경감 이하의 임용	
	위임	• 지방경찰청장은 소속 경감 이하의 경찰공무원에 대한 당해 경찰서 안에서의 전보권을 경찰서장에게 다시 위임할 수 있다.
• 경찰서장	경감 이하의 경찰서 안에서의 전보권	• 지방경찰청장의 위임을 받은 경우 경찰서장이 행한다.
• 해양경찰연구소장 · 직할해양경찰서장	경감 이하의 소속기관 안에서의 전보권	• 해양경찰청장의 위임을 받은 경우 해양경찰연구소장 · 직할해양경찰서장이 행한다.

(2) 시보임용

① 의의

시보임용이란 경찰공무원 신규채용시험에 최종 합격된 자를 정규경찰공무원으로 임명하기 전에 일정한 기간 동안 그 직무에 종사하게 하여 행정실무나 관리능력을 익히도록 하는 동시에 직무의 적격성 여부를 심사하는 것을 말한다. 시보임용기간 중에는 신분보장을 받지 못하며, 그 기간 중에 있는 경찰공무원이 근무성적 또는 교육훈련성적이 불량할 때에는 면직시키거나 면직을 제청할 수 있다(「경찰공무원법」 제10조 제3항). 이에 대하여 소청을 제기할 수도 없다.

② 시보임용기간 및 대상

경정 이하의 경찰공무원을 신규채용하는 경우에는 1년간 시보(試補)로 임용하고, 그 기간이 만료된 다음 날에 정규경찰공무원으로 임용한다. 휴직기간, 직위해제기간 및 징계에 의한 정직처분 또는 감봉처분을 받은 기간은 시보임용기간에 산입하지 아니한다(「경찰공무원법」 제10조 제1항 및 제2항).

일정한 경우에는 시보임용을 거치지 아니하는데, ㉠ 경찰대학을 졸업한 사람 또는 경찰간부후보생으로서 정하여진 교육을 마친 사람을 경위로 임용하는 경우, ㉡ 경찰공무원으로서 일정한 상위계급으로의 승진에 필요한 자격 요건을 갖추고 임용예정 계급에 상응하는 공개경쟁 채용시험에 합격한 사람을 해당 계급의 경찰공무원으로 임용하는 경우, ㉢ 퇴직한 경찰공무원으로서 퇴직 시에 재직하였던 계급의 채용시험에 합격한 사람을 재임용하는 경우, ㉣ 자치경찰공무원을 그 계급에 상응하는 경찰공무원으로 임용하는 경우이다(「경찰공무원법」 제10조 제4항).

③ 정규임용심사위원회의 심사

시보임용경찰공무원을 정규경찰공무원으로 임용함에 있어서 그 적부를 심사하게 하기 위하여 임용권자 또는 임용제청권자 소속하에 정규임용심사위원회를 둔다(「경찰공무원임용령」 제20조 제3항).

위원회는 위원장 1인을 포함한 위원 5인 이상 7인 이하로 구성하며, 위원장은 위원 중 최상위계급 또는 선임의 경찰공무원이 된다. 위원은 소속 경감 이상의 경찰공무원 중에서 위원회가 설치된 기관의 장이 임명하되, 심사대상자보다 상위의 계급자로 한다(「경찰공무원임용령 시행규칙」 제9조 제2항 및 제3항).

위원회는 재적위원 3분의 2이상의 출석과 출석위원 과반수의 찬성으로 의결한다(「경찰공무원임용령 시행규칙」 제9조 제4항).

위원회는 시보임용경찰공무원을 정규경찰공무원으로 임용함에 있어서 그 적부를 심사한다. 심사를 함에 있어서는 ㉠ 시보임용 기간 중의 근무실적 및 직무수행 태도, ㉡ 「경찰공무원임용령」 제20조 제2항 각호에의 해당 여부,[17] ㉢ 「경찰공무원임용령」 제47조 각호에의 해당 여부,[18] ㉣ 소속 상사의 소견을 고려하여야 한다(「경찰공무원임용령 시행규칙」 제10조).

5) 임명의 형식

공무원의 임명은 원칙적으로 임용장 또는 임용통지서의 교부에 의한다. 그러나 임명은 요식행위가 아니므로 임용장 등의 교부는 유효요건이 아니고, 임명행위를 형식적으로 표시·증명하는 선언적·공증적 효력만을 가진다.

6) 임명의 효력발생요건

경찰공무원은 임용장 또는 임용통지서에 기재된 일자에 임용된 것으로 본다. 다만, 사망으로 인한 면직은 사망한 다음 날에 면직된 것으로 본다(「경찰공무원임용령」 제5조 제1항). 임용일자는 그 임용장이 피임용자에게 송달되는 기간 및 사무인계에

---

17) 제20조(시보임용경찰공무원) ① 임용권자 또는 임용제청권자는 시보임용기간 중의 경찰공무원(이하 "시보임용경찰공무원"이라 한다)에 대하여 근무사항을 항상 지도·감독하여야 한다.
② 임용권자 또는 임용제청권자는 시보임용경찰공무원이 다음 각호의 1에 해당하여 정규경찰공무원으로 임용함이 부적당하다고 인정되는 경우에는 제3항의 규정에 의한 정규임용심사위원회의 심사를 거쳐 당해 시보임용경찰공무원을 면직시키거나 면직을 제청할 수 있다.
1. 징계사유에 해당할 때
2. 제21조제1항의 규정에 의한 교육훈련성적이 만점의 6할미만이거나 생활기록이 극히 불량할 때
3. 「경찰공무원 승진임용 규정」 제7조제2항의 규정에 의한 제2평정요소에 대한 근무성적평정점이 만점의 5할미만일 때

18) 제47조(직권면직사유) ① 법 제22조 제1항 제2호에서 "대통령령이 정하는 사유"라 함은 다음 각호의 경우를 말한다.
1. 지능저하 또는 판단력의 부족으로 경찰업무를 감당할 수 없는 경우
2. 책임감의 결여로 직무수행에 성의가 없고 위험한 직무에 당하여 고의로 직무수행을 기피 또는 포기하는 경우

필요한 기간을 참작하여 정하여야 한다(「경찰공무원임용령」 제5조 제2항). 도달주의 원칙에 의하여 공무원의 임용의 의사표시는 당연히 경찰공무원에게 도달하여야 효력이 발생한다. 그러므로 임용장이나 임용통지서가 기재된 일자보다 늦게 도달한 경우 사실상 교부받은 날에 임용의 효력이 발생한다.

경찰공무원의 소급임용은 「경찰공무원임용령」이 특별히 정하는 경우를 제외하고 원칙적으로 인정되지 아니한다. 다만, ㉠ 재직 중 공적이 특히 현저한 자가 공무로 사망한 때에는 그 사망전일을 임용일자로 하여 추서하는 경우, ㉡ 형사사건으로 기소된 때에 그 기소된 날을 임용일자로 하여 직위해제하는 경우, ㉢ 「국가공무원법」 제70조 제1항 제4호의 규정에 의하여 직권면직하는 때에 휴직기간의 만료일 또는 휴직사유의 소멸일을 임용일자로 하여 면직하는 경우에는 소급임용할 수 있다(「경찰공무원임용령」 제6조).

7) 경찰공무원인사위원회

경찰공무원의 인사에 관한 중요사항에 관하여 경찰청장 또는 해양경찰청장의 자문에 응하기 위하여 경찰청 및 해양경찰청에 경찰공무원인사위원회를 둔다(「경찰공무원법」 제4조 제1항). 인사위원회는 자문기관이다.

(1) 심의사항

경찰공무원인사위원회는 ㉠ 경찰공무원의 인사행정에 관한 방침과 기준 및 기본계획, ㉡ 경찰공무원의 인사에 관한 법령의 제정 · 개정 또는 폐지에 관한 사항, ㉢ 그 밖에 경찰청장 또는 해양경찰청장이 인사위원회의 회의에 부치는 사항에 대하여 심의한다(「경찰공무원법」 제5조).

(2) 구성과 의결방법

경찰공무원인사위원회는 위원장을 포함한 5인 이상 7인 이하의 위원으로 구성한다. 위원장은 경찰청 및 해양경찰청 인사담당국장이 되고, 위원은 경찰청 및 해양경찰청 소속 총경 이상의 경찰공무원 중에서 경찰청장 또는 해양경찰청장이 임명한다(「경찰공무원임용령」 제9조).

위원장은 인사위원회를 대표하며, 인사위원회의 사무를 총괄한다(「경찰공무원임용령」 제10조 제1항). 위원장이 부득이한 사유로 직무를 수행할 수 없는 때에는 위원 중에서 최상위계급 또는 선임의 경찰공무원이 그 직무를 대행한다(「경찰공무원임용령」 제10조 제2항).

(3) 회의

위원장은 인사위원회의 회의를 소집하고 그 의장이 된다. 회의는 재적위원 과반수의 찬성으로 의결한다(「경찰공무원임용령」 제11조). 위원장은 인사위원회에서 심의된 사항을 지체 없이 경찰청장 또는 해양경찰청장에게 보고하여야 한다(「경찰공무원임용령」 제13조).

2. 경찰공무원관계의 변경

경찰공무원관계의 변경이란 경찰공무원의 신분을 유지하면서 경찰공무원관계의 내용의 전부 또는 일부를 일시적 또는 영구적으로 변경하는 것을 말한다. 승진 · 전직 · 전과 · 전보 · 휴직 · 직위해제 · 복직 · 파견근무 등이 있다. 임명행위와 달리 일방적 행위로 행한다.

1) 승진

(1) 의의

승진이란 동일한 직렬 내에서 하위직급에서 상위직급으로 임용하는 것을 말한다. 경찰공무원의 승진은 바로 하위계급에 있는 경찰공무원 중에서 근무성적평정, 경력평정 기타 능력의 실증에 의한다(「경찰공무원법」 제11조 제1항). 승진명령은 행정행위의 성질을 가진다. 경찰공무원의 개인적 공권으로서 승진청구권은 인정되지 아니한다. 승신 여부의 판단은 임명권자의 평가적인 인식행위로서 임명권자가 자격 · 능력 · 전문적 지식 등에 따른다.[19]

(2) 승진소요최저근무연수

경찰공무원이 승진함에 있어서는 승진소요최저근무연수 이상 당해 계급에 재직하여야 한다. 총경 4년, 경정 3년, 경감 3년, 경위 2년, 경사 2년, 경장 1년, 순경 1년이다. 원칙적으로 이 기간에는 휴직기간 · 직위해제기간 · 징계처분기간 및 승진임용제한기간을 포함하지 아니한다(「경찰공무원 승진임용 규정」 제5조 제1항 및 제2항).

(3) 승진제한사유

승진임용이 제한되는 경우가 있다. ㉠ 징계의결요구 · 징계처분 · 직위해제 · 휴직 또는 시보임용기간 중에 있는 자, ㉡ 징계처분의 집행이 끝난 날부터 강등 · 정직 18개월, 감봉 12개월, 견책 6개월이 지나지 아니한 자(금품 및 향응 수수, 공금의 횡령 · 유용에 따른 징계처분의 경우에는 각각 3개월을 더한 기간), ㉢ 징계에 관하여 경찰공무원과 다른 법령의 적용을 받는 공무원이 경찰공무원으로 임용된 경우, 종전의 신분에서 강등의 징계처분을 받고 그 처분 종료일로부터 18개월이 경과되지 아니한 자와 근신 · 영창 기타 이와 유사한 징계처분을 받고 그 처분종료일로 부터 6개월이 경과되지 아니한 자, ㉣ 수사, 정보, 외사(外事), 보안 등 특수 부문에 근무하는 경찰공무원으로서 전문특기를 부여받은 총경 및 경정 중 3년의 범위에서 계급정년의 연장을 받은 자이다(「경찰공무원 승진임용 규정」 제6조 제1항).

---

19) 경찰공무원의 승진제도를 개괄하면 다음과 같다.

계급	승진방법	승진대상자명부 작성대상 여부	심사승진 최저근무연수	특별승진	근속승진	
					여부	최저근속연수
치안총감						
치안정감						
치안감						
경무관	심사승진					
총경	심사승진	○	4			
경정	심사승진+시험승진	○	3			
경감	심사승진+시험승진	○	3		○	
경위	심사승진+시험승진	○	2	2계급 가능	○	12년
경사	심사승진+시험승진	○	2	2계급 가능	○	7년 6월
경장	심사승진+시험승진	○	1	2계급 가능	○	6년
순경	심사승진+시험승진	○	1	2계급 가능		5년

(4) 승진심사위원회

승진심사를 하기 위하여 경찰청에 중앙승진심사위원회를, 경찰청 · 해양경찰청 · 지방경찰청 · 대통령령이 정하는 경찰기관 및 지방해양경찰관서에 보통승진심사위원회를 둔다. 중앙승진심사위원회는 총경 이상에의 승진심사를, 보통승진심사위원회는 경정 이하에의 승진심사를 행하되, 경찰서 · 해양경찰학교 · 해양경찰서 또는 정비창소속 경찰공무원 중 경위 이하에의 승진심사는 경찰서 · 해양경찰학교 · 해양경찰서 또는 정비창의 보통승진심사위원회에서 행한다(「경찰공무원 승진임용 규정」 제15조~제17조).

승진심사위원회는 위원장을 포함하여 5인 이상 7인 이하의 위원으로 구성한다. 승진심사위원회는 승진대상자명부의 선순위자순으로 승진시키고자 하는 결원수의 5배수의 범위 안에 있는 자 중에서 승진후보자를 심사 · 선발한다(「경찰공무원 승진임용 규정」 제20조). 승진심사위원회는 승진심사대상자가 승진될 계급에서의 직무의 수행능력을 평가하기 위하여 경력(경험한 직책, 승진기록, 경찰직무와 관련된 교육경력), 근무성과(현 계급에서의 연도별 근무성적, 상벌, 소속경찰기관의 장의 평가 · 추천), 적성(국가관, 청렴도, 적격성 및 발전성, 인품) 등을 심사한다.

(5) 승진의 종류

경찰공무원의 승진임용은 심사승진임용 · 시험승진임용 및 특별승진임용으로 구분한다(「경찰공무원 승진임용 규정」 제3조).

① 심사승진

승진심사에 의한 승진을 말한다. 경무관 이하 계급에의 승진은 심사승진이 원칙이다(「경찰공무원법」 제11조 제2항).

경무관 이하 계급에의 승진은 승진후보자 명부의 등재순위에 의한다. 총경 이하의 경찰공무원에 대하여는 대통령령으로 정하는 바에 따라 계급별로 승진대상자 명부를 작성하여야 한다(「경찰공무원법」 제11조 제4항). 즉 총경 이하의 경찰공무원에 대하여는 원칙적으로 근무성적평정점 50%, 경력평정점 35%, 교육훈련성적평정점 15%의 비율에 따라 계급별로 승진대상자명부를 작성하여 이를 기초로 승진심사를 한다

(「경찰공무원 승진임용 규정」 제11조 제1항).

경찰공무원의 승진심사는 원칙적으로 계급별로 실시하며, 총경 이하에의 승진심사는 연 1회, 1월 2일부터 3월 31일 사이에 실시한다(「경찰공무원 승진임용 규정」 제14조 제1항 및 제2항).

임용권자 또는 임용제청권자는 소속 경찰공무원을 승진심사를 거쳐 승진임용하거나 승진임용제청하고자 하는 때에는 승진심사대상자의 상위 · 동일 · 하위 계급의 경찰공무원, 업무와 관련된 민원인 등의 평가를 실시하여 그 결과를 반영할 수 있다(「경찰공무원법」 제22조의2). 이를 다면평가라 한다.[20)]

② 시험승진

승진시험에 의하여 승진하는 것을 말한다. 경무관 이하 계급에의 승진은 승진심사에 의하는 심사승진이 원칙이지만 경정 이하의 계급에의 승진에 있어서는 시험승진과 병행하고 있다(「경찰공무원법」 제11조 제2항 단서). 심사승진과 시험승진을 병행하는 경우에 그 승진임용방법별 인용비율은 계급별로 승진임용 예정인원수의 각 50%로 하는 것이 원칙이다(「경찰공무원 승진임용 규정」 제4조 제1항).

경찰공무원의 승진시험은 원칙적으로 계급별로 실시하되 매년 1회 실시한다(「경찰공무원 승진임용 규정」 제27조 제1항, 제30조 제1항). 경찰공무원의 승진시험은 경찰청장 또는 해양경찰청장이 실시하지만 경감 이하에의 승진시험을 소속기관 등의 장에게 위임할 수 있다(「경찰공무원 승진임용 규정」 제28조).

③ 특별승진

특별승진은 우수 경찰공무원 등 특별한 공적이 있는 자를 심사승진에 의하지 아니하고 1계급 또는 2계급 승진시키는 것을 말한다.

---

20) 다면평가제란 기존의 상관에 의한 일방적인 단면평가의 결함을 보완하기 위한 평가제도이다. 평가에서 상급평가(downward appraisals) 외에 대각선(관련부문 상관), 옆(동료), 부하(upward appraisals), 고객에 의한 평가 및 자기평가(self appraisals)를 실시함으로써 평가대상자의 전체모습을 평가하려는 인사평정제도로서 360°평정법, 집단평정법 또는 복수평정법이라고도 한다. 전통적 평가방식은 직무분석에 기초하기보다는 직관과 선험을 바탕으로 평가요소가 결정되므로 빠르고 쉬운 평정방식이지만, 다면평가방법은 평가자의 선발, 평가의 시행, 다양한 정보의 분석 등에 시간과 비용이 많이 든다. 그리고 근무성적에 따른 뚜렷한 서열정립이 어렵다. 이 제도는 민간기업을 중심으로 확산되어 공기업 · 공공기관에서도 지도력과 관리능력이 요구되는 고위직에 적용되는 추세이다.

〈표 4〉 특별승진의 사유와 대상계급

<table>
<tr><th rowspan="2">구분</th><th colspan="2">특별승진사유</th><th rowspan="2">대상계급</th></tr>
<tr><th>「경찰공무원법」</th><th>「경찰공무원승진임용규정」</th></tr>
<tr><td rowspan="7">1계급 승진 (원칙)</td><td rowspan="4">「국가공무원법」 제40조의4 제1항 제1호부터 제4호까지의 규정 중 어느 하나에 해당되는 사람</td><td>청백리포상에 관한 규정에 의하여 포상을 받은 자</td><td>경정 이하에의 승진</td></tr>
<tr><td>소속기관 등의 장이 행정의 능률을 향상시키고 예산을 절감하는 등 직무수행능력이 탁월하여 경찰행정 발전에 기여한 공이 매우 크다고 인정하는 자</td><td>경감 이하에의 승진</td></tr>
<tr><td>창안등급 동상 이상을 받은 자로서 경찰행정 발전에 기여한 실적이 뚜렷한 자</td><td>경감 이하에의 승진</td></tr>
<tr><td>20년 이상 근속하고 정년 1년 전까지의 기간 중 자진하여 퇴직하는 자로서 재직 중 특별한 공적이 있다고 인정되는 자</td><td>치안정감 이하에의 승진</td></tr>
<tr><td>전사하거나 순직한 사람</td><td>전투・대간첩작전 기타 이에 준하는 업무수행 중 현저한 공을 세우고 사망하였거나 부상을 입어 사망한 자 또는 직무수행 중 다른 사람의 모범이 되는 공을 세우고 사망하였거나 부상을 입어 사망한 자</td><td>치안정감 이하에의 승진</td></tr>
<tr><td rowspan="2">직무 수행 중 현저한 공적을 세운 사람</td><td>1. 헌신적인 노력으로 간첩 또는 무장공비를 사살 또는 검거한 자
2. 국가안전을 해하는 중한 범죄의 주모자를 검거한 자
3. 전시・사변 또는 이에 준하는 비상사태 하에서 위험을 무릅쓰고 헌신 분투하여 사태진압에 특별한 공을 세운 자
4. 살인・강도・조직폭력 등 중한 범죄의 범인검거에 헌신 분투하여 그 공이 특히 현저한 자
5. 천재・지변 기타 재난의 발생시 위험을 무릅쓰고 인명을 구조하거나 재산을 보호한 공이 특히 현저한 자
다만, 제1호, 제2호 또는 제4호에 해당하는 특별승진대상에는 첩보의 제공 등 공조수사를 하여 사건해결에 결정적인 기여를 한 자를 포함한다.</td><td>경감 이하에의 승진</td></tr>
<tr><td>8. 행정안전부령 또는 국토해양부령이 정하는 특별경비부서에서 헌신적으로 직무를 수행한 공이 있고, 상위직의 직무수행능력이 있다고 인정되는 자</td><td>경위 이하에의 승진</td></tr>
<tr><td>2계급승진 (예외)</td><td colspan="2">경위 이하로서 모든 경찰공무원의 귀감이 되는 공을 세우고 전사하거나 순직한 자</td><td></td></tr>
</table>

경찰공무원의 특별승진은 경찰청장 또는 해양경찰청장이 특히 필요하다고 인정하는 경우에 수시로 이를 실시할 수 있다. 다만, 국가안전을 해하는 중한 범죄의 주모자를 검거한 자에 대한 특별승진은 경찰청장 또는 해양경찰청장이 정하는 바에 따라 매분기 또는 매월 실시한다(「경찰공무원 승진임용 규정」 제39조).

특별승진심사는 중앙승진심사위원회의 심사를 거쳐야 한다. 다만, 경사 이하의 경우 보통승진심사위원회의 심사로 갈음할 수 있다(「경찰공무원 승진임용 규정」 제41조).

특별승진 사유는 「국가공무원법」이 정한 우수공무원에 해당하는 자, 전사하거나 순직한 자, 직무수행 중 현저한 공적을 세운 자이며, 1계급 특별 승진시킬 수 있다. 다만, 경위 이하의 경찰공무원으로서 모든 경찰공무원의 귀감이 되는 공을 세우고 전사하거나 순직한 자에 대하여는 2계급 특별 승진시킬 수 있다(「경찰공무원법」 제14조). 특별승진의 사유와 대상계급은 〈표 4〉와 같다(「경찰공무원 승진임용 규정」 제37조 및 제38조).

⑤ 근속승진

근속승진은 경찰공무원의 사기 증진을 위하여 장기간 성실하게 근무한 자를 승진시키는 것을 말한다.

경찰청장 또는 해양경찰청장은 해당 계급에서 일정기간 동안 재직한 사람을 경장, 경사, 경위, 경감으로 각각 근속승진임용할 수 있다(「경찰공무원법」 제11조의2).

경찰청장 또는 해양경찰청장은 근속승진임용대상자의 요선을 정함에 있이 순경을 경장으로 근속승진임용하려는 경우 해당 계급에서 5년 이상 근속자로, 경장을 경사로 근속승진임용하려는 경우 해당 계급에서 6년 이상 근속자로, 경사를 경위로 근속승진임용하려는 경우 해당 계급 7년 6개월 이상 근속자로, 경위를 경감으로 근속승진임용하려는 경우 해당 계급에서 12년 이상 근속자로 한다(「경찰공무원법」 제11조의2 제1항). 다만, 경감으로 근속승진임용할 수 있는 인원은 경찰청장 또는 해양경찰청장이 정한 경감 정원의 100분의 15에 해당하는 인원수로 한다. 그러나 근속승진 인원이 현저히 적은 경우 등 특별한 사유가 있는 경우에는 경찰청장 또는 해양경찰청장은 행정안전부장관과 협의하여 근속승진임용할 수 있는 인원을 별도로 산정할 수 있다(「경찰공무원 승진임용 규정」 제26조).

6) 대우공무원제도

대우공무원제도란 임용권자 또는 임용제청권자가 소속 경찰공무원 중 해당 계급에서 승진소요최저근무연수 이상 근무하고 승진임용의 제한사유가 없으며 근무실적이 우수한 자를 바로 상위계급의 대우공무원으로 선발하는 제도를 말한다(「경찰공무원 승진임용 규정」 제43조).

대우공무원으로 선발되기 위해서는 승진소요최저근무연수를 경과한 총경 이하 경찰공무원으로서 총경 · 경정의 경우 7년 이상, 경감 이하의 경우 5년 이상 해당 계급에서 근무하여야 한다(「경찰공무원 승진임용규정 시행규칙」 제35조).

임용권자 또는 임용제청권자는 매분기말 5일 전까지 대우공무원 발령일을 기준으로 하여 대우공무원 선발요건에 적합한 대상자를 결정하여야 하고, 그 다음 분기 첫 달 1일에 일괄하여 대우공무원으로 발령하여야 한다(「경찰공무원 승진임용규정 시행규칙」 제36조).

대우공무원으로 선발된 경찰공무원에 대하여는 「공무원 수당 등에 관한 규정」에 따라 대우공무원수당을 지급한다(「경찰공무원 승진임용규정 시행규칙」 제37조).

대우공무원이 상위계급으로 승진임용 또는 강등되는 경우 승진임용일자 또는 강등일자에 별도의 조치 없이 대우공무원의 자격을 당연히 상실한다(「경찰공무원 승진임용규정 시행규칙」 제38조).

2) 전직

전직이라 함은 동일한 계급에서 직렬을 달리하는 다른 직위로의 임명을 말한다(예로서 검찰사무관을 행정사무관으로 임용하는 것이다). 전직은 직위분류제의 예외적인 제도로서 일정한 요건에 해당될 때에 한하며, 원칙적으로 전직시험에 의한다. 경찰공무원에게는 적용되지 아니한다.

3) 전보

전보란 동일 직위 및 자격 내에서의 근무기관이나 부서를 달리하는 임용(경무과장에서 형사과장으로)을 말한다(「경찰공무원법」 제1조의2 제2호).

전보는 동일한 직급 내에서의 장기근무로 인한 침체를 방지하고 창의적인 직무수행을 기하고 직무수행의 능률을 높이기 위하여 실시된다. 임용권자 또는 임용제청권자는 경찰공무원의 동일직위에서의 장기근무로 인한 직무수행의 침체현상을 방지하여 창의적이며 활력 있는 직무성과의 증진을 기하도록 하는 한편, 지나치게 잦은 전보로 인한 능률저하를 방지하여 안정적인 직무수행을 기할 수 있도록 특별한 사정이 없는 한 정기적으로 전보를 실시하여야 한다(「경찰공무원임용령」 제26조).

소속공무원을 보직함에 있어서는 당해 공무원의 전공분야·훈련·근무경력·전문성 및 적성 등을 고려하여 적격한 직위에 임용하여야 한다(「경찰공무원임용령」 제22조 제2항).

전보가 정실인사로 악용되는 것을 예방하기 위하여 전보를 제한한다. 즉 임용권자 또는 임용제청권자는 소속공무원을 해당 직위에 임용된 날부터 1년 이내(감사업무를 담당하는 경찰공무원의 경우에는 2년 이내)에 다른 직위에 전보할 수 없다(「경찰공무원임용령」 제26조).[21]

4) 휴직

(1) 의의

휴직은 경찰공무원으로서의 신분을 보유하면서 직무담임을 일시적으로 해제하는 행위이다. 휴직기간이 만료되면 그 공무원은 원칙적으로 당연히 복직되며, 직위해제와 달리 휴직에는 제재적인 성격이 없다.

(2) 종류와 사유

휴직에는 직권휴직과 의원휴직이 있다. 직권휴직은 법정사유에 해당할 때 임용권자가 본인의 의사에 불구하고 휴직을 명하는 것이고, 의원휴직은 일정한 사유로 그

---

21) 그러나 ㉠ 직제상의 최저단위 보조기관(담당관을 포함한다)내에서의 전보, ㉡ 경찰청 및 해양경찰청과 소속기관 등 또는 소속기관 등 상호간의 교류를 위한 전보, ㉢ 기구의 개편, 직제 또는 정원의 변경으로 인한 해당 경찰공무원의 전보, ㉣ 당해 경찰공무원을 승진시키는 경우, ㉤ 특수한 기술을 가진 경찰공무원 또는 전문특기자를 당해 직무분야에 보직하는 경우, ㉥ 징계처분을 받은 경우, ㉦ 형사사건에 관련되어 수사기관에서 조사를 받고 있는 경우, ㉧ 경찰기동대 기타 특수임무부서와의 정기적인 교체에 의하는 경우, ㉨ 교육훈련기관의 교수요원으로 보직하는 경우, ㉩ 시보임용중인 경우, ㉪ 신규채용된 경찰공무원으로서 「경찰공무원임용령」 제22조 제5항의 규정에 의한 보직관리기준에 따라 순환보직중인 자의 전보 및 이와 관련한 전보, ㉫ 감사담당 경찰공무원 가운데 부적격자로 인정되는 경우에는 전보의 제한이 없다.

공무원이 휴직을 원하는 경우에는 임용권자가 휴직을 명하는 것이다.

직권휴직의 사유는 ㉠ 신체 · 정신상의 장애로 장기요양이 필요할 때, ㉡ 병역법에 의한 병역복무를 마치기 위하여 징집 또는 소집된 때, ㉢ 천재 · 지변이나 전시 · 사변, 그 밖의 사유로 생사 또는 소재가 불명확하게 된 때, ㉣ 그 밖에 법률의 규정에 따른 의무를 수행하기 위하여 직무를 이탈하게 된 때, ㉤ 「공무원의 노동조합 설립 및 운영 등에 관한 법률」 제7조에 따라 노동조합 전임자로 종사하게 된 때이다(「국가공무원법」 제71조 제1항).

의원휴직의 사유는 ㉠ 국제기구, 외국 기관, 국내외의 대학 · 연구기관, 다른 국가기관 또는 대통령령으로 정하는 민간기업, 그 밖의 기관에 임시로 채용될 때, ㉡ 국외 유학을 하게 된 때, ㉢ 중앙인사관장기관의 장이 지정하는 연구기관이나 교육기관 등에서 연수하게 된 때, ㉣ 만 8세 이하(취학 중인 경우에는 초등학교 2학년 이하를 말한다)의 자녀를 양육하기 위하여 필요하거나 여성공무원이 임신 또는 출산하게 된 때, ㉤ 사고나 질병 등으로 장기간 요양이 필요한 부모, 배우자, 자녀 또는 배우자의 부모를 간호하기 위하여 필요한 때, ㉥ 외국에서 근무 · 유학 또는 연수하게 되는 배우자를 동반하게 된 때이다(「국가공무원법」 제71조 제2항).

(3) 효력

휴직 중인 공무원은 신분은 보유하나 직무에 종사하지 못한다. 휴직기간 중 그 사유가 소멸된 때에는 30일 이내에 임용권자 또는 임용제청권자에게 이를 신고하여야 하며, 임용권자는 지체 없이 복직을 명하여야 한다. 그리고 휴직기간이 끝난 공무원이 30일 이내에 복귀신고를 하면 당연히 복직된다(「국가공무원법」 제73조).

또한 임용권자는 자녀의 양육 또는 여성공무원의 임신 또는 출산을 이유로 휴직하였다고 하여 인사상 불리한 처우를 하여서는 아니된다(「국가공무원법」 제71조 제4항).

5) 복직

복직은 휴직 · 직위해제 또는 정직 중에 있는 경찰공무원을 원래의 직위에 복귀시키는 것을 말한다. 휴직인 경우에는 복직이 보장된다(「경찰공무원법」 제1조의2 제3호).

6) 직위해제

(1) 의의

직위해제는 경찰공무원 본인에게 직위를 계속 유지시킬 수 없는 사유가 있는 경우 신분을 보유하면서 직위만을 부여하지 아니하는 것을 말한다. 직위해제는 행정처분의 성격을 가진다.

직위해제는 본인의 무능력 등 본인에게 귀책사유가 있을 때 행하는 것으로서 제재적 의미를 가지는 보직의 해제이다. 직위해제의 경우 복직이 보장되지 아니한다.

(2) 사유

직위해제의 사유는 ㉠ 직무수행 능력이 부족하거나 근무성적이 극히 나쁜 자, ㉡ 파면 · 해임 · 강등 또는 정직에 해당하는 징계 의결이 요구 중인 자, ㉢ 형사사건으로 기소된 자(약식명령이 청구된 자 제외), ㉣ 고위공무원단에 속하는 일반직공무원으로서 적격심사를 요구받은 자이다. 이 경우 임용권자는 재량으로 직위를 부여하지 아니할 수 있다(「국가공무원법」 제73조의3 제1항).

(3) 효력

직위가 해제되면 직무에 종사하지 못하며 출근할 의무도 없다. 직위해제 기간은 승신소요최저연수에 산입되지 아니하며(「경찰공무원승진임용규정」 제5조 제2항), 직위해제된 경찰공무원에게는 봉급의 80%를 지급한다(「공무원보수규정」 제29조).

직위해제의 사유가 소멸된 때에는 임용권자는 지체 없이 직위를 부여하여야 한다(「국가공무원법」 제73조의3 제2항). 다만, 임용권자는 직무수행 능력이 부족하거나 근무성적이 극히 나쁜 자에게 직위해제를 한 경우 3개월의 범위에서 대기를 명하고, 이 대기 명령을 받은 자에게 능력 회복이나 근무성적의 향상을 위한 교육훈련 또는 특별한 연구과제의 부여 등 필요한 조치를 하여야 한다(「국가공무원법」 제73조의3 제3항 및 제4항). 대기명령기간 중 능력 또는 근무성적의 향상을 기대하기 어렵다고 인정된 때에는 징계위원회의 동의를 얻어 직권면직할 수 있다(「국가공무원법」 제70조 제1항 제5호).

직위해제는 징계처분이 아니므로 동일한 사유로 직위해제를 하고 다시 감봉 등 징계처분을 하였다고 해도 일사부재리의 원칙에 위배되는 것은 아니다. 또한 직위해제 중에 있는 공무원이 징계사유에 해당할 경우에는 직위해제 중이라도 징계위원회에 징계의결을 요구할 수 있다. 형사사건으로 기소된 자를 직위해제하고 강임 이하로 징계처분한 경우에는 징계처분과 직위해제의 효력은 재판이 확정될 때까지 계속된다.

7) 파견근무

국가적 사업의 수행 또는 그 업무수행과 관련된 행정지원이나 연수 기타 능력개발 등을 위하여 필요할 때에는 소속 공무원을 다른 국가기관 · 공공단체 · 정부투자기관, 국내외의 교육기관 · 연구기관 기타 기관에 일정기간 근무하게 하는 것이다. 파견은 전보에 준하는 행위이다.

임용권자 또는 임용제청권자는 ㉠ 국가기관 외의 기관 · 단체에서의 국가적 사업의 수행을 위하여 특히 필요한 경우, ㉡ 다른 기관의 업무폭주로 인한 행정지원의 경우, ㉢ 관련기관 간의 긴밀한 협조를 요하는 특수업무의 공동수행을 위하여 필요한 경우, ㉣ 「공무원교육훈련법」에 의한 교육훈련을 위하여 필요한 경우, ㉤ 「공무원교육훈련법」에 의한 공무원교육훈련기관의 교수요원으로 선발된 경우, ㉥ 국제기구, 외국의 정부 또는 연구기관에서의 업무수행 및 능력개발을 위하여 필요한 경우, ㉦ 국내의 연구기관 · 민간기관 및 단체에서의 관련 업무수행 · 능력개발이나 국가정책수립과 관련된 자료수집 등을 위하여 필요한 경우 경찰공무원을 파견할 수 있다(「경찰공무원법」 제30조 제1항).

8) 강임과 강등

강임(降任)이란 같은 직렬 내에서 하위 직급에 임명하거나 하위 직급이 없어 다른 직렬의 하위 직급으로 임명하거나 고위공무원단에 속하는 일반직공무원(제4조제2항에 따라 같은 조 제1항의 계급 구분을 적용하지 아니하는 공무원은 제외한다)을 고위공무원단 직위가 아닌 하위 직위에 임명하는 것을 말한다(「국가공무원법」 제5조 제4호).

임용권자는 직제 또는 정원의 변경이나 예산의 감소 등으로 직위가 폐직되거나 하위의 직위로 변경되어 과원이 된 경우 또는 본인이 동의한 경우에는 소속 공무원을 강임할 수 있다(「국가공무원법」 제73조의4 제1항). 그리고 강임된 공무원은 상위 직급 또는 고위공무원단 직위에 결원이 생기면 우선 임용된다(「국가공무원법」 제73조의4 제2항). 「국가공무원법」에 규정된 이와 같은 강임에 관한 사항은 경찰공무원에게는 적용되지 아니한다(「경찰공무원법」 제30조 제1항).

강등은 공무원 징계의 하나로서 1계급 아래로 직급을 내리고, 공무원신분은 보유하나 3개월간 직무에 종사하지 못하며 그 기간 중 보수의 3분의 2를 감하는 것을 말한다(「국가공무원법」 제79조, 제80조 제1항). 강등은 경찰공무원에게도 적용된다.

9) 정직 및 감봉

정직 · 감봉도 징계의 일종이다. 정직은 1개월 이상 3개월 이하의 기간으로 하고, 정직 처분을 받은 자는 그 기간 중 공무원의 신분은 보유하나 직무에 종사하지 못하며 보수의 3분의 2를 감한다(「국가공무원법」 제80조 제3항). 그리고 감봉은 1개월 이상 3개월 이하의 기간 동안 보수의 3분의 1을 감한다(「국가공무원법」 제80조 제4항).

3. 경찰공무원관계의 소멸

경찰공무원관계는 경찰공무원으로서의 신분을 상실함으로서 소멸한다. 소멸사유로서는 당연퇴직과 면직이 있다.

1) 당연퇴직

(1) 의의

당연퇴직은 임용권자의 의사표시에 의한 것이 아니라, 일정한 법정사유가 발생한 경우 법률의 규정에 의하여 당연히 경찰공무원관계가 소멸되는 경우이다. 임용권자의 별도의 행위를 기다릴 필요가 없다.

당연퇴직의 발령(퇴직발령통지서의 발부)은 퇴직의 유효요건이 아니라 퇴직한 사실을 알리는 사실상의 확인행위에 불과하다. 따라서 처분성이 없어 항고소송의 대상이 되지 않는다.

(2) 사유

현행법상 당연퇴직 사유는 ㉠ 「경찰공무원법」에서 정한 결격사유의 발생(자격정지

이상의 형의 선고유예를 선고받고 그 유예기간 중에 있는 사람은 당연퇴직에서 제외된다), ⓛ 정년 · 사망 · 임기만료 등이다.

당연퇴직의 하나로서 정년퇴직이 있다. 정년퇴직은 법정연령에 도달함으로써 퇴직하는 것을 말한다. 경찰공무원의 정년에는 연령정년과 계급정년이 있다. 연령정년은 계급에 관계없이 60세이다. 계급정년은 치안감 4년, 경무관 6년, 총경 11년, 경정 14년이다(「경찰공무원법」 제24조 제1항).

수사, 정보, 외사(外事), 보안 등 특수 부문에 근무하는 경찰공무원으로서 대통령령으로 정하는 바에 따라 지정을 받은 사람은 총경 및 경정의 경우에는 3년의 범위에서 계급정년을 연장할 수 있다. 그리고 전시 · 사변이나 그 밖에 이에 준하는 비상사태 에서는 2년의 범위에서 계급정년을 연장할 수 있다(「경찰공무원법」 제24조 제3항 및 제4항).

경찰공무원은 그 정년이 된 날이 1월에서 6월 사이에 있으면 6월 30일에 당연퇴직하고, 7월에서 12월 사이에 있으면 경우에는 12월 31일에 당연퇴직한다(「경찰공무원법」 제24조 제5항).

(3) 효력

퇴직사유가 발생하면 경찰공무원관계는 당연히 소멸하고 퇴직한 자는 더 이상 경찰공무원이 아니다. 따라서 퇴직한 자가 행한 행위는 공무원으로서 권한이 없는 행위로서 무효이다. 그러나 사실상 공무원 이론에 의하여 일단 유효한 행위로 볼 수 있다.

당연퇴직한 자가 사실상 공무원으로 근무하여왔더라도 「공무원연금법」상의 퇴직급여를 청구할 수 없다.[22]

2) 면직

면직은 임용권자의 의사표시에 따라 경찰공무원관계가 소멸되는 것으로서 의원면직과 일방적 면직(징계면직과 직권면직)이 있다. 의원면직의 하나로 명예퇴직이 있다. 면직의 효력은 면직발령장 또는 면직통지서에 기재된 일자에 발생하며, 그날 00 : 00부터 경찰공무원 신분이 상실된다.

22) 대판 1995.10.12, 95누5905.

(1) 의원면직

① 의의

의원면직은 경찰공무원 자신이 자유의사(사의표시)에 따라 공무원 관계를 소멸시키는 행위이다. 의원면직은 공무원의 자유로운 진정한 사의표시를 전제로 하므로 상급자 등의 강요에 의하여 사의표시를 하고 의원면직을 당한 경우, 그 면직은 위법한 것으로 취소 또는 무효사유가 된다.

② 성질

경찰공무원 자신의 사의표명만으로 면직의 효력이 발생하는 것이 아니하고 국가 · 지방자치단체가 수리할 때까지 경찰공무원관계가 지속된다. 따라서 의원면직 행위는 쌍방적 행정행위이다. 행정주체의 수리행위가 있으면 경찰공무원관계가 소멸한다.

③ 사직의 자유와 수리이무

헌법상 직업선택의 자유 · 공무담임권 · 쌍방적 행정행위의 성질을 고려할 때, 경찰공무원은 사직의 자유를 가진다. 경찰공무원의 사의표시가 있으면 국가는 이를 수리할 의무가 있다.

④ 효력

사의표명을 수리하면 의원면직의 효력이 발생한다. 따라서 임명권자가 수리할 때까지 공무원관계는 지속되므로 공무원은 출근 · 근무의무가 있다. 경찰공무원이 사직원만 제출하고 출근하지 아니하거나 직무수행에 지장을 초래할 경우에는 징계사유가 되며, 형사상으로는 직무유기죄를 성립한다. 다만, 임명권자의 자유재량에 의하여 사임이 허용되는 경우는 사직원을 제출한 날에 소급하여 효력이 발생한다.

경찰공무원이 비위 · 책임을 고의로 면탈하기 위하여 사의를 표시한 경우 수리를 거부할 수 있다.

(2) 명예퇴직 및 희망퇴직

명예퇴직도 의원면직의 한 형태이다. 명예퇴직은 경찰공무원으로서 20년 이상 근속한 자가 정년 전에 스스로 퇴직하는 경우로서 예산의 범위에서 명예퇴직수당을 지급할 수 있다(「국가공무원법」 제74조의2 제1항).

그리고 직제와 정원의 개폐 또는 예산의 감소 등에 따라 폐직 또는 과원이 되었을 때에 20년 미만 근속한 자가 정년 전에 스스로 퇴직하면 예산의 범위에서 수당을 지급할 수 있다(「국가공무원법」 제74조의2 제2항).

(3) 일방적 면직

① 의의

일방적 면직은 일정한 법정사유가 있는 경우 국가 · 지방자치단체의 일방적 의사에 의하여 경찰공무원관계를 소멸시키는 단독행위이다. 징계면직과 직권면직이 있다.

② 징계면직

공무원이 공무원법상 요구되는 의무를 위반하였을 때 그에 대한 제재로서의 징계처분에 의한 면직이다. 공무원의 신분적 이익을 박탈하는 징계로서 파면과 해임이 여기에 해당한다. 파면의 경우 경찰공무원의 신분을 박탈함과 동시에 퇴직급여 및 퇴직수당의 일부를 감액하여 지급하며, 5년간 공직에 취임할 수 없다. 해임의 경우는 경찰공무원의 신분이 박탈되지만 퇴직급여 및 퇴직수당의 감액이 없으며, 3년간 공직에 취임할 수 없다.

파면당한 경찰공무원의 퇴직수당은 그 금액의 2분의 1, 퇴직급여는 1/4(재직기간이 5년 미만인 자) 또는 1/2(재직기간이 5년 이상인 자)을 감액하여 지급한다.

③ 직권면직

법령에 정한 일정한 사유가 발생한 경우 경찰공무원 본인의 의사와 관계없이 임용권자가 직권으로 행하는 면직처분이다.

직권면직사유는 ㉠ 직제와 정원의 개폐 또는 예산의 감소 등에 따라 폐직 또는 과원이 되었을 때, ㉡ 휴직기간이 끝나거나 휴직사유가 소멸된 후에도 직무에 복귀하지 아니하거나 직무를 감당할 수 없을 때(이 경우 직권면직일은 휴직기간의 만료일 또는 휴직사유의 소멸일로 한다), ㉢ 직위해제로 인한 대기명령을 받은 자가 그 기간에 능력 또는 근무성적의 향상을 기대하기 어렵다고 인정된 때, ㉣ 경찰공무원으로는 부적합할 정도로 직무수행능력이나 성실성이 현저하게 결여된 사람으로서 지능저하 또는 판단력의 부족으로 경찰업무를 감당할 수 없는 경우 또는 책임감의 결여로 직무수행에 성의가 없고 위험한 직무에 당하여 고의로 직무수행을 기피 또는 포기하는 경우에 해당된다고 인정될 때, ㉤ 직무수행에 있어서 위험을 일으킬 우려가 있을 정도의 성격적 또는 도덕적 결함이 있는 사람으로서 인격장애·알코올·약물중독 그 밖의 정신장애로 인하여 경찰업무를 감당할 수 없는 경우 또는 사행행위 또는 재산의 낭비로 인한 채무과다, 부정한 이성관계 등 도덕적 결함이 현저하여 타인의 비난을 받는 경우에 해당된다고 인정될 때, ㉥ 해당 경과에서 직무를 수행하는 데 필요한 자격증의 효력이 상실되거나 면허가 취소되어 담당 직무를 수행할 수 없게 되었을 때이다(「경찰공무원법」 제22조 제1항).

㉢, ㉣, ㉤의 사유로 직권면직할 경우에는 미리 징계위원회의 동의를 얻어야 한다. 그 밖의 경우에도 관할 징계위원회의 의견을 들어야 한다(「경찰공무원법」 제22조 제2항).

직권면직으로 경찰공무원의 자격이 상실되며, 불복이 있는 경우에는 소청심사위원회에 소청심사를 청구할 수 있다.

4. 경찰공무원의 불이익처분에 대한 구제

1) 서설

경찰공무원은 법률에 정한 사유에 의하지 아니하거나, 그 의사에 반하여 불이익처분을 받지 아니한다. 경찰공무원이 위법·부당한 불이익처분을 받을 경우 처분사유설명서를 교부받을 수 있고, 불이익처분을 받은 경우 소청심사, 행정소송, 고충심사를 통하여 그 구제를 받을 수 있다. 그러나 「국가공무원법」에 규정된 후임자보충발령의 유예제도[23]는 경찰공무원에게 적용되지 아니한다.

---

23) 「국가공무원법」 제76조(심사청구와 후임자 보충 발령) ② 본인의 의사에 반하여 파면 또는 해임이나 제70조 제1항 제5호에 따른 면직처분을 하면 그 처분을 한 날부터 40일 이내에는 후임자의 보충발령을 하지 못한다. 다만, 인력 관리상 후임자를 보충하여야 할 불가피한 사유가 있고, 제3항에 따른 소청심사위원회의 임시결정이 없는 경우에는 국회사무총장, 법원행정처장, 헌법재판소사무

2) 처분사유설명서의 교부

경찰공무원에 대하여 징계처분 등을 할 때나 강임 · 휴직 · 직위해제 또는 면직처분을 할 때(본인의 원(願)에 따른 강임 · 휴직 또는 면직처분 제외)에는 그 처분권자 또는 처분제청권자는 처분사유를 적은 설명서를 교부하여야 한다(「국가공무원법」 제75조). 이것은 그 처분에 정당한 사유가 있음을 명백히 하고 불복시 소청기회를 부여하기 위한 것이다. 처분사유설명서의 교부는 처분의 효력발생요건이다(다수설).[24]

3) 소청

(1) 의의

소청이란 징계처분, 그 밖에 본인의 의사에 반하는 불리한 처분(강임, 휴직, 직위해제, 면직 등)을 받은 경찰공무원이 그 처분에 불복하여 소청심사위원회에 심사를 청구하는 특별행정심판제도이다(「국가공무원법」 제9조). 처분에 대한 재심사의 청구로서 행정심판의 일종이지만 공무원법에 의하여 행정심판의 특례로서 인정된다.

(2) 소청사항

경찰공무원의 경우 소청의 대상은 징계처분 · 강임 · 휴직 · 직위해제 · 면직처분, 그 밖에 본인의 의사에 반하는 불리한 처분 또는 부작위이다(「국가공무원법」 제9조 제1항, 「소청절차규정」 제2조). '그 밖에 본인의 의사에 반하는 불리한 처분'은 공무원의 신분에 관한 불이익처분 중에서 법에 열거되어 있는 것을 제외한 것을 말하는데, 의원면직 형태의 면직, 대기발령, 전직, 전보, 경력평정, 복직청구 등이 포함될 수 있다.

(3) 심사기관

소청을 심사 · 결정하는 기관은 소청심사위원회이다. 소청심사위원회는 합의제행정기관으로서 의결기관이다. 경찰공무원에 대한 소청심사위원회는 행정안전부에 설치되며, 위원장 1명을 포함한 5명 이상 7명 이내의 상임위원과 상임위원 수의 2분

처장, 중앙선거관리위원회사무총장 또는 행정안전부장관과 협의를 거쳐 후임자의 보충발령을 할 수 있다.

24) 그러나 대법원은 이를 부정한다(대판 1970.1.27, 68누10).

의 1 이상의 비상임위원으로 구성하되, 위원장은 정무직으로 보한다(「국가공무원법」 제9조 제3항).

위원장과 위원은 행정안전부장관이 임명제청하고(국무총리 경유) 대통령이 임명한다. 상임위원의 임기는 3년으로 하며, 한 번만 연임할 수 있으나(「국가공무원법」 제10조 제1항 및 제2항), 상임위원은 다른 직무를 겸할 수 없다(「국가공무원법」 제10조 제4항).

위원의 신분은 보장된다. 즉 소청심사위원회의 위원은 금고 이상의 형벌이나 장기의 심신 쇠약으로 직무를 수행할 수 없게 된 경우 외에는 본인의 의사에 반하여 면직되지 아니한다(「국가공무원법」 제11조).

위원은 일정한 경우 공무원으로 의제된다. 즉 소청심사위원회의 공무원이 아닌 위원은 「형법」이나 그 밖의 법률에 따른 벌칙을 적용할 때 공무원으로 본다(「국가공무원법」 제10조 제5항).

(4) 절차

① 심사청구

징계처분 · 휴직 · 직위해제 · 면직처분의 처분사유설명서를 받은 공무원이 그 처분에 불복할 때에는 그 설명서를 받은 날부터, 그 밖에 본인의 의사에 반한 불리한 처분을 받았을 때에는 그 처분이 있은 것을 안 날부터 각각 30일 이내에 소청심사위원회에 이에 대한 심사를 청구할 수 있다. 이 경우 변호사를 대리인으로 선임할 수 있다(「국가공무원법」 제76조 제1항). 공무원은 이 심사청구를 이유로 불이익한 처분이나 대우를 받지 아니한다(「국가공무원법」 제76조 제6항).

② 심사

소청심사위원회가 소청을 접수하였을 때에는 지체 없이 이를 심사하여야 한다. 소청심사를 함에 있어서 필요한 경우에는 검증 · 감정 그 밖의 사실조사, 증인심문, 관계서류의 제출명령을 할 수 있다. 또 소속직원으로 하여금 사실조사를 하게 하거나 특별한 학식 · 경험이 있는 자에게 검증이나 감정을 의뢰할 수 있다(「국가공무원법」 제12조).

소청심사위원회가 소청사건을 심사할 때에는 소청인 또는 그 대리인에게 진술의 기회를 주어야 하며, 이 진술의 기회를 주지 아니한 결정은 무효로 한다(「국가공무원법」 제13조).

③ 결정

소청심사위원회는 원칙적으로 소청심사청구를 접수한 날로부터 60일 이내에 이에 대한 결정을 하여야 하며, 불가피하다고 인정되는 경우에는 소청심사위원회의 의결로 30일을 연장할 수 있다(「국가공무원법」 제76조 제5항).

소청사건의 결정은 재적위원 3분의 2 이상의 출석과 출석위원 과반수의 합의에 따르되, 의견이 나뉠 경우에는 출석위원 과반수에 이를 때까지 소청인에게 가장 불리한 의견에 차례로 유리한 의견을 더하여 그 중 가장 유리한 의견을 합의된 의견으로 본다(「국가공무원법」 제14조 제1항).

소청심사위원회의 결정은 그 이유를 구체적으로 밝힌 결정서로 하여야 한다(「국가공무원법」 제14조 제8항). 소청심사위원회의 결정에는 각하, 기각, 취소 또는 변경, 효력 유무 또는 존재 여부 확인, 의무이행이 있다(「국가공무원법」 제14조 제5항). 소청심사위원회의 취소명령 또는 변경명령 결정은 그에 따른 징계나 그 밖의 처분이 있을 때까지는 종전에 행한 징계처분 또는 징계부가금 부과처분에 영향을 미치지 아니한다(「국가공무원법」 제14조 제6항).

그리고 소청심사에서는 불고불리의 원칙과 불이익변경금지의 원칙이 적용되어 소청심사위원회가 징계처분 또는 징계부가금 부과처분을 받은 자의 청구에 따라 소청을 심사할 경우에는 원징계처분보다 무거운 징계 또는 원징계부가금 부과처분보다 무거운 징계부가금을 부과하는 결정을 하지 못한다(「국가공무원법」 제14조 제7항).

소청심상위원회의 결정은 처분행정청을 기속한다(「국가공무원법」 제15조). 따라서 처분청은 위원회의 결정 내용에 따른 작위 또는 부작위 의무가 있다.

4) 행정소송

(1) 원처분중심주의

소청심사위원회의 결정에 불복하는 경우 행정소송을 제기할 수 있다. 행정소송의 대상은 원처분주의에 의하여 징계처분이며, 소청심사위원회의 결정을 다툴 수는 없다. 다만, 소청심사위원회의 결정에 고유한 위법이 있다면 위원회의 결정을 대상으로 소송을 제기한다(「행정소송법」 제19조).

(2) 필요적 심판전치주의

소청사항에 관한 행정소송은 소청심사위원회의 심사·결정을 거치지 아니하면 제기할 수 없다(「국가공무원법」 제16조).

(3) 행정소송의 피고

행정소송을 제기할 때에 피고는 경찰청장 또는 해양경찰청장이 되지만, 임용권이 위임된 경우 그 위임받은 자가 피고가 된다(「경찰공무원법」 제28조).

5) 고충심사

(1) 의의

고충심사제도란 공무원이 근무조건이나 직장생활에 내하여 불만이 있거나 인사관리 기타 신상(身上)문제에 억울한 불이익을 당하였을 때 그 공무원의 심사청구에 따라 고충을 심사하고 그에 대한 판단과 시정조치를 취하는 제도를 말한다. 고충심사제도는 공무원을 위한 옴부즈맨(Ombudsman)적 성격을 가지고 있다.

경찰공무원은 누구나 인사·조직·처우 등 각종 직무조건과 기타 신상문제에 대하여 인사상담이나 고충의 심사를 청구할 수 있다(「공무원고충처리규정」 제2조). 원칙적으로 직무와 관련된 모든 문제가 고충심사의 대상이 된다. 공무원은 고충심사를 청구한 것을 이유로 불이익한 처분이나 대우를 받지 아니한다(「국가공무원법」 제76조의2 제1항).

(2) 고충심사위원회

경찰공무원과 관련된 고충심사위원회는 경찰공무원고충심사위원회와 중앙고충심사위원회가 있다.

경찰공무원고충심사위원회는 경찰공무원의 고충을 심사하기 위하여 경찰청, 해양경찰청, 지방경찰청, 대통령령으로 정하는 경찰기관 및 지방해양경찰관서에 설치

한다(「경찰공무원법」 제25조 제1항). 여기서 "대통령령으로 정하는 경찰기관"이라 함은 경찰대학 · 경찰교육원 · 중앙경찰학교 · 경찰수사연수원 · 경찰서 · 경찰기동대 · 경비함정 기타 경감 이상의 경찰공무원을 장으로 하는 기관 중 행정안전부장관 또는 국토해양부장관이 지정하는 경찰기관을 말한다(「공무원고충처리규정」 제3조의2 제1항). 경찰공무원고충심사위원회는 위원장 1인을 포함한 5인 이상 7인 이하의 위원으로 구성하되, 위원장과 위원은 청구인보다 상위계급의 소속 경찰공무원 중에서 설치기관의 장이 임명한다(「공무원고충처리규정」 제3조의2 제2항).

중앙고충위원회는 공무원의 고충을 심사하기 위하여 중앙인사관장기관에 설치하되, 그 기능은 소청심사위원회에서 관장한다(「국가공무원법」 제76조의2 제2항). 중앙고충위원회는 경찰공무원고충심사위원회의 심사를 거친 재심청구와 경정 이상의 경찰공무원의 인사상담 및 고충심사를 담당한다(「경찰공무원법」 제25조 제2항).

(3) 심사 및 처리

① 청구

공무원이 고충심사를 청구할 때에는 경찰청장 · 해양경찰청장 등 설치기관의 장에게 인사상담 및 고충심사청구서를 제출하여야 하며, 재심을 청구하는 경우에는 당해 고충심사위원회의 고충심사결정서 사본을 첨부하여야 한다(「공무원고충처리규정」 제4조 제1항). 고충심사청구기간의 제한은 없다.

② 절차

인사상담 또는 고충심사의 청구를 받은 경우 설치기관의 장은 이를 고충심사위원회에 부쳐 심사하게 하거나 소속공무원으로 하여금 상담하게 하고, 그 결과에 따라 고충의 해소 등 공정한 처리를 위하여 노력하여야 한다(「국가공무원법」 제76조의2 제2항). 고충심사위원회에 부의하는 경우에는 지체 없이 소속 고충심사위원회에 부의하여 심사하게 하여야 한다(「공무원고충처리규정」 제4조 제2항).

고충심사위원회가 청구서를 접수한 때에는 30일 이내에 고충심사에 대한 결정을 하여야 한다. 다만, 부득이하다고 인정되는 경우에는 설치기관의 장의 승인을 얻어 30일을 연장할 수 있다(「공무원고충처리규정」 제7조 제1항).

고충심사당사자는 참고인의 소환 · 질문 또는 증거물 기타 심사자료의 제출요구를 신청하거나 증거물 기타 심사자료를 제출할 수 있다(「공무원고충처리규정」 제9조).

③ 결정과 통지

고충심사의 결정은 재적위원 과반수의 합의에 의한다(「공무원고충처리규정」 제10조). 고충심사위원회가 고충심사청구에 대하여 결정을 한 때에는 결정서를 작성하고, 지체없이 이를 설치기관의 장에게 송부하여야 한다(「공무원고충처리규정」 제11조). 결정서를 송부받은 설치기관의 장은 심사결과를 청구인에게 통보하는 외에 스스로 고충의 해소를 위한 조치를 하거나 관계기관의 장에게 필요한 조치를 요청하여야 한다(「공무원고충처리규정」 제12조).

④ 결과처리

설치기관의 장은 심사결과, 필요하다고 인정될 때에는 처분청 또는 관계기관의 장에 내하여 그 시정을 요청할 수 있으며, 요청을 받은 처분청 또는 관계기관의 장은 특별한 사유가 없는 한 이를 이행하고, 그 처리결과를 통보하여야 한다(「국가공무원법」 제76조의2 제6항).

중앙인사관장기관의 장, 임용권자 또는 임용제청권자는 심사 결과 필요하다고 인정되면 처분청이나 관계 기관의 장에게 그 시정을 요청할 수 있으며, 요청받은 처분청이나 관계 기관의 장은 특별한 사유가 없으면 이를 이행하고, 그 처리 결과를 알려야 한다. 다만, 부득이한 사유로 이행하지 못하면 그 사유를 알려야 한다(「국가공무원법」 제76조의2 제6항).

(4) 재심청구

경찰공무원고충심사위원회의 고충심사에 대하여 불복이 있어 중앙고충심사위원회에 재심을 청구하는 경우에는 그 심사결과를 통보받은 날로부터 30일 이내에 청구서를 제출하여야 한다(「공무원고충처리규정」 제13조).

제3항 경찰공무원의 권리 · 의무 · 책임

I 경찰공무원의 권리

1. 지위와 권리

경찰공무원은 국가에 대하여 일반국민으로서의 지위와 국가기관의 구성원으로서의 지위라는 이중적 지위를 가지고 있다. 전자의 지위에서 기본권을 누리고, 후자의 지위에서 국가사무를 수행할 의무와 책임을 지며, 이에 상응하여 일반 국민에게 인정되지 아니하는 각종 권리를 가진다. 특히 경찰공무원은 사회질서유지라는 업무의 특수성으로 인하여 다른 공무원이 가지지 아니하는 특수한 권리를 가진다.

경찰공무원의 권리는 신분상 권리와 재산상 권리로 나눈다. 경찰공무원의 권리는 경찰공무원이 국가에 대해 가지는 개인적 공권으로서 사권(私權)과 다른 특성이 인정된다.

2. 신분상의 권리

공무원으로서의 신분 자체와 직접 관계되는 신분상 향유하는 권리를 말한다.

1) 신분보유권

헌법상 공무원은 법률에 의하여 그 신분을 보장받는다. 경찰공무원은 형의 선고 · 징계처분 또는 「국가공무원법」 · 「경찰공무원법」에 정하는 사유에 따르지 아니하고는 본인의 의사에 반하여 휴직 · 강임 또는 면직을 당하지 아니한다(「국가공무원법」 제68조).

그러나 시보임용기간 중의 경찰공무원과 치안총감 · 치안정감에게는 이 권리가 인정되지 아니한다(「경찰공무원법」 제30조 제1항 제2문).

2) 직위보유권 · 직무집행권 · 직명사용권

경찰공무원은 자신에게 적합한 일정한 직위를 부여받을 권리와 부여 받은 직위를 법정사유와 절차에 의하지 않고 박탈당하지 않을 권리를 가진다(직위보유권). 그리고 경찰공무원은 직위보유권을 가지고 있기 때문에 당연히 자기가 담당하는 직무를 타인의 방해 없이 집행할 수 있다(직무집행권). 따라서 직무집행권은 직위보유권의 한 내용이 된다. 직무집행권은 형법상으로 보호된다(공무집행방해죄). 그리고 경무관, 경무과장 등 직명을 사용할 수 있다(직명사용권).

3) 쟁송제기권

경찰공무원이 위법 · 부당한 처분 등에 의하여 그 권리가 침해된 경우 그 처분의 흠을 이유로 소청심사를 청구하고 행정소송을 제기할 수 있다.

4) 인사상담 및 고충심사청구권

경찰공무원은 인사 · 조직 · 처우 등 각종 직무조건과 기타 신상문제에 대하여 인사상담이나 고충심사를 청구할 수 있으며, 이를 이유로 불이익한 처분이나 대우를 받지 아니한다.

5) 제복 · 제모착용권

경찰공무원은 제복 · 제모를 착용할 권리를 가진다. 이것은 공무원의 의무이기도 하다. 일반공무원에게는 인정되지 아니하는 권리이다.

6) 무기 등 경찰장비의 휴대 · 사용권

경찰공무원은 직무수행을 위하여 필요하면 무기를 휴대할 수 있고, 일정한 경우 이를 사용할 수 있다(「경찰공무원법」 제20조 2항, 「경찰관직무집행법」 제11조). 그리고 무기 외의 경찰장구, 최루제 및 그 발사장치 등 경찰장비를 직무수행 중에 사용할 수 있다. 이들 권리는 「경찰공무원법」상의 특수한 권리이다.

3. 재산상의 권리

공무원은 국가 · 지방자치단체에 대하여 각종 재산상의 권리를 행사할 수 있다. 재산상 권리로서는 보수청구권, 연금청구권, 실비변상청구권, 보급품수령권, 보상청구권 등이 있다.

1) 보수청구권

(1) 보수의 의의와 성질

경찰공무원은 근로의 대가로 국가나 지방자치단체에 대하여 보수를 청구할 권리를 가진다. 보수란 봉급과 그 밖의 각종 수당을 합산한 금액을 말한다. 다만, 연봉제 적용대상 공무원은 연봉과 그 밖의 각종 수당을 합산한 금액을 말한다(「공무원보수규정」 제4조 제1호).

(2) 보수의 성질

보수의 성질에 대해 학설이 대립되고 있지만, 현행 「국가공무원법」의 규정에 따르면, 보수는 반대급부의 성질과 생활자금의 성질을 아울러 가지고 있다(이중설).[25]

(3) 보수의 내용

보수는 봉급과 수당을 내용으로 한다. 봉급은 공무원에게 급별로 매달 일정하게 지급하는 기본적 보수이다. 봉급은 직무의 곤란성과 책임의 정도에 따라 직책별로 지급되는 기본급여 또는 직무의 곤란성과 책임의 정도 및 재직기간 등에 따라 계급별, 호봉별로 지급되는 기본급여를 말한다(「공무원보수규정」 제4조 제2호).

그리고 공무원에게는 예산의 범위에서 봉급 외에 필요한 수당을 지급할 수 있다(「공무원보수규정」 제31조 제1항). 수당이란 직무여건 및 생활여건 등에 따라 지급되는 부가급여를 말한다(「공무원보수규정」 제4조 제3호). 수당은 봉급과 달리 예산조치가 되어 있는 경우에만 지급한다.

---

25) 공무원 보수의 성질에 대하여는 반대급부설, 생활자금설, 이중설이 주장되고 있다. 반대급부설은 보수를 근무에 대한 반대급부(노임)로 보며, 생활자금설은 공무원의 지위에 상당한 최저생활의 보장을 위하여 국가 · 지방자치단체가 지급하는 금품으로 본다.
「국가공무원법」 제46조에서는 "공무원의 보수는 일반의 표준생계비, 민간의 임금 기타 사정을 고려하여 직무의 곤란성 및 책임의 정도에 적응하도록 계급별 또는 직위별로 정한다"고 규정하고 있다. 일반의 표준생계비 · 민간의 임금 기타 사정을 고려하여 보수를 정한다는 면에서는 보수가 생활자금적 성질을 가지며, 직무의 곤란성 및 책임의 정도에 적응하도록 계급별 또는 직위별로 정한다는 면에서는 반대급부의 성질을 가진다. 그리고 휴직 · 직위해제 중인 자와 결근자에 대해 보수를 감액하여 지급하도록 하는 것도 보수의 반대급부적 성격을 나타낸 것이며, 보수의 압류를 제한하는 것은 보수의 생활자금적 성질을 나타낸 것이다.

(4) 보수청구권의 성질

보수청구권은 공무원관계에서 발생하는 공법상의 권리로서 양도하거나 포기할 수 없다. 보수에 대한 압류는 제한되어 보수의 2분의 1을 초과하지 못한다(「민사집행법」 제246조).

국가재정법상 금전채권의 소멸시효는 원칙적으로 5년이므로 보수청구권의 소멸시효도 5년이라고 할 수 있다. 그러나 판례는 「민법」 제163조를 적용하여 보수청구권의 소멸시효를 3년이라고 하였다.[26]

보수청구권은 공법상 권리이므로 보수청구소송은 당사자소송에 의해야 한다. 그러나 현재 소송실무상 민사소송으로 처리되고 있다.

2) 연금청구권

(1) 연금의 의의

연금은 공무원이 일정한 기간 근무하고 퇴직 · 사망하거나 공무로 인한 부상 · 질병 · 폐질로 퇴직 · 사망한 경우, 공무원 또는 그 유족에세 지급되는 급여를 말한다. 연금제도는 공무원 및 그 유족의 생활안정과 복리향상을 목적으로 하는 사회보장제도의 하나이다.[27]

연금제도는 적법하게 임용된 공무원에게만 적용된다. 적법하게 임용되지 아니한 공무원에세도 노동의 대가는 지급되어야 한다.[28]

(2) 연금의 성질

연금의 성질에 관해서는 지급이 연기된 봉급이라고 보는 봉급연불설과 퇴직공무원 또는 유족에 대한 사회보장을 위한 급여라고 보는 사회보장설이 대립되고 있다. 연금을 받기 위하여 공무원이 보수액에 비례하여 기여금을 납부하고 있으며,[29] 연금은 공무원의 질병 · 부상 · 퇴직 등의 사회적 위험에 대비한 급여라는 점을 고려하면 두 가지 성질을 아울러 가진다고 할 수 있다.

---

26) 대판 1966.9.20, 65다2506.
27) 2005.6.30, 헌재결 2004헌바42.
28) 대판 2003.5.16, 2001다61012; 대판 2004.7.22, 2004다10350.
29) 공무원이 기금의 50%를 기여금으로 부담하고 국가가 나머지 50%를 부담금으로 부담하고 있다.

(3) 연금의 종류

연금은 단기급여와 장기급여로 구분된다. 단기급여에는 공무상요양비, 재해부조금 및 사망조위금이 있으며, 장기급여에는 퇴직급여(퇴직연금, 퇴직연금일시금, 퇴직연금공제일시금, 퇴직일시금), 장해급여(장해연금, 장해보상금), 유족급여(유족연금, 유족연금부가금, 유족연금특별부가금, 유족연금일시금, 유족일시금, 유족보상금, 순직유족연금, 순직유족보상금) 및 퇴직수당이 있다(「공무원연금법」 제34조 및 42조).

(4) 연금청구권

연금청구권은 연금의 급여를 청구할 수 있는 권리이다. 연금청구권은 법적으로 보호되고 있는데 양도 · 압류하거나 담보로 제공할 수 없다. 다만, 연금급여를 받을 권리는 일정한 금융기관에 담보로 제공될 수 있고, 「국세징수법」, 「지방세기본법」, 그 밖의 법률에 따른 체납처분의 대상으로 할 수 있다(「공무원연금법」 제32조).

단기급여에 대한 소멸시효는 3년이며, 장기급여에 대한 소멸시효는 5년이다(「공무원연금법」 제81조 제1항). 그리고 잘못 납부한 기여금을 환부받을 권리는 퇴직급여 또는 유족급여의 지급결정일부터 5년간 행사하지 아니하면 시효로 인하여 소멸한다(「공무원연금법」 제81조 제2항). 또한 기여금과 환수금, 그 밖의 징수금 등을 징수하거나 환수할 공단의 권리는 징수 및 환수사유가 발생한 날부터 5년간 행사하지 아니하면 시효로 인하여 소멸한다(「공무원연금법」 제81조 제3항).

(5) 연금급여의 결정

연금의 급여를 받을 권리는 「공무원연금법」이 정한 사유에 해당하면 당연히 발생한다. 구체적으로 해당 공무원이 소속 기관장의 확인을 받아 행정안전부장관에게 신청하고, 행정안전부장관의 결정으로 공무원연금공단이 지급한다(「공무원연금법」 제26조 제1항). 현재 행정안전부장관이 급여결정권한은 공무원연금공단에 위탁되어 있다(「공무원연금법시행령」 제19조의3).

(6) 심사청구

급여에 관한 결정, 기여금의 징수 등에 관하여 이의가 있는 자는 행정안전부에 설치된 공무원연금급여재심위원회에 심사를 청구할 수 있다(「공무원연금법」 제80조 제1항).

심사 청구는 급여에 관한 결정 등이 있었던 날부터 180일, 그 사실을 안 날부터 90일 이내에 하여야 한다(「공무원연금법」 제80조 제2항).

이에 불복하는 경우 원처분의 취소 · 변경을 구하는 행정소송을 제기할 수 있다.

3) 실비변상청구권 및 보상청구권

실비변상청구권이란 공무원이 공무집행에 소요된 비용, 출장비, 여비, 일당 등을 국가 · 지방자치단체로부터 변상을 받을 권리를 말한다. 이 청구권은 포기할 수 있다. 공무원은 보수 외에 직무 수행에 필요한 실비(實費) 변상을 받을 수 있다(「국가공무원법」 제48조 제1항).

그리고 공무원이 소속기관장의 허가를 받아 본래의 업무수행에 지장이 없는 범위에서 담당 직무 외의 특수한 연구과제를 위탁받아 이를 처리하면 그 보상을 지급받을 수 있다(「국가공무원법」 제48조 제2항).

교육 중인 경찰간부후보생에게는 일정한 보수와 그 밖의 실비를 지급한다(「경찰공무원법」 제29조).

4) 실물대여를 받을 권리

경찰공무원에게는 그 직무수행을 위하여 물품을 지급(급여품)하거나 대여(대여품)한다. 급여품은 현품으로 지급하고, 급여품 및 대여품의 보수(補修)에 소요되는 비용은 해당 물품을 지급받은 사람의 부담으로 한다. 경찰공무원이 급여품 또는 대여품을 분실하거나 훼손하였을 때에는 대용품을 지급하며, 그 분실이나 훼손이 경찰공무원의 고의 또는 중대한 과실로 인한 것일 때에는 그 대가를 변상하게 하여야 한다(「경찰공무원 급여품 및 대여품 규칙」 제4조 및 제5조).

5) 보훈을 받을 권리

경찰공무원으로서 전투나 그 밖의 직무 수행 또는 교육훈련 중 사망한 사람(공무상 질병으로 사망한 사람 포함) 및 부상(공무상의 질병 포함)을 입고 퇴직한 사람과 그 유족 또는 가족은 「국가유공자 등 예우 및 지원에 관한 법률」 또는 「보훈보상대상자

지원에 관한 법률」에 따라 일정한 예우 또는 지원을 받는다(「경찰공무원법」 제16조).

Ⅱ 경찰공무원의 의무

1. 서설

오늘날 민주국가에 있어서 공무원은 그 공무원관계의 설정목적에서 비추어 보아 합리적이라고 인정되는 범위에서 근무의무를 진다. 더구나 공무원은 국민 전체의 봉사자로서 공공이익을 위하여 근무해야 하므로 특수한 공법적 규율을 받는다.

공무원은 전력을 다하여 법령을 준수하여 공정·친절히 그 직무를 수행하여야 할 뿐만 아니라 직무 외에서도 항상 청렴·정직하여 국민생활의 표본이 되어야 하므로 공무원은 그 성질상 직무를 수행하는데 필요한 학술·경력보다 국민에 대한 국가의 위신과 신망을 유지·증진하는데 필요한 인격적 요소를 절대적으로 갖추어야 한다.[30)]

30) 공무원의 의무를 개괄하면 다음과 같다.

- 선서의무
- 성실의무
- 직무상 의무
  - 법령준수의무
  - 복종의무
  - 친절·공정의무
  - 직무전념의무
    - 직장이탈 금지
    - 영리업무 및 겸직 금지
    - 영예의 제한
    - 정치운동금지
    - 집단행위금지
    - 허위보고 및 직무태만 금지 의무
    - 지휘권남용 금지 의무
  - 종교중립의무
  - 제복착용·무기휴대 의무
- 신분상 의무
  - 비밀엄수의무
  - 청렴의무
    - 일반적 청렴의무
    - 공직자재산등록의무
    - 선물신고의무
    - 부패행위신고의무
  - 품위유지의무
  - 병역사항신고 의무

2. 선서의무

모든 공무원은 취임할 때에 소속기관장 앞에서 선서해야 한다. 다만, 불가피한 사유가 있으면 취임 후에 선서하게 할 수 있다(「국가공무원법」 제55조).[31]

선서는 공무원의 직무행위에 대한 법률상 효과발생의 요건이 아니므로 선서를 하지 않고 한 행위라도 법적 효과는 발생한다.

3. 성실의무

공무원은 주권을 가진 국민 전체에 대한 봉사자로서 공공이익을 위하여 성실히 직무를 수행하여야 한다(「국가공무원법」 제56조). 여기서 성실이란 자신의 임무를 수행함에 있어서 자신의 인격과 양심에 입각하여 최선을 다하여 공공이익에 충실해야 하고, 최대한으로 국가의 이익을 도모하고 불이익을 방지해야 하는 것을 말한다.[32]

성실의무는 공무원 의무의 원천 · 중심이 되는 기본적 의무이며, 복무의 근본기준이다. 그리고 각종 직무상의 의무나 품위유지의무가 여기에서 나온다. 또한 성실의무는 윤리적 · 정치적 의무이지만 공무원법에서 규정한 법적 의무이며 이를 위반하면 징계의 사유가 된다.

성실의무의 특색은 다음과 같다. 첫째, 성실의무는 공법상 근무관계의 기본적 특질로서 윤리성을 본질로 하므로 경제성에 의해 지배되는 단순한 고용관계에 있어서 노무급부의 의무와 구별된다.

둘째, 성실의무는 공무원이 소극적으로 단지 법령을 준수하고 상관의 명령에 복종하는 것만을 요구하지 않고, 적극적으로 법령이 허용하는 한도 내에서 국가의 이익을 도모하도록 노력할 것을 요구한다.

셋째, 상관의 명령이 있어야 비로소 생기는 복종의무와는 달리, 성실의무는 상관의 명령이 없는 경우에도 자기의 양심적 판단에 의하여 국가의 이익을 도모하고 그 불이익을 제거하는데 노력하여야 하는 자발적 의무이다.

---

31) 「국가공무원 복무규정」 제2조 제2항에 따르면, 선서의 내용은 "나는 대한민국 공무원으로서 헌법과 법령을 준수하고, 국가를 수호하며, 국민에 대한 봉사자로서의 임무를 성실히 수행할 것을 엄숙히 선서합니다"이다.

32) 대판 1989.5.23, 88누3161.

넷째, 민주국가에서 성실의무는 국가에 대한 신분적 예속을 의미하는 무한정의 희생, 헌신, 충성을 요구하는 의무가 아니고 주어진 직무에 관계하여 국민 전체의 이익을 도모하는 법적 의무이다.

다섯째, 성실의무는 때와 장소를 가리지 않고 공무원이 준수하여야 하는 의무이다. 공무원의 성실의무는 경우에 따라서 근무시간 외 또는 근무지 밖에까지도 미칠 수 있다.[33]

4. 직무상 의무

경찰공무원의 직무수행에 직접 관련되어 요구되는 의무이다.

1) 법령준수의무

모든 공무원은 법령을 준수하여야 한다(「국가공무원법」 제56조). 오늘날 법치주의 하에서 행정은 법령에 따라야 하므로 행정의 현실적 담당자인 공무원도 당연히 성실하게 법령을 준수하여야 한다. 여기서 법령이란 행정법의 법원이 되는 모든 법을 의미하며, 법규명령 외에 행정규칙도 포함된다.

공무원이 상위법령에 위배되는 법령도 준수하여야 하는가 하는 것이 문제이다. 공무원은 일련의 절차에 따라 효력이 발생한 법령에만 구속되며, 법령이 효력을 가지는 형식적 요건에 대한 심사권을 가지지만, 실질적 심사권을 가지고 있지 않다. 따라서 공무원은 어떤 법령이 상위법에 저촉된다고 생각할 경우 그 의견을 상관에 제시하는 등 필요한 조치를 취할 수는 있으나 독자적인 판단에 따라 그 적용을 배제할 수 없다.

공무원의 행위가 법령을 위반하면 이것은 위법행위 또는 불법행위로서 행위의 효력이 문제되어 취소할 수 있는 행위 또는 무효인 행위가 되며, 행정상 손해배상, 공무원 개인이 처벌·징계 등의 원인이 된다.

---

33) 대판 1997.2.11, 86누2125.

2) 복종의무

(1) 의의

공무원은 직무를 수행할 때 소속 상관의 직무상 명령에 복종하여야 한다(「국가공무원법」 제57조). 공무원은 상명하복의 계층제를 이루어 행정목적을 달성해야 하기 때문이다.

(2) 소속상관

소속상관이란 해당 경찰공무원의 직무에 관하여 지휘 · 감독권을 가진 직무상 소속기관의 직에 있는 자로서 상관을 말한다. 신분상 소속상관이 아니라 직무상 소속상관을 말한다. 소속상관은 1명만을 의미하는 것은 아니며, 기관의 장(관청)인 상관, 보조기관인 상관, 그 밖에 지휘 · 감독권을 가진 상급자를 포함한다.

(3) 직무명령

① 의의

직무상 명령 또는 직무명령은 경찰공무원의 직무에 관하여 상관(상급공무원)이 직무에 관하여 하급공무원(하관)에게 내리는 명령을 총칭한다. 형식을 불문하며, 서면 또는 구술로서 가능하다. 내용은 개별 · 구체적일 수도 있고 일반 · 추상적일 수도 있다.

② 성질

직무명령은 법규와 구별된다. 직무명령은 행정조직 내부에서만 효력을 가지고 하급공무원만 구속할 뿐이고 국민에게 구속력이 없다. 하급공무원이 이를 위반한 경우 위법이 문제되지 않고 징계사유가 될 뿐이라는 점에서 국민에게 구속력을 가지는 법규와 구별된다.

그리고 직무명령은 훈령과도 구별된다. 훈령은 상급행정청이 하급행정청에 대하여 내리는 명령이지만, 직무명령은 상급공무원이 하급공무원에게 내리는 직무상의 명령이다. 따라서 훈령은 행정기관 대 행정기관의 관계에서 발하며, 발령기관이 이를 취소하거나 기관 자체가 폐지되지 않는 한 기관구성자의 경질 · 변동과 관계없이 효력을 가진다. 그러나 직무명령은 공무원 대 공무원의 관계에서 발하며, 수명공무원만을 구속하고, 기관구성자(상급공무원 또는 하급공무원)의 변동으로 그 효력을 상실한다. 그리고 훈령은 하급기관의 구성자인 하급공무원에게도 미치므로 직무명령의 성질도 아울러 가지지만 직무명령은 훈령의 성질을 가질 수 없다.

③ 성립 · 유효요건

직무명령이 적법 · 유효하게 성립되기 위해서는 형식적 요건과 실질적 요건을 구비하여야 한다. 형식적 요건으로서는 상급공무원의 권한에 속하고, 아울러 하급공무원의 직무의 범위 안에 속하며,[34] 하급공무원에게 직무상 독립이 보장되어 있는 사항이 아니어야 하며, 법정 형식과 절차를 갖추어야 한다. 직무명령의 형식에는 제한이 없다. 서면뿐만 아니라 구술로도 가능하다.

그리고 실질적 요건으로는 직무명령의 내용이 헌법, 법률, 상급기관의 명령 등 법령이나 공익에 적합하여야 한다. 직무명령은 직무집행에 직접 관계되는 사항뿐만 아니라 간접적으로 직무에 관련되는 복장, 용모 등도 포함된다. 이러한 성립 · 유효요건을 하나라도 결여하면 위법 · 부당한 직무명령이 된다.

④ 경합

둘 이상의 상관으로부터 서로 모순되는 직무명령을 받은 경우 직무상 명령의 경합문제가 발생한다. 상관 사이에 우열관계가 없다면 하급공무원이 판단하여 결정하여야 하지만, 우열관계가 있다면 행정조직의 계층적 질서 유지의 견지에서 직근상관의 직무명령에 따라야 한다.

(4) 복종

① 의의

적법한 직무명령이 있으면 하급공무원은 그 명령에 복종하여야 한다. 즉 상급공무원의 명령에 따라 작위 · 부작위 · 수인 · 급부의무를 이행하여야 한다.

34) 대판 2000.11.10, 2000추36.

② 직무명령의 심사와 복종의무의 한계

공무원의 복종의무는 절대적인가. 즉 위법 · 부당한 직무명령에 복종해야 하는가의 문제가 발생한다. 이것은 하급공무원이 직무명령의 흠 유무를 심사할 수 있는가의 문제와 직결된다.

형식적 요건의 구비는 외관상 명백한 것이 보통이므로 하급공무원은 형식적 요건의 구비 여부를 심사할 수 있고, 그 요건을 결여하고 있는 경우 복종을 거부할 수 있다.

실질적 요건의 구비 여부를 하급공무원이 심사할 수 있는가에 대해서는 의견의 대립이 있다. 종래의 통설은 부정설의 입장에서 하급공무원은 실질적 요건을 심사할 수 없으며 형식적 요건을 구비하고 있는 한 이에 복종하여야 한다고 하였다.[35] 그러나 오늘날에는 수명공무원은 직무명령의 실질적 요건의 구비 여부를 심사할 수 있다고 한다(실질요건심사 긍정설, 적극설).[36] 따라서 직무명령이 범죄를 구성하는 경우, 중대하고 명백한 법규 위반으로 절대무효로 판단되는 경우 또는 위법성이 명백한 경우에는 그 복종을 거부할 수 있고 거부할 의무도 있다. 반면에 법령해석상의 견해 차이에 불과하거나 직무명령이 단순히 부당한 경우에는 공무원관계의 질서유지의 견지에서 직무명령은 일단 적법한 것으로 추정되고 하급공무원은 상급공무원에게 의견을 진술할 수는 있지만 이에 복종하여야 한다.

35) 소극설의 근거는 다음과 같다. ① 직무명령은 행정행위와 유사한 공권력의 행사로서 그것에도 공정력과 같은 효력이 인정된다. 따라서 직무명령에 중대 · 명백한 하자가 있어 절대무효이거나 범죄를 구성하는 경우를 제외하고는 위법한 직무명령도 일응 적법성이 추정되어 수명자는 이에 복종하여야 한다. ② 부하공무원에게 직무명령의 실질적 심사권과 복종 여부의 결정권을 인정하면 법령해석에 있어서 하극상과 불통일이 발생하여 상하계층 조직체에 의한 행정목적의 통일적 수행을 저해한다.

36) 긍정설의 근거는 다음과 같다. ① 공정력은 당해 행위에 취소쟁송을 인정하는 데서 오는 반사적 효과인데 직무명령은 행정조직 내부행위로서 취소소송의 대상이 되지 아니하므로 공정력이 인정될 수 없다. ② 상관의 명령이 적법한지의 여부는 그 상관 개인의 의견만으로 결정할 수 있는 성질의 것이 아니다. ③ 공무원에게는 언제나 복종의무 이외에 성실의무와 법령준수의무가 있으므로 성실히 적법 여부를 심사할 수 있다. 실질적 요건 심사를 부정하고 법령보다 위법한 직무명령에도 따라야 한다고 하면, 공무원은 법령보다 상관의 직무명령에 충실하게 되고 위법한 직무명령의 횡행(橫行)을 허용하게 된다. ④ 법치주의 하에서 법령준수의무가 복종의무에 우선한다. 복종의무를 우선하여 위법한 직무명령에 복종해야 한다면 이를 거부한 공무원은 징계책임을 지게 된다. 그 결과 법령을 준수한 공무원이 징계책임을 져야 하므로 행정의 법적합성을 요구하는 법치주의의 입장에서 용납할 수 없다.

③ 위반의 효과

적법한 직무명령, 단순 위법한 직무명령, 내용상으로 단순히 부당한 직무명령에 대해서는 하급공무원이 복종하여야 한다. 이에 복종하지 않으면 징계를 받을 수 있지만, 복종하여 행한 행위가 위법이 되는 것은 아니다.

그러나 직무명령에 중대 · 명백한 하자가 있어 무효인 경우 복종의무가 없고 거부할 수 있다. 이에 복종하면 명령을 한 상급공무원은 물론 하급공무원도 그 결과에 대해 책임(징계 · 변상 · 형사)을 면할 수 없다.[37]

3) 친절공정의무

공무원은 국민 전체의 봉사자로서 친절하고 공정하게 직무를 수행하여야 한다(「국가공무원법」 제59조). 경찰공무원은 국민 또는 주민 전체에 대한 봉사자로서 공사를 분별하고, 주권자인 국민의 인권을 존중하며, 친절 · 공정하여야 한다. 친절의무는 공무원의 국민 전체의 봉사자라는 지위에서 나오는 것이며, 공정의무는 공무원이 특정 국민이 아니라 국민 전체를 위한다는 지위에서 나온다.

친절공정의무는 단순한 도덕상 의무에 불과한 것이 아니고 법적 의무이며, 이를 위반하면 징계사유가 된다.

4) 직무전념의무

공무원은 전력을 다하여 직무를 수행하여야 한다. 공무원은 직무에 전념함으로써 국민에 대하여 책임을 다할 수 있다. 직무전념의 의무 중에서 허위보고 금지 의무, 지휘권남용 금지 의무, 제복착용의무는 경찰공무원법상에 나타난 의무이다.

(1) 직장이탈 금지 의무

공무원은 소속 상관의 허가 또는 정당한 사유가 없으면 직장을 이탈하지 못한다(「국가공무원법」 제58조 제1항). 이것은 근무시간에 성립하지만 시간외 근무명령이 있는 경우에도 적용된다.

---

37) 대판 1988.2.23, 87도2358.

공휴일 · 휴가중 · 휴직중 · 직위해제 중에는 이 의무가 면제된다. 그러나 경찰기관의 장이 주말 또는 공휴일 근무를 명한 경우는 이 의무를 준수하여야 한다(「국가공무원 복무규정」 제11조 제1항). 출장 중이더라도 출장목적을 벗어난 행위를 한 경우 직장이탈금지의무를 위반한 것이 된다.[38)]

직장이탈금지의무는 휴가를 신청한 것만으로 면제되는 것이 아니라 권한을 가진 행정청이 휴가명령을 한 때부터 면제된다.[39)]

그리고 수사기관이 공무원을 구속하려면 그 소속기관의 장에게 미리 통보하여야 한다. 다만, 현행범은 그러하지 아니하다(「국가공무원법」 제58조 제2항).

직장이탈금지의무를 위반하면 형법상 직무유기죄가 성립한다.

(2) 영리업무 및 겸직금지 의무

공무원은 공무 외에 영리를 목적으로 하는 업무에 종사하지 못하며 소속 기관장의 허가 없이 다른 직무를 겸할 수 없다(「국가공무원법」 제64조 제1항).

영리업무는 소속기관의 장의 허가를 받았더라도 불가능하다. 영리업무는 공무원의 직무상 능률을 저해하고, 공무에 부당한 영향을 주며, 국가의 이익과 상반되는 이익을 취득하고, 정부에 대한 불명예스러운 영향을 초래할 우려가 있기 때문이다. 그리고 공무원은 소속기관장의 사전허가 없이 다른 직무를 겸하지 못한다. 여기서 다른 직무란 영리를 목적으로 하지 아니하는 업무로서 직무에 지장이 없는 것을 말한다. 허가는 담당직무수행에 지장이 없는 경우에 한한다.

(3) 영예의 제한

경찰공무원은 외국 정부로부터 영예나 증여를 받을 경우에는 대통령의 허가를 받아야 한다(「국가공무원법」 제62조). 경찰공무원이 오로지 국가적 이익의 추구에 충실하고, 외국정부의 공무원에 대한 영향력을 배제하기 위한 것이다.

---

38) 대판 1998.2.27, 97누18172.
39) 대판 1996.6.14, 96누2521.

(4) 정치운동 금지

① 의의

공무원은 국민 전체의 봉사자로서 정치적 중립을 지켜야 한다. 이에 따라 경찰공무원은 정치운동을 할 수 없다.

② 정당결성과 선거운동의 금지

경찰공무원은 정당이나 정치단체의 결성에 관여하거나 이에 가입할 수 없으며, 선거에 있어서 특정 정당 또는 특정인을지지 또는 반대하기 위하여 일정한 행위[40]를 하여서는 아니된다(「국가공무원법」 제65조 제1항 및 제2항). 또한 공무원은 다른 공무원에게 정당결성 등 또는 선거운동을 하도록 요구하거나 또는 정치적 행위의 보상 또는 보복으로서 이익 또는 불이익을 약속하여서는 아니된다(「국가공무원법」 제65조 제3항).

③ 위반의 효과

공무원이 정치운동금지 의무를 위반하면 다른 법률에 특별히 규정된 경우 외에는 1년 이하의 징역 또는 500만원 이하의 벌금에 처한다(「국가공무원법」 제84조).

(5) 집단행동의 금지

① 의의

공무원은 국민 전체의 이익을 위하여 봉사하여야 하므로 공무원 자신의 개인적 이익을 확보하기 위한 집단행동을 할 수 없다. 이 집단행위의 금지는 헌법에 위반되지 아니한다.

② 노동운동의 금지

공무원인 근로자는 법률이 정하는 자에 한하여 단결권, 단체교섭권, 단체행동권을 가진다(헌법 제33조 제2항). 그리고 공무원은 노동운동이나 그 밖에 공무 외의 일을

40) 다음의 행위가 금지된다. ① 투표를 하거나 하지 아니하도록 권유운동을 하는 것, ② 서명운동을 기도 · 주재하거나 권유하는 것, ③ 문서나 도서를 공공시설 등에 게시하거나 게시하게 하는 것, ④ 기부금을 모집 또는 모집하게 하거나 공공자금을 이용 또는 이용하게 하는 것, ⑤ 타인에게 하여금 정당이나 그 밖의 정치단체에 가입하게 하거나 또는 가입하지 아니하도록 권유운동을 하는 것.

위한 집단행위를 하여서는 아니된다. 다만, 사실상 노무에 종사하는 공무원은 예외로 한다(「국가공무원법」 제66조 제1항). 경찰공무원은 사실상 노무에 종사하는 공무원이 아니기 때문에 집단행동이 금지된다.

③ 집단행위의 범위

집단행위가 금지된다고 하여 동창회 · 친목회 · 학회 · 토론회 · 연설회 등의 회합이나 모임을 통한 단체적 행위 전반이 모두 집단행위에 포함되는 것이 아니라, 목적과 행위의 내용에 비추어 보아 공무원의 복무에 관한 질서유지에 유해하거나 그 밖의 공무원으로서의 품위를 손상하는 등 공익을 해치는 특별한 사정이 있는 경우에 한한다.

④ 위반의 효과

공무원이 집단행위금지 의무를 위반하면 다른 법률에 특별히 규정된 경우 외에는 1년 이하의 징역 또는 500만원 이하의 벌금에 처한다(「국가공무원법」 제84조).

(6) 허위보고 · 직무태만 금지 의무

경찰공무원은 직무에 관하여 거짓으로 보고나 통보를 하여서는 아니되며, 직무를 게을리하거나 유기하여서는 아니된다(「경찰공무원법」 제18조).

(7) 지휘권 남용금지 의무

전시 · 사변, 그 밖에 이에 준하는 비상사태이거나 작전수행 중인 경우 또는 많은 인명 손상이나 국가재산 손실의 우려가 있는 위급한 사태가 발생한 경우, 경찰공무원을 지휘 · 감독하는 사람은 정당한 사유 없이 그 직무 수행을 거부 또는 유기하거나 경찰공무원을 지정된 근무지에서 진출 · 퇴각 또는 이탈하게 하여서는 아니된다(「경찰공무원법」 제19조).

5) 종교중립의 의무

공무원은 종교에 따른 차별 없이 직무를 수행하여야 하며, 소속 상관이 이에 위배되는 직무상 명령을 한 경우에는 이에 따르지 아니할 수 있다(「국가공무원법」 제59조의2).

6) 제복착용 · 무기휴대 의무

경찰공무원은 제복을 착용하여야 한다(「경찰공무원법」 제20조 제1항). 경찰공무원의 제복착용은 권리이자 의무이다. 또한 경찰공무원은 직무 수행을 위하여 필요하면 무기를 휴대할 수 있다(「경찰공무원법」 제20조 제2항). 휴대명령에 의한 무기휴대는 의무의 성질을 가진다.

5. 신분상 의무

공무원의 직무 자체가 아니라 그 신분에서 발생하는 의무이다.

1) 비밀엄수의무

(1) 의의

공무원은 재직 중은 물론 퇴직 후에도 직무상 알게 된 비밀을 엄수하여야 한다(「국가공무원법」 제60조). 공무원이 직무상 지득한 비밀을 엄수하여 행정상 비밀을 보호하고 행정질서를 확보하기 위하여 인정된다.

공무원의 비밀엄수로서 보호되는 것은 국민 전체의 이익이지 특정 개인의 이익이 아니다. 따라서 공무원은 특정 정파의 정치적 이익의 보호를 위하여 이 의무를 주장할 수 없다.

(2) 직무상 비밀

직무상 비밀이란 폐쇄된 또는 일정한 범위의 사람에게만 알려진 사실로서 그에 대한 인식이 공무수행에 요구되는 사항을 말한다.[41] 직무상 비밀은 자신이 처리하는 직무에 관한 비밀뿐만 아니라 직무와 관련하여 알게 된 비밀도 포함한다. 여기서 비밀은 행정기관이 비밀로 취급한 모든 것을 의미하는 것이 아니라 형벌로서 보호할 만한 가치가 있는 것만을 의미한다.

직무상 비밀은 법률로 정한 경우도 있지만(「군사기밀보호법」 제20조), 정하지 않는 경우도 있다. 법률이 비밀로 정하지는 않은 경우 직무상 비밀인가의 판단기준으로

---

41) 홍정선, 경찰행정법, 박영사, 2010, 212면.

는 형식설[42]과 실질설이 있다. 국민의 알 권리의 보장 및 정보공개의 원칙에 비추어 보면, 객관적 실질적으로 보호할 가치가 있는 것인가의 여부를 기준으로 비밀성을 판단하여야 한다(실질설).[43]

(3) 비밀의 엄수와 증언 거부 등

비밀을 엄수한다는 것은 비밀의 누설을 금지한다는 의미이다. 재직 중 뿐만 아니라 퇴직 후에도 엄수하여야 한다.

이에 따라 공무원 또는 공무원이었던 자가 법원 기타 법률상 권한을 가진 기관의 증인 · 감정인이 되어 직무상의 비밀에 관하여 신문을 받을 때, 소속기관의 장의 승낙을 받은 사항에 한하여 진술할 수 있고, 그 밖의 사항에 대해서는 거부할 수 있다(「형사소송법」 제147조, 「민사소송법」 제305조).

그러나 국회로부터 공무원 또는 공무원이었던 자가 증언의 요구를 받거나, 국가기관이 서류제출을 요구받은 경우에 증언할 사실이나 제출할 서류의 내용이 직무상 비밀에 속한다는 이유로 증언이나 서류제출을 거부할 수 없다. 다만, 군사 · 외교 · 대북관계의 국가기밀에 관한 사항으로서 그 발표로 말미암아 국가안위에 중대한 영향을 미친다는 주무부장관의 소명이 증언 등의 요구를 받은 날부터 5일 이내에 있는 경우에는 그러하지 아니하다(「국회에서의 증언 · 감정 등에 관한 법률」 제4조).

(4) 의무 위반의 효과

공무원이 비밀엄수의무를 위반한 경우 징계사유가 될 뿐만 아니라 공무상 비밀누설죄(형법 제127조) 또는 피의사실공표죄(형법 제126조) 등을 구성한다. 실질적으로 비밀사항이 아니더라도 행정기관이 비밀로 정한 사항을 누설하면, 형사처벌을 받지는 않지만 직무명령위반으로 징계를 받을 수 있다.

그리고 퇴직 후 비밀을 누설한 경우 형사책임만을 물을 수 있고 징계책임을 물을 수 없으나, 그 후의 공무원관계 설정을 거부할 수 있다.

「공직자윤리법」은 비밀준수의무를 간접적으로 확보하기 위하여 총경 이상으로서

---

42) 형식설은 행정기관이 비밀로 취급하는 사항은 모두 비밀이라고 한다.
43) 대판 1996.10.11, 94누7171.

퇴직한 경찰공무원에게 퇴직일부터 2년간 퇴직 전 5년 동안 소속하였던 부서의 업무와 밀접한 관련이 있는 사기업체 등에 취업을 할 수 없게 하고 있다(「공직자윤리법」 제17조 제1항).

2) 청렴의무

(1) 일반적인 청렴의무

공무원은 직무와 관련하여 직접적이든 간접적이든 사례 · 증여 또는 향응을 주거나 받을 수 없다(「국가공무원법」 제60조 제1항). 그리고 공무원은 직무상의 관계가 있든 없든 그 소속 상관에게 증여하거나 소속 공무원으로부터 증여를 받아서는 아니된다(「국가공무원법」 제60조 제2항). 이러한 청렴의무는 공무원의 경제적 품위유지의무라고 할 수 있다. 청렴의무를 위반한 경우 징계사유가 될 뿐만 아니라 일정한 경우에 형법상 뇌물에 관한 죄를 구성한다(「형법」 제129조 내지 제135조).

(2) 재산의 등록 및 공개의무

「공직자윤리법」은 경찰공무원의 청렴의무를 확보하기 위하여 일정한 공직자의 재산등록 및 공개 · 선물신고를 법제화하고 있다.

경찰공무원 중 재산등록의무의 대상은 총경(자치총경 포함) 이상의 경찰공무원이다(「공직자윤리법」 제3조 제1항 제9호). 그러나 「공직자윤리법」 제3조 제1항 제13호가 규정한 "그 밖에 국회규칙, 대법원규칙 및 대통령령으로 정하는 특정 분야의 공무원과 공직유관단체의 직원"도 등록대상의무대상자인 바, 「공직자윤리법 시행령」 제3조 제4항 제6호에서는 이를 "국가경찰공무원 중 경정, 경감, 경위, 경사와 자치경찰공무원 중 자치경정, 자치경감, 자치경위, 자치경사"로 규정하고 있기 때문에 「공직자윤리법」상 재산등록대상자는 경사 이상의 경찰공무원이라고 할 수 있다.

등록의무 대상 재산은 경찰공무원 본인, 배우자, 본인의 직계존 · 비속의 재산으로 하되, 소유 명의와 관계없이 사실상 소유하는 재산, 비영리법인에 출연한 재산과 외국에 있는 재산을 포함한다(「공직자윤리법」 제4조 제1항). 등록할 재산은 부동산에 관한 소유권 · 지상권 및 전세권, 광업권 · 어업권, 그 밖에 부동산에 관한 규정이 준용되는 권리, 일정한 금액 이상의 동산 · 증권 · 채권 · 채무 및 지식재산권, 합명회사 · 합자회사 및 유한회사의 출자지분, 주식매수선택권 등이다(「공직자윤리법」 제4조 제2항). 경찰공무원은 등록의무자가 된 날부터 1월 이내에 등록의무자로 된 날 현재의 재산을 경찰청 또는 소속 지방경찰청에 등록하여야 한다.

공직자윤리위원회는 경찰공무원 중 치안감 이상의 경찰공무원 및 특별시 · 광역시 · 도 · 특별자치도의 지방경찰청장의 등록재산은 공개한다. 공개는 해당 경찰공무원 본인과 배우자 및 본인의 직계존속 · 직계비속의 재산에 관한 등록사항을 등록기간 만료 후 1개월 이내에 관보 또는 공보에 게재하는 것이다(「공직자윤리법」 제10조 제1항 제8호).

(3) 선물신고의무

경찰공무원이 외국 또는 그 직무와 관련하여 외국인으로부터 선물을 받은 때에는 지체 없이 소속기관 · 단체의 장에게 신고하고 그 선물을 인도하여야 한다. 신고할 선물은 선물 수령 당시 증정한 국가 또는 외국인이 속한 국가의 시가로 100달러 이상이거나 국내 시가로 10만원 이상이다. 신고된 선물은 국고에 귀속된다(「공직자윤리법」 제15조 및 제16조).

(4) 부패행위신고의무

누구든지 부패행위를 알게 된 때에는 이를 국민권익위원회에 신고할 수 있다. 특히 공직자는 그 직무를 행함에 있어 다른 공직자가 부패행위를 한 사실을 알게 되었거나 부패행위를 강요 또는 제의받은 경우에는 지체 없이 이를 수사기관 · 감사원 또는 국민권익위원회에 신고하여야 한다(「부패방지 및 국민권익위원회의 설치와 운영에 관한 법률」 제56조). 여기서 부패행위라 함은 ㉠ 공직자가 직무와 관련하여 그 지위 또는 권한을 남용하거나 법령을 위반하여 자기 또는 제3자의 이익을 도모하는 행위, ㉡ 공공기관의 예산사용, 공공기관 재산의 취득 · 관리 · 처분 또는 공공기관을 당사자로 하는 계약의 체결 및 그 이행에 있어서 법령에 위반하여 공공기관에 대하여 재산상 손해를 가하는 행위, ㉢ 위의 행위나 그 은폐를 강요, 권고, 제의, 유인하는 행위를 말한다(「부패방지 및 국민권익위원회의 설치와 운영에 관한 법률」 제2조 제4호).

3) 품위유지의무

공무원은 직무의 내외를 불문하고 그 품위가 손상되는 행위를 하여서는 아니된다(「국가공무원법」 제63조). 이것은 공직의 체면 · 위신 · 신용을 유지하기 위한 것이다.

여기서 품위는 주권자인 국민의 수임자로서 국민 전체의 봉사자인 직책을 다함에 손색이 없는 인품을 말한다. 그리고 품위손상행위란 국가의 권위 · 위신 · 체면 · 신용 등에 영향을 주는 불량하거나 건전하지 않는 공무원의 행위를 말한다.[44]

그러나 품위유지의무는 공직의 체면 · 위신 · 신용에 직접적인 영향이 있는 경우를 제외하고 공무원의 사생활(단순한 방탕, 주벽 등)에는 미치지 않는다.

한편, 경찰공무원은 근무시간 중 음주를 하여서는 아니된다. 다만, 특별한 사정이 있는 경우에는 예외로 하되, 이 경우 주기가 있는 상태에서 직무를 수행하여서는 아니된다(「경찰공무원복무규정」 제9조).

품위유지의무는 직무집행 중뿐만 아니라 직무집행과 관계없이 준수하여야 하며, 이를 위반하면 징계를 받게 된다.

4) 병역사항신고의무

총경 이상의 경찰공무원은 본인과 본인의 18세 이상인 직계비속에 대한 병역사항을 경찰청에 신고하여야 한다. 신고를 받은 경찰청장은 신고를 받은 날부터 1개월 이내에 병무청장이나 지방병무청장에게 통보하며, 병무청장은 신고내용을 조사하고 관보에 공개하여야 한다(「공직자 등의 병역사항 신고 및 공개에 관한 법률」 제3조 및 제4조).

---

44) 품위유지의무 위반행위의 예로서 축첩, 도박, 아편흡입, 알코올중독, 고등학교 교장이 공무원훈련원에서 한 시험부정행위, 공무원이 길(직장)에서 부첩(夫妾)관계에 있던 여인과 싸움 또는 폭행, 근무시간 중 다방출입행위, 다른 사람의 논문 표절, 혼인 중인 여교사의 다른 남자와 동거생활, 확실한 근거 없이 한 상관에 대한 중상행위, 허위사실을 기자회견을 통하여 공표하는 행위, 경찰관이 교통사고 후 구호조치 없이 도주한 행위, 도박사실을 인지하고 금품을 수수하고 묵인한 행위, 변제대책도 없이 과다한 채무를 부담하여 과소비하고 동료가 대출보증을 서거나 대출금을 빌려주도록 하여 월급을 압류하도록 한 행위, 경찰관의 유흥업소와 유착비리행위 등을 들 수 있다.

Ⅲ 경찰공무원의 책임

1. 서설

경찰공무원의 책임에는 협의의 책임과 광의의 책임이 있다. 협의의 책임은 경찰공무원이 경찰공무원으로서의 의무를 위반함으로써 경찰공무원관계 내부에서 법률상 제재로서 지는 책임을 말한다. 경찰공무원법상의 책임 또는 행정상의 책임이라고도 한다. 이것은 국가가 사용자로서의 지위에서 과하는 제재로서 징계책임과 변상책임을 포함한다.

광의의 책임은 경찰공무원이 경찰공무원으로서의 의무를 위반하여 일반법익을 침해한 경우 형벌의 제재를 받는 지위와 타인의 권리를 침해하여 손해를 발생하게 한 경우에 지는 민사상의 손해배상책임을 포함한 책임이다. 이것은 경찰공무원법상의 책임에 형사책임과 민사상 손해배상책임을 추가한 것이다.

2. 징계책임

1) 징계의 의의와 성질

징계란 공무원이 공무원관계에 의거하여 부담해야 하는 의무를 위반한 경우, 공무원관계의 질서를 유지하기 위하여, 공무원법에 따라 국가가 사용자의 지위에서 해당 공무원에게 과하는 제재를 말한다. 그 제재로서의 벌을 징계벌이라 하고, 제재를 받게 되는 지위를 징계책임이라 한다.

2) 징계벌과 형벌

공무원의 의무위반행위가 징계벌의 대상이 됨과 동시에 형벌의 대상이 될 수 있다. 징계벌과 형벌은 다음과 같이 구별된다.

(1) 권력의 기초

징계벌은 특별권력관계 또는 국가·지방자치단체가 사용자의 지위에서 가지는 권한을 발동하여 과하고, 형벌은 국가의 일반통치권의 발동으로 과한다.

(2) 목적

징계벌은 공무원 관계의 내부질서의 유지를 목적으로 하나, 형벌은 국가와 일반사회의 질서유지를 목적으로 한다.

(3) 내용

징계벌은 행위자인 공무원의 신분적 이익을 전부 또는 일부 박탈하는 것이지만, 형벌은 범죄라는 행위가 문제되어 그 생명 · 자유 · 재산적 이익 · 신분적 이익을 박탈한다.

(4) 대상

징계벌의 대상은 공무원법상의 의무위반이지만, 형벌의 대상은 형사법상의 의무위반, 즉 반사회적 법익침해이다.

(5) 주관적 요건

징계벌은 의무위반이라는 객관적 사실에 대한 제재이므로 고의 · 과실을 요하지 않고, 또한 상관은 부하공무원의 의무위반에 대한 감독책임을 진다. 그러나 형벌은 고의 · 과실을 요건으로 하고 행위자만을 처벌한다.

(6) 퇴직 후의 가벌성

징계벌은 공무원의 지위에서 부과하고, 공무원이라는 신분이 전제되므로 퇴직 후에는 과할 수 없으나, 형벌은 일반국민의 지위에서 부과하고, 공소권과 형집행의 시효로 소멸되지 아니하는 한 퇴직 후에도 처벌할 수 있다.

(7) 싱계벌과 형벌의 병과

징계벌과 형벌은 권력적 기초, 목적, 내용, 대상 등에서 차이가 있기 때문에 병과할 수 있다. 그러므로 동일한 행위에 대해 징계벌과 형벌을 함께 부과하더라도 일사부재리의 원칙에 반하지 않는다. 형사재판의 결과 금고 이상의 실형을 선고받으면 당연퇴직이 되므로 징계벌은 무의미하지만, 당연퇴직 사유가 아닌 벌금형, 면소판결, 무죄판결 등을 선고받은 경우 따로 징계절차를 진행할 수 있다.

징계벌과 형벌의 관계에서 형사소추선행주의의 적용이 문제된다. 이것은 징계사건에 대해 형사재판이 계속 중이거나 수사기관에 의한 수사진행 중에는 징계절차를 중지하고, 기소 또는 유죄 여부의 판명이 확정된 후 징계벌을 부과해야 한다는 원칙이다. 「국가공무원법」에서는 감사원에서 조사 중인 사건에 대하여는 조사개시 통보를 받은 날부터 징계의결의 요구나 그 밖의 징계절차를 진행하지 못하도록 하고 있다(「국가공무원법」 제83조 제1항). 감사선행의 원칙을 규정한 것으로 징계절차의 강제적 중지에 해당한다. 그러나 검찰 · 경찰, 그 밖의 수사기관에서 수사 중인 사건에 대하여는 수사개시 통보를 받은 날부터 징계의결의 요구나 그 밖의 징계절차를 진행하지 아니할 수 있다(「국가공무원법」 제83조 제2항). 즉 일반수사기관에 의한 수사에 대해서는 형사소추선행의 원칙이 적용되지 않고, 징계절차는 임의적 중지를 할 수 있는데 그친다. 이는 범죄수사와 재판에 상당한 시일이 소요되고, 징계의결을 요구하면 직위해제의 사유가 되므로 그 기간 동안 공무수행에 막대한 지장을 초래할 우려가 있기 때문이다.

3) 징계벌과 법치주의

형벌은 죄형법정주의에 따라 그 요건 · 절차 · 처벌 내용이 법률에서 엄격하게 규정되어 있기 때문에 법률 없이 처벌할 수 없다.

징계벌도 제재의 일종이며, 징계권의 행사 여부가 법률에서 정한 공무원의 신분보장과 직결되고, 헌법상 공무원의 공무담임권을 부당하게 침해할 우려가 있기 때문에 법치주의를 적용하여야 한다. 그래서 공무원법에서는 징계사유 · 종류 · 절차 · 불복절차를 규정하고 있다. 경찰공무원 징계에 관한 법적 근거로서 「국가공무원법」, 「경찰공무원법」, 「공무원징계령」, 「경찰공무원징계령」, 「공무원징계령시행규칙」 등이 있다.

4) 징계의 원인

(1) 징계사유

징계원인은 징계를 받지 않으면 안 될 공무원의 의무위반행위를 말하며, 징계사유라고도 한다.

경찰공무원의 징계원인은 ㉠ 「국가공무원법」 및 「경찰공무원법」과 그 법에 의한 명령에 위반하였을 때, ㉡ 직무상의 의무(다른 법령에서 공무원의 신분으로 인하여 부과된 의무를 포함한다)를 위반하거나 직무를 태만히 한 때, ㉢ 직무의 내외를 불문하고 그 체면 또는 위신을 손상하는 행위를 한 때이다(「국가공무원법」 제78조 제1항 및 「경찰공무원법」 제30조 제2항 제3호). 이러한 징계사유가 발생한 경우에는 행위자의 고의·과실 여부는 불문하고 징계할 수 있다. 다만, 징계사유가 불가항력에 기인한 것이라면 공무원의 책임은 면제될 수 있다.

징계처분에도 일사부재리의 원칙이 적용된다. 다만, 징계처분과 직위해제는 그 성질이 다르므로 같은 사유로 직위해제를 한 후 징계처분을 할 수 있다.[45] 그리고 징계사유가 행정기관이 내부적으로 정한 처벌기준 또는 형사책임에 미치지 못한 경우에도 징계를 할 수 있다.

(2) 징계사유의 발생시점

징계사유는 원칙적으로 재직 중에 발생한 것이어야 한다.

임명 전의 행위를 이유로 재직 중에 징계를 할 수 있는가에 대하여 견해가 대립된다. 원칙적으로 징계사유가 될 수 없고, 임명전의 행위가 재직을 허용하지 못할 만큼 중대한 경우 임명행위를 취소 또는 철회할 수 있다. 다만, 그 행위가 임명 후에도 계속 공무원의 품위를 손상시키는 경우에는 임명 후에 공무원의 의무를 위반한 것으로 인정되기 때문에 징계를 할 수 있다.[46]

(3) 징계의 시효

징계의 시효는 일반적으로 2년이지만, 금품 및 향응 수수, 공금의 횡령·유용의

45) 대판 1983.10.25, 2001두4184.
46) 대판 1996.3.8, 95누18536.

경우에는 5년이다(「국가공무원법」 제83조의2 제1항). 그리고 사면된 비위사실을 징계사유로 할 수 없다.

공무원 임용전의 행위가 징계사유가 된 경우에는 그 행위를 한 때가 아니라 공무원으로 임용된 때부터 시효가 기산된다.[47]

(4) 감독자 문책시 정상참작사유

감독자의 감독태만도 징계사유가 된다. 같은 사건에 관련된 행위자와 감독자에 대해서는 업무의 성질 및 업무와의 관련 정도 등을 참작하여 비위행위자와 감독자를 징계하여야 한다(「공무원징계령 시행규칙」 제3조). 다만, 감독자를 문책할 때 일정한 사유가 있는 경우에는 징계책임을 묻지 않을 수 있다.[48]

5) 징계의 종류와 정도

(1) 징계의 종류

① 징계의 구분

공무원의 징계는 파면 · 해임 · 강등 · 정직 · 감봉 · 견책으로 구분한다(「국가공무원법」 제79조).[49] 징계는 신분상 징계이므로 신분상의 이익의 전부 박탈(배제징계 : 파면 · 해임) 또는 일부 박탈(교정징계 : 강등 · 정직 · 감봉 · 견책)이다. 이 중에서 파면 · 해임 · 강등 또는 정직을 중징계라 하고, 감봉 또는 견책을 경징계라 한다(「공무원징계령」 제1조의2).

② 중징계

파면과 해임은 공무원관계를 해제하는 것으로서 배제징계에 해당한다. 파면을 당

47) 대판 1990.5.22, 89누7368.

48) ㉠ 해당 비위를 발견하여 보고하였거나 이를 적법 · 타당하게 조치한 징계 등 사건, ㉡ 비위의 정도가 약하고 경과실인 징계 등 사건, ㉢ 철저하게 감독하였다는 사실이 증명되는 감독자의 징계사건에서는 감독자에게 징계의결 등을 하지 아니할 수 있다(「공무원징계령 시행규칙」 제3조 제2항).

49) 전투경찰대의 대원 중 경사 · 경장 또는 순경(전투경찰순경 포함)에 대한 징계는 파면 · 해임 · 정직 · 감봉 · 견책 · 영창과 근신으로 한다. 영창은 전투경찰대 · 함정 또는 그 밖의 장소의 구금장에 구금하는 것을 말하며, 근신은 훈련 또는 교육을 받는 경우를 제외하고는 평상근무에 복무하는 것을 금지하고 일정한 장소에서 비행을 반성하게 하는 것을 말한다. 영창과 근신의 기간은 15일 이내로 한다(「전투경찰대설치법」 제5조).

한 자는 파면처분을 받은 때로부터 5년을 경과하여야만 다시 공무원이 될 수 있으며, 공무원연금법상 퇴직급여와 퇴직수당이 감액된다(「국가공무원법」 제33조 제7호, 「공무원연금법」 제64조 제1항). 해임의 경우 3년간 공무원에 임용될 수 없으나, 연금급여액이 감액되지 않는다(「국가공무원법」 제33조 제8호). 그러나 「경찰공무원법」에서는 징계에 의하여 파면 또는 해임처분을 받은 사람은 경찰공무원으로 임용될 수 없다고 하여 경찰공무원 결격사유로 규정하고 있기 때문에 이들은 징계의 경과연수에 관계없이 경찰공무원이 될 수 없다(「경찰공무원법」 제7조 제2항 제7호).

강등은 1계급 아래로 직급을 내리고, 공무원신분은 보유하나 3개월간 직무에 종사하지 못하며 그 기간 중 보수의 3분의 2를 감한다(「국가공무원법」 제80조 제1항).

정직은 1개월 이상 3개월 이하의 기간으로 하고, 정직 처분을 받은 자는 그 기간 중 공무원의 신분은 보유하나 직무에 종사하지 못하며 보수의 3분의 2를 감한다(「국가공무원법」 제80조 제3항).

③ 경징계

감봉은 1개월 이상 3개월 이하의 기간 동안 보수의 3분의 1을 감한다(「국가공무원법」 제80조 제4항). 그리고 견책(譴責)은 전과(前過)에 대하여 훈계하고 회개하게 한다(「국가공무원법」 제80조 제5항).

(2) 징계와 승진 등의 제한

징계처분을 받은 자는 징계처분 기간 중에는 물론 징계처분이 종료된 후에도 일정기간 승진임용 또는 승급할 수 없다(「국가공무원법」 제80조 제6항). 즉 강등의 경우 직무정지기간 종료 후 18개월, 정직의 경우 정직기간 종료 후 18개월, 감봉의 경우 감봉기간 종료 후 12개월, 견책의 경우 견책 후 6개월 동안 승진임용 또는 승급할 수 없다(「공무원임용령」 제32조, 「경찰공무원 승진임용규정」 제6조 제1항, 「공무원보수규정」 제14조 제1항).

그러나 승진임용 · 승급 제한기간은 금품 및 향응 수수, 공금의 횡령 · 유용에 따른 징계처분인 경우 각각 3개월이 추가된다(「공무원임용령」 제32조, 「공무원보수규정」 제14조 제1항).

(3) 징계의 정도 결정

징계의 정도 결정이란 구체적인 징계사유에 대해서 부과할 징계의 종류를 형량(衡量)하는 것을 말한다.

징계사유가 있는 경우에 징계종류의 선택은 원칙적으로 징계권자의 재량이다.[50] 그러나 징계권자가 선정한 징계 종류와 비위사실 사이에 비례가 이루어지지 않으면 재량권 남용이 되고, 그 징계처분은 위법이 된다. 따라서 징계위원회는 징계 등 사건을 의결할 때에는 징계 등 심의 대상자의 평소 행실, 근무 성적, 공적(功績), 뉘우치는 정도와 징계 등 의결을 요구한 자의 의견을 고려하여야 한다(「경찰공무원징계령」 제16조). 경찰공무원의 경우 금품의 수수와 관련하여 징계의 양형이 문제되는 경우가 많다.[51]

6) 징계기관

(1) 징계권자

징계권자란 자기의 명의로 징계처분을 행할 수 있는 권한을 가진 자를 말한다. 징계권은 임용권에 포함되고 있으므로 원칙적으로 임용권자가 징계권자가 된다. 그러나 법률은 편의상 징계권과 임용권을 분리하고 있다.

경찰공무원의 징계는 징계위원회의 의결을 거쳐 징계위원회가 설치된 소속 기관의 장이 하되, 국무총리 소속으로 설치된 징계위원회에서 의결한 징계는 경찰청장 또는 해양경찰청장이 한다. 다만, 파면 · 해임 · 강등 및 정직은 징계위원회의 의결을 거쳐 해당 경찰공무원의 임용권자가 하되, 경무관 이상의 강등 및 정직과 경정 이상의 파면 및 해임은 경찰청장 또는 해양경찰청장의 제청으로 행정안전부장관 또는 국토해양부장관과 국무총리를 거쳐 대통령이 하고, 총경 및 경정의 강등 및 정직은 경찰청장 또는 해양경찰청장이 한다(「경찰공무원법」 제27조). 이를 정리하면 〈표 5〉와 같다.

50) 대판 2002.9.24, 2002두6620.

51) 대판 1991.7.23, 90누8954; 대판 1999.3.9, 98두18145; 대판 1983.6.28, 83누130; 대판 1985.9.24, 85누320 등 참조.

〈표 5〉 경찰공무원의 계급별 징계권자

징계의 종류	경무관 이상	총경, 경정	경감 이하
파면, 해임	대통령*	대통령*	경찰청장, 해양경찰청장
강등, 정직	대통령*	경찰청장, 해양경찰청장	경찰청장, 해양경찰청장
감봉, 견책	경찰청장, 해양경찰청장	경찰청장, 해양경찰청장	경찰기관의 장

* 경찰청장 또는 해양경찰청장의 제청으로 행정안전부장관 또는 국토해양부장관과 국무총리를 거쳐 대통령이 행한다.

징계권자는 징계에 관해 결정재량은 없고 선택재량만 있다. 즉 징계사유가 있는 경우에 징계권자는 반드시 징계를 요구하여야 한다. 그러나 어떤 징계를 할 것인가를 결정할 수 있는 재량이 있다.

그리고 징계는 준사법적 행정행위에 해당하므로 징계처분에 대하여 징계권자는 이를 취소·철회할 수 없다.

(2) 징계위원회

징계위원회는 경찰공무원의 징계를 심의·의결하는 합의제 의결기관이다. 따라서 징계위원회의 의결은 징계권자를 구속한다.

경찰공무원의 징계와 관련된 징계위원회는 중앙징계위원회와 경찰공무원징계위원회가 있다(「국가공무원법」 제27조, 「공무원징계령」 제3조, 「경찰공무원징계령」 제27조).

중앙징계위원회는 「국가공무원법」과 「공무원징계령」의 규정에 의하여 국무총리 소속으로 설치되며, 경무관 이상의 경찰공무원에 대한 징계의 의결을 한다(「국가공무원법」 제27조, 「공무원징계령」 제3조, 「경찰공무원징계령」 제27조).

경찰공무원징계위원회는 경찰공무원중앙징계위원회와 경찰공무원보통징계위원회로 구분한다. 경찰공무원중앙징계위원회는 경찰청 및 해양경찰청에 두고, 보통징계위원회는 경찰청, 해양경찰청, 지방경찰청, 지방해양경찰청, 경찰대학, 경찰교육원, 중앙경찰학교, 경찰수사연수원, 해양경찰학교, 경찰병원, 경찰서, 경찰기동대, 전투경찰대, 해양경찰서, 정비창(整備廠), 경비함정 및 경찰청장 또는 해양경찰청장이 지정하는 경감 이상의 경찰공무원을 장으로 하는 경찰기관에 둔다(「경찰공무원징계령」 제3조).

경찰공무원중앙징계위원회는 총경 및 경정에 대한 징계 또는 징계부가금 부과 사건을 심의 · 의결하고, 경찰공무원보통징계위원회는 해당 징계위원회가 설치된 경찰기관 소속 경감 이하 경찰공무원에 대한 징계 등 사건을 심의 · 의결한다(「경찰공무원 징계령」 제4조 제1항 및 제2항).[52]

그리고 국무총리 소속 중앙징계위원회는 위원장 1명, 부위원장 1명을 포함한 위원 9명으로 구성한다. 위원장은 행정안전부장관이 되고, 부위원장은 행정안전부차관이다. 위원은 국무총리가 고위공무원단에 속하는 공무원 중에서 임명하거나, 일정한 자격을 가진 외부위원을 위촉한다(「공무원징계령」 제4조). 경찰공무원중앙징계위원회는 위원장을 포함하여 5명 이상 7명 이하의 위원으로 구성하고, 경찰공무원보통징계위원회는 위원장을 포함하여 3명 이상 7명 이하의 위원으로 구성한다(「경찰공무원징계령」 제6조 제1항). 경찰공무원징계위원회의 위원은 해당 경찰기관의 장이 경찰공무원 또는 공무원 중에서 임명하거나 일정한 자격을 가진 외부위원을 위촉한다(「경찰공무원징계령」 제6조 제2항 및 제3항). 이를 요약하면 〈표 6〉과 같다.

〈표 6〉 경찰공무원 관련 징계위원회의 구성, 관할, 구성

종류	소속	관할	구성
중앙징계위원회	국무총리	경무관 이상	9명(위원장과 부위원장 각 1인 포함)
경찰공무원 중앙징계위원회	경찰청 · 해양경찰청	총경 및 경정	5인 이상 7인 이하 (위원장 포함)
경찰공무원 보통징계위원회	경감 이상을 장으로 하는 경찰기관 (경찰청, 지방경찰청, 경찰서 등)	경감 이하	3인 이상 5인 이하 (위원장 포함)

52) 다만, 경정 이상의 경찰공무원을 장으로 하는 경찰서, 경찰기동대 · 해양경찰서 등 총경 이상의 경찰공무원을 장으로 하는 경찰기관 및 정비창에 설치된 보통징계위원회는 소속 경위 이하의 경찰공무원에 대한 징계 등 사건을 심의 · 의결하고, 전투경찰대 및 경비함정 등 경찰청장 또는 해양경찰청장이 지정하는 경감 이상의 경찰공무원을 장으로 하는 경찰기관에 설치된 보통징계위원회는 소속 경사 이하의 경찰공무원에 대한 징계 등 사건을 심의 · 의결한다(「경찰공무원징계령」 제4조 제2항 단서). 그리고 경찰청 및 해양경찰청에 설치된 보통징계위원회는 경찰청장 또는 해양경찰청장이 징계의결을 요구하는 경찰공무원에 대한 징계사건을 심의 · 의결한다(「경찰공무원징계령」 제4조 제3항).

7) 징계절차 및 집행

(1) 징계의결 요구

경찰기관의 장은 소속 경찰공무원에게 「국가공무원법」 제78조 제1항에서 규정한 징계사유가 있다고 인정할 때 또는 하급경찰기관으로부터 징계 등 의결 요구 신청을 받았을 때[53]에는 지체 없이 관할 징계위원회를 구성하여 징계의결을 요구하여야 한다. 징계의결요구는 징계사유에 해당하는 사실을 충분히 조사한 후에 징계의결요구서에 의하되, 중징계 또는 경징계로 구분하여 요구하여야 한다(「경찰공무원징계령」 제9조 제1항 내지 제3항).

징계요구권자는 공무원의 어떠한 행위가 징계사유에 해당하는가에 관하여 판단의 여지를 가지나, 징계사유가 있을 때 반드시 징계를 요구하여야 하므로 징계를 요구할 것인가에 대한 결정재량은 없다.[54]

공무원의 징계의결을 요구하는 경우 그 징계사유가 금품 및 향응 수수(授受), 공금의 횡령(橫領) · 유용(流用)인 경우에는 해당 징계 외에 금품 및 향응 수수액, 공금의 횡령액 · 유용액의 5배 내의 징계부가금 부과 의결을 징계위원회에 요구하여야 한다(「국가공무원법」 제78조의2 제1항).

(2) 징계요구 시한

① 원칙

징계의결의 요구는 징계사유가 발생한 날로부터 2년(금품 및 향응 수수, 공금의 횡령 · 유용의 경우에는 5년)을 경과한 때에는 이를 행하지 못한다(「국가공무원법」 제83조의2 제1항). 그리고 사면된 비위사실을 징계사유로 할 수 없다. 징계사유가 계속된 일련의 행위인 경우 그 최종의 행위를 기준으로 하여야 한다.[55]

---

53) 경찰기관의 장은 그 소속 경찰공무원에 대한 징계사건의 관할이 상급경찰기관에 설치된 징계위원회의 관할에 속한 때에는 그 상급경찰기관의 장에게 징계의결의 요구를 신청하여야 한다(「경찰공무원징계령」 제9조 제2항).

54) 대판 2007.12, 2006도1390.

55) 대판 2007.7.12, 2006도1390.

② 조사 · 수사의 경우

감사원에서 조사 중인 사건 또는 검찰 · 경찰, 그 밖의 수사기관에서 수사 중인 사건에 대하여 징계절차를 진행하지 못하여 징계의결 요구기간이 지나거나 그 남은 기간이 1개월 미만인 경우에는 조사나 수사의 종료 통보를 받은 날부터 1개월이 지난날에 징계의결 요구기간이 끝나는 것으로 본다(「국가공무원법」 제83조의2 제2항).

③ 결정이나 판결의 경우

징계위원회의 구성 · 징계의결 등, 그 밖에 절차상의 흠이나 징계양정 및 징계부가금의 과다(過多)를 이유로 소청심사위원회 또는 법원에서 징계처분등의 무효 또는 취소의 결정이나 판결을 한 경우에는 징계의결 요구기간이 지나거나 그 남은 기간이 3개월 미만인 경우에도 그 결정 또는 판결이 확정된 날부터 3개월 이내에는 다시 징계의결등을 요구할 수 있다(「국가공무원법」 제83조의2 제3항).

(3) 징계절차

① 징계심의 및 대상자의 권익보장

징계위원회는 징계를 심의함에 있어서 징계심의 대상자의 출석 요구 및 심문, 관계인 출석요구 및 심문, 증인의 심문, 사실 조사, 검증 또는 감정을 할 수 있다(「경찰공무원 징계령」 제12조 내지 제13조).

징계위원회가 징계사건을 심의할 때에는 징계심의 대상자의 권익을 보호하기 위하여 미리 징계심의 대상자에게 통지하여 진술할 수 있는 기회를 충분히 주어야 하며, 징계심의 대상자는 서면 또는 말로 자기에게 이익이 되는 사실을 진술하거나 증거를 제출할 수 있다(「경찰공무원징계령」 제13조 제2항). 이 진술권을 부여하지 아니한 징계의결은 무효이다(「국가공무원법」 제81조 제3항). 징계심의 대상자는 증인의 심문을 신청할 수 있다(「경찰공무원징계령」 제13조 제3항).

② 징계의결

징계위원회는 징계의결 요구서를 받은 날부터 30일 이내에 징계에 관한 의결을 하여야 한다. 다만, 부득이한 사유가 있을 때에는 해당 징계의결을 요구한 경찰기관의 장의 승인을 받아 30일 이내의 범위에서 그 기간을 연장할 수 있다(「경찰공무원징계령」 제11조 제1항).

징계위원회의 의결은 위원장을 포함한 위원 과반수(과반수가 3명 미만인 경우에는 3명 이상)의 출석과 출석위원 과반수의 찬성으로 의결하되, 의견이 나뉘어 출석위원 과반수의 찬성을 얻지 못한 경우에는 출석위원 과반수가 될 때까지 징계심의 대상자에게 가장 불리한 의견을 제시한 위원의 수를 그 다음으로 불리한 의견을 제시한 위원의 수에 차례로 더하여 그 의견을 합의된 의견으로 본다(「경찰공무원징계령」 제14조 제1항).

징계의 의결은 징계의결서로 하며, 징계위원회의 의결 내용은 공개하지 아니한다(「경찰공무원징계령」 제14조 제2항 및 제3항).

③ 의결통고

징계위원회는 징계의결을 하였을 때에는 지체 없이 징계의결요구자에게 의결서 정본(正本)을 보내어 통지하여야 한다(「경찰공무원징계령」 제17조).

(4) 징계의 집행

징계는 징계위원회의 의결만으로는 효력이 발생하지 않고 임명권자가 그 의결을 집행함으로써 효력이 있다.

경징계의 집행은 징계의결요구자가 행한다. 징계의결을 요구한 자는 경징계의 징계의결을 통지받았을 때에는 통지받은 날부터 15일 이내에 징계를 집행하여야 한다. 징계의결을 집행할 때에는 의결서 사본에 징계처분 사유 설명서를 첨부하여 징계 등 처분 대상자에게 보내야 한다(「경찰공무원징계령」 제18조). 징계의결을 요구한 경찰기관의 장이 경징계의 징계의결을 집행하였을 때에는 지체 없이 그 결과에 의결서의 사본을 첨부하여 해당 임용권자에게 보고하고, 징계처분을 받은 사람의 소속 경찰기관의 장에게 통지하여야 한다(「경찰공무원징계령」 제20조).

중징계는 징계의결요구자의 제청으로 임용권자가 집행한다. 징계의결을 요구한 자는 중징계의 징계의결을 통지받았을 때에는 지체 없이 징계처분 대상자의 임용권자에게 의결서 정본을 보내어 해당 징계처분을 제청하여야 한다. 다만, 경무관 이상의 강등 및 정직, 경정 이상의 파면 및 해임 처분의 제청, 총경 및 경정의 강등 및 정직의 집행은 경찰청장 또는 해양경찰청장이 한다. 중징계 처분의 제청을 받은 임용권자는 15일 이내에 의결서 사본에 징계등 처분 사유 설명서를 첨부하여 징계처분 대상자에게 보내야 한다(「경찰공무원징계령」 제19조).

징계등 처분 사유 설명서의 교부는 민사소송법상 송달의 방법에 의하지 않아도 되며, 일반적으로 이를 받을 자가 볼 수 있는 상태에 놓여있을 때 교부한 것으로 본다. 징계등 처분 사유 설명서의 교부는 징계등 처분의 효력발생요건은 아니다.[56)]

(5) 징계부가금 부과 의결과 집행

징계위원회에서 징계부가금 부과를 의결하여야 한다. 이 의결을 하기 전에 금품 및 향응 수수, 공금의 횡령 · 유용으로 다른 법률에 따라 형사처벌을 받거나 변상책임 등을 이행한 경우에는 조정된 범위에서 징계부가금 부과를 의결하여야 하며, 징계부가금 부과 의결을 한 후에 형사처벌을 받거나 변상책임 등을 이행한 경우에는 징계부가금의 감면 등의 조치를 하여야 한다(「국가공무원법」 제78조의2 제2항).

징계부가금 부과처분을 받은 사람이 납부기간 내에 그 부가금을 납부하지 아니한 때에는 처분권자는 국세체납처분의 예에 따라 징수할 수 있다(「국가공무원법」 제78조의2 제3항).

(6) 재심사청구

처분권자는 ㉠ 법령의 적용, 증거 및 사실 조사에 명백한 흠이 있는 경우, ㉡ 징계위원회의 구성 또는 징계의결 등, 그 밖에 절차상의 흠이 있는 경우, ㉢ 징계양정 및 징계부가금이 과다(過多)한 경우를 사유로 소청심사위원회 또는 법원에서 징계처분 등의 무효 또는 취소의 결정이나 판결을 받은 경우에는 다시 징계 의결 또는 징계부가금 부과 의결을 요구하여야 한다. 다만, ㉢의 사유로 무효 또는 취소(취소명령 포함)의 결정이나 판결을 받은 감봉 · 견책처분에 대하여는 징계의결을 요구하지 아니할 수 있다(「국가공무원법」 제78조의3 제1항).

처분권자는 징계의결등을 요구하는 경우에는 소청심사위원회의 결정 또는 법원

---

56) 대판 1991.12.24, 90누1007.

의 판결이 확정된 날부터 3개월 이내에 관할 징계위원회에 징계의결을 요구하여야 하며, 관할 징계위원회에서는 다른 징계사건에 우선하여 징계의결등을 하여야 한다(「국가공무원법」 제78조의3 제2항).

8) 징계의결등에 대한 불복

(1) 소청심사위원회의 심사청구

징계처분을 받은 자가 이에 대하여 불복하는 경우 소청심사위원회에 심사를 청구할 수 있다.

처분사유설명서를 받은 공무원은 징계처분에 불복이 있을 때에는 그 설명서를 받은 날부터 30일 이내에 소청심사위원회에 이에 대한 심사를 청구할 수 있다.

경사 이하의 전투경찰대원이 「전투경찰대설치법」에 의한 징계처분을 받고 처분에 불복하여 소청을 제기하는 경우, 각기 소속에 따라 당해 전투경찰대가 소속된 기관에 설치된 경찰공무원징계위원회에서 그 소청을 심사한다.

(2) 행정소송

소청심사위원회의 소청결정에 불복하는 경우 행정소송을 제기할 수 있다. 행정소송은 소청결정이 위법인 경우에 한하며, 원처분주의에 의하여 징계처분을 대상으로 원처분청을 피고로 하여 제기하여야 한다.

소청심사위원회의 심사 · 결정을 거치지 아니하면 행정소송을 제기할 수 없다(필요적 소청심사전치주의). 다만, 소청제기 후 60일이 지나도록 소청심사위원회의 결정이 없는 때에는 소청결정을 기다리지 않고 행정소송을 제기할 수 있다.

3. 변상책임

1) 의의

경찰공무원이 의무를 위반하여 국가 · 지방자치단체에 대해 재산상의 손해를 발생시킨 경우 이를 변상해야 할 책임을 말한다. 변상책임에는 「국가배상법」에 의한 일반적인 변상책임과 회계관계직원 등의 변상책임이 있다.

변상책임의 법적 성질에 대하여 판례는 사법설을 취하고 있다.

2) 「국가배상법」에 의한 변상책임

첫째, 경찰공무원의 직무를 집행함에 있어서 고의 · 중과실로 타인에게 입힌 손해를 국가 · 지방자치단체가 배상한 경우, 가해 경찰공무원에게 고의 · 중과실이 있다면 국가 · 지방자치단체가 그 공무원에게 구상권을 행사할 수 있다. 이 경우 경찰공무원은 구상권에 응하여 변상책임을 부담하여야 한다.

둘째, 도로, 교통신호기 등 영조물의 설치 · 관리의 하자로 인하여 타인에게 발생한 손해를 국가 · 지방자치단체가 배상한 경우, 경찰공무원에게 그 손해의 원인에 대해 책임이 있다면 국가 · 지방자치단체가 그 공무원에게 구상권을 행사할 수 있다. 이 경우에도 경찰공무원은 구상권에 응하여 변상책임을 부담하여야 한다.

3) 회계관계직원 등의 변상책임

(1) 법적 근거

「예산회계법」, 「물품관리법」 등에 의하면, 회계관계직원(세입징수관, 재무관, 지출관, 및 출납공무원), 물품관리공무원, 물품사용공무원의 책임은 법률로서 정한다. 이에 따라 「회계관계직원 등의 책임에 관한 법률」을 제정하여 회계관계직원 등의 변상책임의 요건, 절차 등을 규정하고 있다.

(2) 「회계관계직원 등의 책임에 관한 법률」에 의한 변상책임의 요건

회계관계직원은 고의 또는 중대한 과실로 법령이나 그 밖의 관계 규정 및 예산에 정하여진 바를 위반하여 국가, 지방자치단체, 그 밖에 감사원의 감사를 받는 단체 등의 재산에 손해를 끼친 경우에는 변상할 책임이 있다(「회계관계직원 등의 책임에 관한 법률」 제4조 제1항).

현금 또는 물품을 출납 · 보관하는 회계관계직원은 선량한 관리자로서의 주의를 게을리하여 그가 보관하는 현금 또는 물품이 망실되거나 훼손된 경우에는 변상할 책임이 있다. 이 경우 현금 또는 물품을 출납 · 보관하는 회계관계직원은 스스로 사무를 집행하지 아니한 것을 이유로 그 책임을 면할 수 없다(「회계관계직원 등의 책임에 관한 법률」 제4조 제2항 및 제3항).

(3) 변상판정

① 변상명령

중앙관서의 장, 지방자치단체의 장, 감독기관의 장 또는 해당 기관의 장은 변상책임이 있는 손해가 발생한 경우에는 지체 없이 기획재정부장관과 감사원에 알려야 한다(「회계관계직원 등의 책임에 관한 법률」 제7조).

중앙관서의 장, 지방자치단체의 장, 감독기관의 장 또는 해당 기관의 장은 감사원의 최종판단 전이라도 회계관계직원 등에게 책임이 있다고 인정하면 관계직원에게 변상을 명할 수 있다(「회계관계직원 등의 책임에 관한 법률」 제6조 제1항). 이 명령은 사법상 채무이행명령에 불과하지만 이에 불복하는 경우 행정심판을 제기하여 그 취소를 청구할 수 있다.

② 감사원의 판정

감사원은 회계관계직원 등의 변상책임 유무와 변상액을 최종적으로 심리 · 판정한다(「감사원법」 제31조 제1항). 변상명령을 받은 공무원은 감사원의 변상 판정에 불복하는 경우 변상판정서가 도달한 날부터 3개월 이내에 감사원에 재심의를 청구할 수 있다(「감사원법」 제36조 제1항). 이 재심의 청구에는 집행정지의 효력이 없다(「감사원법」 제36조 제3항).

감사원은 재심의 청구가 이유 없다고 인정하면 이를 기각하고, 재심의 청구가 이유 있다고 인정하면 원처분의 요구를 취소하거나 그 내용을 변경한다(「감사원법」 제36조 제2항).

변상책임자가 감사원이 정한 기한 내에 변상책임을 이행하지 아니하면 소속장관 등은 관계 세무서장에게 위탁하여 체납처분에 준하여 「국세징수법」에 의하여 강제징수한다(「감사원법」 제31조 제5항).

4. 형사책임

경찰공무원의 행위가 공무원법상의 의무위반에 그치지 아니하고 동시에 일반 사회법익을 침해하여 형사상의 책임을 구성하는 경우에 징계벌에 병행하여 형벌을 받는다. 이를 형사책임이라 한다.

1) 협의의 형사책임

경찰공무원이 「형법」 제7장 공무원의 직무에 관한 죄를 범한 경우 받게 되는 처벌이다. 형벌이 정하는 공무원의 범죄에는 직무범과 준직무범이 있다. 직무범은 직무태만 · 직권남용과 같이 직무 자체가 범죄를 성립시키는 경우이다. 「형법」 제7장 공무원의 직무에 관한 죄 중 직무유기죄, 타인의 권리방해죄, 불법체포 · 감금죄, 폭행 · 가혹행위죄, 피의사실공표죄, 공무상비밀누설죄 등이 여기에 해당한다. 준직무범은 직무행위 자체가 범죄를 구성하는 것이 아니라 행위자가 공무원의 신분을 가졌기 때문에 또는 일정한 행위가 공무원의 직무와 관련이 있기 때문에 범죄로 되는 것으로서 수뢰죄, 제3자 뇌물공여죄, 사후수뢰죄, 알선수뢰죄, 증뢰물전달죄 등이 있다.

「특정범죄가중처벌 등에 관한 법률」은 준직무범 중 수뢰죄 · 제3자뇌물공여죄 · 알선수뢰죄에서 공무원이 수수 · 요구 또는 약속한 금액이 일정액 이상이면 가중처벌하고 있다.

2) 행정형벌책임

공무원이 행정법규에서 보장된 법익을 침해하는 경우 행정범으로서 처벌을 받는 것을 말한다. 예를 들면 「국가공무원법」은 공무원이 정치활동 또는 집단행동을 한 경우 징계벌과 별도로 1년 이하의 징역 또는 500만원 이하의 벌금에 처한다(「국가공무원법」 제84조).

5. 민사상 배상책임

민사상 배상책임이란 「국가배상법」 제2조에 의하면 공무원이 고의 · 과실로 인한 위법행위로 타인에게 손해를 가한 경우 국가 · 지방자치단체가 손해배상책임과 관계없이 경찰공무원이 피해자인 사인에게 직접 배상책임을 부담하는 것을 말한다.

이 경우 공무원 개인에게 민사상 책임이 있는가에 대하여 대위책임설 · 자기책임설 · 중간설 등으로 의견이 대립되고 있다. 판례는 중간설의 입장에서 공무원에게 고의 또는 중대한 과실이 있는 경우에 한하여 피해자가 해당 공무원을 상대로 직접 손해배상을 청구할 수 있다고 하여 공무원의 민사상 배상책임을 인정하였다.[57)]

---

57) 대판 1996.2.15, 95다38677.

경찰행정법

제3장

경찰작용법

제1절 서설

경찰작용법은 사회공공의 안녕 · 질서유지라는 경찰의 목적을 실현하는 법으로서 단일의 법령으로 구성된 것이 아니라 여러 개의 경찰법규로 구성되어 있으며, 그들에서 통일된 법원리를 찾아내어 하나의 학문으로 연구하는 법이다. 경찰작용법에는 경찰행정상 법률관계의 발생 · 변경 · 소멸과 관련된 모든 법령이 포함된다. 따라서 경찰작용법은 전형적인 국가권력의 작용으로서 경찰권의 근거와 한계, 경찰작용의 유형, 경찰처분의 법적 효력, 경찰강제 수단 등을 규율한다.

경찰작용은 국민의 자유와 권리를 침해하는 권력적 침해적 작용이다. 경찰은 국민의 기본권을 보장하면서도 공공의 안녕과 질서의 유지라는 경찰의 기본적 임무를 수행하기 위하여 법규가 경찰작용의 근거 · 요건 · 한계를 명백하게 규정하는 것이 바람직하다. 그러나 경찰작용은 목전에 급박한 위험을 방지하여야 하고, 경찰법규가 규율하고자 하는 사회사정이나 인간의 활동들이 다양하기 때문에 각각의 상황에 발동되어야 하는 경찰작용을 상세하고 명백하게 법률로 정하는 것이 불가능하다.

그러므로 경찰작용은 법치주의의 요청과 상호긴장관계에 있게 되며 특히 경찰권 발동에 관한 일반조항의 문제가 대두하게 되며, 경찰권발동의 한계도 아울러 문제가 된다.

제2절 경찰권의 근거와 한계

제1항 경찰권의 근거

I 실정법적 근거

1. 법률유보의 원칙

경찰권은 국민의 자유 · 권리를 침해하는 권력적 · 침익적 작용이므로 '법률에 의한 행정'의 원칙에 따라 원칙적으로 국회가 제정한 법률의 근거가 있어야 발동될 수 있다. 예외적으로 법률에 구체적인 범위를 정하여 위임한 경우 법규명령 · 자치법규에 근거하여 발동될 수 있다. 그러나 어떠한 경우에도 불문법인 관습법과 판례에 의하여 발동될 수는 없다. 법률과 동위인 조약도 경찰권의 근거가 될 수 있다.

법률로써 경찰권의 근거를 제정하더라도 헌법 제37조 제2항에 의하여 경찰권은 어떠한 경우에도 국민의 자유와 권리의 본질적인 내용을 침해할 수 없다. 이에 따라 「경찰법」 제4조는 "국가경찰은 그 직무를 수행할 때 헌법과 법률에 따라 국민의 자유와 권리를 존중하고, 국민 전체에 대한 봉사자로서 공정 · 중립을 지켜야 하며, 부여된 권한을 남용하여서는 아니된다"고 규정하고 있다.

2. 경찰작용의 근거법 규범의 성격

경찰권의 발동이 법률에 근거를 두어야 한다고 할 때, 근거법 규범의 성격이 문제된다. 이 문제는 임무규범(직무규범) 또는 권능규범(권한규범)과 관련되어 논하여야 한다. 임무규범이란 조직법상 권한분장관계를 규율하는 규범으로서 행정청의 직무의 한계를 설정하는 것을 목적으로 한다. 경찰법상 임무규범은 경찰작용의 외적 한계를 설정하게 된다. 권능규범은 행정청에 부여된 임무의 범위 내에서 개인의 권리를 침해할 수 있는 조치를 취할 수 있는 권한을 부여하는 규범이다. 임무와 권능은 목적과 수단의 관계에 있다. 권능규범은 임무의 내용을 반영하며 구체화하는 법적 근거가 된다. 그러나 임무규범에서 권한이 도출되지는 않는다. 따라서 경찰법상 권한 발동을 위해서는 권능규범의 수권이 있어야 하며, 임무규범만으로 경찰권을 발동할 수 없다.

결국 경찰권은 개별적 수권규범에 근거를 두고 발동되어야 하는 것이 원칙이다. 예외적으로 공공의 안녕 또는 질서에 대한 위험을 방지 또는 제거하기 위하여 경찰권을 발동할 수 있는 일반조항(개괄조항)이 허용된다.

따라서 경찰작용에 대한 법률유보의 방식에는 ㉠ 특별경찰법상 개별적 수권 규정(특별조항)에 근거한 특별수권 방식, ㉡ 일반경찰법상 개별적 수권 규정(특별조항)에 근거한 특별수권 방식, ㉢ 일반경찰법상 일반조항(개괄적 수권조항)에 의한 일반수권 방식이 있다. 그리고 법의 적용에 있어서 특별법이 일반법에 우선하므로 ㉠의 법적 근거, ㉡의 법적 근거, ㉢의 법적 근거 순으로 적용된다.

Ⅱ 개별적 수권규정에 의한 경찰권

경찰행정은 전형적인 권력적 침익적 행정이므로 경찰권을 발동하기 위한 법적 근거는 원칙적으로 개별적 수권조항이어야 한다. 개별적 수권조항 또는 특별수권조항이란 개별적·구체적 사안에 관하여 특정한 경찰조치의 종류·내용을 규정한 법률조항이다.

개별적 수권조항에 의한 경찰권발동의 수권방법에는 두 가지 유형이 있다. 특별법상 개별적 수권조항과 일반경찰법상의 개별수권조항에 근거한 경찰권발동으로서 표준조치를 말한다.

1. 특별경찰법상 개별적 수권규정에 근거한 경찰권

위험의 방지 및 장해의 제거라는 경찰의 목적 달성을 위하여 일반경찰법이 아니라 수많은 특별법령에 근거를 두고 경찰권이 행사되고 있다.

방범에 관한 경찰작용법으로는 「사격 및 사격장단속법」, 「사행행위 등 규제 및 처벌특례법」, 「총포 · 도검 · 화약류등 단속법」, 「풍속영업의 규제에 관한 법률」, 「경범죄처벌법」, 「경비업법」, 「청소년보호법」 등이 있고, 교통에 관한 경찰작용법으로서는 「도로교통법」, 「교통사고처리특례법」, 「도로법」, 「자동차관리법」, 「선박법」, 「선박안전법」, 「항공법」 등이 있다. 그리고 경비에 관한 경찰작용법으로는 「경찰관직무응원법」, 「집회 및 시위에 관한 법률」, 「수난구호법」, 「청원경찰법」 등이 있다.

또한 영업경찰법령으로는 「식품위생법」, 「공중위생관리법」, 「직업안정법」 등이 있고, 보건관계법으로는 「의료법」, 「약사법」, 「감염병의 예방 및 관리에 관한 법률」 등이 있고, 환경상의 위험방지를 위한 법령으로는 「폐기물관리법, 「자연환경보전법」, 「수질환경보전법」, 「해양오염방지법」, 「대기환경보전법」 등이 있다. 그리고 건축법규에서도 건축경찰에 관한 규정이 많다.

2. 일반경찰법상 개별적 수권규정에 근거한 경찰권(표준조치)

1) 의의

일반경찰법이란 기본적으로 위험방지에 관한 일반적인 규정을 두고 있는 경찰법을 말한다. 현행법상 「경찰관직무집행법」이 여기에 해당한다.[1] 「경찰관직무집행법」은 공공의 안녕과 질서의 유지를 위하여 개인의 자유를 침해하는 특별구성요건을 규정하고 있는데 이를 표준조치[2]라 한다. 일반경찰법상 개별적 수권규정에 의한 경찰권을 의미한다.

2) 성질

표준조치는 행정행위와 사실행위의 성질을 아울러 가진다. 즉 한편으로는 상대방에 대하여 작위 · 부작위 · 수인 등의 의무를 부과하므로 침해적 행정행위에 해당하고, 다른 한편으로는 처분을 사실상 수행하는 사실행위에 해당한다. 예를 들면 「경찰관직무집행법」 제3조 제3호에 따라 경찰관이 불심검문에서 상대방에게 흉기 소지

---

1) 그러나 「경찰관직무집행법」이 경찰작용의 일반법으로서의 체계와 내용을 가지고 있는지가 의문이 되며, 경찰작용법으로서 많은 단행법이 개별적 목적으로 존재하여, 경찰작용법 전체의 체계적 통합성과 법적 명확성이 부족하다고 할 수 있다.

2) 학자에 따라서는 표준처분, 표준적 직무행위, 표준적 경찰조치, 표준적 경찰작용, 경찰조치라고도 한다.

여부를 조사하겠다고 말한다면 이것은 경찰하명(행정행위의 일종)이고, 실제로 조사한다면 이것은 사실행위이다. 그리고 표준조치에는 영장주의의 예외가 적용되어 영장이 요구되지 아니한다.

3) 유형

표준조치는 경찰법상 전형적 경찰권 행사를 유형화한 것으로서 「경찰관직무집행법」 제3조에서 제10조의4까지는 자주 반복되는 경찰상의 조치를 유형적으로 표준화하여 특별히 규정하고 있다. 즉 제3조 이하의 표준조치로서 불심검문, 보호조치, 위험발생의 방지, 범죄의 예방과 제지, 위험방지를 위한 출입과 검색, 사실의 확인을 위한 출석요구, 경찰장비의 사용 등이 있다. 이 개별적 권한은 그 직무수행에 필요한 최소한도 내에서 행사되어야 하며, 남용되어서는 아니된다.

4) 결과제거청구권

표준조치가 집행되어 상대방의 권리를 침해하는 상태가 계속되는 경우 그 상대방은 취소쟁송을 통하여 집행된 처분의 위법을 이유로 표준조치의 폐기를 요구할 수 있으며, 폐지 후에도 위법상태가 계속된다면 결과제거청구권을 행사하여 위법상태의 제거를 청구할 수 있다.

Ⅲ 일반경찰법상 일반적 수권조항

1. 일반적 수권조항의 의의

개개의 경찰권의 발동은 법률에 근거를 두어야 하지만 개별적 수권조항이 없는 경우 최종적으로 위험의 예방·진압을 위한 법적 근거로 적용되는 일반경찰법상 개괄적인 조항을 두게 된다. 이를 일반적 수권조항, 개괄적 수권조항 또는 일반조항(개괄조항)이라 한다. 일반적 수권조항이란 경찰권의 근거가 되는 개별적인 법률규정이 없는 경우 경찰권 발동의 일반적 보충적 근거가 될 수 있도록 일반적 위험방지 및 장해제거를 위한 포괄적 내용을 규정한 조항을 말한다. 법률에 의한 개별적 수권

없이 경찰권의 발동권한을 포괄적으로 수권하는 규정하고 있는 것이 특징이다. 그리고 특별수권조항이 있는 한도 내에서 일반조항은 적용되지 않으며, 일반조항은 특별수권조항에 대하여 보충적으로만 적용된다.

「독일연방 및 주의 통일경찰법 표준안」 제8조(경찰의 권한)의 규정이 일반조항의 전형적인 것으로 인정되고 있다. 이 조문 제1항에서는 "제8조의a 내지 제24조에서 경찰의 직무권한으로 특별히 규정하지 아니하는 한 공물의 안전이나 질서에 대한 개별적 위험을 방지하기 위하여 필요한 조치를 취할 수 있다"고 규정하여 경찰권 행사에 대하여 포괄적인 법적 근거를 부여하고 있다.

여기서 사용된 공공의 안녕, 공공의 질서, 위험 등의 개념은 불확정개념으로서 학설과 판례를 통하여 구체화될 수 있는 법률 개념이기 때문에 법원은 일반수권조항에 의한 경찰권발동이 그 요건을 충족하고 있는지의 여부를 제한 없이 심사할 수 있다.

2. 합헌성과 보충성

일반조항이 법치국가의 요청인 명확성의 원칙에 반하므로 헌법위반이라는 주장이 있다.[3] 그러나 경찰권 발동상황이 다양하고, 경찰권 발동이 필요한 상황을 모두 예측할 수 없으며, 일반조항인 불확정 개념은 학설과 판례에 의하여 그 내용, 목적, 범위를 충분히 논할 수 있다는 점에서 헌법상 명확성의 원칙에 반하지 않는다고 본다.

한편, 일반조항은 성질상 특별조항이 없는 경우에 보충적으로 적용된다. 특별조항이 있으면 일반조항을 적용할 수 없다. 따라서 「경찰관직무집행법」상의 표준조치가 적용되는 영역에서는 일반조항에 근거하여 경찰조치를 할 수 없다. 그리고 일반조항은 공공의 안녕과 질서를 위협하는 위험의 예방을 위해서만 적용되고, 그 밖의 모든 위험의 예방을 위하여 활용될 수 없다. 따라서 경찰법에서만 적용되고, 형법 영역에서는 적용되지 아니한다.

3) 이와 같은 부정설은 경찰권을 포함한 권력적 행정작용은 법률의 근거가 있어야 행사할 수 있고, 이 경우 법률은 개별적인 작용법률을 의미한다고 주장한다. 박윤흔·정형근, 최신행정법강의(하), 2009, 312면.

3. 우리나라의 인정 여부

1) 학설

「경찰관직무집행법」[4]은 제2조에서 경찰의 직무범위를 규정하면서 제6호에서 "기타 공공의 안녕과 질서유지"를 경찰관의 직무의 하나로 규정하고 있다. 그리고 「경찰법」 제3조는 "경찰은 …… 그 밖의 공공의 안녕과 질서유지를 그 임무로 한다"고 규정하고 있다. 이들 규정을 일반조항으로 보아 개별적인 법적 근거 없이 이 조항에 의거하여 경찰권을 발동할 수 있는지가 문제된다.

(1) 일반조항 부정설

경찰작용은 권력적 작용으로서 법률의 근거가 있어야 하고, 그 법률은 당연히 개별적인 작용법이어야 하며, 포괄적 · 일반적 일반수권은 허용되지 아니한다고 본다.

이 주장의 근거는 다음과 같다. 첫째, 「경찰관직무집행법」 제2조 제6호는 경찰권 발동에 관한 일반조항이 아니고 경찰의 직무범위를 정한 것으로서 조직법적 성질을 가진다. 둘째, 일반조항에 의한 경찰권의 발동을 인정하면 그 남용으로 인하여 국민의 자유와 권리가 침해될 우려가 많다.

그러나 경찰권의 성질상 그 근거법은 경찰에 상당한 범위의 재량을 인정하는 경우가 많다는 점을 간과하고 있다는 비판을 받는다.

(2) 일반조항 인정설

일반조항에 의한 경찰권의 발동을 인정하여야 한다는 주장이다.[5] 이 주장의 근거는 다음과 같다. 첫째, 사회발전과 기술진보라는 관점에서 일반조항의 필요성을 인정하여야 한다. 즉 경찰은 위험방지라는 특수한 임무를 수행하고 있으며, 사회사정

---

4) 「경찰관직무집행법」 제2조(직무의 범위) 경찰관은 다음 각호의 직무를 행한다.
   1. 국민의 생명 · 신체 및 재산의 보호
   2. 범죄의 예방 · 진압 및 수사
   3. 경비 · 요인경호 및 대간첩작전수행
   4. 치안정보의 수집 · 작성 및 배포
   5. 교통의 단속과 위해의 방지
   6. 기타 공공의 안녕과 질서유지

5) 김남진, 경찰행정법, 경세원, 2004, 201면 : 대판 1986.1.28, 85도2448.

과 관념이 끊임없이 변하기 때문에 경찰권의 발동 요건이나 그 효과를 상세하게 정하는 것이 입법기술상 불가능하다.

둘째, 일반조항에 의한 경찰권의 발동은 개별적 수권조항이 없는 경우에 2차적 보충적 예외적으로만 적용되며, 그리고 반드시 '구체적 위험'이 발생한 경우에 적용된다.

셋째, 일반조항에 의한 경찰권 발동의 요건인 불확정 개념에 대해서도 학설과 판례에 의한 엄격한 해석이 축적되어 있으므로 남용의 가능성이 없다.

넷째, 일반조항에 의한 경찰권을 발동하는 경우에도 경찰권 행사의 일반적 한계를 정한 비례원칙 등에 의하여 경찰권이 통제를 받으므로 남용될 소지가 적다.

(3) 입법 필요설

일반조항의 필요성을 인정하고 그것을 허용하지만 현행법에서는 일반조항은 존재하지 않으며 입법조치에 의하여 일반수권조항을 신설하여야 한다는 주장이다.

일단 경찰권이 일반조항에 근거를 두고 발동되어도 법치주의에 반하지 않는다고 전제를 한다. 그러나 경찰권발동의 근거는 조직법적 근거만으로 부족하고 작용법적 근거가 필요한데, 「경찰관직무집행법」 제2조와 「경찰법」 제3조는 조직법상 임무규정에 불과하고 작용법상 권능규정이 아니기 때문에 이것을 일반조항이라 할 수 없으므로 일반조항에 대한 입법조치가 필요하다[6]고 본다.

2) 판례

확립된 것은 아니나 우리 대법원은 다른 작용법규가 없는 경우 「경찰관직무집행법」 제2조 제6호를 근거로 하여 경찰권을 발동할 수 있는 것으로 보아 일반조항의 존재를 인정하는 듯하다.[7]

---

6) 김동희, 행정법Ⅱ, 법문사, 2002, 190면; 홍정선, 경찰행정법, 박영사, 2010, 285면 등.

7) 「청원경찰법」 제3조는 청원경찰은 청원주와 배치된 기관, 시설 또는 사업장등의 구역을 관할하는 경찰서장의 감독을 받아 그 경비구역 내에 한하여 「경찰관직무집행법」에 의한 직무를 행한다고 정하고 있고 한편 「경찰관직무집행법」 제2조에 의하면 경찰관은 범죄의 예방, 진압 및 수사, 경비요인, 경호 및 대간첩작전 수행, 치안정보의 수집 · 작성 및 배포, 교통의 단속과 위해의 방지, 기타 공공의 안녕과 질서유지 등을 그 직무로 하고 있는 터이므로 ……청원경찰관……이 원심판시와 같이 ……피고인의 집에서 ……허가없이 창고를 주택으로 개축하는 것을 단속한 것은 그들의 정당한 공무

Ⅳ 경찰개입청구권 문제

1. 의의 및 연혁

경찰개입청구권은 무하자재량행사청구권(無瑕疵裁量行事請求權)의 법리를 기초로 하여 독일에서 학설 · 판례[8]를 통해 발전된 개념으로서, 경찰관청의 위법한 부작위 등으로 인하여 권익을 침해당한 자가 당해 경찰관청에게 제3자에 대한 경찰권의 발동을 청구하는 권리이다.

경찰개입청구권은 국민이 경찰관청에 대하여 적극적으로 행정행위 기타 경찰작용을 해 줄 것을 구하는 적극적 공권이며, 특정의 실체적인 사항을 내용으로 하고 있는 실체법상 권리이다.

2. 이론적 배경과 인정 근거

경찰개입청구권은 경찰재량의 영으로의 수축이론과 반사적 이익의 법적 보호이익화를 근거로 인정하여 성립한다.

1) 경찰재량의 영으로의 수축이론

경찰권의 발동 여부는 경찰관청이 공익적인 견지에서 자유롭게 판단할 사안이므로, 경찰권 발동의 요건인 경찰위반의 상태가 있는 경우 반드시 경찰권을 발동해야 하는 것은 아니고, 발동 여부와 발동 수단의 선택은 경찰관청의 의무에 합당한 재량

집행에 속한다……할 것이고……(대판 1986.1.28, 85도2448)

8) 경찰개입청구권은 1960년 독일의 띠톱판결(Bandsägeurteil, BVerwGE 11, 95)에서 최초로 인정되었다. 이 판결은 주거지역에 설치된 석탄제조업체에서 사용하는 띠톱에서 배출되는 먼지와 소음 등으로 피해를 받고 있던 인근주민이 행정청에게 건축경찰상의 금지처분을 발할 것을 청구하자, 경찰상 조사청은 이 업소의 조업은 건축관계법규에 위반되지 않는 것이라 하여 기각하였고, 이에 인근주민들이 기각처분에 대한 취소소송을 제기한 것이다. 베를린 고등법원은, 원고에게는 건축법규에 기한 특정처분을 청구할 수 있는 권리가 없다고 보고 원고의 청구를 기각하였다. 그러나 연방재판소는, 경찰법상의 일반수권조항의 해석에 있어, 첫째 인근주민의 무하자재량행사청구권을 인정하고, 둘째 재량권의 영으로의 수축이론에 의거하여 원고의 청구를 인용하였다.
이 판례는, 첫째 경찰법규의 목적은 공익의 보호뿐만 아니라 국민 개인의 사익도 보호하려는 것이고, 둘째 경찰개입 여부는 원칙적으로 재량이지만, 일정한 상황 하에서는 재량권이 영으로 수축되고, 이 때 개인은 경찰당국에 대해 당해 조치를 취할 것을 청구할 수 있는 권리를 가진다고 판시하였다는 점에서 종래 판례에 대한 획기적인 전환점을 이룬 것으로 평가되고 있다.

에 의한다.[9] 그래서 예외적인 상황에서 오직 하나의 결정(조치)만이 의무에 합당한 재량권행사로 인정된다.

그러므로 경찰관청에게 재량권이 인정되는 경우에도 만일 재량권을 행사하지 않으면 국민의 생명 · 신체 · 재산 등에 중대한 위험이 가해진다고 판단되는 경우 재량권이 영으로 수축되어 경찰권을 발동하지 아니한 행위(부작위)는 위법이 되어 그로 인하여 국가배상의 책임을 진다. 이를 재량권의 영으로의 수축이론이라 한다.

이렇게 재량권이 영으로 수축되면 경찰개입청구권이 발생할 수 있다. 그래서 목전의 상황이 매우 중대하고 긴박한 것이고(and/or), 그로 인하여 개인의 생명 · 신체 · 재산 등 중대한 법익이 침해될 우려가 있고, 경찰관청이 그러한 위험을 예방 · 제거할 권한과 의무를 가지고 있으며, 경찰권의 행사로 그 위험을 용이하게 예방 · 제거할 수 있는 경우 경찰권을 반드시 발동하여야 한다.[10]

재량권이 영으로 수축되면 당해 재량행위는 내용적으로는 기속행위로 전화(轉化)된다. 따라서 부작위는 위법이 되고 손해배상의 책임을 지게 되며, 부작위에 대하여 의무이행심판이나 부작위위법확인소송을 제기할 수 있다.

2) 반사적 이익의 법적 보호이익화

반사적 이익이란 행정상 강행법규가 공익의 실현을 위하여 행정청 또는 제3자에게 어떤 의무를 부과하거나 일정한 행위에 제한을 가한 경우, 행정주체나 제3자가 이를 실현한 그 결과로서 개인이 얻은 사실상의 이익을 말한다.[11]

---

9) 경찰권행사에 있어서 재량의 문제는 위험 또는 경찰위반의 방지를 위하여 개입할 것인가 말 것인가, 복수의 경찰위반자가 존재하는 경우 어느 위반자에게 경찰책임을 지울 것인가, 여러 경찰수단 중 어느 수단을 선택할 것인가 등에서 발생한다.

10) 재량권이 영으로의 수축되는 경우로는 비둘기 사육으로 인한 생활상의 불편, 과도한 교통소음, 수인하기 어려운 교회의 종소리, 차고지 앞의 불법주차, 1 · 21사태로 인한 손해배상청구(대판 1974.7. 26, 74다3), 개인의 신변보호 요청과 손해배상 청구(대판 1998.5.26, 98다11635) 등을 들 수 있다.

11) 반사적 이익의 예로서 공무원이 법령을 준수하여 얻는 이익, 의사가 「의료법」에 따라 진료의무를 이행한 결과로 환자가 진료를 받는 이익, 관광지의 지정으로 인한 재산상의 이익 증대, 도시계획으로 잔존재산의 이익 증대, 행정주체가 도로 · 하천 · 공원 · 공중변소 등 공공용물을 설치 · 관리하고, 사인이 그 허가를 받아 사용함으로써 얻은 이익, 특정 영업에 관하여 법이 일정한 지역에 경찰허가를 제한함으로써 얻은 사실상 독점적 이익(영업상 이익) 등을 들 수 있다. 그리고 기존 목욕탕업자가 거리 제한으로 받는 사실상의 독점적 영업상 이익(대판 1955.7.8, 4287 행30), 무역거래법상 구입제한이나 금지조치로 국내 생산업체가 받는 이익(대판 1971.6.29, 69누91), 행정주체가 행

이러한 반사적 이익은 법률에서 직접 보호되는 권리 · 이익이 아니기 때문에 소송을 통하여 구제받을 수 없다. 행정소송에서 원고적격이 부정되므로 반사적 이익의 침해를 이유로 행정소송을 제기하면 소송요건의 결여를 이유로 소송이 각하된다.

그러나 오늘날 종래 반사적 이익으로 보았던 관계법규상의 공익을 공익과 동시에 개인적 이익도 보호하는 것으로 해석함으로써 당해 이익을 법적으로 보호하고 있다. 이를 법적 보호이익이라 한다.

법적 보호이익이란 반사적 이익 중에서 일정한 경우 공권의 요건을 갖추지 못하였으나, 행정소송을 통하여 구제를 받을 수 있는 개인의 이익을 말한다. 행정법규가 직접으로는 불특정 다수인의 일반이익(공익)을 보호하는 것과 동시에 적어도 사익도 보호하는 경우에 개인이 받는 이익을 말한다.[12)]

3. 경찰개입청구권의 성립요건

경찰개입청구권이 성립하기 위해서는 강행법규에 의해 행정권 발동이 의무화되

정목적을 달성하기 위하여 통제를 가한 결과 개인이 이익을 얻는 경우(의료법상 의사의 진료거부금지 의무, 약사법상 약사의 조제행위거부금지의무 등), 공무원이 행정명령 준수로 얻는 이익(공무원이 상관의 훈령이나 직무명령을 잘 준수하여 직무를 수행함으로서 개인이 얻은 이익), 유기장 영업허가로 인한 영업상 이익, 과징금 부과처분 취소재결에 대한 동종업자인 제3자의 이익, 정화조업 허가로 인한 영업상 이익, 상수원보호구역 설정근거 법률인 수도법의 상수원 수급주민이 가지는 이익, 상수원보호구역변경처분의 취소를 구할 인근 주민의 이익(대판 1995.9.26, 94누14544), 귀속재산불하처분취소 후에 그 귀속재산에 관한 권리를 양도받은 자가 그 취소처분에 대하여 갖는 이해관계(대판 1996.2.27, 95누6212), 문화재를 지정함으로서 지역주민이나 학술연구자가 이를 활용하고 그로 인하여 얻는 이익(대판 1992.9.22, 91누13212), 환경영향평가 대상지역 밖의 주민 등과 전원개발사업구역 밖의 주민이 전원개발사업실시계획승인 처분으로 받는 이익, 하천부지 점용권자의 폐천부지매각에 관한 연고권(대판 1994.5.13, 93누21538) 등은 반사적 이익이다.

12) 인근주민의 연탄공장설치허가취소청구(대판 1975.5.13, 73누96,97), 인근주민의 자동차 LPG 충전소설치허가취소청구(대판 1983.7.12, 83누59), 환경영향평가대상지역 주민의 환경영향평가대상사업에 관한 변경승인 및 허가처분의 취소청구(환경영향평가대상지역 주민의 환경상 이익)(대판 1998.4.24, 97누3286), 공설 화장장설치를 금지함으로서 보호되는 부근주민들의 이익(대판 1995.9.26, 94누14544), 기존주유업자가 거리제한으로 얻는 독점적인 경제적 이익(대판 1995.9.26, 94누110), 약종상 영업장소 이전허가처분의 취소로 이전지역의 기존업자가 다투는 경우(대판 1989.6.14, 87누873), 주세법상 주류제조면허를 통하여 누리는 기존업자의 이익(대판 1989.12.22, 89누46), 상당한 거리를 두고 광구를 설정하도록 한 구 광업법시행령 제11조를 위반한 광구설정처분의 취소를 인접 광업권자가 다투는 경우(대판 1982.7.27, 1누271), 기존업자의 자동차 운송사업의 노선연장 인가취소청구(대판 1974.4.9, 73누173), 공적 부조로 받는 이익(국민기초생활보호대상자, 의료급여대상자의 지정으로 받는 이익), 공배출업체에 대한 공해배출규제로 인하여 이웃주민이 받는 이익, 공물의 일반사용에 의하여 받은 이익 등은 법적 보호이익이다.

어야 하며, 당해 법규가 오직 공익실현과 함께 개인의 이익도 보호하고 있어야 한다(사익보호성).

4. 경찰개입청구권과 권리구제수단

경찰개입청구권이 인정되어 경찰권을 발동하여야 함에도 불구하고, 경찰행정청이 부작위한 경우, 이로 인하여 권익을 침해당한 자는 먼저 행정상 손해배상을 청구할 수 있다.

그리고 의무이행심판 · 거부처분취소소송 · 부작위위법확인소송을 제기할 수 있으며, 간접강제제도를 통하여 그 실효성을 확보할 수 있다.

제2항 경찰권의 한계

I 서론

경찰권의 한계란 경찰권이 유효하게 발동될 수 있는 적법 · 타당한 범위를 말한다. 경찰권의 한계는 법규상의 한계와 조리상의 한계로 나눌 수 있다. 경찰권에 대한 제1단계 제약은 경찰법규에 의한 제한이며, 조리상의 한계는 제2단계 제약에 불과하다.

Ⅱ 법규상의 한계

경찰권의 발동은 권력적인 명령 · 강제작용이므로 국민의 자유와 권리를 침해하는 전형적인 권력작용이다. 따라서 법치행정의 원리가 엄격하게 적용되어 경찰권의 발동은 개별적인 작용법에 근거를 두고 행사되어야 한다. 그러므로 법규가 경찰권의 발동 · 조건 · 정도 등에 관한 규정을 두고 있는 경우 경찰권은 그 한계 내에서만 유효하게 발동될 수 있다. 이 한계를 벗어나는 침익적 경찰권의 행사는 위법한 것이 된다.

따라서 경찰법규는 경찰권의 근거인 동시에 한계가 된다.[13] 이러한 경찰법규는 원칙적으로 법률이어야 하지만 예외적으로 법규명령일 수도 있다.

경찰법규의 구성요건이 불확정 개념을 사용하였다고 하더라도 경찰관청은 판단의 자유를 가질 수 없고, 다만 판단여지가 인정되는 범위 내에서만 판단의 자유가 인정된다. 그리고 법규의 효과부분에서 경찰관청에게 재량을 부여하였더라도 그 재량은 의무에 합당하게 행사되어야만 적법한 것으로 인정된다.

Ⅲ 조리상의 한계

경찰은 장래에 발생이 예상되는 공공의 안녕 · 질서에 대한 장해를 예방 · 제거하는 작용이므로 사전에 장래에 발생할 수 있는 다양한 장해를 모두 예견하여 그에 대한 구체적인 대책을 규정하는 것은 입법기술상 불가능하다. 그래서 경찰법규는 경찰권의 발동 · 근거만을 제시하고 경찰권 발동의 조건 · 정도 · 대상 · 태양 등을 명시하지 않거나 불확정 개념으로 사용하여 경찰관청에세 재량권을 부여하고 있다.

이와 같이 법규에서 경찰권 발동에 대한 구체적인 규정이 없어 경찰권 행사에 관한 재량을 인정하는 경우 경찰권 발동은 경찰의 목적 · 수단에 비추어 일정한 법원칙에 의하여 제약을 받는다. 이를 재량한계 또는 조리상의 한계라 한다. 따라서 경찰법규가 경찰기관에 재량을 인정하는 경우에도 그 재량은 자유재량이 아니라 기속재량이다. 경찰권이 이 한계를 벗어나면 위법한 것이 된다.

조리상의 한계는 합법적인 재량권의 행사를 기속하는 헌법원칙에 기초를 둔 조리법이기 때문에 경찰작용에 관한 입법의 지침적 구실도 아울러 하고 있다.

전통적으로 조리상의 한계를 소극목적의 원칙, 공공의 원칙(사생활 불가침의 원칙, 사주소 불가침의 원칙, 사경제자유의 원칙, 민사관계불간섭의 원칙), 경찰책임의 원칙, 비례의 원칙과 평등의 원칙을 들고 있다.

---

13) 예를 들면 「경찰관직무집행법」 제10조의4(무기의 사용) 제1항에서는 "경찰관은 범인의 체포 · 도주의 방지, 자기 또는 타인의 생명 · 신체에 대한 방호, 공무집행에 대한 항거의 억제를 위하여 필요하다고 인정되는 상당한 이유가 있을 때에는 그 사태를 합리적으로 판단하여 필요한 한도 내에서 무기를 사용할 수 있다. 다만, 형법에 규정한 정당방위와 긴급피난에 해당하는 때 또는 다음 각호의 1에 해당하는 때를 제외하고는 사람에게 위해를 주어서는 아니 된다"고 하여 무기사용의 근거를 규정하고 있으면서 그 요건과 정도를 정하여 무기사용을 제한하고 있다.

1. 경찰소극목적의 원칙

경찰의 목적은 공공의 안녕 · 질서의 유지에 있으며, 그 위해의 제거와 예방이라는 소극적 목적만을 위해서 경찰권을 발동하여야 하고, 적극적으로 공공복리의 증진을 위하여 경찰권을 발동할 수 없다는 원칙이다. 이것은 경찰권발동 효과와 관련되어 문제가 된다. 이 원칙에 위반된 경찰권 발동은 위법이다.

2. 경찰공공의 원칙

1) 의의

경찰권은 사회공공의 안녕 · 질서를 유지하기 위해서만 발동될 수 있고, 이와 관계없는 개인의 사적 생활영역에는 경찰권을 발동할 수 없다는 원칙이다. 사생활 자유의 원칙이라고도 하며, 경찰권 발동요건 문제와 관련된다. 그러나 사적 생활영역이라고 하더라도 사회공공의 안녕 · 질서에 영향을 주는 경우에는 발동될 수 있다.

이 원칙을 위반한 경찰권 발동은 그 자체가 사회공공질서를 교란하는 행위로서 위법이다. 이 원칙의 파생원칙으로는 사생활 불가침의 원칙, 사주소 불가침의 원칙, 민사관계 불간섭의 원칙을 들 수 있다.

2) 사생활 불가침의 원칙

경찰권은 사회공공의 질서에 직접 관계없는 사생활에 대해서 발동될 수 없다. 여기서 사생활은 일반사회생활과 직접 관계되지 아니하고 특정인의 생활범위에 한정되는 생활행동으로서 시대와 장소에 따라 다르다. 그것은 사회통념으로 결정된다. 이러한 개인의 사생활은 원칙적으로 개인의 자율에 속한다.

그러나 사생활이라고 하더라도 사회공공의 안녕 · 질서에 영향을 미치는 경우에는 경찰권을 발동할 수 있다.[14)]

---

14) 「경찰관직무집행법」 제4조 제1항 제1호에 의한 정신착란 또는 술 취한 상태로 인하여 자기 또는 타인의 생명 · 신체와 재산에 위해를 미칠 우려가 있는 자와 자살을 기도하는 자에 대한 보호조치, 「감염병의 예방 및 관리에 관한 법률」 제42조에 의한 감염병에 관한 강제처분(동행치료 및 입원), 「청소년보호법」 제26조에 의한 청소년을 대상으로 한 주류, 담배, 마약류 등 청소년유해약물등의 판매 · 대여 · 배포 금지, 「정신보건법」 제25조에 의한 정신질환으로 자신 또는 타인을 해할 위험이 있다고 의심되는 자에 대한 진단 및 보호 신청 등을 들 수 있다.

3) 사주소 불가침의 원칙

경찰권은 공중과 직접 접촉하지 아니하는 사주소에 대해서 발동될 수 없다. 여기서 사주소란 사적 생활의 본거지로서 일반사회와 직접 접촉이 없는 주거 등을 말하며, 사회통념으로 결정된다. 주거용 가택 또는 특별한 관리권에 의하여 내부질서가 유지되는 공장, 사무실, 창고, 연구실 등 사적 생활의 본거지가 되는 곳을 말한다. 그러나 경찰상 공개된 장소, 즉 흥행장, 여관, 유흥업소, 역대합실, 다방, 극장, 음식점 등과 같이 불특정 다수인이 항상 출입하는 장소는 공적 장소와 같으므로 사주소라고 할 수 없고, 경찰권 발동의 대상이 된다.

사주소 안의 행동은 사회공공의 안녕 · 질서에 직접 영향을 미치는 것이 아니므로 개인의 자율에 맡겨진다. 그러나 사주소 안의 행위라도 직접 공중에 접촉하거나 사회공공의 안녕 · 질서에 영향을 주는 경우 법률에 근거가 있으면 경찰권이 발동될 수 있다.[15)]

4) 민사관계 불간섭의 원칙

민사관계는 특정 개인 간의 사적 이익을 보호하는데 그치고 직접 사회공공의 안녕 · 질서에 영향이 없으며, 불고불리의 원칙에 따라 당사자의 청구에 의하여 사법권이 보호한다. 따라서 개인의 민사상 법률관계에 경찰권이 관여하거나 개입하지 못한다.[16)]

그러나 민사관계가 당사자의 이익에 그치지 않고 동시에 공중의 안전, 위생, 풍속, 교통 등 공공이익에 관계되는 경우에 법규에 의하여 관여할 수 있다.[17)]

그리고 사경제적 거래의 자유도 사회복지국가의 입장에서 절대 무제한으로 인정되는 것이 아니고, 국민경제질서나 사회공익이 허용되는 범위에서 인정되는데 불과

---

15) 도로에 면하여 외부로부터 공공연히 관망할 수 있는 사주소에서 나체생활이나 이웃에 영향을 주는 사주소 내의 악취 · 매연 · 음향 · 감염병 · 화기에 대한 단속을 들 수 있다.

16) 개인의 재산권 행사 또는 친권의 행사를 명하거나, 민사상 계약 체결이나 방을 전세로 줄 것을 명하거나 채무불이행이나 불법행위 등에 관여하지 못한다.

17) 미성년자에 대한 술 · 담배 판매행위, 총포 · 도검 · 화약류의 거래, 암표 등에 대한 단속행위 등이 있다. 또한 관객이 극장에 입장하는 것은 극장측과 관객 사이의 법률관계로 무료입장을 허용하는 것에 대하여 경찰이 개입하지 않으나, 관객이 실력으로 무료입장을 강행하는 경우 경찰이 개입할 수 있다.

하므로 각종 경제질서법(독과점 규제, 대외무역 규제, 농지와 산지이용의 규제, 사기업 통제, 자원보호 · 환경보전 · 소비자 보호를 위한 규제)에 의하여 규제될 수 있다.

3. 경찰책임의 원칙

1) 의의 및 성질

경찰책임의 원칙이란 경찰권은 원칙적으로 경찰위반상태의 발생에 대하여 책임이 있는 자(경찰책임자)[18]에 대해서만 발동될 수 있고, 그 외의 제3자에게 발동하는 것은 위법이라는 원칙이다. 다만, 예외적으로 경찰상 긴급상태에서는 경찰책임이 없는 자에게도 경찰권을 발동할 수 있다.

경찰책임의 원칙은 경찰권 발동 대상에 관한 문제이다. 그리고 경찰책임의 원칙은 경찰권의 조리상 한계의 한 내용에 해당하는 것이므로 실정법상 명문으로 인정되는 것은 아니다.

2) 경찰책임자

경찰책임자란 경찰책임의 주체로서 경찰책임을 부담하는 자를 말한다. 즉 자신의 행위나 물건으로 인하여 사회공공의 안녕 · 질서에 위해를 야기한 자이다. 자연인뿐만 아니라 법인도 주체가 될 수 있으며, 국가 등도 책임을 질 수 있다.

자연인의 경우 성년 · 미성년을 묻지 않으며, 고의 · 과실을 요하지 않는다. 그리고 국적을 가리지 않으므로 외국인이나 무국적자도 책임을 진다. 다만, 면책특권을 가진 자는 우리나라 경찰권의 지배를 받지 아니한다.

3) 경찰책임의 종류

경찰책임은 질서위반의 원인에 의하여 행위책임, 상태책임, 혼합책임으로 구분한다.

---

18) 경찰책임자란 경찰위반상태의 발생에 대하여 책임이 있는 자를 말하는데, ① 위험제공자(스스로 직접 공공의 안녕과 질서를 깨뜨린 자 또는 위험을 야기한 자)와 ② 직접 공공의 안녕을 깨뜨리지 않는 자를 포함한다. 예를 들면 집회 중 난동을 부린 자는 위험제공자이지만, 집회의 주최자는 직접의 장해자는 아니지만 경찰책임자가 된다. 경찰행정청은 경찰권을 발동하는 경우 먼저 위험제공자에 대하여 필요한 처분을 하고, 위험제공자 이외의 자에게는 경찰상 긴급상태이론에 따라야 한다.

(1) 행위책임

행위책임이란 자기 또는 자기의 지배하에 있는 사람의 행위로 질서위반의 상태가 발생한 경우에 지는 책임이다. 타인의 행위에 대하여 지는 책임은 타인의 책임에 대한 대위책임이 아니고 자기의 생활범위 안에서 질서위반의 상태를 발생시킨데 대한 책임으로서 자기책임이다. 행위책임의 행위에는 작위뿐만 아니라 부작위도 포함된다.

행위와 경찰위반상태 사이에 인과관계가 있어야 경찰책임을 진다. 당해 행위가 경찰위반상태를 직접적으로 야기한 경우만 경찰책임을 지고(직접원인설), 질서위반의 상태에 대하여 간접적인 원인을 제공한 자에게는 행위책임을 지울 수 없다.

(2) 상태책임

상태책임은 물건(토지, 공작물 등)이나 동물의 소유자 · 점유자 그 밖의 관리인이 그 지배범위에 속하는 물건 · 동물로 인하여 경찰위반상태가 발생한 경우에 지는 책임이다. 여기서 관리권은 그 권원의 적법성 여부와 관계가 없다. 따라서 당해 물건의 소유권과 관계없이 경찰상 위험을 발생시킨 물건의 사실상 지배자(점유자 또는 보관자)에게 우선하여 경찰권을 발동한다. 물건의 소유자는 보통 2차적인 경찰책임을 진다. 즉 사실상의 지배자에게 경찰권을 발동할 수 없거나 허용되지 않는 경우에 한하여 물건의 소유자나 다른 권원이 있는 자가 상태책임을 진다.

상태책임에 있어서 경찰책임자는 원칙적으로 그 원인(자기행위, 제3자의 행위, 자연력 등)에 관계없이 경찰책임을 진다. 그리고 소유권자의 상태책임은 소유물을 양도 또는 포기하면 종료된다.

(3) 혼합책임

혼합책임이란 하나의 경찰위반상태가 다수인의 행위 또는 다수인이 지배하는 물건으로 인하여 발생하였거나, 행위책임과 상태책임이 결합하여 발생한 경우에 지는 책임이다. 이 경우 위험방지의 효율성을 기준으로 하여, 결정적인 장해를 일으키고 있는 자, 장해를 가장 신속하게 그리고 효율적으로 제거할 수 있는 자에게 경찰권을 발동하여야 한다. 이 경우 경찰기관의 성실한 재량(선택재량)을 필요로 한다. 행위책임과 상태책임이 경합하는 경우에는 행위책임이 우선되어 행위책임자에게 경찰권이 먼저 발동된다.

4) 경찰책임의 승계

경찰책임의 승계란 경찰상의 책임자가 사망하거나 경찰위반상태를 야기한 물건을 양도하면 경찰책임이 상속인이나 양수인에게 승계되는가 하는 문제이다. 행위책임의 경우 위험을 야기한 행위자만이 문제되기 때문에 그 책임이 승계되지 않는다. 상태책임의 경우 물건의 상태와 관계되기 때문에 승계된다고 본다. 따라서 상태책임의 경우 승계인에게 의무를 명하는 새로운 행정행위를 발하지 않고서도 원래의 경찰책임자에게 이미 발동한 행정행위를 근거로 집행을 할 수 있다.

5) 경찰책임에 대한 예외

(1) 경찰긴급권이론

경찰권은 경찰위반의 직접책임자(직접원인제공자)에게만 발동되는 것이 원칙이지만, 예외적으로 경찰긴급권에 의하여 경찰위반의 직접책임이 없는 제3자에게도 발동될 수 있다. 이를 경찰긴급권이라 한다.

제3자에 대한 경찰긴급권의 발동은 예외적인 것으로서, 경찰위반상태가 현존하고 급박하며, 본래의 경찰책임자에게 경찰권을 발동하여 위해의 제거를 기대할 수 없고, 다른 수단에 의하여 그 위해를 방지할 수 없는 경우에 할 수 있다. 그리고 원칙적으로 법령의 근거가 있어야 할 수 있다. 이 경우 제3자가 받은 손실은 보상되어야 한다.

(2) 목적적 간접원인제공자

의도적인 간접원인제공자는 예외적으로 경찰책임을 진다. 간접원인제공자는 일반적으로 인과관계를 인정할 수 없다. 그러나 간접원인제공자의 원인제공행위와 구체적인 위해발생행위 사이에 밀접한 내부관계가 인정될 수 있거나 목적지향성이 인정되는 경우 목적적 간접원인제공자가 되어 경찰책임을 질 수 있다.[19)]

---

19) 예를 들면, 자기 집에서 그림을 그리는 화가를 구경하기 위하여 화실 근처의 도로에 사람들이 모여

4. 경찰비례의 원칙

1) 의의

경찰비례의 원칙이란 경찰권 발동의 조건과 정도는 질서유지의 필요성과 국민의 자유 · 권리의 제한 정도를 비교하여 사회통념상 적정하다고 인정되는 비례관계가 유지되어야 하고, 필요한 최소한도에 그쳐야 한다는 원칙이다. 즉 경찰권은 공공질서를 유지하기 위하여 묵과할 수 없는 장해 또는 장해발생의 직접적인 위험을 제거하기 위하여, 그 제거를 위하여 필요한 최소한도 내에서 발동하여야 한다. 따라서 이 원칙은 경찰권 발동에 있어서 과잉조치금지의 원칙이라 할 수 있다.

2) 경찰비례의 원칙의 법적 근거

경찰비례의 원칙은 헌법 제37조 제2항에 근거를 둔 헌법상 원칙으로서 모든 행정영역에 적용되며, 특히 「경찰관직무집행법」 제1조 제2항에 직접적인 근거를 두고 있다.[20]

3) 경찰비례의 원칙의 성질

경찰비례의 원칙은 경찰권의 한계 중 조리상 한계의 한 내용을 이루는 것이지만, 「경찰관직무집행법」 제1조 제2항에 명문으로 규정한 실정법상의 원칙이기도 하다. 그리고 경찰비례의 원칙은 일반조항에 근거하여 경찰권을 발동하는 경우에는 물론 개별적 수권조항에 근거하여 경찰권을 발동하는 경우에도 적용된다.

4) 경찰권 발동의 조건

경찰권은 묵과할 수 없는 장해를 예방하거나(예방경찰) 이미 발생한 장해를 제거하기 위하여(진압경찰) 발동될 수 있다.

여기서 '묵과할 수 없는 장해'란 그 장해를 방치함으로써 생기는 사회적 불이익이

들어 교통에 장해를 주는 경우 화가에게 행위책임을 인정할 수 없으나, 화가가 자기를 선전하기 위하여 의도적으로 자기의 화실을 도로와 접하도록 하고 그림을 그린 경우 화가에게 행위책임을 인정할 수 있다.

20) 「경찰관직무집행법」 제1조(목적) ② 이 법에 규정된 경찰관의 직권은 그 직무수행에 필요한 최소한도 내에서 행사되어야 하며 이를 남용하여서는 아니된다.

그 장해를 제거함으로써 생기는 불이익보다 크다고 평가되는 경우를 말한다. 이것은 건전한 사회통념이나 지방의 관습에 따라 판단하여야 한다. 따라서 다소 사회에 불이익을 주더라도 그것을 제거하면 사회에 한층 더 큰 불이익이 발생한다면 그 장해를 묵과하는 것이 오히려 공익에 합치된다.[21)]

예방경찰의 경우 경찰권은 묵과할 수 없는 장해발생의 직접적 위험 또는 상당한 확실성(개연성)이 있을 경우 그 발생을 예방하기 위하여 발동될 수 있다. 따라서 단순한 미필적 가능성이 있거나, 보통 사정상 발생 여부가 불확실한 경우에는 경찰권을 발동할 수 없다.[22)] 장해발생의 직접적 위험 또는 상당한 확실성에 대한 판단 기준은 사회통념(평균사회인의 판단)이며, 여기에는 명백하고 현존한 위험의 법칙이 적용된다. 그리고 진압경찰의 경우 경찰권은 사회공공의 안녕질서의 유지를 위하여 묵과할 수 없는 장해가 발생한 경우 이를 제거하기 위해서만 발동되어야 한다.

5) 경찰권 발동의 수단 및 정도

경찰권 발동 조건이 충족된 경우 경찰권의 발동수단과 정도에 대한 구체적인 판단은 경찰관청의 성실한 재량에 따른다. 성실한 재량에 따른다는 것은 경찰관청이 그 권한을 발동할 수 있는 경우에도 당연히 그것을 발동하여야 하는 것이 아니며, 경찰권 발동에 대하여 합법상의 원칙이 아니라 합목적성의 원칙을 적용한다는 것을 의미한다.

그리고 경찰재량권의 행사에 관한 성실성의 한계는 비례의 원칙에 따라 정해진다. 비례의 원칙은 경찰위반에 따른 장해의 정도와 경찰권의 발동 사이에 적절한 비례관계가 있어야 하고 필요한 최소한도에 그쳐야 한다는 원칙이다. 경미한 사회적 장해를 제거하기 위하여 그에 비례하는 경미한 제한만이 허용된다(「경찰관직무집행법」 제1조 제1항).

이 원칙은 적합성 원칙, 필요성 원칙, 상당성의 원칙을 그 내용으로 한다.

---

21) 예를 들면, 주택가의 버스정류장을 설치하여 발생되는 소음과 공해라는 사회적 불이익과 버스정류장의 시외로 이전함으로써 나타나는 승객의 불편을 비교형량하여 전자가 큰 경우에 버스정류장을 이전할 수 있다. 그러나 주택가의 위치한 초등학교에서 발생한 소음은 교육적 이익을 위하여 인근 주민들은 그 소음을 묵인하여야 한다.

22) 예를 들면, 장래에 홍수가 날 위험성이 있다는 이유로 교량통행을 금지할 수 없다.

(1) 적합성의 원칙

적합성의 원칙이란 경찰기관이 취하는 조치 또는 수단은 위험의 예방 또는 제거라는 경찰 목적을 달성하기에 적합하여야 한다는 원칙이다. 어떤 조치 하나만으로 목적을 달성할 수 있는 것이 아니고, 다른 조치 · 수단과 합쳐져서 목적을 달성할 수 있는 경우에도 이 원칙이 적용된다.

어떤 조치의 적합성 여부가 불확실한 경우에는 이미 미리 알려져 있는 수단 또는 이론에 비추어 그 적합성 여부가 심사되어야 하며, 그 심사가 행해졌다면 그 요건을 충족한 것으로 본다.

(2) 필요성의 원칙(최소침해의 원칙)

필요성의 원칙이란 경찰상의 조치가 비록 위험방지의 목적을 달성하는 데는 적합한 것이라 할지라도, 그 목적을 달성하기 위하여 필요한 최소한의 범위 내에 경찰권이 발동되어야 한다는 원칙이다.

위험방지를 위한 수단이 많을 경우 경찰권발동권자는 관계자에게 가장 피해가 작은 수단을 선택하여야 한다. 따라서 최소침해의 원칙이라고 할 수 있다.[23]

(3) 상당성의 원칙(협의의 비례의 원칙)

상당성의 원칙이란 경찰상의 조치가 설정된 목적을 위하여 필요한 경우라도, 경찰권 발동에 따른 불이익이 그에 의하여 초래되는 이익보다 큰 경우에는 그 조치를 인정할 수 없다는 원칙이다.

이 원칙은 '경찰은 대포로 참새를 쏘아서는 안된다' 또는 '버찌나무 위에 앉아 있는 참새를 쫓기 위하여 대포를 쏘아서는 아니된다. 설사 그것이 유일한 수단일지라도' 등의 법언(法諺)에서 잘 나타나고 있다.[24] 「경찰관직무집행법」 제1조에서 명확하게 선언하고 있다.

---

23) 위험한 건물에 대해서 개수명령으로 그 목적을 충분히 달성할 수 있는 경우 철거명령을 내릴 수 없다. 음식점 영업허가의 신청이 있는 경우 부관의 일종인 부담을 붙이면 공익목적을 달성할 수 있는 경우인 데도 불구하고 그 허가를 거부할 수 없다. 그리고 공공시설물의 사용료를 부과하면서 사용자의 수익의 범위를 상회하는 정도의 사용료를 부과할 수 없다.

24) 보도에 주차한 것은 법을 위반한 것이지만, 사람의 통행에 아무런 지장을 주지 않았다면 그 승용차를 즉시 견인할 수 없다(독일 판례).

5. 경찰 평등의 원칙

경찰권을 행사함에 있어서 상대방의 성별, 신앙, 인종, 사회적 신분 등을 이유로 불합리한 차별을 하여서는 아니된다는 원칙이다. 헌법상 평등원칙의 표현이다.

Ⅳ 한계일탈의 효과

경찰권이 법규상 한계 또는 조리상의 한계를 일탈하여 발동된 경우 그것은 공권력 행사로서 정당성을 상실하고 위법행위가 된다. 이에 대하여 국민은 복종의무가 없으며 그로 인하여 피해가 발생된 경우 행정쟁송이나 직권에 의한 취소·정지, 행정상 손해배상 또는 원상회복 청구, 정당방위, 청원·헌법소원, 가해 경찰공무원에 대한 징계·형사책임 등의 구제수단을 생각할 수 있다.

제3절 경찰책임

제1항 일반론

I 경찰책임의 개념

경찰책임은 실질적 경찰책임과 형식적 경찰책임으로 파악할 수 있다. 실질적 경찰책임이란 자신의 행위와 물건으로 사회공공의 안녕과 질서를 침해하지 않아야 하며, 그러한 장해가 발생한 경우 그 원인과 결과를 제거해야 할 경찰상의 의무를 말한다. 그리고 형식적 경찰책임이란 실질적 경찰책임을 위반(불이행)한 자가 공공의 안녕과 질서 회복을 위하여 경찰관청의 명령에 복종하여야 하는 책임을 말한다.

경찰책임은 공법상 의무이므로 경찰책임자의 자유로운 처분의 대상이 아니다. 따라서 경찰책임은 사법상 계약의 대상될 수 없다.

경찰위반상태가 있는 경우 원칙적으로 그러한 상태의 발생에 대하여 책임이 있는 자(경찰책임자)에 대해서만 경찰권을 발동할 수 있고, 그 외의 제3지에게 발동할 수 없다. 다만, 예외적으로 경찰책임이 없는 자에게도 경찰권을 발동할 수 있다.

경찰책임은 질서위반의 원인에 의하여 행위책임, 상태책임, 혼합책임으로 구분한다.

Ⅱ 경찰책임의 성질

1. 경찰책임의 성질

경찰책임은 공법상 의무에 해당한다. 경찰책임자가 경찰책임을 자유롭게 처분할 수 없으며, 사법상 계약으로 이전할 수도 없다.

2. 경찰책임과 소멸시효

경찰책임은 소멸시효와 관계가 없다. 경찰책임을 야기하는 행위나 상태가 존속하면 그 기간을 불문하고 경찰책임을 부과할 수 있다(계속책임). 그러나 법령에서 소멸시효를 인정할 수도 있다.[1)]

Ⅲ 경찰책임의 주체 : 경찰책임자

1. 개념

경찰책임자란 경찰책임을 부담하는 자를 말한다. 즉 자신의 행위나 자신의 물건으로 인하여 사회공공의 안녕질서에 위해를 가한 자를 말한다. 자연인뿐만 아니라 법인도 주체가 될 수 있으며, 국가 등도 문제가 된다.

2. 자연인

모든 자연인은 경찰책임자가 될 수 있으며, 내외국인을 불문하고 무국적자도 경찰책임자가 될 수 있다. 다만, 헌법상 국회의원이 면책특권을 가지는 경우와 외교사절이 면책특권을 가진 경우 형식적 경찰책임을 인정하기 어렵다.

자연인의 행위능력, 불법행위능력, 형사책임능력 등은 문제되지 않는다. 행위무능력자가 경찰책임자가 되는 경우 무능력자 자신 외에도 법정대리인이 부가적 책임을 진다.

3. 법인

법인은 사법상 법인뿐만 아니라 권리능력 없는 법인도 경찰책임자가 될 수 있다. 공법상 법인도 사법상 법인과 마찬가지로 경찰책임을 진다.

법인의 대표자 또는 대리인, 사용인, 기타 종업원이 법인의 사무에 관하여 경찰상

1) 예를 들면, 경찰이 대집행을 하는 경우 대집행비용의 징수권은 청구권의 소멸시효의 대상이 된다. 「행정대집행법」에 의하면 대집행에 소요한 비용은 「국세징수법」의 예에 의하여 징수하므로 국세의 소멸시효가 적용된다.

의 의무를 위반한 경우 행위자가 경찰책임자가 됨과 동시에 법인에 대하여 책임을 부가한다.

4. 국가 등 고권주체

국가와 지방자치단체 등 고권주체(高權主體)도 경찰책임의 주체가 될 수 있는가 하는 문제가 있다. 실질적 경찰책임과 형식적 경찰책임으로 구별하여 생각할 수 있다.

고권주체의 실질적 경찰책임이란 고권주체가 위험방지법규에 구속되는가 하는 문제이다. 오늘날에는 법률우위의 원칙과 법률의 양면적 구속성이 인정되므로 고권주체도 사인과 마찬가지로 경찰법의 적용을 받기 때문에 공공의 안녕과 질서에 대한 위험이나 장해를 발생하지 않도록 활동하여야 할 실질적 경찰책임을 진다. 다만, 고권력주체의 공적 임무수행을 통한 공익과 공공의 안녕과 질서의 유지라는 공익을 비교형량하여 고권주체의 실질적 경찰책임이 축소·제한·면제될 수 있다.

고권주체의 형식적 경찰책임은 고권주체의 기관이 경찰상의 위험을 야기하고 있는 경우 그에 대하여 경찰권을 발동하여 개입할 수 있는가 하는 문제이다. 부정설,[2] 제한적 긍정설, 전면적 긍정설[3] 등이 있으나, 제한적 긍정설이 타당하다. 즉 고권주체의 형식적 경찰책임을 원칙적으로 인정하지만 다른 행정기관에 대하여 경찰권을 행사하는 것은 그 조치로 인하여 다른 행정기관에게 분배된 기능의 적법한 행사를 침해하지 않는 한도 내에서만 가능하다.

다만, 국고작용의 수행과정에서 생긴 위해에 대해서는, 그것은 직접 행정목적을 수행하기 위한 것이 아니므로 다른 기관에 대하여 경찰권을 발동할 수 있다.[4]

---

2) 형식적 경찰책임이 인정된다면 이는 조직법상 다른 공법인 등에 대한 경찰행정관청의 우위를 인정하는 결과가 된다는 것을 이유로 다른 국가기관 등에 대한 경찰상 위해를 제거하기 위한 경찰권 발동을 부정한다.

3) 경찰목적이 다른 국가기관 등에 비하여 우월하다는 것을 전제로 하여 공법인 등의 경찰책임을 전면적으로 인정한다.

4) 우체국의 신축 후, 도로상에 남은 건축자재를 방치하여 교통에 방해를 주는 경우 우체국은 방치한 물건에 대하여 책임을 져야 한다.

Ⅳ 경찰책임의 성립요건

1. 행위능력 등의 불요

경찰위반의 상태는 행위 또는 상태의 특별한 위법성을 요구하지 않는다. 경찰위반 상태는 개별적인 경우 규율하는 법규위반으로부터 직접적으로 나오는 것이 아니라 공공의 안녕과 질서를 위협하는 행위나 상태로부터 나오는 것이기 때문이다. 따라서 경찰책임은 행위자의 의사, 행위능력, 불법행위능력, 형사책임능력과는 관련이 없다.

2. 주관적 요건

경찰책임에는 주관적 요건을 요하지 않는다. 경찰책임은 경찰위반상태, 즉 사회 공공의 안녕·질서에 대한 위해의 발생에 대한 책임이지, 위법행위에 대한 처벌이 아니다. 따라서 경찰책임자의 고의·과실을 요건으로 하지 않는다.[5] 어떤 행위가 경찰위반이 되는지의 문제에 있어서 경찰책임자가 객관적으로 존재하는 위험상황을 실제로 인식하였는가 또는 인식할 가능성이 있었는가는 중요하지 않다.

3. 객관적 요건

경찰책임은 사회공공의 안녕과 질서에 대한 객관적 위험상황이 존재한다는 것만이 문제된다. 이는 경찰책임에 있어서 위법한 행위에 대한 처벌이 문제되는 것이 아니라 공공의 안녕과 질서에 대한 위험이나 장해를 신속하고 효과적으로 제거하는 것이 중요하기 때문이다.

따라서 경찰책임자의 고의·과실이 없어도 사회적 장해가 자기(개인 또는 법인)의 생활범위 내에서 발생한 경우(자신의 행위, 자기의 지배범위 안에 속하는 타인의 행위, 자기의 지배범위 안에 속하는 물건의 행위) 그 장해를 방지·제거할 책임이 있고, 경찰명령·강제에 복종하여야 한다.[6]

---

5) 발작으로 인하여 도로교통을 위협하는 간질병자나 만취상태에서 차도에 누워있는 자도 경찰책임자가 된다.

6) 감염병에 걸린 자는 병에 걸린데 대하여 과실이 없어도 경찰책임자로서 감염하지 아니할 책임이 있고, 강제격리조치에 복종하여야 한다.

원칙적으로 장해발생에 대하여 직접으로 관련이 없는 제3자에게 책임을 물을 수 없다. 예를 들면 감염병 오염가옥의 인근 주민에 대해서 퇴거명령을 할 수 없다. 또한 장해발생의 원인에 대해서 다시 원인을 제공한 방조자에 대해서 책임을 물을 수 없다.[7] 그리고 물건의 상태로 인한 경찰위반의 경우 직접 위험을 야기한 물건에 대한 법적 사실적인 지배자만이 경찰책임을 진다.

4. 정당한 권원 문제

경찰책임에서는 정당한 권원(權原)을 불문한다. 즉 지배권이 정당한 권원에 의하지 아니하는 경우에도 사회상의 위해가 사실상 지배권 내에서 발생한 것이라면 지배자가 책임을 진다. 이것은 경찰책임의 객관화 문제이다.

제2항 경찰책임의 유형

I 행위책임

1. 행위책임의 의의

행위책임이란 자연인이나 법인이 자기의 행위나 자기의 보호 · 감독 하에 있는 타인의 행위로 인하여 경찰상의 위험이나 장해를 직접 야기한 경우, 그 자연인이나 법인이 지는 책임을 말한다. 즉 경찰위반 상태가 발생한 경우 경찰은 원칙적으로 위해를 야기한 책임이 있는 자에게 그 방지 · 제거를 위하여 필요한 조치를 취하여야 한다. 이와 같이 자신의 행위에 의하여 야기된 위험 또는 장해를 제거할 책임을 행위책임이라 한다.[8]

행위자나 지배자의 고의나 과실에 관계없이 책임을 부과한다. 그리고 성년인가 미성년인가를 구별하지 않는다. 또한 작위에 의하여 위험이 야기된 경우 행위자의 의사를 요구하지 않는다.

---

7) 개인의 집 안에서 화가가 그림을 그리는 것을 구경하는 통행인들이 교통을 방해한 경우 그 통행인들을 해산하여야지 화가의 작업을 중단시킬 수 없다.

8) 자기가 일으킨 교통사고로 인한 부상자 구호책임, 미성년자의 행위에 대한 친권자의 책임, 근로자의 위법행위에 대한 사용자의 책임 등을 말한다.

2. 행위책임의 종류 : 행위자 책임과 지배자 책임

장해를 발생시키는 행위는 자신의 행위일 경우도 있고 그가 지배(보호 · 감독)하는 타인의 행위일 경우도 있다. 전자를 행위자 책임이라 하고 후자를 지배자 책임이라 한다.

지배자 책임은 타인을 보호 · 감독할 지위에 있는 자(친권자 · 후견인 · 법정대리인, 고용주, 보호자, 감독자 등)가 자신의 지배권 내에 있는 자(미성년자 또는 종업원 등)의 행위로 인하여 발생한 경찰위반상태에 대한 책임이다. 즉 타인의 행위에 대한 책임이다. 이것은 타인의 책임을 대신하는 대위책임이 아니라 자기의 지배권 내에서 질서위반상태가 발생한 것에 대한 자기책임이다. 법률에 근거가 있어야 책임을 진다.

타인의 행위에 대하여 경찰책임을 지는 경우에도 행위자(원인제공자인 무능력자나 종업원 등)의 경찰책임이 면제되는 것은 아니고, 행위자와 지배자가 동시에 책임을 져야 한다. 경찰행정관청이 누구에게 구체적인 처분을 할 것인가는 경찰의 의무에 합당한 재량에 따라 결정된다.

지배자는 자신의 지배 영역에서 발행하는 위험에 대하여 자신이 책임을 져야 하기 때문에 감독책임을 다하였다고 해서 경찰상 책임이 경감되지 않는다. 지배자의 책임은 민사상 사용자나 후견인의 책임과 달리 지배자의 감독상의 고의 · 과실을 요구하지 않는다. 전술한 바와 같이 행위자의 고의 · 과실도 요구하지 않는다.

3. 행위책임을 발생시키는 행위

행위책임을 발생시키는 행위는 작위일 수도 있고 부작위일 수도 있다. 부작위란 단순히 아무런 행위를 하지 않는다는 것이 아니라 법상 요구되는 행위를 행하지 아니하는 것을 말한다. 위해의 원인이 되는 부작위는 공공의 안녕과 질서의 유지를 위하여 특별한 법적 작위의무가 존재할 때만 행위책임을 성립시킨다.

4. 인과관계 : 행위책임의 귀속

1) 개념 및 학설

어떤 사람을 행위책임자로 간주하기 위해서는 행위자의 행위와 경찰상의 위해 사이에 인과관계가 존재하여야 한다. 다수의 인과관계적 요소의 결합에 의하여 경찰상의 위험이 발생한 경우 누가 경찰책임자인가를 결정하는 것이 문제이다.

이에 대하여 상당인과설, 조건설, 직접원인설이 있는데, 직접원인설(독일의 학설·판례)이 타당하다. 즉 원칙적으로 경찰위반상태를 직접 야기한 원인행위를 한 직접원인행위자만이 책임을 지고,[9] 간접원인제공자는 경찰책임을 지지 않는다.

2) 간접원인제공자의 책임

간접원인제공자란 자기의 행위가 위험이나 장해에 대한 단순한 조건이나 원인을 제공하는 자로서 원칙적으로 경찰책임자가 아니다.[10] 그러나 예외적으로 객관적으로 볼 때 직접적으로 위험을 가져온 것으로 판단되는 목적적인 간접원인제공자의 경우 경찰상 책임을 부담한다.[11]

타인이 경영하는 시설을 제3자가 위법하게 사용하여 위험이 발생한 경우 그 시설경영자는 목적적인 간접원인제공자가 될 수 없고 경찰책임을 지지 않는다.[12] 다만, 특별법에서 시설경영자의 의무를 상세히게 규정하고 있는 경우는 예외가 될 수 있다.

그리고 어떤 자가 타인이 행하는 위법한 행위의 협력자가 되는 경우 경찰책임자가 될 수 있다(목적적인 간접원인제공의 주관적 이론).[13]

---

9) 축구시합에서 흥분하여 난동행위가 발생한 경우 시합의 개최자에게 책임을 물을 수 없다.

10) 집회를 개최하였는데, 정치적 반대자가 집회의 개최를 방해하는 경우, 그 반대자가 위험을 야기하였으므로 직접원인제공자가 되고, 집회를 개최한 사람은 간접원인제공자가 된다.

11) 목적적인 간접원인제공자란 간접적인 원인제공과 위험을 가져오는 행위 사이에 객관적인 사정으로 보아 파악이 가능한 매우 좁은 내적 관계가 있으면서, 스스로가 위험을 고려한 간접원인제공자를 말한다. 상업광고목적의 진열장을 설치하여 진열장 주위에 많은 사람이 모여 들어 교통을 방해한 경우 진열장에 모인 사람들이 장해를 가져온 직접원인제공자로서 경찰책임을 지지만, 진열장 소유자는 원칙적으로 간접원인제공자로서 경찰책임이 없다. 그러나 진열장 소유자가 선전목적으로 사람을 유인한 경우 목적적인 간접원인제공자로서 장해를 야기하였으므로 경찰상 책임을 부담하여야 한다.
그러나 대규모 정치적 집회, 대규모 운동경기, 대규모 음악공연 등에서의 소동이 발생한 경우, 소동을 일으킨 자가 경찰책임을 부담한다. 이 경우 주최자를 목적적 간접원인제공자로 볼 수 있는가? 이 경우는 기본권이 적용되고 목적적 간접원인제공자 이론이 적용되지 않는다. 목적적 간접원인제공자 여부는 가치판단의 문제이다.

12) 식당의 손님이 싸움을 하여 소란을 일으킨 경우 음식점 주인에게 경찰책임을 물을 수 없다.

13) 자신이 발생시킨 폐기물을 폐기물처리업자가 위법한 방법으로 처리하고 있다는 것을 알고 그 폐기업자에게 처리를 위탁한 경우, 기업자도 자신의 위탁행위가 명백히 위법하고 위험을 내포하고 있음을 알고 있기 때문에 장해를 야기한 자로서 책임을 진다.

한편 가상장해자는 원칙적으로 장해를 야기한 자가 아니다. 가상장해자란 현재 활동하고 있는 경찰행정청의 관점에서 이성적으로 판단할 때 공적 질서의 파괴자라고 인상을 주는 자를 말한다.

5. 행위책임의 소멸

행위책임을 부담하는 자가 존재하지 않으면 행위책임이 소멸된다. 그러므로 경찰책임자가 사망한 경우 행위책임이 소멸하고 상속인에게 승계되지 아니한다.

Ⅱ 상태책임

1. 의의

상태책임이란 물건의 소유자 · 점유자 · 지배자 기타 사실상 관리자가 그 지배범위 안에 있는 물건으로 인하여 질서위반의 상태가 발생한 경우에 지는 책임이다.[14)]

여기서 물건이란 유체물(동산, 부동산 불문) 및 전기 기타 관리할 수 있는 자연력(가스연료 등)과 동물도 포함되는 것으로 해석된다.

2. 상태책임의 주체 : 상태책임자

1) 개념

상태책임자란 상태책임의 주체를 말하는데 경찰위해를 야기하고 있는 물건의 소유자 또는 당해 물건에 대하여 사실상의 지배력을 행사하고 있는 자이다. 사실상 지배권자와 정당한 권리자로 나누어 설명할 수 있다.

2) 사실상 지배권자

소유권자 등 정당한 권리자의 의사에 관계없이 사실상의 지배권을 행사하는 자는 상태책임을 진다. 이 경우 지배권의 근거와 무관하며, 지배권이 정당한 근거에 의하

14) 붕괴위험이 있는 축대의 소유 · 점유자, 도로의 공작물의 소유 · 점유자 또는 동물사육주의 책임을 말한다.

여 성립될 필요는 없고 실질적인 지배권을 가지고 있으면 족하다. 사실상의 지배권이 종료되면 지배권자의 상태택임도 소멸한다.

3) 정당한 권리자

소유권자, 임차인, 관리자 등 정당한 권리자는 통상적으로 2차적인 상태책임을 진다. 물건을 도난당한 경우와 같이 소유자의 의사와 관계없이 사실상 지배권을 행사하는 자가 있는 경우 정당한 권리자는 자신의 처분권이 법률상 또는 사실상 미치지 않는 범위에서는 상태책임이 없다.[15] 정당한 권리자가 정당한 지배권을 상실하면 상태책임이 소멸된다.

소유권자는 물건을 양도하면 상태책임이 종료된다. 소유권을 포기한 경우 원칙적으로 상태책임을 지지 않지만, 그 포기가 경찰책임을 면하기 위한 것이면 예외적으로 소유권자가 상태책임을 질 수 있다.

3. 상태책임의 요건과 한계

상태책임은 그 지배범위 안에 있는 물건으로 인하여 경찰상의 위해가 발생한 경우에 지는 책임이다. 여기서 위해란 경찰위반상태에 놓인 물건이 위험 · 장해를 야기하거나(교통에 방해를 줄 수 있는 장소에 주차) 그 물건 자체가 위험한 경우(개인이 보관하는 폭발물)를 의미한다. 전자의 경우에는 물건의 상태와 위험발생의 개연성 사이에 인관관계가 있어야 한다. 인과관계는 직접원인제공이론에 따라야 한다.

상태책임도 주관적 책임 요소 또는 발생원인에 관계없이 성립한다. 상태책임자는 그런 상태가 누구에 의하여 발생되었는가, 상태책임자가 고의 · 과실로 위험을 야기하였는가 등에 관계없이 전적으로 물건의 상태에 의하여 결정된다.[16] 상태책임은

15) 도난자동차가 낸 사고에 대해서 원칙적으로 차주는 책임을 지지 않는다.

16) 상태책임자는 물건으로부터 발생하는 손해에 대하여 원인 여하를 불문하고 언제나 전적인 책임을 진다. 자신의 행위에 의하든, 제3자의 행위에 의하든, 자연력에 의하든, 우연이든 모든 것을 불문하고 책임을 진다. 예를 들면, 폭탄의 투하로 파괴된 가옥의 소유자는 그 잔해로부터 발생한 위험에 대하여 책임을 지며(제3자의 행위), 폭풍우로 노상에 전복된 유조차에서 흘러나온 기름이 스며든 토지의 소유자(자연력)는 지하수의 오염위험에 대해서는 상태책임자가 된다. 그리고 제3자가 타인의 자동차를 위법하게 사용하고 도로에 방치한 경우, 제3자가 더 이상 사실상의 지배력을 행사하지 않을 경우 자동차 소유자는 제3자가 발생시킨 위험에 대하여 제3자와 아울러 책임을 진다.

소유권이나 사실상의 지배권 그 자체에 근거하는 것이 아니라 그 물건에 대한 법률적 · 사실적 처분권, 즉 위험을 가져오는 물건에 영향을 미칠 수 있는 가능성에 근거하기 때문이다.

그러나 소유권자 등이 감당하여야 할 위험영역을 넘어선 비정형적인 사건에 의하여 당해 물건이 경찰위반상태가 발생한 경우 소유권자 등의 상태책임이 배제된다.17)

4. 상태책임의 범위

상태책임은 물건의 가치와 책임질 비용 간의 관계를 고려하지 않고 원칙적으로 무제한으로 지는 책임이다. 그러나 현실적으로 개입이 불가능한 것까지 책임을 지지는 않는다.

재산권으로 보장된 물건을 통상적인 방법으로 이용할 때에 발생한 위험은 상태책임의 대상이 아니다.18) 통상의 이용이 위험의 한계를 넘는 것이 아니기 때문이다.

잠재적 장해에 대해서도 경찰책임이 인정된다. 잠재적 장해는 처음에는 물건의 상태가 아무런 위험을 야기하지 않았으나, 물건의 소유자나 점유자의 귀책사유 없이, 변경된 사정과 결합하여 사후에 위험을 가져오는 경우이다.19) 상태책임은 지배권자의 귀책사유와 관계없이 현재의 물건의 상태로 인하여 경찰상의 위해가 발생한 것에 대한 책임이기 때문이다.

Ⅲ 복합책임(다수자 책임) : 경찰책임의 경합

1. 의의

복합책임이란 하나의 경찰위반의 상태가 다수자의 행위나 다수자가 지배하는 물

17) 자연재해 등 불가항력에 의한 경우, 제3자의 행위에 의한 경우 등이다.
18) 도로의 교차로를 옮겼는데, 옮긴 장소 부근에 나무가 있어 교차로의 시야를 방해하고, 그로 인하여 교통상의 위험이 야기된 경우, 나무가 있는 토지의 소유자는 경찰책임을 지지 않는다.
19) 주거지에서 멀리 떨어진 곳에 양돈업을 하고 있었는데, 인근에 택지가 개발되어 주택이 들어선 경우, 양돈업으로 인하여 이웃 주택에 살고 있는 주민에게 위생상 위해가 발생한 경우 기존 양돈업자에게 조업중단명령을 내릴 수 있다.

건의 상태에 의하거나, 행위책임과 상태책임이 결합하여 발생된 경우에 지는 책임이다.[20]

2. 복합책임의 주체 : 복합책임자

1) 개념

복합책임이 발생한 경우 경찰행정청이 다수의 경찰책임자 모두에게 책임을 부과할 것인가, 그 중 일부에게 부과할 것인가, 일부에게 부과한다면 누구에게 경찰권을 발동할 것인가? 이것은 경찰책임자의 선택 문제로서 경찰권 발동자의 재량문제이다.

다수인의 행위 또는 물건으로 인하여 경찰위반상태가 발생한 경우(다수의 소량의 오수방출행위가 경찰책임상태를 야기한 경우) 위반사실의 내용이 각 개인별로 구분될 수 있는 경우에는 그 구분에 따라 각자의 범위 내에서 책임이 있다. 그러나 위반사실의 내용을 각 개인별로 구분할 수 없는 경우 누구에게 어느 정도의 책임을 지우는가(경찰책임자와 정도)는 경찰행정청의 의무에 합당한 재량에 기대할 수밖에 없다.

2) 원칙

원칙적으로 위험방지의 효율성과 비례의 원칙을 고려하여 결정한다. 위험방지의 효율성에 기준을 두어 결정적인 장해를 일으키고 있는 자, 장해를 가장 신속하게 그리고 효율적으로 세서할 수 있는 자에게 경찰권이 발동한다.

3) 예외

예외적으로 재량을 부분적으로 제한하려는 경향이 있는데, 예를 들면 많은 경찰책임자 중에서 시간상 최후의 자 또는 가장 중대한 원인을 제공한 자에게, 그리고 하나의 책임사유를 가진 자보다 동시에 여러 개의 책임사유를 가진 자에게 우선하여 책임이 부여되어야 한다. 또한 행위책임과 상태책임이 중복된 경우 일반적으로 행위책임이 상태책임에 우선한다.[21]

---

20) 붕괴위험이 있는 건물에 대한 소유자뿐만 아니라 임차인도 책임지는 것이 전자에 예이다. 유조차가 노상에 전복하여 흘러나온 기름이 인근 토지에 스며든 경우 운전자의 행위책임과 토지소유자의 상태책임이 경합되는 것이 후자의 경우이다.

21) 예를 들면 甲이 乙 소유의 토지에 매설한 위험물이 폭발한 경우 토지소유자에게 먼저 책임을 묻는

3. 비용상환청구 문제

경찰이 다수의 경찰책임자 중 특정인에게 경찰권을 발동한 경우 내부관계에서 경찰권이 발동되지 않은 다른 경찰책임자에 대한 비용상환청구가 문제된다.

다수의 경찰책임자 중 한 사람이 위험방지를 위한 중요한 책임을 지고 있어서 그에게 경찰권을 발동하는 것이 흠 없는 재량권 행사인 경우에는 비용상환청구를 할 수 없다. 그러나 다수의 경찰책임자들이 부담하는 의무의 내용이 동일한 경우로서, 경찰권의 의사에 따라 다수의 책임자 중 어느 누구가 책임을 진 경우, 민법상의 연대채무자간의 내부구상권에 관한 규정을 유추 적용하여 비용상환청구권을 인정할 수 있다.

4. 이중책임자의 문제

동일인이 복합적인 책임을 지는 경우(예를 들면 사실상 지배자이기 때문에 상태책임을 지면서 동시에 행위책임자인 경우) 하나의 책임을 지는 자에 비하여 우선적으로 경찰권이 발동된다. 이것은 그가 위험에 가장 근접해 있고, 따라서 그에게 경찰권을 발동하는 것이 위험을 가장 효율적으로 방지할 수 있기 때문이다.

제3항 경찰책임의 법적 승계

I 개념

경찰책임자가 사망하거나 물건을 양도하면 경찰책임도 상속인이나 양수인에게 승계되는가 하는 문제이다. 승계가 인정된다면 승계인에게 새로운 행정행위를 발하지 않아도 이미 경찰책임자에게 행한 행정행위를 근거로 하여 승계인에게 경찰책임을 집행할 수 있다.

것이 아니라 폭발물을 매설한 甲에게 책임을 먼저 물어야 한다.

Ⅱ 행위책임의 승계

행위책임은 특정인의 행위에 대한 법적 평가와 관련되기 때문에 행위책임은 법적 승계가 인정되지 아니한다. 행위책임은 위험을 야기한 자에게만 문제되고 그 자의 사망으로 책임문제가 종료된다(승계부정설).

Ⅲ 상태책임의 승계

상태책임은 물건의 상태와 관련이 있기 때문에 물건을 양도 · 포기하면 경찰책임자는 상태책임을 면하고, 경찰책임은 양수인에게 승계된다. 상태책임은 물적 책임의 성질을 가지므로 물건과 함께 경찰책임도 이전되기 때문이다.

따라서 상태책임자에게 명령된 조치는 책임자의 특정승계인이나 포괄승계인에게도 효력이 있다. 그래서 승계인에게 새로운 명령 없이 경찰책임자에게 이미 발해진 조치를 근거로 승계인에게 집행할 수 있다(승계긍정설).

제4항 경찰긴급권

Ⅰ 의의

경찰책임은 경찰위반상태에 대한 직접 원인을 제기한 자에게 부과되는 것이 원칙이나, 예외적으로 긴급한 필요가 있는 경우 또는 본래의 경찰책임자에게 경찰권 발동으로 경찰목적을 달성할 수 없을 때에는 경찰책임이 확대되어 그 책임이 없는 제3자에게 원조강제, 토지물건의 사용 등 경찰권 발동이 인정된다. 이를 경찰긴급권이라 한다.[22] 경찰책임의 예외문제이다.

22) 교통경찰관이 인근을 주행하던 자동차 운전자에게 교통사고로 중태에 빠진 자를 병원에 긴급 후송하라는 명령을 한 경우, 운전자는 제3자로서 경찰책임을 진다. 그리고 적법하게 개최된 집회에 반대집회가 개최된 경우, 경찰이 반대집회를 무력으로 진압하면서 그 과정에서 예기하지 못한 위험이 적법한 집회 참가자에게 발생할 수 있으므로 경찰이 적법한 집회의 해산을 명령하는 경우도 긴급경찰권의 한 예가 된다.

Ⅱ 법적 근거

경찰위험과 무관한 제3자에게 침익적 처분을 주는 경찰긴급권은 법치주의 국가에서 예외적인 상황이다. 따라서 이러한 제3자에 대한 책임은 목전에 급박한 위해를 제거하기 위하여 필요한 때에 한하여 반드시 법령에 근거가 있는 경우에만 인정된다. 경찰긴급권이라는 단순한 법적 근거만으로 발동될 수 없다.

경찰긴급권에 대한 일반적인 법적 근거는 없다. 개별법으로는 소방서장의 화재현장에 있는 자에 대한 소화업무 종사명령(「소방기본법」 제24조), 해양경찰서장 등의 수난구호업무 종사명령(「수난구호법」 제7조), 경찰관이 위험한 사태에 접하여 현장에 있는 자에게 필요한 조치를 하게 하는 것(「경찰관직무집행법」 제5조 제1항), 공무원의 원조불응(「경범죄처벌법」 제1조 제36호), 비상재해시 토지 등의 사용(「도로법」 제47조) 등을 들 수 있다.

Ⅲ 요건

경찰긴급권을 발동하기 위해서는 다음과 같은 요건이 필요하다.

첫째, 경찰위반의 상태가 현존하고 급박하여야 한다.

둘째, 다른 수단으로 위해방지를 할 수 없어야 한다. 직접적인 원인행위를 한 1차적 경찰책임자에 대한 경찰권의 발동으로는 위해의 제거를 기대할 수 없고, 경찰 자신의 고유한 수단을 사용해서는 장해 혹은 위험에 대처할 수 없는 경우를 들 수 있다.

셋째, 기대가능성이 있어야 한다. 제3자에게 경찰권을 발동하면 제3자 자신의 생명·건강·재산 등에 현저한 위험을 가하거나 그 자신의 보다 높은 가치의 의무를 태만히 할 수밖에 없는 경우에는 경찰권을 발동하여서는 아니된다. 제3자의 본래의 급박한 업무를 방해하지 않아야 한다.

넷째, 위해 방지를 위한 최소한도에 그쳐야 하며, 일시적 임시적 방편에 그쳐야 한다.

다섯째, 제3자가 특별한 손실을 입은 경우 그에 대한 귀책사유가 없는 한 그 손실을 보상해야 한다.

Ⅳ 처분

1. 처분의 방식

제3자에 대한 경찰권 발동은 경찰상 긴급상태라는 예외적인 성격이므로, 원칙적으로 행정행위로만 가능하다. 특별한 형식을 요하지 않으므로 문서, 구두, 전화 등으로도 가능하다. 예외적으로 특별한 위기 상황에서는 법령의 위임이 있는 경우 제3자에 대한 경찰상 법규명령도 가능하다.

2. 처분의 내용

처분의 내용은 자신의 이익침해를 수인하도록 하거나 특정한 작위·부작위를 부과하는 것이다.[23)]

3. 다수의 제3자 중의 선택

긴급상태가 발생한 경우 장해를 제거하거나 구체적인 위험의 발생을 방지할 수 있는 제3자가 다수인 경우 선택은 의무에 합당한 재량에 따른다. 일반적으로 위험에 물적·장소적으로 가장 근접되어 있는 자가 선택될 것이다.

선택된 자는 자기 외의 타인을 추천함으로써 경찰에 협력을 거부할 수 없다.

4. 최소침해 및 폐지

위험의 원인제공과 무관한 자에 대한 처분은 다른 방법으로 위험방지가 불가능하여야 하고 또한 과잉금지의 원칙상 물적 또는 시간적으로 무조건 최소한의 범위에 그쳐야 한다. 시간의 경과로 제3자에 대한 처분요건이 소멸되면 그 처분을 폐지하여야 한다.

23) 육체적 조력, 의약품 식품 등의 제공, 불량우유 제조업자에 원유공급중단 등을 들 수 있다.

5. 결과제거와 손실보상

제3자에 대한 긴급한 경찰처분은 그 전제요건이 소멸되면 당연히 효력을 상실한다. 처분의 효력 상실만으로 충분한 구제가 되지 않으면 비책임자는 결과제거청구권을 행사할 수 있다.[24] 원상회복이 불가능한 손실에 대해서는 비책임자는 경찰관청에 손실보상을 청구할 수 있다. 보상은 재산상의 피해에 한정된다.

24) 교통사고로 경찰이 인근지역 주민과 공동으로 안전조치를 취하면서 주민의 토지에 경찰장비를 무단으로 방치하여 농사에 지장을 준 경우, 주민은 그 경찰장비의 제거를 청구할 수 있다.

제4절 경찰작용의 행위형식

제1항 경찰상 행정입법

I 개설

1. 경찰상 행정입법의 의의

경찰상 행정입법(行政立法)이란 국가 등의 행정주체가 법조형식으로 경찰에 관한 일반적·추상적 규범을 정립하는 작용을 말한다. 행정입법을 위임입법, 종속입법, 준입법이라고도 한다.[1)]

2. 행정입법의 연혁

19세기에는 권력분립의 원칙에 따라 위임입법이 금지되었다. 특히 권력분립의 원리·법률의 지배·의회주권의 원리가 철저히 지켜졌던 근대 법치국가에서는 국회입법의 원칙이 확립되어 있었고, 국회 외의 기관이 입법권을 행사하는 것은 엄격하게

1) 경찰작용의 행위형식을 개괄하면 다음과 같다.

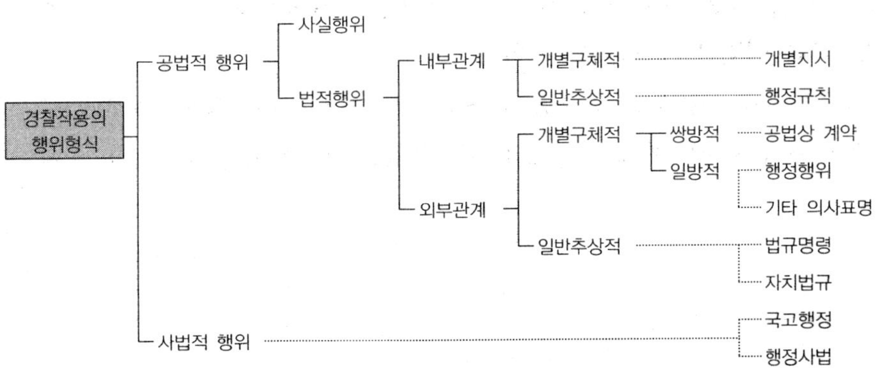

금지되어 있었다. 영미에서도 권한비위임(權限非委任)의 원리 및 복위임금지(復委任禁止)의 원리에 의하여 위임입법이 허용되지 않았다.

그러나 20세기 복지국가에서는 행정이 분화 · 전문화 · 다양화됨에 따라 행정입법이 필요하게 되었다. 그래서 오늘날에는 위임입법의 가능성이 문제되는 것이 아니라 오히려 위임입법의 한계와 그에 따른 통제가 중요한 문제로 되고 있다.

3. 행정입법의 필요성

행정입법은 다음과 존재이유 때문에 필요하다.

첫째, 국회보다는 전문적 · 직업적 공무원이 심의하는 것이 보다 적합한 전문적 · 기술적 사항에 관한 입법사항이 증가하였다(행정의 복잡 · 전문화 · 기능화).

둘째, 사정변경과 구체적 적응성을 위해 수시로 법령을 개폐해야 할 필요성이 증가하였고, 심의에 많은 시간이 소요되는 법률로써 사회, 경제, 과학기술 등 행정현상의 급속한 변화에 기민하게 대응하기 곤란하다. 그리고 의회가 전문적인 분야에서 세부적인 입법을 다 할 수 없어서 골격입법이 증가하였다(입법의 탄력성 확보).

셋째, 법률의 일반적 규정으로는 지방별 · 분야별 특수사정에 대응하기 곤란하다(지방별 · 분야별 특수사정 고려).

넷째, 전시 기타의 비상사태의 발생과 국제적 긴장의 장기화와 같은 사태에 신축성 있게 대응하기 위하여 법령의 개폐가 용이하여야 한다(국가위기 항존).

4. 행정입법의 종류

행정입법을 제정주체를 기준으로 분류하면 국가행정권에 의한 입법과 자치단체에 의한 자치입법으로 구분할 수 있다.

그리고 성질을 기준으로, 법규명령(法規命令)과 행정규칙(行政規則)으로 나눈다. 법규명령은 법규의 성질을 가지고 있으나, 행정규칙은 그러한 성질을 가지고 있지 않다.

Ⅱ 경찰상 법규명령

1. 법규명령의 의의

1) 법규명령의 관념

법규명령이란 법령의 수권에 의하여 행정권이 정립하는 일반적 · 추상적 규범으로서 법규의 성질을 가지는 것을 말한다. 여기서 법규란 국가와 국민의 관계를 규율하는 성문의 일반적 추상적 규정으로서 국민과 행정권을 구속하고 재판규범이 되는 성문의 법규범을 총칭한다.

2) 법규명령의 성질

(1) 실질적 의미의 행정

경찰상 법규명령은 위험방지사무를 위한 행위형식의 하나이지만 실질적 의미의 입법이다. 다만, 제정주체가 행정권이라는 점에서 국회가 제정하는 법률과 구별된다.

(2) 일반적 양면적 구속성

법규명령은 법규의 성질을 가지므로 행정주체와 일반국민을 모두 구속한다(일반적 양면적 구속력). 법규명령은 불특정 다수사건을 규율하므로 개별사건을 규율하는 행정행위와 구별된다.

(3) 법규성

법규명령은 법규성을 가지므로 이를 위반한 행정청의 행위는 위법행위가 되어 무효 또는 취소사유가 되며, 그러한 행위로 인하여 자신의 권익이 침해된 국민은 행정쟁송을 제기하여 그 취소나 무효확인을 구할 수 있다. 그리고 소송을 통하여 손해배상을 청구할 수도 있다. 일반 국민이 이를 위반하면 처벌을 받는다.

(4) 외부적 효과

법규명령의 효력은 행정조직 외부에 미치며, 외부적 효력이 없는 행정규칙과 구

별된다. 법규명령과 행정규칙은 여러 면에서 전통적으로 구별되어 왔다.[2)]

2. 법규명령의 종류

1) 법적 효력의 위상에 의한 분류

(1) 비상명령

비상사태를 수습하기 위하여 행정권이 발하는 명령으로서 헌법적 효력을 가진다. 프랑스 제5공화국헌법 제16조의 비상조치와 한국 제4·5공화국 헌법의 긴급조치 또는 비상조치를 그 예로 들 수 있다.

(2) 법률대위명령(독립명령)

법률적 효력을 가지는 명령으로서 헌법적 근거가 필요하다. 헌법 제76조의 긴급명령과 긴급재정·경제명령 등을 그 예로 들 수 있다.

2) 법규명령과 행정규칙을 구별하면 다음과 같다.

구 분	법규명령(위임명령과 집행명령)	행정규칙
의의/본질	• 일반권력을 기초로 발동 • 국민에게 권리·의무에 관한 규정 • 법규성 있음 • 형식적 행정, 실질적 입법	• 특별권력을 기초로 발동 • 행정조직 내부사항만 규율하는 규정 • 법규성 없음 • 형식적 행정, 실질적 행정
구속력	• 일반적 양면적 구속성 (일반국민 : 수명자+제정·집행자 : 집권자)	• 일면적 구속성 (수명자만 구속)
위반의 효과	• 위반행위는 위법행위 • 행정소송 대상	• 위반행위도 그대로 적법·유효(위법×) • 행정소송 제기 불가
성 격	• 타율적 행정입법	• 자율적 행정입법
제정근거	• 법령상의 수권(위임) • 헌법·법률·상위명령 근거 • 개별·구체적 위임 필요	• 법령상 수권 불요 • 상위법령의 근거 불요 • 행정권의 고유한 권능
범위/한계	• 위임명령 : 위임의 범위 내 • 집행명령 : 상위명령시행에 필요한 절차만 규정	• 법령에 위반되지 않는 한도 내에서, 특정행정목적달성에 필요한 사항 규정 가능
규정사항	• 법률유보사항(입법사항)+비유보사항	• 비유보사항
효과의 성질	• 원칙 : 외부적 구속효 • 예외 : 내부적 구속효(규정내용의 성질상)	• 원칙 : 내부적 구속효 • 예외 : 외부적 구속효(수익적 사항의 법률 보충적 규칙)
효력	• 공포함으로써 효력(관보게재)	• 수명자에게 도달로서 효력
법형식	• 원칙 : 헌법이 예정한 대통령령, 총리령, 부령 형식, 條文의 형식 • 예외 : 행정규제기본법 제4조 2항 단서 규정에 의한 훈령형식	• 원칙 : 사무관리규정이 예정한 고시, 훈령 등의 형식, 구두로도 가능 • 예외 : 대통령령, 총리령, 부령 형식
소멸/변경	• 법령의 폐지·취소, 종기의 도래, 해제조건의 성취, 근거법령의 소멸, 명령에 저촉되는 상위법령의 개폐	• 법규명령의 소멸사유와 동일한 사유뿐만 아니라 기타 사유로 자유로운 폐지 변경 가능

(3) 법률종속명령

법률의 하위적 효력을 가지는 명령으로서 위임명령과 집행명령이 있다.

2) 내용에 따른 분류

(1) 위임명령(보충명령)

법률 또는 상위명령의 위임에 의하여, 그것을 보충하기 위하여 위임의 범위 내에서 새로운 법률사항에 관하여 발하는 명령이다. 위임의 범위 내에서 국민의 권리·의무에 관한 사항을 새로이 규정할 수 있다.

상위법령에서 '……에 관하여 필요한 사항은 대통령령이 정하는 바에 따른다'와 같은 근거 규정이 있는 경우 위임명령을 제정할 수 있다.

(2) 집행명령

상위법령의 범위 내에서 그것을 실시하기 위하여 필요한 절차 및 형식에 관한 구체적·기술적인 세부사항을 규율하기 위하여 발하는 명령이다. 행정권은 법집행의 의무와 권한을 가지고 있으므로 상위법령의 명시적 규정이 없어도 제정할 수 있다. 다만, 국민의 권리·의무에 관한 사항을 새로이 규정할 수 없다.

3) 발령권의 소재에 의한 분류

(1) 대통령령

헌법상 대통령은 긴급명령과 긴급재정·경제명령 및 대통령령을 제정할 수 있다. 긴급명령과 긴급재정·경제명령은 헌법 제76조에 근거를 두고 있으며, 법률적 효력을 가진다.

대통령령은 헌법 제75조에 근거를 두고 있으며 시행령으로 제정된다. 법률 하위적 효력을 가진다.

(2) 총리령·부령

총리령·부령은 헌법 제95조에 근거를 두고, 국무총리 또는 행정각부의 장이 소관사무에 관하여 법률이나 대통령령의 위임 또는 직권으로 발하는 명령이다. 시행규칙 또는 시행세칙으로 제정된다.

총리령과 부령의 우열 문제에 관하여 국무총리는 대통령을 보좌하며, 행정에 관하여 대통령의 명을 받아 행정각부를 통할(統轄)하고, 각 중앙행정기관의 장을 지휘·감독하므로 그 한도 내에서 실질적으로 총리령이 부령보다 우월한 효력을 가진다(총리령 우위설).

국무총리 직속기관은 부령제정권이 없다.

(3) 중앙성거관리위원회규칙

중앙선거관리위원회규칙은 헌법 제114조 제6항에 근거를 두고 있다. 중앙선거관리위원회는 법령의 범위 안에서 선거관리·국민투표관리 또는 정당사무에 관한 규칙을 제정할 수 있으며, 법률에 저촉되지 아니하는 범위 안에서 내부규율에 관한 규칙을 제정할 수 있다.

(4) 감사원규칙

감사원규칙은 헌법에 근거 없이 「감사원법」 제52조에 의거하여 제정되고 있는데, 법규명령으로 본다(다수설).

(5) 자치행정권에 의한 법규명령

헌법 제117조에 근거를 두고 있으며 조례와 자치규칙이 있다. 법규명령에 해당한다.

3. 법규명령의 근거와 한계

1) 법적 근거

법규명령은 헌법 또는 상위법령의 근거가 필요하다. 특히 위임명령은 일반적인 근거만으로 제정할 수 없고 반드시 헌법·법률·상위명령 등이 구체적 범위를 정한 개별적 수권이 필요하다. 따라서 상위법령의 위임 취지에 벗어나거나 근거가 없으면 무효가 된다.

다만, 집행명령은 새로운 입법사항을 규율하는 것이 아니라 법률의 집행을 위하여 필요한 세부적 · 기술적 사항을 정하는 것이므로 법률의 명시적인 수권이 없어도 직권으로 발할 수 있다. 보통 법률에서는 "본법 시행에 필요한 사항은 대통령령으로 정한다"는 조항을 두고 있지만 주의적 규정에 불과하고 이런 조항이 없더라도 집행명령을 발할 수 있다.

2) 법규명령의 한계

(1) 위임명령의 한계

① 일반적 · 포괄적 위임금지

위임의 범위나 기준이 명확하게 설정되어 있지 아니한 일반적 · 포괄적 · 전면적 · 백지식 위임은 금지되고, 법률 또는 상위명령에서 개별적 · 구체적으로 범위를 정하여[3] 위임받은 사항만을 규정할 수 있다(개별적 · 구체적 위임). 다만, 조례는 포괄적 위임이 있는 경우에도 제정할 수 있다.[4]

---

3) 헌법 제75조는 "대통령은 법률에서 구체적 범위를 정하여 위임받은 사항 … 에 관하여 대통령령을 발할 수 있다"고 규정하고 있으므로, 법률의 위임은 반드시 구체적이고 개별적으로 한정된 사항에 관하여 행해져야 할 것이고, 여기서 구체적이라는 것은 일반적 · 추상적이어서는 안된다는 것을, 범위를 정한다는 것은 포괄적 · 전면적이어서는 아니된다는 것을 각 의미하고, 이러한 구체성의 요구의 정도는 규제 대상의 종류와 성격에 따라 달라진다고 할 것이므로 보건위생 등 급부행정 영역에서는 기본권 침해 영역보다는 구체성의 요구가 다소 약화되어도 무방하다고 해석된다(대판 1995.12.8, 95카기16); 위임명령은 법률이나 상위명령에서 구체적으로 범위를 정한 개별적인 위임이 있을 때에 가능하고, 여기에서 구체적인 위임의 범위는 규제하고자 하는 대상의 종류와 성격에 따라 달라지는 것이어서 일률적 기준을 정할 수는 없지만, 적어도 위임명령에 규정될 내용 및 범위의 기본사항이 구체적으로 규정되어 있어서 누구라도 당해 법률이나 상위명령으로부터 위임명령에 규정될 내용의 대강을 예측할 수 있어야 하나, 이 경우 그 예측가능성의 유무는 당해 위임조항 하나만을 가지고 판단할 것이 아니라 그 위임조항이 속한 법률이나 상위명령의 전반적인 체계와 취지 · 목적, 당해 위임조항의 규정형식과 내용 및 관련 법규를 유기적 · 체계적으로 종합 판단하여야 하고, 나아가 각 규제 대상의 성질에 따라 구체적 · 개별적으로 검토함을 요한다(대판 2002.8.23, 2001두5651).

4) 법률이 주민의 권리의무에 관한 사항에 관하여 구체적으로 아무런 범위도 정하지 아니한 채 조례로 정하도록 포괄적으로 위임하였다고 하더라도, 행정관청의 명령과는 달라, 조례도 주민의 대표기관인 지방의회의 의결로 제정되는 지방자치단체의 자주법인 만큼, 지방자치단체가 법령에 위반되지 않는 범위 내에서 주민의 권리의무에 관한 사항을 조례로 제정할 수 있는 것이다(대판 1991.8.27, 90누6613); 조례의 제정권자인 지방의회는 선거를 통해서 그 지역적인 민주적 정당성을 지니고 있는 주민의 대표기관이고 헌법이 지방자치단체에 포괄적인 자치권을 보장하고 있는 취지로 볼 때, 조례에 대한 법률의 위임은 법규명령에 대한 법률의 위임과 같이 반드시 구체적으로 범위를 정하여 할 필요가 없으며 포괄적인 것으로 족하다(헌재결 1995.4.20, 92헌마264 · 279 병합).

② 국회전속 입법사항의 위임금지

헌법에서 국회가 법률로서 정하도록 규정하고 있는 것[5]은 다른 기관에 위임할 수 없으므로 위임명령으로 규정할 수 없다. 그러나 일정한 사항에 대해서는 구체적으로 범위를 정하여 행정입법에 위임할 수 있다.

③ 처벌규정의 위임

헌법상 죄형법정주의와 관련하여, 원칙상 벌칙규정을 행정입법에 위임할 수 없다. 그러나 처벌대상인 행위의 설정(범죄구성요건)은 법률에서 구체적 기준을 정하여 위임할 수 있고, 행위에 대한 처벌 정도(형량)도 법률에서 형벌의 상한과 하한을 정하여 위임할 수 있다.[6]

④ 재위임

수임권한 전부를 다시 위임하는 전면적 재위임은 실질적으로 수권법의 내용을 변경하는 것을 의미하므로 허용되지 않는다. 그러나 위임받은 사항에 관하여 일반적 사항을 규정하고 그 세부적 사항을 다시 하위명령에 위임하는 것은 가능하다(구체적 재위임).[7]

---

5) 국적취득요건(헌법 제2조 제1항), 죄형법정주의(제12조), 재산권의 내용과 한계(제23조 제1항), 공용침해의 요건과 보상(제23조 제3항), 국가배상의 요건과 절차(제29조 제1항), 국회의원의 수와 선거구(제41조 제2항 및 제3항), 조세의 종목과 세율(제59조), 국군의 조직과 편성(제74조 제2항), 행정각부의 설치 · 조직(제96조), 법관의 자격(제101조 제3항), 지방자치단체의 종류 · 조직 · 운영 및 지방자치단체의 장의 선임방법과 지방의회의 조직 · 권한 · 의원선거 등(제117조 및 제118조) 등이 여기에 해당한다.

6) 위임입법에 관한 헌법 제75조는 처벌법규에도 적용되는 것이지만 처벌법규의 위임은 특히 긴급한 필요가 있거나 미리 법률로써 자세히 정할 수 없는 부득이한 사정이 있는 경우에 한정되어야 하고 이 경우에도 법률에서 범죄의 구성요건은 처벌대상인 행위가 어떠한 것일 것이라고 이를 예측할 수 있을 정도로 구체적으로 정하고 형벌의 종류 및 그 상한과 폭을 명백히 규정하여야 한다(헌재결 1991.7.8, 91헌가4).

7) 법률에서 위임받은 사항을 전혀 규정하지 않고 재위임하는 것은 복위임금지의 법리에 반할 뿐 아니라 수권법의 내용변경을 초래하는 것이 되고, 부령의 제정 · 개정절차가 대통령령에 비하여 보다 용이한 점을 고려할 때 재위임에 의한 부령의 경우에도 위임에 의한 대통령령에 가해지는 헌법상의 제한이 당연히 적용되어야 할 것이므로 법률에서 위임받은 사항을 전혀 규정하지 아니하고 그대로 재위임하는 것은 허용되지 않으며 위임받은 사항에 관하여 대강을 정하고 그 중의 특정사항을 범위를 정하여 하위법령에 다시 위임하는 경우에만 재위임이 허용된다(헌재결 1996.2.29, 94헌마213).

(2) 집행명령의 한계

집행명령은 상위법령을 집행하기 위하여 필요한 형식 · 절차 · 세부사항 등을 규정하는 것에 그치므로, 새로이 입법사항에 관한 것을 규정할 수 없다. 그것을 규정하면 위법한 것으로 무효가 된다.

4. 법규명령의 성립요건 · 발효요건 및 그 하자

1) 성립요건

(1) 주체

대통령, 국무총리, 행정안전부장관 등 정당한 권한을 가진 행정청이 그 권한의 범위 내에서 제정하여야 한다.

(2) 내용

법규명령에는 법률우위의 원칙과 법률유보의 원칙이 적용되어 수권의 범위 내에서 상위법령에 저촉되어서는 아니되고, 그 내용이 명확하고 실현가능하여야 한다.

여기서 말하는 상위법에는 헌법과 법률이 포함되며, 비례의 원칙 등 행정법상 일반원칙도 당연히 준수되어야 한다.

(3) 절차

법규명령은 법정의 절차에 따라 제정되어야 한다. 총리령과 부령은 법제처 심사를 거쳐야 한다. 대통령령은 법제처의 심사를 받은 후 국무회의의 심의를 거쳐야 한다. 그리고 입법예고절차가 적용된다.

(4) 형식

법조의 형식에 의하고, 서명 · 날인 · 부서 또는 번호 · 일자의 명기 등이 요구된다.

(5) 공포

공포란 내부적으로 성립된 법규명령을 외부에 표시하는 행위로서 공포되어야 법규명령이 유효하게 성립된다. 공포는 관보에 게재하는 방법으로 한다. 공포일은 관보발행일(관보가 최초로 구독 가능한 시점, 즉 중앙보급소에 도달한 때)로 한다.

2) 효력요건

시행일을 법으로 정한 경우 그 시행일에 효력이 있다. 특별한 규정이 없으면 공포한 날로부터 20일을 경과하면 효력이 발생한다. 다만, 국민의 권리 · 의무에 직접 관계되는 명령은 특별한 사유를 제외하고 30일을 경과해야 효력이 발생한다.

3) 법규명령의 하자

(1) 하자

성립요건과 발효요건을 구비하지 못한 법규명령은 위법한 것으로서 하자 있는 법규명령이 된다. 경찰상 법규명령의 근거법률 위반 여부는 모법과 시행령의 다른 규정들과 그 입법 취지, 연혁 등을 종합적으로 고려하여 판단하여야 한다.[8)]

(2) 법규명령의 무효

하자있는 법규명령은 공정력이 없으므로 무효이다. 이것은 위법한 국가작용에 대하여 적법한 행위에만 인정되는 효력을 부여할 수 없기 때문이다. 하자있는 행정행위가 원칙적으로 취소사유가 되고, 중대 · 명백한 하자가 있는 행정행위가 무효로 되는 것과는 다르다.

---

8) 어느 시행령의 규정이 모법에 저촉되는지의 여부가 명백하지 아니하는 경우에는 모법과 시행령의 다른 규정들과 그 입법 취지, 연혁 등을 종합적으로 살펴 모법에 합치된다는 해석도 가능한 경우라면 그 규정을 모법위반으로 무효라고 선언하여서는 안 된다. 이러한 법리는, 국가의 법체계는 그 자체 통일체를 이루고 있는 것이므로 상 · 하규범 사이의 충돌은 최대한 배제되어야 한다는 원칙과 더불어, 민주법치국가에서의 규범은 일반적으로 상위규범에 합치할 것이라는 추정원칙에 근거하고 있을 뿐만 아니라, 실제적으로도 하위규범이 상위규범에 저촉되어 무효라고 선언되는 경우에는 그로 인한 법적 혼란과 법적 불안정은 물론, 그에 대체되는 새로운 규범이 제정될 때까지의 법적 공백과 법적 방황은 상당히 심각할 것이므로 이러한 폐해를 회피하기 위해서도 필요하다(대판 2001.8.24, 2000두2716).

(3) 하자있는 법규명령에 따른 경찰작용의 효력

하자있는 법규명령에 따른 경찰작용은 당연히 하자있는 행정작용이 된다. 따라서 법규명령의 하자가 외관상 중대 · 명백하다면 그것에 근거를 둔 경찰작용은 무효가 될 것이고, 단순위법하다면 취소할 수 있는 경찰작용이 될 것이다. 일반적으로 법규명령의 하자가 판결로 확정되기 전까지 명백하다고 보기 어렵기 때문에 하자있는 법규명령에 의한 경찰작용은 취소할 수 있는 행위가 된다.[9)]

5. 법규명령의 소멸

1) 폐지

(1) 직접적 폐지

법규명령의 효력을 장래에 향하여 소멸시키려는 행정권의 명시적 · 직접적인 의사표시를 말한다. 법규명령은 동위 또는 상위의 법령 또는 법규명령에 의하여 폐지된다.

(2) 간접적 폐지

법규명령과 내용상 충돌하는 동위의 효력을 가진 명령 또는 상위의 효력을 가진 다른 법령을 제정 또는 개정하여 법규명령을 묵시적으로 폐지하는 것이다.

2) 실효

시행기간이 정해져 있는 경우(한시적 법규명령) 그 종기의 도래, 해제조건이 정하여져 있을 때는 그 해제조건의 성취로 소멸한다. 그리고 근거가 되는 법률 또는 상위명령이 소멸되면 법규명령도 소멸되는데, 장래에 향해서만 그 효력이 상실되고, 이

---

9) 조례제정권의 범위를 벗어나 국가사무를 대상으로 한 무효인 서울특별시행정권한위임조례의 규정에 근거하여 구청장이 건설업영업정지처분을 한 경우, 그 처분은 결과적으로 적법한 위임 없이 권한 없는 자에 의하여 행하여진 것과 마찬가지가 되어 그 하자가 중대하나, 지방자치단체의 사무에 관한 조례와 규칙은 조례가 보다 상위규범이라고 할 수 있고, 또한 헌법 제107조 제2항의 "규칙"에는 지방자치단체의 조례와 규칙이 모두 포함되는 등 이른바 규칙의 개념이 경우에 따라 상이하게 해석되는 점 등에 비추어 보면 위 처분의 위임 과정의 하자가 객관적으로 명백한 것이라고 할 수 없으므로 이로 인한 하자는 결국 당연무효사유는 아니라고 봄이 상당하다(대판 1995.7.11, 94누4615).

미 발생한 효과에는 영향을 미치지 않는다. 대통령의 긴급명령과 긴급재정 · 경제명령을 발한 경우 국회의 승인을 얻지 못하면 그 효력이 상실된다.

6. 법규명령에 대한 통제

1) 국회에 의한 통제

(1) 간접적 통제

국회는 법규명령에 대해 예산안심의, 국정감사 · 조사, 국무총리 · 국무위원에 대한 질문, 국무총리 · 국무위원 해임건의, 탄핵소추 등의 방법으로 위법 · 부당한 행정입법을 통제 · 교정할 수 있다.

(2) 직접적 통제

의회가 궁극적인 동의권(승인권) 유보, 적극적 결의, 소극적 결의, 제출절차 등을 통하여 법규명령에 대하여 직접 통제하는 방법이다. 독일의회의 동의권 유보, 영국의회에 제출절차, 미국의 입법적 거부 등을 들 수 있다.

우리나라 헌법상 긴급명령이나 긴급재정 · 경제명령의 경우 적극적 결의의 방식인 승인유보제도가 도입되어 있으나, 법률종속명령인 법규명령에 대하여는 인정되지 아니한다. 다만, 대통령령의 경우 「국회법」 제98조의2 제2항에서 제출절차를 도입하고 있다. 즉 중앙행정기관의 장은 법률에서 위임한 사항이나 법률을 집행하기 위하여 필요한 사항을 규정한 대통령령 · 총리령 · 부령 · 훈령 · 예규 · 고시 등이 제정 · 개정 또는 폐지된 때에는 10일 이내에 이를 국회 소관 상임위원회에 제출하여야 한다.

2) 행정적 통제

(1) 감독권에 의한 통제

훈령권을 행사하여 하급관청에게 행정입법의 기준과 방향을 제시하고, 행정입법의 경위 등에 대한 감사를 하며, 취소권을 행사하여 위법한 행정입법을 폐지하도록 명할 수 있다.

(2) 특정 심사기관에 의한 통제

법제처가 국무회의에 상정될 모든 법령안을 심사한다.

그리고 중앙행정심판위원회는 법령 등의 개선에 관한 강력한 통제권을 가지고 있다. 즉 중앙행정심판위원회는 심판청구를 심리 · 재결할 때에 처분 또는 부작위의 근거가 되는 대통령령 · 총리령 · 부령 · 훈령 · 예규 · 고시 · 조례 · 규칙 등이 법령에 근거가 없거나 상위 법령에 위배되거나 국민에게 과도한 부담을 주는 등 크게 불합리하면 관계 행정기관에 그 명령 등의 개정 · 폐지 등 적절한 시정조치를 요청할 수 있고, 이 요청을 받은 관계 행정기관은 정당한 사유가 없으면 이에 따라야 한다(「행정심판법」 제89조).

(3) 행정절차에 의한 통제

행정절차법상 행정입법예고절차를 통하여 통제할 수 있다.

3) 사법적 통제

(1) 구체적 규범통제

우리나라에서는 행정입법이 헌법 또는 법률에 위반되는 여부에 대하여 구체적 규범통제를 할 수 있으나, 추상적 규범통제를 할 수는 없다. 즉 우리 헌법 제107조 제2항에서는 명령 · 규칙의 위헌 · 위법 여부가 구체적 사건에서 재판의 전제가 되는 경우에 대법원에게 최종적인 심사권을 부여하고 있다(구체적 규범통제).

대법원이 최종적으로 위헌 · 위법이라고 판정한 법규명령의 특정조항은 당해 사건에 적용이 배제될 뿐이고, 공식적으로 폐지되지 아니하는 한 형식적으로는 여전히 유효하다(간접적 재판통제방법).

한편 「행정소송법」에서는 명령 · 규칙의 위헌판결공고제도를 채택하고 있다. 즉 행정소송에 대한 대법원 판결에 의하여 명령 · 규칙이 헌법 또는 법률에 위반된다는 것이 확정된 경우에는 대법원은 지체 없이 그 사유를 행정안전부장관에게 통보하여야 하며, 행정안전부장관은 지체 없이 이를 관보에 게재하여야 한다(「행정소송법」 제6조).

(2) 처분적 법규명령에 대한 직접통제

법규명령이 직접적으로 국민의 법적 지위에 영향을 미치는 것인 경우에는, 그 법규명령에 처분성을 인정하므로, 항고소송(취소소송)의 대상이 될 수 있으며, 이 경우에는 직접적인 재판통제가 가능하다.[10)]

4) 헌법재판소에 의한 통제

(1) 법규명령에 대한 헌법소원 가능성

헌법재판소의 권한인 헌법소원심판권을 통하여 명령·규칙에 대한 위헌 여부의 심판을 할 수 있는가에 대하여 학설의 대립이 있으나, 다수설은 적극설을 취하고 있다. 헌법재판소도 헌법소원을 인정하고 있다.[11)]

(2) 행정입법부작위에 대한 헌법소원 가능성

추상적 법령의 제정 여부는 법원의 부작위위법확인소송의 대상이 될 수 없다. 그러나 상위법령의 위임에 따라 행정입법을 개정하거나 필요한 조항을 신설하는 등 제도적 조치를 마련하지 아니하는 진정입법부작위의 경우, 대법원은 행정입법부작위가 항고소송의 대상이 되지 않는다고 판시하고 있으므로 보충성 원칙의 예외에

---

10) (경기 가평군 가평읍 상색국민학교 두밀분교를 폐지하는 내용의) 조례가 집행행위의 개입 없이도 그 자체로서 직접 국민의 구체적인 권리의무나 법적 이익에 영향을 미치는 등의 법률상 효과를 발생하는 경우 그 조례는 항고소송의 대상이 되는 행정처분에 해당하고, 이러한 조례에 대한 무효확인소송을 제기함에 있어서 행정소송법 제38조 제1항, 제13조에 의하여 피고적격이 있는 처분 등을 행한 행정청은, 행정주체인 지방자치단체 또는 지방자치단체의 내부적 의결기관으로서 지방자치단체의 의사를 외부에 표시할 권한이 없는 지방의회가 아니라, 구 지방자치법(1994.3.16. 법률 제4741호로 개정되기 전의 것) 제19조 제2항, 제92조에 의하여 지방자치단체의 집행기관으로서 조례로서의 효력을 발생시키는 공포권이 있는 지방자치단체의 장이다(대판 1996.9.20, 95누8003).

11) 헌법재판소는 (구)법무사법시행규칙에 대한 헌법소원심판에서 헌법 제111조 제1항 제1호에서 법률의 위헌 여부심사권을 헌법재판소에 부여한 이상 통일적인 헌법해석과 규범통제를 위하여 공권력에 의한 기본권 침해를 이유로 하는 헌법소원심판청구사건에 있어서 법률의 하위 규범인 명령규칙의 위헌여부심사권이 헌법재판소의 관할에 속함은 당연한 것으로서 헌법 제107조 제2항의 규정이 이를 배제한 것으로 볼 수 없다고 하였다(헌재결 1990.10.15, 89헌마178; 헌재결 1993.5.13, 92헌마80; 헌재결 1992.6.26, 91헌마25). 즉 헌법 제107조 제2항에서는 재판의 전제가 된 경우에 한하여 법원에 명령·규칙의 위헌·위법 여부의 심사권을 부여하고 있으므로, 재판의 전제가 된 경우가 아니라면 헌법재판소가 명령·규칙에 대해서도 심사할 수 있고, 나아가서 명령·규칙이 국민의 기본권을 침해하는 경우에는 그에 대한 헌법소원을 인정하는 것이 헌법 제107조 제2항에 반하는 것은 아니라고 한다.

해당하여 헌법소원의 대상이 된다[12]고 할 수 있다.

Ⅲ 경찰상 행정규칙

1. 의의

1) 개념

경찰상 행정규칙이란 경찰조직 내부에서 상급행정기관이 하급행정기관에 대하여 그 조직이나 업무처리의 절차 · 기준 등에 관하여 발하는 일반적 · 추상적 규율로서 법규의 성질을 갖지 않는 것을 말한다. 행정기관은 법률의 수권 없이 그의 권한의 범위 내에서 행정규칙을 정립할 수 있다. 행정규칙을 행정명령 또는 행정규정이라고도 한다.

2) 법적 성질

행정규칙의 성질에 대하여 비법규성설과 법규성설이 대립되고 있다.

(1) 비법규성설(전통적 견해, 판례의 원칙적인 입장)

행정규칙은 행정조직 내부나 특별권력관계 내부에서 그 조직 · 작용을 규율하기 위하여 제정되는 것으로서 일반 국민에 대하여 법적 효력이 없고(비법규성), 법원을 구속하거나 그 재판의 기준이 되지 않는다고 한다(비재판규범성).

이 설에 의하면 행정규칙과 구체적 명령은 본질적으로 동일하다. 또한 수명기관 · 수명자만이 행정법규에 구속되고, 발령기관은 구체적인 경우에 그 행정규칙에 구속되지 아니하고 그와 다른 처분을 할 수 있다(일면적 · 편면적 구속성). 그리고 일반국민에 대한 법적 구속력이 없으므로 특별한 법적 근거 없이 제정할 수 있고, 공포할 필요가 없다. 그리고 수명기관이 행정규칙을 위반하였더라도 그 행위는 위법행위라 할 수 없고, 그 자체로서 적법 · 유효한 행위이다. 따라서 수명기관이 행정규칙을 위반하였다는 이유로 국민은 행정규칙 위반행위의 취소를 구하는 소송을 제기할 수 없다. 다만, 행정규칙을 위반한 공무원이 징계를 받을 뿐이다. 또한 행정규칙은 국

12) 헌재결 1998.7.16, 96헌마246.

민의 권리 · 의무를 직접 규율하는 법규가 아니고, 행정내부의 질서유지를 위한 것에 불과하므로 법원은 행정규칙을 재판의 기준으로 삼을 수 없다.

(2) 법규성설

일정한 행정규칙에 대하여 법규성 또는 준법규성을 인정하고 있다.

① 특별명령법규설

행정규칙을 협의의 행정규칙과 특별명령으로 구별하고, 특별명령은 특별권력관계의 구성원의 권리 · 의무에 관하여 일반적 · 추상적으로 규정하고 있으므로 법규성이 있다고 한다.

② 이원적 법권론(二元的 法圈論)에 따른 법규설

법규에는 입법부에서 규율하는 입법상 법규와 행정부에서 규율하는 행정상 법규가 있다고 전제하고, 행정부도 행정의 독자적 기능영역으로서의 규율권을 가지고 있으며, 이 규율권에 의하여 대외적 효력을 가지는 행정법을 제정할 수 있다고 한다.

③ 준법규설

행정규칙 중 재량준칙은 헌법상 평등원칙을 매개로 행정에 대하여 자기구속적 의미를 가지게 되므로 외부에 대하여 간접적인 효력을 가지는 법규에 가까운 성질을 갖는다고 한다.

④ 유형설

행정규칙의 법적 성질에 대하여 일률적으로 정하지 않고, 행정규칙을 유형화하여 일정한 행정규칙에 대하여 법규성을 인정하는 주장이다. 이 주장에 의하면 법률대위규칙, 법률보충규칙, 조직규칙, 규범구체화행정규칙의 법규성을 인정한다. 그리고 재량준칙에 대해서도 준법규성을 인정하지만, 규범해석규칙과 간소화지령[13] 등의 법규성은 부인한다.

---

13) 대량적 행정처분에 관하여 획일적인 처분기준을 제시하는 행정규칙을 말한다.

(3) 판례

판례는 원칙적으로 행정규칙의 법규성을 부정한다. 그러나 최근에는 법규성을 인정하는 판례[14]도 있고 법규명령을 행정규칙으로 보고 법규성을 부인하는 견해도 있어, 대법원의 견해에는 일관성이 없다.

2. 행정규칙의 종류

1) 내용에 의한 분류

(1) 조직규칙 · 근무규칙(행위통제규칙)

조직규칙은 행정기관이 그 보조기관 또는 소속관서의 설치, 조직, 내부적인 권한 분배, 사무처리 절차 등을 정하는 규칙이다. 그리고 근무규칙은 상급기관 하급기관 및 그 구성원의 근무에 관한 사항을 계속 규율하기 위하여 발하는 행정규칙을 말한다. 훈령 · 지시 · 예규 · 일일명령, 통첩 등을 들 수 있다.

(2) 법률해석규칙

법률해석(규범해석)규칙은 법률의 통일적 획일적인 적용을 하기 위하여 제정된 법규범의 해석과 적용에 관한 규칙을 말한다. 해석준칙이라고도 한다. 특히 불확정 개념의 적용과 관련하여 중요성을 가진다.

---

14) 행정규칙 형식의 법규명령의 경우에도 법규성을 인정한 경우가 있다. 건설부장관훈령인 「건축사사무소의 등록취소 및 폐쇄처분에 관한 규정」(대판 1984.9.11, 82누166), 국세청장훈령인 「재산제세사무처리규정」(대판 1987.9.29, 86누484), 「재산제세조사사무처리규정」(대판 1989.11.14, 89누5676), 「주류도매면허제도개선업무처리지침」(대판 1994.4.26, 93누21668), 국무총리훈령인 「개별토지가격합동조사지침」(대판 1994.2.8, 93누111), 보건복지부장관훈령인 「노령복지사업지침」(대판 1996.4.12, 95누7727), 고시 형식으로 제정된 「액화석유가스판매업 허가처리기준에 관한 고시」(대판 1991.4.23, 90누6460), 「식품제조영업 허가기준에 관한 고시」(대판 1994.3.8, 92누1728), 「전라남도 주유소 등록요건에 관한 고시」(대판 1998.9.25, 98두 7503), 「의료보험진료수가 기준 중(부록 1) 수탁검사실시기관인정등기준」(대판 1999.6.22, 98두17807), 「공업배치 및 공장설립 법률」 제8조의 규정에 따라 공장입지의 기준을 구체적으로 정한 산업자원부장관의 고시(대판 1999.7.23, 97누6261), 산업자원부 고시 공장입지기준 제5조 제2호의 위임에 따라 공장입지의 보다 세부적인 기준을 정한 김포시고시 공장입지제한처리기준 제5조 제1항(대판 2004.5.28, 2002두4716) 등은 법규성을 인정하였다.

(3) 재량지도규칙

재량지도규칙은 행정청이 재량처분을 함에 있어서 재량권 행사의 일반적 기준을 제시하기 위하여 발하는 규칙이다. 행정청의 통일적이고 균일한 재량행사를 확보하기 위한 것이다. 재량준칙(裁量準則)이라고도 한다.

(4) 법률대위 · 법률보충규칙

법률대위규칙이란 법률이 필요한 영역이지만 법률이 없는 경우 이에 대신하여 상급행정기관이 내리는 고시 · 훈령 등을 말한다. 그리고 법률보충규칙은 법률의 내용이 너무 일반적이어서 이를 보충 · 구체화하는 고시 · 훈령 등을 말한다. 이러한 규칙들은 추상적 대외적인 구속력이 인정되는 일반 · 추상적 규정으로서 법규성을 지닌다고 할 수 있다.

2) 규정형식에 따른 분류

실정법상 행정규칙은 통상 훈령 · 예규 · 고시의 형식으로 발령된다. 훈령 · 예규 · 고시는 용어상의 차이일 뿐이고 법적 성격이나 효과에 있어서 차이가 없다. 행정기관이 훈령 · 예규 · 고시를 발령하려는 경우에는 「행정업무의 효율적 운영에 관한 규정」 제4조에 따라 훈령 · 예규 · 지시 · 고시 · 공고의 형식으로 발령하여야 한다(「훈령 · 예규 등의 발령 및 관리에 관한 규정」 제5조).

여기서 훈령은 상급기관이 하급기관에 대하여 상당히 장기간에 걸쳐 그 권한행사를 일반적으로 지휘 · 감독하기 위하여 발하는 명령이다. 그리고 예규(例規)는 법규문서 이외의 문서로서 반복적으로 사용하는 행정사무의 기준을 제시하는 명령이다.

지시(指示)는 상급기관이 직권 또는 하급기관의 문의 내지 신청에 의하여 개별적 · 구체적으로 발하는 명령이며, 고시는 법령이 정하는 바에 따라 일정한 사항을 일반인에게 알리는 명령이며, 공고는 일정한 사항을 일반인에게 알리는 문서이다.

한편 「행정업무의 효율적 운영에 관한 규정」 제4조[15]에서는 공문서의 한 종류로

---

15) 「행정업무의 효율적 운영에 관한 규정」 제4조(공문서의 종류) 공문서(이하 "문서"라 한다)의 종류는 다음 각 호의 구분에 따른다.
1. 법규문서 : 헌법 · 법률 · 대통령령 · 총리령 · 부령 · 조례 · 규칙(이하 "법령"이라 한다) 등에 관한 문서

서 지시문서를 "훈령 · 지시 · 예규 · 일일명령 등 행정기관이 그 하급기관이나 소속 공무원에 대하여 일정한 사항을 지시하는 문서"로 규정하고 있다. 여기서 일일명령(日日命令)은 당직, 출장, 특근, 휴가 등 일일업무에 관한 명령이다. 일일명령의 내용이 일반추상성을 가지지 못할 때에는 행정규칙이 아니고, 직무명령(職務命令)이라고 한다.

3) 법규명령 형식의 행정규칙과 행정규칙 형식의 법규명령

(1) 법규명령 형식의 행정규칙

행정규칙이 고시 · 훈령 · 예규 · 일일명령 등의 형식으로 제정되지 아니하고, 법률 또는 법규명령의 형식으로 정립되는 경우를 말한다. 이 경우 실질적 내용이 행정규칙에 해당하는 경우 법규성이 있는지가 문제된다.

대통령령(시행령)으로 제정된 경우 판례[16]와 다수설은 법규성을 인정하고 부령으로 제정된 경우 판례는 법규성을 부정하여 행정규칙[17]으로 보았지만 다수설은 법규성을 인정하였다.

(2) 행정규칙 형식의 법규명령(법률보충규칙)

고시 · 공고 · 훈령과 같은 행정규칙의 형식을 취하고 있으나, 내용상으로 근거법령의 규정과 결합하여 법규의 보충적 성질을 가지는 법규명령을 말한다. 법령의 근

---

2. 지시문서 : 훈령 · 지시 · 예규 · 일일명령 등 행정기관이 그 하급기관이나 소속 공무원에 대하여 일정한 사항을 지시하는 문서
3. 공고문서 : 고시 · 공고 등 행정기관이 일정한 사항을 일반에게 알리는 문서
4. 비치문서 : 행정기관이 일정한 사항을 기록하여 행정기관 내부에 비치하면서 업무에 활용하는 대장, 카드 등의 문서
5. 민원문서 : 민원인이 행정기관에 허가, 인가, 그 밖의 처분 등 특정한 행위를 요구하는 문서와 그에 대한 처리문서
6. 일반문서 : 제1호부터 제5호까지의 문서에 속하지 아니하는 모든 문서

16) 구 「주택건설촉진법시행령」(대통령령)으로 정한 「등록업자의 등록말소 및 영업정지처분기준」(대판 1997.12.26, 97누15418)과 구 「청소년보호법시행령」(대통령령)으로 정한 위반행위의 종별에 따른 「과징금처분기준」(대판 2001.3.9, 99두5207)은 법규명령으로 인정되었다.

17) 「도로교통법 시행규칙(부령)」으로 정한 「운전면허행정처분기준」(대판 1996.4.12, 95누10396), 「식품위생법 시행규칙」 제53조 별표 15, 구 「공중위생법 시행규칙」 제41조 별표 7, 「의료법 시행규칙」, 「풍속영업규제법 시행규칙」 등에 나타난 행정처분기준을 정한 규정은 행정규칙이다.

거가 있는 경우 법규성을 인정한다(판례, 다수설).[18]

3. 행정규칙의 근거와 한계

1) 근거

행정규칙은 하급기관의 권한행사를 지휘하는 것이므로 상급기관이 포괄적인 감독권에 근거하여 발할 수 있다. 그러므로 경찰기관이 특정한 행정목적을 달성하는데 필요한 한도 내에서 행정규칙을 정립할 수 있다. 즉 특별한 개별적 · 구체적 법령의 수권 없이 그 직무권한의 범위 내에서 재량이 인정된 경우에 정립할 수 있다. 그러나 조직규범의 근거는 필요하다.

2) 한계

행정규칙은 다른 행정작용과 마찬가지로 법률 · 법규명령 기타 상위법령과 법의 일반원칙에 저촉되지 아니하여야 하며, 행정목적을 달성하는데 필요한 한도 내에서 제정되어야 한다.

행정규칙은 국민의 권리 · 의무에 관한 사항을 규정할 수 없다.

4. 행정규칙의 성립요건 · 발효요건 및 하자 · 소멸

1) 성립요건

(1) 주체

정당한 권한을 가진 행정기관이 수명의무가 있는 하급기관에게 발령하여야 한다.

---

18) 구 「물가안정 및 공정거래에 관한 법률」 제2조에 근거한 긴요물품 등의 최고가격고시, 「대외무역법」 제18조에 근거한 물품수출입기별공고 등, 「소득세법 시행령」의 위임에 근거한 국세청 훈령인 「재산제세조사사무처리규정」, 건설부훈령인 「건축사사무소의 등록취소 및 폐쇄처분에 관한 규정」, 「공업배치 및 공장설립에 관한 법률」 제8조의 규정에 근거한 산업자원부장관의 고시인 「공장입지 고시기준」, 「정보통신망 이용촉진 및 정보보호 등에 관한 법률」 제42조에 근거한 청소년 유해매체물의 표시방법에 관한 정보통신부장관의 고시, 구 「액화석유가스의 안전 및 사업관리법」 제3조 제2항에 근거한 지방자치단체의 장이 제정한 「액화석유가스 판매사업 허가기준」 등에 대하여 법규성을 인정하였다.

(2) 내용

행정규칙으로서 정당한 한계 내에서 실현가능하고 명백한 내용으로 제정되어야 한다. 그리고 법령 또는 상위감독관청의 행정규칙에 저촉되어서는 아니된다.

(3) 절차

대통령훈령 · 국무총리훈령은 법제처 심사를 받아야 하고, 모든 중앙기관의 훈령 · 예규는 법제처의 사후평가를 받아야 한다.

(4) 형식

불요식 행위이지만, 일반적으로 고시 · 훈령 · 지시 · 예규 · 고시 · 통첩 등의 형식을 취한다.

(5) 공포

법규명령과 달리 공포할 필요는 없으나, 어떤 형태로든 수명기관에 도달되어야 한다. 일반적으로 고시나 훈령은 관보에 공포된다.

2) 효력요건

원칙적으로 상대방에게 도달되면 즉시 효력이 발생한다. 고시나 공고의 형태를 취하는 경우 고시 · 공고가 있은 후 5일이 경과해야 효력이 발생한다.

3) 행정규칙의 하자

행정규칙이 성립요건과 효력요건을 모두 갖추지 못한 경우 하자를 지니게 되고, 하자있는 행정규칙은 무효이다. 하자있는 행정행위의 경우 그 하자가 단순위법하면 취소할 수 있는 행정행위가 되지만, 하자있는 행정규칙은 모두 무효이다.

4) 행정규칙의 소멸

행정규칙 자체의 폐지, 해제조건의 성취, 종기의 도래 등으로 행정규칙의 효력은 소멸한다. 근거법규의 폐지가 행정규칙 소멸의 절대적 이유가 될 수는 없다.

5. 행정규칙의 효력

1) 내부적 효력

행정규칙의 법규성을 부인하더라도, 행정규칙은 행정조직 내부 또는 특별권력관계 구성원에 대해서는 일정한 법적 구속력을 가진다.[19] 즉 행정규칙을 적용받는 상대방을 직접 구속한다.[20]

2) 외부적 효력

행정규칙은 법규가 아니므로 원칙적으로 외부적 효력은 없다. 따라서 행정규칙은 국민에게 효력을 발생하지 않고 법원도 구속하지 못한다.[21]

예외적으로 재량준칙과 규범구체화행정규칙은 외부적으로 간접적인 효력을 가진다. 재량준칙이 일단 적용되면 행정관행이 성립하고, 이 행정관행은 헌법상 평등원칙에 의거하여 상황의 변동이 없는 한 언제나 누구에게나 평등하게 적용되어야 하기 때문에 국민에 대하여 간접적으로 외부적 효력을 가진다.[22] 그리고 규범구체화행정규칙은 법규명령으로 효력을 가질 수도 있다.[23]

19) 상급행정기관이 하급행정기관에 대하여 업무처리지침이나 법령의 해석적용에 관한 기준을 정하여 발하는 이른바 행정규칙은 일반적으로 행정조직 내부에서만 효력을 가질 뿐 대외적인 구속력을 갖는 것은 아니지만, 법령의 규정이 특정행정기관에게 그 법령내용의 구체적 사항을 정할 수 있는 권한을 부여하면서 그 권한행사의 절차나 방법을 특정하고 있지 아니한 관계로 수임행정기관이 행정규칙의 형식으로 그 법령의 내용이 될 사항을 구체적으로 정하고 있는 경우, 그러한 행정규칙, 규정은 행정조직 내부에서만 효력을 가질 뿐 대외적인 구속력을 갖지 않는 행정규칙의 일반적 효력으로서가 아니라, 행정기관에 법령의 구체적 내용을 보충할 권한을 부여한 법령규정의 효력에 의하여 그 내용을 보충하는 기능을 갖게 되고, 따라서 당해 법령의 위임한계를 벗어나지 아니하는 한 그것들과 결합하여 대외적인 구속력이 있는 법규명령으로서의 효력을 갖게 된다(대판 1998.6.9, 97누19915).

20) 행정규칙을 위반한 공무원에게 징계책임을 묻거나, 특별권력관계의 구성원인 학생이 학칙을 위반한 경우 처벌을 하는 것을 그 예로 들 수 있다(대판 2001.8.24, 2000두7704).

21) 「도로교통법시행규칙」 제53조 제1항 별표 16의 운전면허 행정처분기준은 행정청 내부의 사무처리준칙을 정한 것이므로 법원이나 국민은 기속하는 효력이 없다(대판 1990.10.16, 90누4297).

22) 「식품위생법시행규칙」 제53조에 따른 별표 15의 행정처분기준은 행정기관 내부의 사무처리준칙을 규정한 것에 불과하기는 하지만 규칙 제53조 단서의 식품 등의 수급정책 및 국민보건에 중대한 영향을 미치는 특별한 사유가 없는 한 행정청은 당해 위반사항에 대하여 위 처분기준에 따라 행정처분을 함이 보통이라 할 것이므로, 행정청이 이러한 처분기준을 따르지 아니하고 특정한 개인에 대하여만 위 처분기준을 과도하게 초과하는 처분을 한 경우에는 재량권의 한계를 일탈하였다고 볼 만한 여지가 충분하다(대판 1993.6.29, 93누5635).

23) 상급행정기관이 하급행정기관에 대하여 업무처리지침이나 법령의 해석적용에 관한 기준을 정하여

6. 행정규칙에 대한 통제

1) 행정적 통제

상급행정기관은 주관 행정기관의 결정이나 훈령을 통하여 행정입법의 기준과 방향을 제시하거나 행정규칙의 제정경위 등에 대한 감사를 통하여 그 폐지를 명할 수 있다.

2) 입법적 통제

입법부는 국정감사와 국정조사, 국무총리 · 국무위원 해임건의, 대정부 질문, 탄핵소추제도 등을 통하여 행정규칙을 간접적으로 통제할 수 있다.

3) 사법적 통제

행정규칙이 순수하게 행정내부에서만 규율되는 한 법원이 직접적으로 통제할 수 없다. 행정규칙에 법규성이 인정되지 아니하므로 선결문제심리에 의한 간접적인 통제도 생각할 수 없다. 그러나 행정규칙이 법령의 위임으로 제정된 경우 선결문제심리에 의한 간접통제를 할 수 있다.

4) 헌법재판소에 의한 통제

행정규칙이 외부적 효력을 가지고 있지 않는 경우는 헌법소원을 인정하기가 곤란하다. 그러나 행정규칙이 기본권을 침해하고 아울러 다른 방법으로 그 침해를 다툴 수 없어 그 결과 권리보호가 불가능하다면 헌법소원을 제기하여 이를 다툴 수 있다.[24)]

서 발하는 이른바 행정규칙은 일반적으로 행정조직 내부에서만 효력을 가질뿐 대외적인 구속력을 갖는 것은 아니지만, 법령의 규정이 특정행정기관에게 그 법령내용의 구체적 사항을 정할 수 있는 권한을 부여하면서 그 권한행사의 절차나 방법을 특정하고 있지 아니한 관계로 수임행정기관이 행정규칙의 형식으로 그 법령의 내용이 될 사항을 구체적으로 정하고 있다면 그와 같은 행정규칙, 규정은 행정규칙이 갖는 일반적 효력으로서가 아니라, 행정기관에 법령의 구체적 내용을 보충할 권한을 부여한 법령규정의 효력에 의하여 그 내용을 보충하는 기능을 갖게 된다 할 것이므로 이와 같은 행정규칙, 규정은 당해 법령의 위임한계를 벗어나지 아니하는 한 그것들과 결합하여 대외적인 구속력이 있는 법규명령으로서의 효력을 갖게 된다(대판 1987.9.29, 86누484).

24) 국립대학인 서울대학교의 "94학년도 대학입학고사주요요강"은 사실상의 준비행위 내지 사전안내로서 행정쟁송의 대상이 될 수 있는 행정처분이나 공권력의 행사는 될 수 없지만 그 내용이 국민의 기본권에 직접 영향을 끼치는 내용이고 앞으로 법령의 뒷받침에 의하여 그대로 실시될 것이

제2항 경찰상 행정행위

I 경찰상 행정행위 일반론

1. 경찰상 행정행위의 관념

1) 경찰상 행정행위의 의의

경찰상 행정행위란 경찰행정청이 법아래서 구체적 사실에 대한 법집행으로서 행하는 권력적 단독행위인 공법행위를 말한다(행정처분과 동의어이다).

여기서 행정행위라는 개념은 실정법상의 용어가 아니고 학문과 판례에 의하여 발달된 학문상 개념이다. 실정법상으로는 허가 · 인가 · 면허 · 특허 · 확인 · 면제 등 다양한 용어로 사용되고 있다. 학문상 행정행위에 상응하는 실정법상의 용어로는 행정처분 또는 처분이라는 용어가 사용된다.

2) 경찰상 행정행위의 개념 요소

(1) 경찰관청의 행위

경찰상 행정행위는 경찰관청의 행위이다. 여기서 경찰관청은 경찰에 관한 국가 또는 지방자치단체의 의사를 외부적으로 결정 · 표시할 수 있는 권한을 가진 기관을 말한다.

(2) 공법상의 행위

공법상 행위란 그 효과가 공법적이라는 것이 아니라, 행위의 구성요소인 의사표시가 공법적이라는 것이다. 여기서 공법은 좁은 의미의 행정법을 의미하며, 헌법 · 형사법 · 국제법은 포함되지 않는다. 행정관청의 법적 행위라고 할지라도 물품구입 · 국유재산매각 등과 같은 사법행위(私法行爲)는 행정행위가 될 수 없다.

틀림없을 것으로 예상되어 그로 인하여 직접적으로 기본권 침해를 받게 되는 사람에게는 사실상의 규범작용으로 인한 위험성이 이미 현실적으로 발생하였다고 보아야 할 것이므로 이는 헌법소원의 대상이 되는 「헌법재판소법」 제68조 제1항 소정의 공권력의 행사에 해당된다고 할 것이며, 이 경우 헌법소원 외에 달리 구제방법이 없다(헌재결 1992.10.1, 92헌마68 · 76 병합).

(3) 법적 행위

법적 행위란 외부적으로 직접적인 법적 효과를 발생시키는 의사표시에 의한 행위를 말한다.

첫째, 행정행위는 외부적 행위로서 일반 국민에 대한 행위이다. 따라서 행정기관 사이에서 발생하는 행정조직 내부적 행위(상급관청의 하급관청에 대한 지시 · 명령 · 승인, 다른 행정청의 동의 등)는 행정행위가 아니다. 그러나 특별행정법관계에 있어서 구성원에 대한 처분은 개인의 권리 · 의무에 직접 관계가 있으면 행정행위의 성격을 인정한다.

둘째, 행정행위는 직접 법적 효과를 가져 오는 행위이다. 행정행위는 국민의 권리 · 의무를 형성(발생 · 변경 · 소멸)하는 행위이며, 기존의 권리상태를 변동시키거나 일반적인 법적 상태를 구체화하는 행위이다. 따라서 그 자체로서 법적 효과를 발생시키지 않는 조사 · 보고 등은 사실행위에 해당하며, 행정행위가 아니다.

셋째, 행정행위는 행정법상 의사표시를 주된 요소로 하고 그에 따라, 의사표시만으로 또는 다른 요소(상대방의 신청 · 참여 등)와 결합하여 법적 효과가 발생한다. 따라서 의사표시를 요소로 하지 않는 사실행위는 법적 행위가 아니므로 행정행위에 포함되지 아니한다. 같은 취지에서 행정지도나 비권력적 행정조사도 법적 행위는 아니다.[25] 다만, 수인의무를 내포하는 사실행위(강제격리, 강제철거 등)는 그 범위 안에서 행정행위의 성질을 가진다.

넷째, 경찰상 행정행위는 구체적 사실에 관한 법집행행위이다. 경찰상 행정행위는 규범정립행위가 아니라 구체적 사실을 규율하는 행위이다.[26] 따라서 일반적 · 추상적인 행정입법이나 조례 · 규칙의 제정 등은 비록 특정 범위의 사람을 대상으로 할지라도 행정행위는 아니다. 그러나 경찰상 행정행위가 구체적 사실을 규율하는

---

25) 교통법규위반에 대한 벌점부과행위(대판 1994.8.12, 94누2190), 예산편성지침통보(대판 1993.9.14, 93누9163) 등은 행정행위가 아니다.

26) 행정행위의 개념정립과 관련하여 사실에 대한 규율방식을 구분하면 다음과 같다.

구분	관련자	규율대상	예	성질
개별적 · 구체적 규율	특정인	특정사건	甲은 양도소득세를 납부하라	기본적인 행정행위
일반적 · 구체적 규율	불특정인	특정사건	누구든지 이곳을 통행할 수 없다	일반처분으로서 행정행위
개별적 · 추상적 규율	특정인	불특정사건	甲은 수시로 도로를 청소하라.	행정행위
일반적 · 추상적 규율	불특정인	불특정사건	누구든지 불법무기를 소지할 수 없다	입법이나 조례 제정에 해당하므로 행정행위가 아님

행위이므로 불특정 다수인을 대상으로 하는 일반처분[27]도 여기에 해당한다.

다섯째, 경찰상 행정행위는 법집행행위로서 권력적 단독행위이다. 경찰상 행정행위는 공권력의 행사로서 경찰행정청이 일방적으로 국민에 권리를 부여하거나 의무를 명하고, 권리 · 의무관계를 규율 · 확정하는 일방적 권력적 단독행위이다. 따라서 공법상 계약이나 공법상 합동행위 등 비권력적 행위와 구별된다. 법률관계의 내용을 일방적으로 결정하는 것이면, 그 성립에 상대방의 협력(신청 · 동의 등)을 요구하여도 경찰상 행정행위이며, 자동적으로 결정되거나 전산처리되는 경우도 경찰상 행정행위에 해당한다.[28]

2. 경찰상 행정행위의 종류

1) 상대방의 협력 여부에 따른 분류

상대방의 협력을 요건을 하는가 아니면 행정청의 일방적 의사표시로 성립하는가에 따라 단독적 행정행위와 쌍방적 행정행위(雙方的 行政行爲)로 나눌 수 있다.

(1) 단독적 행정행위

행정청의 공권력발동으로서의 일방적 의사표시만으로 효력이 발생한다. 경찰하명 등 대부분의 행정행위가 여기에 포함된다. 일방적 행정행위라고도 한다.

(2) 쌍방적 행정행위

상대방의 협력을 유효요건 또는 적법요건으로 하는 행위로서 상대방의 신청을 요하는 행위(허가 · 인가 · 특허 등)와 상대방의 동의를 요하는 행위(공무원임명 등)가 있다.

쌍방적 행정행위는 공법상계약과 구별된다. 쌍방적 행정행위는 상대방의 동의나 신청에 의하여, 법규에 근거를 둔 행정청의 결정으로 그 법률관계의 내용을 일방적

---

27) 일반처분은 규율대상은 일반적이나 규율내용이 한정된 시간적 공간적으로 한정된 점에서 구체적 규율이다. 야간통행금지, 출입금지, 도로의 공용개시 또는 공용폐지, 기계화의 수단에 의한 민방위 경보, 교통신호, 도로표지판에 의한 교통제한 표지, 속도제한, 주차금지구역의 지정 및 고시, 개별 공시지가 등을 들 수 있다.

28) 공과금부과처분, 컴퓨터에 의한 소득세액결정 · 학교배정 · 입학합격자결정 · 교통신호처리 등을 말한다.

으로 결정하는 행위이고, 상대방과의 의사의 합치에 의하여 성립되는 것은 아니다. 따라서 행정청은 일방적이고 우월한 의사표시를 가진다. 그러나 공법상계약은 상대방의 청약과 행정청의 승낙이라는 의사표시가 합치되어 성립하는 행정작용으로서, 두 당사자의 의사표시는 대등한 가치를 가진다. 그리고 쌍방적 행정행위에서 상대방의 신청 · 동의는 유효요건이므로 상대방의 신청 · 동의가 없으면 취소 또는 무효사유가 되는데 대하여, 공법상계약에서 상대방의 청약 또는 승낙이 없으면 무효사유가 된다.

2) 행정행위의 대상에 따른 분류

행정행위의 대상을 기준으로 대인적 행정행위, 대물적 행정행위, 혼합적 행정행위로 나눈다.

(1) 대인적 행정행위

사람의 주관적 사정(학식 · 경험 · 기술 등)에 착안하여 행하는 행위이다. 이 행위는 일신전속성을 가지며 이전성이 없다. 수렵면허 · 운전면허 · 의사면허 · 인간문화재 지정 등을 그 예로 들 수 있다.

(2) 대물적 행정행위

물건의 객관적 사정(구조 · 성질 · 안정성 · 위치 등)에 착안하여 직접 물건에 대하여 법률상 자격을 부여하며, 그에 대하여 새로운 권리관계나 법률관계를 형성하는 행위이다. 자동차검사증 교부, 건축허가, 건축물 준공검사, 공물의 공용개시, 국립공원 지정 등이 이에 속한다. 물건 또는 사업의 양도 · 상속 등에 수반하여 상속인 · 양수인에게 그 효과도 이전된다. 다만, 이전하는 경우에 행정청의 승인을 받거나 신고하도록 하는 경우가 있다.

(3) 혼합적 행정행위

사람의 주관적 사정과 물건의 객관적 사정을 모두 고려하여 행하는 행위이다. 총포 · 화약류영업허가, 석유 · 가스사업허가, 유흥주점영업허가, 약국영업허가, 카지노

업영업허가 등을 들 수 있다. 혼합적 행위의 법적 효과는 원칙적으로 이전될 수 없으나, 이전성 여부는 법령의 합목적적 해석에 따라 결정되어야 한다. 다만, 법률에서 허가청의 승인 · 허가를 얻어야 이전할 수 있도록 규정하는 경우가 있다.

3) 수익적 · 침익적 · 복효적 행정행위

행정행위를 그 법률효과를 기준으로 수익적 행정행위(授益的 行政行爲), 침익적 행정행위(侵益的 行政行爲), 복효적 행정행위(復效的 行政行爲)로 나눌 수 있다.

(1) 수익적 행정행위

수익적 행정행위는 상대방에게 권리 · 이익을 부여하는 효과를 가진 행정행위이다. 특허, 허가, 인가, 면제, 침익적 행정행위의 취소 · 철회, 권리제한의 해제 등이 있다.

수익적 행정행위는 상대방의 신청을 요하는 행위로서 쌍방적 행정행위이며, 상대방에게 권리 · 이익을 부여하므로 일반적으로 재량행위이다. 그리고 수익적 행정행위에는 그 법률효과를 일부 제한하는 부관(附款)을 붙일 수 있다.

(2) 침익적 행정행위

침익적 행정행위는 새로운 의무를 부과하거나 또는 기득의 권리 · 이익을 제한 · 박탈하는 것과 같은 불이익 효과를 가진 행정행위를 말한다. 따라서 이를 침해적 행정행위, 부과적 행정행위, 부담적 행정행위라고도 한다. 수익적 행정행위의 취소 · 철회, 하명, 조세부과 등이 이에 해당한다.

침익적 행정행위는 직권에 의하여 일방적으로 행하여지는 것이 보통이므로 성질상 상대방의 신청을 요하지 아니하는 일방적 행위이다. 그리고 상대방에게 불이익을 주는 것이므로 재량의 여지가 없는 기속행위이다. 따라서 부관을 붙일 수 없다. 법규가 행정청에 선택의 여지를 주고 있는 경우에는(징계처분, 행정제재로서 영업정지 또는 취소 등) 그 한도 내에서 재량이 인정된다.

(3) 복효적 행정행위

복효적 행정행위란 행정행위의 상대방에게는 이익을 주고 제3자에게는 불이익을 주는 행위 또는 상대방에게는 불이익을 주고 제3자에게는 이익을 주는 행위를 말한다. 이를 제3자효적 행정행위(第三者效的 行政行爲) 또는 이중효과적 행정행위(二重效果的 行政行爲)라고도 한다.[29)30)]

복효적 행정행위는 하나의 행위에 이해관계가 상반되는 두 당사자를 가진다. 따라서 행정청 · 상대방 · 제3자의 3면관계를 형성하여 법률관계에서 복잡한 문제를 발생시키므로 이들 상호간의 이익형량을 취하는 것이 중요하다.

4) 기속행위와 재량행위

행정행위가 법규에 어느 정도 구속되는가, 즉 법규에의 구속성 정도에 따라 기속행위(羈束行爲)와 재량행위(裁量行爲)로 나눈다.

(1) 기속행위

기속행위란 행정법규가 어떠한 요건 아래서(요건) 어떠한 행위를 할 것인가(효과)에 관하여 일의적 · 확정적으로 규정함으로써, 행정청이 법규를 기계적으로 집행하는데 그치는 행정행위를 말하다. 즉 법규가 정한 일정한 요건에 해당하는 사실이 있으면 반드시 어떤 행위를 하거나 하지 말아야 하는 경우이다. 이 경우 행정청은 효과의 선택과 결정에 있어서 자유영역을 가지지 못한다.

(2) 재량행위

재량행위란 행정법규가 행정청에 행위요건의 판단 또는 효과의 결정에 있어서 일정한 독자적인 판단권을 허용하여, 행정법규가 법규상의 구성요건에서 정한 전제요건이 충족될 경우 행정청이 선택할 수 있는 다수의 법효과를 설정하고 있는 경우이다.

---

29) 위법한 공해공장 건축, 공매처분, 합격자 결정, 당선자 결정, 토지수용의 재결, 경원허가(競願許可), 붕괴위험 있는 불법건축물에 대한 철거 명령, 공해기업에 대한 개선명령, 불량물품제조업에 대한 규제조치 등을 그 예로 들 수 있다.

30) 광의로는 이중효과적 행정행위(二重效果的 行政行爲)를 포함하는 개념이다. 이중효적 행정행위란 그 상대방에 대하여 수익적 효과와 침해적 효과를 동시에 발생하게 하는 행정행위를 말하며, 혼효적 행정행위(混效的 行政行爲)라고도 한다. 부관부 행정행위(附款附 行政行爲)를 그 예로 들 수 있다. 이중효적 행정행위는 그 침해적인 한도 내에서 그 상대방은 취소소송의 대상이 되지만, 취소되더라도 행정청은 다시 신청에 의한 처분을 할 의무가 없으므로 취소소송은 실효적인 구제수단이 되지 못한다. 일반적으로 복효적 행정행위란 제3자효적 행정행위를 말한다.

재량행위에는 결정재량(決定裁量)과 선택재량(選擇裁量)이 있다. 결정재량은 행정법규에서 정한 수권의 내용에 따라 행정청이 어떤 행위를 할 것인가 아니할 것인가에 관한 재량을 말하고, 선택재량은 행정법규에서 허용된 많은 가능한 행위 중에서 어떤 처분을 할 것인가에 관한 재량을 말한다.

(3) 기속재량과 자유재량 이분설

판례와 전통적 견해에 의하면 재량행위는 기속재량행위와 자유재량행위로 나눈다.

① 기속재량행위

기속재량행위란 '무엇이 법인가'의 재량이다. 법규의 해석에 의하면 행위의 여부를 행정청의 자유로운 판단에 일임한 것이 아니고 법의 일반원칙 · 준칙 · 경험법칙에 따라 판단하고 행위하여야 할 것이 예정되어 있는 행위라고 할 수 있다. 기속재량행위을 법규재량 또는 합법성재량이라고도 한다. 일반적으로 기속행위라 하면 기속재량행위를 포함한 개념으로 사용되고 있다.

기속재량행위는 법의 해석 · 적용에 관한 법률적 판단이며, 이를 그르친 행위는 위법행위가 되고, 법원의 통제를 받는다.

② 자유재량행위

자유재량행위는 '무엇이 공익에 적합한가' 또는 '무엇이 행정상 편의성인가'의 재량이다. 법규가 행정청에게 판단 및 행위의 기준을 제시하지 않고 행정청의 자유로운 판단에 일임한 경우로서 행정청이 무엇이 행정목적 또는 공익에 적합한가를 결정하는 것을 말한다. 이를 공익재량(公益裁量) · 합목적성재량(合目的性裁量) · 편의재량(便宜裁量)이라고 한다.

자유재량을 그르친 경우 부당행위가 되는데 그치고, 위법성 문제는 발생하지 않으므로 사법심사대상이 되지 않는다. 그러나 재량권을 일탈 · 남용한 행위는 위법한 행위가 되며 법원의 통제를 받는다. 엄격한 의미에서 재량행위란 자유재량행위만을 지칭한다.

Ⅱ 경찰상 행정행위의 내용

1. 개설

행정행위는 그 구성요소 또는 법률효과의 발생원인을 기준으로 법률행위적 행정행위와 준법률행위적 행정행위로 나눌 수 있다.[31]

법률행위적 행정행위는 의사표시를 구성요소로 하고, 그 법적 효과가 행정청의 효과의사의 내용에 따라 발생한다. 즉 행정청이 법집행을 위한 효과의사를 표시하고(의사표시), 그 의사에 따라 법률효과가 발생하는 것이다. 법률효과의 내용에 따라 명령적 행정행위와 형성적 행정행위로 나누고, 다시 여러 행위로 세분할 수 있다.

이에 반하여 준법률행위적 행정행위는 의사표시 이외의 정신작용(인식 · 판단 · 관념 등)의 표현을 구성요소로 하고, 그 법적 효과가 행정청의 의사 여하를 불문하고 법령이 정하는 바에 따라 부여된다. 확인행위, 공증행위, 통지행위, 수리행위로 나눌 수 있다.[32]

2. 경찰하명

1) 개념

경찰하명(警察下命)이란 국가의 일반통치권에 기하여 경찰상 목적을 위하여 국민에 대하여 특정한 작위(作爲) · 부작위(不作爲) · 수인(受忍) · 급부(給付)를 명하는 행정행위를 말한다. 넓은 의미의 경찰하명은 법규에 의한 의무부과인 법규하명도 포함하지만 원칙적으로 좁은 의미의 경찰하명을 말한다.

2) 종류

경찰하명은 그 내용에 따라 작위하명 · 부작위하명 · 수인하명 · 급부하명으로 나눈다.

---

31) 법률행위적 행정행위는 행정청의 효과의사에 따라 법률효과가 발생하므로 행정청의 의사로써 그 효과를 제한하는 부관을 붙일 수 있으나, 준법률행위적 행정행위는 법률의 규정에 의하여 법률효과가 발생하므로 부관을 붙일 수 없다. 또한 법률행위적 행정행위의 경우 행정청은 그 내용에 관하여 재량적 판단을 할 수 있으나, 준법률행위적 행정행위의 경우에는 행정청에 재량적 판단을 인정할 여지가 없다.

(1) 작위하명

적극적으로 어떤 행위를 행할 의무를 명하는 행위이다. 작위하명은 특정인에 대한 것(신고·장부비치명령, 개선명령)이 원칙이지만 불특정 다수인에 대한 것(도로상의 차량우회명령)도 있다.

경찰의무는 공안을 유지하기 위한 최소한도의 의무이므로 널리 일반인에게 적용되는 작위하명은 급박한 필요가 있는 경우 또는 경미한 부담인 경우에 한한다.[33]

---

32) 행정행위의 내용을 정리하면 다음과 같다.

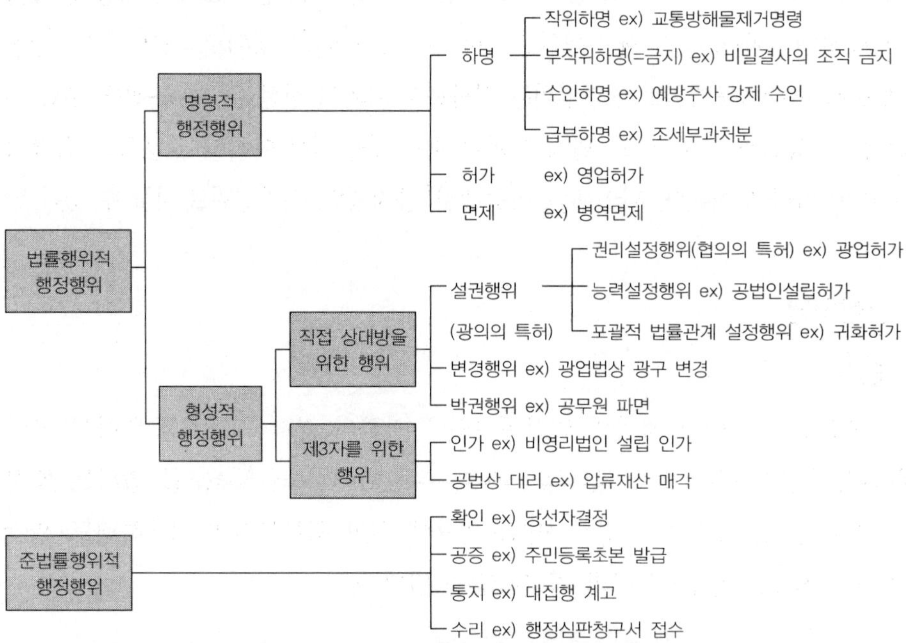

이 중에서 경찰면제(警察免除)란 법령에 의하여 과하여진 경찰상의 작위·급부·수인의 의무를 특정한 경우에 해제하여 주는 경찰상의 행정행위이다. 시험의 면제, 수수료의 일부면제, 납부연기 등을 들 수 있다.

그리고 경찰상 대리는 행정객체가 해야 할 행위를 행정주체가 대신하여 행하고, 그 행위가 본인이 행하는 것과 같은 법적 효과를 발생하게 하는 행정행위를 말한다. 경찰상 대리는 본인의 의사에 의한 대리가 아니라 법률의 규정에 의한 법정대리에 해당된다. 경찰서장이 개인보호의 입장에서 행하는 사자의 유류품 처리를 그 예로 들 수 있다. 법정대리권에 기하여 행한 행정주체의 행위는 본인이 스스로 행한 것과 동일한 법적 효과가 있다.

33) 전자의 예로서 눈·비 ·바람·해일·지진 등으로 인한 재해 또는 화재·교통사고·범죄 그 밖의 급작스러운 사고가 발생한 때에 그곳에 있는 사람은 정당한 이유가 없는 한 관계공무원 또는 이를 돕는 사람의 현장출입에 관한 지시에 따르거나 공무원의 원조요청에 응할 의무(「경범죄처벌법」 제1조 제36호)를 들 수 있다.

후자의 예로서는 자기가 관리하고 있는 곳에 도움을 받아야 할 노인·어린이·불구자·다친 사람

그러나 경찰감독 하에 둘 필요가 있는 영업자 등 특정한 지위에 있는 자에 대한 작위하명은 그 예가 대단히 많다.[34)]

(2) 부작위하명

소극적으로 어떤 행위를 행하지 아니할 의무를 명하는 행위로서, 경찰금지라고도 한다.

효력을 기준으로 경찰금지를 분류하면 어떠한 경우에도 해제할 수 없는 절대적 금지(부패음식물판매금지 등)와 궁극적으로 허가를 유보한 상대적 금지(무허가 영업금지, 무허가 건축 금지 등)로 나눌 수 있다.

그리고 인적 범위를 기준으로 할 때, 불특정 다수인에 대한 일반금지(음주운전 금지 등)와 일정한 업무에 종사하는 자 또는 특정한 지위에 있는 자 및 법정자격을 가지지 않는 자 기타 특정인에 대한 개별금지(무자격자의 의료행위 금지 등)로 나눌 수 있다.

또한 모든 상황에 적용되는 무조건금지와 특수한 상황에서만 적용되는 일정조건 금지로 나눌 수 있다.

(3) 수인하명

경찰권에 의한 자기의 신체 · 재산 · 가택에 대한 사실상 침해를 감수하고 이에 저항하지 아니할 의무를 명하는 행위이다. 이것은 경찰강제의 부수적 효과이다. 수인하명 때문에 경찰강제는 위법성이 조각되고 이에 저항하면 공무집행방해죄가 성립된다.

(4) 급부하명

금전 또는 물품의 급부의무를 명하는 행위(총포소지허가증 교부시의 수수료 납부, 운전면허시험의 수수료 납부 등)이다.

또는 병든 사람이 있거나 시체 또는 죽어 태어난 태아가 있는 것을 알면 빨리 이를 관계공무원에게 신고할 의무(「경범죄처벌법」 제1조 제7호)를 들 수 있다.

34) 소방본부장 또는 소방서장은 소방검사를 한 결과 화재의 예방과 경계를 위하여 필요하다고 인정하는 때에는 관계인에 대하여 소방용수시설 · 소화기구 그 밖에 소방에 필요한 설비의 설치를 명할 수 있다(「소방기본법」 제13조).

3) 형식

경찰하명에는 법규하명과 하명처분이 있다.

경찰법규 중에는 처분을 매개로 하지 않고 법규의 규정 그 자체에 의하여 직접 구체적인 의무를 발생시키는 처분법규가 있다. 법규하명이란 특별한 행정행위를 기다릴 것 없이 이러한 처분법규에 의하여 직접 경찰상의 의무가 부과되는 행위를 말한다.[35)]

하명처분은 법령에 근거하여 경찰목적을 위하여 특정한 의무를 부과하는 구체적인 행정행위이다. 하명처분은 특정인에게 개별적으로 행하여지는 것이 통상적이지만 불특정 다수인에게 일반적으로 행하여지는 경우(일반처분; 위험교량의 통행금지, 감염병 발생지역의 출입금지 등)도 있다.

4) 요건

(1) 권한요건

경찰하명은 정당한 권한을 가진 경찰행정청이 사항적 · 지역적 권한의 범위 내에서 발령하여야 한다. 경찰법령은 경찰권 발동권한을 현장의 경찰공무원에게 부여하기도 한다.

(2) 형식요건

경찰하명은 법령 등에서 특별한 규정이 있는 경우를 제외하고 문서로 하여야 하며, 전자문서로 하는 경우 당사자 등의 동의가 있어야 한다. 예외적으로 구술, 표지판, 자동화된 기계에 의한 경찰하명도 가능하다.

(3) 절차요건

경찰하명에서는 상대방의 권익을 보호하기 위하여 사전통지, 청문이나 공청회 개최, 의견제출 기회 제공, 하명의 근거와 이유제시 등의 절차를 요구하고 있다.

---

35) 「미성년자보호법」 제2조에 의한 미성년자의 음주금지, 「도로교통법」 제30조에 의한 자동차의 야간 등화의무 등, 허가 없는 총포의 소지금지, 무면허운전금지, 음주운전금지, 음란퇴폐행위금지 등을 들 수 있다.

(4) 내용요건

헌법 제37조 제2항의 규정에 따라 침해적인 경찰하명은 법적 근거를 가져야 하며, 조직규범과 권한규범에 근거하여야 한다. 따라서 경찰하명은 헌법과 법률에 적합하여야 한다. 즉 헌법과 법률의 규정뿐만 아니라, 헌법원칙과 법의 일반원칙도 준수하여야 한다. 또한 경찰하명은 어느 경찰행정청이 누구에게 어떠한 내용으로 하명할 것인지가 명확하여야 하며, 위험방지의 목적으로 발령되었다는 사실을 인식할 수 있는 것이어야 한다.

한편 재량권을 행사하는 경우 재량행사에 하자가 없어야 한다. 재량권을 남용하거나 일탈한 경우 위법한 경찰하명이 된다.

(5) 통지요건

경찰하명도 경찰상 행정행위에 해당하므로 행정행위의 외부적 성립요건과 효력발생요건인 통지와 도달이 있어야 한다.

5) 효과

경찰하명의 상대방인 특정인이나 불특정 다수인은 국가에 대하여 하명의 내용(작위, 부작위, 수인, 급부)을 이행할 경찰의무를 진다. 하명에 따른 의무이행이 법률관계의 발생원인이 될 수도 있다.

하명의 효과의 범위는 하명의 종류에 따라 다르다. 대인적 하명은 특정인의 주관적 사정에 중점을 두고 인신전속적이기 때문에 그 상대방에게만 효과가 있다(건축사에 대한 업무정지명령, 의사에 대한 의료업 정지 등). 그러나 대물적 하명은 특정 물건 · 시설 등 물적 사정에 중점을 두고 행하여지는 경찰하명이다(위법 건축물의 철거 · 개축 등 명령). 이 경우 상대방뿐만 아니라 그 물건 · 시설의 양수인 · 승계인 등에도 그 효력이 미친다. 한편 혼합적 하명은 인적 · 물적 사정을 모두 고려하여 행하여지는 경찰하명(풍속영업에 관련한 하명)으로서 그 효과의 범위는 어느 요소에 보다 중점을 두는가에 따라 구체적으로 판단하여야 한다. 보통은 상대방에 국한되지 아니한다.

경찰하명은 하명의 취소 또는 철회, 기간의 경과, 조건의 성취, 근거법의 폐지 등으로 소멸된다.

6) 위반

경찰하명의 상대방이 하명의 내용인 경찰의무를 이행하지 않은 경우에 그 이행의 확보수단으로서 경찰상 강제집행과 경찰벌이 인정되고 있다. 그러나 명시적인 규정이 없는 한 의무를 위반한 경우에도 법률행위의 효력에는 영향을 주지 않는다.

7) 하자

경찰하명이 명백하고 중대한 법규위반으로 인정되는 경우 그 하명은 당연히 무효이고, 그 상대방이 의무를 위반하거나 불이행하여도 경찰상 강제집행이나 경찰벌의 대상이 되지 아니한다. 무효인 하명의 경우 경찰행정청은 직권으로 언제나 그 무효를 확인할 수 있다.

그러나 경찰하명이 단순위법한 하자를 가진 경우 그 하명은 취소할 수 있는 행정행위가 되어 권한 있는 경찰행정관청이 이를 취소할 때까지 잠정적으로 통용된다. 경찰하명에 하자가 있는 경우 상대방은 취소심판이나 취소소송을 제기할 수 있으며, 경찰하명이 위법인 경우 하명을 한 경찰공무원은 형사책임 또는 국가배상책임을 지게 된다. 그리고 하명에 하자가 있는 경우 하자의 일반원리에 따라 하자의 치유와 전환이 인정된다.

8) 경찰하명에 대한 권리구제

적법한 경찰하명으로 인하여 하명의 상대방이 손실을 입었을 경우 원칙적으로 손실보상을 하지 아니한다. 다만, 부득이하게 경찰상 필요로 상대방에게 과중한 재산상의 손실을 가하거나 또는 경찰책임을 지지 아니하는 제3자에게 손실을 가한 경우 그것이 공평의 원칙에 반하여 특별한 손실이라고 인정되는 경우 보상을 하여야 한다(「소방기본법」 제25조).

그리고 위법한 경찰작용으로 인하여 권익이 침해당한 상대방은 행정쟁송, 손해배상 및 결과제거 청구, 정당방위, 진정, 청원, 공무원에 대한 고소 · 고발을 통하여 권익을 구제받을 수 있다.

3. 경찰허가

1) 개념

경찰허가(警察許可)란 경찰법규로 정하여진 일반적 상대적인 경찰금지를 특정한 경우에 해제하여 적법하게 금지된 행위를 할 수 있도록 하는 행정행위이다. 실정법상으로 면허, 인가, 특허, 승인, 등록 등의 용어로 사용된다.

경찰허가는 상대적 금지에 대해서만 가능하고(영업허가, 총포화약류제조허가, 운전면허, 의사면허), 절대적 금지에 대하여는 불가능하다(미성년자의 음주, 흡연 금지).

2) 성질

허가는 금지를 해제하여 자유를 회복시켜 주는 행위이므로 수익적 행정행위이며, 그 이익을 누리고자 하는 자가 신청하여야 하므로 신청을 요하는 행정행위이다(협력을 요하는 행정행위). 그리고 허가를 형성적 행위로 보는 견해도 있지만, 명령적 행위의 일종이다(통설, 판례). 또한 행정청은 허가신청이 법규에서 정한 요건을 구비한 때에는 허가를 하여야 하므로 행정청이 허가 여부를 결정하는 것은 기속행위이다.[36] 또한 허가는 통상 처벌요건이다. 무허가 행위는 처벌을 받을 뿐이고 그 행위의 효력에는 영향을 주지 않는다.

3) 형식 · 절차

경찰허가는 개인의 신청에 기하여 항상 구체적인 행정행위의 형식을 취하는 허가처분만이 있으며, 직접 법령에 의한 법규허가는 존재하지 아니한다.

보통 경찰허가는 서면으로 행하여지지만 관계법규가 특별한 형식을 규정하고 있는 경우도 있다(운전면허 등). 경찰허가는 원칙적으로 상대방의 신청에 의하여 행하여지나 예외적으로 직권에 의하여 불특정 다수인에게 행하여지는 경우도 있다(도로통행금지 해제).

허가는 법률에 근거를 두어야 한다. 허가를 신청한 후 경찰행정청이 허가를 하기

36) 허가의 요건을 구비한 경우 반드시 허가를 하여야 하고 허가를 하지 않는 것은 예외이다. 왜냐하면 허가는 개인의 자연적 자유를 회복시키는 행위이므로 허가요건을 구비하고 있음에도 불구하고 허가를 거부하는 것은 불필요하게 개인적 자유를 제한하는 것으로 위법하기 때문이다.

전에 근거 법령이 변경되어 허가기준이 변경된 경우, 원칙적으로 개정법령에 따라야 한다(처분시설, 판례).

4) 대상과 상대방

경찰허가는 보통 사실행위를 대상으로 한다(건축허가 등). 예외적으로 법률행위인 경우가 있는데(무기양도허가), 이 경우에도 법률행위 그 자체를 심사의 대상으로 하는 것이 아니라 그 내용인 사실행위를 대상으로 한다.

경찰허가는 신청한 특정인에게 개별적으로 부여하는 것이 원칙이지만(개별허가), 불특정 다수인에게 할 수도 있다(보도관제의 해제, 통행금지의 해제 등). 이 경우 신청을 요하지 아니한다.[37]

5) 요건

(1) 실질적 요건

경찰법규가 규정하고 있는 허가요건이 구체적으로 상이한 내용을 가지고 있다고 하여도 경찰허가는 사회공공에 대한 위험의 예방 · 제거를 주목적으로 한다. 그러므로 허가는 내용상 무위험성(자동차운행허가에서 자동차의 안전성 확보), 신뢰성(전과경력자의 허가 제한), 전문성(자동차 운전면허시험 합격)을 요건으로 한다.

(2) 절차적 · 형식적 요건

경찰허가는 공익상 필요보다 당사자의 이익을 위한 것이 보통이므로 법령에 특별한 규정이 없는 한 상대방의 신청을 요한다(쌍방적 행정행위). 신청이 없으면 무효이다.

경찰허가는 일정한 시험 · 검사 등을 거칠 것을 요구하는 경우가 있다(「도로교통법」상의 운전면허 등). 이 경우 법령이 요구하는 확인행위(합격결정 등) 없이 한 경찰허가는 무효이다. 그리고 물건의 확인(품질검사)을 요구하는 경우도 있는데, 품질검사의 합격은 확인행위이며, 불합격처분에 대하여 항고쟁송을 제기할 수 있다. 기타 수수

37) 도로교통상의 교차로 · 커브길 · 경사 · 방향표시 등 위험과 안내 표지는 경찰하명이 아니라 단순한 안내에 불과하다. 그러나 우선통행, 주차금지, 대기선은 경찰하명에 해당한다. 경찰공무원이 특정인 또는 불특정다수인에게 행한 표시와 지시 또는 교차로에서의 신호는 일반허가 또는 일반하명에 속한다. 그리고 교통신호등에 의한 신호도 마찬가지이다. 신호의 변경은 반복적인 고지에 해당한다.

료 · 조세의 납부,[38] 공적 증명[39] 등이 부과되기도 한다.

일정한 경우 법률상 이웃주민의 동의를 요구하거나 다른 행정청의 동의 또는 합의를 필요로 하는 경우도 있다.

하나의 경찰허가에 입법목적을 달리하는 2 이상의 법령에 의하여 허가를 받아야 하는 경우 관련 법령이 정한 모든 요건을 갖추어야 허가를 받을 수 있다.[40]

6) 부관

법령에 엄격히 기속된 경찰허가에서는 법령이 직접 경찰허가의 효과를 제한하는 법정조건, 법정기한, 법정부담을 규정하고 있으나, 경찰관청이 처분으로 부관을 붙일 수 없다. 이에 반하여 재량허가에서는 부관을 붙일 수 있다.

7) 효과

(1) 효과의 내용

경찰허가의 본질은 일반적 금지를 해제하고 자연석 사유를 회복하여 그 행위를 적법하게 행할 수 있게 하는 것이다. 경찰허가로 나타나는 이익은 법적 권리가 아니고 반사적 이익에 불과한 경우가 대부분이고, 예외적으로 법적 보호이익에 해당하는 경우도 있다. 법적 보호이익에 해당하면 행정쟁송을 제기할 수 있다. 경찰허가는 관계법상 경찰금지를 해제할 뿐 다른 법률상의 경찰금지나 다른 행정목적상의 금지나 제한을 해제하지는 않는다.[41]

무허가행위의 법률상 효과는 원칙상으로 유효하며, 당연 무효가 아니다.[42] 다만, 무허가행위는 금지의무위반으로 경찰벌 또는 경찰강제의 대상이 된다.[43] 따라서 경

---

38) 법률 또는 이에 의거한 명령에 의하여 수수료 또는 조세의 납부를 경찰허가의 요건으로 할 때가 있다(면허시험, 면허증의 교부 또는 재교부 등의 수수료 부과). 허가받은 자에게 조세를 부과하는 경우도 있다(「지방세법」 제161조 의사면허세).

39) 허가받은 자와 받지 않은 자를 구별하기 위하여 법령의 규정에 의하여 일정한 형식의 공증행위를 허가의 효력발생 요건으로 하는 경우가 있다(자동차운전 면허증 교부).

40) 예를 들면, 주유소 영업허가에는 「석유사업법」, 「건축법」, 「도시계획법」, 「소방기본법」, 「주택건설촉진법」 등에서 요건을 규정하고 있으며, 이들 요건을 모두 갖추어야 허가를 얻을 수 있다.

41) 공무원에 대한 영업허가가 있어도 공무원법상의 영리행위 금지를 해제하지는 않는다.

42) 무허가영업행위로 생긴 채권채무 등 법률행위의 효과는 그대로 유효하다.

43) 무허가 건축물은 철거되고 건축주는 경찰벌을 받는다.

찰허가는 적법요건이며, 유효요건은 아니다.

종기가 있는 기한부 경찰허가는 종기의 도래로 그 효력을 상실한다. 허가의 종기가 도래하기 전에 갱신신청이 있었으면 기한 전에 갱신허가가 없더라도 허가된 행위를 계속할 수 있으며, 그 후 갱신이 거부되더라도 비례의 원칙상 장래에 향해서만 허가의 효력이 소멸된다.

(2) 효과의 범위

대인적 허가는 특정인의 주관적 사정(지식, 경험, 기술 등)을 심사하여 허가하는 것이므로 그 효과는 일신전속적이며 이전성이 없다.[44] 그러나 대물적 허가는 물건의 구조 · 성질 · 설비 등 객관적 사정을 심사하여 허가하는 것이다. 따라서 물건 또는 사업의 양도 · 상속 등에 수반하여 양수인 · 상속인에게도 그 효과가 미친다.[45] 한편 혼합적 허가는 인적 자격요건과 물적 요건을 동시에 고려하여 허가하는 것이다.[46] 혼합적 허가의 효과는 원칙적으로 이전할 수 없으나 법률이 경찰관청의 허가 · 승인 등을 얻어 이전할 수 있도록 규정하는 경우가 있다.

경찰허가는 원칙적으로 허가를 한 경찰관청의 관할구역 안에서만 효과가 있다. 그러나 관계법령의 규정이 있거나 또는 성질상 그 관할구역 내에 한정시킬 것이 아닌 경우에는 경찰관청의 관할구역 밖에까지 미치는 경우가 있다.[47]

일반적으로 경찰허가는 소멸될 때까지 그 효력이 지속되지만, 법규 또는 부관으로 시간적 한계를 정한 경우 경찰허가는 그 때까지만 효력이 있다.

8) 소멸과 갱신

경찰허가는 허가기간의 경과, 목적물의 소멸, 사업의 불착수, 허가의 효과의 포기, 상대방의 사망, 경찰허가의 취소 · 철회 · 실효 등으로 인하여 소멸된다.

기존의 경찰허가의 기간을 연장하는 것을 허가의 갱신이라 한다. 일반적으로 허

---

44) 수렵면허, 운전면허, 의사면허 등.

45) 차량검사합격처분, 택시미터기 검사, 건축허가, 음식점영업허가 등.

46) 전당포영업허가, 고물상영업허가, 화약류판매허가, 가스사업허가, 총포화약류제조허가 등.

47) 자동차운전면허, 차량검사합격, 이용사 · 미용사 면허, 신용조사업에 대한 영업허가 등은 전국적으로 효력이 있다.

가의 갱신은 기한의 도래 전에 하여야 하며, 갱신 전후의 행위는 하나의 행위로서 효과가 발생한다. 이 경우 허가의 갱신은 기한의 연장 또는 허가를 전제로 하여 그 효과를 존속시키는 행위이다. 만약 기한의 도래 전에 허가를 신청하였으나 도래 후에 갱신이 이루어진 경우 특별한 사정이 없는 한 기한의 도래 전에 갱신한 것과 동일하게 간주한다.

그러나 기한의 도래 후에 갱신 신청을 하였고, 허가가 갱신되었다면 갱신 전후의 행위는 별개의 행위로서 효과가 발생한다. 즉 종전의 허가는 실효되고 별개의 새로운 허가가 있는 것으로 본다. 기한의 도래 전에 신청하였으나, 기한이 도래된 후 갱신이 거부된 경우 종래의 허가의 효력은 종기의 도래로 소멸한다.

9) 하자

경찰허가의 하자가 중대 · 명백하여 무효인 경우 허가에 따라 행위를 한 자는 결과적으로 경찰금지를 위반한 것이므로 원칙적으로 경찰상 강제집행이나 경찰벌의 대상이 된다.

경찰허가에 취소의 원인이 있는 경우 법령에서 반드시 취소하도록 규정하고 있는 경우에는 기속된 취소이다. 그러나 경찰허가를 취소할 것인지에 대하여는 경찰관청의 재량에 의하는 경우가 보통이다. 이 경우 재량은 기속재량행위이다.

경찰허가를 받은 행위가 사후에 공공의 안녕과 질서에 반하게 된 경우 또는 허가받은 자가 상당한 기간 내에 허가된 행위를 실행하지 않은 경우 철회할 수 있다.

하자가 있는 경찰허가는 일정한 경우 치유 · 전환의 법리에 의하여 유효한 행위로 인정될 수 있다.

10) 경찰허가에 대한 권리구제

적법한 경찰허가로 인하여 손실을 입은 자는 행정상 손실보상을 청구할 수 있다. 그리고 위법한 경찰허가로 인하여 권익을 침해당한 허가의 상대방은 행정쟁송, 행정상 손해배상 및 결과제거 청구, 정당방위, 진정, 청원, 공무원에 대한 고소 · 고발을 통하여 권익을 구제받을 수 있다.

4. 경찰특허

1) 개념

특허(特許)란 특정인을 위하여 권리, 능력, 포괄적 법률관계 등 새로운 법률상의 힘을 부여하는 설권행위를 말한다.

2) 방식과 상대방

특허는 상대방의 신청, 즉 출원을 요하는 쌍방적 행정행위이다. 특허 여부는 법률상의 특별한 규정이 없는 한 자유재량행위에 속한다. 따라서 특허 여부의 판단은 공익적 견지에서 행정청이 자유롭게 할 수 있다.

특허는 신청을 전제로 하므로 신청을 한 특정인에 대해서만 행하는 개별특허만 있다. 불특정 다수인에 대한 일반특허는 신청 없는 특허를 의미하기 때문에 불가능하다.

3) 형식

특허는 원칙적으로 구체적인 행정행위의 형식인 특허처분으로 행할 수도 있고, 법규에 의한 법규특허도 가능하다(법률에 의한 공법인 설립). 특허는 허가의 경우와 마찬가지로 불요식 행위이다.

4) 효과

특허는 상대방에게 권리 등 새로운 법률상의 힘을 발생시킨다.[48] 따라서 제3자가 특허에 의한 법률상의 힘을 침해하면 권리침해가 되어 손해배상이 문제된다.

그리고 대인적 특허는 일신전속적인 것으로서 이전성이 없으나(귀화허가 등), 대물적 특허는 자유로이 이전할 수 있거나 행정청에 신고 또는 그 승인으로 이전할 수 있다.

또한 동일지역 또는 동일대상에 대해 양립할 수 없는 이중특허는 금지된다. 만약 이중특허가 있는 경우 특별한 사유가 없는 한 나중의 특허는 무효로 된다.

특허가 없이 한 행위는 무효이다. 그러므로 특허는 효력발생요건(유효요건)이다.

---

48) 발생하는 권리는 공권의 성질을 갖는 것(공물사용권, 공기업특허 등)과 사권의 성질을 갖는 것(광업권, 어업권 등)이 있다.

5. 경찰인가

1) 개념

인가(認可)는 행정객체와 제3자 사이에서 행하는 법률행위를 행정주체가 동의로서 보충하여 그 법률상 효력을 완성시켜 주는 행정행위를 말한다.[49]

2) 성질

인가는 행정객체의 법률행위를 보충하여 그 효력을 완성시켜 주는 보충행위이다. 따라서 자체적으로 독립된 행위인 특허와 구분된다.

그리고 인가는 항상 신청에 의하여 이루어지는 쌍방적 행정행위이며, 법령에 특별한 규정이 없으면 기속행위이다.

3) 신청과 상대방

인가는 신청을 요하는 행위로서 유효한 법률행위를 하고자 하는 자가 신청을 하여야 한다. 인가는 그것을 신청한 특정인에 대한 개별인가만 인정되고, 불특정다수인에 대한 일반인가는 허용되지 아니한다.

4) 형식

인가는 항상 구체적인 처분의 형식을 취하고(인가처분), 법령에 의한 법규인가는 없다. 그리고 인가는 법령에서 일정한 형식을 요구하는 경우를 제외하고 불요식 행위이다.

5) 대상

인가는 유효요건이므로 법률행위만을 대상으로 한다. 인가의 대상인 법률행위에는 공법적 행위(공공조합의 설립인가 또는 정관변경인가)와 사법상 행위(비영리법인의 설립인가, 특허기업의 사업양도인가, 하천점유권 양도인가)가 있다.

---

49) 인가의 예로서, 사업양도의 인가, 비영리법인설립 인가, 공공조합설립 인가, 지방채기채 승인, 공공조합의 정관변경, 특허기업의 요금 · 운임 인가, 사립대학 설립인가, 법인의 임원에 대한 감독청의 취임승인처분 등을 들 수 있다.

인가는 법률효과를 수반하지 아니하는 사실행위를 그 대상으로 할 수 없다.

6) 효력

인가는 보충행위이므로 인가에 의하여 행정객체의 법률행위는 유효한 것이 되고, 그 효과가 발생된다. 그 효과에는 사법적인 것(특허기업의 운임 인가)과 공법적인 것(지방채 기채 승인)이 있다.

인가는 법률행위만을 그 대상으로 하기 때문에, 그 효과는 당해 법률행위에 한하여 발생하고 타인에게 이전되지 아니한다.

인가는 법률행위의 유효요건(효력요건)이다. 특정 법률행위에 대해 행정목적의 달성을 위하여 행정청의 동의 없이 효력을 발생하지 아니하도록 법률이 제한하는 경우 행정청의 동의가 행위의 효력요건이 된다. 따라서 인가 없는 행위는 원칙적으로 무효이다.

6. 준법률행위적 행정행위

1) 확인행위

확인(確認)은 특정의 사실(발명특허) 또는 법률관계(무효등확인재결)의 존부 또는 정부에 관하여 의문이 있는 경우 행정청이 공적 권위로서 그것을 판단하여 확정하는 행정행위이다. 확인은 새로운 법률관계를 창설하는 것은 아니라 기존의 사실 또는 법률관계를 유권적으로 확정하는 판단의 표시이다.[50]

확인행위는 어떤 사실 또는 법률관계의 존부 · 정부 여부를 판단 · 확정하는 행위로서 법원의 판결과 비슷한 법선언적 행위이고, 광의의 사법행위의 성질을 가진다. 그리고 확인은 어떤 사실 또는 법률관계의 존부 · 정부가 객관적으로 확정되는 경우 행정청은 이에 구속되어 확정해야 하므로 기속행위이다.

확인은 어떠한 사실 또는 법률관계의 존부 또는 정부를 공적 권위로서 확정하는 효력을 가지므로 임의로 변경할 수 없는 불가변력이 발생한다.

---

50) 당선인 결정, 국가시험합격자 결정, 도로 · 하천구역의 결정, 행정심판의 재결, 이의신청의 결정 등을 들 수 있다.

2) 공증행위

공증(公證)은 특정한 사실 또는 법률관계의 존부를 공적으로 증명하는 행위이다. 즉 의문이나 다툼이 없는 사항 또는 이미 확인된 사항을 공적 권위로써 형식적으로 이를 진실하다고 증명하는 인식의 표시이다.[51] 따라서 일정한 사실 또는 법률관계가 객관적으로 존재하는 한 공증을 하여야 하므로 기속행위이다.

공증은 특정한 사실 또는 법률관계의 존부를 공적으로 증명하는 효력을 가지므로 공적 증거력이 발생한다. 그러나 이 증거력은 그 증명한 것에 대한 반증이 있을 때까지만 일응 진실한 것으로 추정되는데 그친다. 그에 대한 반증이 있으면 행정청의 취소를 기다리지 않고 그 증거력을 문제 삼을 수 있고 번복할 수도 있다.

3) 통지행위

통지(通知)는 어떤 사실을 특정인 또는 불특정 다수인에게 알리는 행정행위이다.[52] 통지는 의사표시가 아니고 어떤 사실에 관한 관념, 희망 또는 의견을 표명하는 것이다. 아무런 법적 효과를 발생하지 않은 통지는 사실행위이다.

통지의 법적 효과는 개별 법규에서 정하고 있다. 예를 들면 납세의 독촉이 있으면 행정주체는 체납처분의 권리를 가지게 된다.

4) 수리행위

수리(受理)는 행정청이 타인의 행위를 유효한 것으로 받아들이는 수동적인 행위를 말한다.[53]

수리가 있으면 신고한 행위를 행정청이 유효한 행위로 받아 주는 효과가 있다. 신청서가 형식적 요건을 구비하지 못한 경우 행정청은 보정명령을 내릴 수 있고, 일정한 기간까지 요건을 구비하면 수리한 것으로 인정된다. 그 기간까지 보정되지 아니하면 수리는 거부된 것으로 본다.

---

51) 부동산등기부 등기, 외국인등록부 등록, 가옥대장 · 토지대장 · 하천대장 · 광업원부 등재, 선거인명부 등재, 회의록 · 의사록 기재 등, 당선증서 · 합격증서 · 졸업증서 발급, 주민등록등본 발급, 면허증 발급, 여권발급, 영수증 · 면허장 · 특허증 · 비과세증명 등의 교부, 검인 · 직인 압날 등이 있다.

52) 토지세목의 공고 및 통지, 특허출원의 공고, 귀화의 고시, 토지수용에 있어서 사업인정 고시, 당연퇴직자에 대한 퇴직통보, 납세 독촉, 대집행 계고 등을 들 수 있다.

53) 각종 원서, 신고서, 소원장, 청구서, 신청서 등의 수리가 이에 해당한다.

행정청이 신청을 거부하는 것을 각하라 한다. 즉 각하란 행정청이 타인의 의사표시행위를 부적법한 것으로 인정하여 수리를 거부하는 소극적 행정행위이다. 수리나 수리의 거부는 각각 독립된 행정처분이므로 이에 대하여 행정쟁송을 제기할 수 있다. 수리의 거부로 인하여 손해가 발생한 경우에는 행정상 손해배상을 청구할 수 있다.

7. 경찰상 자동기계결정

1) 의의

경찰상 자동기계결정이란 동일 또는 동종의 경찰작용이 자동화된 기계장치에 의하여 행하여지는 것을 말한다. 자동기계에 의한 교통신호, 무인교통단속장비에 의한 교통법규위반자 단속, 컴퓨터에 의한 교통단속결과의 처리 및 운전면허 행정처분, 전과 및 지문 등 각종 경찰정보의 기록 · 보존 · 관리, 주차요금계산, 조세부과처분, 객관식문제의 채점과 합격자 결정 등이 그 예이다.

2) 법적 성질

자동기계에 의한 행정결정도 내용적으로 보면 공무원이 작성하여 입력한 프로그램에 의하여 행하여진다. 즉 이들 결정은 본질적으로 공무원이 기계를 사용하여 행하는 결정이므로 공무원이 직접 행하는 행정결정과 본질적인 차이가 없다. 따라서 자동기계결정이 행정행위의 일반적 징표를 갖추고 있는 경우 행정행위로 보아야 한다.

자동기계결정은 국민에게 일정한 구체적인 법적 효과를 발생시키므로 단순한 사실행위라고 할 수 없다.

3) 특례

자동기계결정을 일종의 행정행위로 본다면 그 행위도 다른 일반적인 행정행위와 같은 성립 · 발효요건을 갖추어야 한다. 그러나 자동기계결정은 자동기계에 의하여 반복적 · 대량적으로 행해진다는 점에서 특정인을 상대로 발령되는 일반적인 행정행위와 다른 특수성이 있다. 이 특수성을 고려하여 자동기계결정에는 일반적인 행정행위와 다른 일정한 특례를 인정할 수 있을 것이다.

우리 「행정절차법」은 이러한 특례를 인정하지 않고 있다. 다만, 단순 · 반복적인 처분 또는 경미한 처분으로서 당사자가 그 이유를 명백히 알 수 있는 경우 또는 긴급을 요하는 경우 당사자에게 그 근거와 이유의 제시를 생략할 수 있고(제23조), 행정처분의 문서주의 원칙에 대한 예외로서 신속을 요하거나 사안이 경미한 경우에는 구술 기타 방법으로 할 수 있다(제24조).

그리고 「정보통신망 이용촉진 및 정보보호 등에 관한 법률」에서는 전자문서에 관한 약간의 특례를 인정하고 있다. 일정한 요건에 의하여 처리되는 전자문서와 그 문서상의 명의인을 표시한 문자 및 공인전자서명은 각각 당해 법령이 정한 문서와 당해 문서상의 서명날인으로 보며, 허가 등을 전자문서로 처리한 경우에는 당해 법령에서 정한 절차에 의하여 처리한 것으로 본다(제18조). 그리고 전자문서는 작성자 외의 자 또는 작성자의 대리인 외의 자가 관리하는 컴퓨터에 입력된 때에 송신된 것으로 보며, 수신자가 전자문서를 수신할 컴퓨터를 지정한 경우에는 지정한 컴퓨터에 입력된 때 또는 지정하지 아니한 경우에는 수신자가 관리하는 컴퓨터에 입력된 때 전자문서가 수신된 것으로 본다(제19조).

그리고 대통령령으로 공표된 「사무관리규정」에서는 전자문서의 결재방식으로서 전자이미지서명 · 전자서명, 전자문서의 송달 등에 대하여 규정하고 있다.

4) 하자와 권리 구제

자동기계결정에 의한 행정행위의 하자는 기계의 이상 또는 프로그램을 작성하는 공무원의 과실에 의하여 발생할 수 있다. 자동기계결정을 행정행위라고 한다면 그에 하자가 있는 경우 행정행위의 하자의 일반론에 따라 무효 또는 취소할 수 있다. 즉 하자가 중대하고 명백하면 무효이고 그 밖의 하자는 취소할 수 있다. 자동기계결정에 쉽게 알 수 있는 오기 · 오산이 있는 경우 특별한 절차 없이 언제든지 그것을 정정할 수 있다.

위법한 자동기계결정으로 그 권리 · 이익이 침해된 자는 「국가배상법」이 정하는 바에 의하여 그 손해를 배상받을 수 있다. 자동장치의 하자가 공무원의 고의 · 과실에 의한 경우 「국가배상법」 제2조에 의해, 자동기계의 설치 · 관리에 하자가 있는 경우 제5조에 의해 국가의 배상책임을 인정할 수 있다.

자동신호기의 고장으로 손해가 발생한 경우에도 그 피해자는 「국가배상법」 제5조에 따라 손해배상을 받을 수 있다. 그러나 이 경우 국가 등의 손해배상은 고장난 자동신호기에 의한 신호의 위법성이 아니라 영조물인 자동신호기 작동의 하자에 따른 것이라 할 수 있으므로 엄격하게 말하면 자동기계결정에 대한 권리구제의 문제가 아니라고 할 것이다.

Ⅲ 경찰상 행정행위의 부관

1. 의의

일반적으로 행정행위의 부관(附款)이란 행정행위의 일반적 효과를 제한하기 위하여 그 행위의 주된 의사표시에 부가되는 종된 의사표시를 말한다(다수설). 행정행위의 부관은 행정청의 의사표시에 의한 것이므로, 법규가 직접 특정한 행정행위의 효과를 제한하는 법정부관과 구별된다.[54]

2. 종류

행정행위의 부관에는 조건, 기한, 부담, 철회권 유보, 법률효과의 일부배제가 있다.

1) 조건

조건(條件)은 행정행위의 효력의 발생 또는 소멸을 장래에 발생이 불확실한 어떤 사실의 성부(成否)에 의존하게 하는 행정청의 의사표시를 말한다.

조건에는 정지조건과 해제조건이 있다. 정지조건(停止條件)은 조건이 성취되면 행정행위의 효력을 비로소 발생하게 하는 부관이다.[55] 정지조건부 행정행위(停止條件附行政行爲)는 조건이 성취될 때까지 그 효력이 발생하지 아니하며, 그것이 성취되면 효력이 발생한다. 반면에 해제조건(解除條件)은 조건이 성취되면 발생하고 있던 행정행

54) 법정부관으로서는 자동차검사 유효기간, 광업권 존속기간, 수렵면허기간, 공무원 조건부임용, 인감증명 유효기간 등이 있다.

55) 시설완성을 조건으로 한 학교법인 설립인가, 도로확장을 조건으로 하는 여객자동차운수사업면허, 우천이 아닐 것을 조건으로 하는 옥외집회장소허가 등을 들 수 있다.

위의 효력을 상실하는 부관이다.[56] 해제조건부 행정행위(解除條件附 行政行爲)는 행정행위의 성립과 동시에 효력이 발생하지만 조건의 성취와 동시에 그 효력이 소멸한다.

2) 기한

기한(期限)은 행정행위의 효과의 발생 또는 소멸을 장래 도래할 것이 확실한 어떤 사실에 의존하게 하는 행정청의 의사표시를 말한다. 기한은 해당 사실의 도래가 확실하다는 점에서 조건과 다르다.

기한의 도래로 행정행위의 효력이 발생하는 시기와 효력이 소멸하는 종기가 있다.[57] 그리고 기한에는 당해 사실의 도래시점이 확정되어 있는 확정기한과 도래시점이 확정되지 않은 불확정기한(사망할 때까지 연금을 지급한다)이 있다.

3) 부담

부담(負擔)은 행정행위의 주된 의사표시에 부가하여 그 상대방에게 작위·부작위·급부·수인을 명하는 행정청의 의사표시이다.[58]

부담은 다른 부관과 달리 행정행위의 효력발생이나 소멸과 관련된 것이 아니기 때문에 그 자체가 하나의 독립된 행정행위이고, 하명의 성질을 가진다. 따라서 부담은 단독으로 행정쟁송의 대상이 된다. 그리고 사후부담이나 부담의 사후변경도 가능하다(판례).

부담이 불이행되었다고 효력이 당연히 소멸되지 않는다. 행정청은 부담의 불이행을 이유로 본체인 행정행위를 철회할 수 있고 철회하면 행정행위의 효력이 없어진다. 그리고 부담을 불이행하면 행정상 강제집행 또는 일정한 제재를 받는다. 부담의 불이행을 이유로 그 후의 단계적 조치를 거부하는 것도 가능하다.[59]

---

56) 6개월 내에 공사착수를 조건으로 하는 공유수면매립면허를 그 예로 들 수 있다.

57) 예를 들면, 3월 1일부터 허가한다는 기한은 시기에 해당하고, 8월 31일까지 허가한다는 기한은 종기에 해당한다. 시기와 종기가 결합되는 경우도 있다.

58) 예를 들면, 영업허가를 하면서 종업원의 건강진단의무 등 각종 의무의 준수를 명하는 것, 도로·하천 점용허가를 하면서 점용료 납부를 명령하는 것, 건축허가를 하면서 각종 부담을 명하는 것 등을 들 수 있다.

59) 건축허가를 할 때 붙인 부담의 불이행을 이유로 그 후의 준공검사를 하지 않을 수 있다(대판 1985. 2.8, 83누625).

부담은 그가 달성하려고 하는 공익의 내용 · 정도와 그로 인하여 입게 되는 상대방의 불이익의 내용 · 정도가 비례의 원칙에 합치되어야 한다. 따라서 비례의 원칙을 벗어난 부담은 재량권 남용이 된다.

4) 철회권의 유보

철회권 유보(撤回權 留保)란 행정행위의 주된 의사표시에 부가하여 장차 일정한 사정 하에서 행정청이 그 행정행위를 철회할 수 있는 권한을 미리 유보하는 행정청의 의사표시이다.[60)]

철회권 유보는 개별법령에 그 근거를 두고 있는 경우 당연히 철회를 할 수 있으며, 법적 근거가 없어도 가능하다.

5) 법률효과의 일부배제

법률효과의 일부배제는 행정행위의 주된 의사표시에 부가하여 법률이 그 행위에 부과한 행정행위의 효과 중의 일부를 배제 · 제한하는 행정청의 의사표시이다.[61)]

3. 한계

1) 부관의 가능성

재량행위에는 법령에 명문의 규정이 없더라도 부관을 붙일 수 있으나, 기속행위에는 법령상 특별한 근거가 없다면 부관을 붙일 수 없고, 붙였다 하더라도 부관은 무효이다.

그리고 원칙적으로 법률행위적 행정행위에는 부관을 붙일 수 있고, 준법률행위적 행정행위에는 법령상 부관을 붙일 수 있다는 수권규정이 없는 한 원칙적으로 부관을 붙일 수 없다.

---

60) 예를 들면, 공기업특허를 하면서 특허명령서에 따른 내용을 위반하면 특허를 취소한다는 부관 또는 숙박업 영업허가를 하면서 윤락행위를 알선하면 허가를 철회한다는 부관 등을 들 수 있다.

61) 택시의 부제 운행 또는 격일제 운행, 버스의 노선지정, 야간에만 영업할 것을 조건으로 하는 시장개설허가, 운동장사용허가를 하면서 그 일부분의 사용을 금지하는 것 등을 그 예로 들 수 있다.

2) 부관의 한계

행정행위의 부관이란 행정행위의 효과를 제한하기 위하여 주된 의사에 붙여지는 종된 의사표시이므로 종적 지위를 지나쳐 주된 의사표시를 유명무실하게 할 정도로 행정행위의 효과를 제한할 수 없다.

4. 부관의 하자와 행정행위의 효력

행정행위의 부관이 그 한계를 넘어 위법 · 부당한 경우 그 부관은 하자있는 부관이 된다. 그 하자가 중대 · 명백한 경우에는 부관이 무효이고, 단순 위법인 경우에는 부관을 취소할 수 있다.

부관이 행정행위의 본질적 요소가 아닌 경우 부관에 하자가 있으면 부관만 무효 또는 취소가 되고 본체인 행정행위는 부관이 없는 유효한 행위로서 효력을 가진다. 그러나 부관이 본질적 요소인 경우 부관에 하자가 있으면 부관과 함께 본체인 행정행위가 무효 또는 취소된다. 즉 부관이 없었으면 주된 행위를 하지 않았을 것이라고 인정되는 경우에는 부관부 행정행위 전체가 무효로 된다. 또한 부관이 단순 위법하여 취소할 수 있는 경우에는 권한 있는 기관이 취소할 때까지 부관은 효력을 가지고 유효한 부관부 행정행위로 통용된다. 다만, 부관이 행정행위의 본질적인 부분을 이루고 있으므로 부관이 무효인 경우와 같이 부관을 취소하면 행정행위를 취소할 수 있다.

5. 하자있는 부관에 대한 쟁송방법

위법 · 부당한 부관이 붙은 행정행위의 취소 · 변경을 요구하는 행정쟁송을 제기함에 있어서 본체인 행정행위와 분리하여 그 부관에 대해서만 취소 · 변경을 요구하는 행정쟁송을 제기할 수 있는가.

부담은 그 자체로서 하나의 독립된 행정행위이기 때문에 본체인 행정행위와 별도로 그 자체로서 행정쟁송의 대상이 될 수 있다. 그러나 부담 이외의 부관의 경우, 부관에 하자가 있으면 부관 자체를 독립한 쟁송대상으로 할 수 없고, 부관부 행정행위를 하나의 행정행위로 보아 취소쟁송을 제기하여야 한다.

Ⅳ 경찰상 행정행위의 성립과 효력

1. 행정행위의 성립

1) 의의

행정행위는 적법 · 유효하게 성립된 경우에 한하여 완전한 효력을 발생한다. 행정행위가 효력을 발생하려면 성립요건과 효력발생요건(유효요건)을 구비하여야 한다.

2) 행정행위의 성립요건

(1) 주체에 관한 요건

행정행위는 적법하게 구성되고 정당한 권한을 가진 행정청이 그 권한의 범위 내에서 정상적인 의사를 가지고 행한 것이어야 한다.

(2) 내용에 관한 요건

행정행위는 그 내용이 법과 공익에 적합하고(적법 · 타당), 법률상 사실상 실현가능하고 객관적으로 명확하여야 한다.

(3) 절차에 관한 요건

법령이 소정의 절차를 요건으로 규정하고 있을 때에는 이에 따라야 한다.

(4) 형식에 관한 요건

행정행위는 원칙적으로 특별한 형식을 요하지 않는 불요식행위이다. 그러나 요식행위인 경우 일정한 형식에 따라 상대방의 주소 · 성명 · 행위의 내용 · 일자 등을 기재하고, 행정청의 관인을 날인하여야 한다. 그리고 불이익처분에 대해서는 행정청이 이유부기를 하여야 한다.

(5) 외부적 성립요건

행정행위는 행정결정을 외부에 알리는 행위이므로 외부에 표시하여야 비로소 성립한다. 따라서 외부에 표시하지 않고 행정기관 내부에서 의사결정만 있거나 서면으로 작성한 것만으로는 행정행위가 성립된 것으로 볼 수 없다(행정행위의 부존재가 된다). 그리고 행정행위가 일단 성립하면 그것이 상대방에 도달되지 않더라도 행정청은 이유 없이 이를 취소·변경할 수 없다.

3) 행정행위의 유효요건

행정행위는 법규 또는 부관(정지조건·시기)에 의한 제한이 있는 경우를 제외하고, 외부적 성립요건인 표시행위가 있으면 성립과 동시에 효력이 발생한다.

행정행위가 특정인에 대하여 하는 경우와 같이 상대방의 수령을 요하는 경우 원칙적으로 상대방에 통지되어 도달되었을 때 그 효력이 발생한다(도달주의).[62] 통지는 송달 또는 공고의 방법에 의한다. 「행정절차법」에서 규정하고 있는 송달의 방법은 우편·교부 또는 정보통신망 이용 등의 방법에 의하되 송달받을 자의 주소·거소·영업소·사무소 또는 전자우편주소로 한다. 다만, 송달받을 자가 동의하는 경우에는 그를 만나는 장소에서 송달할 수 있다. 정보통신망을 이용한 송달은 송달받을 자가 동의하는 경우에 한한다.

격지자(隔地者)에 대하여 우편송달을 하는 경우 상대방에게 도달이 입증되어야 한다. 이를 위하여 등기우편 등 특수우편을 사용하여야 한다. 보통우편에 의한 송달은 상당한 기간 내에 도달한 것으로 추정할 수 없다. 그리고 정보통신망을 이용하여 전자문서로 송달하는 경우에는 송달받을 자가 지정한 컴퓨터 등에 입력된 때에 도달된 것으로 본다.

송달받을 자의 주소 등을 통상의 방법으로 확인할 수 없는 경우 또는 송달이 불가능한 경우에는 송달받을 자가 알기 쉽도록 관보·공보·게시판·일간신문 중 하나 이상에 공고하고 인터넷에도 공고하여야 한다. 공고의 경우 다른 법령 등에 특별한 규정이 있는 경우를 제외하고는 공고일부터 14일이 경과한 때에 그 효력이 발생한다. 다만, 긴급히 시행하여야 할 특별한 사유가 있어 효력발생시기를 달리 정하여 공고한 경우에는 그에 의한다.

---

62) 상대방 있는 행정행위는 일반적으로 상대방에 도달함으로써 효력을 발생한다. 언제 도달한 것으로 판단하는가의 문제에 대하여 상대방이 요지(了知)할 수 있는 객관적인 상태에 놓여있을 때 도달한 것으로 보며, 상대방이 그 내용을 현실적으로 요지할 것을 요하지는 않는다.

2. 행정행위의 효력

1) 의의

행정행위는 행정주체가 법 아래서 구체적인 사실에 관한 법집행행위로서 행하는 권력적 단독행위로서 공법행위이므로, 행정행위가 적법하게 성립하면 사법행위나 관리행위 등과는 다른 효력이 인정된다. 이것을 행정행위의 효력이라 한다.

일반적으로 행정행위의 효력으로 ㉠ 구속력(기속력), ㉡ 공정력, ㉢ 확정력(존속력), ㉣ 집행력(강제력)을 들고 있다.

2) 구속력

행정행위의 구속력은 행정행위가 그 내용에 따라서 일정한 법적 효과를 발생함과 동시에 그에 따라 상대방, 관계 행정청, 관계인을 구속하는 힘을 말한다. 구속력은 행정주체 뿐만 아니라 행정객체도 구속하는 양면적 구속력을 가진다.

구속력은 행정행위의 다른 효력과 달리 모든 행정행위에 당연히 인정되는 효력이며, 행정행위의 효력 중에서 가장 기본적인 효력이다.

3) 공정력

행정행위의 공정력이란 행정행위의 성립에 하자가 있다고 할지라도, 그것이 중대·명백한 하자로서 당연(절대)무효로 인정되는 경우를 제외하고, 권한 있는 기관이 이를 취소할 때까지는 그 행정행위가 일단 잠정적으로 통용되는 힘을 말한다. 따라서 행정행위의 상대방, 이해관계인 등은 물론 처분청과 다른 국가기관 등도 이에 구속되어 그 효력을 부정할 수 없다.

4) 존속력

행성행위의 존속력(存續力)이란 행정행위는 공공성을 가지므로 법적 생활의 안정성과 행정목적의 달성을 위하여 그 효력을 취소·변경함이 없이 계속적으로 존속시키려는 힘을 말한다. 이를 행정행위의 확정력(確定力)이라고도 한다. 행정행위의 존속력에는 불가쟁력과 불가변력이 있다.

불가쟁력(不可爭力)이란 행정주체의 위법·부당한 행위에 불복하는 경우 일정한 사유가 있으면 그 행정법관계가 확정되어 행정행위의 상대방 기타 관계인이 그 행정행위의 효력을 더 이상 다툴 수 없게 되는 효력을 말한다. 이를 형식적 확정력이라고도 한다. 불가쟁력이 발생해도 행정행위의 흠이 치유되어 위법성이 제거되는 것이 아니므로, 행정행위의 상대방은 그 위법성을 이유로 손해배상을 청구할 수 있고, 불가변력이 발생하지 않는 한 행정청이 직권으로 이를 취소할 수 있다.

불가변력(不可變力)이란 행정행위의 성립에 하자가 있거나 후발적인 사정변경이 있더라도, 특정한 행정행위에 대해서는 경찰행정청이 직권으로 또는 감독청이 감독권을 발동하여 그 행위를 취소·철회할 수 없는 힘을 말한다. 실질적 확정력이라고도 한다.[63]

불가변력은 법률의 명시적 규정에 의하여 인정되는 경우,[64] 준사법적 행위[65] 등에서 발생한다. 불가변력이 있는 행정행위를 취소·철회하더라도 그 취소·철회는 위법한 것이 된다. 이 경우 당연무효가 아니라 취소사유가 되는데 불과하므로 불가변력이 있는 행위를 취소하면 비로소 그 효력이 상실된다.[66]

불가쟁력과 불가변력은 모두 법률관계의 조속한 확정으로 법적 안정성을 도모하기 위하여 인정된다. 그러나 불가쟁력과 불가변력은 대상, 범위, 효력에 있어서 차이가 있다. ㉠ 불가쟁력은 행정행위의 상대방 또는 이해관계인에 대하여 발생하지만, 불가변력은 행정주체에 대하여 발생한다. ㉡ 불가쟁력은 무효가 아닌 모든 행정행위에서 인정되는 반면에, 불가변력은 특별한 성질을 가진 행정행위에서 인정된다. 그리고 ㉢ 불가변력은 절차법적 효력이지만 불가변력은 실체법적 효력이다.

불가쟁력과 불가변력의 관계는 상호독립적이다. ㉠ 불가쟁력이 발생하여도 불가변력이 발생하지 않는 한 행정기관은 이를 취소·철회할 수 있다. 왜냐하면 불가쟁

63) 학자에 따라서는 이것을 협의의 불가변력이라 하고, 일정한 제한 하에서만 취소·철회할 수 있는 효력, 즉 행정행위의 성질상 그 취소철회가 제한되는 효력을 포함하여 이를 광의의 불가변력이라고 한다. 그러나 이것은 수익적 행위의 취소·철회의 제한문제에 해당한다.

64) 법률의 규정에 의하여 확정판결과 동일한 소송법적 확정력을 인정하는 경우가 있다. 통고처분(「조세범처벌절차법」 제1조), 토지수용위원회의 확정재결(「공익사업을 위한 토지 등의 취득 및 보상에 관한 법률」 제86조) 등을 그 예로 들 수 있다.

65) 일정한 쟁송절차를 거쳐 행하는 확인행위(행정심판의 재결, 소청심사위원회의 결정, 농지위원회의 결정, 이의신청의 결정, 징계처분의 결정, 징계처분에 대한 소청심사위원회의 결정) 또는 쟁송절차와 관계없지만 이해관계인의 참여에 의하여 객관적 절차에 따라 행해지는 확인행위(합격자 결정, 도로·하천구역의 결정(공물의 경계 사정), 도서검정, 발명특허, 과세표준액의 결정 등)에는 불가변력이 발생한다.

66) 대판 1965.4.22, 63누200.

력은 쟁송을 제기하여 그 효력을 더 다툴 수 없는 절차적 효력일 뿐이고, 쟁송제기 기간이 경과하여도 그 행위의 하자가 치유되는 것은 아니기 때문이다. ㉡ 불가변력이 발생한 행위라도 불가쟁력이 발생하지 않았으면 상대방이나 이해관계인은 쟁송을 제기하여 그 취소 등을 요구할 수 있다.

5) 강제력

행정행위의 강제력(强制力)이란 행정의사의 우월성과 실효성을 확보하기 위하여 부과된 의무를 위반 또는 불이행한 때에 의무위반자와 불이행자에게 행정법상 제재를 가하거나 또는 행정청 자신이 행정상 강제집행을 할 수 있는 효력을 말한다. 자력집행력(自力執行力)과 제재력(制裁力)이 있다.

자력집행력은 행정주체가 부과한 의무를 상대방이 불이행한 경우 행정청이 법원의 힘을 빌리지 않고, 스스로의 힘으로 그 의무를 이행시키는 힘을 말한다. 자력집행력에는 행정상 강제집행(대집행, 집행벌, 직접강제, 행정상 강제징수)과 행정상 즉시강제가 있다.

그리고 제재력은 행정상의 의무를 위반한 경우 제재로서 행정벌(行政罰)을 과하여 장차 의무위반을 예방하고 행정목적의 실효성을 담보하는 힘을 말한다. 행정형벌, 행정질서벌(과태료) 등이 있다.

V 경찰상 행정행위의 하자

1. 하자의 일반이론

1) 의의

행정행위의 하자(瑕疵)란 행정행위의 성립요건과 발효요건을 갖추지 못한 것을 말하며, 행정행위의 흠이라고도 한다. 하자 있는 행정행위는 부당행위(不當行爲) 또는 위법행위(違法行爲)가 되어 완전한 효력을 발휘하지 못하고, 무효, 취소 또는 부존재 등이 된다.[67]

---

67) 부당행위란 재량행위에 있어서 공익에 가장 적합하다고 할 수 없는 행위를 말하며, 위법행위는

2) 하자 유무 판단의 기준시

행정행위가 위법 또는 부당한가의 여부는 원칙적으로 행정결정이 최종적으로 이루어진 시점의 법적 상황과 사실상태에 따라 판단한다. 즉 처분시점을 기준으로 한다. 따라서 처분 후 법령의 개폐나 사실상태의 변동에 영향을 받지 아니한다.[68]

2. 하자의 효과로서 무효와 취소 및 부존재

행정행위의 하자는 일반적으로 내용면에서 위법과 부당으로 나누며, 효과면에서 무효원인인 하자와 취소원인인 하자로 분류한다. 그러나 하자 중에서 형식적으로 위법사유에 해당하나 무효 · 취소의 어느 원인에도 해당되지 않는 표현상의 오류[69]가 있다.

1) 무효 원인인 하자가 있는 행정행위

무효 원인인 하자 있는 행정행위는 일정한 위법행위에 한하여 발생한다. 재량행위는 구체적인 공익실현을 위해 가장 적정한 처분이 아니라면 부당행위가 될 뿐이고, 재량권의 한계 내의 처분은 적법한 처분이므로 그 행위의 무효성을 거론할 여지가 없다.

무효 원인인 하자 있는 행정행위는 행정행위의 외관은 존재하지만, 그 하자가 중대 · 명백하여 권한 있는 기관에 의한 취소를 기다리지 않고 처음부터 행정행위의 효력이 전혀 발생하지 않는다. 그리고 행정행위가 행하여지지 아니한 것과 같으며, 누구도 구속당하지 않고, 다른 행정기관, 법원 또는 사인도 스스로 판단하여 언제든지 무효임을 주장할 수 있다. 국민은 누구나 취소심판이나 취소소송을 제기하여 그 효력을 다툴 필요도 없이 언제나 그 효력을 부인할 수 있다.

성문법령 및 불문법 원리에 반하여 행해진 행위를 말한다.

68) 대판 2002.7.9, 2001두10684.

69) 표현상의 오류는 명백한 오기, 오산 기타 이와 유사한 행위로서 무효원인이나 취소원인이 되지 않는다. 이러한 하자는 법령에 명시적인 규정이 없어도 행정청은 언제나 정정할 수 있고, 상대방도 특별한 형식이나 절차 없이 정정을 요구할 수 있다. 행정청은 처분에 오기 · 오산 기타 이에 준하는 명백한 잘못이 있는 때에는 직권 또는 신청에 의하여 지체 없이 정정하고 이를 당사자에게 통지하여야 한다(「행정절차법」 제25조).

2) 취소 원인인 하자 있는 행정행위

취소원인인 하자를 가진 행정행위는 행위의 성립에 하자가 있음에도 불구하고 행정행위의 공정력으로 인하여 일단 유효한 것으로 통용되고, 권한 있는 기관이 이를 취소하면 비로소 그 효력을 상실하는 행위이다. 즉 취소될 때까지는 행정행위의 상대방, 행정청, 법원, 기타 국가기관을 구속하고, 독자적인 판단으로 그 효력을 부정할 수 없다.

취소 원인인 하자를 가진 행위는 위법한 경우와 부당한 경우로 나눌 수 있다. 위법행위는 직권취소, 행정심판, 행정소송의 대상이 되며, 부당행위는 직권취소와 행정심판의 대상이 될 수 있으나, 법률심인 행정소송의 대상이 될 수는 없다.

3) 무효와 취소의 구별

(1) 구별의 필요성

첫째, 행정쟁송형태에서 구별할 필요성이 있다. 무효인 행정행위에 대해서는 무효확인쟁송(무효확인심판 · 소송)을 제기하여 무효를 확인받을 수 있고, 취소할 수 있는 행정행위는 취소쟁송(취소심판 · 소송)을 통하여 효력을 취소시킬 수 있다.

한편, 무효인 행정행위에 대하여 취소소송도 제기할 수 있다. 이를 무효선언취소소송이라 한다.[70] 그러나 이 경우 취소는 엄격한 의미의 취소가 아니라 무효선언의 의미에서의 취소이다.

둘째, 행정쟁송의 제기요건과 관련하여 필요성이 있다. 무효확인소송에는 취소소송에 적용되는 제소기간의 제한이 없고, 행정심판전치주의가 적용되지 아니한다. 무효선언취소소송도 형식적으로 취소소송이므로 취소소송의 요건을 구비해야 한다. 따라서 보통의 취소소송과 같이 제소기간의 제한과 행정심판전치주의의 적용을 받는다.

셋째, 선결문제와 관련된다. 민사소송 · 형사소송에서 행정행위의 무효 여부가 선결문제인 경우, 무효확인을 위한 쟁송절차를 거칠 필요 없이 스스로 그 행위가 무효임을 판단할 수 있다. 그러나 취소할 수 있는 행정행위인 경우, 수소법원은 그 행위

70) 무효선언취소소송이란, 무효인 행정행위가 외관상 행정행위로 존재하고 있으므로 취소할 수 있는 행정행위와 구별이 불분명하기 때문에 무효임을 분명하게 하기 위하여 항고쟁송(취소소송)의 형식을 취하여 효력을 상실시키는 소송으로서 무효임을 확인하는데 불과하다(확인적 성질).

의 취소를 판단할 수 없다. 이 경우 본안심리를 중단하고 취소소송에 의하여 선결문제인 행정처분의 취소판결을 받은 후 그에 기초하여 본안심리를 진행하여야 한다.

넷째, 사정재결과 사정판결에서 차이가 있다. 사정재결 또는 사정판결은 취소할 수 있는 행정행위에만 인정된다. 무효인 경우 그 위법성에도 불구하고 사정판결에 의하여 유지해야 할 유효한 행정행위가 처음부터 존재하지 않기 때문에 인정될 수 없다.

다섯째, 하자의 치유 · 전환과 관련하여 구별하여야 한다. 하자의 치유는 취소원인인 하자에 적용되고, 하자의 전환은 무효원인인 하자에만 인정된다.

여섯째, 하자의 승계에서도 차이가 있다. 선행행위의 무효사유인 하자는 모두 후행행위에 승계된다. 그러나 선행행위의 하자가 취소사유인 경우에는 선행행위와 후행행위가 서로 결합하여 하나의 효과를 완성하는 경우에는 선행행위의 하자가 후행행위에 승계되지만, 각각 독립하여 별개의 효과를 목적으로 하는 경우에는 승계되지 아니한다.

(2) 구별 기준

무효인 행정행위와 취소할 수 있는 행정행위의 구별에 대한 학설이 대립되고 있지만 통설과 판례는 기능론적 견해를 취하여 중대 · 명백설의 입장에 있다. 즉 행정쟁송제도의 취지 · 목적에 비추어 행정행위의 무효와 취소를 구별하여야 하는데, 행정행위의 하자가 중대하고 명백한 경우에는 무효이고, 단순위법인 경우에는 취소할 수 있는 행정행위가 된다. 중대 · 명백한 하자는 중대법규를 위반한 것으로써, 외관상 쉽게 인식할 수 있을 정도로 명백한 하자를 말한다.

4) 행정행위의 부존재

행정행위의 부존재는 행정행위의 성립요건의 중요한 요소를 완전히 결여하고 있어 행정행위가 성립되지 아니하거나 행정행위로 볼만한 외형상 존재조차 없는 것을 말한다.

행정행위의 부존재에는 협의의 부존재와 비행정행위(非行政行爲)가 있다. 협의의 부존재는 ㉠ 행정기관의 내부적 의사결정에 그치고 외부에 표시하지 않은 것과 ㉡ 해제조건의 성취, 기간의 도래, 취소, 철회 등에 의해 실효된 행정행위를 말한다. 그리고 비행정행위는 완성된 행정작용이 존재하기는 하나 국민에게 법률상 효과를 발생시키는 행정행위로서 품격을 갖추지 못한 활동이다. ㉠ 행정기관이 아닌 것이 명백한 사인의 행위, ㉡ 행정기관의 행위일지라도 행정권발동으로 볼 수 없는 행위(주의, 권고, 알선, 중재, 조정, 행정지도)를 들 수 있다. 보통 부존재란 협의의 부존재를 말한다.

3. 행정행위의 하자의 승계

1) 의의

하자의 승계(承繼)란 동일한 행정목적을 달성하기 위하여 둘 이상의 행정행위가 단계적으로 전후 연속하여 행해지는 경우, 불가쟁력을 발생한 선행행위의 하자를 이유로 하자 없는 후행행위의 효력을 다투는 것을 말한다. 이를 위법성의 승계라고도 한다.

2) 인정 실익

하자의 승계를 인정하면 선행행위에 불가쟁력이 발생하여 효력을 더 이상 다툴 수 없는 경우, 선행행위의 하자가 후행행위에 승계되었다는 것을 이유로 후행행위의 효력을 다투어 권리구제를 받을 수 있는 실익이 존재한다.

3) 하자 승계의 여부

(1) 하자의 승계가 인정되는 경우

통설과 판례에 의하면 선행행위와 후행행위가 결합하여 하나의 법률효과를 목적으로 하는 경우 하자의 승계가 인정된다.[71] 이 경우 선행행위의 취소사유 또는 무효사유가 모두 후행행위에 승계된다.

---

71) 조세체납처분에 있어서 독촉 · 재산압류 · 매각 · 충당, 대집행에 있어서 계고 · 대집행영장의 통지 · 대집행 · 대집행비용의 납부명령, 「토지수용법」의 건설부장관의 사업인정과 토지수용위원회의 재결, 암매장분묘개장명령과 계고처분, 귀속재산의 임대처분과 후행매각처분, 限地의사시험자격인정과 한지의사면허처분(대판 1975.12.9, 75누123), 안경사국가시험합격무효처분과 안경사면허처분 취소, 개별공시지가결정과 과세처분, 독촉과 가산금 · 중가산금징수처분, 기준지가고시처분과 토지수용처분, 무효인 조례와 그에 근거한 지방세부과처분, 토지구획정리사업에 있어서 환지예정지지정처분과 공작물 이전명령 등을 들 수 있다.

(2) 하자의 승계가 부정되는 경우

선행행위와 후행행위가 서로 독립하여 별개의 법률효과를 목적으로 하는 경우 하자의 승계가 인정되지 않는다.[72] 다만, 선행행위가 무효인 경우에만 승계된다.

4. 행정행위의 하자의 치유와 전환

1) 인정의 필요성

행정의 법적합성과 공익적합성을 충실히 유지하기 위해서는 하자 있는 행정행위를 당연히 무효 또는 취소로 하여야 한다. 그러나 하자있는 행정행위를 유효하게 존속시키더라도 법치주의에 위배되지 않고, 또한 신뢰보호, 기득권보호, 법적 안정성을 도모하기 위하여 효력을 인정하는 것이 타당한 경우도 있을 수 있다. 그래서 일정한 경우에 하자 있는 행정행위를 적법한 행정행위로서 그 효력을 유지시키려는 법리가 대두되는데 이것이 하자의 치유(治癒)와 전환(轉換)의 이론이다. 이 이론은 하자의 개별화이론[73]의 한 내용이며, 수익적 행정행위의 취소권 제한 또는 신뢰보호의 원칙을 하자의 각도에서 고찰한 것이다.

2) 하자의 치유

하자의 치유란 행정행위가 성립 당시에 요건의 불비로 하자를 지니고 있다고 할지라도 사후에 하자를 치유하는 보정행위를 통하어 법정요건을 충족하였거나, 흠이 경미하거나, 시간 경과 기타의 사유로 취소의 필요성이 없어진 경우, 그 흠에도 불

---

72) 과세처분과 체납처분, 하명처분과 계고, 사업인정처분과 재결처분, 도시관리계획결정과 수용재결처분, 지방의회 의안의결과 지방세 부과행위, 변상판정과 변상명령, 감사원의 시정요구결정과 그에 따른 행정처분취소, 액화석유가스판매사업허가처분과 사업개시신고반려처분, 보충역편입처분과 공익근무요원소집처분, 도시계획시설변경 · 지적승인고시처분과 사업계획승인처분, 위법건축물철거명령과 대집행계고처분, 택지개발예정지구지정과 택지개발계획승인처분, 택지개발계발계획의 승인과 수용재결처분, 토지등급의 설정 또는 수정처분과 과세처분, 수강거부처분과 수료처분, 재개발사업시행인가처분과 토지수용재결처분, 경찰관 직위해제처분과 면직처분 등을 들 수 있다.

73) 하자의 개별화 이론은 하자의 효과결정에 있어서 하자의 성질만을 기초로 하여 무효와 취소의 효과가 결부되도록 판단하지 말고 행정행위에 관계되는 제이익을 비교형량하여 구체적 타당성을 기할 수 있도록 하자의 효과를 결정해야 하고, 하자의 효과도 무효와 취소의 두 유형으로만 정형화하지 말고 다양하게 인정하는 이론이다. 하자 효과의 개별화 이론은 ① 행정행위 하자의 치유와 전환, ② 표현대리와 사실상 공무원, ③ 취소효과의 소급제한 등의 이론을 통하여 일반적으로 승인되었고, ④ 사정판결과 재결제도를 통해 입법적으로 승인되었다.

구하고 본래의 행정행위로서 효력을 발생하도록 하는 것이다. 이러한 하자의 치유는 취소원인인 하자에만 인정된다.

하자의 치유 사유로는 ㉠ 하자의 보정(사후 보완),[74] ㉡ 사실상 공무원 이론(하자의 전환의 사유로 보는 견해도 있다), ㉢ 장기간의 방치로 인한 행정행위의 내용 실현(하자 있는 행정행위의 내용실현, 실권의 법리 등), ㉣ 취소할 수 없는 공익상 필요성 발생(하자 있는 절차에 의한 댐 건설 등), ㉤ 관계기관의 추인(지방자치단체의 장의 기채 후 지방의회의 승인) 등을 들 수 있다.

법령에서 행정행위에 이유를 붙이게 한 경우, 이유부기(理由附記)가 사후에 보완되면 흠이 치유될 수 있는가. 이유부기는 상대방에게 처분사유를 알려 주어 행정쟁송의 편의를 제공하는데 그 취지가 있으므로 이유의 사후부기로 하자가 치유될 수 있다. 다만, 치유가 가능한 시기는 행정쟁송제기 전까지이다.[75]

3) 하자 있는 행정행위의 전환

하자 있는 행정행위의 전환은 행정행위가 원래 행정청이 의도한 행위로서는 위법하여 무효이지만, 그것과 유사한 다른 행위로서 성립요건과 유효요건을 갖춘 경우, 그 행정행위로서 효력을 인정해 주는 것을 말한다.[76] 따라서 하자있는 행정행위의 전환은 무효인 행정행위에만 인정된다. 하자 있는 행정행위의 전환은 그 자체가 하

74) 필요한 신청서의 사후 제출 또는 보완, 무권대리행위의 추인, 불특정목적물의 사후특정(계고에 철거대상물이 특정되지 않았으나 대집행 영장에 명기), 다른 기관의 협력이나 상대방의 필요적 협력이 결여된 경우의 추인, 허가 또는 등록요건의 사후 충족, 필요적 사전 절차의 사후 이행, 요식행위의 형식 보완, 부적격자의 입후보등록 후 사후요건 충족, 행정소송제기 후 소장의 흠결 보완, 지방자치단체의 장의 기채 후 지방의회의 승인 등의 예를 들 수 있다.

75) 대판 1993.7.13, 92누13981; 대판 1983.7.26, 82누420.

76) 사자(死者)에 대한 허가 · 재산세부과를 그 상속인에 대한 것으로 인정하는 경우, 과오납세액을 다른 조세채무에 충당한 것이 무효이면 환급행위로 전환하는 경우, 재결신청인이 사망한 경우 토지수용위원회의 재결의 효력을 상속인에 대하여 인정하는 경우, 행정행위가 다른 행정행위로 전환되는 경우(이중의 도로부담금의 부과처분이 전의 부과처분에 대한 독촉으로 효력을 인정하는 경우), 공법상 행위가 사법상 행위로 전환되는 경우(무효인 공법상 임용행위가 사법상 고용계약으로 전환되는 경우), 사인의 공법상 행위에 있어서 전환(조세부과처분 중 세액에 대해서만 행정쟁송이 제기된 경우 조세부과전체에 대한 불복의 소로서의 효력을 인정하는 경우), 사망자에 대한 귀속재산의 불하처분을 상속인에 대한 처분으로 전환하는 경우, 신청에 하자 있는 농지를 직권조사에 의한 매수처분으로 인정하는 경우(부재지주의 농지를 경작농민의 신청으로 매수할 수 있고 정부가 직권조사하여 매수할 수도 있는 경우, 경작농민의 매수신청에 의한 매수처분에 흠이 있는 경우 이를 직권조사에 의한 매수처분으로 보아 효력 유지) 등을 들 수 있다.

나의 행정행위로서의 성질을 가진다.

하자 있는 행정행위의 전환이 인정되기 위해서는 ㉠ 무효인 행정행위가 존재할 것, ㉡ 무효인 행정행위와 전환될 행정행위 사이에 처분청, 요건, 목적, 효과에 있어서 실질적 공통성이 있을 것(동일성), ㉢ 무효인 행정행위가 전환될 다른 행정행위의 성립요건과 유효요건을 구비하고 있을 것, ㉣ 무효인 행정행위를 한 행정청이 그 전환을 의욕하는 것으로서 그 의도에 반하지 아니할 것, ㉤ 전환이 상대방에게 원처분보다 불이익을 가하지 않을 것(당사자의 전환 의욕, 상대방에게 불리한 경우 동의를 얻어야 한다), ㉥ 제3자의 권익을 침해하지 않을 것, ㉦ 행위의 반복을 회피하는 의미가 있을 것 등의 요건을 갖추어야 한다.

이 요건을 구비한 경우 종전의 무효인 행정행위는 새로운 행정행위로 전환되어 종전의 행정행위는 발령 당시로 소급하여 무효가 되고, 전환된 행정행위의 효력이 발생한다. 행정행위의 전환은 그 자체가 하나의 행정행위의 성질을 가지므로 이해관계인은 이에 대해 행정쟁송을 제기하여 그 전환을 다툴 수 있다.

Ⅵ 경찰상 행정행위의 취소

1. 의의

행정행위의 취소(取消)란 그 성립에 하자가 있음에도 불구하고 일단 유효하게 성립된 행정행위의 효력의 전부 또는 일부를, 성립에 하자가 있음을 이유로 권한 있는 기관이 원칙적으로 성립 시에 소급하여 상실시키는 행위를 말한다. 이 취소는 원래의 행정행위와 독립된 별개의 행위이다.

2. 종류

행정행위의 취소는 직권취소와 쟁송취소로 나눌 수 있다. 직권취소는 행정청(처분청 또는 감독청)이 이해관계인의 신청 없이 스스로 그 직권을 발동하여 행정행위를 취소하는 것을 말한다. 쟁송취소는 이해관계인이 행정쟁송(행정심판, 행정소송 등)을 제기하여, 행정심판위원회나 법원이 심리 · 판단하여 행하는 취소를 말한다.

이하에서는 직권취소를 중심으로 설명한다.

3. 취소권자

직권취소의 취소권자는 행정청(처분청·감독청)이다. 처분청은 수권규정만 있으면 취소할 수 있고, 취소권에 대한 별도의 법적 근거를 필요로 하지 않는다. 위법·부당한 행정행위를 취소하여 위법성과 부당성을 제거하는 것이 법치주의에 합치되기 때문이다.

감독청은 법령의 근거 없는 한 처분청에 대하여 취소명령만 할 수 있고, 직접 취소권을 행사할 수 없다.

4. 취소의 법적 근거

부담적 행정행위를 대상으로 하는 쟁송취소의 경우에는 법적 근거가 필요 없다. 그러나 수익적 행정행위를 주된 대상으로 하는 직권취소에 있어서는 그 취소가 상대방의 권익을 침해한다는 점에서 법적 근거가 필요하다. 그러나 수권규정 외에 별도로 취소에 관한 명시적인 법적 근거는 필요 없다.

5. 취소사유

취소사유에 대하여 명문규정이 있는 경우에는 법령에 따라야 한다. 그러나 명문규정이 없는 경우의 취소사유는 무효원인이 아닌 하자이다. 즉 내용적으로 단순한 위법(경미한 실정법규 위반 또는 불문법 원리 위반) 또는 부당(공익 위반)이 취소사유가 된다.

구체적으로 설명한다면, 행정주체에 관한 하자로서 필요적 자문을 결여한 행위, 권한을 초과한 행위, 사기·강박 등으로 인하여 의사결정에 하자가 있는 행위, 증수뢰·부정신고나 그 밖에 부정행위에 의한 행위,[77] 공무원이 정당한 증표를 제시하지 않고 행한 행위 등은 취소사유에 해당한다. 착오의 결과 위법·부당하게 된 행위도 취소사유이다.[78]

---

77) 사기·강박·증수뢰 등 부정수단에 기한 행정행위는 상대방의 신뢰보호 문제가 제기되지 않는 것이므로, 행정행위의 내용이 위법하지 않더라도 독립된 취소사유가 되고, 그 효과도 과거에 소급한다.

78) 착오에 의한 행위는 의사와 표시의 불일치를 행정청이 모르는 경우로서 거래안전 또는 신뢰보호를

그리고 내용에 관한 하자로서 단순위법인 경우, 공익을 위반한 경우, 선량한 풍속, 그 밖에 사회질서에 반하는 행위 등은 취소사유이다. 절차에 관한 하자로서 행정의 능률 · 원할 · 참여 등을 위한 편의적인 절차를 위반한 행위는 취소할 수 있다.[79] 경미한 형식의 하자도 취소사유이다.

6. 취소의 대상과 범위

직권취소는 주로 수익적 행정행위를 대상으로 한다. 직권취소의 경우 적극적 변경과 소극적 변경을 모두 인정한다.

7. 취소권 제한

직권취소에 의하여 달성하려는 공익상의 목적과 상대방의 기득권 보호 및 법적 안정성 등을 비교형량하여 행정행위를 취소함으로써 얻는 공익이 이를 취소하지 않음으로써 보호되는 사익보다 더 작은 경우에는 취소할 수 없다(비례의 원칙).

구체적으로 살펴보면 첫째, 침익적 행정행위의 취소는 원칙적으로 자유롭다. 그러나 수익적 행정행위의 취소는 상대방의 신뢰보호와 법적 안정성을 위하여 조리상의 제한을 받는다. 취소할 수 있는 행정행위는 취소될 때까지 유효한 행정행위로 존속하므로 그 행위가 주는 권리와 이익을 신뢰하게 되고 그것을 중심으로 법률관계가 형성되는데, 수익적 행정행위에 하자가 있다고 해서 자유롭게 취소하면 상대방에게 손해를 주게 되므로 취소가 제한된다. 수익적 행정행위에 대한 직권취소는 기속행위이다.

둘째, 상대방이 행정행위를 객관적으로 신뢰하였고 이미 행해진 행정행위를 이용하고 있는 경우에는 취소권이 제한된다.[80]

위하여 독립된 무효 또는 취소원인으로 보지 않는다. 그러므로 ㉠ 법령에 특별한 규정이 있는 경우에는 법령의 규정에 의하여 처리하고, ㉡ 의사와 표시의 불일치가 불명확한 경우에는 표시된 대로 효과가 발생하며, ㉢ 의사와 표시의 불일치가 명백한 경우, 행정청은 정정권, 상대방은 정정청구권을 가진다. ㉣ 다만, 착오로 인한 행정행위의 내용이 불능이면 무효이고, 위법 · 부당한 경우 취소사유에 해당하고, 착오가 있어도 아무런 위법 · 부당이 발생하지 않는 단순한 오기 · 오산 등의 경우는 유효하다.

79) 적법한 공매통지 없이 시행한 체납처분, 고시를 기초로 진행된 환지예정지지정처분 등을 들 수 있다.

80) 금전급부 또는 가분성 있는 현물급부를 내용으로 하는 수익적 행정행위가 그 예이다. 행정행위를 신뢰하여 받은 급부를 소모 또는 처분한 경우 그 원상회복이 불가능하거나 곤란한 상태가 되었으므로

셋째, 사인의 법률적 행위의 효력을 완성시켜 주는 사권형성적 행정행위(특허 · 인가 · 발명특허 등)를 취소하면 사적 거래의 안전과 법률생활의 안정을 해치므로 취소권이 제한된다.

넷째, 공무원임용, 귀화허가 등과 같은 포괄적 신분설정행위에 대해서는 법적 안정성의 견지에서 취소권이 제한된다.

다섯째, 취소권자가 장기간 취소권을 행사하지 않고 이를 방치하여 장차 그 행위를 취소하지 않을 것이라는 신뢰가 형성된 경우 그 취소권은 상실된다(실권의 법리).

여섯째, 쟁송절차를 거친 준사법적 행위(행정심판의 재결, 징발사정, 발명특허 등)나 일정한 확인행위(당선인 결정, 합격자 결정 등)에는 불가변력이 발생하므로 그 한도 내에서 취소가 허용되지 않거나 제한된다.

일곱째, 위법한 행정행위의 치유 · 전환이 인정되는 경우와 형식적 · 절차적 하자가 경미하여 행정행위의 실체적인 내용에 영향이 없는 경우에는 취소권을 행사할 수 없다.

8. 절차

직권에 의한 수익적 행위의 취소에서는 「행정절차법」에 의한 청문절차가 원칙적인 절차로 되어 있다. 이것은 이해관계자에게 변명의 기회를 제공하기 위한 것이다. 그러나 직권에 의한 침익적 행정행위의 취소에는 특별절차가 필요 없다.

9. 효력

첫째, 취소가 있으면 행정행위의 효력이 소멸하는 형성력이 발생한다.

둘째, 직권취소는 하자를 이유로 행위가 없었던 상태로 환원시켜 위법성을 제거하고 적법성을 회복하는 행위이므로 원칙적으로 소급효가 있다.[81]

상대방의 신뢰를 보호하여야 한다. 또는 건축허가를 신뢰하여 건축에 착수한 경우와 같이, 위법하더라도 위법성을 모르고 행위의 존속을 신뢰한 상대방을 보호하기 위한 경우 그 취소권이 제한된다.

81) 그러나 직권취소에서는 법적 안정성과 선의의 관계인의 신뢰보호를 위하여 여러 관계이익을 구체적으로 비교형량하여 소급효를 개별적으로 판단할 필요가 있다.
① 상대방의 기득권이나 신뢰보호를 침해하는 경우 소급하는 것이 당사자에게 불리하므로 소급이 금지된다.

셋째, 직권취소의 경우 명문의 규정이 없는 한 행정청이 취소의 범위와 효력발생 시기를 자유롭게 결정한다. 그리고 직권취소는 하자를 이유로 이미 행해진 행정행위를 없었던 것으로 환원하는 독립된 행정행위이므로 일반적인 행정행위와 같은 효력이 발생한다. 다만, 확정력이 발생하지 않으므로 직권으로 취소한 후 종래와 동일한 행정행위를 할 수 있다.

10. 취소의 취소

행정행위의 취소행위에 하자가 있는 경우 이를 이유로 다시 취소하여 원행정행위를 소생시킬 수 있는가. 취소에 취소원인이 되는 하자가 있는 경우 처분청은 일반적인 하자이론에 따라 재취소를 할 수 있다. 이 경우 처음의 취소는 원처분에 대한 정지적 효력만 발생한다.[82)]

Ⅶ 행정행위의 철회

1. 의의

행정행위의 철회(撤回)란 하자 없이 적법하게 성립한 행정행위를 처분청이 사후에 그 효력을 존속시킬 수 없는 새로운 사정의 발생을 이유로 장래에 향하여 그 효력의 전부 또는 일부를 직권으로 소멸시키는 행위를 말한다. 실정법에서는 철회를 취소라는 용어로 표현하기도 한다.

---

② 하자의 발생에 사기 · 강박 · 증수뢰 · 부정신고 등 당사자에게 귀책사유가 없는 경우 취소의 효과는 장래에 향해서만 발생한다.

③ 과거에 완결된 법률관계나 법률사실까지도 제거하지 아니하면 취소의 목적을 달성할 수 없는 경우에는 취소의 효과는 소급된다.

④ 일반적으로 수익적 행정행위를 취소하는 경우 장래에 향하여 행정행위의 효력이 소멸하고, 부담적 행정행위의 경우에는 그 효력이 소급한다.

⑤ 복효적 행정행위에서는 상반되는 두 이익을 공정하게 비교형량하여 개별적으로 소급 여부를 결정한다.

82) 취소처분에 하자 있으면 그것에도 공정력이 있으므로 원행정행위의 효력을 잠정적으로 정지시키고, 재취소가 있으면 재취소의 효력이 소급하여 정지되었던 원행정행위의 효력을 소생시킨다고 보아야 한다(통설과 판례).

2. 철회권자

행정행위의 철회는 처분청만이 할 수 있다. 감독청은 처분청에 철회를 명할 수는 있으나, 법률에 특별한 규정이 없으면 직접 철회할 수 없다.

3. 사유

1) 법령에 명시적 규정이 있는 경우

법령에서 명시적으로 철회의 사유를 규정하고 있는 경우에는 철회를 할 수 있다. 철회의 사유 중 대부분을 차지한다. 상대방의 법정의무의 위반, 일정한 시기까지 권리행사나 사업착수를 하지 아니한 경우, 사업성공·목적달성이 불가능하다고 판명된 경우 등이다.

2) 사정변경

행정행위의 효력을 더 이상 존속시킬 수 없는 새로운 사정의 발생이다. 구체적인 예를 들면 다음과 같다.

첫째, 행정행위가 성립된 이후 그 행위의 기초가 되는 사실관계가 변경되어 더 이상 그 행정행위가 적법하지 않거나 적합하지 않아서 그 행위를 존속시키는 것이 공익을 해하는 결과를 가져온다면 철회할 수 있다.[83]

둘째, 행정행위의 부관으로서 철회권이 유보되어 있는 경우 철회사유가 발생하면 행정청은 원칙적으로 그 행위를 철회할 수 있다.

셋째, 행정행위에 부관으로서 부담이 부과된 경우, 상대방의 부담불이행에 대한 제재로서 행정청은 당연히 그 행위를 철회할 수 있다.

넷째, 행정행위를 둘러 싼 사회적·경제적인 주위사정의 변경으로 행정행위가 더 이상 공익에 적합하지 않게 된 경우 행정청은 철회할 수 있다(중대한 공익상의 요청). 이 경우는 새로운 공익상의 필요에 의하여 행해지는 행정적 개입으로서 철회가 행

83) 도로폐지에 따른 도로점용허가의 철회, 음식점 영업허가 후 인근 주택가 또는 학교가 세워진 경우 또는 새로운 교육정책 기타 행정계획과 관련하여 기존의 인·허가가 그에 부합되지 않는 경우, 「국민기초생활보장법」에 의한 수급자가 생활여건의 개선으로 수급사유를 구비하지 못한 경우, 운전면허자가 적성검사에 불합격한 경우 등을 들 수 있다.

해지는 것이므로 그로 인한 손해를 보상하여야 한다.

행정행위의 근거법령이 변경되어 기존의 행정행위가 새 법령의 요건을 충족하지 못하는 경우라도, 법령에는 소급효가 없고 상대방의 신뢰를 보호(기득권 존중)해야 하므로 이 경우에는 기존의 행정행위에 영향이 주지 않으므로 원칙적으로 기존의 행위는 유효하며, 철회할 수 없다.

4. 철회의 근거와 제한

1) 근거

부담적 행정행위의 철회는 상대방에게 이익을 주는 것이므로 법적 근거를 요하지 아니하는 것이 원칙이다. 수익적 행정행위의 경우에도 행정청은 그의 독자적인 판단에 의하여 철회의 사유가 존재한다고 인정한 때에는 원칙적으로 철회권을 자유롭게 행사할 수 있다. 다만, 상대방의 권익을 보장하기 위하여 철회권이 조리상 제한된다고 본다.

2) 제한

침익적 행정행위의 철회는 상대방의 불이익을 제거하는 것이기 때문에 신뢰보호의 원칙에 의한 제한을 받지 않고 비교적 자유롭다.

그러나 수익석 행정행위의 칠회권은 신뢰보호의 원칙(철회를 요청하는 공익이 상대방 · 제3자의 기득권 · 신뢰 보호 등 여러 이익보다 큰 경우에 철회할 수 있다), 불가변력, 실권의 법리 등에 따라 제한된다.

5. 절차

철회의 절차로서 상대방의 권익 보호 또는 철회의 공정성을 위하여 청문절차 또는 의견제출절차를 내용으로 하는 의견청취절차에 따라야 한다. 의견제출절차는 불이익처분에 있어서 일반적인 절차로 되어 있는 반면에 청문절차는 근거법에서 이를 규정하고 있는 경우에만 적용된다(「행정절차법」 제22조). 수익적 처분의 철회에서 청문절차는 현행 법제상 원칙적인 절차로 되어 있다.

6. 효과

행정행위를 철회하면 장래에 향하여 그 효력이 없어진다(형성력 발생, 불소급효, 장래효). 다만, 소급효를 인정하지 않으면 철회의 의의가 없는 경우 소급효를 인정한다.[84)]

철회의 부수적 효과로서 법령이 ㉠ 관련 있는 문서 · 물건의 반환 명령, ㉡ 원상회복 또는 시설개선 명령, ㉢ 손실보상 등을 규정하는 경우가 있다. 철회로 말미암아 특별한 손실을 받은 자는 자기에게 귀책사유가 없는 한 행정상 손실보상을 받을 수 있다.

7. 철회의 취소

행정행위의 철회의 취소는 행정행위를 철회한 후 그 철회행위에 하자가 있는 경우, 철회를 취소할 수 있는가의 문제이다. ㉠ 철회에 무효원인인 하자가 있는 경우에 철회는 무효가 되므로 처음부터 효력을 발생하지 아니하고, 철회가 없는 것과 같은 상태가 된다. 따라서 원행정행위는 그 효력을 유지한다. ㉡ 철회에 취소원인인 하자가 있는 경우 일반적인 하자이론에 따라 철회를 취소할 수 있다(통설, 판례). 철회를 취소하면 소급하여 정지되었던 원행정행위의 효력이 소생한다.

제3항 경찰상 사실행위

I 일반론

1. 의의

경찰상 사실행위(警察上 事實行爲)란 법적 행위와 같이 일정한 법률적 효과를 발생시키기 위한 것이 아니라, 직접적으로 사실상의 효과 및 결과만을 발생하게 하는 일체의 행위를 말한다. 이 사실행위는 효과의사나 그 밖의 정신작용을 요소로 하여 그 내용 또는 법률의 규정에 따라 법률효과가 발생하는 행정행위 기타 법적 행위와 구별된다.

84) 예컨대 행정행위에 의하여 보조금을 지급하는 경우에 그 상대방의 부담 또는 법령상 의무위반으로 인하여 그 지급결정을 철회하는 경우를 들 수 있다.

경찰상 사실행위에 간접적인 법률효과가 따르는 경우가 있으나, 이것은 정신작용의 유무 또는 그 내용과 관계없이 단지 객관적으로 행위가 행해진 사실 또는 그 결과에 대하여 일정한 법적 효과가 결부되어 있기 때문이고, 행정주체가 의도한 법률효과는 아니다.

2. 종류

1) 당사자에 의한 분류 : 행정주체의 사실행위와 사인의 사실행위

행정주체의 사실행위는 행정주체가 내부적 또는 외부적 관계에서 행하는 사실행위를 의미한다. 내부적 사실행위란 행정결정을 위한 준비행위, 문서작성, 행정사무감사 등과 같이 행정조직의 내부에서 행해지는 사실행위이다. 그리고 외부적 사실행위란 금전출납 · 쓰레기수거 · 행정강제 · 행정조사 및 행정지도와 같이 행정목적의 실현을 위하여 대외적인 행정활동인 사실행위를 의미한다. 행정상 사실행위라 할 때에는 외부적 사실행위만을 의미한다.

사인의 사실행위는 행정객체인 사인이 행정과 관련하여 사실상의 결과를 발생하게 하는 행위이다. 재산세의 납세의무를 발생하게 하는 물건의 소유와 점유, 체납처분에 의한 세금납부, 주민의 지위를 취득하게 하는 특정지역에의 주거, 행정절차의 요건을 충족시키는 각종 청문에의 출석과 의견진술 등을 들 수 있다.

2) 권력행사의 유무에 의한 분류 : 권력적 사실행위와 비권력적 사실행위

권력적 사실행위는 일정한 법령 또는 경찰상의 행정행위를 집행하기 위한 공권력의 행사로 이루어지는 사실행위이다. 경찰상 강제집행과 경찰상 즉시강제에서 볼 수 있다. 「행정소송법」과 「행정심판법」에서는 행정쟁송의 대상인 처분을 행정청이 행하는 구체적 사실에 관한 법집행으로서의 공권력의 행사를 규정하고 있으며, 권력적 사실행위도 이 처분의 개념에 해당되므로 권력적 사실행위는 취소심판이나 취소소송의 대상이 된다.

이에 반하여 비권력적 사실행위는 권력의 행사와 관계없이 행하여지는 사실행위를 말한다. 행정지도, 비구속적 행정계획, 수난구조 · 진화 · 경비 · 금전출납 · 쓰레기수거와 같은 비권력적 집행행위, 행정기관에 의한 환경보호시설의 건설 · 공익사업과 같은 단순한 사실행위, 고시 · 통지 · 환자치료 등 지식표시행위, 공기업 · 공물의 설치공사 및 유지 · 관리행위 등이 있다.

3) 독립성의 유무에 따른 분류 : 집행적 사실행위와 독자적 사실행위

집행적 사실행위는 그 행위가 행정행위 등의 집행수단으로 행하여지는 것으로, 행정법상의 의무이행 확보 수단인 대집행의 실행행위 또는 국세체납절차의 재산압류행위 등 강제적 집행행위와 경찰행정상의 강제행위가 여기에 속한다.

독자적 사실행위는 그 자체가 독립적으로 행해지는 사실행위로서, 행정지도 · 학교수업 · 도로의 보수공사 · 관용차 운행 등을 들 수 있다.

3. 법적 근거와 한계

1) 법적 근거

경찰상 사실행위도 법치주의의 원리에 따라 법률우위의 원칙과 법률유보의 원칙에 의하여야 한다. 즉 경찰상의 사실행위도 경찰기관의 행위이기 때문에 법적 근거 필요하다.

특히 집행적 사실행위는 집행대상인 행정행위 등의 법적 근거로 충분하지만, 독자적 사실행위는 조직법적 근거가 필요하다. 침해유보설에 의하면 권력적 침해적 사실행위에는 작용법적 근거도 필요하다.

2) 한계

행정상 사실행위는 행정주체의 행정작용의 하나이기 때문에 법치행정의 지배를 받는다. 따라서 사실행위에 대하여 법적 근거가 있는 경우 그 법에서 정하는 모든 형식적 실체적 요건을 구비하여야 한다. 그리고 이러한 성문법규가 존재하지 않더라도, 행정법의 일반원리인 신뢰보호의 원칙, 평등의 원칙 및 비례의 원칙을 준수하여야 한다. 이러한 법률이나 법의 일반원칙에 위배되는 경우에는 위법한 사실행위가 된다.

4. 행정구제

1) 사실행위와 행정상 손해전보

사실행위가 「국가배상법」상의 공무원의 직무상 불법행위로 인한 손해배상이나 영조물의 설치 · 관리의 하자로 인한 손해배상의 요건에 해당하는 경우 피해자는 국가 또는 지방자치단체에 그 배상을 청구할 수 있다. 그러나 사법상 사실행위인 경우에는 민법에 의하여 손해배상을 청구하여야 한다.

적법한 권력적 사실행위로 인하여 개인에게 특별한 희생이 발생한 경우에는 행정상 손실보상을 청구할 수 있으나, 비권력적 사실행위의 경우는 개별적 · 법적 근거가 없으면 보상책임이 없다(다수설, 판례).

2) 사실행위와 행정상 쟁송 : 사실행위의 처분성 여부

원칙적으로 사실행위는 사실상의 결과만을 초래하므로 그 행위를 취소할 법적 효과가 없으나, 권력적 사실행위는 공권력 행사로서 「행정심판법」이나 「행정소송법」에 규정된 처분의 개념에 해당되므로 취소심판이나 취소소송의 대상이 된다.

그러나 사실행위는 대부분 단기간에 집행이 종료되므로 소익이 부정되어 소가 각하될 것이다. 예외적으로 계속적인 성질의 사실행위인 경우에만 행정쟁송이 가능할 것이다. 물론 집행정지신청의 인용을 전제로 하면 계속성이 없는 사실행위에 대해서도 취소심판이나 취소소송을 제기할 수 있다.

우리의 판례는 처분의 개념을 제한적으로 해석하여 행정지도 등 단순한 사실행위의 처분성을 부인하고 있다.[85]

3) 결과제거청구

위법한 경찰작용으로 인하여 야기된 사실상의 결과로 인하여 자신의 권리 · 이익이 침해된 자가 그 위법한 결과를 제거하여 침해 이전의 상태 또는 그와 대등한 상

---

85) 수도사업자가 급수공사 신청자에 대하여 급수공사비 내역과 이를 지정기일 내에 선납하라는 취지로 한 납부통지는 수도사업자가 급수공사를 승인하면서 급수공사비를 계산하여 급수공사 신청자에게 이를 알려 주고 위 신청자가 이에 따라 공사비를 납부하면 급수공사를 하여 주겠다는 취지의 강제성이 없는 의사 또는 사실상의 통지행위라고 풀이함이 상당하고, 이를 가리켜 항고소송의 대상이 되는 행정처분이라고 볼 수 없다(대판 1993.10.26, 93누6331).

태로 회복(적법한 행정행위를 하였더라면 존재하였을 권리상태의 회복)시켜 줄 것을 요구할 수 있다.

결과제거청구권이 성립되기 위해서는 침해행위가 있고, 개인의 권익이 침해되었으며, 위법상태가 존재 · 계속되어야 한다. 결과발생청구권의 요건이 되는 침해행위에는 권력작용 · 비권력적 작용, 법적 행위 · 사실행위, 작위 · 부작위 등 행정관청의 모든 행위가 포함된다. 그러므로 경찰상 사실행위로 인하여 권리 또는 법률상 이익이 침해되고 위법상태가 계속된다면 적법한 상태로의 원상회복을 요구하는 결과제거청구권을 가진다.

Ⅱ 경찰상 행정지도

1. 의의

경찰상 행정지도(行政指導)란 경찰행정청이 경찰목적을 실현하기 위하여 그 소관 범위 안에서 상대방의 임의적 협력 또는 동의에 기하여 일정한 행정질서의 형성을 유도하기 위하여 행하는 지도 · 권고 · 조언 등의 비권력적 사실행위를 말한다. 법령상 또는 실제상으로 권고, 지도, 지시, 요청, 경고, 주의 등의 용어로 사용되고 있다.

2. 종류

1) 법적 근거 유무에 의한 분류

실정법령에 직접적인 근거를 두고 있는 행정지도,[86] 법령에 간접적인 근거를 둔 행정지도,[87] 법령의 근거가 없는 행정지도로 나눌 수 있다. 법령에 근거가 없는 행

86) 「농촌진흥법」상의 농촌지도사업(제2조), 「중소기업기본법」상의 경영 및 기술의 지도(제6조), 「유통산업발전법」에 의한 목적사업의 범위를 벗어난 판매사업 중단 권고(제42조), 「건설산업기본법」에 의한 건설업자상호간의 협력지도(제48조), 「산업발전법」에 의한 기업간 협력(제11조), 「독점규제 및 공정거래에 관한 법률」에 의한 위반행위의 시정 · 권고(제51조), 「직업안정법」에 의한 직업소개(제14조) 등이 있다.

87) 법령에 직접적인 근거가 없으나, 그 사항에 관하여 일정한 행정처분을 할 수 있는 근거가 있는 경우 그 처분에 앞서서 행하는 행정지도이다. 세무관서가 조세징수의 실적 향상을 위하여 국민에게 납기 내에 납세를 하는 경우 공제의 해택이 있음을 선전 · 지도하는 것 또는 건축법상 건물의 개수 · 철거명령에 대신하여 경고하는 것을 그 예로 들 수 있다.

정지도는 행정기관이 작용법상의 수권 없이 조직법상 근거에 의하여 행하는 경우이다. 대부분의 행정지도가 여기에 속한다.

2) 기능에 의한 분류 : 규제적 행정지도, 조성적 행정지도, 조정적 행정지도

규제적 행정지도는 공공복리 또는 질서유지에 반하는 행위 · 사태 등을 예방 또는 제거하기 위하여 일정한 작위 · 부작위를 요망 · 권고하는 행정지도이다. 「독점규제 및 공정거래에 관한 법률」에 의한 위반행위의 시정 · 권고 등을 들 수 있다.

조성적 행정지도는 경제 · 사회 · 문화 등 여러 분야에서 행정이 의도하는 일정한 목표와 관련하여 새로운 기술이나 정보를 제공하여 사회질서 내지 생활환경을 조성하기 위한 행정지도이다. 「농촌진흥법」상의 농촌지도사업(제2조 제2호) 등을 들 수 있다.

조정적 행정지도는 이해관계자 사이의 분쟁이나 과당경쟁 등을 조정하기 위한 행정지도이다. 노동쟁의 조정 등을 들 수 있다.

3) 상대방에 의한 분류

행정주체 · 행정기관에 대한 행정지도와 사인에 대한 행정지도로 나눌 수 있다. 전자는 국가가 지방자치단체에 대하여 또는 상급행정관청이 하급행정관청에 대하여 감독권의 발동이 아닌 조언 · 권고 등을 하거나 관련 정보를 제공하는 것이고,[88] 후자는 행정주체가 특정 개인이나 법인에 대하여 행한 것이다.

3. 법적 근거와 한계

1) 법적 근거

행정지도는 상대방의 임의적 협력을 전제로 하는 비권력적 사실행위이기 때문에 원칙적으로 작용법적 근거를 요하지 않는다. 그러나 조직법적 근거는 반드시 필요하다.

---

88) 주무부장관의 지방자치단체의 장에게 행하는 자치사무에 관한 조언 · 권고 · 지도, 기관위임사무에 관한 지도 등이 있다.

2) 한계

행정지도는 조직법상 당해 행정기관의 소관사무, 즉 권한의 범위 내에서 행해야 한다(권한상의 한계). 다른 행정기관의 소관사항에 대하여 행정지도를 하거나 그 권한의 범위 내의 사항에 대한 지도라고 하더라도 그 전제 목적에 벗어난 행정지도는 위법 · 부당한 것이 된다.

그리고 행정지도는 실정법규에 저촉되어서는 아니된다(법규상의 한계). 개별법에서 명문으로 행정지도를 금하고 있는 경우 행정지도를 할 수 없고, 법규가 요건 · 기준 · 절차 · 형식을 규정하고 있는 경우 그에 반하는 행정지도는 허용될 수 없다. 그리고 실정법규에 위반하도록 유도하는 행정지도도 위법한 것이다.

또한 행정지도는 비권력적 사실행위에 해당하지만, 행정작용의 하나이기 때문에 비례원칙 · 평등원칙 · 신뢰보호원칙 등과 같은 행정법상 일반원칙의 구속을 받는다(조리상의 한계).

4. 원칙과 방식

1) 원칙

(1) 과잉금지원칙

행정지도는 그 목적달성에 필요한 최소한도에 그쳐야 한다. 비례의 원칙을 반영한 것이다. 행정지도의 상대방은 행정지도가 위법 또는 부당하다고 판단하는 경우 행정기관에 대하여 시정을 요구할 수 있다.

(2) 임의성의 원칙

행정지도는 상대방의 의사에 반하여 부당하게 강요하여서는 아니된다. 행정기관이 이 원칙에 반하여 행한 행정지도는 위법한 것으로서 그것으로 인하여 손해를 입은 국민은 행정주체에 대하여 손해배상을 청구할 수 있다.

(3) 불이익 조치 금지의 원칙

행정기관은 상대방이 행정지도에 따르지 아니하였다는 것을 이유로 불이익한 조치를 하여서는 아니된다. 이것은 행정지도가 상대방의 임의적 협력을 전제로 한 비구속적 비권력적 작용이기 때문이다.

2) 방식

(1) 명확성의 원칙 및 행정지도실명제

행정지도를 행하는 자는 상대방에게 당해 행정지도의 취지·내용 및 신분을 밝혀야 한다. 이것은 행정지도에 있어서의 명확성의 원칙을 규정함과 동시에 행정지도 실명제를 도입한 것이다.

(2) 의견제출

행정지도의 상대방은 자신에 대한 행정지도의 방식·내용 등에 관하여 행정기관에 의견을 제출할 수 있다.

(3) 문서교부 청구 및 교부

행정지도가 구술로 이루어지는 경우에 상대방이 행정지도의 취지·내용 및 신분을 기재한 서면의 교부를 요구할 수 있고, 이 경우 행정지도를 행하는 자는 직무수행에 특별한 지장이 없는 한 이를 교부하여야 한다. 이것은 서면교부청구절차로서 행정지도의 존재·내용·책임소재 등을 명확히 하여 차후에 이와 관련된 분쟁을 예방할 수 있는 유용한 수단이 될 수 있다.

(4) 다수인에 대한 행정지도에서 공통사항의 공표

행정기관이 같은 행정목적을 실현하기 위하여 많은 상대방에게 행정지도를 하고자 하는 경우 행정지도의 명확성과 공평성을 확보하기 위하여 특별한 사정이 없는 한 행정지도에 공통적인 내용이 되는 사항을 공표하여야 한다.

5. 실효성 확보수단

1) 억제조치

행정지도에 순응하지 아니한 경우 억제조치(부동산 투기자에 대한 명단공표 등)를 취하거나 일정한 불이익을 과할 수 있다(세무사찰, 공공시설의 이용 거절, 인·허가 보류, 공급거부, 융자정지 등).

2) 장려적 조치

행정지도에 순응한 경우 보조금 지급, 국·공유지 우선매각, 인·허가상의 특별조치 등의 장려적 조치를 할 수 있다.

6. 권리구제

1) 위법한 행정지도와 위법성 조각

위법한 행정지도에 따른 사인의 행위는 위법성을 가진다. 경찰상 행정지도는 임의적 협력을 전제로 하는 것이므로 행정지도에 따른 사인의 행위는 자의적인 것이다. 따라서 경찰행정관청의 위법한 행정지도에 따라 행한 개인의 행위는, 법령에 명시적으로 정하지 않는 한, 위법성이 조각되지 않는다.

2) 행정쟁송

행정지도는 상대방의 임의적 협력에 의하여 행정목적을 달성하려는 비권력적·비구속적 사실행위로서 취소·변경할 법적 효과가 없는 행위이므로, 행정쟁송법상의 처분의 개념에 포함될 수 없다. 따라서 행정지도에 대하여 취소심판이나 항고소송을 제기할 수 없다(판례, 다수설).[89]

---

89) 세무당국이 소외 회사에 대하여 원고와의 주류거래를 일정기간 중지하여 줄 것을 요청한 행위는 권고 내지 협조를 요청하는 권고적 성격의 행위로서 소외 회사나 원고의 법률상의 지위에 직접적인 법률상의 변동을 가져오는 행정처분이라고 볼 수 없는 것이므로 항고소송의 대상이 될 수 없다(대판 1980.10.27, 80누395). 그러나 행정지도에 불응한다는 이유로 부담적 행정행위가 행해진 경우, 그 행정행위에 대하여 행정쟁송을 제기할 수 있고, 행정지도를 전제로 하여 후행처분을 행한 경우에 행정지도의 하자를 이유로 후행처분의 효력을 다툴 수 있다고 보아야 할 것이다. 또한 위법한 계고·경고 등 행정지도에 의하여 영업상의 이익 또는 명예·신용 등의 침해를 당한 자는 행정지도의 위법성을 공적으로 선언하고 불리한 사실상의 효과를 제거하기 위하여 행정쟁송을 제

그러나 행정지도에 따르지 않은 것을 이유로 일정한 행정행위를 한 경우 그 행정행위에 대하여 행정소송을 제기할 수 있다.

3) 행정상 손해전보

행정지도의 임의적 협력이라는 성질로 인하여 행정지도와 손해 사이에 인과관계가 단절된다고 보거나, '동의는 불법행위의 성립을 조각한다'는 법언에 따라 원칙적으로 행정상 손해배상책임을 인정할 수 없다(다수설, 판례).

그리고 적법한 행정지도에 의하여 특별한 희생을 당한 경우에도 피해자가 자유의사에 의하여 임의적으로 동의하였기 때문에 그 불이익을 수인하여야 한다. 따라서 행정지도에 따른 손실에 대하여 행정상 손실보상을 청구할 수 없다(다수설, 판례).

4) 헌법소원

경찰상 행정지도는 헌법소원의 대상이 될 수 있다.[90]

제4항 경찰상 행정절차

I 개설

1. 개념 및 필요성

1) 개념

광의의 행정절차는 행정권의 발동인 행정작용을 행함에 있어서 거쳐야 하는 절차

기할 수 있다고 생각한다. 규제적 · 조정적 행정지도가 강제성 · 계속성을 띠고 있는 행정작용인 경우 항고소송의 대상이 될 수 있다는 주장도 있다.

90) 교육인적자원부장관의 대학총장들에 대한 이 사건 학칙시정요구는 「고등교육법」 제6조 제2항, 동법 시행령 제4조 제3항에 따른 것으로서 그 법적 성격은 대학총장의 임의적인 협력을 통하여 사실상의 효과를 발생시키는 행정지도의 일종이지만, 그에 따르지 않을 경우 일정한 불이익조치를 예정하고 있어 사실상 상대방에게 그에 따를 의무를 부과하는 것과 다를 바 없으므로 단순한 행정지도로서의 한계를 넘어 규제적 · 구속적 성격을 상당히 강하게 갖는 것으로서 헌법소원의 대상이 되는 공권력의 행사라고 볼 수 있다(헌재결 2003.06.26, 2002헌마337).

를 말하며, 입법절차 · 사법절차에 대응하는 관념이다. 협의의 행정절차와 행정강제절차(행정강제, 행정벌 등), 행정심판절차, 행정처벌절차 등을 포함하여 말한다.

협의의 행정절차란 행정기관이 행정에 관한 1차적 결정을 함에 있어서 요구되는 외부와의 일련의 사전적 교섭절차를 말하는데, 종국적인 행정처분의 형성과정에서 이루어지는 절차라고 할 수 있다. 행정입법절차, 행정처분절차, 계획확정절차 등을 말한다. 일반적으로 행정절차라 하면 협의의 행정절차를 말한다.

2) 필요성

(1) 행정의 민주화

행정절차는 국민의 권리 · 의무에 큰 영향을 주는 행정계획 · 행정처분 등의 형성과정에 공청회 · 고지 · 청문 등의 절차를 통하여 주민을 참여시키고, 이해관계인의 의사를 반영하는 등 이해관계인을 참여시킴으로써 행정의 민주화에 이바지한다.

(2) 행정작용의 적정화 · 공정화

행정처분을 함에 있어서 이해관계인에게 미리 그 내용을 통지하고, 진술기회를 부여하고, 참고자료를 제출하게 함으로써 행정청은 구체적인 사실관계를 정확하게 파악하고 관계법령의 해석 · 적용에 적정성과 공정성을 기할 수 있다. 또한 이유부기제도를 통하여 보다 신중한 행정을 유도할 수 있다.

(3) 행정의 능률화

고지 · 청문 · 의견진술 등의 행정절차에 따라 상대방의 능률적인 참여를 유도하여 적법 · 타당한 행정작용을 확보함으로써 상대방의 신뢰에 따른 협력을 기대할 수 있으므로 궁극적으로 행정의 능률화에 이바지할 수 있다. 또한 복잡다양한 행정작용의 질차를 표준화함으로써 행정능률을 추구할 수 있다.

(4) 사법기능의 보완

행정절차는 청문 · 의견진술 · 자료제출 등을 통하여 국민의 권리 · 이익에 대한 사전구제적 기능을 수행함으로써 회복하기 어려운 권리 · 이익의 침해를 예방할 수 있다.

2. 행정절차의 기본적 내용

1) 사전통지와 청문

사전통지(事前通知)는 행정결정을 하기 전에 상대방 또는 이해관계인에게 결정의 내용·이유 및 그에 관한 청문의 일시·장소 등을 알리는 준법률행위적 행정행위인 통지이다. 이것은 상대방에게 청문에서 의견진술·권리주장·자료제출 등을 준비하도록 하기 위한 것이다.

청문(聽聞)은 국민의 자유와 권리를 제한·침해하는 처분을 하기 전에 행정청이나 관계인의 주장·증거에 대하여, 처분의 상대방이나 대립되는 이해관계인에게 자기에게 유리한 주장·증거를 제출하여 반박할 수 있는 기회를 부여하기 위한 절차이다.

2) 기록열람

기록열람(記錄閱覽)이란 청문절차와 관련하여 처분의 상대방 등이 행정청이 보유하고 있는 처분에 관련된 문서 등의 기록을 열람하는 것을 말한다. 기록열람을 통하여 처분의 상대방 등은 행정청이 사전통지한 처분이유가 어떠한 증거에 의하여 뒷받침되고 있는가를 알고 청문단계에서 보다 정확한 의견을 진술할 수 있게 함으로써 청문절차의 실효성을 확보해 주는 기능을 수행한다.

3) 이유부기

이유부기(理由附記)는 행정처분 등을 함에 있어서 그 근거가 되는 법적·사실적 이유를 구체적으로 명시하도록 하는 것을 말한다.

이유부기제도는 ㉠ 행정청으로 하여금 보다 신중하게 처분 등을 하도록 하여 자의적 처분을 방지하고 재량통제의 실효성을 확보할 수 있고(행정의 자기통제 기능), ㉡ 상대방에게 결정의 적정성을 제시함으로써 쟁송단계에서 상대방이 그 처분에 대하여 다툴 수 있는 구체적인 근거를 제공해 주며(당사자의 권리보호 기능), ㉢ 처분의 내용을 명확하게 하여 이해관계인으로 하여금 처분의 내용에 대한 인식을 용이하게 하고(명확성 확보의 기능), ㉣ 상대방에게 처분의 내용을 이해시키는 설득기능을 하고 있다(당사자에 대한 만족 기능).

4) 처분기준의 설정 · 공표

행정청이 처분을 할 때 준수해야 하는 해석기준 또는 재량기준을 사전에 공표하는 것을 말한다. 처분기준의 설정 · 공표는 당사자에게 예측가능성을 부여하고 행정결정의 자의 또는 독단을 방지할 수 있다.

5) 국민 · 주민의 참여

국민 · 주민의 참여절차는 행정청이 재량권을 적정하게 행사하고 복잡한 이해관계를 적절히 조정하여 공익과 사익의 조화를 도모하기 위하여 이해관계인 · 일반국민 · 주민의 의견을 수렴하는 절차를 말한다.

Ⅱ 행정절차의 법적 근거

1. 헌법

헌법 제12조 제1항에서는 적법절차의 원리를 규정하고 있는데, 이 원칙에 따라 행정작용에는 절차상의 적법성뿐만 아니라 법률의 내용의 합리성과 정당성을 요구하는 실체적인 적법성을 가지고 있어야 한다.

2. 법률

행정절차에 관한 일반법으로 「행정절차법」이 있고, 민원사무처리에 관한 일반법으로 「민원사무처리에 관한 법률」이 있다.

개별법으로는 「부패방지 및 국민권익위원회의 설치와 운영에 관한 법률」이 고충처리에 관한 여러 사항을 규정하고 있다. 그리고 「행정대집행법」, 「공익사업을 위한 토지 등의 취득 및 보상에 관한 법률」, 「국토의 계획 및 이용에 관한 법률」, 「국가공무원법」, 「식품위생법」, 「공중위생관리법」, 「경찰관직무집행법」 등에서 고지, 의견진술기회, 계고, 경고, 의견청취, 청문 등을 규정하고 있다.

이러한 법률들은 상호간에 일반법과 특별법의 관계에 있어서, 민원사무에 대해서는 개별 법률, 「민원사무처리에 관한 법률」, 「행정절차법」 순으로 적용되고, 민원사무 이외의 사무에 대해서는 개별 법률, 「행정절차법」의 순서로 적용된다.

3. 우리나라 행정절차법의 내용

1) 구조와 특징

「행정절차법」은 총칙, 처분절차, 신고절차, 행정상 입법예고절차, 행정예고절차, 행정지도절차, 보칙 등 총 7장 54개조로 구성되어 있다.

「행정절차법」의 특징은 다음과 같다.

첫째, 행정법의 총칙에 해당하는 규정이 없다.

둘째, 독일 '행정절차법'과 같은 실체법적 규정[91]은 없으나, 제한적이지만 실체법적 규정이 있다. 즉 신의성실의 원칙이나 신뢰보호의 원칙(「행정절차법」 제4조), 행정작용의 투명성의 원칙(「행정절차법」 제5조), 행정지도의 원칙 (「행정절차법」 제48조 내지 제51조) 등과 같은 실체법적 원칙을 예외적으로 규정하고 있다.

셋째, 사전절차만을 규율하고 있다.

넷째, 처분 · 신고 · 행정상 입법예고 · 행정예고 · 행정지도에 적용되고, 행정상 확약, 행정계획, 행정조사, 행정강제, 공법상 계약 등에는 적용되지 아니한다.

다섯째, 지방자치단체에도 적용된다(「행정절차법」 제2조 제1호). 그러나 적용범위에 있어서 광범위한 예외규정이 있다(「행정절차법」 제3조).

여섯째, 청문주재자의 개관성이 결여되어 있다(「행정절차법」 제28조).

일곱째, 청문을 제한하고 있는 바, 당사자의 신청에 의한 청문을 할 수 없다(「행정절차법」 제22조).

여덟째, 문서열람과 복사청구권은 청문의 경우에만 인정하고 있다(「행정절차법」 제37조).

아홉째, 다수인이 관련하는 대량절차는 행정절차법상 특별한 유형의 행정절차는 아니지만 대량절차의 편의를 위하여 선정대표자제도(「행정절차법」 제11조)와 대표자에 대한 송달(「행정절차법」 제14조 제1항 단서) 등을 규정하고 있다.

열째, 다단계행정절차의 원활한 진행을 위한 규정을 두고 있다(「행정절차법」 제18조).

---

91) 독일 '행정절차법'은 행정행위, 공법상 계약에 관한 실체법적 규정을 포함하고 있다.

2) 통칙 규정

「행정절차법」의 통칙은 목적, 정의, 적용범위, 적용제외사항, 행정절차의 일반원칙, 행정청간의 협조 · 조정 · 응원 등을 규정하고 있다.

(1) 목적

「행정절차법」은 행정운영에 있어서 국민(외국인 포함)의 행정참여를 도모함으로써 행정의 공정성 · 투명성 및 신뢰성을 확보하고 국민의 권익을 보호함을 목적으로 한다.

(2) 행정법의 일반원칙

① 신의성실의 원칙

행정청은 직무를 수행함에 있어서 신의에 따라 성실히 하여야 한다(「행정절차법」 제4조 제1항). 이 규정은 이미 행정법상 일반원칙으로 이미 인정되고 있는 신의성실의 원칙을 선언하고 확인한 것에 지나지 않는다. 이 신의성실의 원칙에서 실효의 법리가 도출된다.[92]

② 신뢰보호의 원칙

행정청은 법령 등의 해석 또는 행정청의 관행이 일반적으로 국민들에게 받아들여진 때에는 공익 또는 제3자의 정당한 이익을 현저히 해할 우려가 있는 경우를 제외하고는 새로운 해석 또는 관행에 의하여 소급하여 불리하게 처리하여서는 아니된다(「행정절차법」 제4조 제2항). 신뢰보호의 원칙도 이미 학설과 판례에 의하여 행정법의 일반원칙의 하나로 인정되어 왔다.[93]

③ 투명성의 원칙

행정청이 행하는 행정작용은 그 내용이 구체적이고 명확하여야 하며, 행정작용의 근거가 되는 법령 등의 내용이 명확하지 아니한 경우 상대방은 당해 행정청에 대하

---

92) 대판 1988.4.27, 87누915.
93) 대판 1987.9.8, 87누373.

여 그 해석을 요청할 수 있다. 이 경우 당해 행정청은 특별한 사유가 없는 한 이에 응하여야 한다(「행정절차법」 제5조).

(3) 적용범위와 적용제외사항

「행정절차법」은 처분 · 신고 · 행정상 입법예고 · 행정예고 및 행정지도의 절차에 관한 일반법으로서 다른 법률에 특별한 규정이 있는 경우를 제외하고는 이 법이 적용된다(「행정절차법」 제3조 제1항). 조례에 대하여 특별한 규정을 두고 있지 않으나 국법인 「행정절차법」이 지방자치단체의 사무에도 일반적으로 적용된다고 본다.

그러나 「행정절차법」은 입법이나 (준)사법기관에서 특별한 절차를 거쳐 행하는 사항이나 외교 · 통일 · 국방에 관한 사항으로서 행정절차를 거칠 경우 국익을 현저히 저해할 우려가 있는 사항, 그 성질상 행정절차를 거치기 곤란하거나 불필요하다고 생각되는 사항 등[94]에 대해서는 적용을 하고 있지 않다.

(4) 행정청의 관할 및 협조

① 행정청의 관할

행정청이 그 관할에 속하지 아니하는 사안을 접수하였거나 이송받은 경우에는 지체 없이 이를 관할 행정청에 이송하고 그 사실을 신청인에게 통지하여야 한다. 또한 행정청이 접수 또는 이송받은 후 관할이 변경된 경우에도 이와 같은 의무를 이행하

---

94) 「행정절차법」 제3조(적용범위) ② 이 법은 다음 각호의 1에 해당하는 사항에 대하여는 적용하지 아니한다.

1. 국회 또는 지방의회의 의결을 거치거나 동의 또는 승인을 얻어 행하는 사항
2. 법원 또는 군사법원의 재판에 의하거나 그 집행으로 행하는 사항
3. 헌법재판소의 심판을 거쳐 행하는 사항
4. 각급 선거관리위원회의 의결을 거쳐 행하는 사항
5. 감사원이 감사위원회의의 결정을 거쳐 행하는 사항
6. 형사 · 행형 및 보안처분 관계법령에 의하여 행하는 사항
7. 국가안전보장 · 국방 · 외교 또는 통일에 관한 사항중 행정절차를 거칠 경우 국가의 중대한 이익을 현저히 해할 우려가 있는 사항
8. 심사청구 · 해양안전심판 · 조세심판 · 특허심판 · 행정심판 기타 불복절차에 의한 사항
9. 병역법에 의한 징집 · 소집, 외국인의 출입국 · 난민인정 · 귀화, 공무원 인사관계 법령에 의한 징계 기타 처분 또는 이해조정을 목적으로 법령에 의한 알선 · 조정 · 중재 · 재정 기타 처분 등 당해 행정작용의 성질상 행정절차를 거치기 곤란하거나 불필요하다고 인정되는 사항과 행정절차에 준하는 절차를 거친 사항으로서 대통령령으로 정하는 사항

여야 한다(「행정절차법」 제6조 제1항).

그리고 행정청의 관할이 분명하지 아니한 경우에는 당해 행정청을 공통으로 감독하는 상급행정청이 그 관할을 결정하며, 공통으로 감독하는 상급행정청이 없는 경우에는 각 상급행정청의 협의로 그 관할을 결정한다(「행정절차법」 제6조 제2항).

② 행정청의 협조 · 행정응원

행정청은 행정의 원활한 수행을 위하여 서로 협조하여야 한다. 그리고 행정청은 일정한 경우에 당해 직무를 직접 응원할 수 있는 다른 행정청에 행정응원을 요청할 수 있다. 행정응원을 요청받은 행정청은 특별한 경우를 제외하고 이를 거부할 수 없으며, 응원을 거부하는 경우에는 그 사유를 응원을 요청한 행정청에 통지하여야 한다(「행정절차법」 제7조 내지 제8조).

(5) 당사자등

당사자등이라 함은 행정청의 처분에 대하여 직접 그 상대가 되는 당사자와 행정청이 직권 또는 신청에 의하여 행정절차에 참여하게 한 이해관계인을 말한다(「행정절차법」 제2조 제4호).

행정절차에 있어서 당사자등이 될 수 있는 자는 자연인, 법인 또는 법인 아닌 사단이나 재단, 기타 다른 법령 등에 의하여 권리 · 의무의 주체가 될 수 있는 자이다(「행정절차법」 제9조). 당사자등이 사망하였거나, 법인이 합병한 때에는 당사자등의 지위가 승계된다(「행정절차법」 제10조).

그리고 다수의 당사자등이 공동으로 행정절차에 관한 행위를 하는 때에는 대표자를 선정 · 변경 또는 해임할 수 있다(「행정절차법」 제11조). 대표자는 각자 그를 대표자로 선정한 당사자등을 위하여 행정절차에 관한 모든 행위를 할 수 있다. 다만, 행정절차를 끝맺는 행위에 있어서는 당사자등의 동의를 얻어야 한다. 그리고 다수의 대표자가 있는 경우 원칙적으로 그 중 1인에 대한 행정청의 행위는 모든 당사자등에게 효력이 있다. 다만, 행정청의 통지는 대표자 모두에게 행하여야 그 효력이 있다(「행정절차법」 제11조).

당사자등은 ㉠ 당사자등의 배우자, 직계존속 · 비속 또는 형제자매, ㉡ 법인의 임원 또는 직원, ㉢ 변호사, ㉣ 행정청 또는 청문주재자(청문의 경우에 한한다)의 허가를 받은 자, ㉤ 법령 등에 의하여 당해 사안에 대하여 대리인이 될 수 있는 자를 대리인으로 선임할 수 있다(「행정절차법」 제12조).

(6) 송달 및 기간 · 기한의 특례

「행정절차법」은 송달의 방법과 송달의 효력발생원칙으로서 도달주의를 규정하고 있다(「행정절차법」 제14조 내지 제15조).

송달은 우편 · 교부 또는 정보통신망 이용 등의 방법에 의하되 송달받을 자의 주소 · 거소 · 영업소 · 사무소 또는 전자우편주소로 한다(「행정절차법」 제14조 제1항). 송달은 다른 법령 등에 특별한 규정이 있는 경우를 제외하고는 송달받을 자에게 도달됨으로써 그 효력이 발생한다(「행정절차법」 제15조 제1항).

교부에 의한 송달은 송달받을 자가 동의하는 경우에는 그를 만나는 장소에서 송달하는 것을 말한다. 교부송달은 수령확인서를 받고 문서를 교부함으로써 행한다(「행정절차법」 제14조 제2항).

정보통신망을 이용한 송달은 송달받을 자가 동의하는 경우에 한한다. 이 경우 송달받을 자는 송달받을 전자우편주소 등을 지정하여야 하며, 송달받을 자가 지정한 컴퓨터 등에 입력된 때에 도달된 것으로 본다(「행정절차법」 제14조 제3항, 제15조 제2항).

송달받을 자의 주소 등을 통상의 방법으로 확인할 수 없는 경우 또는 송달이 불가능한 경우 공시송달을 하게 된다. 이것은 송달받을 자가 알기 쉽도록 관보 · 공보 · 게시판 · 일간신문 중 하나 이상에 공고하고 인터넷에도 공고하는 것을 말한다(「행정절차법」 제14조 제4항). 이 경우에는 다른 법령 등에 특별한 규정이 있는 경우를 제외하고는 원칙적으로 공고일로부터 14일이 경과한 때에 그 효력이 발생한다(「행정절차법」 제15조 제3항).

그러나 천재 · 지변 기타 당사자등의 책임없는 사유로 기간 및 기한을 지킬 수 없는 경우에는 그 사유가 끝나는 날까지 기간의 진행이 정지된다. 외국에 거주 또는 체류하는 자에 대한 기간 및 기한은 행정청이 그 우편이나 통신에 소요되는 일수를 감안하여 정하여야 한다(「행정절차법」 제16조).

Ⅲ 처분절차

처분절차는 행정절차의 중심이 되는 것으로서 신청에 의한 처분(수익적 처분) 절차와 불이익 처분절차로 나누어 볼 수 있다.

1. 처분절차의 공통원칙 · 공통사항

「행정절차법」은 수익적 처분과 불이익적 처분에 공통되는 원칙으로 직권주의, 서면심리주의, 처분의 방식(문서주의), 처분기준의 설정 · 공표, 처분의 이유제시, 처분내용의 정정, 행정심판사항의 고지 등을 들고 있다.

1) 직권주의

행정청이 처분절차를 주도적으로 진행하여야 하고(職權進行主義), 그 결정에 필요한 사실을 스스로 조사 · 수집할 수 있다(職權探知主義). 그러나 신청에 의한 처분에서는 신청인의 의사에 따라 절차를 개시하고, 처분의 내용도 신청한 범위에 한정하고 있다.

2) 서면심리주의

「행정절차법」은 불이익처분의 처분절차에서 절차의 신속성을 고려하여 서면심리주의를 채택하고 있다. 그러나 행정청이 개별사안에 대하여 그 이점을 활용하여 구두심리주의를 채택할 수도 있다.

3) 문서주의

이론상으로는 문서에 의한 처분과 구두에 의한 처분이 모두 인정되고 있다. 그러나 처분의 명확성 확보와 그 존부에 관한 다툼을 방지하기 위하여 문서주의를 채택하여, 행정청이 처분을 하는 때에는 다른 법령 등에 특별한 규정이 있는 경우를 제외하고는 문서로 하여야 하며, 전자문서로 하는 경우에는 당사자등의 동의가 있어야 한다. 다만, 신속을 요하거나 사안이 경미한 경우에는 구술 기타 방법으로 할 수 있으며, 이 경우 당사자의 요청이 있는 때에는 지체 없이 처분에 관한 문서를 교부하여야 한다(「행정절차법」 제24조 제1항).

그리고 처분실명제를 도입하여 처분을 하는 문서에는 그 처분행정청 및 담당자의 소속 · 성명과 전화번호를 기재하여야 한다(「행정절차법」 제24조 제2항).

4) 처분기준의 설정 · 공표

(1) 공표의 원칙

자의적인 권한행사를 예방하고 처분의 상대방에게 예측가능성을 부여하기 위하여 처분기준을 설정 · 공표하여야 한다. 즉 행정청은 필요한 처분기준을 당해 처분의 성질에 비추어 될 수 있는 한 구체적으로 정하여 공표하여야 한다(「행정절차법」 제20조 제1항). 처분기준의 공표는 재량행위와 관련하여 중요성을 가진다.

그러나 처분기준을 공표하는 것이 당해 처분의 성질상 현저히 곤란하거나 공공의 안전 또는 복리를 현저히 해하는 것으로 인정될 만한 상당한 이유가 있는 경우에는 공표하지 아니할 수 있다(「행정절차법」 제20조 제2항). 비공표사유는 행정의 투명성에 비추어 제한되어야 한다.

(2) 해석 · 설명 요구권

당사자등은 공표된 처분기준이 불명확한 경우 행정청에 대하여 그 해석 또는 설명을 요청할 수 있으며, 행정청은 특별한 사정이 없는 한 이에 응하여야 한다(「행정절차법」 제20조 제3항). 신청인은 이 조항에 근거하여 절차적 권리로서 처분기준의 해석 · 설명 요구권을 가진다.

5) 처분의 이유제시

처분의 신중성과 공정성을 보장하고, 쟁송절차에서 상대방의 논거제시의 편의를 위하여 처분의 이유제시의무를 규정하고 있다.

즉 행정청이 처분을 하는 때에는 당사자에게 그 근거와 이유를 제시하여야 한다. 그러나 ㉠ 신청내용을 모두 그대로 인정하는 처분인 경우, ㉡ 단순 · 반복적인 처분 또는 경미한 처분으로서 당사자가 그 이유를 명백히 알 수 있는 경우, ㉢ 긴급을 요하는 경우에는 예외로서 근거와 이유를 제시할 필요가 없다. 그러나 ㉡과 ㉢의 경우에 처분 후 당사자가 요청하는 경우에는 그 근거와 이유를 제시하여야 한다(「행정절차법」 제23조).

이러한 처분이유의 제시는 우리 판례상 이미 불문법상의 원리로 인정되고 있다. 「행정절차법」이 이를 구체화하였다는 점에서 의의가 있다.

6) 처분내용의 정정(訂正)

행정처분에 오기 · 오산 등이 있는 경우 그 행위는 하자있는 처분이 되지만, 그것이 행정청이나 당사자에게 모두 단순한 오기 또는 계산상의 오류임이 명백하고 그 실질적 내용에 다툼이 없다면 그 처분을 취소하는 것이 불합리하거나 불필요하다. 따라서 행정청은 처분에 오기 · 오산 기타 이에 준하는 명백한 잘못이 있는 때에는 직권 또는 신청에 의하여 지체 없이 정정하고 이를 당사자에게 통지하여야 한다(「행정절차법」 제25조).

7) 행정심판사항의 고지

「행정절차법」은 「행정심판법」과 동일한 내용의 고지의무를 규정하고 있다. 즉 행정청이 처분을 하는 때에는 당사자에게 그 처분에 관하여 행정심판을 제기할 수 있는지 여부, 기타 불복을 할 수 있는지 여부, 청구절차 및 청구기간 기타 필요한 사항을 알려야 한다(「행정절차법」 제26조). 이는 국민에게 보다 실질적인 행정구제를 보장하기 위한 것이다.

2. 신청에 의한 (수익적) 처분절차

「행정절차법」은 신청에 의한 수익적 처분의 신청 → 신청의 심사 → 처분의 결정이라는 절차에 의하도록 하고 있다.

1) 신청

(1) 문서주의

처분이라 함은 행정청이 행하는 구체적 사실에 관한 법집행으로서의 공권력의 행사 또는 그 거부와 기타 이에 준하는 행정작용을 말한다(「행정절차법」 제2조 제2호).

허가 · 인가 등 사인이 행정청에 대하여 처분을 구하는 신청은 원칙적으로 문서로 하여야 하며, 전자문서로 하는 경우에는 행정청의 컴퓨터 등에 입력된 때에 신청한 것으로 본다(「행정절차법」 제17조 제1항 및 제2항).

(2) 의무적 접수

행정청은 신청이 있는 때에는 다른 법령 등에 특별한 규정이 있는 경우를 제외하고는 그 접수를 보류 또는 거부하거나 부당하게 되돌려 보내서는 아니되며, 신청을 접수한 경우에는 신청인에게 접수증을 주어야 한다(「행정절차법」 제17조 제4항).

(3) 신청의 보완 등

행정청은 신청에 구비서류의 미비 등 흠이 있는 경우에는 보완에 필요한 상당한 기간을 정하여 지체 없이 신청인에게 보완을 요구하여야 한다. 신청인이 보완기간 내에 보완을 하지 아니한 때에는 그 이유를 명시하여 접수된 신청을 되돌려 보낼 수 있다(「행정절차법」 제17조 제5항 및 제6항).

그리고 신청인은 처분이 있기 전에는 그 신청의 내용을 보완하거나 변경 또는 취하할 수 있다. 그러나 다른 법령 등에 특별한 규정이 있거나 당해 신청의 성질상 보완 · 변경 또는 취하할 수 없는 경우에는 예외이다(「행정절차법」 제17조 제8항).

2) 행정청의 절차상 의무

신청인의 편의, 그 권리 · 이익의 보호, 처분의 공정성 · 투명성 · 신뢰성 보장을 위하여 행정청은 처분기준의 설정 · 공표 의무(「행정절차법」 제20조), 처리기간의 설정 · 공표 의무(「행정절차법」 제19조), 신청의 접수 · 처리 의무(「행정절차법」 제17조), 공관사무(共管事務) 등의 신속한 처리 의무(「행정절차법」 제18조), 공청회 개최 의무(「행정절차법」 제22조), 거부처분의 이유제시 의무(「행정절차법」 제23조) 등을 이행하여야 한다.

특히 행정청은 신청인의 편의를 위하여 처분의 처리기간을 종류별로 미리 정하여 공표하여야 하며, 부득이한 사유로 처리기간 내에 처리하기 곤란한 경우에는 당해 처분의 처리기간의 범위 내에서 1회에 한하여 그 기간을 연장할 수 있다(「행정절차법」 제19조 제1항 및 제2항).

그리고 행정청이 정당한 처리기간 내에 처리하지 아니한 때에는 신청인은 당해 행정청 또는 그 감독행정청에 대하여 신속한 처리를 요청할 수 있다(「행정절차법」 제19조 제4항). 이 조항에 의하여 신청인은 절차적 권리로서 신속처리요구권을 가진다. 이는 신청인의 권익을 보호하기 위한 것이다.

3. 불이익처분 절차

불이익처분이란 당사자등에게 의무를 부과하거나 당사자의 권익을 침해하는 처분을 말한다. 따라서 상대방이 불특정다수인 경우는 여기서 말하는 불이익처분에 해당하지 아니한다. 또한 영업허가 등의 신청에 대한 거부처분도 실질적으로 불이익 처분의 성질을 가지고 있지만 「행정절차법」상 불이익 처분에 해당되지 아니한다.

「행정절차법」은 불이익처분의 절차로서 처분의 사전통지, 의견제출, 청문, 공청회에 대하여 규정하고 있다. 이 중에서 의견제출, 청문, 공청회를 의견청취라고 한다(「행정절차법」 제22조).[95]

수익적 처분 절차에 적용되는 처분기준의 설정 · 공표 의무, 처분이유의 제시, 처분방식, 처분의 정정과 고지에 관한 규정도 당연히 불이익처분에 적용된다.

95) 청문 · 의견제출 · 공청회의 구별은 다음과 같다.

구분＼종류	의견제출	청문	공청회
개념	– 행정청이 어떠한 행정작용을 하기에 앞서 당사 자등이 의견을 제시하는 절차로서 청문이나 공청회에 해당하지 아니하는 절차 – 일반 · 간이절차	– 행정청이 어떤 처분을 하기에 앞서 당사자 등의 의견을 직접 듣고 증거를 조사하는 절차 – 특별 · 정식절차	– 행정청이 공개적인 토론을 통하여 어떠한 행정작용에 대하여 당사자등, 전문지식과 경험을 가진 자 등으로부터 의견을 널리 수렴하는 절차 – 특별절차
실시 요건 (제22조)	– 불이익처분시 청문이나 공청회를 실시하는 경우 외에는 의견제출의 기회부여	– 다른 법령 등에서 청문을 실시하도록 규정하고 있는 경우(개별법령에 근거규정) – 행정청이 필요하다고 인정하는 경우	– 다른 법령 등에서 공청회를 개최하도록 규정하고 있는 경우(개별법령에 근거규정) – 행정청이 널리 의견을 수렴할 필요가 있다고 인정하는 경우
적용 사례	– 청문의 실시로 인한 행정청의 부담이 당사자의 불이익보다 과중한 경우 등 • 영업정지, 면허정지 • 자격정지 • 과징금 부과처분	– 의견제출에 비해 국민에게 보다 중대한 권익제한을 하거나 의무부과하는 경우 • 인 · 허가, 면허 등의 취소 및 철회 • 법인 · 조합 등의 설립취소, 해산명령 • 철거 · 폐쇄명령 • 제조 · 판매금지	– 주요법령의 제 · 개정 – 국민에게 중대한 정책 · 제도의 도입(자동차 10부제, 쓰레기 종량제, 버스전용 차선제 등) – 대립된 이해관계 조정(한 · 약 갈등, 의 · 약분업, 금융기관 합병 등)

1) 처분의 사전통지제도

(1) 사전통지의 의의

처분의 사전통지란 당사자에게 의무를 과하거나 권익을 침해하는 행정처분을 하기 전에 당사자등에게 일정한 사항을 통지하는 것을 말한다(「행정절차법」 제21조 제1항). 사전통지를 받는 것은 절차적 권리로서 당사자의 개인적 공권에 해당한다.

(2) 사전통지의 내용과 방법

행정청은 처분의 제목, 당사자의 성명 또는 명칭과 주소, 처분하고자 하는 원인이 되는 사실과 처분의 내용 및 법적 근거, 처분에 대하여 의견을 제출할 수 있다는 뜻과 의견을 제출하지 아니하는 경우의 처리방법, 의견제출기관의 명칭과 주소, 의견제출기한, 기타 필요한 사항 등을 당사자등에게 통지하여야 한다(「행정절차법」 제21조 제1항).

(3) 사전통지의 생략

행정청은 ㉠ 공공의 안전 또는 복리를 위하여 긴급히 처분을 할 필요가 있는 경우, ㉡ 법령 등에서 요구된 자격이 없거나 없어지게 되면 반드시 일정한 처분을 하여야 하는 경우에 그 자격이 없거나 없어지게 된 사실이 법원의 재판 등에 의하여 객관적으로 증명된 때, ㉢ 당해 처분의 성질상 의견청취가 현저히 곤란하거나 명백

종류 구분	의견제출	청문	공청회
실시 절차	– 의견제출기회의 제시 (처분사전통지서) ※ 의견제출에 필요한 상당한 기간 고려	– 처분사유, 처분내용 및 청문일시 등을 통보(청문통지서) ※ 청문 개최 10일전까지 사전통지	– 미리 공청회에 관한 사항(목적, 일시, 참석자 등)을 널리 홍보(공청회 개최 통지서) ※ 공청회 개최 14일전 까지 통지·공고
	유의사항	– 청문주재자의 주재하에 청문 실시 – 청문일 출석진술(의견서로 대체 가능) – 청문주재자는 청문조서를 작성하여 행정청에 제출	– 공청회 발표자 신청 및 공정한 선정 – 공청회 주재자의 주재 – 각계로부터 추천·신청받은 발표자의 발표, 질의 답변, 방청인의 의견 제시
	– 처리방법 : 제출된 의견을 성실히 참작하여 처분	– 처리방법 : 청문조서 등을 충분히 검토하여 청문결과를 적극 반영하여 처분	– 처리방법 : 제시된 사실 및 의견에 상당한 이유가 있는 경우 반영하여 처분
	– 의견제출기한의 적정성(7~10일) – 의견제출방법의 다양화	– 청문주재자 선정의 공정성, 직무의 독립성 – 청문통지 기간 – 청문시 문서열람	– 발표자 신청접수 – 참여행정 구현의 주요 수단으로서의 공청회 운영

히 불필요하다고 인정될 만한 상당한 이유가 있는 경우에는 통지를 아니할 수 있다(「행정절차법」 제21조 제4항).

2) 의견제출

(1) 의의

의견제출이란 행정청이 어떠한 행정작용을 하기에 앞서 당사자등이 의견을 제시하는 절차로서 청문이나 공청회에 해당하지 아니하는 절차를 말한다(「행정절차법」 제2조 제7호). 따라서 의견제출은 불이익처분에서 상대방이 의견을 제시할 수 있는 일반절차로서의 성격을 가진다. 이러한 의견제출은 사전통지의 법적 효과라고 할 수 있다.

「행정절차법」상 의견제출은 서면심리방식에 의하고 당사자에게 문서열람신청권이 인정되지 아니하므로 청문절차와 비교할 때 불완전하고, 약식절차에 지나지 않는다.

(2) 성질

의견제출은 당사자등의 이익을 보호하기 위한 절차적 권리로서 당사자 등의 개인적 공권이다. 행정청이 당사자에게 의무를 과하거나 권익을 제한하는 처분을 함에 있어서 청문을 실시하거나 공청회를 개최하는 경우 외에는 당사자등에게 의견제출의 기회를 주어야 한다(「행정절차법」 제27조 제1항). 그러나 법령상 확정된 의무를 부과하는 경우 의견제출기회를 부여하지 않아도 된다.[96)]

(3) 방법

사전 통지를 받은 당사자등은 처분 전에 그 처분의 관할 행정청에 서면 · 컴퓨터통신 또는 구술로 의견제출을 할 수 있다(「행정절차법」 제27조 제1항). 당사자등이 정당한 이유 없이 의견제출기한 내에 의견제출을 하지 아니한 경우에는 의견이 없는 것으로 본다(「행정절차법」 제27조 제4항). 정당한 이유 유무는 객관적으로 판단되어야 한다.

---

96) 대판 2000.11.28, 99두5443.

(4) 의견제출에 따른 행정청의 의무

행정청은 처분을 함에 있어서 당사자등이 제출한 의견에 상당한 이유가 있다고 인정하는 경우에는 이를 반영하여야 한다(「행정절차법」 제27조의2).

행정청은 의견제출을 거친 때에는 신속히 처분하여 당해 처분이 지연되지 아니하도록 하여야 한다(「행정절차법」 제22조 제5항). 그리고 행정청은 처분후 1년 이내에 당사자등의 요청이 있는 경우에는 의견제출을 위하여 제출받은 서류 기타 물건을 반환하여야 한다(「행정절차법」 제22조 제6항).

(5) 의견제출의 위반

행정청은 당사자등에게 의무적으로 의견제출기회를 부여하여야 한다. 이를 위반한 것은 위법한 행위가 되고 취소할 수 있다.[97]

의견제출권은 당사자가 포기할 수 있다. 당사자가 의견진술의 기회를 포기한다는 뜻을 명백히 표시한 경우에는 의견청취를 아니할 수 있다(「행정절차법」 제22조 제4항).

3) 청문

(1) 청문의 의의

청문(聽聞)이란 행정청이 어떠한 처분을 하기에 앞서 당사자 등의 의견을 직접 듣고 증거를 조사하는 절차를 말한다(「행정절차법」 제2조 제5호). 여기서 청문은 정식청문을 말하고, 약식청문인 의견제출과 구별된다.

당사자가 청문을 받을 권리는 개인적 공권이지만 특정한 청문을 요구할 수 있는 권리가 아니다. 청문권은 자신의 권리방어에 봉사하기 위하여 참가자가 갖는 이익이기 때문이다.[98]

이 청문은 불이익 처분에 관한 절차 중에서 가장 공식적인 절차로 인정되고 있다. 우리나라 「행정절차법」은 원칙적으로 정식청문,[99] 진술형 청문,[100] 비공개청문[101]을

97) 대판 2004.5.28, 2004두1254.

98) 홍정선, 경찰행정법, 박영사, 2010, 400면.

99) 정식청문이란 청문주재자의 주재 아래 심문방식에 따라 이해관계인이 주장과 반박을 하고, 그것을 밑받침할 증거를 제출함으로써 진행되는 청문을 말한다. 이에 반하여 약식청문이란 일정한 규격적인 방식에 의하지 아니하고 이해관계인이 당해 행정작용에 대한 의견과 참고자료를 제출함으로써

채택하고 있다.

(2) 청문의 적용 범위

행정청이 처분을 함에 있어서 다른 법령 등에서 청문을 실시하도록 규정하고 있는 경우 또는 행정청이 필요하다고 인정하는 경우에 청문을 실시한다(「행정절차법」 제22조 제1항). 즉 개별 법률이나 행정청의 판단에 따라 청문을 인정하며, 당사자는 청문을 신청할 권리가 없다. 당사자의 신청에 의한 청문을 인정하는 경우 과대한 청문신청으로 행정의 효율성을 확보하기 곤란하기 때문이다.

청문실시의 사유가 있다고 하여도 ㉠ 공공의 안전 또는 복리를 위하여 긴급히 처분을 할 필요가 있는 경우, ㉡ 법령 등에서 요구된 자격이 없거나 없어지게 되면 반드시 일정한 처분을 하여야 하는 경우에 그 자격이 없거나 없어지게 된 사실이 법원의 재판 등에 의하여 객관적으로 증명된 때, ㉢ 당해 처분의 성질상 의견청취가 현저히 곤란하거나 명백히 불필요하다고 인정될 만한 상당한 이유가 있는 경우,[102] ㉣ 당사자가 의견진술의 기회를 포기한다는 뜻을 명백히 표시한 경우에는 청문을 실시하지 아니할 수 있다(「행정절차법」 제22조 제4항 및 제21조 제4항). 그러나 행정청이 사인과 협약으로 법령상 요구되는 청문을 배제할 수 없다.

하는 청문을 말한다.

100) 사실형 청문은 각 당사자가 주장과 증거를 제출하고 그 상대방은 그에 대한 반박과 반증을 제출할 수 있도록 하며, 당해 행정청은 그 청문기록에 따라 결정을 하는 청문을 말한다. 이에 반하여 진술형 청문이란 이해관계인에게 의견진술이나 증거 기타의 참고자료를 제출할 수 있는 기회만을 부여하는 청문을 말한다.

101) 공개청문이란 청문의 과정을 당해 청문관계자 이외의 자에게 공개하여 진행되는 청문을 말하며, 비공개청문이란 오직 당해 청문관계자만이 참여하여 진행되는 청문을 말한다.

102) 행정절차법 제21조 제4항 제3호는 침해적 행정처분을 할 경우 청문을 실시하지 않을 수 있는 사유로서 "당해 처분의 성질상 의견청취가 현저히 곤란하거나 명백히 불필요하다고 인정될 만한 상당한 이유가 있는 경우"를 규정하고 있으나, 여기에서 말하는 '의견청취가 현저히 곤란하거나 명백히 불필요하다고 인정될 만한 상당한 이유가 있는지 여부'는 당해 행정처분의 성질에 비추어 판단하여야 하는 것이지, 청문통지서의 반송 여부, 청문통지의 방법 등에 의하여 판단할 것은 아니며, 또한 행정처분의 상대방이 통지된 청문일시에 불출석하였다는 이유만으로 행정청이 관계 법령상 그 실시가 요구되는 청문을 실시하지 아니한 채 침해적 행정처분을 할 수는 없을 것이므로, 행정처분의 상대방에 대한 청문통지서가 반송되었다거나, 행정처분의 상대방이 청문일시에 불출석하였다는 이유로 청문을 실시하지 아니하고 한 침해적 행정처분은 위법하다(대판 2001.4. 13, 2000두3337).

(3) 청문의 통지

행정청은 청문을 실시하고자 하는 경우에 청문이 시작되는 날부터 10일전까지 일정한 사항을 당사자등에게 통지하여야 한다. 통지하여야 할 사항은 처분의 사전통지의 경우와 같다(「행정절차법」 제21조 제2항).

(4) 청문주재자와 청문참가인

① 청문주재자

청문주재자란 청문을 진행하고 증거를 조사하는 직무를 수행하는 자를 말한다. 청문주재자는 청문을 행하는 행정청 소속직원 또는 일정한 자격을 가진 자 중에서 행정청이 선정한다. 청문의 공정한 진행을 위하여 행정청은 청문주재자의 선정이 공정하게 이루어지도록 노력하여야 한다(「행정절차법」 제28조 제1항). 청문주재자는 독립하여 직무를 수행하며, 그 직무수행상의 이유로 본인의 의사에 반하여 신분상 어떠한 불이익도 받지 아니한다(「행정절차법」 제28조 제2항).

공정한 청문 진행을 위하여 청문주재자에 대한 제척 · 기피 · 회피가 인정된다(「행정절차법」 제29조).

② 청문참가자

청문에 주체적으로 참가하는 사람으로서 당사자등이다. 당사자등이란 행정청의 처분에 대하여 직접 그 상대가 되는 당사자와 행정청이 직권 또는 신청에 의하여 행정절차에 참여하게 한 이해관계인을 말한다(「행정절차법」 제2조 제4호).

가장 일반적인 청문참가자는 처분의 상대방이다. 제3자효적 행정행위에서 제3자가 청문을 신청한 경우에도 처분의 상대방이 청문참가자가 된다. 그리고 이해관계인이란 모든 이해관계인이 아니라 행정절차에 참여하는 이해관계인에 한한다.

(5) 청문의 공개

청문은 당사자의 공개신청이 있거나 청문주재자가 필요하다고 인정하는 경우 이를 공개할 수 있다. 청문의 공개는 청문의 신뢰성을 확보하기 위하여 인정된다. 다만, 공익 또는 제3자의 정당한 이익을 현저히 해할 우려가 있는 경우에는 공개하여서는 아니된다(「행정절차법」 제30조). 당사자가 청문의 공개를 신청하였음에도 불구하고 행정청이 비공개 결정을 하거나 당사자가 공개를 원하지 않음에도 불구하고 행정청이 공개결정을 함에 있어서는 공익 또는 제3자의 정당한 이익을 엄격하게 해석하여야 한다.

(6) 청문의 진행

① 설명 · 의견진술

청문주재자가 청문을 시작할 때에는 먼저 예정된 처분의 내용, 그 원인이 되는 사실 및 법적 근거 등을 설명하여야 하고, 당사자등은 의견을 진술하고 증거를 제출할 수 있으며, 참고인 · 감정인 등에 대하여 질문할 수 있다. 당사자등이 의견서를 제출한 경우에는 그 내용을 출석하여 진술한 것으로 본다(「행정절차법」 제31조 제1항 내지 제3항).

② 청문의 계속 · 병합 · 분리

청문을 계속할 경우에는 행정청은 당사자등에게 다음 청문의 일시 및 장소를 서면으로 통지하여야 하며, 당사자등이 동의하는 경우에는 전자문서로 통지할 수 있다. 다만, 청문에 출석한 당사자등에게는 당해 청문일에 청문주재자가 구술로 통지할 수 있다(「행정절차법」 제31조 제5항).

그리고 행정청은 직권 또는 당사자의 신청에 의하여 수개의 사안을 병합하거나 분리하여 청문을 실시할 수 있다.(「행정절차법」 제32조).

③ 질서유지등

청문주재자는 청문의 신속한 진행과 질서유지를 위하여 필요한 조치를 할 수 있다(「행정절차법」 제31조 제4항). 필요한 조치라 함은 발언순서 · 시간 · 중복발언 등을 제한하고, 질서교란자에 대한 퇴장을 명령하는 것 등을 말한다.

④ 증거조사

청문에는 직권조사주의를 채택하여, 청문주재자는 신청 또는 직권에 의하여 필요한 조사를 할 수 있으며, 당사자등이 주장하지 아니한 사실에 대하여도 조사할 수 있다(「행정절차법」 제33조 제1항).

그리고 청문주재자는 필요하다고 인정하는 때에는 관계행정청에 대하여 필요한 문서의 제출 또는 의견의 진술을 요구할 수 있다. 이 경우 관계행정청은 직무수행상 특별한 지장이 없는 한 이에 응하여야 한다(「행정절차법」 제33조 제3항).

⑤ 청문조서 및 의견서의 작성

청문주재자는 일정한 사항이 기재된 청문조서를 작성하여야 한다. 당사자등은 청문조서의 기재내용을 열람 · 확인할 수 있으며, 이의가 있을 때에는 그 정정을 요구할 수 있다(「행정절차법」 제34조 제1항 및 제2항).

그리고 청문주재자는 처분의 내용 · 주요 사실 또는 증거, 종합의견 등이 기재된 청문주재자의 의견서를 작성하여야 한다(「행정절차법」 제34조의2).

(7) 청문의 종결 및 재개

① 청문의 종결

청문주재자는 당해 사안에 대하여 당사자등의 의견진술 · 증거조사가 충분히 이루어졌다고 인정되는 경우에는 청문을 마칠 수 있다(「행정절차법」 제35조 제1항).

청문주재자는 청문을 마친 때에는 지체 없이 청문조서 기타 관계서류 등을 행정청에 제출하여야 한다(「행정절차법」 제35조 제4항).

② 청문 종결의 효과

행정청은 청문을 거친 때에는 신속히 처분하여 당해 처분이 지연되지 아니하도록 하여야 한다(「행정절차법」 제22조 제5항). 그리고 행정청은 처분 후 1년 이내에 당사자등의 요청이 있는 경우에는 청문을 위하여 제출받은 서류 기타 물건을 반환하여야 한다(「행정절차법」 제22조 제6항).

행정청은 처분을 함에 있어서 제출받은 청문조서, 청문주재자의 의견서, 그 밖의 관계서류 등을 충분히 검토하고 상당한 이유가 있다고 인정하는 경우에는 청문결과를 반영하여야 한다(「행정절차법」 제35조의2). 그러나 행정청이 청문절차에 나타난 사

인의 의견에 구속되지는 않는다.[103)]

③ 청문의 재개

행정청은 청문을 마친 후 처분을 하기까지 새로운 사정이 발견되어 청문을 재개할 필요가 있다고 인정하는 때에는 제출받은 청문조서 등을 되돌려 보내고 청문의 재개를 명할 수 있다(「행정절차법」 제36조). 의견청취절차 중에서 청문에서만 재개 규정이 있다.

(8) 문서의 열람 및 비밀유지

① 문서열람 · 복사청구권의 의의

당사자등은 문서의 열람과 복사를 청구할 수 있는 권리(문서열람 · 복사청구권)를 가진다. 즉 당사자등은 청문의 통지가 있는 날부터 청문이 끝날 때까지 행정청에 대하여 당해 사안의 조사결과에 관한 문서 기타 당해 처분과 관련되는 문서의 열람 또는 복사를 요청할 수 있다(「행정절차법」 제37조 제1항 전단).

문서열람 · 복사청구권은 개인적 공권으로서 절차적 권리에 해당한다. 문서열람을 통하여 중요한 사실관계를 알게 되면 청문절차에 자기에게 유리한 증거제출과 반박자료 제공 등을 쉽게 할 수 있기 때문에 인정된다. 이 권리는 무기대등의 원칙 및 행정절차의 공개성의 원칙과 관계가 있다.

② 문서열람 · 복사청구권의 제한

문서열람 · 복사의 청구를 받은 행정청은 다른 법령에 의하여 공개가 제한되는 경우를 제외하고는 이를 거부할 수 없다(「행정절차법」 제37조 제1항 후단). 즉 문서열람 · 복사청구권은 「공공기관의 정보공개에 관한 법률」 제9조에 의하여 공개가 제한되는 경우 열람 및 복사도 제한된다.

열람 또는 복사의 요청을 거부한 경우 거부이유를 소명하여야 한다(「행정절차법」 제37조 제5항).

---

103) 대판 1995.12.22, 95누30.

③ 문서열람 · 복사청구권의 대상 및 장소

문서열람 · 복사의 청구 대상은 '당해 사안의 조사결과에 관한 문서 기타 당해 처분과 관련되는 문서'이다(「행정절차법」 제37조 제1항 전단). 열람 또는 복사를 요청할 수 있는 문서의 구체적인 범위는 대통령령으로 정한다(「행정절차법」 제37조 제4항).

행정청이 열람 또는 복사의 요청에 응하는 경우 그 일시 및 장소를 지정할 수 있다(「행정절차법」 제37조 제2항). 그리고 복사에 따른 비용을 요청한 자에게 부담시킬 수 있다(「행정절차법」 제37조 제5항).

④ 비밀유지

누구든지 청문을 통하여 알게 된 사생활 또는 경영상이나 거래상의 비밀을 정당한 이유없이 누설하거나 다른 목적으로 사용하여서는 아니된다(「행정절차법」 제37조 제6항). 이것은 사생활 보호 및 행정정보의 불법적인 유출을 방지하기 위한 것이다.

「행정절차법」은 보호의 대상을 한정하고 있으므로, 보호되는 정보의 범위는 「공공기관의 정보공개에 관한 법률」에 의하여 보호되는 정보의 범위보다 좁다.

이 규정을 위반한 경우 처벌에 관한 규정이 「행정절차법」에는 없다. 따라서 「공공기관의 정보공개에 관한 법률」이 정한 규정에 따라 처벌하여야 한다.

(9) 청문절차의 위반

① 법령상 요구된 청문절차의 결여

법령에서 요구하는 청문절차를 결여한 행정행위는 위법한 것으로서 하자있는 행정행위가 된다. 이 경우 행정행위는 무효라고는 할 수 없고, 취소사유에 해당한다.104)

그러나 법령의 근거 없이 훈령이 요구한 청문절차를 거치지 않고 한 행정행위는 위법한 것으로 인정되지는 않는다.105)

② 법령상 요구되지 않은 청문절차의 결여

행정청이 당사자에게 의무를 과하거나 권익을 제한하는 처분을 함에 있어서 청문

104) 대판 2007.11.6, 2005두157000.
105) 대판 1994.3.22, 93누18969. 예외로서 위법행위라고 한 판결도 있다(대판 1984.9.11, 82누166).

의 실시나 공청회의 개최 외에는 당사자등에게 의견제출의 기회를 주어야 한다(「행정절차법」 제22조 제2항). 따라서 법령상 침익적 행정행위에서 청문절차를 거쳐야 한다는 명문의 규정이 없더라도, 행정청은 당연히 의견제출절차를 거쳐야 한다.

4) 공청회

(1) 공청회의 의의

공청회(公聽會)란 행정청이 공개적인 토론을 통하여 어떠한 행정작용에 대하여 당사자등, 전문지식과 경험을 가진 자 기타 일반인으로부터 의견을 널리 수렴하는 절차를 말한다(「행정절차법」 제2조 제6호).

공청회는 ㉠ 다른 법령 등에서 공청회를 개최하도록 규정하고 있는 경우 또는 ㉡ 당해 처분의 영향이 광범위하여 널리 의견을 수렴할 필요가 있다고 행정청이 인정하는 경우에 개최한다(「행정절차법」 제22조 제2항). 그러나 상대방을 포함하여 사인의 신청에 의한 공청회는 인정되지 아니한다. 그리고 공청회는 기본적으로는 신청에 대한 처분과 관련하여 실시될 것으로 보이나 불이익 처분의 경우에도 공청회를 실시할 가능성이 배제되는 것은 아니다.

그러나 일정한 사유(청문의배제 사유와 동일)가 있는 경우 공청회를 개최하지 아니할 수 있다(「행정절차법」 제22조 제4항).

(2) 공청회 개최의 통지 · 공고

행정청은 공청회를 개최하려는 경우에는 공청회 개최 14일 전까지 공청회의 제목, 일시 및 장소 등을 당사자 등에게 통지하고, 관보 · 공보 · 인터넷 홈페이지 또는 일간신문 등에 공고하는 등의 방법으로 널리 알려야 한다(「행정절차법」 제38조).

행정청은 공청회와 병행하여서 정보통신망을 이용한 전자공청회를 실시할 수 있으며, 전자공청회에서 누구든지 정보통신망을 이용하여 의견을 제출하거나 제출된 의견 등에 대한 토론에 참여할 수 있다(「행정절차법」 제38조의2 제1항 및 제3항).

(3) 공청회의 진행

① 공청회의 주재자 및 발표자

공청회의 주재자란 공청회를 이끌어 나가는 자를 말한다. 공청회의 주재자는 당해 공청회의 사안과 관련된 분야에 전문적 지식이 있거나 그 분야에서 종사한 경험이 있는 자 중에서 행정청이 지명 또는 위촉하는 자로 한다(「행정절차법」 제38조의3 제1항).

공청회의 발표자는 발표를 신청한 자 중에서 행정청이 선정한다. 다만, 발표 신청자가 없거나 공청회의 공정성 확보를 위하여 필요하다고 인정하는 경우에는 당해 공청회의 사안과 관련된 사람 중에서 지명 또는 위촉할 수 있다(「행정절차법」 제38조의3 제2항).

② 공청회의 발표, 질의 및 답변

공청회의 주재자는 공청회를 공정하게 진행하여야 한다(「행정절차법」 제39조 제1항).

발표자는 공청회의 내용과 직접 관련된 사항에 한하여 발표하여야 한다(「행정절차법」 제39조 제2항). 공청회의 주재자는 공청회의 원활한 진행을 위하여 발표내용을 제한할 수 있다(「행정절차법」 제39조 제1항). 중복발표 제한, 발언순서 · 시간 등의 제한이 여기에 해당한다.

그리고 공청회의 주재자는 발표자의 발표가 끝난 후에는 발표자 상호 간에 질의 및 답변을 할 수 있도록 하여야 하며, 방청인에 대하여도 의견을 제시할 기회를 주어야 한다(「행정절차법」 제39조 제3항).

③ 질서유지

공청회의 주재자는 질서유지를 위하여 필요한 조치를 할 수 있다(「행정절차법」 제39조). 필요한 조치란 질서문란자에 대한 협조요청 또는 퇴거요구, 발언자의 발언중단, 공청회의 일시정지나 중단 등을 말한다. 경찰에 대하여 질서문란자에 대한 경찰권 발동도 요청할 수 있다.

④ 공청회에 따른 행정청의 의무

행정청은 처분을 함에 있어서 공청회 · 전자공청회 및 정보통신망 등을 통하여 제시된 사실 및 의견이 상당한 이유가 있다고 인정하는 경우에는 이를 반영하여야 한다(「행정절차법」 제39조의2).

행정청은 공청회를 거친 때에는 신속히 처분하여 당해 처분이 지연되지 아니하도록 하여야 한다(「행정절차법」 제22조 제5항). 그리고 행정청은 처분 후 1년 이내에 당사자등의 요청이 있는 경우에는 공청회를 위하여 제출받은 서류 기타 물건을 반환하여야 한다(「행정절차법」 제22조 제6항).

Ⅳ 신고

1. 의의

신고는 일정한 법률사실 또는 법률관계의 존부에 관하여 서면이나 구술로 관계행정청에 알리는 사인의 행위로서 법령 등이 정하는 바에 의하여 당해 통지가 의무로 되어 있는 작용을 말한다. 따라서 신고란 일정한 사항을 행정청에 알리면 그 의무는 끝나는 것이며, 신청과 같이 행정청에 어떤 행위를 요구하는 것과는 성질을 달리한다.

2. 종류와 규율대상

일반적으로 신고는 자기완결적 신고(전통적인 신고)와 수리를 요하는 신고(변형적 신고)로 나눈다. 자기완결적 신고란 특정한 사실 · 법률관계에 관하여 행정청에게 단순히 알림으로써 의무를 다하는 신고를 말한다.[106] 수리를 요하는 신고는 정부의 규제완화정책의 일환으로 완화된 허가제로서 수리를 요하는 신고를 말한다.[107] 수리를 요하는 신고는 신고요건을 갖춘 신고가 있었다고 하더라도 수리되지 않으면 신고되지 않은 것이 된다.

자기완결적 신고는 신고행위 그 자체로서 법적 효과가 완성되므로 행정청의 수리 또는 접수를 상정하지 않는 개념이지만, 수리를 요하는 신고는 수리라는 개념을 상

106) 「가족관계의 등록 등에 관한 법률」에 의한 출생신고, 입양신고, 사망신고, 혼인신고, 「건축법」에 의한 건축신고 등이 이에 해당한다.

107) 「수산업법」 제44조의 어업허가 지위승계의 신고, 「건축법」에 의한 건축주 명의변경신고 등을 들 수 있다.

정한 것으로서 행정청이 수리를 함으로써 신고의 효과가 발생하게 된다. 따라서 신고의 거부행위는 처분성이 인정되며 행정소송의 대상이 된다.

이 중에서 「행정절차법」의 적용대상이 되는 신고는 자기완결적 신고이다. 그리고 법령 등에서 '신고'라는 용어를 쓰고 있지 않더라도 행정청에 일정한 사항을 통지함으로써 의무이행이 완료되는 행위는 「행정절차법」의 규율대상이 된다. 그러나 개별 법령에서 신고라는 용어를 쓰고 있더라도 수리 · 심사절차를 규정하고 있는 경우에는 「행정절차법」의 규율대상에서 제외된다.

3. 요건과 효과

법령 등에서 행정청에 대하여 일정한 사항을 통지함으로써 의무가 끝나는 신고는 ㉠ 신고서의 기재사항에 흠이 없고, ㉡ 필요한 구비서류가 첨부되어 있으며, ㉢ 기타 법령 등에 규정된 형식상의 요건에 적합하여야 한다. 이러한 요건을 갖춘 경우에는 신고서가 접수기관에 도달된 때에 신고의 의무가 이행된 것으로 본다(「행정절차법」 제40조 제2항). 신고도달주의를 채택하였기 때문에 신고의 수리가 문제되지 아니한다.[108] 행정실무상 이루어지고 있는 신고의 수리거부 또는 그 반려 등 위법한 관행을 시정하기 위하여 신고가 형식적 요건을 갖춘 경우 행정청에 도달한 때에 법령상의 신고의무가 이행된 것으로 간주한 것이다.

그러나 요건을 갖추지 못한 신고서가 제출된 경우 행정청은 지체 없이 상당한 기간을 정하여 신고인에게 보완을 요구하여야 하며, 신고인이 그 기간 내에 보완을 하지 아니한 때에는 그 이유를 명시하여 당해 신고서를 되돌려 보내야 한다(「행정절차법」 제40조 제3항 및 제4항).

4. 편람의 비치

법령 등에서 행정청에 대하여 일정한 사항을 통지함으로써 의무가 끝나는 신고를 규정하고 있는 경우 신고를 관장하는 행정청은 신고에 필요한 구비서류와 접수기관 기타 법령등에 의한 신고에 필요한 사항을 게시(인터넷 등을 통한 게시를 포함한다)하거

---

108) 자기완결적 신고의 수리거부행위는 법적인 의미가 없고 처분성도 인정되지 아니한다.

나 이에 대한 편람을 비치하여 누구나 열람할 수 있도록 하여야 한다(「행정절차법」 제40조 제1항).

Ⅴ 행정상 입법예고

1. 의의

「행정절차법」은 입법예고제도를 채택하여, 국민의 권리·의무 또는 일상생활과 밀접한 관련이 있는 법령 등을 제정·개정 또는 폐지하고자 할 때에는 당해 입법안을 마련한 행정청이 이를 예고하도록 하고 있다(「행정절차법」 제41조 제1항). 입법예고제도는 입법과정에서의 국민참여를 보장하고 입법의 투명성을 보장함으로써 입법내용에 대한 문제점을 검토하고 법령등의 실효성을 담보하기 위한 제도이다.

2. 대상과 예외

입법예고의 대상은 국민의 권리·의무 또는 일상생활과 밀접한 관련이 있는 법령 등이다. 법률·대통령령·총리령·부령인 법령뿐만 아니라 지방자치단체의 조례·규칙과 같은 「자치법규」도 예고하도록 하고 있다.

그러나 ㉠ 입법내용이 국민의 권리·의무 또는 일상생활과 관련이 없는 경우, ㉡ 입법이 긴급을 요하는 경우, ㉢ 입법내용의 성질 그 밖의 사유로 예고의 필요가 없거나 곤란하다고 판단되는 경우, ㉣ 상위법령 등의 단순한 집행을 위한 경우, ㉤ 예고함이 공익에 현저히 불리한 영향을 미치는 경우에는 입법예고를 아니할 수 있다(「행정절차법」 제41조 제1항).

3. 예고방법

행정청은 입법안의 취지, 주요내용 또는 전문을 관보·공보나 인터넷·신문·방송 등의 방법으로 널리 공고하여야 한다(「행정절차법」 제42조 제1항).

그리고 행정청은 입법예고를 하는 때에 입법안과 관련이 있다고 인정되는 중앙행정기관, 지방자치단체 그 밖의 단체 등이 예고사항을 알 수 있도록 예고사항의 통지 그 밖의 방법 등으로 알려야 한다(「행정절차법」 제42조 제3항). 이는 실질적인 입법참여가 보장될 수 있도록 하기 위한 것이다. 또한 행정청은 예고된 입법안에 대하여 전자공청회 등을 통하여 널리 의견을 수렴할 수 있다(「행정절차법」 제42조 제4항). 행정청은 예고된 입법안의 전문에 대하여 열람 또는 복사의 요청이 있는 때에는 특별한 사유가 없는 한 이에 응하여야 한다(「행정절차법」 제42조 제5항).

대통령령을 입법예고할 경우에는 이를 국회 소관 상임위원회에 제출하여야 한다(「행정절차법」 제42조 제2항).

입법예고기간은 예고할 때 정하되, 특별한 사정이 없는 한 40일(자치법규는 20일) 이상으로 한다(「행정절차법」 제43조).

4. 의견제출 및 처리

행정청은 의견접수기관·의견제출기간 기타 필요한 사항을 당해 입법안을 예고할 때 함께 공고하여야 한다(「행정절차법」 제44조 제2항).

누구든지 예고된 입법안에 대하여 그 의견을 제출할 수 있다(「행정절차법」 제44조 제1항). 즉 이해관계 여부, 국적 유무, 권리능력 유무를 가리지 않고 누구든지 서면 또는 구술로 의견을 제출할 수 있다.

행정청은 당해 입법안에 대한 의견이 제출된 경우 특별한 사유가 없는 한 이를 존중하여 처리하여야 하며(「행정절차법」 제44조 제3항), 의견을 제출한 자에게 그 제출된 의견의 처리결과를 통지하여야 한다(「행정절차법」 제44조 제4항). 국민들이 행정에 대하여 보다 신뢰감을 갖도록 하기 위한 것이다.

행정청은 입법안에 관하여 공청회를 개최할 수 있다(「행정절차법」 제45조).

Ⅵ 행정예고

1. 의의

행정예고란 행정에 대한 예측가능성을 확보하고 국민의 행정에의 참여와 행정시책에 대한 이해를 도모하기 위하여 일정한 행정시책을 미리 예고하는 것을 말한다.

이 행정예고제도는 국민의 일상생활과 밀접한 관계가 있는 새로운 정책·제도 및 계획을 수립 또는 변경하고자 하는 경우 상당한 기간 동안 예고하여 국민들의 행정참여를 유도하고, 또한 새로운 정책이나 제도에 신속하게 적응하게 하여 행정목적의 원활한 수행을 도모하려는 것이다.

2. 범위와 방법 등

행정청은 국민의 생활에 매우 큰 영향을 주는 사항 등 일정한 사항에 대한 정책·제도 및 계획을 수립·시행하거나 변경하고자 하는 때에는 이를 예고하여야 한다(「행정절차법」 제46조 제1항 본문).[109] 다만, 예고로 인하여 공공의 안전 또는 복리를 현저히 해할 우려가 있거나 기타 예고하기 곤란한 특별한 사유가 있는 경우에는 예고하지 아니할 수 있다(「행정절차법」 제46조 제1항 단서).

법령 등의 입법을 포함하는 행정예고의 경우에는 입법예고로 이를 갈음할 수 있다(「행정절차법」 제46조 제2항). 행정예고기간은 예고내용의 성격 등을 고려하여 정하되, 특별한 사정이 없는 한 20일 이상으로 한다(「행정절차법」 제46조 제3항).

행정예고의 방법, 의견제출 및 처리, 공청회 및 전자공청회에 관하여는 행정상 입법예고의 경우와 같다(「행정절차법」 제47조).

Ⅶ 행정지도

1. 의의

행정지도란 행정기관이 그 소관사무의 범위 안에서 일정한 행정목적을 실현하기 위하여 특정인에게 일정한 행위를 하거나 하지 아니하도록 지도·권고·조언 등을 하는 행정작용을 말한다(「행정절차법」 제2조 제3호).

이러한 행정지도는 다양한 행정수요에 신속하게 대응하고 행정운영의 탄력성을 확보하여 행정목적을 국민과의 협조로 용이하게 달성할 수 있으나, 그 내용이나 책

109) 행정예고사항은 ① 국민생활에 매우 큰 영향을 주는 사항, ② 많은 국민의 이해가 상충되는 사항, ③ 많은 국민에게 불편이나 부담을 주는 사항, ④ 기타 널리 국민의 의견수렴이 필요한 사항이다.

임소재가 명확하지 않아서 문제점이 발생하였다.

2. 원칙

「행정절차법」은 행정지도의 원칙으로 과잉금지의 원칙, 임의성의 원칙, 불이익 조치 금지의 원칙을 규정하고 있다.

따라서 행정지도는 그 목적달성에 필요한 최소한도에 그쳐야 하며, 행정 지도의 상대방의 의사에 반하여 부당하게 강요하여서는 아니된다(「행정절차법」 제48조 제1항). 또한 행정기관은 행정지도의 상대방이 행정지도에 따르지 아니하였다는 것을 이유로 불이익한 조치를 하여서는 아니된다(「행정절차법」 제48조 제2항).

3. 방식

행정지도를 행하는 자는 그 상대방에게 당해 행정지도의 취지 · 내용 및 신분을 밝히도록 하여 행정지도의 명확성의 원칙과 행정지도 실명제를 도입하고 있다(「행정절차법」 제49조 제1항).

이와 같은 취지에서 행정지도가 구술로 이루어지는 경우에 상대방이 행정지도의 취지 · 내용 및 신분을 기재한 서면의 교부를 요구하는 때에는 당해 행정지도를 행하는 자는 직무수행에 특별한 지장이 없는 한 이를 교부하여야 한다(「행정절차법」 제49조 제2항).

4. 의견제출

행정지도의 상대방은 당해 행정지도의 방식 · 내용 등에 관하여 행정기관에 의견제출을 할 수 있다(「행정절차법」 제50조). 이것은 임의적 협력에 의한 비권력적 사실행위인 행정지도가 실제적으로 일방적인 규제수단으로 변질되어 사용되는 경우 그 부당성을 밝히고 시정하기 위한 것이다.

5. 다수인을 대상으로 하는 행정지도

행정기관이 같은 행정목적을 실현하기 위하여 많은 상대방에게 행정지도를 하고

자 하는 경우 행정지도의 공평성과 명확성을 확보하기 위하여 특별한 사정이 없는 한 행정지도에 공통적인 내용이 되는 사항을 공표하여야 한다(「행정절차법」 제51조).

Ⅷ 절차상 하자있는 행정행위와 하자의 치유

1. 절차상 하자의 의의

행정청에 의한 모든 공법적 작용은 주체, 내용, 형식, 절차 등에 관한 적법요건을 갖추어야 성립된다. 이와 같이 법령에서 규정한 일정한 절차상의 요건에 하자가 있는 경우를 절차상 하자라 한다.

법령상 요구되는 상대방의 협력이나 관계 행정청과의 협력의 결여, 필요적 처분의 사전통지 또는 의견청취절차의 결여, 이유 제시의 결여, 송달방법의 하자 등이 대표적인 것이다.

2. 절차상 하자 있는 행정행위의 효력

1) 명문의 규정이 있는 경우

절차상 하자의 효과를 규정한 일반법은 없고, 개별법에서 이를 규정한 경우가 있다.[110]

2) 명문의 규정이 없는 경우

명문의 규정이 없는 경우, 절차상의 하자도 독립적인 위법사유가 되어 그 행정행위는 그 자체만으로 무효로 되거나 취소할 수 있다(적극설).

판례도 적극설의 입장에서 재량행위의 경우이든 기속행위의 경우이든 절차상 하자만을 이유로 취소할 수 있다[111]고 보고 있다. 헌법재판소는 적법절차의 원리상

110) 「국가공무원법」 제13조(소청인의 진술권) ① 소청심사위원회가 소청 사건을 심사할 때에는 국회규칙, 대법원규칙, 헌법재판소규칙, 중앙선거관리위원회규칙 또는 대통령령으로 정하는 바에 따라 소청인 또는 제76조제1항 후단에 따른 대리인에게 진술 기회를 주어야 한다.
② 제1항에 따른 진술 기회를 주지 아니한 결정은 무효로 한다.

111) 대판 1991.7.9, 91누971; 대판 1984.5.9, 84누116; 대판 2000.11.14, 99두5870.

명문의 규정 유무를 불문하고 불이익 처분시 청문의 기회가 보장되어야 한다[112]고 판시하였다.

「행정소송법」도 제30조 제3항에서 취소소송의 판결의 구속력과 관련하여 '신청에 따른 처분이 절차의 위법을 이유로 취소되는 경우……' 라고 규정하여 적극설의 입장을 취하고 있다. 그리고 「행정절차법」에 의거하여 청문이나 공청회를 거쳐야 하는 경우가 아닌 한 침익적 처분에는 반드시 의견청취절차(청문 또는 의견제출)를 거쳐야 하며, 이를 거치지 아니하면 위법이 된다.[113]

3. 절차상 하자의 치유

1) 의의

절차상 하자의 치유란 행정행위가 성립 당시에 법령상 요구되는 절차상 요건에 흠결이 있는 경우 그 흠결을 사후에 보완하면 성립 당시의 하자에도 불구하고 그 행위의 효력을 유지하는 것을 말한다.

2) 절차상 하자의 치유 가능성과 그 시기

원칙적으로 치유를 부정하지만 예외적으로 치유를 인정하는 것이 당사자의 권리보호에 문제가 제기되지 않고 오히려 행정의 능률적 수행을 가능하게 하는 경우에는 치유를 인정한다. 다만, 쟁송제기 이선에만 지유를 힐 수 있다(제한적 긍정설, 다수설).

판례도 이와 같다. 원칙적으로 치유를 부정하고 있다.[114] 예외적으로 국민의 권익을 침해하지 않는 범위에서 구체적 사정에 따라 합목적적으로 인정하고 있다.[115] 그리고 치유 시기는 처분에 대한 불복 여부를 결정하는 데 편의를 줄 수 있는 상당한 기간 내에 하여야 한다.

---

112) 헌재결 1990.11.19, 90헌가48.

113) 대판 2000.11.14, 99두5870.

114) 대판 1990.9.11, 90누1786; 대판 2002.11.13, 2001두1543.

115) 대판 1992.10.23, 92누2844; 대판 1983.7.26, 82누420; 대판 1997.12.26, 97누9390.

제5절 경찰상 개인정보공개와 개인정보보호

제1항 정보공개제도

I 정보공개와 정보공개청구권

정보공개란 국가 또는 지방자치단체 등의 행정기관이 관리하고 있는 정보나 행정기관의 행정결정과정을 국민이나 주민의 청구에 의하여 공개하는 것을 말한다. 이러한 정보공개는 국민의 정보공개청구권을 기초로 하여 운영된다.

정보공개청구권이란 사인이 공공기관에 대하여 자기와 직접적인 이해관계가 있는 특정 사안에 관한 정보를 제공해 줄 것을 요구할 수 있는 개인적 공권이다. 정보공개청구권에는 자기와 직접적인 이해관계가 있는 특정한 사안에 관한 개별적 정보공개청구권과 자기와 직접적인 이해관계가 없는 일반적 정보공개청구권이 있다.

정보공개제도는 행정권이 보유하는 다양한 정보에 대한 국민의 자유로운 접근을 인정하여 국민의 알 권리를 보장함으로써 열린 정부(open government)에 의한 행정의 공정화·민주화 실현을 그 기본이념으로 하는 제도이다.

II 정보공개청구권의 근거

1. 정보공개청구권의 법적 근거로서 알 권리

정보공개청구권(情報公開請求權)은 국민의 알 권리를 그 법적 근거로 하고 있다. 알 권리란 일반적으로 접근할 수 있는 정보원(情報源)으로부터 방해받지 않고 보고, 듣고, 읽을 수 있는 소극적인 권리와 정보의 공개를 청구할 수 있는 적극적인 권리를 말한다.

알권리는 헌법 제21조 표현의 자유에 그 근거를 두고 있다. 정보를 받아들이는 상대방이 없다면 정보방출은 무의미하므로 알권리와 표현의 자유는 표리일체 또는 상호보완관계에 있기 때문이다. 헌법재판소도 알권리는 헌법 제21조의 언론의 자유에 당연히 포함되며, 이는 국민의 정부에 대한 일반적인 정보공개를 구할 권리라고 하였다.[1)]

2. 실정법적 근거

우리나라의 정보공개에 관한 일반법은 1996년 제정된 「공공기관의 정보공개에 관한 법률」이다. 이 법은 공공기관이 보유 · 관리하는 정보에 대한 국민의 공개청구 및 공공기관의 공개의무에 관하여 필요한 사항을 정함으로써 국민의 알권리를 보장하고 국정에 대한 국민의 참여와 국정운영의 투명성을 확보함을 목적으로 한다. 이 법에서 정보란 공공기관이 직무상 작성 또는 취득하여 관리하고 있는 문서(전자문서 포함) · 도면 · 사진 · 필름 · 테이프 · 슬라이드 및 그 밖에 이에 준하는 매체 등에 기록된 사항을 말하며, 공개란 공공기관이 「공공기관의 정보공개에 관한 법률」의 규정에 의하여 정보를 열람하게 하거나 그 사본 · 복제물을 교부하는 것 또는 「전자정부법」의 규정에 의한 정보통신망을 통하여 정보를 제공하는 것 등을 말한다(「공공기

1) 헌법 제21조는 언론 · 출판의 자유, 즉 표현의 자유를 규정하고 있는데 이 자유는 전통적으로 사상 또는 의견의 자유로운 표명(발표의 자유)과 그것을 전파할 자유(전달의 자유)를 의미하는 것으로서 사상 또는 의견의 자유로운 표명은 자유로운 의사의 형성을 전제로 한다. 자유로운 의사의 형성은 정보에의 접근이 충분히 보장됨으로써 비로소 가능한 것이며, 그러한 의미에서 정보에의 접근 · 수집 · 처리의 자유, 즉 "알 권리"는 표현의 자유와 표리일체의 관계에 있으며 자유권적 성질과 청구권적 성질을 공유하는 것이다. 자유권적 성질은 일반적으로 정보에 접근하고 수집 · 처리함에 있어서 국가권력의 방해를 받지 아니한다는 것을 말하며, 청구권적 성질을 의사형성이나 여론 형성에 필요한 정보를 적극적으로 수집하고 수집을 방해하는 방해제거를 청구할 수 있다는 것을 의미하는 바 이는 정보수집권 또는 정보공개청구권으로 나타난다. 나아가 현대 사회가 고도의 정보화 사회로 이행해감에 따라 "알 권리"는 한편으로 생활권적 성질까지도 획득해 나가고 있다. 이러한 "알 권리"는 표현의 자유에 당연히 포함되는 것으로 보아야 하며 인권에 관한 세계선언 제19조도 "알 권리"를 명시적으로 보장하고 있다. 헌법상 입법의 공개(제50조 제1항), 재판의 공개(제109조)와는 달리 행정의 공개에 대하여서는 명문규정을 두고 있지 않지만 "알 권리"의 생성기반을 살펴볼 때 이 권리의 핵심은 정부가 보유하고 있는 정보에 대한 국민의 "알 권리", 즉 국민의 정부에 대한 일반적 정보공개를 구할 권리(청구권적 기본권)라고 할 것이며, 이러한 "알 권리"의 실현은 법률의 제정이 뒤따라 이를 구체화시키는 것이 충실하고도 바람직하지만, 그러한 법률이 제정되어 있지 않다고 하더라도 불가능한 것은 아니고 헌법 제21조에 의해 직접 보장될 수 있다고 하는 것이 헌법재판소의 확립된 판례인 것이다(헌재결 1991.5.13, 90헌마133).

관의 정보공개에 관한 법률」 제2조). 일단 공공기관이 보유·관리하는 정보는 「공공기관의 정보공개에 관한 법률」이 정하는 바에 따라 공개하여야 한다(「공공기관의 정보공개에 관한 법률」 제3조).

정보공개에 관한 개별법적 규정으로는 「민원사무처리에 관한 법률」 제7조(민원사무편람의 비치) 및 제20조(민원사무처리기준표의 고시), 「행정절차법」 제19조(처리기한의 공표)·제20조(처분기준의 공표)·제23조(처분의 이유제시) 등이 있다.

3. 조례

지방자치단체는 그 소관사무에 관하여 법령의 범위 안에서 정보공개에 관한 조례를 정할 수 있다(「공공기관의 정보공개에 관한 법률」 제4조 제2항). 따라서 지방자치단체의 주민은 조례에 근거를 두고 정보공개청구권을 가질 수 있다.

이 조항이 제정되기 전에도 1991년 청주시를 시초로 각 지방자치단체가 독자적인 정보공개조례를 제정하여 주민의 정보공개청구권을 인정하였다. 대법원도 법률의 위임이 없더라도 비침익적인 내용의 정보공개조례를 제정할 수 있다고 하였다.[2)]

Ⅲ 「공공기관의 정보공개에 관한 법률」에 의한 정보공개

1. 적용범위

「공공기관의 정보공개에 관한 법률」은 정보의 공개에 관하여 다른 법률에 특별한 규정이 있는 경우를 제외하고는 모든 경우에 적용된다(「공공기관의 정보공개에 관한 법률」 제4조 제1항). 따라서 「공공기관의 정보공개에 관한 법률」이 공공기관이 보유·관

2) 지방자치단체는 그 내용이 주민의 권리의 제한 또는 의무의 부과에 관한 사항이거나 벌칙에 관한 사항이 아닌 한 법률의 위임이 없더라도 조례를 제정할 수 있다 할 것인데 청주시의회에서 의결한 청주시행정정보공개조례안은 행정에 대한 주민의 알 권리의 실현을 그 근본내용으로 하면서도 이로 인한 개인의 권익침해 가능성을 배제하고 있으므로 이를 들어 주민의 권리를 제한하거나 의무를 부과하는 조례라고는 단정할 수 없고 따라서 그 제정에 있어서 반드시 법률의 개별적 위임이 따로 필요한 것은 아니다. …… 행정정보공개조례안이 국가위임사무가 아닌 자치사무 등에 관한 정보만을 공개대상으로 하고 있다고 풀이되는 이상 반드시 전국적으로 통일된 기준에 따르게 할 것이 아니라 지방자치단체가 각 지역의 특성을 고려하여 자기고유사무와 관련된 행정정보의 공개사무에 관하여 독자적으로 규율할 수 있다(대판 1992.6.23, 92추17).

리하는 정보의 공개에 관한 일반법이다. 그러나 국가안전보장에 관련되는 정보 및 보안업무를 관장하는 기관에서 국가안전보장과 관련된 정보분석을 목적으로 수집되거나 작성된 정보에 대하여는 이 법이 적용되지 않는다(「공공기관의 정보공개에 관한 법률」 제4조 제3항).

그리고 지방자치단체에 의한 정보공개에도 적용되지만 지방자치단체는 그 소관 사무에 관하여 법령의 범위 안에서 정보공개에 관한 조례를 정할 수 있다(「공공기관의 정보공개에 관한 법률」 제4조 제2항).

2. 공개대상정보 및 그 적용예외사항

1) 공개대상정보

「공공기관의 정보공개에 관한 법률」의 적용대상은 공공기관이 보유·관리하고 있는 정보이다. 여기서 공공기관이란 국가, 지방자치단체, 정부투자기관, 각급학교, 지방공사 및 지방공단, 정부산하기관, 특수법인, 국가 또는 지방자치단체로부터 보조금을 받는 사회복지법인과 사회복지사업을 하는 비영리법인을 말한다.[3)]

3) 「공공기관의 정보공개에 관한 법률 시행령」 제2조(공공기관의 범위) 「공공기관의 정보공개에 관한 법률」 제2조 제3호에서 "그 밖에 대통령령이 정하는 기관"이라 함은 다음 각호의 기관을 말한다.
1. 초·중등교육법 및 고등교육법 그 밖에 다른 법률에 의하여 설치된 각급학교
2. 「지방공기업법」에 따른 지방공사 및 지방공단과 다음 각 목의 어느 하나에 해당하는 기관 중 지방자치단체의 조례로 정하는 기관
   가. 지방자치단체의 조례로 설립되고 해당 지방자치단체가 출연한 기관
   나. 지방자치단체의 지원액(조례 또는 규칙에 따라 직접 지방자치단체의 업무를 위탁받거나 독점적 사업권을 부여받은 기관의 경우에는 그 위탁업무나 독점적 사업으로 인한 수입액을 포함한다)이 총수입액의 2분의 1을 초과하는 기관
   다. 지방자치단체가 100분의 50 이상의 지분을 가지고 있거나 100분의 30 이상의 지분을 가지고 임원 임명권한 행사 등을 통하여 해당 기관의 정책 결정에 사실상 지배력을 확보하고 있는 기관
   라. 지방자치단체와 가목부터 다목까지의 어느 하나에 해당하는 기관이 합하여 100분의 50 이상의 지분을 가지고 있거나 100분의 30 이상의 지분을 가지고 임원 임명권한 행사 등을 통하여 해당 기관의 정책 결정에 사실상 지배력을 확보하고 있는 기관
   마. 가목부터 라목까지의 어느 하나에 해당하는 기관이 단독으로 또는 두개 이상의 기관이 합하여 100분의 50 이상의 지분을 가지고 있거나 100분의 30 이상의 지분을 가지고 임원 임명권한 행사 등을 통하여 해당 기관의 정책 결정에 사실상 지배력을 확보하고 있는 기관
   바. 가목부터 라목까지의 어느 하나에 해당하는 기관이 설립하고, 지방자치단체 또는 설립 기관이 출연한 기관
3. 「공공기관의 운영에 관한 법률」 제4조에 따른 공공기관

따라서 행정부뿐만 아니라 국회, 법원, 헌법재판소, 중앙선거관리위원회 등도 공공기관에 포함되나 민간부문은 이 법의 적용을 받지 아니한다.

2) 비공개대상정보

공공기관이 보유 · 관리하는 정보는 공개되는 것이 원칙이지만 다른 법령에 규정이 있는 경우, 국익, 공익, 국민의 기본권, 형사법적 정의, 업무의 공정성, 개인의 사생활, 기업비밀, 특수이익에 관한 정보에 대해서는 공개하지 아니할 수 있다.[4] 그러나 이러한 정보가 기간의 경과 등으로 인하여 비공개의 필요성이 없어진 경우에는 그 정보를 공개대상으로 하여야 한다(「공공기관의 정보공개에 관한 법률」 제9조 제2항).

---

4. 특별법에 의하여 설립된 특수법인
5. 사회복지사업법 제42조 제1항의 규정에 의하여 국가 또는 지방자치단체로부터 보조금을 받는 사회복지법인과 사회복지사업을 하는 비영리법인

4) 비공개되는 정보는 구체적으로 다음과 같다(「공공기관의 정보공개에 관한 법률」 제9조 제1항).
① 다른 법률 또는 법률이 위임한 명령(국회규칙 · 대법원규칙 · 헌법재판소규칙 · 중앙선거관리위원회규칙 · 대통령령 및 조례에 한한다)에 의하여 비밀 또는 비공개 사항으로 규정된 정보
② 국가안전보장 · 국방 · 통일 · 외교관계 등에 관한 사항으로서 공개될 경우 국가의 중대한 이익을 현저히 해할 우려가 있다고 인정되는 정보
③ 공개될 경우 국민의 생명 · 신체 및 재산의 보호에 현저한 지장을 초래할 우려가 있다고 인정되는 정보
④ 진행 중인 재판에 관련된 정보와 범죄의 예방, 수사, 공소의 제기 및 유지, 형의 집행, 교정, 보안처분에 관한 사항으로서 공개될 경우 그 직무수행을 현저히 곤란하게 하거나 형사피고인의 공정한 재판을 받을 권리를 침해한다고 인정할 만한 상당한 이유가 있는 정보
⑤ 감사 · 감독 · 검사 · 시험 · 규제 · 입찰계약 · 기술개발 · 인사관리 · 의사결정과정 또는 내부검토과정에 있는 사항 등으로서 공개될 경우 업무의 공정한 수행이나 연구 · 개발에 현저한 지장을 초래한다고 인정할 만한 상당한 이유가 있는 정보
⑥ 당해 정보에 포함되어 있는 이름 · 주민등록번호 등 개인에 관한 사항으로서 공개될 경우 개인의 사생활의 비밀 또는 자유를 침해할 우려가 있다고 인정되는 정보. 다만, 법령이 정하는 바에 따라 열람할 수 있는 정보, 공공기관이 공표를 목적으로 작성하거나 취득한 정보로서 개인의 사생활의 비밀과 자유를 부당하게 침해하지 않는 정보, 공공기관이 작성하거나 취득한 정보로서 공개하는 것이 공익 또는 개인의 권리구제를 위하여 필요하다고 인정되는 정보, 직무를 수행한 공무원의 성명 · 직위, 공개하는 것이 공익을 위하여 필요한 경우로써 법령에 의하여 국가 또는 지방자치단체가 업무의 일부를 위탁 또는 위촉한 개인의 성명 · 직업 등에 관한 정보는 제외한다.
⑦ 법인 · 단체 또는 개인의 경영 · 영업상 비밀에 관한 사항으로서 공개될 경우 법인 등의 정당한 이익을 현저히 해할 우려가 있다고 인정되는 정보. 다만, 사업활동에 의하여 발생하는 위해로부터 사람의 생명 · 신체 또는 건강을 보호하기 위하여 공개할 필요가 있는 정보와 위법 · 부당한 사업활동으로부터 국민의 재산 또는 생활을 보호하기 위하여 공개할 필요가 있는 정보를 제외한다.
⑧ 공개될 경우 부동산 투기 · 매점매석 등으로 특정인에게 이익 또는 불이익을 줄 우려가 있다고 인정되는 정보

3. 정보공개청구권자

모든 국민은 공개대상정보의 공개를 청구할 수 있는 권리를 가진다(「공공기관의 정보공개에 관한 법률」 제5조 제1항). 여기서 국민이란 자연인과 법인을 말하며, 법인격 없는 단체도 포함한다. 그리고 국내에 일정한 주소를 두고 거주하거나 학술 · 연구를 위하여 일시적으로 체류하는 외국인과 국내에 사무소를 두고 있는 법인 또는 단체도 정보공개를 청구할 수 있다(「공공기관의 정보공개에 관한 법률 시행령」 제3조).

4. 정보공개청구 방법

정보의 공개청구인은 당해 정보를 보유하거나 관리하고 있는 공공기관에 정보공개청구서를 제출하거나 구술로서 정보의 공개를 청구할 수 있다(「공공기관의 정보공개에 관한 법률」 제10조 제1항).[5)]

5. 정보공개결정과 공개

1) 정보공개 여부의 결정

정보공개의 청구가 있으면 공공기관은 그 청구를 받은 날부터 10일 이내에 정보공개심의회의 심의를 거쳐 공개여부를 결정하여야 한다(「공공기관의 정보공개에 관한 법률」 제11조 제1항).

그리고 공개대상정보의 전부 또는 일부가 제3자와 관련이 있다고 인정되는 경우에 공공기관은 공개청구된 사실을 제3자에게 지체 없이 통지하여야 하며, 필요한 경우에는 그에 대한 의견을 청취할 수 있다(「공공기관의 정보공개에 관한 법률」 제11조 제3항).

2) 공개결정의 통지

(1) 공개결정통지

공공기관은 정보의 공개를 결정한 때에는 공개일시 · 공개장소 등을 명시하여 청구인에게 통지하여야 한다(「공공기관의 정보공개에 관한 법률」 제13조 제1항).

5) 이 청구서에는 청구인의 이름 · 주소등록번호 및 주소, 공개를 청구하는 정보의 내용 및 사용목적을 기재하여야 한다.

(2) 부분공개

공개청구한 정보가 공개제외사항에 해당하는 부분과 공개가 가능한 부분이 혼합되어 있는 경우로서 공개청구의 취지에 어긋나지 아니하는 범위 안에서 두 부분을 분리할 수 있는 때에는 공개제외사항에 해당하는 부분을 제외하고 공개하여야 한다(「공공기관의 정보공개에 관한 법률」 제14조).

(3) 전자적 정보의 공개

공공기관은 전자적 형태로 보유 · 관리하는 정보에 대하여 청구인이 전자적 형태로 공개하여 줄 것을 요청하는 경우에는 당해 정보의 성질상 현저히 곤란한 경우를 제외하고는 청구인의 요청에 응하여야 한다(「공공기관의 정보공개에 관한 법률」 제15조 제1항).

(4) 즉시공개

법령 등에 의하여 공개를 목적으로 작성된 정보, 일반국민에게 알리기 위하여 작성된 각종 홍보자료, 공개하기로 결정된 정보로서 공개에 오랜 시간이 걸리지 아니하는 정보, 그 밖에 공공기관의 장이 정하는 정보로서 즉시 또는 구술처리가 가능한 정보에 대하여는 정식적인 정보공개의 절차를 거치지 아니하고 공개하여야 한다(「공공기관의 정보공개에 관한 법률」 제16조).

(5) 정보공개방법

공공기관은 공개대상정보의 양이 과다하여 정상적인 업무수행에 현저한 지장을 초래할 우려가 있는 경우에는 정보의 사본 · 복제물을 일정 기간별로 나누어 교부하거나 열람과 병행하여 교부할 수 있다(「공공기관의 정보공개에 관한 법률」 제13조 제2항).

정보를 공개함에 있어 당해 정보의 원본이 오손 또는 파손될 우려가 있거나 그 밖에 상당한 이유가 있다고 인정될 때에는 당해 정보의 사본 · 복제물을 공개할 수 있다(「공공기관의 정보공개에 관한 법률」 제13조 제3항).

현행법상 정보공개방법은 ㉠ 문서 · 도면 · 사진 등의 열람 또는 사본의 교부, ㉡ 필름 · 테이프 등의 시청 또는 인화물 · 복제물의 교부, ㉢ 마이크로필름 · 슬라이드 등의 시청 · 열람 또는 사본 · 복제물의 교부, ㉣ 전자적 형태로 보유 · 관리하는 정보 등의 파일 복제 전자우편 송부, 매체 저장 제공, 열람 · 시청 또는 사본 · 출력물의 교부 등이다.

3) 정보의 비공개결정

공공기관은 정보공개절차에 의하여 정보의 비공개결정을 한 때에는 그 사실을 청구인에게 지체 없이 문서로 통지하여야 한다. 이 경우 비공개이유 · 불복방법 및 불복절차를 구체적으로 명시하여야 한다(「공공기관의 정보공개에 관한 법률」 제13조 제4항).

정보공개를 청구한 날부터 20일 이내에 공공기관이 공개 여부를 결정하지 아니한 때에는 비공개의 결정이 있는 것으로 본다(「공공기관의 정보공개에 관한 법률」 제11조 제5항).

6. 청구인의 비용부담

청구인은 정보의 공개 및 우송 등에 소요되는 비용을 실비의 범위 안에서 부담하여야 한다(「공공기관의 정보공개에 관한 법률」 제17조 제1항).

7. 불복구제절차

1) 공공기관의 비공개결정에 대한 청구인의 불복절차

(1) 이의신청

청구인이 정보공개와 관련한 공공기관의 비공개 또는 부분공개의 결정에 대하여 불복이 있는 때에는 공공기관으로부터 정보공개 여부의 결정통지를 받은 날 또는 비공개의 결정이 있는 것으로 보는 날부터 30일 이내에 당해 공공기관에 문서로 이의신청을 할 수 있다(「공공기관의 정보공개에 관한 법률」 제18조 제1항).

공공기관은 이의신청을 받은 날부터 7일 이내에 그 이의신청에 대하여 결정하고 그 결과를 청구인에게 지체 없이 문서로 통지하여야 한다. 다만, 부득이한 사유로 정해진 기간 이내에 결정할 수 없는 때에는 그 기간의 만료일 다음 날부터 기산하여 7일 이내의 범위에서 연장할 수 있으며, 연장사유를 청구인에게 통지하여야 한다(「공공기관의 정보공개에 관한 법률」 제18조 제2항).

이의신청을 각하 또는 기각하는 결정을 한 때에는 청구인에게 행정심판 또는 행정소송을 제기할 수 있다는 취지를 결과통지와 함께 통지하여야 한다(「공공기관의 정보공개에 관한 법률」 제18조 제3항).

(2) 행정심판

청구인이 정보공개와 관련한 공공기관의 결정에 대하여 불복이 있는 때에는 「행정심판법」이 정하는 바에 따라 행정심판을 청구할 수 있다. 이 경우 국가기관 및 지방자치단체 외의 공공기관의 결정에 대한 감독행정기관은 관계 중앙행정기관의 장 또는 지방자치단체의 장으로 한다(「공공기관의 정보공개에 관한 법률」 제19조 제1항).

청구인은 이의신청절차를 거치지 아니하고 행정심판을 청구할 수 있다(「공공기관의 정보공개에 관한 법률」 제19조 제2항).

(3) 행정소송

청구인이 정보공개와 관련한 공공기관의 결정에 대하여 불복이 있는 때에는 「행정소송법」이 정하는 바에 따라 행정소송을 제기할 수 있다(「공공기관의 정보공개에 관한 법률」 제20조 제1항).

소송을 통하여 비공개정보가 사실상 공개되는 것을 방지하기 위하여 재판장은 필요하다고 인정되는 때에는 당사자를 참여시키지 아니하고 제출된 공개청구정보를 비공개로 열람·심사할 수 있다(「공공기관의 정보공개에 관한 법률」 제20조 제2항). 그리고 재판의 대상이 된 비공개정보대상 중 국가안전보장·국방 또는 외교에 관한 정보의 비공개결정처분인 경우에 공공기관이 그 정보에 대한 비밀지정의 절차, 비밀의 등급·종류 및 성질과 이를 비밀로 취급하게 된 실질적인 이유 및 공개를 하지 아니하는 사유 등을 입증하는 때에는, 재판장은 당해 정보를 제출하지 아니하게 할 수 있다(「공공기관의 정보공개에 관한 법률」 제20조 제3항).

2) 공공기관의 공개결정에 대한 제3자의 불복절차

자신과 관련된 정보의 전부 또는 일부가 공개청구된 사실을 통지받은 제3자는 통지받은 날부터 3일 이내에 당해 공공기관에 공개하지 아니할 것을 요청할 수 있다(「공공기관의 정보공개에 관한 법률」 제21조 제1항).

이 비공개요청을 받은 공공기관이 당해 제3자의 비공개의사에 반하여 공개하고자 하는 경우에는 공개사유를 명시하여 서면으로 통지하여야 하며, 공개통지를 받은 제3자는 통지받은 날부터 7일 이내에 공공기관에 서면으로 이의신청을 할 수 있다. 그리고 이의신청을 거치지 않고 직접 행정심판 또는 행정소송도 제기할 수 있다. 이 경우 이의신청은 통지를 받은 날부터 7일 이내에 하여야 한다(「공공기관의 정보공개에 관한 법률」 제21조 제2항).

공공기관은 공개결정일과 공개실시일의 사이에 최소한 30일의 간격을 두어야 한다(「공공기관의 정보공개에 관한 법률」 제21조 제3항).

제2항 개인정보보호제도

I 서론

1. 개인정보보호의 의의

개인정보보호란 행정기관 또는 민간부분이 개인정보를 수집 · 처리 또는 보유하는 것에 대하여 일정한 제한을 가하고, 개인에게도 그 통제를 위한 권리를 인정하는 것을 말한다. 이 경우 개인은 자기의 정보를 스스로 통제할 수 있는 자기정보결정권을 가지며, 국가는 이것을 개인의 기본권의 하나로서 보호하여야 한다.

2. 개인정보보호의 필요성

행정주체 또는 민간부분이 개인정보를 수집 · 관리 · 처리 · 유통할 경우 개인의 사생활이 침해될 가능성이 높으며, 수집목적 외 사용, 이용자의 낙인부여, 이용목적에 의한 불이익의 위험성 등이 발생할 수 있다. 더구나 정보통신망에 의한 정보전달 또는 개인기록 악용, 통신장비에 의한 교묘한 수법의 불법 도청으로 인하여 사람은 '금붕어 같은 어항 안의 인간' 또는 '유리알 속의 인간'이 되어 사생활이 침해되고 인간의 존엄과 가치가 침해될 위험성이 많다.

Ⅱ 개인정보보호청구권의 근거

1. 헌법

우리나라에서 개인정보보호청구권은 프라이버시권에서 도출된다. 프라이버시권은 헌법 제17조의 사생활의 비밀과 자유의 불가침, 제10조의 인간의 존엄과 가치 및 행복추구권, 제16조의 주거의 자유, 제18조의 통신의 비밀 등의 규정에 기하여 보장되는 포괄적인 기본권으로 인정되고 있다.

2. 일반법 및 개별법

우리나라에서는 프라이버시 보호 또는 개인정보보호에 관한 일반법이 없었으나, 1995년 개인정보호에 관한 일반법인 「공공기관의 개인정보보호에 관한 법률」이 제정 · 공포되었다. 그리고 민간부문에서의 개인정보보호에 관한 일반법으로는 「정보통신망 이용촉진 및 정보보호등에 관한 법률」이 있었다.

그러나 오늘날 정보사회의 고도화와 개인정보의 경제적 가치 증대로 사회 모든 영역에 걸쳐 개인정보의 수집과 이용이 보편화되고 있음에도 불구하고, 국가사회 전반을 규율하는 개인정보 보호원칙과 개인정보 처리기준이 마련되지 못하였기 때문에 개인정보 보호의 사각지대가 발생할 뿐만 아니라, 최근 개인정보의 유출 · 오용 · 남용 등 개인정보 침해 사례가 지속적으로 발생하였다. 이에 따라 국민의 프라이버시 침해는 물론 명의도용, 전화사기 등 정신적 · 금전적 피해를 초래하고 있었다. 그래서 공공부문과 민간부문을 망라하여 국제 수준에 부합하는 개인정보 처리원칙 등을 규정하고, 개인정보 침해로 인한 국민의 피해 구제를 강화하여 국민의 사생활의 비밀을 보호하며, 개인정보에 대한 권리와 이익을 보장하기 위하여 2011년 「공공기관의 개인정보보호에 관한 법률」을 폐지하고, 「정보통신망 이용촉진 및 정보보호등에 관한 법률」의 일부내용을 수용하여 「개인정보보호법」을 제정하였다.

그리고 특수한 분야의 개인정보로서 소비자정보, 신용정보, 금융정보 등에 관하여는 각 개별법에서 규정하고 있다.

Ⅲ 우리나라 개인정보보호제도의 내용

1. 보호의 대상

1) 보호대상

「개인정보보호법」에 의하여 보호되는 개인정보란 살아 있는 개인에 관한 정보로서 성명, 주민등록번호 및 영상 등을 통하여 개인을 알아볼 수 있는 정보를 말한다(「개인정보보호법」 제2조 제1호). 해당 정보만으로는 특정 개인을 알아볼 수 없더라도 다른 정보와 쉽게 결합하여 알아볼 수 있는 것을 포함한다.

따라서 개인정보보호의 대상은 공공기관뿐만 아니라 비영리단체 등 업무상 개인정보파일을 운용하기 위하여 개인정보를 처리하는 자가 가지고 있는 것이며, 전자적으로 처리되는 개인정보 외에 수기(手記) 문서까지 포함된다. 이와 같은 보호대상 설정은 그 동안 개인정보보호 관련 법률의 적용을 받지 않았던 사각지대를 해소함으로써 국가사회 전반에서 개인정보의 보호수준을 제고하기 위한 것이다.

2) 제외대상

개인정보 중 특정한 정보는 「개인정보보호법」의 일부규정이 적용되지 아니한다. 첫째, ㉠ 공공기관이 처리하는 개인정보 중 「통계법」에 따라 수집되는 개인정보, ㉡ 국가안전보장과 관련된 정보 분석을 목적으로 수집 또는 제공 요청되는 개인정보, ㉢ 공중위생 등 공공의 안전과 안녕을 위하여 긴급히 필요한 경우로서 일시적으로 처리되는 개인정보, ㉣ 언론, 종교단체, 정당이 각각 취재 · 보도, 선교, 선거 입후보자 추천 등 고유 목적을 달성하기 위하여 수집 · 이용하는 개인정보에 관하여는 제3장부터 제7장까지를 적용하지 아니한다(「개인정보보호법」 제58조 제1항).[6]

둘째, 공개된 장소에 영상정보처리기기를 설치 · 운영하여 처리되는 개인정보에 대하여는 「개인정보보호법」 제15조의 개인정보의 수집 · 이용의 제한과 동의에 관한 규정, 제22조의 개인정보의 처리에 대하여 동의 방법 제한에 관한 규정, 제27조

6) 그러나 이 경우에도 그 목적을 위하여 필요한 범위에서 최소한의 기간에 최소한의 개인정보만을 처리하여야 하며, 개인정보의 안전한 관리를 위하여 필요한 기술적 · 관리적 및 물리적 보호조치, 개인정보의 처리에 관한 고충처리, 그 밖에 개인정보의 적절한 처리를 위하여 필요한 조치를 마련하여야 한다(「개인정보보호법」 제58조 제4항).

제1항 · 제2항의 영업양도 등에 따른 개인정보의 이전 제한에 관한 규정, 제34조의 개인정보 유출 통지 등에 관한 규정 및 제37조의 개인정보의 정정 · 삭제에 관한 규정을 적용하지 아니한다(「개인정보보호법」 제58조 제2항).

셋째, 개인정보처리자가 동창회, 동호회 등 친목 도모를 위한 단체를 운영하기 위하여 개인정보를 처리하는 경우에는 「개인정보보호법」 제15조의 개인정보의 수집 · 이용의 제한과 동의에 관한 규정, 제30조의 개인정보 처리방침의 수립 및 공개에 관한 규정 및 제31조의 개인정보 보호책임자의 지정에 관한 규정을 적용하지 아니한다(「개인정보보호법」 제58조 제2항).

2. 개인정보처리자와 개인정보보호의 원칙

1) 개인정보처리자

업무를 목적으로 개인정보파일을 운용하기 위하여 스스로 또는 다른 사람을 통하여 개인정보를 처리하는 사람을 개인정보처리자라 하며, 공공기관, 법인, 단체 및 개인 등을 말한다(「개인정보보호법」 제2조 제5호). 여기서 처리란 개인정보의 수집, 생성, 기록, 저장, 보유, 가공, 편집, 검색, 출력, 정정, 복구, 이용, 제공, 공개, 파기, 그 밖에 이와 유사한 행위를 말한다(「개인정보보호법」 제2조 제2호). 그리고 공공기관이란 국회, 법원, 헌법재판소, 중앙선거관리위원회의 행정사무를 처리하는 기관, 중앙행정기관(대통령 소속 기관과 국무총리 소속 기관을 포함한다) 및 그 소속 기관, 지방자치단체 또는 그 밖의 국가기관 및 공공단체 중 대통령령으로 정하는 기관을 말한다(「개정보보호법」 제2조 제5호).

2) 개인정보 보호원칙

「개인정보보호법」에서는 이러한 개인정보처리자가 준수해야 할 개인정보보호 원칙을 다음과 같이 규정하고 있다.

첫째, 개인정보의 처리 목적을 명확하게 하여야 하고 그 목적에 필요한 범위에서 최소한의 개인정보만을 적법하고 정당하게 수집하여야 한다(「개인정보보호법」 제3조 제1항).

둘째, 개인정보처리자는 개인정보의 처리 목적에 필요한 범위에서 적합하게 개인정보를 처리하여야 하며, 그 목적 외의 용도로 활용하여서는 아니된다(「개인정보보호법」 제3조 제2항).

셋째, 개인정보처리자는 개인정보의 처리 목적에 필요한 범위에서 개인정보의 정확성, 완전성 및 최신성이 보장되도록 하여야 한다(「개인정보보호법」 제3조 제3항).

넷째, 개인정보처리자는 개인정보의 처리 방법 및 종류 등에 따라 정보주체의 권리가 침해받을 가능성과 그 위험 정도를 고려하여 개인정보를 안전하게 관리하여야 한다(「개인정보보호법」 제3조 제4항).

다섯째, 개인정보처리자는 개인정보 처리방침 등 개인정보의 처리에 관한 사항을 공개하여야 하며, 열람청구권 등 정보주체의 권리를 보장하여야 한다(「개인정보보호법」 제3조 제5항).

여섯째, 개인정보처리자는 정보주체의 사생활 침해를 최소화하는 방법으로 개인정보를 처리하여야 한다(「개인정보보호법」 제3조 제6항).

일곱째, 개인정보처리자는 개인정보의 익명처리가 가능한 경우에는 익명에 의하여 처리될 수 있도록 하여야 한다(「개인정보보호법」 제3조 제7항).

여덟째, 개인정보처리자는 이 법 및 관계 법령에서 규정하고 있는 책임과 의무를 준수하고 실천함으로써 정보주체의 신뢰를 얻기 위하여 노력하여야 한다(「개인정보보호법」 제3조 제8항).

3. 정보주체의 권리

1) 정보주체의 의의

정보주체란 처리되는 정보에 의하여 알아볼 수 있는 사람으로서 그 정보의 주체가 되는 사람을 말한다(「개인정보보호법」 제2조 제3호).

정보주체는 자신의 개인정보 처리와 관련하여 ㉠ 개인정보의 처리에 관한 정보를 제공받을 권리, ㉡ 개인정보의 처리에 관한 동의 여부, 동의 범위 등을 선택하고 결정할 권리, ㉢ 개인정보의 처리 여부를 확인하고 개인정보에 대하여 열람을 요구할 권리, ㉣ 개인정보의 처리 정지, 정정 · 삭제 및 파기를 요구할 권리, ㉤ 개인정보의 처리로 인하여 발생한 피해를 신속하고 공정한 절차에 따라 구제받을 권리를 가진다(「개인정보보호법」 제4조).

2) 정보주체의 권리의 내용

「개인정보보호법」은 정보주체에게 개인정보의 열람청구권, 정정·삭제 청구권, 처리정지요구권 등을 부여하고, 그 권리행사방법 등을 규정하여 정보주체의 권리를 명확히 설정함으로써 정보주체가 훨씬 용이하게 개인정보에 대한 자기통제권을 실현할 수 있도록 하였다.

(1) 개인정보 열람청구권

① 열람의 신청

정보주체는 개인정보처리자가 처리하는 자신의 개인정보에 대한 열람을 해당 개인정보처리자에게 요구할 수 있다. 공공기관에 요구하고자 할 때에는 공공기관에 직접 열람을 요구하거나 행정안전부장관을 통하여 열람을 요구할 수 있다(「개인정보보호법」 제35조 제1항 및 제2항).

② 열람 및 열람 연기

열람의 요구를 받은 개인정보처리자는 10일 내에 정보주체가 해당 개인정보를 열람할 수 있도록 하여야 한다. 이 경우 10일 내에 열람할 수 없는 정당한 사유가 있을 때에는 정보주체에게 그 사유를 알리고 열람을 연기할 수 있으며, 그 사유가 소멸하면 지체 없이 열람하게 하여야 한다(「개인정보보호법」 제35조 제3항, 「개인정보보호법 시행령」 제41조 제3항).

③ 열람의 제한 및 거절

개인정보처리자는 일정한 경우 정보주체에게 그 사유를 알리고 열람을 제한하거나 거절할 수 있다(「개인정보보호법」 제35조 제4항).[7)]

---

7) 열람의 제한 또는 거절 사유는 ㉠ 법률에 따라 열람이 금지되거나 제한되는 경우, ㉡ 다른 사람의 생명·신체를 해할 우려가 있거나 다른 사람의 재산과 그 밖의 이익을 부당하게 침해할 우려가 있는 경우, ㉢ 공공기관이 조세의 부과·징수 또는 환급에 관한 업무, 「초·중등교육법」 및 「고등교육법」에 따른 각급 학교, 「평생교육법」에 따른 평생교육시설, 그 밖의 다른 법률에 따라 설치된 고등교육기관에서의 성적 평가 또는 입학자 선발에 관한 업무, 학력·기능 및 채용에 관한 시험, 자격 심사에 관한 업무, 보상금·급부금 산정 등에 대하여 진행 중인 평가 또는 판단에 관한 업무, 다른 법률에 따라 진행 중인 감사 및 조사에 관한 업무를 수행할 때 중대한 지장을 초래하는 경우이다.

열람 요구 사항 중 일부가 열람의 제한 사유에 해당하는 경우에는 개인정보처리자는 그 일부에 대하여 열람을 제한할 수 있으며, 열람이 제한되는 사항을 제외한 부분은 열람할 수 있도록 하여야 한다(「개인정보보호법 시행령」 제42조 제1항).

개인정보처리자가 정보주체의 열람을 연기하거나 거절하려는 경우에는 열람 요구를 받은 날부터 10일 이내에 연기 또는 거절의 사유 및 이의제기방법을 열람의 연기 · 거절 통지서로 해당 정보주체에게 알려야 한다(「개인정보보호법 시행령」 제42조 제2항).

(2) 개인정보의 정정 · 삭제청구권

개인정보를 열람한 정보주체는, 다른 법령에서 그 개인정보가 수집 대상으로 명시되어 있는 경우를 제외하고, 개인정보처리자에게 그 개인정보의 정정 또는 삭제를 요구할 수 있다(「개인정보보호법」 제36조 제1항).

정보주체의 요구를 받은 개인정보처리자는 다른 법령에 특별한 절차가 규정되어 있는 경우를 제외하고는 지체 없이 그 개인정보를 조사하여 정보주체의 요구에 따라 정정 · 삭제 등 필요한 조치를 한 후 그 결과를 정보주체에게 알려야 한다.(「개인정보보호법」 제36조 제2항).

개인정보처리자가 개인정보를 삭제할 때에는 복구 또는 재생되지 아니하도록 조치하여야 한다(「개인정보보호법」 제36조 제3항).

(3) 개인정보의 처리정지청구권

정보주체는 개인정보처리자에 대하여 자신의 개인정보 처리의 정지를 요구할 수 있고, 공공기관에 대하여는 등록 대상이 되는 개인정보파일 중 자신의 개인정보에 대한 처리의 정지를 요구할 수 있다(「개인정보보호법」 제37조 제1항).

개인정보의 처리정지를 요구받은 개인정보처리자는 지체 없이 정보주체의 요구에 따라 개인정보 처리의 전부를 정지하거나 일부를 정지하여야 한다.

그러나 일정한 경우 정보주체의 처리정지 요구를 거절할 수 있다.[8)]

---

8) 그 거절사유는 ㉠ 법률에 특별한 규정이 있거나 법령상 의무를 준수하기 위하여 불가피한 경우, ㉡ 다른 사람의 생명 · 신체를 해할 우려가 있거나 다른 사람의 재산과 그 밖의 이익을 부당하게

처리정지 요구를 거절하였을 때에는 개인정보처리자는 정보주체에게 지체 없이 그 사유를 알려야 하며, 정보주체의 요구에 따라 처리가 정지된 개인정보에 대하여 지체 없이 해당 개인정보의 파기 등 필요한 조치를 하여야 한다(「개인정보보호법」 제37조 제3항 및 제4항).

3) 권리행사의 방법 및 절차

정보주체는 열람, 정정 · 삭제, 처리정지 등의 열람등요구를 대리인에게 하게 할 수 있다. 만 14세 미만 아동의 법정대리인은 개인정보처리자에게 그 아동의 개인정보 열람등요구를 할 수 있다(「개인정보보호법」 제38조 제1항 및 제2항).

개인정보처리자는 정보주체가 열람등요구를 할 수 있는 구체적인 방법과 절차를 마련하고, 이를 정보주체가 알 수 있도록 공개하여야 하며, 아울러 정보주체가 열람등요구에 대한 거절 등 조치에 대하여 불복이 있는 경우 이의를 제기할 수 있도록 필요한 절차를 마련하고 안내하여야 한다(「개인정보보호법」 제38조 제4항 및 제5항).

그리고 정보주체는 개인정보처리자가 「개인정보보호법」을 위반한 행위로 손해를 입으면 개인정보처리자에게 손해배상을 청구할 수 있다. 이 경우 그 개인정보처리자는 고의 또는 과실이 없음을 입증하지 아니하면 책임을 면할 수 없다. 다만, 개인정보처리자가 「개인정보보호법」에 따른 의무를 준수하고 상당한 주의와 감독을 게을리하지 아니한 경우에는 개인정보의 분실 · 도난 · 유출 · 변조 또는 훼손으로 인한 손해배상책임을 감경받을 수 있다(「개인정보보호법」 제39조 제1항 및 제2항).

4) 국가와 지방자치단체의 책무

정보주체의 권리를 보호하기 위하여 국가와 지방자치단체는 일정한 책무를 지고 있다. 첫째, 국가와 지방자치단체는 개인정보의 목적 외 수집, 오용 · 남용 및 무분별한 감시 · 추적 등에 따른 폐해를 방지하여 인간의 존엄과 개인의 사생활 보호를 도모하기 위한 시책을 강구하여야 한다(「개인정보보호법」 제5조 제1항).

침해할 우려가 있는 경우, ㉢ 공공기관이 개인정보를 처리하지 아니하면 다른 법률에서 정하는 소관 업무를 수행할 수 없는 경우, ㉣ 개인정보를 처리하지 아니하면 정보주체와 약정한 서비스를 제공하지 못하는 등 계약의 이행이 곤란한 경우로서 정보주체가 그 계약의 해지 의사를 명확하게 밝히지 아니한 경우이다(「개인정보보호법」 제37조 제2항).

둘째, 국가와 지방자치단체는 정보주체의 권리를 보호하기 위하여 법령의 개선 등 필요한 시책을 마련하여야 한다(「개인정보보호법」 제5조 제2항).

셋째, 국가와 지방자치단체는 개인정보의 처리에 관한 불합리한 사회적 관행을 개선하기 위하여 개인정보처리자의 자율적인 개인정보 보호활동을 존중하고 촉진·지원하여야 한다(「개인정보보호법」 제5조 제3항).

넷째, 국가와 지방자치단체는 개인정보의 처리에 관한 법령 또는 조례를 제정하거나 개정하는 경우에는 이 법의 목적에 부합되도록 하여야 한다(「개인정보보호법」 제5조 제4항).

4. 개인정보의 처리

1) 단계적 보호조치

「개인정보보호법」은 개인정보의 수집, 이용, 제공 등 단계별 보호기준을 마련하였다. 개인정보를 수집·이용하거나 제3자에게 제공할 경우에는 정보주체의 동의 등을 얻도록 하고, 개인정보의 수집·이용 목적의 달성 등으로 불필요하게 된 때에는 지체 없이 개인정보를 파기하였다.

특히 개인정보의 수집, 이용, 제공, 파기에 이르는 각 단계별로 개인정보처리자가 준수하여야 할 처리기준을 구체적으로 규정함으로써 법규의 실효성을 높이고 개인정보를 안전하게 처리할 수 있도록 하였다.

2) 개인정보의 수집·이용

(1) 수집·이용의 범위

개인정보처리자가 수집하고 그 수집 목적의 범위에서 이용할 수 있는 개인정보는 ㉠ 정보주체의 동의를 받은 경우, ㉡ 법률에 특별한 규정이 있거나 법령상 의무를 준수하기 위하여 불가피한 경우, ㉢ 공공기관이 법령 등에서 정하는 소관 업무의 수행을 위하여 불가피한 경우, ㉣ 정보주체와의 계약의 체결 및 이행을 위하여 불가피하게 필요한 경우, ㉤ 정보주체 또는 그 법정대리인이 의사표시를 할 수 없는 상태에 있거나 주소불명 등으로 사전 동의를 받을 수 없는 경우로서 명백히 정보주체 또는 제3자의 급박한 생명, 신체, 재산의 이익을 위하여 필요하다고 인정되는 경우,

㉥ 개인정보처리자의 정당한 이익을 달성하기 위하여 필요한 경우로서 명백하게 정보주체의 권리보다 우선하는 경우.

이 경우 개인정보처리자의 정당한 이익과 상당한 관련이 있고 합리적인 범위를 초과하지 아니하는 경우에 한한다(「개인정보보호법」 제15조 제1항).

(2) 수집 · 이용의 동의 방법

개인정보처리자가 정보주체로부터 개인정보의 수집 · 이용에 관한 동의를 받는 경우 ㉠ 개인정보의 수집 · 이용 목적, ㉡ 수집하려는 개인정보의 항목, ㉢ 개인정보의 보유 및 이용 기간, ㉣ 동의를 거부할 권리가 있다는 사실 및 동의 거부에 따른 불이익이 있는 경우에는 그 불이익의 내용에 관한 사항을 정보주체에게 알려야 한다.

동의를 받은 사항을 변경하는 경우에도 이를 알리고 동의를 받아야 한다(「개인정보보호법」 제15조 제2항).

(3) 개인정보의 수집 제한

개인정보처리자는 개인정보를 수집하는 경우에는 그 목적에 필요한 최소한의 개인정보를 수집하여야 한다. 최소한의 개인정보 수집에 대한 입증책임은 개인정보처리자가 부담한다(「개인정보보호법」 제16조 제1항). 그리고 개인정보처리자는 정보주체가 필요한 최소한의 정보 외의 개인정보 수집에 동의하지 아니한다는 이유로 정보주체에게 재화 또는 서비스의 제공을 거부하여서는 아니된다(「개인정보보호법」 제16조 제2항).

(4) 정보주체 이외로부터 수집한 개인정보의 수집 출처 등 고지

개인정보처리자가 정보주체 외로부터 수집한 개인정보를 처리하는 때에는 정보주체의 요구가 있으면 즉시 ㉠ 개인정보의 수집 출처, ㉡ 개인정보의 처리 목적, ㉢ 「개인정보보호법」 제37조에 따른 개인정보 처리의 정지를 요구할 권리가 있다는 사실에 관한 모든 사항을 정보주체에게 알려야 한다(「개인정보보호법」 제20조 제1항).[9]

9) 그러나 예외적으로 ㉠ 고지를 요구하는 대상이 되는 개인정보가 「개인정보보호법」 제32조 제2항에서 정한 어느 하나에 해당하는 개인정보파일에 포함되어 있는 경우 또는 ㉡ 고지로 인하여 다른 사람의 생명 · 신체를 해할 우려가 있거나 다른 사람의 재산과 그 밖의 이익을 부당하게 침해할 우려가 있는 경우에는 정보주체에게 알리지 않아도 된다. 다만, 「개인정보보호법」에 따른 정보주체의

3) 개인정보의 제공

(1) 개인정보 제공의 범위

개인정보처리자는 정보주체의 동의를 받거나 개인정보를 수집한 목적 범위에서는 제3자에게 제공 · 공유할 수 있다(「개인정보보호법」 제17조 제1항).[10)]

(2) 개인정보의 이용 · 제공 제한

개인정보처리자는 개인정보를 개인정보 수집 · 이용의 범위를 초과하여 이용하거나 개인정보 제공의 범위를 초과하여 제3자에게 제공하여서는 아니된다(「개인정보보호법」 제18조 제1항).

그러나 일정한 경우[11)] 개인정보처리자는 정보주체 또는 제3자의 이익을 부당하

권리보다 명백히 우선하는 경우에 한한다(「개인정보보호법」 제20조 제2항).

10) 그러나 개인정보의 제공에 관한 동의를 받을 경우, 개인정보처리자는 ㉠ 개인정보를 제공받는 자, ㉡ 개인정보를 제공받는 자의 개인정보 이용 목적, ㉢ 제공하는 개인정보의 항목, ㉣ 개인정보를 제공받는 자의 개인정보 보유 및 이용 기간, ㉤ 동의를 거부할 권리가 있다는 사실 및 동의 거부에 따른 불이익이 있는 경우에는 그 불이익의 내용 등을 정보주체에게 알려야 한다. 이를 변경하는 경우에도 이를 알리고 동의를 받아야 한다(「개인정보보호법」 제17조 제2항).

11) 「개인정보보호법」 제18조(개인정보의 이용 · 제공 제한) ① 개인정보처리자는 개인정보를 제15조 제1항에 따른 범위를 초과하여 이용하거나 제17조 제1항 및 제3항에 따른 범위를 초과하여 제3자에게 제공하여서는 아니된다.

② 제1항에도 불구하고 개인정보처리자는 다음 각 호의 어느 하나에 해당하는 경우에는 정보주체 또는 제3자의 이익을 부당하게 침해할 우려가 있을 때를 제외하고는 개인정보를 목적 외의 용도로 이용하거나 이를 제3자에게 제공할 수 있다. 다만, 제5호부터 제9호까지의 경우는 공공기관의 경우로 한정한다.

1. 정보주체로부터 별도의 동의를 받은 경우
2. 다른 법률에 특별한 규정이 있는 경우
3. 정보주체 또는 그 법정대리인이 의사표시를 할 수 없는 상태에 있거나 주소불명 등으로 사전 동의를 받을 수 없는 경우로서 명백히 정보주체 또는 제3자의 급박한 생명, 신체, 재산의 이익을 위하여 필요하다고 인정되는 경우
4. 통계작성 및 학술연구 등의 목적을 위하여 필요한 경우로서 특정 개인을 알아볼 수 없는 형태로 개인정보를 제공하는 경우
5. 개인정보를 목적 외의 용도로 이용하거나 이를 제3자에게 제공하지 아니하면 다른 법률에서 정하는 소관 업무를 수행할 수 없는 경우로서 보호위원회의 심의 · 의결을 거친 경우
6. 조약, 그 밖의 국제협정의 이행을 위하여 외국정부 또는 국제기구에 제공하기 위하여 필요한 경우
7. 범죄의 수사와 공소의 제기 및 유지를 위하여 필요한 경우
8. 법원의 재판업무 수행을 위하여 필요한 경우
9. 형(刑) 및 감호, 보호처분의 집행을 위하여 필요한 경우

③ 개인정보처리자는 제2항 제1호에 따른 동의를 받을 때에는 다음 각 호의 사항을 정보주체에게 알

게 침해할 우려가 있을 때를 제외하고는 개인정보를 목적 외의 용도로 이용하거나 이를 제3자에게 제공할 수 있다(「개인정보보호법」 제18조 제2항).

또한 개인정보를 목적 외의 용도로 제3자에게 제공하는 경우에는 개인정보처리자는 개인정보를 제공받는 자에게 이용 목적, 이용 방법, 그 밖에 필요한 사항에 대하여 제한을 하거나, 개인정보의 안전성 확보를 위하여 필요한 조치를 마련하도록 요청하여야 한다. 이 경우 요청을 받은 자는 개인정보의 안전성 확보를 위하여 필요한 조치를 하여야 한다(「개인정보보호법」 제18조 제5항).

(3) 개인정보를 제공받은 자의 이용 · 제공 제한

개인정보처리자로부터 개인정보를 제공받은 자는 개인정보를 제공받은 목적 외의 용도로 이용하거나 이를 제3자에게 제공하여서는 아니된다. 그러나 정보주체로부터 별도의 동의를 받은 경우 또는 다른 법률에 특별한 규정이 있는 경우에는 예외이다(「개인정보보호법」 제19조).

4) 개인정보의 파기

개인정보처리자는 보유기간의 경과, 개인정보의 처리 목적 달성 등 그 개인정보가 불필요하게 되었을 때에는 지체 없이 그 개인정보를 파기하여야 한다. 다만, 다른 법령에 따라 보존하여야 하는 경우에는 그러하지 아니하다(「개인정보보호법」 제21조 제1항).

개인정보처리자가 개인정보를 파기할 때에는 복구 또는 재생되지 아니하도록 조치하여야 한다(「개인정보보호법」 제21조 제2항). 개인정보가 전자적 파일 형태인 경우에는 복원이 불가능한 방법으로 영구 삭제하고, 기타의 기록물, 인쇄물, 서면, 그 밖의 기록매체인 경우는 파쇄 또는 소각한다(「개인정보보호법 시행령」 제16조).

려야 한다. 다음 각 호의 어느 하나의 사항을 변경하는 경우에도 이를 알리고 동의를 받아야 한다.

1. 개인정보를 제공받는 자
2. 개인정보의 이용 목적(제공 시에는 제공받는 자의 이용 목적을 말한다)
3. 이용 또는 제공하는 개인정보의 항목
4. 개인정보의 보유 및 이용 기간(제공 시에는 제공받는 자의 보유 및 이용 기간을 말한다)
5. 동의를 거부할 권리가 있다는 사실 및 동의 거부에 따른 불이익이 있는 경우에는 그 불이익의 내용

그러나 개인정보를 파기하지 아니하고 보존하여야 하는 경우에는 해당 개인정보 또는 개인정보파일을 다른 개인정보와 분리하여서 저장 · 관리하여야 한다(「개인정보보호법」 제21조 제3항).

5) 개인정보의 처리 제한

(1) 민감정보의 처리 제한

개인정보처리자는 정보주체의 사생활을 현저히 침해할 우려가 있는 민감정보를 처리하여서는 아니된다(「개인정보보호법」 제23조 본문). 민감정보로서는 사상 · 신념, 노동조합 · 정당의 가입 · 탈퇴, 정치적 견해, 건강, 성생활 등에 관한 정보, 유전자검사 등의 결과로 얻어진 유전정보, 「형의 실효 등에 관한 법률」 제2조 제5호에 따른 범죄경력자료에 해당하는 정보 등을 들 수 있다(「개인정보보호법」 제23조 본문, 「개인정보보호법 시행령」 제18조).[12)]

(2) 고유식별정보의 처리 제한

「개인정보보호법」은 주민등록번호의 광범위한 사용 관행을 제한함으로써 주민등록번호 오 · 남용을 방지하는 한편, 고유식별정보에 대한 보호를 강화하였다.

「개인정보보호법」은 주민등록번호 등 법령에 따라 개인을 고유하게 구별하기 위해 부여된 고유식별정보는 원칙적으로 처리를 금지하고, 별도의 동의를 얻거나 법령에 의한 경우 등에 한하여 제한적으로 예외를 인정하고 있다. 즉 개인정보처리자는 원칙적으로 개인을 고유하게 구별하기 위하여 부여된 고유식별정보를 처리할 수 없다(「개인정보보호법」 제24조 제1항). 이러한 고유식별정보는 주민등록번호, 여권번호, 운전면허의 면허번호, 외국인등록번호를 말한다(「개인정보보호법 시행령」 제19조).[13)]

---

12) 예외적으로 ㉠ 「개인정보보호법」 제15조 제2항에 규정된 개인정보처리자가 개인정보 수집의 동의를 얻을 때 정보주체에게 알려야 하는 사항 또는 「개인정보보호법」 제17조 제2항에 규정된 개인정보의 제3자 제공의 동의를 얻을 때 정보주체에게 알려야 하는 사항을 정보주체에게 알리고 다른 개인정보의 처리에 대한 동의와 별도로 동의를 받은 경우 또는 ㉡ 법령에서 민감정보의 처리를 요구하거나 허용하는 경우에는 처리할 수 있다(「개인정보보호법」 제23조 단서).

13) 예외적으로 ㉠ 정보주체에게 「개인정보보호법」 제15조 제2항에 규정된 개인정보처리자가 개인정보 수집의 동의를 얻을 때 정보주체에게 알려야 하는 사항 또는 「개인정보보호법」 제17조 제2항에 규정된 개인정보의 제3자 제공의 동의를 얻을 때 정보주체에게 알려야 하는 사항을 알리고 다른 개인정보의 처리에 대한 동의와 별도로 동의를 받은 경우와 ㉡ 법령에서 구체적으로 고유식별정보

그리고 공공기관과 대규모 개인정보처리자는 홈페이지 회원가입 등 일정한 경우 반드시 주민등록번호 외의 방법을 제공하여야 한다. 즉 ㉠ 공공기관과 ㉡ 인터넷 홈페이지를 운영하는 개인정보처리자로서 전년도 말 기준 직전 3개월간 그 인터넷 홈페이지를 이용한 정보주체의 수가 하루 평균 1만명 이상인 개인정보처리자는 정보주체가 인터넷 홈페이지를 통하여 회원으로 가입할 경우 주민등록번호를 사용하지 아니하고도 회원으로 가입할 수 있는 방법을 제공하여야 한다(「개인정보보호법」 제24조 제2항, 개인정보보호법 시행령」 제20조 제1항).

(3) 영상정보처리기기의 설치 · 운영 제한

① 영상정보처리기기의 설치 · 운영의 금지와 예외

「개인정보보호법」은 일반적으로 공개된 장소에 범죄예방 등 특정 목적으로만 폐쇄회로 텔레비전 등 영상정보처리기기를 설치할 수 있도록 규정하였다.

누구든지 원칙적으로 공개된 장소에 영상정보처리기기를 설치 · 운영하여서는 아니된다(「개인정보보호법」 제25조 제1항). 예외적으로 ㉠ 법령에서 구체적으로 허용하고 있는 경우, ㉡ 범죄의 예방 및 수사를 위하여 필요한 경우, ㉢ 시설안전 및 화재 예방을 위하여 필요한 경우, ㉣ 교통단속을 위하여 필요한 경우, ㉤ 교통정보의 수집 · 분석 및 제공을 위하여 필요한 경우에는 영상정보처리기기를 설치 · 운영할 수 있다.

특히 누구든지 불특정 다수가 이용하는 목욕실, 화장실, 발한실(發汗室), 탈의실 등 개인의 사생활을 현저히 침해할 우려가 있는 장소의 내부를 볼 수 있도록 영상정보처리기기를 설치 · 운영하여서는 아니된다.

다만, 「형의 집행 및 수용자의 처우에 관한 법률」 제2조 제4호에 따른 교정시설 및 「정신보건법」 제3조 제3호부터 제5호까지의 규정에 따른 정신의료기관, 정신질환자사회복귀시설 및 정신요양시설에 대하여는 그러하지 아니하다(「개인정보보호법」 제25조 제2항, 「개인정보보호법 시행령」 제22조).

의 처리를 요구하거나 허용하는 경우는 고유식별정보를 처리할 수 있다. 이렇게 고유식별정보를 처리하는 경우에는 그 고유식별정보가 분실 · 도난 · 유출 · 변조 또는 훼손되지 아니하도록 암호화 등 안전성 확보에 필요한 조치를 하여야 한다(「개인정보보호법」 제24조 제3항).

② 영상정보처리기기의 설치 절차

영상정보처리기기를 설치·운영하려는 공공기관의 장과 설치·운영하려는 자는 ㉠ 공청회·설명회의 개최 등 「행정절차법」에 따른 행정예고의 실시 또는 의견청취, ㉡ 해당 영상정보처리기기의 설치로 직접 영향을 받는 지역 주민 등을 대상으로 하는 설명회·설문조사 또는 여론조사를 거쳐 관계 전문가 및 이해관계인의 의견을 수렴하여야 한다(「개인정보보호법」 제25조 제3항, 「개인정보보호법 시행령」 제23조).

③ 영상정보처리기기 운영자의 의무

「개인정보보호법」은 영상정보처리기기의 설치·운영 근거를 구체화함으로써, 영상정보처리기기의 무분별한 설치를 방지하여 개인영상정보보호를 강화하였다.

영상정보처리기기를 설치·운영하는 영상정보처리기기 운영자는 정보주체가 쉽게 인식할 수 있도록 안내판 설치 등 필요한 조치를 하여야 한다. 안내판에는 ㉠ 설치 목적 및 장소, ㉡ 촬영 범위 및 시간, ㉢ 관리책임자의 성명 및 연락처 등을 포함하여야 한다(「개인정보보호법」 제25조 제4항, 「개인정보보호법 시행령」 제24조 제1항).

그리고 영상정보처리기기 운영자는 영상정보처리기기의 설치 목적과 다른 목적으로 영상정보처리기기를 임의로 조작하거나 다른 곳을 비춰서는 아니되며, 녹음기능은 사용할 수 없다(「개인정보보호법」 제25조 제5항).

또한 영상정보처리기기 운영자는 개인정보가 분실·도난·유출·변조 또는 훼손되지 아니하도록 안전성 확보에 필요한 조치를 하여야 한다(「개인정보보호법」 제25조 제6항).

(4) 영업양도 등에 따른 개인정보의 이전 제한

① 영업양도와 개인정보 이전

개인정보처리자는 영업의 전부 또는 일부의 양도·합병 등으로 개인정보를 다른 사람에게 이전하는 경우에는 미리 ㉠ 개인정보를 이전하려는 사실, ㉡ 개인정보를 이전받는 영업양수자등의 성명 또는 법인의 명칭, 주소, 전화번호 및 그 밖의 연락처, ㉢ 정보주체가 개인정보의 이전을 원하지 아니하는 경우 조치할 수 있는 방법 및 절차를 서면, 전자우편, 팩스, 전화, 문자전송 등의 방법에 따라 해당 정보주체에게 알려야 한다(「개인정보보호법」 제27조 제1항).

② 영업양수자등의 의무

영업양수자등은 개인정보를 이전받았을 때에는 지체 없이 그 사실을 정보주체에게 알려야 한다(「개인정보보호법」 제27조 제2항).

그리고 영업양수자등은 영업의 양도·합병 등으로 개인정보를 이전받은 경우에는 이전 당시의 본래 목적으로만 개인정보를 이용하거나 제3자에게 제공할 수 있다(「개인정보보호법」 제27조 제3항).

5. 개인정보의 안전한 관리

1) 안전조치의무

개인정보처리자는 개인정보가 분실·도난·유출·변조 또는 훼손되지 아니하도록 내부 관리계획 수립, 접속기록 보관 등 안전성 확보에 필요한 기술적·관리적 및 물리적 조치를 하여야 한다(「개인정보보호법」 제29조).

2) 개인정보 처리방침의 수립 및 공개

개인정보처리자는 개인정보 처리방침을 정하여야 한다(「개인정보보호법」 제30조 제1항).[14] 그리고 개인정보처리자가 개인정보 처리방침을 수립하거나 변경하는 경우에는 정보주체가 쉽게 확인할 수 있도록 수립하거나 변경한 개인정보 처리방침을 개인정보처리자의 인터넷 홈페이지에 지속적으로 게재하여야 한다(「개인정보보호법」 제30조 제2항, 「개인정보보호법 시행령」 제31조 제2항).

3) 개인정보 보호책임자의 지정

개인정보처리자는 개인정보의 처리에 관한 업무를 총괄해서 책임질 개인정보 보호책임자를 지정하여야 한다(「개인정보보호법」 제31조 제1항).[15]

---

14) 이 처리방침에는 ㉠ 개인정보의 처리 목적, ㉡ 개인정보의 처리 및 보유 기간, ㉢ 개인정보의 제3자 제공에 관한 사항, ㉣ 개인정보처리의 위탁에 관한 사항, ㉤ 정보주체의 권리·의무 및 그 행사방법에 관한 사항, ㉥ 그 밖에 개인정보의 처리에 관하여 대통령령으로 정한 사항이 포함되어야 한다(「개인정보보호법」 제30조 제1항).

15) 개인정보 보호책임자는 ㉠ 개인정보 보호 계획의 수립 및 시행, ㉡ 개인정보 처리 실태 및 관행의 정기적인 조사 및 개선, ㉢ 개인정보 처리와 관련한 불만의 처리 및 피해 구제, ㉣ 개인정보 유출 및 오용·남용 방지를 위한 내부통제시스템의 구축, ㉤ 개인정보 보호 교육 계획의 수립 및 시행,

4) 개인정보파일의 등록 및 공개

공공기관의 장이 개인정보파일을 운용하는 경우에는 일정한 사항을 행정안전부장관에게 등록하여야 하며, 이를 변경된 경우에도 등록하여야 한다(「개인정보보호법」 제32조 제1항).[16] 행정안전부장관은 필요하면 개인정보파일의 등록사항과 그 내용을 검토하여 해당 공공기관의 장에게 개선을 권고할 수 있으며(「개인정보보호법」 제32조 제3항), 개인정보파일의 등록 현황을 누구든지 쉽게 열람할 수 있도록 공개하여야 한다(「개인정보보호법」 제32조 제4항).

그러나 예외적으로 개인정보파일이 ㉠ 국가 안전, 외교상 비밀, 그 밖에 국가의 중대한 이익에 관한 사항을 기록한 개인정보파일, ㉡ 범죄의 수사, 공소의 제기 및 유지, 형 및 감호의 집행, 교정처분, 보호처분, 보안관찰처분과 출입국관리에 관한 사항을 기록한 개인정보파일, ㉢ 「조세범처벌법」에 따른 범칙행위 조사 및 「관세법」에 따른 범칙행위 조사에 관한 사항을 기록한 개인정보파일, ㉣ 공공기관의 내부적 업무처리만을 위하여 사용되는 개인정보파일, ㉤ 다른 법령에 따라 비밀로 분류된 개인정보파일 등은 등록대상에서 제외된다(「개인정보보호법」 제32조 제2항).

5) 개인정보영향평가

「개인정보보호법」은 개인정보영향평가제도를 도입하였다. 개인정보처리자는 개인정보파일의 구축 · 확대 등이 개인정보 보호에 영향을 미칠 우려가 크다고 판단될 경우 자율적으로 영향평가를 수행할 수 있도록 하되, 공공기관은 정보주체의 권리침해 우려가 큰 일정한 사유에 해당될 때에는 영향평가 수행을 의무화하였다. 이는 개인정보 침해로 인한 피해를 원상회복 등을 통하여 사후권리구제가 어려우므로 영향평가의 실시로 미리 위험요인을 분석하고 이를 조기에 제거하여 개인정보 유출 및 오 · 남용 등의 피해를 효과적으로 예방할 수 있도록 하기 위함이다.

공공기관의 장은 일정한 기준에 해당하는 개인정보파일의 운용으로 인하여 정보

㉥ 개인정보파일의 보호 및 관리 · 감독, ㉦ 그 밖에 개인정보의 적절한 처리를 위하여 대통령령으로 정한 업무를 수행한다(「개인정보보호법」 제31조 제2항).

16) 등록하여야 할 내용은 ㉠ 개인정보파일의 명칭, ㉡ 개인정보파일의 운영 근거 및 목적, ㉢ 개인정보파일에 기록되는 개인정보의 항목, ㉣ 개인정보의 처리방법, ㉤ 개인정보의 보유기간, ㉥ 개인정보를 통상적 또는 반복적으로 제공하는 경우에는 그 제공받는 자, ㉦ 그 밖에 대통령령으로 정하는 사항 등이다(「개인정보보호법」 제32조 제1항).

주체의 개인정보 침해가 우려되는 경우에는 그 위험요인의 분석과 개선 사항 도출을 위한 영향평가를 하고 그 결과를 행정안전부장관에게 제출하여야 한다.[17] 이 경우 공공기관의 장은 영향평가를 행정안전부장관이 지정하는 평가기관 중에서 의뢰하여야 한다(「개인정보보호법」 제33조 제1항).

영향평가를 하는 경우에는 ㉠ 처리하는 개인정보의 수, ㉡ 개인정보의 제3자 제공 여부, ㉢ 정보주체의 권리를 해할 가능성 및 그 위험 정도, ㉣ 민감정보 또는 고유식별정보의 처리 여부, ㉤ 개인정보 보유기간을 고려하여야 한다(「개인정보보호법」 제33조 제2항, 「개인정보보호법 시행령」 제35조 제2항).

6) 개인정보 유출 통지 등

「개인정보보호법」은 개인정보 유출사실의 통지 · 신고제도를 도입하였다. 개인정보처리자는 개인정보 유출 사실을 인지하였을 경우 지체 없이 해당 정보주체에게 관련 사실을 통지하고, 일정 규모 이상의 개인정보가 유출된 때에는 전문기관에 신고하도록 하는 한편, 피해의 최소화를 위해 필요한 조치를 하도록하여 개인정보 유출로 인한 피해의 확산 방지를 위한 신속한 조치 및 정보주체의 효과적 권리 구제 등에 기여하도록 하였다.

개인정보처리자는 개인정보가 유출되었음을 알게 되었을 때에는 지체 없이 해당 정보주체에게 ㉠ 유출된 개인정보의 항목, ㉡ 유출된 시점과 그 경위, ㉢ 유출로 인하여 발생할 수 있는 피해를 최소화하기 위하여 정보주체가 할 수 있는 방법 등에 관한 정보, ㉣ 개인정보처리자의 대응조치 및 피해 구제절차, ㉤ 정보주체에게 피해

---

17) 「개인정보보호법 시행령」 제35조(개인정보 영향평가의 대상) 법 제33조 제1항에서 "대통령령으로 정하는 기준에 해당하는 개인정보파일"이란 개인정보를 전자적으로 처리할 수 있는 개인정보파일로서 다음 각 호의 어느 하나에 해당하는 개인정보파일을 말한다.

1. 구축 · 운용 또는 변경하려는 개인정보파일로서 5만명 이상의 정보주체에 관한 법 제23조에 따른 민감정보(이하 "민감정보"라 한다) 또는 고유식별정보의 처리가 수반되는 개인정보파일
2. 구축 · 운용하고 있는 개인정보파일을 해당 공공기관 내부 또는 외부에서 구축 · 운용하고 있는 다른 개인정보파일과 연계하려는 경우로서 연계 결과 50만명 이상의 정보주체에 관한 개인정보가 포함되는 개인정보파일
3. 구축 · 운용 또는 변경하려는 개인정보파일로서 100만명 이상의 정보주체에 관한 개인정보파일
4. 법 제33조 제1항에 따른 개인정보 영향평가(이하 "영향평가"라 한다)를 받은 후에 개인정보 검색체계 등 개인정보파일의 운용체계를 변경하려는 경우 그 개인정보파일. 이 경우 영향평가 대상은 변경된 부분으로 한정한다.

가 발생한 경우 신고 등을 접수할 수 있는 담당부서 및 연락처를 알려야 한다(「개인정보보호법」 제34조 제1항).

그리고 개인정보처리자는 개인정보가 유출된 경우 그 피해를 최소화하기 위한 대책을 마련하고 필요한 조치를 하여야 한다(「개인정보보호법」 제34조 제2항).

6. 개인정보 집단분쟁조정

1) 개인정보 집단분쟁조정의 도입

「개인정보보호법」은 개인정보에 관한 분쟁조정 업무를 신속하고 공정하게 처리하기 위하여 개인정보분쟁조정위원회를 두고, 분쟁조정위원회의 조정결정에 대해 수락한 경우 재판상 화해의 효력을 부여하였다. 그리고 개인정보 피해가 대부분 대량·소액 사건인 점을 고려하여 집단분쟁조정제도를 도입하였다. 이 제도는 개인정보 관련 분쟁의 공정하고 조속한 해결 및 개인정보처리자의 불법, 오·남용으로 인한 피해의 신속한 구제를 통해 정보주체의 권익 보호에 기여하기 위한 것이다.

2) 분쟁조정위원회의 설치

개인정보에 관한 분쟁의 조정(調停)을 처리하는 기구로 개인정보분쟁조정위원회를 둔다. 분쟁조정위원회는 위원장 1명을 포함한 20명 이내의 위원으로 구성하며, 그 중 1명은 상임위원으로 하며, 위원은 행정안전부장관이 임명하거나 위촉한다. 위원장은 위원 중에서 공무원이 아닌 사람으로 행정안전부장관이 임명한다(「개인정보보호법」 제40조 제1항 내지 제4항).

3) 조정의 신청 등

개인정보와 관련한 분쟁의 조정을 원하는 자는 분쟁조정위원회에 분쟁조정을 신청할 수 있다. 분쟁조정위원회는 당사자 일방으로부터 분쟁조정 신청을 받았을 때에는 그 신청내용을 상대방에게 알려야 한다. 공공기관이 분쟁조정의 통지를 받은 경우에는 특별한 사유가 없으면 분쟁조정에 응하여야 한다(「개인정보보호법」 제43조 제1항 내지 제3항).

분쟁조정위원회는 분쟁조정 신청을 받았을 때에는 해당 분쟁의 조정을 위하여 필요한 자료를 분쟁당사자에게 요청할 수 있다. 그리고 분쟁조정위원회는 필요하다고 인정하면 분쟁당사자나 참고인을 위원회에 출석하도록 하여 그 의견을 들을 수 있다(「개인정보보호법」 제45조 제1항 및 제2항).

4) 분쟁의 처리기간

분쟁조정위원회는 분쟁조정 신청을 받은 날부터 60일 이내에 이를 심사하여 조정안을 작성하여야 한다. 다만, 부득이한 사정이 있는 경우에는 분쟁조정위원회의 의결로 처리기간을 연장할 수 있다. 처리기간을 연장한 경우에는 기간연장의 사유와 그 밖의 기간연장에 관한 사항을 신청인에게 알려야 한다(「개인정보보호법」 제44조 제1항 및 제2항).

5) 합의와 조정

(1) 조정 전 합의 권고

분쟁조정위원회는 분쟁조정 신청을 받았을 때에는 당사자에게 그 내용을 제시하고 조정 전 합의를 권고할 수 있다(「개인정보보호법」 제46조).

(2) 분쟁의 조정

① 조정안의 작성과 제시

조정 전 합의 권고가 당사자 사이에 수락되지 아니하면 분쟁조정위원회는 조정안을 작성하여 지체 없이 각 당사자에게 제시하여야 한다. 조정안에는 ㉠ 조사 대상 침해행위의 중지, ㉡ 원상회복, 손해배상, 그 밖에 필요한 구제조치, ㉢ 같거나 비슷한 침해의 재발을 방지하기 위하여 필요한 조치가 포함되어야 한다(「개인정보보호법」 제47조 제1항).

② 조정의 수락과 효력

당사자가 조정내용을 수락한 경우 분쟁조정위원회는 조정서를 작성하고, 분쟁조정위원회의 위원장과 각 당사자가 기명날인하여야 하며, 이 조정의 내용은 재판상 화해와 동일한 효력을 갖는다(「개인정보보호법」 제47조 제4항 및 제5항).

만약 조정안을 제시받은 당사자가 제시받은 날부터 15일 이내에 수락 여부를 알리지 아니하면 조정을 거부한 것으로 본다(「개인정보보호법」 제47조 제3항).

③ 조정의 거부 및 중지

분쟁조정위원회는 분쟁의 성질상 분쟁조정위원회에서 조정하는 것이 적합하지 아니하다고 인정하거나 부정한 목적으로 조정이 신청되었다고 인정하는 경우에는 그 조정을 거부할 수 있다. 이 경우 조정거부의 사유 등을 신청인에게 알려야 한다(「개인정보보호법」 제48조 제1항).

그리고 분쟁조정위원회는 신청된 조정사건에 대한 처리절차를 진행하던 중에 한쪽 당사자가 소를 제기하면 그 조정의 처리를 중지하고 이를 당사자에게 알려야 한다(「개인정보보호법」 제48조 제2항).

(3) 집단분쟁조정

① 집단분쟁조정의 의뢰 · 신청

국가 및 지방자치단체, 개인정보 보호단체 및 기관, 정보주체, 개인정보처리자는 정보주체의 피해 또는 권리침해가 다수의 정보주체에게 같거나 비슷한 유형으로 발생하는 사건에 대하여는 분쟁조정위원회에 일괄적인 집단분쟁조정을 의뢰 또는 신청할 수 있다(「개인정보보호법」 제49조 제1항).

집단분쟁조정 대상이 되는 사건은 ㉠ 피해 또는 권리침해를 입은 정보주체의 수가 다음 각 목의 정보주체를 제외하고 50명 이상이고 ㉡ 사건의 중요한 쟁점이 사실상 또는 법률상 공통된 사건이다(「개인정보보호법 시행령」 제52조).

② 집단분쟁조정의 절차 개시

집단분쟁조정을 의뢰받거나 신청받은 분쟁조정위원회는 그 의결로써 집단분쟁조정의 절차를 개시할 수 있다. 이 경우 분쟁조정위원회는 14일 이상 동안 그 절차의 개시를 공고하여야 한다(「개인정보보호법」 제49조 제2항).

집단분쟁조정의 기간은 절차개시의 공고가 종료된 날의 다음 날부터 60일 이내로 한다. 다만, 부득이한 사정이 있는 경우에는 분쟁조정위원회의 의결로 처리기간을 연장할 수 있다(「개인정보보호법」 제49조 제7항).

③ 집단분쟁조정의 절차 중지

분쟁조정위원회는 집단분쟁조정의 당사자인 다수의 정보주체 중 일부의 정보주체가 법원에 소를 제기한 경우에는 그 절차를 중지하지 아니하고, 소를 제기한 일부의 정보주체를 그 절차에서 제외한다(「개인정보보호법」 제49조 제6항).

7. 개인정보 단체소송

1) 단체소송의 도입

「개인정보보호법」은 개인정보처리자로 하여금 개인정보의 수집 · 이용 · 제공 등에 대한 준법정신과 경각심을 높이고, 동일 · 유사 개인정보 소송에 따른 사회적 비용을 절감하기 위해 개인정보단체소송제도를 도입하였다. 다만, 단체소송이 남발되는 것을 막기 위해 단체소송 전에 반드시 집단분쟁조정제도를 거치도록 하고 단체소송의 대상을 권리침해행위의 중단 · 정지 청구소송으로 제한하고 있다.

2) 단체소송의 대상 등

일정한 규모를 가진 소비자단체와 비영리민간단체[18]는 개인정보처리자가 집단분

---

18) 제51조(단체소송의 대상 등) 다음 각 호의 어느 하나에 해당하는 단체는 개인정보처리자가 제49조에 따른 집단분쟁조정을 거부하거나 집단분쟁조정의 결과를 수락하지 아니한 경우에는 법원에 권리침해 행위의 금지 · 중지를 구하는 소송(이하 "단체소송"이라 한다)을 제기할 수 있다.
1. 「소비자기본법」 제29조에 따라 공정거래위원회에 등록한 소비자단체로서 다음 각 목의 요건을 모두 갖춘 단체
   가. 정관에 따라 상시적으로 정보주체의 권익증진을 주된 목적으로 하는 단체일 것
   나. 단체의 정회원수가 1천명 이상일 것
   다. 「소비자기본법」 제29조에 따른 등록 후 3년이 경과하였을 것
2. 「비영리민간단체 지원법」 제2조에 따른 비영리민간단체로서 다음 각 목의 요건을 모두 갖춘 단체
   가. 법률상 또는 사실상 동일한 침해를 입은 100명 이상의 정보주체로부터 단체소송의 제기를 요청받을 것
   나. 정관에 개인정보 보호를 단체의 목적으로 명시한 후 최근 3년 이상 이를 위한 활동실적이 있을 것
   다. 단체의 상시 구성원수가 5천명 이상일 것
   라. 중앙행정기관에 등록되어 있을 것

쟁조정을 거부하거나 집단분쟁조정의 결과를 수락하지 아니한 경우에는 법원에 권리침해 행위의 금지 · 중지를 구하는 단체소송을 제기할 수 있다(「개인정보보호법」 제51조).

단체소송의 원고는 변호사를 소송대리인으로 선임하여야 한다(「개인정보보호법」 제53조).

3) 전속관할

단체소송의 소는 피고의 주된 사무소 또는 영업소가 있는 곳, 주된 사무소나 영업소가 없는 경우에는 주된 업무담당자의 주소가 있는 곳의 지방법원 본원 합의부의 관할에 전속한다(「개인정보보호법」 제52조 제1항).

4) 소송허가 신청 및 허가

단체소송을 제기하는 단체는 소장과 함께 소송허가신청서를 법원에 제출하여야 한다. 소송허가신청서에는 원고 및 그 소송대리인, 피고, 정보주체의 침해된 권리의 내용을 기재하여야 한다(「개인정보보호법」 제54조 제1항).

법원은 개인정보처리자가 분쟁조정위원회의 조정을 거부하거나 조정결과를 수락하지 아니하였고, 소송허가신청서의 기재사항에 흠결이 없는 경우에 한하여 결정으로 단체소송을 허가한다. 단체소송을 허가하거나 불허가하는 결정에 대하여는 즉시항고할 수 있다(「개인정보보호법」 제55조 제1항 및 제2항).

5) 확정판결의 효력

원고의 청구를 기각하는 판결이 확정된 경우 이와 동일한 사안에 관하여는 「개인정보보호법」 제51조에 따른 다른 단체가 단체소송을 제기할 수 없다(「개인정보보호법」 제56조 본문).

그러나 판결이 확정된 후 그 사안과 관련하여 국가 · 지방자치단체 또는 국가 · 지방자치단체가 설립한 기관에 의하여 새로운 증거가 나타난 경우 또는 기각판결이 원고의 고의로 인한 것임이 밝혀진 경우에는 그러하지 아니하다.

6) 준용 규정

단체소송에는 원칙적으로 「민사소송법」에 의한다(「개인정보보호법」 제57조 제1항). 그리고 단체소송의 허가결정이 있는 경우에는 「민사집행법」 제4편에 따른 보전처분을 할 수 있다(「개인정보보호법」 제57조 제2항).

8. 개인정보 침해사실의 신고

개인정보처리자로부터 권리 또는 이익을 침해받은 자는 행정안전부장관에게 그 침해사실을 신고할 수 있으며, 행정안전부장관은 신고 접수 및 업무처리 지원을 위해 개인정보 침해신고센터를 설치 · 운영하여야 한다(「개인정보보호법」 제62조 제1항 및 제2항).

이는 개인정보 침해사실을 신고하고 상담할 수 있는 창구를 마련하여 정보주체가 신속하게 권리구제와 고충처리를 받을 수 있도록 하기 위한 것이다.

제6절 경찰작용의 실효성 확보수단

제1항 경찰강제

I 서론

1. 경찰강제의 의의 및 성질

경찰의무자가 경찰의무를 이행한다면 경찰목적은 달성될 수 있으나, 그 의무를 자발적으로 이행하지 않거나 의무를 위반한 경우 의무를 이행한 것과 같은 상태를 실현하여야만 경찰목적을 달성할 수 있다. 이러한 수단을 경찰행정의 실효성 확보수단이라 한다. 그 수단에는 경찰강제와 경찰벌이 있다.[1)]

---

1) 이를 개괄하면 다음과 같다.

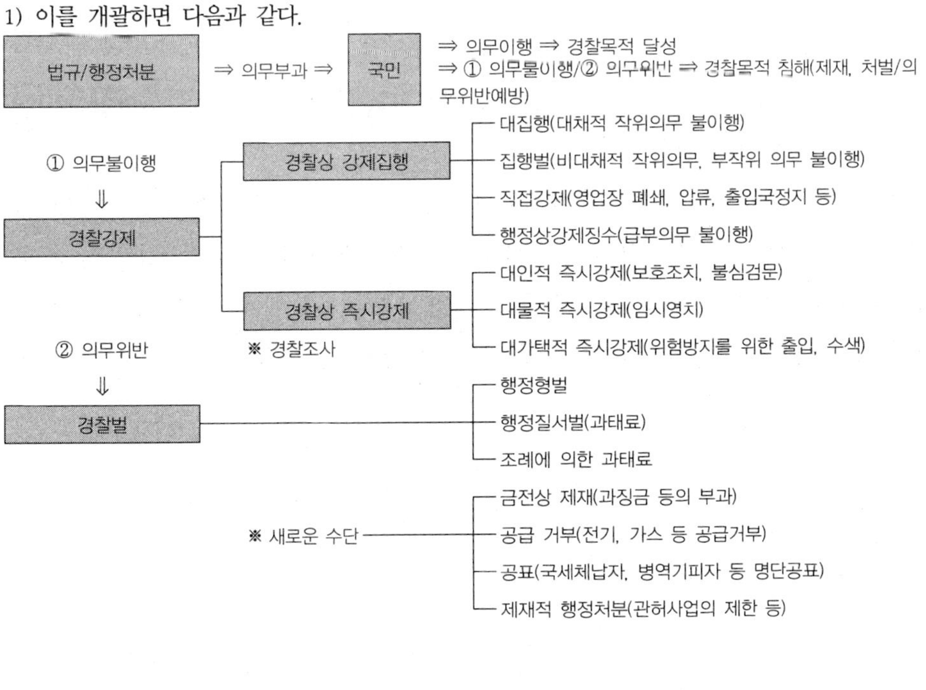

경찰강제(警察强制)란 경찰목적을 위하여 개인의 신체 · 재산 · 가택 등에 실력을 행사하여 경찰상 필요한 상태를 실현하는 사실상의 작용을 말한다. 경찰강제에는 경찰상 강제집행과 경찰상 즉시강제가 있다. 그리고 오늘날에는 경찰상 즉시강제의 일부로서 논의되던 경찰조사를 분리하고 있다.

2. 경찰강제의 근거

법치국가에 있어서 경찰강제에 관한 법적 근거를 요구하고 있다. 그 근거법으로는 「행정대집행법」, 「경찰관직무집행법」, 「출입국관리법」, 「국세징수법」, 「소방기본법」, 「수난구호법」, 「식품위생법」, 「전염병예방법」, 「마약법」, 「총포화약류단속법」 등을 들 수 있다.

3. 경찰강제의 종류

경찰강제에는 경찰상 강제집행과 경찰상 즉시강제가 있다.

경찰상 강제집행(警察上 强制執行)은 경찰의무를 불이행한 경우 강제적으로 그 의무를 이행시키거나 의무이행이 있었던 것과 같은 상태를 실현하는 작용을 말한다.

경찰상 즉시강제(警察上 卽時强制)는 목전에 급박한 경찰상의 장해를 제거하기 위하여 의무를 명할 여유가 없는 경우 또는 성질상 의무를 명하여서는 그 목적을 달성할 수 없는 경우에 경찰기관이 직접 개인의 신체 · 재산 · 가택에 실력을 행사함으로써 경찰상 필요한 상태를 실현시키는 작용이다.

경찰상 즉시강제와 구별되는 개념으로서 경찰상 조사가 있다. 경찰상 조사란 경찰기관이 궁극적으로 경찰작용을 적정하게 실행하는데 필요한 자료 · 정보 등을 수집하기 위하여 행하는 권력적 조사활동이다. 경찰조사는 종래에는 경찰상 즉시강제에 포함시켜 다루었으나 오늘날에는 경찰상 즉시강제와는 분리하여 파악하고 있다.

4. 경찰강제의 수단

1) 경찰상 강제집행의 수단

경찰상 강제집행의 수단으로서는 대집행, 집행벌, 직접강제 및 강제징수 등이 있다.[2)]

2) 경찰상 즉시강제의 수단

경찰상 강제집행의 수단으로서는 대인적 즉시강제, 대물적 즉시강제, 대가택적 즉시강제가 있으며, 혼합되어 실시되는 경우도 있다.

대인적 강제는 사람의 신체를 대상으로 하는 것으로서, 보호조치, 범죄의 예방·억지조치, 장구·무기의 사용, 사실확인, 강제격리, 강제건강진단, 교통차단, 강제수용, 강제퇴거, 소방종사명령, 원조강제 등이 있다. 그리고 대물적 강제는 물건을 대상으로 하며, 무기·흉기·위험물의 영치·임시영치, 검역, 감염병 오염물·부패식품 등의 폐기, 물건의 폐기·몰취·압류, 물건의 파괴·이전·분산·소개, 장애물의 제거, 물품·장부의 검사 등이 있다. 대가택적 강제는 가택, 창고, 영업소 등을 대상으로 하며, 가택 출입, 가택 수색, 대간첩작전지역 내 검색을 들 수 있다. 위험발생 방지조치는 대인·대물·대가택적 즉시강제의 성질을 같이 가진다.

3) 경찰상 조사의 수단

경찰조사의 수단으로는 대인적, 대물적, 대가택 조사가 있다. 대인적 조사 수단으로는 신체의 수색, 불심검문, 질문 등을 들 수 있고, 대물적 조사 수단으로는 장부·서류의 열람, 시설검사, 물품의 검사·수거, 토지에의 출입·조사 등이 있다. 그리고 대가택 조사는 개인의 주거·창고·영업소·자동차·선박·항공기 등에 대한 출입·검사, 임검(전당포영업소, 물품보관소, 음식물·저장품 조사) 등을 말하며, 대물적 조사와 병행하여 실시된다.

---

2) 경찰상 강제집행의 수단의 종류와 적용대상인 의무는 다음과 같다.

종류	적용대상인 의무	일반법
경찰대집행	대체적 작위의무	「행정대집행법」
집행벌	부작위의무, 비대체적 작위의무, 수인의무	없음
직접강제	대체적·비대체적 작위의무, 부작위 의무, 수인의무	없음
경찰상 강제징수	금전급부의무	「국세징수법」

Ⅱ 경찰상 강제집행

1. 대집행

1) 의의

경찰상 대집행(代執行)이란 경찰법상의 대체적 작위의무(代替的 作爲義務)를 이행하지 아니하는 경우 당해 경찰행정관청이 스스로 그 의무를 이행하거나 또는 제3자로 하여금 이를 이행하게 하고 그 비용을 의무자로부터 징수하는 행위를 말한다.

2) 법적 근거

대집행에 관한 일반법으로는 「행정대집행법」이 있고, 특별법으로는 「건축법」 등이 있다.

3) 대상

대체적 작위 의무의 불이행에 대하여 강제한다. 일신전속적(一身專屬的)이거나 고도로 기술적이어서 대체성이 없는 작위의무는 대집행의 대상이 될 수 없다(건물의 명도의무, 신체검사 · 건강진단을 받을 의무, 증인출석의무 등).

4) 대집행의 주체와 대집행행위자

대집행의 주체는 대집행을 결정하고 이를 실행할 수 있는 권한을 가진 자를 말하며, 당초 경찰의무를 명한 처분청(대집행의 대상이 되는 작위의무를 명한 경찰관청)이다. 그리고 대집행행위자는 대집행을 현실적으로 수행하는 자로서 행정청 또는 제3자이다.[3]

---

3) 제3자가 대집행행위자로 되는 경우 의무자와 제3자의 관계는 아무런 법적 관계가 없으나, 의무자는 제3자의 대집행행위에 대해 수인의무가 있다. 한편, 제3자와 행정청은 사법상의 도급계약관계가 존재한다. 집행공무원은 계약의 이행을 감독할 수 있고, 제3자에 대한 의무이행자의 반항이 있는 경우 직접적인 강제력으로 제3자를 도울 수 있다. 제3자는 그 대가를 행정청에 청구해야 한다. 그리고 행정청과 의무자의 관계에서 행정청이 제3자에게 부담한 비용을 궁극적으로 의무자가 부담해야 한다. 행정청은 의무자에게 공법상 상환청구권을 갖는다.

5) 요건

「행정대집행법」 제2조에서는 "타인이 대신하여 행할 수 있는 행위를 의무자가 이행하지 아니한 경우 다른 수단으로써 그 이행을 확보하기 곤란하고 또한 그 불이행을 방치함이 심히 공익을 해할 것으로 인정될 때"라고 규정하고 있다.

따라서 대집행의 요건은 ㉠ 대체적 작위의무의 불이행이 존재하고, ㉡ 다른 방법으로 그 이행확보가 곤란하고(보충성), ㉢ 의무의 불이행을 방치함이 심히 공익을 해치는 경우(공익상 요청)이어야 한다.

6) 절차

(1) 계고

계고(戒告)는 대집행 요건을 갖추고 있는 경우 의무의 이행을 독촉하는 행위이다. 대집행을 하려면 상당한 기간을 정하여 그 기간까지 이행하지 아니할 때에는 대집행한다는 뜻을 문서로 미리 통지하여야 한다.

계고는 의무의 이행을 최고함과 동시에 그 의무를 이행하지 않을 때에는 대집행을 한다는 뜻을 알려주는 통지행위로서 준법률행위적 행정행위이다. 계고는 요식행위로서 문서로 하여야 하며, 구두에 의한 계고는 무효이다.

계고 없는 강제집행은 절차상의 하자로 무효이다. 그리고 위법한 계고에 대해서는 취소소송을 제기할 수 있다. 계고를 함에 있어서 상당한 기간을 정하여야 한다. 따라서 원칙적으로 의무를 명하는 행정행위와 동시에 계고를 할 수 없다.

계고의 요건은 계고할 때 이미 충족되어 있어야 한다. 즉 계고와 의무를 명하는 행위를 결합할 수 없다. 그리고 계고를 할 때 의무자가 이행하여야 할 의무의 내용과 의무를 불이행할 경우 대집행할 행위의 내용과 범위가 구체적으로 특정되어야 한다.

(2) 대집행 영장에 의한 통지

의무자가 계고를 받고 지정기한까지 의무를 이행하지 아니한 때에, 당해 경찰관청이 대집행 영장으로써 대집행을 할 시기, 대집행책임자의 성명, 대집행을 하는 비용의 개산(概算)에 의한 견적서 등을 의무자에게 통지하는 행위를 말한다.

계고와 마찬가지로 준법률행위적 행정행위인 통지행위이며, 의무자에게 수인의무를 부과한다. 그리고 일정한 경우 통지가 생략되기도 한다.[4)]

(3) 실행

의무자가 지정된 기한까지 의무를 실행하지 않은 경우 경찰관청 스스로 또는 제3자로 하여금 의무가 이행된 것과 같은 상태를 실현하기 위하여 물리적인 실력을 행사하는 것을 말한다. 대집행의 실행은 수인하명과 사실행위가 결합된 합성행위로서 권력적 사실행위이다. 의무자가 대집행의 실행에 저항하는 경우 경찰행정관청은 실력으로 이를 배제할 수 있다. 다만, 필요한 최소한의 실력을 행사하여야 한다.

대집행을 하기 위하여 파견되는 실행책임자는 그가 집행책임자라는 것을 표시한 증표를 휴대하여 대집행시 이해관계자에게 제시하여야 한다.

(4) 비용징수

대집행에 소요된 일체의 비용은 당해 경찰관청이 의무자로부터 징수한다. 경찰관청은 실제로 소요한 비용과 납부기일을 정하여 의무자에게 문서(비용납부명령서)로써 부과한다.

의무자가 이를 납부하지 않으면 「국세징수법」의 예에 의하여 징수할 수 있고, 국세 다음가는 선취특권이 있다. 징수비용은 그 사무비의 소속에 따라 국고 또는 지방자치단체의 수입으로 한다.

7) 권리구제

대집행에 대하여 불복이 있는 자는 당해 경찰행정관청에 이의신청을 할 수 있으며, 행정심판 및 행정소송을 통하여 권리를 구제받을 수 있다.

대집행이 실행되기 전에는 대집행의 계고와 영장에 의한 통지의 취소나 무효확인을 구할 수 있다.

---

4) 「행정대집행법」 제3조(대집행의 절차) ③ 비상시 또는 위험이 급박한 경우 당해 행위의 급속한 실시를 요하여 대집행 영장에 의한 통지절차를 취할 여유가 없을 때에 그 수속을 거치지 아니하고 대집행을 할 수 있다.

그러나 대집행이 실행된 후에는 취소 또는 변경을 다툴 실익이 없으므로 취소심판이나 취소소송을 제기할 수 없다. 다만, 대집행의 위법이나 과잉집행을 이유로 손해배상 또는 원상회복을 청구하거나 대집행비용 산정의 위법을 이유로 비용납부명령의 취소·변경을 구할 수는 있다.

계고, 대집행영장에 의한 통지, 대집행 실행, 비용징수 사이에는 하자의 승계가 인정되므로 선행행위의 하자를 이유로 후행행위의 효력을 다툴 수 있다.

2. 집행벌

1) 의의

집행벌(執行罰)이란 부작위의무, 비대체적 작위의무, 수인의무를 이행하지 아니할 때 그 의무를 강제적으로 이행시키기 위하여 과하는 금전부담을 말한다. 실정법에서는 이행강제금 또는 강제금으로 부과되고 있다.

일정한 액수의 금전이 부과될 것을 의무자에게 미리 계고함으로써 의무자에게 심리적 압박을 가하여 의무이행의 확보를 도모하는 간접적 심리적 강제수단이다.

2) 법적 근거

집행벌에 관한 일반법은 없고, 개별법으로는 「건축법」(제80조),[5] 「농지법」(제62조), 「장사 등에 관한 법률」(제43조), 「옥외광고물 등 관리법」(제10조의3), 「부동산 실권리자 명의 등기에 관한 법률」(제6조) 등이 있다. 이러한 법률에서는 법령상 의무를 위반한 경우 일정한 시정기간 내에 그 시정을 요구하고 그것을 이행하지 않을 때 이행강제금을 납부하도록 명하고 있다.

강제부과금의 납부의무는 일신전속적인 것으로서 쟁송의 대상이 아니다.[6]

---

5) 「건축법」 제80조(이행강제금) ① 허가권자는 제79조 제1항에 따라 시정명령을 받은 후 시정기간 내에 시정명령을 이행하지 아니한 건축주등에 대하여는 그 시정명령의 이행에 필요한 상당한 이행기한을 정하여 그 기한까지 시정명령을 이행하지 아니하면 다음 각 호의 이행강제금을 부과한다. 다만, 연면적(공동주택의 경우에는 세대 면적을 기준으로 한다)이 85제곱미터 이하인 주거용 건축물과 제2호 중 주거용 건축물로서 대통령령으로 정하는 경우에는 다음 각 호의 어느 하나에 해당하는 금액의 2분의 1의 범위에서 해당 지방자치단체의 조례로 정하는 금액을 부과한다.

6) 대판, 2006.12.8. 2006마470.

3) 법적 성질

집행벌은 위반행위에 대한 제재로서의 벌금형이 아니고 장래에 의무이행을 확보하기 위한 강제수단이므로 의무위반에 대한 재제로서 부과되는 경찰벌과 구별된다. 따라서 이행강제금은 과태료나 형벌과 병과할 수 있다. 이행강제금의 확정은 행정행위의 성질을 가진다.

그리고 행정상 명령을 실현하기 위한 수단이므로 과태료와 다르다.

4) 이행강제금의 금액 · 부과절차 · 형식

개별 법률에서 규정하고 있으며, 일반적으로 부과 전에 계고를 하고 문서로 부과한다.

이행강제금은 반복하여 부과할 수 있다. 강제금은 처벌이 아니므로 반복부과하더라도 이중처벌이 아니다.

5) 불복

이행강제금부과처분에 불복하는 자는 개별법의 특별한 규정에 따라 권리를 주장할 수 있으며, 일반적으로 행정심판이나 행정소송을 제기할 수 있다.

3. 경찰상 직접강제

1) 의의

경찰상 직접강제란 대체적 비대체적 작위의무, 부작위 의무, 수인의무 등 일체의 경찰법상 의무를 불이행하는 경우 경찰행정관청이 직접 의무자의 신체 · 재산에 실력을 발동하여 의무가 이행된 것과 같은 상태를 실현하는 작용이다.

2) 법적 근거

경찰상 직접강제에 대한 일반법은 없고, 개별법에서 규정하고 있다. 「공중위생관리법」(제11조), 「방어해면법」(제7조), 「식품위생법」(제79조), 「도로교통법」(제115조), 「출입국관리법」(제62조) 등이 있다.

3) 한계

경찰상 직접강제는 국민의 신체나 재산에 대한 직접적인 침해를 가져오므로 엄격한 제한이 필요하다. 그러나 그 한계를 정한 일반적인 규정은 없고, 개별법에서 규정하는 경우가 있다(「식품위생법」 제79조). 이러한 개별법의 규정이 없더라도 행정법상 일반원칙에 따라야 한다.

4) 구제

경찰상 직접강제에 대한 구제로서는 행정쟁송과 행정상 손해배상 및 결과제거청구권 등이 있다.

4. 경찰상 강제징수

1) 의의 및 근거

경찰법상 금전급부 의무를 이행하지 아니한 때에 경찰관청이 의무자의 재산에 실력을 가하여 그 의무가 이행된 것과 같은 상태를 실현하는 작용이다.

강제징수에 관한 일반법으로는 「국세징수법」이 있다.

2) 절차

(1) 독촉

독촉(督促)은 체납기간이 경과한 금전급부의무의 이행을 최고하는 행위로서 준법률행위적 행정행위(통지)이다. 독촉은 지정된 기일 내에 그 의무를 이행하지 아니하면 강제징수하겠다는 뜻을 통지하는 것으로서 독촉장 또는 납부최고서의 발부에 의한다.

(2) 체납처분(滯納處分)

① 재산압류(財産押留)

국세 납부의무자가 독촉장이나 납부최고서를 받고 지정기간까지 국세와 가산금을 완납하지 아니한 때, 권한 있는 공무원이 납세의무자 재산의 사실상 법률상 처분을 금하고 국세 등을 확보하는 강제행위이다. 압류를 하는 공무원은 권한을 표시하는 증표를 휴대하고 관계자의 요구가 있는 경우 이를 제시하여야 하며, 압류조서를 작성하고, 그 등본을 체납자에게 교부하여야 한다.

② 매각

통화를 제외하고 압류한 재산을 금전으로 환가(換價)하는 것을 매각이라 하며, 공법상 대리행위로서의 성질을 가진다. 원칙적으로 공매(입찰, 경매 등)에 의하여 매각하여야 하나 예외적으로 수의계약도 할 수 있다.

③ 청산

압류금전, 체납자 · 제3자로부터 받은 금전, 매각대금, 교부청구로 받은 금전을 체납처분비, 가산금, 국세 기타 채권에 배분하고 잔여금이 있으면 체납자에게 지급하는 것을 말한다.

체납처분의 목적물의 추산가액이 체납처분비에 충당하고 잔여가 생길 여지가 없거나 기타 법정사유가 있으면 체납처분을 중지하고 결손처분을 하며, 이로써 금전지급의무가 소멸한다.

3) 불복

경찰상 강제징수에 대하여 불복이 있는 경우 원칙적으로 「국세기본법」, 「행정심판법」, 「행정소송법」에 따라 행정쟁송을 제기할 수 있다.

Ⅲ 경찰상 즉시강제

1. 의의

경찰상 즉시강제란 목전에 급박한 경찰상의 장해를 제거할 필요가 있는 경우에 그 장해를 제거하기 위하여 미리 의무를 명할 시간적 여유가 없거나 또는 성질상 의무를 명하여서는 목적달성이 곤란한 경우, 직접 국민의 신체 · 재산에 실력을 가하여 경찰상 필요한 상태를 실현하는 작용을 말한다.

2. 법적 성질

경찰상 즉시강제는 구체적인 의무부과행위이자 사실행위로서 실력행사이다. 그리고 실력행사에 대하여 참아야 하는 수인의무를 발생시키며, 사실행위와 법적 행위가 결합된 행위이다. 따라서 항고소송의 대상이 되는 행정처분의 성질을 가진다.

3. 법적 근거

경찰상 즉시강제는 국민의 자유와 권리를 침해하는 가장 전형적인 국가권력작용이므로, 법치주의에 의하여 법적 근거를 반드시 필요로 하고 있다.

행정상 즉시강제에 관한 일반법은 없다. 다만, 경찰작용영역에서는 일반법으로는 「경찰관직무집행법」이 있고, 개별법으로 「감염병의 예방 및 관리에 관한 법률」, 「소방기본법」, 「도로교통법」, 「식품위생법」, 「마약류관리에 관한 법률」 등이 있다.

4. 수단

1) 종류

(1) 대인적 강제

사람의 신체에 실력을 가하여 경찰상 필요한 상태를 실현하는 경찰작용이다. 「경찰관직무집행법」에 보호조치, 경고 · 억류 · 피난 등 위험발생 방지 조치, 범죄의 예방 · 제지 조치, 사실의 확인, 장구 · 최루탄 · 무기의 사용 등이 있다.

개별법에서는 「감염병의 예방 및 관리에 관한 법률」에 의한 강제격리, 강제건강진단, 교통차단, 「마약류관리에 관한 법률」에 의한 강제수용, 「출입국관리법」에 의한 무기사용, 수용, 강제퇴거, 「수난구호법」에 의한 원조강제, 「소방기본법」의 소방종사명령 등을 들 수 있다.

(2) 대물적 강제

물건에 실력을 가하여 경찰상 필요한 상태를 실현하는 경찰작용이다. 「경찰관직무집행법」의 무기 · 흉기 · 위험물의 임시영치, 위험발생조치 등이 있다. 개별법에서는 「식품위생법」의 물건폐기, 「소방기본법」의 소방대상물에 대한 강제처분, 「도로

교통법」상 장해물 제거 등이 있다.

(3) 대가택적 강제

대가택적 강제는 점유자 또는 소유자의 의사에 반하여 가택, 창고, 영업소 등에 출입하는 경찰작용이다. 「경찰관직무집행법」에 의한 가택출입, 「식품위생법」(제17조), 「총포 · 도검 · 화약류 등 단속법」(제44조) 등에 의한 영업소에의 출입 등을 들 수 있다.

2) 특징

경찰상 즉시강제의 수단은 대체적 작위의무의 집행뿐만 아니라 비대체적 작위의무의 집행을 위해서도 인정된다. 그리고 대집행이나 기타의 수단으로 경찰목적을 실현할 수 없는 경우에 적용되어야 한다(보충성의 원리).

경찰상 즉시강제 수단을 사용하여야 하는 경우 경찰력을 신속하게 투입하여야 하며, 이 경우 경찰공무원은 상관의 직무명령에 원칙적으로 복종하여야 한다. 직무명령에 대한 이의제기는 제한된다.

5. 한계

1) 실정법상 한계

경찰상 즉시강제 수단의 사용에는 법치주의의 요청에 의하여 법적 근거를 요한다. 따라서 명시적인 법적 근거가 있다면 그에 따라 발동되어야 한다.

2) 조리상 한계

(1) 장해의 현재성(급박성)

경찰상의 장해가 발생하였거나 장해발생이 목전에 급박하여야 한다 시간적 여유가 있으면 의무자에게 의무이행을 명하고 불이행을 기다려 경찰강제를 하여야 하며, 미래에 발생할지 모르는 장해를 예견하여 즉시강제를 할 수 없다.

(2) 보충성의 원칙

국민의 신체와 재산에 실력을 가하지 아니하고는 다른 수단으로 경찰상의 장해의 예방과 제거가 불가능하여야 한다. 그리고 즉시강제보다 개인에 대하여 경미한 침해를 가져오는 수단이 있으면 그것을 사용해야 한다.

(3) 비례의 원칙

경찰상 장해제거의 수단은 경찰목적의 달성에 필요한 최소한도의 권력을 발동하여 국민의 신체와 재산에 최소한의 침해를 가져오는 것이어야 한다.

(4) 소극목적의 원칙

경찰상 즉시강제는 보안, 행정보호 등 위험의 제거 · 예방이라는 소극목적을 위하여 발동해야 하며, 적극적인 새로운 질서 창조를 위하여 행사할 수 없다.

3) 경찰상 즉시강제와 영장제도

경찰상 즉시강제에 영장제도의 적용 여부에 대하여 영장불필요설, 영장필요설, 절충설 등이 있다. 헌법상 영장제도는 권력의 억제와 기본권 보장을 목적으로 하므로 경찰상 즉시강제에도 원칙적으로 영장제도가 적용되어야 한다. 그러나 예외적으로 즉시강제수단 중에서 행성목적 달싱을 위하여 불기피하다고 인정할 만한 합리적 이유가 있는 경우 영장제도를 적용하지 아니한다(다수설, 판례).

이러한 예외에 해당되는 것으로는 즉시강제가 국민의 생명 · 신체 · 재산을 보호하기 위하여 발동되는 경우, 동의에 의한 경우, 보상이 전제된 재산권 침해의 경우, 업무상 감독권의 범위 내의 경우, 이와 유사한 성질의 즉시강제 등이다.

6. 권리구제

1) 적법한 즉시강제에 대한 구제

경찰상 즉시강제는 원칙적으로 의무위반 상태에 책임이 있는 경찰책임자에게 행하여지지만 예외적으로 책임자 이외 제3자에게 즉시강제가 행하여지는 경우가 있다. 이 때 제3자에게 특별한 희생을 가한 경우에는 손실보상을 하여야 한다.

개별법으로는 「소방기본법」(제25조 제4항), 「자연재해대책법」(제68조), 「수난구호법」(제7조) 등이 있다.

2) 위법한 즉시강제에 대한 구제

경찰상 즉시강제가 법률상 또는 조리상의 한계를 넘어서거나 절차법상 위법인 경우 다음과 같은 구제방법이 있다.

첫째, 상대방은 경찰공무원의 위법한 즉시강제에 저항할 수 있다. 이것은 정당방위로서 인정된다. 그리고 경찰공무원의 경찰상 즉시강제로 생명 · 신체 · 재산에 손해를 입은 경우 행정상 손해배상을 청구할 수 있다.

둘째, 경찰공무원의 즉시강제가 위법한 경우 행정상 쟁송을 통하여 취소 · 변경을 요구할 수 있다. 그러나 경찰상 즉시강제는 그 성질상 단기일에 권리침해가 발생하는 사실행위이므로 그 행위의 취소 · 변경을 요구하는 쟁송을 제기할 수 있는 소의 이익이 없는 경우가 보통이므로 취소소송은 불가능할 것이다. 다만, 예외적으로 권리를 침해하는 사실상태가 계속 중인 경우에는 그 상태의 제거를 위하여 행정상 쟁송을 제기할 수 있다.

기타 방법으로 헌법소원, 공무원의 형사책임, 공무원의 징계책임, 직권에 의한 취소 · 정지 등을 요구할 수 있다.

Ⅳ 경찰상 조사

1. 의의

1) 개념

경찰상 조사란 경찰기관이 정책을 결정하거나 직무를 수행하는데 필요한 정보나 자료를 수집하기 위하여 현장조사 · 문서열람 · 시료채취 등을 하거나 조사대상자에게 보고요구 · 자료제출요구 및 출석 · 진술요구를 행하는 활동을 말한다.

2) 성질

경찰상 조사는 권력적인 조사작용뿐만 아니라 비권력적인 조사작용도 포함한다. 그리고 경찰상 조사는 통상 그 자체가 법적 효과를 가져오는 행위가 아니며, 사실행위일 뿐이다. 경우에 따라서는 상대방에게 수인의무를 발생시킨다.

3) 경찰상 즉시강제와 구별

(1) 목적

경찰상 즉시강제는 개인의 신체나 재산에 직접 실력을 가하여 행정상 필요한 결과를 실현시키는 것을 목적으로 한다. 따라서 경찰상 즉시강제는 그 자체가 완결적인 행정목적을 실현하기 위하여 행해지는 권력적인 작용이다. 그러나 경찰상 조사는 경찰작용을 위한 자료를 수집하는 준비적 · 보조적 · 절차적인 행위이다.

(2) 방법

경찰상 즉시강제와 경찰상 조사는 모두 권력적 작용의 성질을 가진다. 다만, 경찰상 조사는 비권력적인 작용일 때도 있다.

경찰상 즉시강제는 직접 물리적인 실력행사를 통하여 스스로의 일정한 상태를 강제적으로 실현시킨다. 그러나 경찰상 조사는 물리적인 힘에 의한 강제의 요소는 없고, 국민의 작위 또는 수인의무를 전제로 하여, 국민이 거부할 경우 경찰벌 또는 불이익 처분 등 간접적인 방법을 통하여 그 실효성을 확보하는데 불과하다.

(3) 긴급성

경찰상 즉시강제에는 목전에 급박한 필요에 의한 즉각적인 강제조치로서 긴급성을 요구하지만 경찰상 조사는 이를 요구하지 않는다.

2. 법적 근거

1) 권력적인 경찰상 행정조사의 법적 근거

경찰상 조사가 권력적인 실력행사로 인정되는 강제조사인 경우 개인의 신체 · 사생활 · 거주 · 재산권 및 기업의 비밀 등을 침해하므로 법치주의 원칙에 따라 개별적인 법적 근거(조직법적 근거와 작용법적 근거)를 요한다.

일반법으로는 「행정조사기본법」이 있다. 이 법은 행정조사에 관한 기본원칙 · 행정조사의 방법 및 절차 등에 관한 공통적인 사항을 규정함으로써 행정의 공정성 · 투명성 및 효율성을 높이고, 국민의 권익을 보호함을 목적으로 한다.

개별법으로는 단행법인 「경찰관직무집행법」(제3조 불심검문), 「소방기본법」(제29조 이하 화재조사), 「국세징수법」(제27조 질문 · 검사), 「감염병의 예방 및 관리에 관한 법률」(제42조 조사) 등이 있다.

「총포 · 도검 · 화약류 등 단속법」(제44조의 출입조사), 「국세징수법」(제26조의 수색, 제27조의 질문 · 검사), 「풍속영업의 규제에 관한 법률」(제9조의 출입검사), 「공익사업을 위한 토지 등의 취득 및 보상에 관한 법률」(제9조의 측량조사) 등에서도 경찰상 조사를 규정하고 있다.

2) 비권력적인 경찰상 행정조사의 법적 근거

상대방이 조사에 수인할 의무가 없는 임의조사의 경우에는 법률의 수권이 없더라도 경찰상 조사를 할 수 있다. 이 경우에도 조직법적 근거는 필요하다.

3. 종류

1) 조사대상에 의한 분류 : 대인적 조사, 대물적 조사, 대가택적 조사

대인적 조사는 사람을 대상으로 조사하는 것으로서, 신체의 수색, 불심검문, 질문 등이 있다. 그리고 대물적 조사는 물건을 대상으로 조사하는 것으로서, 장부 · 서류의 열람, 시설검사, 물품의 검사 · 수거, 토지에의 출입 · 조사 등의 방법이 있다.

대가택조사는 개인의 주거 · 창고 · 영업소 · 자동차 · 선박 · 항공기 등에 대한 출입 · 검사, 임검(전당포영업소, 물품보관소, 음식물 · 저장품 조사) 등을 말하며, 대물적 조사와 병행하여 실시된다.

2) 조사수단에 의한 분류 : 실력행사를 수반하는 조사와 실력행사를 수반하지 않는 조사

실력행사를 수반하는 조사는 직접적으로 개인의 신체 또는 재산에 실력(직접적인 강제)을 가하여 필요한 정보와 자료를 수집하는 경찰상 조사이다. 영업장부나 영업소 등을 실력으로 조사·검색하는 경우가 그 예이다.

실력행사 이외의 수단에 의한 조사는 경찰상 조사의 실효성이 직접적인 강제가 아니라 간접적인 제재에 의하여 담보되는 경우이다. 벌칙(조사거부죄)이나 기타 제재수단(국민기초생활보장법상의 급여정지) 등에 의하여 경찰상 조사가 간접적으로 강제된다.

4. 법적 한계

1) 실체법적 한계

(1) 합법률성 원칙

경찰상 조사가 실력행사를 수반하거나 그 거부에 대하여 형벌 기타의 제재가 부과되는 경우 법령상의 근거가 없이 행할 수 없고, 법규에 정한 한계 내에서만 허용된다.

(2) 목적부합성 원칙

경찰상 조사는 수권법이 정한 구체적인 조사목적의 범위 내에서만 허용된다. 따라서 범죄수사의 목적으로 행하거나 조사대상자를 악의 기타 정당하지 못한 동기로 선정하는 경우에는 위법이 된다.

(3) 비례의 원칙

경찰상 조사는 비례의 원칙에 따라 행정목적을 달성하기 위하여 적절한 것으로서 합리적이고 필요한 최소한도에 그쳐야 한다.

2) 절차법적 한계

(1) 권력적인 경찰상 조사와 영장주의

권력적인 경찰상 조사로 인한 국민의 권익 침해의 가능성은 형사사법권의 행사로 인한 경우와 유사하므로, 경찰상 조사에 대해서도 원칙적으로 영장주의가 적용되어 한다. 특히 경찰상 조사가 형사소추절차로 이행되는 경우와 직접적인 강제를 수반하는 경우에는 영장이 요구된다.

그러나 긴급을 요하는 경우 예외를 인정하여야 한다. 이 경우에도 침해가 장기적이면 사후영장이 필요하다.[7)]

(2) 증표의 제시 등

권력적인 경찰상 조사를 함에 있어서 당해 공무원은 그 권한을 표시하는 증표를 휴대하고 조사의 상대방과 관계인에게 이를 제시하여야 한다. 그리고 경찰상 조사의 목적 · 일시 · 장소 · 범위 등에 대한 사전통지와 조사이유를 고지하여야 한다.

(3) 실력행사의 가능성

적법한 경찰상 조사를 위한 출입 · 검사 · 질문 등에 대하여 상대방은 수인의무가 있으므로 이에 따라야 한다. 상대방이 이를 거부하는 경우 법률에서 명시적인 규정이 없으면 행정청은 실력으로 저항을 억압하고 강제조사를 할 수 없다. 의무자를 보호하여야 하기 때문이다.

(4) 진술거부권

헌법 제12조 제2항의 진술거부권은 순수한 형사절차에서 인정되는 것이므로 경찰상 조사에는 인정되지 않는다는 부정설이 있으나, 경찰상 조사권 발동도 공권력 발동으로서 권력적 강제적 성격이 있으므로 진술거부권이 인정된다.

---

7) 대판 1976.11.9, 96도2703.

5. 위법한 경찰상 조사와 경찰처분의 효력

권력적 경찰조사에서 권력을 남용하여 조사를 하거나, 비권력적 조사에서 실력을 사용하여 조사를 하는 등 위법한 행정조사가 있는 경우, 이에 근거를 두고 경찰처분을 한 경우 경찰상 조사의 위법성이 경찰처분에 승계되는가의 문제가 있다. 특히 위법한 경찰상 조사를 근거로 한 징계처분 또는 제재적 처분에서 문제된다.

원칙적으로 경찰상 조사는 일반적으로 정보수집을 위한 것으로서 경찰처분과 다른 독자적인 제도라고 할 수 있으므로 경찰상 조사의 위법사유가 당연히 경찰처분의 위법사유를 구성하는 것은 아니다.

그러나 경찰상 조사와 경찰처분이 하나의 과정을 구성하고 경찰상 조사가 필수적인 절차로 규정하고 있는 경우 적정절차의 관점에서 경찰상 조사에 중대한 위법사유가 있으면 이를 기초로 한 경찰처분도 위법이라고 할 수 있다. 따라서 이 경우 경찰상 조사의 위법성이 승계된다.

6. 권리구제

1) 적법한 경찰상 조사에 대한 구제

적법한 경찰상 조사로 인하여 권익이 침해당한 국민은 그 침해에 대한 귀책사유가 없고, 그것이 수인한도를 넘는 경우 행정상 손실보상을 청구할 수 있다.

2) 위법한 경찰상 조사에 대한 구제

(1) 위법한 경찰상 조사가 행해지려고 하는 경우

위법한 경찰상 조사가 행해지려는 경우 이해관계인은 실력을 행사하여 이에 저항할 수 있다. 예를 들면, 정당한 권한이 있는 자임을 증명하는 증표를 휴대 · 제시하지 않고 행하려는 경찰상 조사에 대해서는 사회통념이 허용하는 한도 내에서 실력에 의한 저항이 가능하다. 이 경우 공무집행방해죄가 성립되지 아니한다.

(2) 관계인의 거부로 조사가 실시되지 못한 경우

경찰상 조사의 거부에 대한 제재로서 관계인에게 형벌을 부과하는 경우, 관계인은 형사소송에서 조사의 위법성 항변을 할 수 있다. 형벌 이외의 제재를 부과하는 경우에는 관계인이 경찰상 조사의 위법성을 이유로 그 취소를 청구할 수 있다.

(3) 위법한 경찰상 조사가 진행되고 있는 경우

위법 · 부당한 경찰상 조사로 인하여 권익을 침해당한 경우는 행정심판 또는 행정소송을 제기하여 그 취소를 청구할 수 있다. 청원이나 직권에 의한 취소 · 정지를 청구할 수도 있다.

그리고 경찰상 조사는 일반적으로 행정쟁송으로 취소 · 변경하기 곤란하지만, 그것이 계속적인 성질을 가지거나 사전통지의 절차를 취한 경우 행정쟁송의 대상이 될 수 있다.

(4) 위법한 경찰상 조사가 종료된 경우 : 행정상 손해배상

위법한 경찰상 조사로 인하여 손해를 입은 자는 국가 또는 지방자치단체에 대하여 행정상 손해배상을 청구할 수 있다. 이 경우 청원, 공무원의 형사책임 · 징계책임의 청구도 가능하다.

7. 경찰상 조사로 얻어진 자료의 관리 및 이용

경찰상 조사로 얻어진 정보는 개인에게 공개되어야 하며, 또한 경찰상 조사로 얻은 사적 정보와 기업비밀은 보호되어야 한다.

1) 정보공개

경찰상 조사에 의하여 얻어진 정보는 국민의 것이므로 행정에 의해서만 독점적으로 관리 · 이용되어서는 아니되고 공개되어야 한다.

이러한 정보공개는 상대방이나 이해관계인이 행정절차에 참가하는 경우 예비지식을 얻기 위하여 필요하고, 국민의 기본권의 하나인 알권리를 실현하는 제도로서 요청된다. 「공공기관의 정보공개에 관한 법률」에 따라 공공기관이 보유하고 있는 정보는 공개된다.

2) 사생활 보호

경찰상 조사로 얻어진 행정정보 중 개인정보의 결합 · 집중화, 수집 목적외 사용, 정보의 부당한 유통 등으로 사생활의 비밀이 침해될 수 있다. 「공공기관의 개인정보보호에 관한 법률」에 의하여 개인정보를 보호하여야 한다.

3) 기업비밀 보호

경찰상 조사가 조사목적에 따라 기업비밀에 속하는 사항까지 조사할 수 있다. 이 경우 기업비밀을 알게 된 경찰기관은 직무상 비밀을 누설하여서는 아니된다.

제2항 경찰벌

I 일반이론

1. 의의

경찰벌(警察罰)이란 경찰법상의 의무위반에 대한 제재로서 일반통치권에 의거하여 과하는 벌을 말한다. 경찰벌이 과하여지는 경찰의무위반행위를 경찰범(警察犯)이라 한다.

경찰벌은 과거의 의무위반에 대한 제재로서 강제를 가하는 것인 반면에 경찰상 강제집행은 경찰상 의무불이행이 있는 경우 장래에 향하여 그 의무이행을 확보한다는 점에서 양자는 구별된다.

2. 법적 성질

1) 경찰벌과 징계벌

징계벌(懲戒罰)은 공법상 특별권력관계의 내부질서를 유지하기 위하여 질서문란자에게 특별권력에 기하여 제재로서 과하는 벌이다. 이에 반하여 경찰벌은 일반권력관계에 있어서 경찰상 의무위반자에게 부과하는 제재이다.

따라서 처벌의 목적, 권력의 기초, 상대방에 차이가 있으며, 양자 사이에는 일사부재리의 원칙이 적용되지 않는다. 따라서 동일한 행위에 대한 경찰벌과 징계벌을 병과할 수 있다.

2) 경찰벌과 집행벌

집행벌(執行罰)은 경찰상 의무불이행을 이행강제하기 위하여 과하는 금전벌이고, 경찰벌은 과거의 의무위반에 대한 처벌로서 부과되는 것이다.

집행벌은 경찰상 강제집행의 일종으로서 계속적 장래적 성격을 가지는데 반하여 경찰벌은 일시적 과거적 성격을 가진다.

3) 형사벌과 경찰벌

형사벌(刑事罰)은 법규의 규정을 기다릴 필요 없이 반사회적 반도덕적 죄악성을 띤 행위에 대하여 일반통치권에 기하여 제재로서 과하는 처벌을 말한다. 형사벌은 사형, 징역, 금고, 자격상실, 자격정지, 벌금, 구류, 과료, 몰수의 방법으로 부과된다.

형사벌은 살인행위와 같이 국가의 제정법을 기다릴 필요 없이 그 성질 자체가 반사회적 반도덕적 죄악성을 가지며, 그 가벌성이 사회통념 또는 법감정에 의해 당연히 인정되고 반사회성 반윤리성이 법규 이전부터 존재한다. 이에 반하여 경찰벌은 차량통행규칙을 위반한 행위와 같이 그 행위의 성질 자체는 반윤리성 반사회성을 가지고 있지 않고 특정한 경찰목적을 달성하기 위하여 국가가 제정법을 통하여 내린 명령 · 금지를 위반하였기 때문에 비로소 반사회성 반윤리성을 갖게 되고 범죄로서 처벌된다.

또한 형사범은 국가의 제정법 이전의 문화규범 · 도의규범을 침해한 그 자체로 악인 자연범(自然犯)이지만 경찰범은 제정법을 침해한 법정범(法政犯)이다. 그리고 형사범에 대한 형법은 재판규범을 정립하는데 그치고 행위규범은 생략된다. 즉 처벌규정만 명시하고, 의무를 명시하지 않는다. 그러나 경찰범에 대한 법규는 행위규범과 재판규범을 아울러 규정하고 있다. 즉 경찰상 의무를 먼저 명시하고 그 위반에 대한 처벌을 규정하고 있다.

3. 법적 근거

1) 법률

경찰벌은 국민의 자유와 재산에 침해를 가져 오는 처벌의 일종이므로 죄형법정주의의 원칙에 따라 반드시 법률에 근거가 있어야 한다.

경찰벌에 관한 통칙적 규정을 둔 일반법은 없고 단행법에서 개별적 규정을 두고 있다. 「경찰관직무집행법」, 「도로교통법」, 「집회 및 시위에 관한 법률」, 「식품위생법」, 「청소년보호법」 등이 있다.

2) 명령

법률에서 구체적인 범위를 정하여 위임한 경우에는 법규명령이 경찰벌의 근거가 될 수 있다. 일반적인 위임은 인정되지 아니하며, 구체적으로 범위를 정하여 위임하여야 한다. 범죄구성요건 해당성의 기준과 경찰벌의 최고한도는 반드시 법률로 규정하여야 한다.

3) 조례

지방자치단체의 자치사무에 관하여는 조례도 일정한 한도 안에서 그 근거가 될 수 있다. 「지방자치법」(제27조와 제139조)에서 인정하고 있다.

4. 종류

경찰벌의 종류로서는 경찰형벌, 경찰질서벌(과태료), 조례에 의한 경찰질서벌[8]이 있다.

8) 「지방자치법」에 의하여 조례로 부과하는 과태료이다. 경찰질서벌에 한하지 않고 경찰형벌적 성질을 가진 것도 있다.

Ⅱ 경찰형벌

1. 의의

1) 개념

경찰형벌은 경찰행정법상 의무위반인 비행이 직접적으로 경찰목적을 침해한 경우 그 행위자에게 형법에 정해져 있는 형벌(사형, 징역, 금고, 자격상실, 자격정지, 벌금, 구류, 과료, 몰수)을 과하는 경찰벌이다.

경찰형벌은 형법총칙을 적용하여 「형사소송법」의 절차에 따라 부과된다. 대부분의 경찰벌이 여기에 속한다.

2) 경찰질서벌과 구별

경찰질서벌은 경찰행정법상 의무위반에 대한 제재로서 과태료를 과하는 것을 말한다. 경찰질서벌에는 형법총칙의 적용이 없고, 과형절차는 특별한 규정이 없는 한 「질서위반행위규제법」에 의한다.

경찰질서벌은 경찰행정법상 의무위반에 대한 제재라는 점에서 경찰형벌과 같다. 그러나 경찰형벌은 경찰행정법규의 위반이 직접적으로 행정목적과 사회공익을 침해하는 경우에 과해지지만, 경찰질서벌은 간접적으로 경찰상 질서에 장해를 줄 위험성이 있는 정도의 행위에 대해여 과해진다는 점에서 차이가 있다.

경찰형벌과 경찰질서벌의 구별은 법률의 입법목적과 행정현실을 고려하여 입법자가 재량으로 결정할 문제이다.

2. 법적 근거

1) 죄형법정주의

죄형법정주의에 따라 경찰형벌은 반드시 법률에 근거를 두어야 한다. 우리 실정법상 경찰형벌에 관한 일반법이나 총칙적 규정은 없다.

2) 개별법적 근거

각 단행법은 벌칙의 장에서 경찰형벌을 규정하고 있다. 단행법의 처벌규정에 특칙이 없으면 형법총칙이 일반적으로 적용된다.[9)]

3) 법규명령

법률에 의하여 경찰벌을 명령에 위임할 수 있으나 일반적인 위임은 인정되지 않는다. 즉 법률에서 처벌대상, 구성요건 해당성의 기준, 처벌의 최고한도를 구체적으로 위임받은 경우 그 위임의 한도 내에서 규정할 수 있다.

3. 특수성

1) 경찰형벌과 형법총칙의 적용

경찰형벌에 관한 총칙적 규정은 없다. 형법 제8조[10)]에 의할 때 경찰형벌에는 원칙적으로 형법총칙이 적용된다.

예외적으로, 형법 제8조 단서에 의할 때 경찰형벌에 관하여 특별한 규정이 있을 때에는 형법총칙을 적용하지 아니한다. 여기서 '특별한 규정'의 의미는 명문규정이 있는 경우뿐만 아니라 해석상의 특수성도 인정한다. 즉 경찰벌 규정 자체의 해석에 의하여 인정되는 특수성을 포함하여 법령의 취지 · 목적 등에 기하여 형벌의 범위를 확대하거나 형벌을 가중하는 것은 허용되지 않으나, 형벌범위를 축소 또는 경감하는 것은 죄형법정주의에 반하지 아니하므로 그 한도 내에서 형법총칙의 적용이 배제된다(통설, 판례). 조리상의 특수성은 인정되지 아니한다.

2) 특수성

(1) 범의(고의 · 과실)

형법은 원칙적으로 고의범만 처벌하고 예외적으로 과실범을 처벌한다. 이것은 경

---

9) 「국토의 계획 및 이용에 관한 법률」, 「경찰관직무집행법」, 「건축법」, 「도로교통법」, 「집회 및 시위에 관한 법률」 등에서 볼 수 있다.

10) 형법 제8조(총칙의 적용) 본법 총칙은 타법령에 정한 죄에 적용한다. 단, 그 법령에 특별한 규정이 있는 때에는 예외로 한다.

찰범에서도 동일하다. 따라서 원칙적으로 고의가 있는 경우에만 처벌하고 과실에 의한 행위는 법률에 특별규정이 있는 경우[11] 또는 당해 법규의 해석상 과실행위의 처벌이 명백하게 인정되는 경우[12]에 한하여 처벌할 수 있다.

그리고 형법 제16조[13]와 관련하여 고의의 성립에는 구성요건에 해당하는 사실인식뿐만 아니라 위법성의 인식이 필요하다.

(2) 법인의 책임

형사범에서 법인은 범죄책임능력이 없으므로 형사벌을 받지 아니한다. 경찰형벌의 경우에도 원칙적으로 동일하다. 다만, 입법정책상 법인을 처벌한다(재산형 부과)는 명문의 규정을 두고 있는 경우 예외적으로 처벌할 수 있다.

특히 경찰법규는 법인의 대표자 또는 대리인 · 사용인 기타 종업원이 법인의 사무에 관하여 경찰상의 의무를 위반한 경우 행위자를 처벌하는 것 이외에 법인에 대하여 재산벌을 부과하는 경우가 많다.

이와 같이 행위자를 처벌하는 이외에 법인도 함께 처벌하는 규정을 양벌규정이라 한다.[14] 이 경우 법인이 지는 책임 중에서 ㉠ 법인의 대표자의 행위에 대한 것은 법인의 자기책임이며, ㉡ 법인의 대리인 · 사용인 기타 종업원의 행위에 대한 것은 그 기관인 대리인 등이 법인의 업무에 관하여 법령을 위반하지 않도록 법인 스스로가 주의 · 감독할 의무를 태만히 한 과실책임으로서 자기책임이다(대위책임은 아니다).

---

11) 「도로교통법」 제151조(벌칙) 차의 운전자가 업무상 필요한 주의를 게을리하거나 중대한 과실로 다른 사람의 건조물이나 그 밖의 재물을 손괴한 때에는 2년 이하의 금고나 500만원 이하의 벌금에 처한다.

12) '특별한 규정'을 명문규정에 한정하지 아니하고 관계 행정법규의 해석에 의하여 과실행위의 가벌성을 인정하는 경우도 포함된다고 보면 명문규정이 없어도 단순한 과실도 처벌할 수 있다(대판 1993.9.10. 92도1136).

13) 위법성의 인식에 대해서 형법 제16조(법률의 착오)는 "자기의 행위가 법령에 의하여 죄가 되지 아니하는 것으로 오인한 행위는 그 오인에 정당한 이유가 있는 때 한하여 벌하지 아니한다"고 규정하여, 법률의 착오가 있어도 범죄가 성립된다고 본다. 그러나 고의의 성립에 위법성의 인식 가능성은 있어야 하며, 그 가능성이 없으면 범죄가 성립되지 않는다고 본다.

14) 「담배사업법」 제32조(양벌규정) 법인의 대표자나 법인 또는 개인의 대리인, 사용인, 그 밖의 종업원이 그 법인 또는 개인의 업무에 관하여 …… 위반행위를 하면 그 행위자를 벌하는 외에 그 법인 또는 개인에게도 해당 조문의 벌금형을 과(科)한다. 다만, 법인 또는 개인이 그 위반행위를 방지하기 위하여 해당 업무에 관하여 상당한 주의와 감독을 게을리 하지 아니한 경우에는 그러하지 아니하다.

(3) 타인의 비행에 대한 책임

형사범에서는 범죄의 행위자를 처벌하고 그 외의 자를 벌하는 경우가 없기 때문에 행위의 주체와 처벌의 객체가 동일하다. 이와 달리 경찰형벌에서는 법령상 포괄적 의무를 지는 자가 자기의 지배권 내에 있는 타인의 행위에 대하여 책임을 지는 경우가 많기 때문에 동일하지 않다.

경찰법규에서 양벌규정을 두어 종업원의 사업상 행위에 대해 사업주의 책임을 규정하거나, 미성년자 · 금치산자의 위반행위에 대해 친권자 등 법정대리인의 책임을 규정하고 있는 경우가 있다. 이 경우 사업주나 법정대리인의 책임은 자기의 생활범위(지배권) 내에 있는 자가 법령에 위반하지 않는 행위를 하도록 주의 · 감독할 의무를 태만히 한 과실책임으로서 자기책임이다. 다만, 명문의 규정이 없는 경우는, 법인의 책임과 같은 법리에서, 허용되지 않는다.

(4) 책임능력

형사범의 경우 책임무능력자의 행위에 대하여 벌하지 아니하고, 한정책임무능력자인 심신장애자에 대해서는 형을 감경하거나 벌하지 않고, 농아자에 대해서는 형을 감경한다. 그러나 경찰형벌에서는 이 규정의 적용을 배제 또는 제한하는 경우가 있다.[15)]

(5) 공범

경찰법규에서 형법총칙의 공범에 관한 규정 중 공동정범, 교사범, 종범 등에 관한 규정을 적용하지 않는 경우가 있고, 교사범을 정범으로 처벌하는 경우도 있다.

(6) 경합범 · 누범

경찰법규에서 형법총칙의 경합범과 누범에 관한 규정의 적용을 배제하는 경우가 많으며, 명문의 규정이 없는 경우에도 형법총칙이 적용이 제한 또는 배제된다고 보아야 한다.

---

15) 「담배사업법」 제31조(형법의 적용제한) 이 법에 정한 죄를 범한 자에 대하여는 형법 제9조(형사미성년자 감경) · 제10조 제2항(심신장애자 감경) · 제11조(농아자 감경) · 제16조(법률의 착오) · 제32조 제2항(종범 감경) · 제38조 제1항 제2호 중 벌금경합에 관한 제한가중규정과 동법 제53조(작량감경)의 규정은 이를 적용하지 아니한다. 다만, 징역형에 처할 경우 또는 징역형과 벌금형을 병과할 경우에 있어서의 징역형에 대하여는 그러하지 아니하다.

(7) 작량감경(酌量減輕)

형사범에서는 범죄의 정상을 참작할 만한 사유가 있을 때 작량하여 그 형을 감경할 수 있으나 경찰범에는 그 적용이 배제되는 경우가 있다.

4. 과형절차의 특수성

경찰형벌은 「형사소송법」의 절차에 따라 법원이 부과하는 것이 원칙이다. 그러나 통고처분과 즉결심판과 같은 특별절차에 의하여 경찰형벌을 과하는 경우가 있다.

1) 통고처분

(1) 의의

통고처분(通告處分)이란 정식재판의 앞선 절차로서 일정한 경찰법규 위반행위(범칙행위)를 한 범칙자에게 행정청이 벌금 · 과료 · 몰수에 상당하는 금액 또는 물품의 납부를 명하는 준사법적 행정행위이다. 이에 따라 납부하여야 하는 금액(범칙금)은 형법상 벌금이 아니고 행정제재금의 성질을 가진다.

통고처분은 간이 · 신속한 절차로 재정수입 등의 경찰목적을 달성하고 형사절차에 의하여 손상되기 쉬운 사업자의 신용과 사업진행을 계속 보호하기 위하여 인정된다. 조세범 · 관세범 · 출입국사범 · 교통사범 · 경범죄사범 등에 대하여 적용된다. 헌법재판소는 통고처분을 합헌으로 인정하였다.[16)]

(2) 성질

통고처분은 일종의 행정처분이며, 통고처분을 받은 자가 그에 대하여 이의가 있는 경우 정식재판을 청구하여 구제를 받을 수 있으므로 통고처분에 대한 행정쟁송은 인정되지 아니한다.[17)]

---

16) 헌재결 1998.5.28, 96헌바4.

17) 「도로교통법」 제118조에서 규정하는 경찰서장의 통고처분은 행정소송의 대상이 되는 행정처분이 아니므로 그 처분의 취소를 구하는 소송은 부적법하고, 도로교통법상의 통고처분을 받은 자가 그 처분에 대하여 이의가 있는 경우에는 통고처분에 따른 범칙금의 납부를 이행하지 아니함으로써 경찰서장의 즉결심판청구에 의하여 법원의 심판을 받을 수 있게 될 뿐이다(대판 1995.6.29, 95누4674).

그리고 통고처분에는 불가변력이 발생하므로 행정청도 이미 통고된 내용을 변경하지 못한다.

(3) 절차

통고처분은 권한 있는 경찰서장 등 행정관청이 범칙의 심증을 얻었을 때 한다.

통고처분권자는 경찰서장(「도로교통법」, 「경범죄처벌법」), 제주특별자치도지사(「도로교통법」), 세무서장 · 지방국세청장 · 국세청장 · 세관장 · 관세청장(「조세범처벌법」), 출입국관리소장(「출입국관리법」)이다.

통고처분권자는 이유를 명시하여 범칙금납부통고서로 벌금 · 과료 · 몰수에 상당하는 금액 또는 물품의 납부를 명한다. 범칙자로 인정하는 사람에 대하여는 이유를 분명하게 밝힌 범칙금 납부통고서로 범칙금을 낼 것을 통고할 수 있다.[18] 그러나 성명이나 주소가 확실하지 아니한 사람, 달아날 우려가 있는 사람, 범칙금 납부통고서 받기를 거부한 사람에 대해서는 통고처분을 하지 아니한다(「도로교통법」 제163조 제1항).[19]

범칙금 납부통고서를 받은 사람은 10일 이내에 범칙금을 내야 한다(「도로교통법」 제164조 제1항). 이 기간에 범칙금을 내지 아니한 사람은 납부기간이 끝나는 날의 다음 날부터 20일 이내에 통고받은 범칙금에 100분의 20을 더한 금액을 내야 한다(「도로교통법」 제164조 제2항).

(4) 통고처분의 효과

범칙자가 통고된 내용을 이행하면 확정판결과 동일한 효력이 발생하므로, 그 범죄에 대한 처벌절차는 종료되고 범칙행위에 대하여 다시 벌 받지 아니한다(「도로교통법」 제164조 제3항, 일사부재리의 원칙).

그러나 납부기간에 범칙금을 납부하지 아니한 경우 통고처분의 효력은 상실하며,

---

18) 통고처분을 할 것인지의 여부는 권한행정청의 재량에 속한다. 따라서 경찰서장 등이 통고처분을 하지 아니한 채 고발하였다는 것만으로 그 고발 및 이에 대한 공소의 제기가 부적법하게 되는 것은 아니다(대판 2007.5.11, 2006도1993).

19) 여기에 해당하는 자에 대해서는 경찰서장이 지체 없이 즉결심판을 청구하여야 한다(「도로교통법」 제165조 제1항).

이 경우 경찰서장은 지체 없이 즉결심판을 청구하여야 한다. 그러나 즉결심판이 청구되기 전까지 통고받은 범칙금액에 100분의 50을 더한 금액을 납부한 사람에 대하여는 즉결심판을 청구하지 아니한다(「도로교통법」 제165조 제1항). 또한 즉결심판이 청구된 피고인이라도 즉결심판의 선고 전까지 통고받은 범칙금액에 100분의 50을 더한 금액을 내고 납부를 증명하는 서류를 제출하면 경찰서장은 피고인에 대한 즉결심판 청구를 취소하여야 한다(「도로교통법」 제165조 제2항).

통고처분이 행해지면 공소시효의 진행은 중단된다.

(5) 통고처분에 대한 불복

통고처분에 불복하면 정식재판을 청구하여야 한다. 통고처분은 취소소송의 대상이 아니다. 왜냐하면 소정의 기간 내에 통고처분을 이행하지 아니하면 당연히 통고처분의 효력이 상실되기 때문이다.

2) 즉결심판 절차

(1) 의의

즉결심판이란 경미한 범죄사건(20만원 이하의 벌금 · 구류 또는 과료에 해당하는 사건)에 대하여 정식 형사소송절차를 거치지 않고 「즉결심판에 관한 절차법」에 따라 경찰서장의 청구로 지방법원, 지원 또는 시 · 군법원의 판사가 행하는 약식재판을 말한다.

(2) 청구권자

즉결심판은 경찰서장 또는 해양경찰서장이 지방법원지원 또는 시 · 군법원의 판사에게 청구한다. 이는 검사의 기소독점(起訴獨占)에 대한 예외에 해당된다.

(3) 심리 및 특칙

즉결심판은 기일(期日)을 지정하여 심판한다. 심리와 재판의 선고는 공개된 법정에서 행하되, 그 법정은 경찰관서 외의 장소에서 한다(공개재판). 그러나 상당한 이유가 있는 경우에는 판사가 개정(開廷) 없이 피고인의 진술서와 즉결심판의 청구와 동시 경찰서장이 제출한 서류 또는 증거물에 의하여 심판할 수 있다. 구류에 처하는 경우에는 그러하지 아니하다.

피고인이 출석하지 않으면 개정할 수 없는 것이 원칙이나, 벌금 또는 과료를 선고하는 경우에는 피고인이 출석하지 아니하더라도 심판할 수 있다. 피고인 또는 즉결심판출석통지서를 받은 자는 법원에 불출석심판을 청구할 수 있고, 법원이 이를 허가한 때에는 피고인이 출석하지 아니하더라도 심판할 수 있다.

심리를 함에 있어서 판사는 피고인에게 피고사건의 내용과 「형사소송법」에 규정된 진술거부권이 있음을 알리고 변명할 기회를 주어야 한다.

즉결심판절차에 있어서는 「형사소송법」에 규정된 자백의 증거능력과 증명력에 관한 규정(제310조, 제312조제3항 및 제313조)을 적용하지 아니한다. 즉 피고인의 자백만으로써 유죄를 인정할 수 있다. 또한 사법경찰관이 작성한 피의자 신문조서나 피고인의 진술서 등도 검사의 그것과 같이 피의자였던 피고인이나 변호인이 그 내용을 인정하지 아니하더라도 성립의 진정이 인정되면 증거능력을 인정할 수 있다.

(4) 선고 및 집행

즉결심판은 지방법원 또는 시 · 군법원의 판사가 판결한다.

즉결심판으로 유죄를 선고할 때에는 형, 범죄사실과 적용법조를 명시하고 피고인은 7일 이내에 정식재판을 청구할 수 있다는 것을 고지하여야 한다. 판사는 사건이 무죄 · 면소 또는 공소기각을 함이 명백하다고 인정할 때에는 이를 선고 · 고지할 수 있다.

(5) 집행

즉결심판의 형의 집행은 경찰서장이 하고 그 집행결과를 지체 없이 검사에게 보고하여야 한다. 구류는 경찰서유치장 · 구치소 또는 교도소에서 집행하며 구치소 또는 교도소에서 집행할 때에는 검사가 이를 지휘한다. 그리고 벌금, 과료, 몰수는 그 집행을 종료하면 지체 없이 검사에게 이를 인계하여야 한다.

(6) 불복 및 효력

즉결심판에 불복하는 피고인은 즉결심판의 선고 · 고지를 받은 날부터 7일 이내에 정식재판청구서를 경찰서장에게 제출할 수 있다. 또한 경찰서장은 무죄 · 면소 또는 공소기각의 재판이 선고 · 고지된 때에는 그 선고 · 고지를 한 날부터 7일 이내에 정식재판을 청구할 수 있다. 검사가 추가적으로 공소제기를 하여야 하는 것은 아니다.

즉결심판은 정식재판을 청구하여 판결이 있을 때에는 그 효력을 잃는다. 또한 즉결심판은 정식재판의 청구기간의 경과, 정식재판청구권의 포기 또는 청구의 취하에 의하여 확정판결과 동일한 효력이 생긴다. 또는 정식재판청구를 기각하는 재판이 확정된 때에도 확정판결과 동일한 효력이 있다.

Ⅲ 경찰질서벌

1. 개념

경찰질서벌은 형법상 형명이 없는 과태료(過怠料)를 부과하는 경찰벌이다. 경찰질서벌은 경찰행정법상의 의무위반인 비행이 직접 경찰목적을 침해한 것에 이르지 못하고, 간접적으로 경찰목적의 달성에 장해를 미칠 위험성이 있는 비행, 즉 단순한 의무위반(장부비치, 신고, 보고 등 경찰상 의무위반 행위)에 대하여 과해지는 것이다.

2. 종류

경찰질서벌에는 국가가 경찰법규 위반에 대한 재제로서 과하는 경우와 지방자치단체가 자치법규 위반에 대한 재제로서 과하는 경우가 있다. 후자의 경우 조례에 의하여 과태료가 부과되는데, 1,000만원 이하의 과태료,[20] 500만원 이하의 과태료,[21]

---

20) 「지방자치법」 제27조(조례위반에 대한 과태료) ① 지방자치단체는 조례를 위반한 행위에 대하여 조례로써 1천만원 이하의 과태료를 정할 수 있다.
② 제1항에 따른 과태료는 해당 지방자치단체의 장이나 그 관할 구역 안의 지방자치단체의 장이 부과 · 징수한다.

21) 「지방자치법」 제41조(행정사무 감사권 및 조사권) ④ 제1항의 감사 또는 조사와 제3항의 감사를

40만원 이하의 과태료, 5배 이내의 과태료[22]가 있다.

3. 법적 성질

경찰질서벌인 과태료는 제재로서 과하는 금전벌이라는 점에서 형법상 벌금과 같으나 반윤리적인 악성에 대한 처벌이 아니라는 점에서 형벌과 다르다. 따라서 죄형법정주의의 규율대상이 아니다.

경찰형벌과 경찰질서벌은 경찰법규 위반에 대한 제재라는 점에서 동일하므로 양자를 병과할 수 없다(다수설, 헌법재판소[23]). 그러나 대법원[24]은 그 병과를 인정하고 있다.

그리고 경찰질서벌에는 시효가 없다.[25] 형법총칙의 적용도 없다.

위하여 필요하면 현지 확인을 하거나 서류제출을 요구할 수 있으며, 지방자치단체의 장 또는 관계 공무원이나 그 사무에 관계되는 자를 출석하게 하여 증인으로서 선서한 후 증언하게 하거나 참고인으로서 의견을 진술하도록 요구할 수 있다.

⑤ 제4항에 따른 증언에서 거짓증언을 한 자는 고발할 수 있으며, 제4항의 출석요구를 받은 증인이 정당한 사유 없이 출석하지 아니하거나 증언을 거부하면 500만원 이하의 과태료를 부과할 수 있다.

22) 「지방자치법」 제139조(사용료의 징수조례 등) ② 사기나 그 밖의 부정한 방법으로 사용료 · 수수료 또는 분담금의 징수를 면한 자에 대하여는 그 징수를 면한 금액의 5배 이내의 과태료를, 공공시설을 부정사용한 자에 대하여는 50만원 이하의 과태료를 부과하는 규정을 조례로 정할 수 있다.

23) 구(舊) 「건축법」 제54조 제1항에 의한 형사처벌의 대상이 되는 범죄의 구성요건은 당국의 허가 없이 건축행위 또는 건축물의 용도변경행위를 한 것이고, 동법 제56조의2 제1항에 의한 과태료는 건축법령에 위반되는 위법건축물에 대한 시정명령을 받고도 건축주 등이 이를 시정하지 아니할 때 과하는 것이므로, 양자는 처벌 내지 제재대상이 되는 기본적 사실관계로서의 행위를 달리하는 것이다. 그리고 전자가 무허가건축행위를 한 건축주 등의 행위 자체를 위법한 것으로 보아 처벌하는 것인 데 대하여, 후자는 위법건축물의 방치를 막고자 행정청이 시정조치를 명하였음에도 건축주 등이 이를 이행하지 아니한 경우에 행정명령의 실효성을 확보하기 위하여 제재를 과하는 것이므로 양자는 그 보호법익과 목적에서도 차이가 있고, 또한 무허가건축행위에 대한 형사처벌시에 위법건축물에 대한 시정명령의 위반행위까지 평가된다고 할 수 없으므로 시정명령 위반행위가 무허가건축행위의 불가벌적 사후행위라고 할 수도 없다. 이러한 점에 비추어 구(舊) 「건축법」 제54조 제1항에 의한 무허가건축행위에 대한 형사처벌과 동법 제56조2 제1항에 의한 과태료의 부과는 헌법 제13조 제1항이 금지하는 이중처벌에 해당한다고 할 수 없다(헌재결 1994.6.30, 92헌바38,).

24) 피고인이 「행형법」에 의한 징벌을 받아 그 집행을 종료하였다고 하더라도 행형법상의 징벌은 수형자의 교도소 내의 준수사항위반에 대하여 과하는 행정상의 질서벌의 일종으로서 형법 법령에 위반한 행위에 대한 형사책임과는 그 목적, 성격을 달리하는 것이므로 징벌을 받은 뒤에 형사처벌을 한다고 하여 일사부재리의 원칙에 반하는 것은 아니다(대판 2000.10.27, 2000도3874).

25) 과태료의 제재는 범죄에 대한 형벌이 아니므로 그 성질상 처음부터 공소시효(「형사소송법」 제249조)나 형의 시효(형법 제78조)에 상당하는 것은 있을 수 없고, 이에 상당하는 규정도 없으므로 일단 한번 과태료에 처해질 위반행위를 한 자는 그 처벌을 면할 수 없는 것이며, 「예산회계법」 제96조 제1항은 "금전의 급부를 목적으로 하는 국가의 권리로서 시효에 관하여 다른 법률에 규정이 없는

4. 부과

1) 부과 근거

경찰질서벌의 부과에는 법률에 그 근거가 있어야 한다. 「질서위반행위규제법」은 질서위반행위 법정주의를 채택하여 법률에 따르지 아니하고는 어떤 행위도 질서위반행위로 과태료를 부과하지 아니한다[26]고 규정하고 있다.

「질서위반행위규제법」은 과태료 부과의 근거 법률이 아니고, 질서위반행위의 성립요건과 과태료의 부과 · 징수 및 재판 등에 관한 사항을 규정하고 있는 일반법이다. 과태료의 부과 · 징수, 재판 및 집행 등의 절차에 관한 다른 법률의 규정 중 「질서위반행위규제법」의 규정에 저촉되는 것은 이 법이 정하는 바에 따른다(「질서위반행위규제법」 제5조).

2) 부과권자

행정청이 질서위반행위에 대하여 과태료를 부과한다.

행정청의 과태료 부과처분에 불복하는 경우 법원이 「질서위반행위규제법」에 의하여 최종적으로 부과한다.

3) 부과대상자

과태료의 부과대상자는 질서위반행위를 한 자이다. 법인의 대표자, 법인 또는 개인의 대리인 · 사용인 및 그 밖의 종업원이 업무에 관하여 법인 또는 그 개인에게 부

것은 5년간 행사하지 아니할 때에는 시효로 인하여 소멸한다."고 규정하고 있으므로 과태료결정 후 징수의 시효, 즉 과태료 재판의 효력이 소멸하는 시효에 관하여는 국가의 금전채권으로서 「예산회계법」에 의하여 그 기간은 5년이라고 할 것이지만, 위반행위자에 대한 과태료의 처벌권을 국가의 금전채권과 동일하게 볼 수는 없으므로 「예산회계법」 제96조에서 정해진 국가의 금전채권에 관한 소멸시효의 규정이 과태료의 처벌권에 적용되거나 준용되지는 않는다(대판 2000.8.24, 2000마1350).

26) 질서위반행위란 법률(지방자치단체의 조례를 포함한다. 이하 같다)상의 의무를 위반하여 과태료를 부과하는 행위를 말한다. 다만, ① 민법, 상법 등 사인(私人) 간의 법률관계를 규율하는 법 또는 「민사소송법」, 「가사소송법」, 「민사집행법」, 「형사소송법」, 「민사조정법」 등 분쟁 해결에 관한 절차를 규율하는 법률상의 의무를 위반하여 과태료를 부과하는 행위와 ② 「공증인법」 · 「법무사법」 · 「변리사법」 · 「변호사법」 등 기관 · 단체 등이 질서 유지를 목적으로 구성원의 의무 위반에 대하여 제재를 할 수 있도록 규정하는 법률에 따른 징계사유에 해당하여 과태료를 부과하는 행위를 제외한다(「질서위반행위규제법」 제2조 제1호 및 「질서위반행위규제법 시행령」 제2조 제1항).

과된 법률상의 의무를 위반한 때에는 법인 또는 그 개인에게 과태료를 부과한다(「질서위반행위규제법」 제11조).

2인 이상이 질서위반행위에 가담한 때에는 각자가 질서위반행위를 한 것으로 본다. 신분에 의하여 성립하는 질서위반행위에 신분이 없는 자가 가담한 때에는 신분이 없는 자에 대하여도 질서위반행위가 성립한다. 그러나 신분에 의하여 과태료를 감경 또는 가중하거나 과태료를 부과하지 아니하는 때에는 그 신분의 효과는 신분이 없는 자에게는 미치지 아니한다(「질서위반행위규제법」 제12조).

4) 부과 요건

(1) 고의 또는 과실

고의 또는 과실이 없는 질서위반행위에는 과태료를 부과하지 아니한다(「질서위반행위규제법」 제6조). 그러나 과거의 다수설과 판례는 경찰질서벌이 행정법규 위반이라는 객관적 사실에 대하여 부과되므로 현실적인 행위자가 아니더라도 법령상 책임자로 규정된 자에게 부과될 수 있고, 특별한 규정이 없는 한 행위자의 주관적 요건 즉 고의·과실을 요하지 않는다[27]고 하였다.

(2) 법적용의 시간적 범위

질서위반행위의 성립과 과태료 처분은 행위시의 법률에 따른다.

질서위반행위를 한 후 법률이 변경되어 그 행위가 질서위반행위에 해당하지 아니하게 되거나 과태료가 변경되기 전의 법률보다 가볍게 된 때에는 법률에 특별한 규정이 없는 한 변경된 법률을 적용한다.

---

27) 과태료와 같은 행정질서벌은 행정질서유지를 위하여 행정법규 위반이라는 객관적 사실에 대하여 과하는 제재이므로 반드시 현실적인 행위자가 아니라도 법령상 책임자로 규정된 자에게 부과되고 또한 특별한 규정이 없는 한 원칙적으로 위반자의 고의·과실을 요하지 아니한다(대판 1994.8.26, 94누6949). 그러나 예외적인 경우 위반자의 고의·과실을 요구하기도 한다. 과태료와 같은 행정질서벌은 행정질서유지를 위한 의무의 위반이라는 객관적 사실에 대하여 과하는 제재이므로 반드시 현실적인 행위자가 아니라도 법령상 책임자로 규정된 자에게 부과되고 원칙적으로 위반자의 고의·과실을 요하지 아니하나, 위반자가 그 의무를 알지 못하는 것이 무리가 아니었다고 할 수 있어 그것을 정당시할 수 있는 사정이 있을 때 또는 그 의무의 이행을 그 당사자에게 기대하는 것이 무리라고 하는 사정이 있을 때 등 그 의무 해태를 탓할 수 없는 정당한 사유가 있는 때에는 이를 부과할 수 없다(대판 2000.5.26, 98두5972).

(3) 위법성의 착오

경찰질서벌의 부과에는 위법성 인식도 요하지 않는다. 즉 자신의 행위가 위법하지 아니한 것으로 오인하고 행한 질서위반행위는 그 오인에 정당한 이유가 있는 때에 한하여 과태료를 부과하지 아니한다(「질서위반행위규제법」 제8조).

(4) 책임연령 등

14세가 되지 아니한 자의 질서위반행위는 과태료를 부과하지 아니한다. 다만, 다른 법률에 특별한 규정이 있는 경우에는 과태료를 부과한다(「질서위반행위규제법」 제9조).

심신장애로 인하여 행위의 옳고 그름을 판단할 능력이 없거나 그 판단에 따른 행위를 할 능력이 없는 자의 질서위반행위에 대해서는 과태료를 부과하지 아니한다. 심신장애로 인하여 위와 같은 능력이 미약한 자의 질서위반행위는 과태료를 감경한다. 그러나 스스로 심신장애 상태를 일으켜 질서위반행위를 한 자에 대하여는 이를 적용하지 아니한다(「질서위반행위규제법」 제10조).

(5) 과태료 부과와 제척기간

「질서위반행위규제법」에 의하면, 행정청은 질서위반행위가 종료된 날부터 5년이 경과한 경우에는 해당 질서위반행위에 대하여 과태료를 부과할 수 없으나, 법원의 결정이 있는 경우에는 그 결정이 확정된 날부터 1년이 경과하기 전까지는 과태료를 정정부과하는 등 해당 결정에 따라 필요한 처분을 할 수 있다(「질서위반행위규제법」 제15조).

그러나 과태료 처벌에 있어서 공소시효, 형의 시효, 구「예산회계법」 제96조 소정의 국가의 금전채권에 관한 소멸시효의 규정이 적용 내지 준용되지 않는다.[28)]

---

28) 과태료의 제재는 범죄에 대한 형벌이 아니므로 그 성질상 처음부터 공소시효(「형사소송법」 제249조)나 형의 시효(형법 제78조)에 상당하는 것은 있을 수 없고, 이에 상당하는 규정도 없으므로 일단 한번 과태료에 처해질 위반행위를 한 자는 그 처벌을 면할 수 없는 것이며, 「예산회계법」 제96조 제1항은 "금전의 급부를 목적으로 하는 국가의 권리로서 시효에 관하여 다른 법률에 규정이 없는 것은 5년간 행사하지 아니할 때에는 시효로 인하여 소멸한다."고 규정하고 있으므로 과태료결정 후 징수의 시효, 즉 과태료 재판의 효력이 소멸하는 시효에 관하여는 국가의 금전채권으로서 「예산회계법」에 의하여 그 기간은 5년이라고 할 것이지만, 위반행위자에 대한 과태료의 처벌권을 국가의 금전채권과 동일하게 볼 수는 없으므로 「예산회계법」 제96조에서 정해진 국가의 금전채권에 관한 소멸시효의 규정이 과태료의 처벌권에 적용되거나 준용되지는 않는다(대판 2000.8.24, 2000마1350).

5) 부과절차

(1) 부과절차

행정청이 과태료를 부과하는 경우 「질서위반행위규제법」과 「행정절차법」에 따르고, 법원이 과태료 재판에 의하여 과태료를 부과하는 경우 「질서위반행위규제법」과 「비송사건절차법」에 의한다.

행정청이 질서위반행위에 대하여 과태료를 부과하고자 하는 때에는 미리 당사자에게 과태료 부과의 원인이 되는 사실, 과태료 금액 및 적용 법령 등 일정한 사항을 통지하고, 10일 이상의 기간을 정하여 의견을 제출할 기회를 주어야 한다. 당사자는 의견 제출 기한 이내에 행정청에 의견을 진술하거나 필요한 자료를 제출할 수 있다. 행정청은 당사자가 제출한 의견에 상당한 이유가 있는 경우에는 과태료를 부과하지 아니하거나 통지한 내용을 변경할 수 있다(「질서위반행위규제법」 제16조).

(2) 과태료의 부과 및 징수

① 과태료 산정 및 부과

행정청 및 법원은 과태료를 정함에 있어서 질서위반행위의 동기 · 목적 · 방법 · 결과, 질서위반행위 이후의 당사자의 태도와 정황, 질서위반행위자의 연령 · 재산상태 · 환경, 그 밖에 과태료의 산정에 필요하다고 인정되는 사유 등을 고려하여야 한다.

행정청은 의견제출절차를 마친 후에 과태료부과고지서로 과태료를 부과한다. 고지서에는 질서위반행위, 과태료의 금액 등을 명시하여야 한다(「질서위반행위규제법」 제17조). 행정청이 과태료를 부과하는 행위는 행정행위에 해당한다.

② 이의 제기

과태료 부과에 불복하는 당사자는 과태료 부과 통지를 받은 날부터 60일 이내에 해당 행정청에 서면으로 이의제기를 할 수 있고, 이의제기가 있는 경우에는 행정청의 과태료 부과처분은 그 효력을 상실한다(「질서위반행위규제법」 제20조).

③ 법원에의 통지

이의제기를 받은 행정청은 이의제기를 받은 날부터 14일 이내에, 이에 대한 의견 및 증빙서류를 첨부하여 관할 법원에 통보하여야 한다(「질서위반행위규제법」 제21조).

④ 재판

관할 법원은 「질서위반행위규제법」에 따라 과태료를 결정한다. 과태료 사건은 다른 법령에 특별한 규정이 있는 경우를 제외하고는 당사자의 주소지의 지방법원 또는 그 지원의 관할로 한다(「질서위반행위규제법」 제25조 제1항). 법원은 심문기일을 열어 당사자의 진술을 들어야 한다. 그리고 법원은 검사의 의견을 구하여야 하고, 검사는 심문에 참여하여 의견을 진술하거나 서면으로 의견을 제출하여야 한다. 법원은 당사자 및 검사에게 심문기일을 통지하여야 한다. 과태료 재판은 이유를 붙인 결정으로써 한다(「질서위반행위규제법」 제36조 제1항).

5. 과태료의 집행

1) 이의제기가 없는 경우

행정청은 당사자가 납부기한까지 과태료를 납부하지 아니한 때에는 납부기한을 경과한 날부터 체납된 과태료에 대하여 가산금과 중가산금을 징수한다.

당사자가 이의를 제기하지 아니하고 가산금을 납부하지도 아니한 때에는 국세 또는 지방세 체납처분의 예에 따라 징수한다.

2) 법원이 재판으로 결정한 경우

과태료 재판은 검사의 명령으로써 집행한다. 이 명령은 집행력 있는 집행권원과 동일한 효력이 있다. 과태료 재판의 집행절차는 「민사집행법」에 따르거나 국세 또는 지방세 체납처분의 예에 따른다. 다만, 「민사집행법」에 따를 경우에는 집행을 하기 전에 과태료 재판의 송달은 하지 아니한다(「질서위반행위규제법」 제43조).

6. 과태료의 시효

과태료는 행정청의 과태료 부과처분이나 법원의 과태료 재판이 확정된 후 5년간 징수하지 아니하거나 집행하지 아니하면 시효로 인하여 소멸한다(「질서위반행위규제법」 제19조 제1항).

7. 과태료의 실효성 확보 수단

과태료를 자진 납부하는 경우 과태료를 감경해 준다. 반대로 체납하는 경우 가산금과 중가산금의 부과, 관허사업의 제한, 고액 · 상습체납자에 대한 관련 정보의 신용정보기관에의 제공, 법원의 재판에 의한 감치 등의 수단을 사용하여 실효성을 확보한다.

Ⅳ 새로운 의무이행 확보 수단

1. 의의

경찰행정이 양적 · 질적으로 증대 · 변화하고, 경찰법상 의무자도 많아져서 경찰관청이 일일이 강제수단을 확보하여 의무를 강제적으로 실현하기 곤란하다. 그래서 경찰강제나 경찰벌과 같은 전통적인 의무이행수단만으로는 경찰목적을 완전히 달성할 수 없게 되었고, 이를 보완하는 금전적 제재, 공급거부, 위반사실의 공표, 관허사업의 제한 등과 같은 새로운 의무이행 확보수단이 등장하였다.

2. 금전적 제재

1) 의의

경찰법상 의무위반 또는 불이행이 있는 경우 경찰상 의무를 간접적으로 강제하기 위하여 부과하는 금전상의 제재를 말한다. 세법에 의한 금전적 부담은 제외된다.

2) 과징금(課徵金)

(1) 의의

과징금이란 경찰법상 의무불이행 또는 의무위반이 있는 경우 경찰관청이 의무자에게 부과 · 징수하는 금전적 제재로서 부과금(賦課金)이라고도 한다.

과징금은 과태료와 구별된다.[29)]

(2) 제도의 취지

원래 의미의 과징금은 부당이득의 환수로서 주로 경제법상의 의무위반행위로 인한 불법적인 이익을 박탈하기 위하여 그 이익에 따라 과해지는 일종의 행정제재금(行政制裁金)이다.[30)]

오늘날 많이 활용되고 있는 변형과징금제는 사업정지에 갈음하는 것으로서, 인허가 사업에 있어서 의무위반이나 불이행으로 인하여 사업의 정지를 명할 경우 공익보호 등을 이유로 당해 사업을 정지하는 대신에 사업 자체는 계속하도록 하고, 다만 일정기간 동안 그 사업으로부터 생긴 이익을 박탈하는 행정제재금이다.[31)]

(3) 법적 근거

과징금은 강제적인 금전부담을 과하는 제재이고, 독자적인 침익적인 행정행위이므로, 법적 근거가 반드시 있어야 한다. 현재 과징금에 대한 일반법은 없다.

개별법으로는 「독점규제 및 공정거래에 관한 법률」, 「식품위생법」, 「주차장법」, 「여객자동차운수사업법」, 「관광진흥법」, 「대기환경보전법」, 「수질 및 수생태계 보전에 관한 법률」, 「해운법」, 「석유 및 석유대체연료 사업법」 등이 있다.

(4) 부과 · 징수

경찰상 의무를 명한 경찰관청이 과징금을 부과한다. 납부의무를 불이행할 경우 「국세징수법」에 의하여 징수한다. 과징금의 부과는 행정행위이므로 그것이 위법한

---

29) 과태료와 과징금을 구별하면 다음과 같다.

구분	과태료	과징금
성질	의무위반에 대한 제재(질서벌)	의무이행 확보 수단
부과주체	1차 : 행정청, 2차 : 법원	행정청
금액책정기준	가벌성 정도	의무위반 불이행의 예상수익
불복	「질서위반행위규제법」	행정쟁송법(예외 있음)

30) 「독점규제 및 공정거래에 관한 법률」 제6조 및 제17조, 「청소년보호법」 제49조 등에서 규정하고 있다.

31) 「식품위생법」 제82조, 「주차장법」 제24조, 「여객자동차운수사업법」 제88조, 「관광진흥법」 제37조, 「대기환경보전법」 제37조, 「수질 및 수생태계 보전에 관한 법률」 제66조 등에서 규정하고 있다.

경우에는 행정쟁송을 제기하여 그 취소 등을 구할 수 있다. 행정권에 의한 과징금 부과는 헌법위반이 아니다. 그리고 실정법에서 형사벌과 아울러 과징금의 병과를 예정하고 있더라도 이중처벌금지원칙에 위반된다고 볼 수 없으며, 이 과징금 부과처분에 대하여 공정력과 집행력을 인정한다고 하여 이를 확정판결 전의 형벌집행과 같은 것으로 보아 무죄추정의 원칙에 위반된다고도 할 수 없다.[32]

3. 공급거부

경찰법상의 의무를 위반하거나 불이행한 자에 대하여 경찰상의 재화와 역무의 공급을 거부하는 경찰작용을 말한다.

공급거부는 수익적 경찰행위의 철회로서 불이익처분 또는 계약의 해제에 해당한다.

4. 위반사실의 공표

1) 의의

공표는 경찰상 의무의 위반이나 불이행에 대하여 경찰관청이 그 의무자의 성명·상호 및 위반사실의 내용을 불특정 다수인에게 공표함으로써 그에 따르는 사회적 비난이라는 간접적·심리적 강제에 의하여 그 의무이행을 확보하려는 제도이다.

공표는 비권력적 사실행위이며 의사표시를 요소로 하는 법적 행위가 아니다.

2) 법적 근거

공표는 상대방의 헌법상 프라이버시권 또는 기업의 비밀를 침해하거나, 영업상 실질적 손해를 초래하는 침익적인 성질을 가지고 있으며, 공무원은 공무상 지득한 비밀을 엄수하여야 하므로 법률의 근거 없이 공표할 수 없다.

명단공표에 관한 일반법은 없다. 단행법으로는 「공직자윤리법」에 의한 일간신문 광고란을 통한 허위등록사실의 공표(8조의2), 「성폭력범죄의 처벌 등에 관한 특례법」에 의한 성폭력범죄의 피의자의 얼굴 등 신상정보의 공개(제23조), 「독점규제 및 공정거래에 관한 법률」에 의한 각종 시정조치 공표(제21조, 제24조 등), 「식품위생법」의

32) 헌재결 2003.07.24, 2001헌가25.

위반사실공표(제84조) 등이 있다. 국세청훈령인 「국세징수사무처리규정」 제4절에서는 고액 · 상습체납자 명단공개를 규정하고 있다.

3) 한계

(1) 프라이버시권과 공표청구권(알권리)의 조화

위반사실의 공표로 개인의 프라이버시가 침해되지 않도록 하여야 한다. 그러나 중대한 의무위반자의 프라이버시가 반드시 보호되어야 한다고 할 수 없다. 양자가 조화되어야 한다.[33]

(2) 일반적 정보공개청구권

국민은 「공공기관의 정보공개에 관한 법률」에 의거하여 위반사실의 공개를 청구할 수 있으나 인정범위가 제한된다.

(3) 행정법의 일반원칙 준수

비례원칙과 부당결부금지의 원칙을 위반하면 위법한 공표가 된다. 그리고 무죄추정의 원칙에 반하지 않아야 한다.[34]

4) 구제수단

(1) 행정쟁송

위법한 공표로 인하여 권리 · 이익이 침해된 경우에도, 공표는 비권력적 사실행위라는 점에서 행정쟁송의 '처분등'의 개념에 해당되지 않기 때문에 행정쟁송의 대상이 아니다.

---

33) 대판 1998.7.14, 96다17257.

34) 대판 2002.9.24, 2001다496932. 예를 들면 「성폭력범죄의 처벌 등에 관한 특례법」에 의하면 성폭력범죄의 피의자의 얼굴 등 공개는 국민의 알권리 보장, 피의자의 재범 방지 및 범죄예방 등 오로지 공공의 이익을 위하여 필요할 때만 인정되고 공개를 할 때에는 피의자의 인권을 고려하여 신중하게 결정하고 이를 남용하여서는 아니된다.

(2) 손해배상 · 정정공고

위법한 공표로 인하여 명예 · 신용 등이 침해된 경우, 공표가 비권력적 사실행위에 해당하지만 「국가배상법」상 직무행위에 해당하므로 행정상 손해배상을 청구할 수 있다.

또한 공표의 상대방은 결과제거청구권의 한 내용으로서 민법 제764조에 근거하여 정정공고를 청구할 수 있다.

(3) 공무원의 형사책임

위법 · 부당한 공표가 있으면 관계공무원은 경우에 따라서 형사상책임을 질 수도 있다.

5. 관허사업의 제한(제재적 행정처분)

1) 의의

경찰상 의무이행을 확보하기 위하여 경찰관청이 각종의 인 · 허가 등을 거부 · 정지 · 철회(제재적 행정처분)함으로써 위반자에게 불이익을 가하는 행위를 말한다.[35] 제재적 행정처분과 형벌은 목적과 대상이 다르기 때문에 양자를 병과할 수 있다.[36]

2) 법적 근거

제재적 행정처분은 권익침해 행위에 해당하므로 철회권 유보 또는 법령상 명문의 근거가 있어야 가능하다. 이러한 근거가 있더라도 권한의 행사는 의무에 합당한 재량에 따라야 한다.

3) 종류

제재적 행정처분에는 의무위반과 직접 관련이 있는 사업에 대한 제한[37]과 그러

35) 그 예로서, 「도로교통법」에 의한 음주운전자에 대한 운전면허의 취소(제93조), 「식품위생법」상 의무위반에 대한 영업허가의 취소(제75조) 등이 있다.

36) 대판 1986.7.8, 85누1002.

37) 「식품위생법」 제26조의 영업허가의 취소 · 정지 등.

한 관련이 없는 사업에 대한 제한이 있다.[38] 후자의 경우 사물 관련성의 결여 및 부당결부금지의 원칙과의 관련하여 위법성이 주장되기도 한다.

제3항 경찰관직무집행법

I 서설

1. 의의

「경찰관직무집행법」은 경찰상 즉시강제에 관한 일반법과 경찰작용에 관한 일반법의 지위에 있다. 「경찰관직무집행법」의 경찰관은 국가경찰공무원에 한한다.

「경찰관직무집행법」은 영미적 사고인 '국민의 생명 · 신체 · 재산의 보호'가 경찰의 책무로 반영되어 있다.

2. 기본원칙

「경찰관직무집행법」이 규정하고 있는 기본원칙은 다음과 같다.

첫째, 경찰관의 직권은 그 직무수행에 필요한 최소한도 내에서 행사되어야 하며 이를 남용하여서는 아니된다(제1조 제2항).

둘째, 「경찰관직무집행법」에 규정된 경찰관의 의무에 위반하거나 직권을 남용하여 다른 사람에게 해를 끼친 자는 1년 이하의 징역이나 금고에 처한다(제12조).

셋째, 경찰공무원의 적법한 직무집행에 대하여 상대방은 수인의무가 있으며, 이에 대한 저항은 형법상 공무집행방해죄를 구성한다(형법 제136조).

넷째, 비례의 원칙이 적용된다. 경찰관은 직무수행을 위하여 필요한 최소한도의 범위 내에서 그 직권을 행사하여야 하며, 남용하지 않도록 주의하여야 한다(협의의 비례의 원칙, 제5조 제2항, 제7조, 제10조의3).

그리고 불심검문(제3조), 보호조치(제4조), 사실의 확인(제8조), 경찰장구의 사용(제10조의2), 무기의 사용(제10조의4)에 있어서 그 조치를 취하여야 할 상당한 이유가 있어

38) 「국세징수법」 제7조.

야 행사할 수 있다(상당성의 원칙). 또한 사실의 확인(제8조), 경찰장구의 사용(제10조의2), 분사기 등의 사용(제10조의3), 무기의 사용(제10조의4) 등의 경우 그런 조치를 취하여야 할 필요가 있는 경우에 한하여 행사할 수 있다(필요성의 원칙). 그리고 무기사용의 경우 무기를 사용하지 않고는 다른 수단이 없을 경우에 한하여 사용할 수 있다(제10조의4, 보충성의 원칙).

3. 경찰관 직무의 범위

「경찰관직무집행법」 제2조에서는 경찰관의 직무의 범위를 ㉠ 국민의 생명 · 신체 및 재산의 보호, ㉡ 범죄의 예방 · 진압 및 수사, ㉢ 경비 · 요인경호 및 대간첩작전수행, ㉣ 치안정보의 수집 · 작성 및 배포, ㉤ 교통의 단속과 위해의 방지, ㉥ 기타 공공의 안녕과 질서유지로 규정하고 있다.

4. 연혁

1) 제정

우리나라 최초의 경찰작용에 관한 법은 1894년 「행정경찰장규(行政警察章程)」로서 프랑스법의 영향을 받은 일본의 행정경찰규칙을 모방한 것이다. 그 후, 1914년 「행정집행령」(제령 제23호)에서는 보호조치, 범죄의 예방과 제지 등을 규정하였다.

대한민국이 성립되고, 1953년 12월 「경찰관직무집행법」(법률 제299호)을 제정하였다. 이 법은 일본의 「경찰관직무집행법」을 모방한 것으로서 전문 9개조에 불심검문, 보호조치, 위험발생의 방지, 범죄의 예방과 제지, 위험방지를 위한 출입, 무기사용을 규정하였다.

2) 개정

그 동안 「경찰관직무집행법」은 9차에 걸쳐 개정되었다.

1차 개정(1981년)에서는 경찰관의 직무를 규정하고, 사실확인, 장구사용에 관한 규정을 신설하고, 유치장 설치근거를 마련하였다.

2차 개정(1988년)에서는 경찰관서 유치시한을 3시간으로 규정하였으며, 임시영치

기간을 30일에서 10일로 단축하였다. 그리고 경찰직권 남용에 대한 벌칙을 '6월 이하의 징역이나 금고'에서 '1년 이하의 징역이나 금고'로 개정하였으며, 임의동행 요건과 절차를 강화하였다.

3차 개정(1989년)에서는 최루탄 사용 조항을 신설하였다. 그리고 4차 개정(1991년)에서는 임의동행시 경찰관서에 머물 수 있는 시간을 3시간에서 6시간으로 개정하고, 경찰장구 사용 대상에 현행범인을 추가하였다. 한편 5차 개정(1996년)에서는 경찰관서에 지방해양경찰관서를 포함하고, 해양경찰이 국토해양부로 이관됨에 따라 해양경찰에게도 「경찰관직무집행법」을 적용하도록 하였다.

6차 개정(1999년)에서는 경찰장비의 사용 등 경찰장구의 정의 등을 신설하였고, 경찰장구 사용 등록의 보관조항을 규정하였다. 그리고 7차 개정(2004년)에서는 지서를 지구대로 개칭하고 기존 여러 개의 파출소를 통합하여 하나의 지구대를 설치하였다. 또한 8차 개정(2006년)에서는 제주도를 폐지하고 제주특별자치도를 설치하고 자치경찰제를 도입하였으며, 경찰관을 국가경찰공무원에 한한다는 내용을 추가하였다.

9차 개정(2011년)에서는 경찰의 직무 조항을 개정하였다. 그동안 「경찰법」 제3조에서 규정하고 있는 국가경찰의 임무 중 '국민의 생명 · 신체 및 재산의 보호'가 빠져 있었고, 반대로 「경찰법」 제3조에 따른 국가경찰의 임무에는 「경찰관직무집행법」 제2조에서 규정하고 있는 경찰의 직무 중 '경비 · 요인경호 및 대간첩작전 수행'이 빠져 있었다. 이 개정에서는 경찰의 임무에 관한 두 법의 규정을 상호 일치시켰다.

5. 경찰관직무집행법상 경찰상 즉시강제의 수단

「경찰관직무집행법」에서는 대인적 즉시강제로서 불심검문, 보호조치, 경고 · 억류 · 피난 등 위험발생 방지 조치, 범죄의 예방 · 제지 조치, 사실의 확인, 장구 · 최루탄 · 무기의 사용 등이 있다. 그리고 대물적 즉시강제로서는 무기 · 흉기 · 위험물의 임시영치, 위험발생조치 등이 있으며, 대가택적 즉시강제로서는 가택출입 · 임검 · 검사 · 조사 등이 있다.

Ⅱ 경찰상 대인적 즉시강제

1. 불심검문

1) 의의 및 법적 성격

불심검문이란 경찰관이 범죄의 수사 및 범인의 검거 등 그 직무를 수행하기 위하여 수상한 거동 기타 주위의 사정을 합리적으로 판단하여, 어떤 죄를 범하였거나 범하려 하고 있다고 의심할 만한 상당한 이유가 있는 자 등을 정지시켜 직접 질문하여 조사하는 것을 말한다(「경찰관직무집행법」 제3조). 다수설은 불심검문을 경찰상 조사로 보고 있다.

불심검문은 행정경찰작용으로서 범죄의 수사 및 범인의 체포를 목적으로 하는 사법경찰 작용과 구별된다. 따라서 「형사소송법」이 적용되지 않는다.

불심검문의 결과 범죄의 혐의가 있으면 수사가 개시되고 조사, 형사입건 등의 사법절차가 신행될 수 있다.

2) 법적 근거

불심검문은 전형적인 침해적인 권력작용이므로 엄격한 법적 근거가 필요하다. 「경찰관직무집행법」 외에 「형사소송법」(제211조, 현행범인 및 준현행범인), 「주민등록법」(제17조의10, 주민등록증 제시요구) 등이 있다.

3) 요건

「경찰관직무집행법」 제3조 제1항에 의하면 불심검문의 요건은 '수상한 거동 기타 주위의 사정을 합리적으로 판단하여, 어떤 죄를 범하였거나 범하려 하고 있다고 의심할 만한 상당한 이유가 있는 자 또는 이미 행하여진 범죄나 행하여지려고 하는 범죄행위에 관하여 그 사실을 안다고 인정되는 자'이다.

(1) 주체

「경찰관직무집행법」에서는 불심검문의 주체로 경찰관을 규정하고 있다. 여기서 경찰관이란 「경찰공무원법」이 정한 국가경찰공무원을 말한다.

(2) 판단요소

'수상한 거동'은 비정상적이고 자연스럽지 못한 언어 · 동작 · 태도 · 착의 · 휴대품 소지 등으로 시간적 장소적 상황과의 관련 하에서 판단될 수 있다. 경찰관을 보고 급히 도주하거나 빈집을 몰래 기웃거리는 행위 등이 그 예이다.

그리고 '주위의 사정'은 대상자의 직접적인 거동 이외의 사정으로서 인적 물적 시간적 장소적 상황을 의미한다. 사람이 다수인지, 위험한 물건이 있는지, 주간인지, 번화가인지, 골목인지 등을 살펴야 한다.

(3) 대상자

불심검문의 대상자는 '어떠한 죄를 범하였거나 범하려 하고 있다고 의심할 만한 상당한 이유가 있는 자'와 '이미 행하여진 범죄나 행하여지려고 하는 범죄행위에 관하여 그 사실을 안다고 인정되는 자'이다.

'어떠한 죄를 범하였거나 범하려 하고 있다고 의심할 만한 상당한 이유가 있는 자'는 이미 범죄를 완료하였거나 범죄에 착수할 것으로 예상되는 자이다. 객관적으로 범죄구성요건에 해당되는 위법행위를 하였으면 족하고, 유책 여부는 문제 삼지 않는다(범죄처벌이 주안이 아니기 때문이다. 심신상실자도 대상이 된다). 그리고 의심할 만한 상당한 이유란 객관적으로 의문이 있는 것을 말하며, 통상 사회평균인이 보더라도 의심스럽다고 생각할 정도를 요구한다.

한편 '이미 행하여진 범죄나 행하여지려고 하는 범죄행위에 관하여 그 사실을 안다고 인정되는 자'란 범죄사실이나 어떤 사실을 알고 있는 자를 말한다. 범죄의 피해자, 범죄현장에 있던 자, 교통사고의 승객, 소동이 날 것 같다고 큰 소리 치는 자, 사람 살려 달라고 소리치는 자 등이 여기에 해당한다. 이들은 경찰책임자가 아닌 제3자로서 경찰책임의 원칙의 예외에 해당된다.

(4) 수단

「경찰관직무집행법」 제3조에서는 불심검문이라는 제목하에 정지, 질문, 동행요구, 흉기 소지 여부 조사를 규정하고 있다. 정지 · 질문에 자동차 검문도 포함될 수 있다.

(5) 판단여지와 재량

「경찰관직무집행법」상의 불심검문의 요건은 불확정 개념으로 구성되어 있으므로 이 판단에 있어서는 경찰관에게 판단여지가 인정된다. 그러나 이 판단은 직무를 집행하는 특정 경찰관의 주관적 독단적인 판단이 아니라 경찰관의 평균적 표준적 객관적 합리적인 판단이어야 한다. 즉 경찰 내부에서 얻은 정보, 경찰관의 전문지식, 경찰관으로서의 합리적인 경험칙 등을 표준으로 판단하여야 한다.

그리고 요건의 구비 여부의 결정이나 질문 여부를 선택할 수 있는 주체는 경찰행정청이 아니라 당해 경찰관이다.

4) 정지와 질문

(1) 의의와 성질

정지란 움직이고 있는 행동을 경찰관 앞에서 중지하게 하는 것을 말한다. 이동하는 사람에 대하여 질문을 하기 위해서는 정지가 불가피하게 요구된다. 정지는 원칙적으로 요구 또는 설득과 같은 임의적 수단으로 하여야 한다. 이러한 정지는 상대방에게 행동의 자유를 침해하게 되지만 침해가 경미하기 때문에 헌법상 신체의 자유의 침해에 해당하지 않는다. 그리고 정지는 하명에 해당하지만 이에 대하여 불응할 경우, 「경찰관직무집행법」에서는 강제수단을 규정하고 있지 않다.

그러나 예외적으로 급박하고 부득이한 경우 상대방의 의사에 반하여 실력을 행사하여 정지시킬 수 있다. 예를 들면, 경찰관이 질문을 하기 위하여 정지를 명하였는데 상대방이 이에 불응하거나 질문 도중 현장을 떠나려고 하는 경우 길을 막거나 추적하거나 팔을 붙잡는 정도의 물리력 행사는 허용된다. 실력을 행사한다고 하여도 질문을 위하여 일시정지시키는 정도에 그쳐야 하며, 범죄예방을 위한 제지나 형사절차로서 범인체포와 같은 것은 정지의 개념에서 벗어난 것이다.

질문은 경찰관이 특정인에 대하여 일정한 사항을 물어 보고 그에 대한 의심을 풀거나 경찰목적상 필요한 사항을 알아내는 것이다. 질문은 정보수집의 성격을 가지고 있으며, 비권력적 사실행위이다.

(2) 절차

정지 · 질문하는 경찰관은 당해인에게 자신의 신분을 표시하는 증표(공무원증 등)를 제시하면서 소속과 성명을 밝히고 그 목적과 이유를 설명하여야 한다. 이것은 경찰관의 권한남용을 방지하기 위한 것이다. 이를 위반한 정지 · 질문은 위법한 직무집행이 된다.

이러한 절차에 따른 정지 · 질문을 하면 당해인에게는 수인의무가 발생한다. 그러나 수인의무가 무한정 지속되는 것은 아니다.

이 질문에는 「행정절차법」상 사전통지가 필요한 것은 아니다. 또한 「형사소송법」상 진술거부권을 고지할 필요가 없다. 「경찰관직무집행법」에서는 의사에 반하여 답변을 강요당하지 않는다고 명문화되어 있다. 범인의 체포 및 범죄수사상의 단서를 얻기 위한 것이기 때문이다.

(3) 질문의 내용

「경찰관직무집행법」에서는 질문의 내용에 대하여 규정한 바가 없다. 일반적으로 성명 · 주소 · 생년월일 · 국적 등 신원확인, 범죄행위에 관한 사항, 행선지 · 출발지 · 외출용건 등 질문당시의 행적, 소지품 유무 · 내용, 의심나는 점 등이 질문사항으로 인정될 수 있다.

(4) 신체구속 및 답변강요 금지

당해인은 형사소송에 관한 법률에 의하지 아니하고는 신체를 구속당하지 아니하며, 그 의사에 반하여 답변을 강요당하지 아니한다. 「경찰관직무집행법」상 정지 · 질문은 상대방의 임의적인 협력을 전제로 하는 제도이기 때문이다.

그리고 정지 · 질문에는 영장주의가 적용되지 아니하지만, 신체의 구속에는 영장주의가 반드시 적용된다.

5) 임의동행

(1) 의의

불심검문을 할 때, 그 장소에서 질문하는 것이 원칙이다. 그러나 그 장소에서 질문을 하는 것이 당해인에게 불리하거나 교통의 방해가 된다고 인정되는 때에는 질문하기 위하여 부근의 경찰관서(경찰서 · 지구대 · 파출소 또는 출장소, 지방해양경찰관서 포함)에 동행할 것을 요구할 수 있다. 이것을 동행요구라 하고, 이에 따른 동행을 임의동행이라 한다.

(2) 법적 성질

임의동행은 비강제성 또는 임의성을 가진다. 동행을 요구받은 당해인은 경찰관의 동행요구를 거절할 수 있다. 즉 임의동행을 위하여 상대방의 동의나 승락을 받아야 한다. 승낙을 얻지 못한 강제연행은 위법이며 국가는 「국가배상법」에 의하여 손해배상책임을 져야 한다. 강제연행에 항거하더라도 공무집행방해죄에 해당되지 아니한다.[39] 승낙을 하였다고 하더라도 강제력이나 심리적 압박이 객관적으로 현저한 경우 강제연행에 해당된다.

한편 「경찰관직무집행법」에 의한 질문을 위한 임의동행과 형사소송법상 수사목적의 임의동행은 구별된다.[40] 그러나 실제로는 양자의 성격이 혼재하는 경우가 많다.

(3) 요건

첫째, 임의동행은 불심검문이 당해인에게 불리한 경우에 인정된다. 객관적으로

39) 대판 1976.3.9, 75도3779. 현행범인의 요건을 갖추지 못한 자를 현행범인으로 취급하여 강제연행한 경우, 긴급구속에 해당되지 않은 자를 긴급구속하는 경우 등에는 상대방이 저항할 수 있으며, 그것이 공무집행방해죄를 구성하지 못한다(대판 1991.5.10 91도453; 대판 1991.9.24, 91도114).
그리고 현행범이라고 하더라도 법정형 5만원 이하의 벌금, 구료 또는 과료에 해당하는 경우 영장없이 체포할 수 없다(대판 1992.5.22, 92도506). 또한 범죄행위가 종료되어 현행범인의 요건을 갖추지 못한 경우 강제적 임의동행은 불법이다(대판 1989.12.12, 89도1934).
경찰관의 면허증 제시요구를 거부하고 단속태도에 대해 항의하였다는 사실만으로 임의동행을 강요한 것은 불법이다(대판 1992.2.11, 91도2797).

40) 질문을 위한 임의동행과 수사를 위한 임의동행을 구별하면 다음과 같다.

구분	질문을 위한 임의동행	수사를 위한 임의동행
상대방	일반인	피의자
성질	일반경찰행정작용	사법경찰작용
목적	위험발생의 방지	범죄의 수사
법적근거	「경찰관직무집행법」	「형사소송법」
질문내용	단순한 공공의 안녕과 질서에 대한 위해방지를 위한 직무질문	피의자 신문
요건	임의동행이 당해인에게 불리하거나 교통의 방해가 된다고 인정할 때	법적 요건 규정 없음 범죄혐의에 대한 합리적 의심

볼 때 물리적 심리적 경제적으로 당해인에게 불리한 것이 명백한 경우, 당해인의 명예심 또는 수치심을 해하는 경우, 혹서 또는 혹한의 경우 등을 들 수 있다. 그러나 질문하는 것이 경찰관에게 불리하거나 경찰목적을 위하여 동행요구를 할 수 없다. 그리고 당해인을 조사하거나 체포하기 위하여 동행요구할 수 없다.

둘째, 불신검문이 교통의 방해가 된다고 인정할 경우에 임의동행을 할 수 있다. 질문 자체가 다른 교통에 방해가 될 경우 또는 질문하는 중 다른 사람이 모여들어 그것이 교통의 방해가 되는 경우를 들 수 있다.

셋째, 동행장소는 원칙적으로 경찰관서이지만 상대방이 동의한 경우 경찰관서가 아니라도 무방하다. 경찰관서에의 동행이 당해인에게 반드시 유익하다고 보기 어렵기 때문이다.

이러한 동행요건 유무의 판단은 구체적 사정에 의하여 객관적이고 합리적인 판단에 의하여야 하고, 경찰관의 주관적 판단에 의해서는 안 된다.

(4) 동행 절차

동행을 요구할 경우 경찰관은 당해인에게 자신의 신분을 표시하는 증표를 제시하면서 소속과 성명을 밝히고 그 목적과 이유를 설명하여야 하며, 동행장소를 밝혀야 한다. 경찰관의 권한남용을 방지하기 위한 것이다. 증표 등을 제시하지 않고 임의동행을 요구하는 경우 당해인은 경찰관에게 자신의 신분을 표시하는 증표를 제시하면서 소속과 성명을 밝히고 그 목적과 사유를 설명할 것을 요구할 수 있다.

그리고 임의동행을 한 경우 경찰관은 당해인의 가족 또는 친지 등에게 동행한 경찰관의 신분, 동행장소, 동행목적과 이유를 고지하거나 본인으로 하여금 즉시 연락할 수 있는 기회를 부여하여야 하며, 변호인의 조력을 받을 권리가 있음을 고지하여야 한다. 인신보호를 위한 것이다. 이 절차는 예외 없이 적용되어야 한다. 고지의 방식은 반드시 문서로 하여야 하는 것은 아니고 구두로도 가능하다.

임의동행에는 시간상 제한이 있다. 즉 임의동행을 한 경우 경찰관은 당해인을 6시간을 초과하여 경찰관서에 머물게 할 수 없다. 6시간이 경과하기 전이라도 동행사유가 소멸되면 즉시 경찰관서에서 내보내야 한다. 6시간을 초과하여 계속하여 머물게 할 필요가 있는 경우 6시간을 초과하기 전에 일단 경찰관서 밖으로 내보낸 후 다시 동의를 얻어 경찰관서에 머물게 할 수 있다.

임의동행을 한 경찰관은 소속관서의 장에게 이를 보고하여야 한다.

이와 같은 임의동행의 절차를 위반한 경우 직권남용으로서 위법한 강제동행이 되고, 「국가배상법」상 손해배상책임이 성립하며, 후속절차가 위법으로 인정된다.

(5) 신체의 구속 및 답변의 강요 금지

동행요구의 경우에 당해인은 형사소송에 관한 법률에 의하지 아니하고는 신체를 구속당하지 아니하며, 그 의사에 반하여 답변을 강요당하지 아니한다.

임의동행 후 질문의 결과, 범죄를 범한 사실이 발견된 경우 형사절차로 전환될 수 있으며, 현행범으로 체포될 수도 있다.

6) 흉기소지 여부 조사

(1) 의의와 성질

경찰관은 질문을 할 때에 흉기의 소지여부를 조사할 수 있다. 흉기조사는 당해인의 신체나 소지품의 검색을 전제로 하며, 신체의 자유의 제한에 해당되기 때문에 「경찰관직무집행법」에서 그 근거를 두고 있다. 흉기소지 여부 조사는 위험방지를 위한 예방적인 처분으로서 침해가 경미하기 때문에 「경찰관직무집행법」이 영장주의의 예외로 규정하고 있다.

(2) 조사의 대상

조사의 대상은 흉기에 한하며, 흉기가 아닌 물건을 조사할 수 없다.

흉기란 「경찰관직무집행법」 제4조 제3항의 임시영치의 대상이 되는 흉기의 개념과 달리 사람을 살상하기에 충분한 성능을 가진 모든 물건을 말한다. 본래 용도가 사람을 살상하는 것이 아니라도 쓰기에 따라 사람을 살상할 수 있으면 흉기에 해당된다(철봉, 장도리, 칼 등).

(3) 조사의 수단

흉기소지 여부 조사는 당해인의 신체나 소지품을 대상으로 한다.

조사의 수단은 관찰, 소지품에 대한 질문, 임의제시 요구, 외표검사, 개피행위 등이다. 외표검사는 신체의 외표, 특히 착의의 바깥쪽을 가볍게 두드리거나 더듬는 행위(frisk)를 말한다.

개피행위는 상대방의 호주머니에 손을 넣거나, 가방을 직접 열어보거나, 상대방의 소지품을 꺼내는 행위 등을 말한다. 그러나 이 개피행위는 상대방의 승낙이 없으면 강제할 수 없다.

신체를 대상으로 흉기소지 여부를 조사하는 경우 기본적으로 동성에 의하여 진행되어야 한다.

(4) 강제력 행사의 허용 여부

흉기소지 여부 조사는 질문시 경찰관 자신에 대한 위해를 방지하거나 상대방의 자해방지라는 행정목적을 위하여 인정되는 것이므로 한정된 목적 범위 내에서 필요한 최소한의 강제력이 허용된다.

(5) 흉기발견과 체포

흉기소지 여부 조사에 의하여 흉기가 발견되면 「경범죄처벌법」 제1조 제2호에 의하여 처벌할 수 있고, 「폭력행위 등 처벌에 관한 법률」에 규정된 범죄에 공용하기 위한 흉기 소지자로 인정되어 체포 · 처벌될 수 있다.

7) 자동차 검문

(1) 의의

자동차검문이란 경찰관이 일정장소에서 주행하고 있는 자동차를 정차시킨 후 운전면허증의 제시 요구, 운전자 또는 동승자에 대한 질문, 차체의 외관 조사 등을 하는 것을 말한다.

(2) 법적 근거

자동차 검문도 「경찰관직무집행법」 제3조 제1항에 규정된 불심검문(질문)의 한 형태로 볼 수 있다. 따라서 불심검문의 요건을 구비한 경우에 자동차 검문을 할 수 있다.

한편 「도로교통법」에 따르면, 경찰공무원은 교통의 안전과 위험방지를 위하여 필요하다고 인정하거나 술에 취한 상태에서 자동차 등을 운전하였다고 인정할 만한 상당한 이유가 있는 경우 운전자가 술에 취하였는지의 여부를 호흡조사를 통하여 측정할 수 있다. 이것도 자동차 검문의 일종이다.

(3) 자동차 검문의 비강제성

자동차 검문도 임의적으로 진행되어야 한다. 특히 트렁크 내부 등 눈에 보이지 않는 곳은 상대방의 동의가 있어야 조사할 수 있다.

다만, 검문에 불응하고 도주하는 자동차에 대해서는 준현행범으로 간주하여 「형사소송법」상 강제를 할 수 있다.

2. 보호조치

1) 의의

보호조치란 경찰관이 긴급구호를 요하는 자를 발견한 때에는 관계기관에 긴급구호를 요청하거나 경찰관서에 일시적으로 보호하여 구호의 방법을 강구하는 조치를 말한다. 원칙적으로 보호 및 긴급구호는 사생활의 범위에 속하여 경찰이 개입할 수 없으나, 그것이 사회공공의 질서와 관련이 있기 때문에 범죄예방적 차원에서 경찰이 개입하게 된다.

따라서 「경찰관직무집행법」 제4조의 보호조치와 긴급구호는 정상적인 의사결정 상태나 신체상태에 있지 못하여 자기 또는 타인의 생명이나 신체 또는 재산에 위해를 야기할 우려가 있는 자를 위해방지를 위하여 잠정적으로 신체의 자유를 일정한 장소에 제한하여 보호하는 조치를 말한다(「경찰관직무집행법」 제4조).

2) 보호조치의 성격

보호조치는 헌법에 보장된 신체적 자유를 침해하는 행위로서 법률의 근거를 요한다. 「경찰관직무집행법」이 근거에 해당된다.

강제보호조치는 대인적 즉시강제이며, 당해인에게 수인의무를 발생시키므로 법적 행위이고 순수한 사실행위가 아니다. 반면에 임의보호조치는 비권력적 사실행위에 해당한다. 이 보호조치는 위험발생의 방지를 위한 것으로서 범죄수사의 목적으로 활용할 수 없다. 보호조치를 발동하기 위하여 구체적인 위험이 존재하여야 한다.

긴급구호요청은 즉시강제가 아니고 경찰관의 즉시강제에 수반한 후속적 조치로서 사실행위이다.

그리고 「경찰관직무집행법」에서는 "경찰관은 …… 할 수 있다"고 규정하고 있기 때문에 보호조치는 재량행위에 해당한다. 다만, 경우에 따라서는 재량권이 영으로 수축할 수 있다.

3) 보호조치의 대상자

보호조치에는 강제보호조치와 임의보호조치가 있다.

강제보호조치는 보호대상자의 의사와 관계없이 이루어지는 보호조치를 말한다. 강제보호조치의 대상자는 ㉠ 정신착란 또는 술 취한 상태로 인하여 자기 또는 타인의 생명·신체와 재산에 위해를 미칠 우려가 있는 자와 ㉡ 자살을 기도하는 자이다. 여기서 정신착란자는 의학적 정신장애자 또는 히스테리나 흥분이 극에 달하여 자기통제가 불가능한 자를 말하며, 술 취한 자는 과음하여 사리분별력이 상실된 상태에 있는 자이다. 자살기도자는 자살 결행의 구체적 징후를 행동에 옮길 위험이 있는 자이다. 이들은 모두 통상적인 의사능력, 판단능력, 통제력 등이 상실된 상태에 있는 자이다. 강제보호를 위해서는 감금을 위한 유치가 필요하다. 유치장소는 남녀를 구분하여야 한다.

임의보호조치는 보호대상자의 거부의 의사표시가 없는 경우에만 할 수 있다. 임의보호의 대상자는 미아·병자·부상자 등으로서 적당한 구호자가 없으며 응급의 구호를 요한다고 인정되는 자이다. 미아란 보호자의 보호범위를 벗어나 스스로 안정을 도모할 수 없는 아동이며, 부상자는 자력으로 병원을 찾아가거나 귀가할 수 없는 정도에 이른 자이다. 결국 미아·병자·부상자는 모두 스스로 집이나 병원을 찾아갈 능력이 없는 자들이다. 따라서 기아(棄兒), 기아(飢餓) 상태에 있는 자, 조난자, 도로에서 길을 잃은 병약 노인, 도로 또는 승차상태에서 산기로 고통을 받는 임산부 등도 임의보호의 대상자가 될 수 있다. 다만, 가출자는 제외된다. 구호자란 부양의 무자만을 의미하는 것이 아니고, 실질적인 도움을 줄 수 있는 자로서 경찰관에 우선하여 일차적 보호책임이 있는 자이다. 부모, 형제, 교사, 의사, 책임있는 동행자(등산의 경우 리더) 등이 여기에 해당될 수 있다.

4) 보호조치의 요건으로서 상당성 판단

정신착란자 · 주취자 · 미아 · 병자 · 부상자 · 자살기도자라고 해서 모두 보호대상자가 되는 것이 아니고 '응급의 구호를 요한다고 믿을 만한 상당한 이유'가 있는 자에 한하여 보호조치가 인정된다.

여기서 상당한 이유의 판단은 경찰관의 재량적 판단으로서, 방치해 두면 자기 또는 타인의 생명 · 신체 · 재산에 위해를 미칠 우려가 있거나(정신착란자 등) 긴급구호를 하지 아니하면 생명이 위태로운 경우(보호자 없는 부상자 등) 등이 여기에 해당된다.

보호조치의 요건에 해당하더라도 경찰이 1차적으로 보호조치를 발동해서는 아니되고, 최후 보충적 수단으로 행하여야 한다.

5) 보호조치의 방법 및 장소

보호조치가 필요한 경우 ㉠ 보건의료기관 · 공공구호기관에의 긴급구호 요청, ㉡ 경찰관서에의 일시보호, ㉢ 기타 적당한 조치를 할 수 있다.

경찰관은 긴급구호를 요하는 자를 발견한 때에는 보건의료기관 또는 공공구호기관에 긴급구호를 요청할 수 있다. 보건의료기관은 국 · 공립병원, 보건소를 말하며, 사설의료기관은 포함되지 않는다.[41] 그리고 공공구호기관은 미아보호소 · 부녀보호소 · 갱생원 · 양로원 · 고아원 · 정신착란자 수용시설 및 읍 · 면 · 동사무소 등 모든 사회보장시설을 포함하는 개념이다.

긴급구호요청을 받은 당해 기관은 정당한 이유없이 보호요청을 거절하지 못한다. 즉 보호의무가 있다. 여기서 정당한 이유란 의사의 장기출타, 병원 수리, 치과병원에 내과환자 의뢰 등 객관적으로 진료가 불가능한 상태를 의미한다. 의사의 취침, 병원시설의 일부 부족 등은 해당되지 않는다. 보호요청거절행위가 「응급의료에 관한 법률」의 위반에 해당되면 형사처벌의 대상이 된다(제60조).

한편 경찰관은 긴급구호를 요하는 자를 발견한 경우 경찰관서에 일시보호할 수

41) 보호조치와 같은 공적 의무는 공공기관에 의해 수행되어야 하기 때문이다.

있다. 경찰관서에의 보호는 피보호자를 보호자나 관계기관에 인계할 때까지 또는 보호를 요하는 사유가 소멸할 때까지 할 수 있다. 경찰관서에서는 보호실에 수용하여야 하며, 유치장에 보호할 수 없다. 그리고 긴급구호를 요하는 자를 보호하기 위하여 수갑이나 포승 등 경찰장구를 사용할 수 없다.

기타 적당한 조치의 의미는 분명하지 않다. 보건의료기관 또는 공공구호기관에 긴급구호를 요청하기 전 또는 경찰관서에 보호하기 전에 필요한 응급조치 등을 들 수 있다.

6) 보호기간

보건의료기관 또는 공공구호기관에서의 긴급구호를 하는 경우 보호기간에 제한이 없으나, 경찰관서에서의 보호는 24시간을 초과할 수 없다. 따라서 경찰관은 24시간 내에 병원, 구호기관 등에 인계, 귀가조치, 보호조치 해제 등을 하여야 한다.

24시간 이내 보호요건이 소멸되면 그 시점부터 보호할 수 없고 보호한다면 위법이다. 24시간 이내에 가족 등의 요청이 있더라도 그 인도가 보호목적에 비추어 적절하지 않다면 경찰관은 인도를 거절할 수 있다.

7) 사후 조치

보호조치를 한 경우 인권보호를 위하여 연고자 등에 통지 · 인계, 소속관서의 장에게 보고, 경찰서장의 공중보건의료기관 등에 통보 등의 사후 통제가 뒤따른다.

첫째, 경찰관이 보호조치 및 긴급구호를 한 때에는 지체 없이 이를 피구호자의 가족 · 친지 기타의 연고자에게 그 사실을 통지하여야 하며, 연고자가 발견되지 아니할 때에는 피보호자를 적당한 공중보건의료기관이나 공공구호기관에 즉시 인계하여야 한다.

둘째, 경찰관은 피구호자를 공중보건의료기관 또는 공공구호기관에 인계한 때에는 즉시 그 사실을 소속 경찰서장 또는 지방해양경찰관서의 장에게 보고하여야 한다.

셋째, 보고를 받은 소속 경찰서장 또는 지방해양경찰관서의 장은 피구호자를 인계한 사실을 지체 없이 당해 공중보건의료기관 · 공공구호기관의 장 및 그 감독행정청에 통보하여야 한다.

3. 위험발생 방지조치

1) 의의 및 법적 성질

위험발생 방지조치란 인명 또는 신체에 위해를 미치거나 재산에 중대한 손해를 끼칠 우려가 있는 위험한 사태의 발생이 예상되는 경우에 이를 방지하기 위하여 취하는 조치를 말한다.

경찰관은 인명 또는 신체에 위해를 미치거나 재산에 중대한 손해를 끼칠 우려가 있는 천재, 사변, 공작물의 손괴, 교통사고, 위험물의 폭발, 광견 · 분마류(奔馬類) 등의 출현, 극단의 혼잡 기타 위험한 사태가 있을 때에는 위험의 방지를 위한 조치를 할 수 있다(「경찰관직무집행법」 제5조).

위험발생 방지조치는 대인적 경찰상 즉시강제 수단에 해당한다.

2) 요건

위험발생 방지조치는 인명 또는 신체에 위해를 미치거나 재산에 중대한 손해를 끼칠 우려가 있는 위험한 사태가 있을 때에 할 수 있다. 위해를 미칠 우려란 위험사태의 발생이 급박한 경우를 말하며, 재산상 중대한 손해는 사회통념을 기준으로 판단한다.

위험한 사태란 현실적으로 사람의 생명 · 신체 · 재산에 위해를 미칠 우려가 있는 상황을 말한다. 「경찰관직무집행법」은 위험한 사태의 예로서 천재, 사변, 공작물의 손괴, 교통사고, 위험물의 폭발, 광견 · 분마류(奔馬類) 등의 출현, 극단의 혼잡을 들고 있다. 여기서 천재는 자연재해, 사변은 전쟁, 내란, 폭동, 화재 등의 사회적 변란을 의미한다. 그리고 공작물은 건물, 교각, 터널, 철도, 궤도, 제방, 광고탑, 전주 등을 의미하며, 손괴란 노후, 고장, 파괴 등에 의하여 그 물건의 전부 또는 일부가 불완전한 상태에 있는 것을 말한다. 위험물은 화약류와 같이 폭발성이 있는 것을 말한다.

3) 수단

경찰관은 위험발생의 방지를 위하여 ㉠ 그 장소에 집합한 자, 사물의 관리자 기타 관계인에게 필요한 경고를 발하는 것(경고조치), ㉡ 특히 긴급을 요할 때에는 위해를 받을 우려가 있는 자를 필요한 한도 내에서 억류하거나 피난시키는 것(억류 또는 피난), ㉢ 그 장소에 있는 자, 사물의 관리자 기타 관계인에게 위해방지상 필요하다고 인정되는 조치를 하게 하거나 스스로 그 조치를 하는 것(기타 위협방지의 조치)을 할 수 있다.

이 조치는 경찰관의 재량행위에 속한다. 그러나 일정한 경우 재량권이 영으로 수축될 수 있다.

(1) 경고조치

경고조치는 인명, 신체와 재산을 보호하기 위하여 위험한 장소에 집합한 자, 사물의 관리자, 기타 관계인에게 필요한 경고를 발하는 것을 말한다. 경고를 함으로써 관계자가 스스로 판단으로 위해 예방조치를 취할 수 있도록 하는 것이다.

사물의 관리자란 사물의 법률상 또는 사실상 지배자를 말한다. 공작물 또는 장소의 관리인, 교통기관의 운전자, 동물의 사육주, 흥행의 개최자 등을 그 예로 들 수 있다. 경고란 위험으로부터 피난 또는 위험의 방지에 관하여 필요한 예고 또는 주의를 주고 아울러 위험에 대비하도록 하는 지도 또는 권고 등을 말한다.

이러한 경고는 위험의 존재와 대비를 알리는 비권력적 사실행위(행정지도)에 불과하고 상대방에게 어떠한 법적 효과를 가져오지도 않는다. 따라서 행정행위가 아니다. 상대방이 경고에 불복종하는 경우에도 강제조치를 취할 수 없다.

(2) 억류 또는 피난조치

경찰관은 인명, 신체와 재산을 보호하기 위하여 특히 긴급을 요할 때에는 위해를 받을 우려가 있는 자를 필요한 한도 내에서 억류하거나 피난시키는 것을 말한다.

'특히 긴급을 요할 때'란 위험사태 중에서 현실적으로 그 위험이 한층 절박하여 경고로서 목적을 달성할 수 없고 즉시강제수단을 사용하여야만 위해를 받지 않거나 받은 위해가 가중되지 않을 상태에 있는 경우를 말한다. 그리고 필요한 한도란 경찰관이 사용하는 수단과 그 정도가 경찰상의 필요성과 비례하여야 한다는 것을 의미한다.

억류란 위해한 장소에 출입을 막는 것(출입제한)을 의미하며, 피난은 위험한 장소로부터 물러서게 하는 것(퇴거명령)을 말한다. 경우에 따라서는 사람을 멀리 강제적으로 옮겨 놓는 것도 퇴거명령의 하나가 될 수 있다.

긴급한 상황에서 억류 또는 피난은 서면으로 할 것을 기대할 수 없고 일반적으로 구두나 신호의 방식에 의할 것이다.

억류 또는 피난은 「행정절차법」에서 규정하고 있는 처분에 해당하며, 즉시강제의 성질을 가진다. 따라서 경찰관은 필요한 한도 내에서 상대방의 의사에 불구하고 실력을 행사할 수 있다. 다수인에 대한 억류 또는 피난은 일반처분이다.

(3) 기타 위험방지의 조치

경찰관은 인명, 신체와 재산을 보호하기 위하여 위험장소에 있는 자, 사물의 관리자 기타 관계인에게 위해방지상 필요하다고 인정되는 조치를 하게 하거나(조치명령) 스스로 그 조치를 하는 것(직접조치)을 말한다.

'필요하다고 인정되는 조치를 하게 한다'는 것은 일반인의 상식으로 판단해서 위해를 방지하거나 또는 위해의 확대를 방지하기 위하여 취하지 않으면 안되는 조치로서 경고, 억류 또는 피난을 제외한 것을 명령하는 것(조치명령)을 말한다.[42] 조치명령의 법적 성질은 경찰하명에 해당한다.

'스스로 그 조치를 취한다'는 것은 경찰관 스스로가 위해방지상 필요한 조치를 직접 행하는 것을 말한다. 파기나 압류 등 대체적 작위를 그 예로 들 수 있다.

(4) 사후 조치

경찰관이 위험발생방지조치를 한 때에는 지체 없이 이를 소속경찰관서의 장에게 보고하여야 하고, 이 보고를 받은 경찰관서의 장은 관계기관의 협조를 구하는 등 적당한 조치를 하여야 한다.

4) 대간첩작전수행 또는 소요사태진압을 위한 통행제한 조치

경찰관서의 장은 대간첩작전수행 또는 소요사태의 진압을 위하여 필요하다고 인정되는 상당한 이유가 있을 때에는 대간첩작전지역 또는 경찰관서 · 무기고 등 국가

---

42) 예를 들면, 일정한 지역에의 출입금지, 피난명령, 역무부과, 교각 또는 도로의 응급공사, 파손된 광고탑의 철거, 광견의 박살, 극장 · 경기장에의 입장 정지 등을 명령하는 것을 들 수 있다.

중요시설에 대한 접근 또는 통행을 제한하거나 금지할 수 있다.

조치권자는 개개 경찰관이 아니고 경찰관서의 장(파출소장 이상의 각급 경찰관서의 장)이다. 조치는 대간첩작전수행 또는 소요사태의 진압을 위하여 필요하다고 인정되는 상당한 이유가 있을 때 할 수 있다. 예를 들면 간첩 및 무장간첩의 침투 분쇄와 체포를 위한 작전수행을 하거나, 공안을 해하는 시위, 소요, 폭동 등 집단적 불법사태로 인한 소요사태의 진압을 위하여 경찰서장이 필요하다고 객관적으로 인정되는 경우이다.

조치의 수단은 접근 또는 통행을 제한하거나 금지하는 것이다. 이 경우 구체적인 시각과 장소를 분명히 하여야 하며, 국민에게 충분히 고지하여야 한다.

이러한 조치를 취한 경찰관서의 장은 관계기관의 협조를 구하는 등 적당한 조치를 하여야 한다.

4. 범죄의 예방과 제지

1) 의의와 성질

범죄의 예방과 제지는 경찰관이 범죄행위가 목전에 행하여지려고 하고 있다고 인정될 때에는 이를 예방하기 위하여 관계인에게 필요한 경고를 발하고, 그 행위로 인하여 인명 · 신체에 위해를 미치거나 재산에 중대한 손해를 끼칠 우려가 있어 긴급을 요하는 경우에는 그 행위를 제지하는 것을 말한다(「경찰관직무집행법」 제6조).

경찰관이 경고를 발하거나 제지할 수 있는 범죄행위에는 제한이 없으므로 이 조항에 근거하여 모든 범죄행위에 대하여 경고를 발하거나 제지할 수 있다. 범죄의 경고는 비권력적 사실행위로서 경찰지도의 성격을 가지고 있으며, 범죄의 제지는 경찰상 대인적 즉시강제수단이다.

2) 요건

「경찰관직무집행법」에 의하면 경고는 '범죄행위가 목전에 행하여지려고 하고 있다고 인정될 때에 이를 예방하기 위하여' 하고, 제지는 '그 행위로 인하여 인명 · 신체에 위해를 미치거나 재산에 중대한 손해를 끼칠 우려가 있어 긴급을 요하는 경우'에 할 수 있다.

여기서 범죄행위는 실정법상 범죄행위로서 구성요건해당성과 위법성을 구비하여야 하지만, 유책성은 불문한다. 근거법령을 불문하며, 형벌뿐만 아니라 경찰벌을 포함하여 처벌이 예정된 모든 행위를 말한다. 그러나 행정질서벌과 제재적 행정처분은 포함되지 않는다.

'목전에 행하여지려고 하고 있다'는 것은 범죄구성요건에 해당하는 실행행위에 돌입하려는 직전의 상황으로서, 범죄실행에 절박해 있음이 객관적으로 명백한 경우이다. 예비 · 음모의 직전도 포함된다. 그리고 예방이란 범죄의 실행을 막는 것과 범죄로 인한 피해의 발생을 방지하는 것을 의미한다.

제지의 요건으로서 중대한 손해란 불확정 개념으로서 판단의 여지가 있다.

3) 대상

범죄의 예방과 제지의 대상은 관계인이다. 관계인이란 그 범죄행위가 실행되려고 하는 사태와 직 · 간접적으로 관계가 있는 사람을 말한다. 가해자로서 범인, 범죄의 대상이 되리라고 생각되는 사람, 공작물 · 시설의 관리인 · 소유자 · 점유자 및 그 장소에 있는 자 등을 말한다.

다만, 제지의 대상인 관계인은 목전에 범죄를 행하려고 하는 자 및 당해 행위자에 한정된다.

4) 수단

범죄의 예방과 제지의 수단은 경고와 제지이다.

경고는 범죄의 예방을 위하여 범죄행위로 나가려고 하는 것을 중지하도록 권고 · 통고하는 것이다. 경고에 따르지 않으면 실력을 행사하겠다는 뜻이 내포되어 있다. 경고의 방법으로는 구두 신호, 문서, 확성기, 경적 등을 생각할 수 있다. 경고는 사실행위에 지나지 않고 행정행위가 아니다.

제지는 경찰관이 실력을 사용하여 범죄행위를 실행에 옮기지 못하도록 강제적으로 중지하거나 중지하지 않을 수 없는 상태로 만드는 것을 말한다. 경고한 후 불응할 경우 제지하거나 시간적 여유가 없으면 바로 제지한다. 제지에는 반드시 무기사용이 수반되는 것은 아니다. 제지의 형태에는 제한이 없다. 흉기 뺏기, 당사자 해산 등을 생각할 수 있다. 제지의 수단 선택에는 비례의 원칙이 적용된다.

5. 경찰장비의 사용

1) 의의

(1) 개념

경찰관은 직무수행 중 경찰장비를 사용할 수 있다. 여기서 경찰장비란 무기, 경찰장구, 최루제 및 그 발사장치, 감식기구, 해안감시기구, 통신기기, 차량·선박·항공기 등 경찰의 직무수행을 위하여 필요한 장치와 기구를 말한다(「경찰관직무집행법」 제10조).

(2) 경찰장비의 종류

「경찰장비의 사용기준 등에 관한 규정」에 의한 인명 또는 신체에 위해를 가할 수 있는 경찰장비의 종류는 〈표 7〉과 같다.

〈표 7〉 경찰장비의 구분과 종류

구분	종류
경찰장구	수갑, 포승(捕繩), 호송용 포승, 경찰봉, 호신용 경봉, 전자충격기, 방패 및 전자방패
무기	권총, 소총, 기관총(기관단총 포함), 산탄총, 유탄발사기, 박격포, 3인치포, 함포, 크레모아, 수류탄, 폭약류 및 도검
분사기·최루탄 등	근접분사기, 가스분사기, 가스발사총(고무탄 발사겸용 포함) 및 최루탄(그 발사장치 포함)
기타장비	가스차, 살수차, 특수진압차, 물포, 석궁, 다목적발사기, 도주차량차단장비

(3) 경찰장비의 일반적 사용기준

첫째, 경찰장비를 임의로 개조하거나 임의의 장비를 부착하여 통상의 용법과 달리 사용함으로써 타인의 생명·신체에 위해를 주어서는 아니된다(「경찰관직무집행법」 제10조 제3항).

둘째, 인명 또는 신체에 위해를 가할 수 있는 경찰장비에 대하여는 필요한 안전교육과 안전검사를 실시하여야 한다(「경찰관직무집행법」 제10조 제1항 단서).

셋째, 경찰장비는 통상의 용법에 따라 필요한 최소한의 범위 안에서 이를 사용하여야 한다(「경찰장비의 사용기준 등에 관한 규정」 제3조).

넷째, 경찰관이 경찰장비를 사용하여 부상자가 발생한 경우에는 즉시 구호 기타 필요한 긴급조치를 취하여야 한다(「경찰장비의 사용기준 등에 관한 규정」 제21조).

2) 경찰장구의 사용

(1) 개념

경찰관은 직무수행에 있어서 사태를 합리적으로 판단하여 필요한 범위 내에서 경찰장구를 사용할 수 있다. 경찰장구란 경찰관이 휴대하여 범인검거와 범죄진압 등 직무수행에 사용하는 수갑 · 포승 · 경찰봉 · 방패 등을 말한다(「경찰관직무집행법」 제10조의2). 이는 예시적 규정으로서 경적, 호신용구, 진압장구 등도 포함한다.

(2) 사용의 요건

경찰관은 ㉠ 현행범인인 경우와 ㉡ 사형 · 무기 또는 장기 3년 이상의 징역이나 금고에 해당하는 죄를 범한 범인의 체포 · 도주의 방지, 자기 또는 타인의 생명 · 신체에 대한 방호, 공무집행에 대한 항거의 억제를 위하여 필요하다고 인정되는 상당한 이유가 있을 때 그 사태를 합리적으로 판단하여 필요한 한도 내에서 경찰장구를 사용할 수 있다. 즉 통상의 용법에 따라 필요한 최소한의 범위 안에서 경찰장구를 사용하여야 한다.

(3) 종류와 사용기준

경찰장구에는 수갑, 포승(捕繩), 호송용 포승, 경찰봉, 호신용 경봉, 전자충격기, 방패 및 전자방패가 있으며, 사용기준은 「경찰장비의 사용기준 등에 관한 규정」에 상세히 정하고 있다.

3) 분사기 및 최루탄의 사용

(1) 의의

분사기는 사람의 활동을 일시적으로 곤란하게 하는 최루 또는 질식 등의 작용제를 내장된 압축가스의 힘으로 분사하는 기기이다(「경찰관직무집행법」 제10조의3). 분사기는 사람의 살상을 목적으로 제조된 무기는 아니나, 그 사용 여하에 따라 사람의 생명 · 신체에 중대한 위해를 발생시킬 수 있다.

최루탄은 눈물샘을 자극하여 눈물을 흘리게 하는 약이나 물질을 넣은 탄환을 말한다.

(2) 종류

「경찰장비의 사용기준 등에 관한 규정」에서는 분사기 · 최루탄등을 근접분사기 · 가스분사기 · 가스발사총(고무탄 발사겸용 포함) 및 최루탄(발사장치 포함)으로 규정하고 있다. 그리고 「총포 · 도검 · 화약류등 단속법」에서는 분사기의 종류를 총포형 분사기, 막대형 분사기, 만년필형 분사기, 기타 휴대형 분사기로 나누고 있다. 살균 · 살충용 및 산업용 분사기를 제외한다.

(3) 사용요건

경찰관은 범인의 체포 · 도주의 방지 또는 불법집회 · 시위로 인하여 자기 또는 타인의 생명 · 신체와 재산 및 공공시설안전에 대한 현저한 위해의 발생을 억제하기 위하여 부득이한 경우 현장책임자의 판단으로 필요한 최소한의 범위에서 분사기 또는 최루탄을 사용할 수 있다

(4) 사용제한

분사기와 최루탄은 최루가스를 통하여 일시적으로 사람의 신체적 정신적 기능 장애를 가져오는 물건이지 사람을 살상하는 물건이 아니다. 따라서 비례의 원칙을 준수하여 사용하여야 한다.

첫째, 경찰관은 범인의 체포 또는 도주방지, 타인 또는 경찰관의 생명 · 신체에 대한 방호, 공무집행에 대한 항거의 억제를 위하여 필요한 때에는 최소한의 범위 안에서 가스발사총을 사용할 수 있다. 이 경우 경찰관은 1미터 이내의 거리에서 상대방의 얼굴을 향하여 이를 발사하여서는 아니된다(「경찰장비의 사용기준 등에 관한 규정」 제12조 제1항).

둘째, 최루탄발사기로 최루탄을 발사하는 경우 30도 이상의 발사각을 유지하여야 하고, 가스차 · 살수차 또는 특수진압차의 최루탄발사대로 최루탄을 발사하는 경우에는 15도 이상의 발사각을 유지하여야 한다(「경찰장비의 사용기준 등에 관한 규정」 제12조 제2항).

(5) 기록보관

분사기나 최루탄을 사용하는 경우 그 책임자는 사용일시 · 사용장소 · 사용대상 · 현장책임자 · 종류 · 수량 등을 기록하여 보관하여야 한다.

4) 무기의 사용

(1) 의의

경찰관은 「경찰공무원법」 제20조 제2항에 근거하여 무기를 휴대할 수 있고, 「경찰관직무집행법」 제10조의4에 의거하여 직무를 집행함에 있어서 사태를 합리적으로 판단하여 필요한 한도 내에서 무기를 사용할 수 있다.

일반적으로 무기란 사람을 살상하는 성능을 가진 기구를 총칭한다. 이러한 무기에는 성질상 무기와 용법상 무기로 구분할 수 있다. 성질상 무기는 사람을 살상하는 용도로 사용하기 위하여 제작된 기구이고, 용법상 무기란 제작목적은 사람의 살상이 아니지만 사용에 따라 사람을 살상할 수 있는 기구를 말한다(채찍, 돌팔매, 쇠파이프 등).

「경찰관직무집행법」상 무기라 함은 인명 또는 신체에 위해를 가할 수 있도록 제작된 권총 · 소총 · 도검 등을 말한다. 다만, 대간첩 · 대테러작전 등 국가안전에 관련되는 작전을 수행할 때에는 개인화기 외에 공용화기를 사용할 수 있다. 따라서 용법상 무기의 사용은 무기의 사용의 개념에 포함되지 아니한다.

「경찰장비의 사용기준 등에 관한 규정」에서는 무기를 권총 · 소총 · 기관총(기관단총 포함) · 산탄총 · 유탄발사기 · 박격포 · 3인치포 · 함포 · 크레모아 · 수류탄 · 폭약류 및 도검으로 규정하고 있다.

(2) 무기사용자

경찰공무원은 직무수행을 위하여 필요한 때에는 무기를 휴대할 수 있다. 국가경찰공무원의 경우 누구나 무기를 사용할 수 있으나, 자치경찰공무원은 제주특별자치도지사의 신청에 의하여 제주자치도지방경찰청장의 승인을 얻은 자만이 무기를 휴대 · 사용할 수 있다(「제주특별자치도 설치 및 국제자유도시 조성을 위한 특별법」 제116조).

(3) 요건

범인의 체포 · 도주의 방지, 자기 또는 타인의 생명 · 신체에 대한 방호, 공무집행에 대한 저항의 억제를 위하여 필요하다고 인정되는 상당한 이유가 있을 때, 그 사태를 합리적으로 판단하여 필요한 한도 내에서 무기를 사용할 수 있다.

이를 분설하면 다음과 같다. 이 경우 무기사용으로 사람에게 위해를 가하지 않아야 한다.

① 범인의 체포 · 도주의 방지

범인이란 범죄행위를 한 자를 말한다. 피의자, 재판 중인 피고인, 유죄선고를 받은 자를 포함하는 개념이다. 그리고 체포란 범인의 의사와 관계없이 강제적으로 신체를 구속하는 강제처분이며 행동의 자유를 박탈하는 행위를 말한다. 그리고 도주란 구속된 자나 구속되려는 자가 그 경찰관의 통제로부터 벗어나거나 벗어나려고 하는 행위를 말하며, 방지란 체포 · 도주를 저지하는 것을 말한다.

② 자기 또는 타인의 생명 · 신체에 대한 방호

자기는 범인의 체포 · 도주를 방지하려는 경찰관 개인을 말하며, 타인이란 경찰관 자신과 범인을 제외한 모든 사람을 의미한다. 같은 직무를 수행하는 동료 경찰관이나 기타 경찰관뿐만 아니라 불특정 다수인을 포함한다. 방호란 신체와 생명에 대한 현재의 위험을 방지하고 위험으로부터 보호하는 것을 말한다.

여기서는 생명 · 신체에 대한 방호만을 규정하고 있으나 사람에게 위해를 가하지 않는 한 재산의 방호도 포함된다고 본다.

③ 공무집행에 대한 저항의 억제를 위하여 필요하다고 인정되는 상당한 이유가 있을 때

공무집행이란 「경찰관직무집행법」 제2조에서 규정한 경찰관의 직무의 집행을 말

한다. 그러나 직무수행의 상대방인 사인의 임의적 협력을 전제로 하는 직무에 대해서는 강제력을 행사할 수 없으므로 그 직무는 포함되지 않는다. 저항이란 경찰관의 적법한 공무집행을 방해하여 경찰목적의 달성을 불가능하게 하거나 곤란하게 하는 것이다. 그리고 억제란 저항을 저지하는 것을 말한다.

무기 사용은 사람의 신체와 생명에 치명적인 위해를 가할 수 있으므로 '필요하다고 인정되는 상당한 이유'를 엄격하고 제한적으로 해석하여야 한다.

④ 그 사태를 합리적으로 판단하여 필요한 한도 내에서

'합리적으로 판단'도 마찬가지로 엄격하고 제한적으로 해석하여야 하며, '필요한 한도 내'라는 말은 비례의 원칙을 의미한다.

(4) 무기사용과 위해

위와 같은 요건에 해당하더라도 경찰관은 사람에게 위해를 가하지 않도록 무기를 사용하여야 한다. 그러나 불가피한 경우에는 예외이다. 무기사용에서 위해를 가할 수 있는 경우는 다음과 같다.

첫째, 형법에 규정한 정당방위와 긴급피난에 해당하는 때

둘째, 사형 · 무기 또는 장기 3년 이상의 징역이나 금고에 해당하는 죄를 범하거나 범하였다고 의심할 만한 충분한 이유가 있는 자가 경찰관의 직무집행에 대하여 항거하거나 도주하려고 할 때 또는 제3자가 그를 도주시키려고 경찰관에게 항거할 때에 이를 방지 또는 체포하기 위하여 무기를 사용하지 아니하고는 다른 수단이 없다고 인정되는 상당한 이유가 있을 때

셋째, 체포 · 구속영장과 압수 · 수색영장을 집행할 때에 본인이 경찰관의 직무집행에 대하여 항거하거나 도주하려고 할 때 또는 제3자가 그를 도주시키려고 경찰관에게 항거할 때 이를 방지 또는 체포하기 위하여 무기를 사용하지 아니하고는 다른 수단이 없다고 인정되는 상당한 이유가 있을 때

넷째, 범인 또는 소요행위자가 무기 · 흉기 등 위험한 물건을 소지하고 경찰관으로부터 3회 이상의 투기명령 또는 투항명령을 받고도 이에 불응하면서 계속 항거하여 이를 방지 또는 체포하기 위하여 무기를 사용하지 아니하고는 다른 수단이 없다

고 인정되는 상당한 이유가 있을 때

다섯째, 대간첩작전수행에 있어 무장간첩이 경찰관의 투항명령을 받고도 이에 불응하는 경우

(5) 무기사용의 기준

사람을 향하여 권총 또는 소총을 발사하고자 하는 때에는 미리 구두 또는 공포탄에 의한 사격으로 상대방에게 경고하여야 한다. 다만, 경찰관을 급습하거나 타인의 생명 · 신체에 대한 중대한 위험을 야기하는 범행이 목전에 실행되고 있는 등 상황이 급박하여 특히 경고할 시간적 여유가 없는 경우 또는 인질 · 간첩 또는 테러사건에 있어서 은밀히 작전을 수행하는 경우로서 부득이 한 때에는 경고하지 아니할 수 있다.

권총 또는 소총을 사용하는 경우에 있어서 범죄와 무관한 다중의 생명 · 신체에 위해를 가할 우려가 있는 때에는 이를 사용하여서는 아니된다. 다만, 권총 또는 소총을 사용하지 아니하고는 타인 또는 경찰관의 생명 · 신체에 대한 중대한 위험을 방지할 수 없다고 인정되는 때에는 필요한 최소한의 범위 안에서 이를 사용할 수 있다. 그리고 총기 또는 폭발물을 가지고 대항하는 경우를 제외하고는 14세 미만의 자 또는 임산부에 대하여 권총 또는 소총을 발사하여서는 아니된다.

경찰관은 공공의 안전을 위협하는 동물을 사살하기 위하여 부득이한 때에는 권총 또는 소총을 사용할 수 있다.

(6) 무기의 사용의 기록 · 보관

무기를 사용하는 경우 그 책임자는 사용일시 · 사용장소 · 사용대상 · 현장책임자 · 종류 · 수량 등을 기록하여 보관하여야 한다.

(7) 무기사용의 한계

무기의 사용에는 비례의 원칙과 보충성의 원칙에 따른 한계가 있다.

첫째, 비례의 원칙에 따라 '필요하다고 인정되는 상당한 이유가 있을 때에는 …… 필요한 한도 내'에서 무기를 사용할 수 있다.

둘째, 보충성의 원칙에 따라 '무기를 사용하지 아니하고는 다른 수단이 없다고 인정되는 상당한 이유가 있을 때'에 무기를 사용할 수 있다. 즉 통상의 용법에 따라 최소한의 범위 내에서 무기를 사용하여야 한다. 그러나 이 보충성의 원칙은 대간첩 작전 수행에는 적용되지 않는다.

무기사용의 요건과 한계를 벗어나 무기를 사용하여 사람을 살상한 때에는 위법한 행정상 즉시강제가 되어 경찰관 개인은 민·형사상 책임뿐만 아니라 징계책임을 지게 되며, 국가는 국가배상책임을 진다.

Ⅲ 경찰상 대물적 즉시강제

1. 임시영치

보호조치를 하는 경우 피구호자가 휴대하고 있는 무기·흉기 등 위험을 야기할 수 있는 것으로 인정되는 물선을 경찰관서에 임시영치할 수 있다. 흉기란 위험을 야기할 수 있는 것으로 인정되는 일체의 물건으로서 무기를 제외한 것이다.

임시영치는 영장없이 이루어지는 강제처분으로서 대물적 즉시강제의 일종이다.

임시영치 기간은 10일을 초과할 수 없다. 임시영치된 물건이 금제품(禁制品)으로 「형사소송법」이나 「총포·도검·화약류 등 단속법」 등에 의하여 영치·몰수 처리하여야 하는 경우가 아닌 한 10일 이내에 본인에게 반환하여야 한다.

Ⅳ 경찰상 대가택적 즉시강제

1. 위험방지를 위한 출입

1) 의의

위험방지를 위한 출입이란 위험한 사태가 발생하여 인명·신체 또는 재산에 대한 위해가 절박한 때에 그 위해를 방지하거나 피해자를 구조하기 위하여 타인의 토지·건물 또는 선차 내에 출입하거나(긴급출입), 일반적인 위험방지를 위하여 흥행장·여관·음식점·역 기타 다수인이 출입하는 것(예방출입)을 말한다(「경찰관직무집행법」 제7조). 이 출입은 경찰상 대가택적 즉시강제에 해당한다.

「풍속영업의 규제에 관한 법률」, 「총포·도검·화약류 등의 단속법」 등에 의한 영업소 등에 대한 출입과 달리, 이 출입권은 응급사태에 조치를 취하기 위하여 또는 범죄나 위해의 예방을 위하여 상대방의 의사에 관계없이 출입하여 필요한 조치를 취할 수 있는 권한이다.

2) 성질

헌법 제16조는 주거의 자유를 보장하고 있다. 따라서 주거자의 동의 없이 가택을 출입하거나 검색할 수 없으며, 예외적으로 사람의 생명·신체·자유·물건의 안전 등에 대한 현재의 위험방지를 위하여 출입·검색을 할 수 있다. 여기서 주거는 넓은 의미로서 침실과 거실 뿐만 아니라 마루·창고·정원과 같은 부속공간도 포함한다. 그리고 천막, 텐트, 호텔의 객실, 학생의 기숙사, 근로자·경영자의 업무공간 등 사실상 거주에 제공되는 공간도 주거에 포함된다.

이와 같은 직접출입뿐만 아니라 간접출입도 허용되지 아니한다. 간접출입이란 직접출입의 효과를 갖는 토지·건물·흥행장·여관·음식점 등에 대한 상시적 관찰, 도청, 망원 카메라나 적외선 카메라를 통하여 감시하는 것을 말한다. 이러한 행위는 헌법에서 보장하고 있는 프라이버시권에 대한 침해를 가져오기 때문이다.

3) 출입

(1) 긴급출입(일반출입)

① 의의

긴급출입이란 경찰관이 「경찰관직무집행법」 제5조(위험발생방지)와 제6조(범죄의 예방과 제지)에 규정한 위험한 사태가 발생하여 인명·신체 또는 재산에 대한 위해가 절박하였을 때에 그 위해를 방지하거나 피해자를 구조하기 위하여 부득이하다고 인정할 경우, 합리적으로 필요하다고 판단되는 한도 내에서 타인의 토지·건물 또는 선차(船車) 내에 출입하는 것을 말한다. 이를 일반출입이라고도 한다.

② 요건

긴급출입은 위험한 사태가 발생하여 인명 · 신체 또는 재산에 대한 위해가 절박한 때에 그 위해를 방지하거나 피해자를 구조하기 위하여 부득이 하다고 인정할 때이다.

따라서 긴급출입의 요건으로는, 첫째, 위험한 사태가 발생하여야 한다. 이것은 인명 또는 신체에 위해를 미치거나 재산에 중대한 손해를 끼칠 우려가 있는 천재, 사변, 공작물의 손괴, 교통사고, 위험물의 폭발, 광견(狂犬) · 분마류(奔馬類) 등의 출현, 극단적인 혼잡 기타 위험한 사태가 있을 때(제5조 제1항의 사태), 대간첩작전수행 또는 소요사태의 진압을 위하여 필요하다고 인정되는 상당한 이유가 있을 때(제5조 제2항의 사태), 범죄행위가 목전에 행하여지려고 하고 있다고 인정될 때(제6조 제1항의 사태)이다.

둘째, 위해가 절박하여야 한다. 인명 · 신체에 위해를 미치거나 재산에 중대한 손해를 끼칠 우려가 있어 긴급을 요하는 경우이다.

셋째, 위해방지나 피해자 구조를 위하여 부득이 하여야 한다. 출입의 목적이 위해방지와 피해자 구조에 있어야 하며, 범죄수사, 풍기단속 등 다른 행정목적을 위하여 이 규정에 의한 출입을 할 수 없나. 부득이 하다는 것은 보충성의 원리를 의미한다. 즉 그 장소에 출입하는 것 이외에 다른 적당한 수단이 없다고 인정될 때를 말한다. 그러므로 경찰관이 직접 출입하지 않고 밖에서 큰 소리로 경고함으로써 충분히 목적을 달성할 수 있다면 출입이 허용되지 않는다.

③ 내용

긴급출입의 내용은 타인의 토지 · 건물 또는 선차 내에 출입하는 것을 말한다. 이 출입에는 출입의 전단계 수단인 정차, 정선 등이 포함된다. 그리고 합리적이고 필요한 한도 내에서 승차, 승선 등도 포함된다.[43] 출입하여 불심검문, 동행요구, 현행범체포, 범죄의 제지 등도 할 수 있다.[44]

출입 장소는 예시적인 규정으로서 이와 유사한 장소도 포함된다. 예를 들면 항공기, 광갱(鑛坑), 경찰상 공개된 장소도 포함된다.

긴급출입은 현재의 위험을 방지하기 위한 것이기 때문에 출입 시간에는 제한이

43) 여러 사람을 싣고 정시에 발착하도록 되어 있는 운송수단을 장시간 묶어 놓으면 상대방에게 피해를 주기 때문이다.

44) 출입장소에 입장하여 위해를 예방하고 인명을 구조하기 위한 활동을 할 수 있어야 하기 때문이다.

없고, 야간 출입도 가능하다.

여기서 출입지가 '타인의 것'이라 하였으나 반드시 점유자 · 소유자 기타 관리자의 지배하에 놓여 있음을 요하지 아니하며, 무주물이라도 무방하다. 출입하는 시점에 타인이 토지 · 건물 또는 선차 내에 반드시 있어야 하는 것은 아니다.

긴급출입은 상대방의 동의를 요하지 않는 강제조치로서 현실적 장해를 제거할 필요가 절박하기 때문에 하명으로 경찰의무를 과할 시간적 여유가 없을 때 발동되는 경찰상 즉시강제의 일종이다. 정당한 출입을 거부할 경우 공무집행방해죄를 구성할 수 있다.

출입에는 비례의 원칙이 적용되어 합법적으로 판단하여 필요한 한도 내에서 출입하여야 한다. 경미한 장해를 제거하기 위하여 필요 이상으로 출입권을 행사할 수 없다.

(2) 예방출입 : 경찰상 공개된 장소에 대한 출입

① 의의

예방출입이란 흥행장 · 여관 · 음식점 · 역 기타 다수인이 출입하는 장소에 경찰관이 범죄의 예방 또는 인명 · 신체와 재산에 대한 위해예방을 목적으로 출입할 것을 말한다. 이 출입은 경찰상 조사의 성질을 가진다.

② 요건

예방출입의 요건으로는, 첫째, 다수인이 출입하는 장소를 대상으로 한다. 「경찰관직무집행법」의 규정은 예시적인 규정으로서 흥행장 · 여관 · 음식점 · 역뿐만 아니라 공개된 연설회장, 기차, 전철 등 교통시설, 유원지, 백화점, 동 · 식물원 등이 포함된다. 이런 지역을 '경찰상 공개된 장소'라고 한다. 다만, 특정다수인을 대상으로 하는 회갑연회장, 비공개 세미나회장, 친목회장 등은 제외된다.

둘째, 영업 또는 공개시간 내에 출입하여야 한다. 즉 현실적으로 그 장소를 일반에 제공하고 있는 시간에만 출입할 수 있다.

셋째, 범죄의 예방 또는 인명 · 신체와 재산에 대한 위해의 예방을 목적으로 출입하여야 한다. 단순하게 경찰상 조사를 위해서도 출입할 수 있다.

③ 내용

예방출입의 내용은 경찰상 공개된 장소에 출입하는 것이다. 이 장소의 관리자 또는 이에 준하는 관계인은 경찰관이 그 장소에 출입할 것을 요구한 때에는 정당한 이유 없이 이를 거절할 수 없다. 따라서 예방출입은 강제출입권의 성질을 가진다. 장소관리자가 정당한 이유가 있을 때만 거절할 수 있기 때문이다. 장소관리자 등은 출입요구의 타당성을 심사하여 거부할 수 없고, 그 장소가 경찰상 공개된 장소가 아니거나 영업 또는 공개시간이 아닌 것을 이유로만 출입을 거절할 수 있다.

출입을 거부할 경우 처벌조항은 없지만 경찰관의 정당한 출입을 폭행·협박으로 저지한다면 공무집행방해죄를 구성할 수 있다.

4) 대간첩작전을 위한 검색

(1) 의의

대간첩작전을 위한 검색이란 경찰관이 대간첩작전수행에 필요하여 작전지역 안에 있는 경찰상 공개된 장소 안을 검색하는 것을 말한다.

(2) 내용

검색은 물건이나 사람을 직접 찾는 행위를 말한다. 간첩을 발견하고 이를 체포·진압하는 것도 포함된다. 검색의 대상은 경찰상 공개된 장소이므로, 사인의 가옥에 대해서는 할 수 없다.

검색이 대간첩작전에 필요하여야 한다. 필요성의 판단은 전술적 전문적 특히 군사적 차원의 판단이기 때문에 대간첩작전을 지휘하는 지휘관의 판단에 일임된다.

그리고 검색은 대간첩작전이 진행되는 기간 중에 작전지역 내에서 하여야 한다. 작전지역은 그때그때 정해진다.

검색에는 시간상 제한이 없다. 영업시간이나 공개시간 외에도 가능하다. 그리고 장소관리자 또는 이에 준하는 관계인의 동의를 요하지 아니한다.

결국 대간첩작전을 위한 검색의 요건은 예방출입의 경우보다 많이 완화되어 있다.

5) 출입의 절차

경찰관이 필요한 장소에 출입할 때에는 그 신분을 표시하는 증표를 제시하여야 하며, 함부로 관계인의 정당한 업무를 방해하여서는 아니된다.

V 직무수행을 위한 임의적 사실행위

1. 사실의 조회

1) 의의와 성질

사실의 조회란 경찰관서의 장이 직무수행에 필요하여 국가기관 또는 공·사단체 등에 대하여 직무수행에 관련된 사실을 조회하는 것을 말한다.

이것은 경찰의 직무인 치안정보의 수집·작성·경호를 위한 자료수집, 범죄예방을 위한 자료수집 등 공공의 안녕과 연관되는 내용을 파악하기 위한 자료를 확보하기 위한 것으로서 임의적 사실행위이다. 따라서 아무런 법적 효과를 발생시키지 아니하며, 강제집행이나 경찰벌의 대상이 되지 아니한다.

그리고 이 사실의 조회는 「형사소송법」상 범죄수사를 위하여 공무소 기타 공·사단체에 조회하는 것과 구별된다.

2) 요건

사실조회의 주체는 경찰관이 아니라 경찰관서의 장이다. 일반적으로 경찰서장을 말하지만, 넓게 해석하여 지구대장, 파출소장, 출장소장 등을 포함한다.

사실을 조회하려는 직무의 내용에는 제한이 없다. 「경찰관직무집행법」 제2조의 직무에 포함되면 할 수 있다. 다만, 범죄수사는 제외된다. 범죄수사를 위하여 「형사소송법」에서는 관계기관 등에 보고를 요청할 수 있다고 규정하고 있기 때문이다. 조회하려는 사항에도 특별한 제한이 없다.

그리고 직무수행에 필요하다고 인정되는 상당한 이유가 있어야 사실조회를 할 수 있다. 상당한 이유의 판단은 경찰관서의 장의 재량사항이다. 사실조회는 국가기관 등에 대해서 하는 것이므로 개인의 사생활을 침해하는 경우가 거의 없기 때문에 상당성을 엄격하게 해석할 필요가 적다.

조회의 상대방은 국가기관 또는 공·사단체 등이다. 국가기관에는 모든 행정관청, 국회, 법원이 포함되며, 공·사단체는 지방자치단체와 공·사립 단체를 말한다.

3) 내용

조회란 사람, 동산, 부동산, 기타 유체물과 무체물에 대하여 그 성상을 물어보는 것을 말한다. 일반적으로 공문서의 방식에 의하지만 구두로도 할 수 있다.

긴급을 요할 때에는 경찰관서의 장은 소속 경찰관으로 하여금 현장에 출장하여 당해 기관 또는 단체의 장의 협조를 얻어 그 사실을 확인하게 할 수 있다. 이 확인도 비권력적 사실행위로서 경찰상 조사에 해당한다.

4) 효과

국가기관이나 지방자치단체에 대한 사실의 조회는 행정응원에 해당한다. 따라서 사실의 조회를 요청받는 국가기관이나 지방자치단체는 다른 행성청이 보다 능률적이거나 경제적으로 응원할 수 있는 명백한 이유가 있는 경우 또는 조회에 응함으로써 고유의 직무수행이 현저히 지장 받을 것으로 인정되는 명백한 이유가 있는 경우 외에는 조회에 응하여야 한다(「행정절차법」 제8조 제2항).

그러나 그 밖의 단체 등은 조회에 응하여야 할 의무가 없다.

2. 출석요구

1) 의의 및 성질

출석요구는 경찰관이 미아를 인수할 보호자의 여부, 유실물을 인수할 권리자의 여부 또는 사고로 인한 사상자를 확인하기 위하거나 행정처분을 위한 교통사고조사상의 사실을 확인하기 위하여 관계인에게 경찰관서에 출석할 것을 요구하는 것을 말한다.

출석요구도 사실의 조회와 마찬가지로 경찰의 직무수행에 필요한 자료를 확보하기 위한 것으로서 임의적 사실행위이다. 「형사소송법」상 피의자에 대한 출석요구와 구별된다.

2) 내용

출석요구의 주체는 경찰관이다. 그러나 실무적으로 상사의 결재를 얻어야 출석요구를 할 수 있으므로 개개 경찰관의 권한이라기보다는 출석요구서의 명의인인 경찰관서의 장이 주체가 된다고 보아야 한다.

출석요구의 사유는 미아를 인수할 보호자의 여부 확인, 유실물을 인수할 권리자의 여부 확인, 사고로 인한 사상자의 확인, 행정처분을 위한 교통사고 조사상의 사실 확인이다. 이 사유도 예시적인 규정이므로 그 이외의 사유로도 경찰목적의 달성을 위하여 필요한 경우 출석을 요구할 수 있다. 다만, 형사책임을 규명하기 위한 사실조사는 수사이므로 「형사소송법」에 의한다.

출석요구의 방식은 일반적으로 출석요구서에 의한다. 출석요구서에는 출석을 요하는 사유 · 일시 및 장소를 명확히 규정하여야 한다. 다만, 시간적 여유가 없을 때에는 전화나 팩스 등을 사용할 수 있다.

출석요구의 상대방은 관계인이다. 미아의 보호자, 보호자에 갈음할 수 있는 자 또는 스스로 보호자라고 주장하는 자, 유실물의 권리자, 권리자에 갈음할 수 있는 자 또는 스스로 권리자라고 주장하는 자, 사고나 교통사고의 가해자, 피해자, 목격자 등이다.

3) 효과

출석요구는 비권력적 사실행위에 해당하므로 출석의무가 발생하지 않는다. 출석하지 않았다고 처벌할 수 없고 강제할 수도 없다.

Ⅵ 유치장

1. 의의

유치장이란 법률이 정하는 절차에 따라 체포 · 구속되거나 신체의 자유를 제한하는 판결 또는 처분을 받은 자를 수용하기 위하여 경찰서에 두는 시설이다.

2. 수용대상자 및 처우

유치장의 수용대상자는 법률이 정한 절차에 의하여 체포·구속된 자, 신체의 자유를 제한하는 판결 또는 처분을 받은 자이다.

법률이 정한 절차에 의하여 체포·구속된 자란 「형사소송법」에 의하여 체포·구속된 자를 말한다. 「형의 집행 및 수용자의 처우에 관한 법률」에 의하면 형사피의자와 형사피고인으로서 구속영장이 집행된 자는 구치소나 미결수용실에 수용된다. 따라서 경찰서 유치장은 아직 구속영장이 발부되지 아니한 긴급구속 또는 현행범으로 체포된 자를 임시로 유치하는 기능을 한다. 그러나 현실적으로는 구속영장이 집행된 피고인이나 피의자를 수용하는 경우가 있다.

신체의 자유를 제한하는 판결 또는 처분을 받은 자란 주로 즉결심판에 의한 구류판결을 받은 자를 말한다. 정식재판에 의해 선고된 자유형의 집행은 교도소 내에서 행한다.

유치장에 수용된 자는 무죄추정의 원칙에 의하여 일반인과 같은 처우를 하여야 한다.

3. 설치장소 및 감찰

유치장의 설치장소는 경찰서 및 지방해양경찰관서이다.

유치장 감찰은 검찰의 권한이다. 지방검찰청 검사장 또는 지청장은 불법체포·구속의 유무를 조사하기 위하여 검사로 하여금 매월 1회 이상 관할 수사관서의 피의자의 체포·구속장소를 감찰하게 하여야 한다. 감찰하는 검사는 체포 또는 구속된 자를 심문하고 관련서류를 조사하여야 한다. 그리고 검사는 적법한 절차에 의하지 아니하고 체포 또는 구속된 것이라고 의심할 만한 상당한 이유가 있는 경우에는 즉시 체포 또는 구속된 자를 석방하거나 사건을 검찰에 송치할 것을 명하여야 한다(「형사소송법」 제198조의2).

Ⅶ 직권남용에 대한 벌칙

「경찰관직무집행법」에 규정된 경찰관의 의무에 위반하거나 직권을 남용하여 다른 사람에게 해를 끼친 자는 1년 이하의 징역이나 금고에 처한다(「경찰관직무집행법」 제12조).

제4항 경범죄처벌법

Ⅰ 서설

1. 의의

「경범죄처벌법」은 국민의 일상생활 주변에서 흔히 범하기 쉬운 공공질서 위반 및 경미한 도덕률에 위배되는 범법행위에 대하여 그 제재로서 가벼운 형벌인 10만원 이하의 벌금·구류 또는 과료에 처할 것을 규정한 경찰법에 관한 특별법이다.

2. 법의 성격 및 특성

「경범죄처벌법」은 광의의 형법에 속하며, 형법의 보충법이다. 그리고 일반법이고 실체법이지만, 통고처분과 같은 절차법에 관한 규정도 있다.

그리고 법인에 대하여 금전벌에 한하여 처벌할 수 있다. 또한 벌금 이하의 형으로만 규정되어 있으므로 자격정지 이상에만 가능한 집행유예도 할 수 없다. 형의 면제와 벌금형의 선고시 선고유예를 할 수 있다.

「경범죄처벌법」에는 미수범에 대한 처벌 규정이 없다. 그리고 교사범·공범의 형을 감경하지 아니하고 정범에 준하여 처벌한다. 즉 죄를 범하도록 시키거나 도와준 사람은 죄를 범한 사람에 준하여 벌한다(「경범죄처벌법」 제3조).

사람을 벌함에 있어서는 그 사정과 형편을 헤아려서 그 형을 면제하거나 또는 구류와 과료를 함께 과할 수 있다(「경범죄처벌법」 제2조).

Ⅱ 처벌대상과 내용

1. 처벌대상

「경범죄처벌법」의 처벌대상은 50개의 행위이다. 빈집 등에의 잠복, 흉기의 은닉 휴대, 폭행 등 예비, 허위신고, 시체 현장변경 등, 요부조자(要扶助者) 등 신고불이행, 관명사칭 등, 출판물의 부당게재 등, 물품강매 · 청객행위, 허위광고, 업무방해, 광고물 무단첩부 등, 음료수 사용방해, 오물방치, 노상방뇨 등, 의식방해, 단체 가입강청, 자연훼손, 타인의 가축 · 기계 등 무단조작, 수로유통방해, 구걸부당이득, 불안감 조성, 음주소란 등, 위험한 불씨 사용, 물건 던지기 등 위험행위, 공작물 등 관리소홀, 굴뚝 등 관리소홀, 정신병자 감호 소홀, 위해동물 관리 소홀, 동물 등에 의한 행패 등, 무단소등, 공중통로 안전관리 소홀, 공무원 원조불응, 성명 등의 허위기재, 전당품 장부 허위 기재, 미신요법, 야간통행 제한 위반, 과다노출, 지문 채취 불응, 자릿세 징수 등, 비밀춤 교습 및 장소 제공, 암표매매, 새치기, 무단출입, 총포 등 조작장난, 무임승차 및 무전취식, 뱀 등 진열행위, 장난전화 등, 금연장소에서의 흡연 등이 처벌 대상행위이다.

2. 처벌내용

「경범죄처벌법」을 위반한 경우 10만원 이하의 벌금, 구류 또는 과료의 형으로 벌한다. 처벌은 즉결심판으로 한다. 다만, 범칙행위에 대하여는 통고처분으로 범칙금을 부과한다(「경범죄처벌법」 제6조).

Ⅲ 통고처분

1. 범칙행위와 범칙금

통고처분은 「경범죄처벌법」에서 규정한 범칙행위를 대상으로 한다. 이 법에서 정한 범칙행위는 오물방치, 노상방뇨 등, 자연훼손, 수로유통방해, 불안감조성, 음주소란 등, 인근소란 등, 물건 던지기 등 위험행위, 공작물 등 관리소홀, 굴뚝 등 관리소홀, 위해동물 관리소홀, 무단소등, 공중통로 안전관리소홀, 공무원 원조불응, 전당품 장부 허위기재, 미신요법, 야간통행제한위반, 새치기, 무단출입, 뱀 등 진열행위, 금연장소에서의 흡연에 해당하는 위반행위를 말한다(「경범죄처벌법」 제5조 제1항).

범칙자는 범칙행위를 행한 사람을 말한다. 그러나 ㉠ 범칙행위를 상습적으로 행하는 사람, ㉡ 죄를 범한 동기나 수단 및 결과를 헤아려 구류처분함이 상당하다고 인정되는 사람, ㉢ 피해자가 있는 행위를 한 사람, ㉣ 18세 미만인 사람은 제외된다(「경범죄처벌법」 제5조 제2항).

그리고 범칙금이라 함은 범칙자가 통고처분에 의하여 국고 또는 제주특별자치도의 금고에 납부하여야 할 금전을 말한다(「경범죄처벌법」 제5조 제3항).

2. 통고처분과 범칙금 납부

「경범죄처벌법」에 의하면, 경찰서장, 해양경찰서장 또는 제주특별자치도지사는 범칙자로 인정되는 사람에 대하여 그 이유를 명백히 나타낸 서면으로 범칙금을 납부할 것을 통고할 수 있다. 그러나 통고처분서 받기를 거부한 사람, 주거 또는 신원이 확실하지 아니한 사람, 그 밖에 통고처분하기가 매우 어려운 사람에 대하여는 통고처분을 할 수 없고, 지체 없이 즉결심판을 청구하여야 한다(「경범죄처벌법」 제6조).

통고처분서를 받은 사람은 그 통고처분서를 받은 날로부터 10일 이내에 경찰청장 또는 해양경찰청장이 지정하는 국고은행, 그 지점이나 대리점, 우체국 또는 제주특별자치도지사가 지정하는 금융기관이나 그 지점에 범칙금을 납부하여야 한다. 다만, 천재 · 지변이나 그 밖의 부득이한 일로 말미암아 그 기간 내에 범칙금을 납부할 수 없을 때에는 그 부득이한 일이 없어지게 된 날로부터 5일 이내에 납부하여야 한다(「경범죄처벌법」 제7조 제1항).

납부기간 내에 범칙금을 납부하지 아니한 사람은 납부기간이 만료되는 날의 다음 날부터 20일 이내에 통고받은 범칙금액에 그 100분의 20을 더한 금액을 납부하여야 한다(「경범죄처벌법」 제7조 제2항).

범칙금을 납부한 사람은 그 범칙행위에 대하여 다시 벌을 받지 아니한다(「경범죄처벌법」 제7조 제3항). 즉 이중처벌이 금지된다.

3. 통고처분 불이행자의 처리(즉결심판청구)

경찰서장 또는 해양경찰서장은 납부기간 내에 범칙금을 납부하지 아니한 사람에 대하여는 지체 없이 즉결심판을 청구하여야 한다. 즉결심판이 청구되기 전까지 통고받은 범칙금액에 그 100분의 50을 더한 금액을 납부한 사람에 대하여는 그러하지 아니하다(「경범죄처벌법」 제8조 제1항). 이렇게 범칙금을 납부한 사람은 그 범칙행위에 대하여 다시 벌받지 아니한다(「경범죄처벌법」 제8조 제3항).

즉결심판이 청구된 피고인이 즉결심판 선고 전까지 통고받은 범칙금액에 그 100분의 50을 더한 금액을 납부하고 증빙서류를 제출한 때에는 경찰서장 또는 해양경찰서장은 그 피고인에 대한 즉결심판 청구를 취소하여야 한다(「경범죄처벌법」 제8조 제2항). 즉결심판 선고 전에 범칙금을 납부한 사람도 그 범칙행위에 대하여 다시 벌받지 아니한다(「경범죄처벌법」 제8조 제3항).

제주특별자치도지사는 납부기간 내에 범칙금을 납부하지 아니한 사람이 있는 경우에는 즉시 관할 경찰서장 또는 해양경찰서장에게 그 사실을 통보하고 관련 서류를 이첩하여야 한다(「경범죄처벌법」 제8조 제4항). 이 경우 통보를 받은 경찰서장 또는 해양경찰서장은 즉결심판을 청구한다.

제4장

경찰권의 행사와 행정구제

제1절 개설

I 행정구제의 의의

공공의 안녕과 질서의 유지를 목적으로 하는 경찰도 당연히 법치행정의 원리에 따라야 한다. 오늘날 실질적 법치주의는 적법한 경찰권 행사를 보장하는 것을 내용으로 하지만, 아울러 경찰권의 행사로 인한 권리구제제도의 확립도 요구된다.[1)]

경찰상 행정구제(行政救濟)란 행정주체의 경찰작용으로 인하여 권리 · 이익이 침해

---

1) 행정구제의 종류를 개관하면 다음과 같다.

- 행정구제
  - 사전구제
    - 행정절차
    - 직권시정
    - 정당방위 : 사전적 직접적 구제제도
    - 청원 : 사전적 사후적 구제제도
    - 옴부즈만(호민관)제도 : 사전적 사후적 구제제도
  - 사후구제
    - 행정상 손해전보 (실체법적 구제)
      - 행정상 손해배상
        - 공무원의 직무상 불법행위로 인한 손해배상
        - 영조물의 설치 · 관리의 하자로 인한 손해배상
      - 행정상 손실보상
    - 행정상 쟁송 (절차법적 구제)
      - 행정심판
        - 취소심판
        - 무효등확인심판
        - 의무이행심판
      - 행정소송
        - 항고소송
          - 취소소송
          - 무효등확인소송
          - 부작위위법확인소송
        - 당사자소송
        - 민중소송
        - 기관소송
    - 형사책임(고소, 고발)
    - 공무원 징계책임
    - 헌법소원

되었다고 주장하는 자가 권한 있는 기관(법원 또는 행정기관)에 대하여 그 작용의 취소 · 변경 및 손해전보 · 원상회복을 요구하고, 이에 대하여 권한 있는 기관이 심리 · 판단하는 절차와 행정작용의 적법 · 타당성을 기하고 국민의 권익침해를 예방하기 위하여 경찰작용이 있기 전에 경찰관청과 국민 사이에 밟아야 하는 절차이다.

이러한 행정구제는 경찰작용의 적법 · 타당성을 기하고 경찰작용으로부터 국민의 권익을 보호하기 위한 것으로 헌법상 국민의 기본권 보장과 실질적 법치주의의 관점에서 반드시 필요한 것이다.

Ⅱ 행정구제의 종류

1. 사전구제

사전구제(事前救濟)란 위법 · 부당한 행정작용으로 인하여 권익침해가 발생하기 전에 이를 예방하는 구제절차를 말한다. 이 사전구제제도도 행정작용의 적법 · 타당성과 국민의 권익침해의 예방에 그 목적을 두고 있다.

가장 이상적인 행정구제라고 할 수 있지만, 순수한 의미의 사전구제제도는 잘 정립되어 있지 않다. 다만, 행정절차, 옴부즈만제도(Ombudsman), 청원제도, 민원처리제도 등이 사전구제제도의 기능도 수행하고 있다.

2. 사후구제

1) 개념

사후구제(事後救濟)란 행정작용으로 인하여 개인의 권리 · 이익이 침해된 경우 그 행정작용을 취소 · 변경하거나 손해를 전보하는 제도를 말한다. 행정구제는 보통 이러한 사후구제의 의미로 사용된다. 사후구제에는 행정상 손해전보와 행정상 쟁송이 있다.

2) 행정상 손해전보

행정상 손해전보(行政上 損害塡補)는 행정작용으로 인하여 정신적 · 경제적 손해가 발생한 경우 국가 · 공공단체가 이를 전보하는 실체적(재산적) 구제제도이다. 여기에는 행정상 손해배상과 행정상 손실보상이 있다.

3) 행정상 쟁송

행정상 쟁송(行政上 爭訟)은 위법 · 부당한 행정작용으로 권리 · 이익의 침해가 있는 경우 그 행정작용의 취소 · 변경을 요구하고 권한 있는 기관이 이를 심리 · 판단하는 절차적 구제제도이다. 행정심판과 행정소송이 있다.

제2절 행정상 손해전보

제1항 행정상 손해배상

I 개설

1. 의의

행정상 손해배상제도(行政上 損害賠償制度)는 행정주체가 위법한 활동을 하여 개인에게 손해를 가한 경우 이를 배상해 주는 제도이다. 즉 공무원의 직무상 불법행위 또는 공공의 영조물의 설치 · 관리의 하자로 인하여 국민에게 손해가 발생한 경우 국가 또는 지방자치단체가 그 손해를 배상하는 제도이다.

2. 우리나라의 행정상 손해배상제도

1) 헌법적 근거

헌법 제29조 제1항은 '공무원의 직무상 불법행위로 손해를 받은 국민은 법률이 정하는 바에 따라 국가 또는 공공단체에 정당한 배상을 청구할 수 있다. 그러나 공무원 자신의 책임은 면제되지 아니한다'고 규정하여 행정상 손해배상제도를 인정하고 있다.

2) 국가배상법

「국가배상법」이 행정상 손해배상에 관한 일반법이다.

「국가배상법」 제8조는 '국가 또는 지방자치단체의 손해배상책임에 관하여서는 이 법의 것을 제외하고는 민법의 규정에 의한다. 다만, 민법 이외의 법률에 다른 규정이 있을 때에는 그 규정에 의한다'고 하여 「국가배상법」과 민법이 특별법과 일반법의 관계에 있음을 밝히고 있다. 따라서 행정상 손해배상에 있어서 특별법 → 「국가배상법」(「자동차손해배상보장법」) → 민법으로 순으로 법률이 적용된다.

또한 「국가배상법」은 제7조에서 '이 법은 외국인이 피해자인 경우에는 상호보증이 있는 때에 한하여 적용한다'고 규정하여 상호주의를 채택하고 있다.

「국가배상법」의 법적 성격에 대하여, 대법원은 민법의 특별법으로서 사법체계에 속하며, 국가배상사건은 민사소송으로 처리되어야 한다고 본다.

3) 특별법

행정상 손해배상에 관하여 특별한 규정이 있는 특별법으로는 「자동차손해배상보장법」(관용차량운전사고로 인한 손해, 무과실책임 인정 등), 「산업재해보상보험법」(국공영사업종사 근로자의 산업재해, 무과실책임 인정), 「원자력손해배상법」(국공영원자력사업으로 인한 손해, 무과실책임 인정), 「공무원연금법」(공무원의 업무상 재해, 무과실책임 인정), 「광업법」·「의사상자 예우에 관한 법률」(무과실책임 인정), 「우편법」·「공중전기통신사업법」·「철도사업법」(책임범위 및 손해배상액의 감경 또는 정형화), 「형사보상법」·「범죄피해자구호법」(책임의 경합) 등이 있다.

Ⅱ 공무원의 직무상 불법행위로 인한 손해배상책임

1. 의의

공무원이 위법한 직무집행행위를 하여 개인에게 손해를 가한 경우 국가 또는 지방자치단체가 그 손해를 배상하는 것을 말한다.

「국가배상법」 제2조 제1항은 '국가 또는 지방자치단체는 공무원이 그 직무를 집행함에 당하여 고의 또는 과실로 법령에 위반하여 타인에게 손해를 가한 …… 때에는 그 손해를 배상하여야 한다'고 규정하여 공무원의 직무상 불법행위로 인한 손해배상책임을 인정하고 있다.

2. 손해배상책임의 요건

1) 공무원이 직무를 집행함에 당하여

(1) 공무원

국가배상책임이 성립되기 위해서는 가해행위의 주체가 공무원이어야 한다. 여기서 공무원의 개념은 가장 넓은 의미의 공무원이다. 즉 「국가공무원법」, 「경찰공무원법」 또는 「지방공무원법」 등에 의한 공무원 신분을 가진 자뿐만 아니라 널리 공무를 위탁받아 실질적으로 공무에 종사하는 자[1]를 포함한다.

(2) 직무행위

① 직무행위의 범위

직무에는 권력작용과 비권력적 공행정작용(管理作用)만이 포함되며, 관리작용 중에서 영조물의 설치 · 관리의 하자로 인한 손해배상책임은 「국가배상법」 제5조 규정에 의하여 규율되므로 여기서 제외된다. 사경제작용의 경우 민법 제756조의 사용자책임에 의하여 손해배상책임을 진다.[2]

② 직무행위의 내용

직무행위의 대표적인 것은 권력작용이다. 여기에는 권력적인 행정작용 · 입법작용 · 사법작용을 모두 포함한다.[3] 권력적 행정행위인 명령적 행정행위, 형성적 행정

---

1) 교통할아버지가 교통정리를 하다가 교통사고를 발생시킨 경우 국가배상법상 배상책임을 인정하였다(대판 2001.1.5, 98다39060).

2) 대판 1998.7.10, 96다38971; 대판 2001.1.5, 98다39060; 대판 1999.11.26, 98다47245.

3) 입법작용(법률의 제정) · 사법작용(판결)로 인한 손해에 대하여 국가배상책임을 부정하는 것이 원칙이다. 위헌 · 위법인 입법 또는 입법부작위로 인하여 국민에게 손해가 발생한 경우에 손해배상책임이 문제되는데, 이 경우 입법기관의 과실을 입증하기 어렵기 때문에 손해배상책임이 인정되기 곤란할 것이다. 그리고 법률에 의거한 구체적인 처분을 하였으나 그 법률이 위헌 · 무효로 판정된 경우, 처분의 법률상 근거가 소멸되었으므로, 그 처분은 위법하고 따라서 손해배상을 청구할 수 있을 것으로 생각할 수 있다. 그러나 처분을 행한 공무원은 법률의 위헌 여부를 심사할 권한이 없고 그 법률을 적용할 수밖에 없기 때문에 공무원의 과실을 인정할 수 없다. 따라서 이 경우 손해배상책임을 인정할 수 없다. 또한 처분법규와 같이 법률에 의하여 직접적으로 개인의 권익이 침해된 경우 그 처분법규가 위헌이라면 위법성을 인정할 수 있으나, 입법과정에서 국회의 과실을 인정하기 곤란하므로 손해배상책임을 인정하기 곤란하다. 다만 국회구성원인 국회의원의 고의 · 과실 내지 위법성을 입증할 수 있는 경우에는 손해배상책임이 인정될 수 있을 것이다.
사법작용도 공권력의 행사이므로 직무행위에 포함된다. 그러나 재판작용에 대하여 손해배상책임을

행위, 준법률행위적 행정행위(허위증명서 발급 등), 권력적 사실행위(권력적 행정지도 등), 특별권력관계행위 등은 직무행위로 인정된다.

③ 직무행위로서 부작위

직무행위에는 적극적인 직무집행 뿐만 아니라 부작위[4]도 포함된다. 경찰권 행사의 해태 또는 부작위와 같은 경찰권의 불행사로 인하여 개인이 손해를 입은 경우 손해배상을 청구할 수 있는가. 이 문제는 경찰권의 발동이 기속행위인가 재량행위인가에 따라 달라진다.

경찰법규에서 당해 경찰권의 발동이 기속행위로 인정되는 경우, 그 불행사는 위법한 직무행위의 내용이 되므로 그 불행사에 과실이 인정되는 경우 국가에 대하여 손해배상을 청구할 수 있다. 이 경우 경찰법규에 의하여 공무원에게 부과된 경찰권 행사의 의무가 공익을 위한 경우 국가는 손해배상책임이 없고, 사익도 아울러 보호하는 경우 국가는 손해배상책임이 있다고 할 수 있다.

이에 반하여 경찰권 발동이 재량행위인 경우, 경찰행정청은 그 권한행사 여부를 독자적으로 판단할 수 있고, 그 권한을 행사하지 않아도 재량의 한계를 벗어나지 않는 한 위법한 것은 아니다. 그러므로 국가는 손해배상책임이 없다. 다만, 예외적으로 재량권이 영으로 수축된 경우 그 권한의 발동만이 의무에 합당한 재량권의 행사

인정하는 것에는 문제가 많다. 특히 판결이 상소 또는 재심으로 번복된 경우 법관의 위법을 인정하여 손해배상책임이 발생하는가에 대해서, 이 경우 법관의 위법은 사실인정에 있어서 경험법칙·채증법칙을 현저히 일탈한 행위 또는 그 양식이 의심스러울 정도로 과오를 범한 경우 등 극히 한정된 경우 손해배상책임이 인정될 수 있을 것이다.

4) 권한행사의 해태 또는 부작위와 같은 권한의 불행사도 직무행위의 내용에 해당되므로 여기에 대해서도 손해배상을 청구할 수 있다.
그러나 「국가배상법」에 의한 국가의 배상책임 인정에 있어서 법적 보호이익과 반사적 이익의 구별이 적용되는가 하는 문제가 있다. 이에 대하여 대법원은 공무원에게 부과된 직무상 의무의 내용이 단순히 공익을 위한 것이거나 행정기관 내부질서를 규율하기 위한 것인 경우 그러한 의무를 위반하여 개인이 손해를 입은 경우 국가는 손해배상책임을 지지 아니한다고 본다. 이에 반하여 전적으로 또는 부수적으로 개인의 안전과 이익을 보호하기 위하여 설정된 것이라면 공무원이 그와 같은 직무상 의무를 위반하여 피해자가 손해를 입은 경우에는 국가배상책임을 인정한다(대판 1993.12.12, 91다43466).
또한 권한행사의 재량성 문제가 발생한다. 즉 법령상 권한행사에 행정청의 재량권이 부여되어 있는 경우 행정청이 독자적인 판단으로 권한행사 여부를 결정할 수 있으며, 그 권한을 행사하지 않아도 위법이 아니므로 손해배상책임이 없다. 그러나 재량권이 영으로 수축된 경우에는 그 권한행사만이 의무에 합당한 행위로 판단되므로 그 불행사는 위법이 되고 손해배상책임이 발생한다.

로서 인정된다면 그 불행사는 위법한 것으로서 국가는 배상책임을 져야 한다.

(3) 직무집행을 당하여

행정상 손해배상책임이 성립되기 위해서는 공무원이 직무를 집행함에 당하여 가해행위를 하여야 한다. 즉 직무관련성이 요구된다.

여기서의 '직무집행'에는 직무행위 자체는 물론 직무집행과 관련된 부수적 행위 또는 객관적으로 보아 직무집행의 외관을 띤 직무 아닌 행위를 포함한다. 직무집행과 관련된 부수적 행위는 직무집행에 부수된 수단으로서 행하여진 행위이다. 피의자 심문에서 고문행위를 그 예로 들 수 있다. 그리고 직무집행의 외관을 띤 직무 아닌 행위는 직무집행의 외형을 갖추고 있으나, 실은 행위자의 개인적 목적을 위한 행위, 즉 주관적으로 직무를 집행한다는 의사가 없을지라도 그 행위의 외관이 객관적으로 볼 때 직무집행의 외관을 띠고 있는 행위이다. 그 예로서 상관의 명에 의하여 부하공무원이 상관의 이사짐을 운반하는 행위를 들 수 있다.

이처럼 직무행위 여부는 그 행위가 정당한 권한 내의 행위인가, 또는 공무원이 직무집행의 의사를 가지고 있었는가 등에 관계없이 객관적으로 직무행위의 외형을 갖추고 있는지 여부에 따라 판단한다(외형주의, 외관설, 외형표준설, 통설과 판례).[5]

감독행위도 직무집행에 포함된다. 즉 국민에게 손해를 발생시킨 공무원의 특정행위를 감독해야 하는 자가 있을 경우, 그러한 감독행위도 직무집행에 포함된다. 예를 들면 하급공무원이 공휴일에 불법총기사고를 일으킨 경우 상관인 감독자에게 직무

5) 판례를 정리하면 다음과 같다.

직무집행에 포함되는 사례	직무집행에 포함되지 않는 사례
• 비번 중인 공무원의 불심검문 • 수사 도중의 고문행위 • 징계권행사로서 기합 중 사망 • 근무시간 초과후 위생검열 도중 가스관 폭발 • 공무원의 직무와 관련된 수뢰행위 • 상관의 명에 의한 상관의 이삿짐 운반 • 허위의 인감증명서 발급행위 • 군인의 휴식 중 꿩사냥 • 시위진압 중 조경수 파괴 • 기합 또는 감방내에서의 사형(私刑) • 출퇴근시 통근차로 출퇴근하면서 사고를 낸 경우 • 인사담당공무원이 다른 공무원의 공무원증 위조	• 압류 도중의 절도행위 • 휴가 중의 폭력행위 • 퇴근 후의 음주난동행위 • 부대이탈 후 민간인 사살 • 개인적 감정에 의한 총기사고 • 가솔린 불법 처분 중 발화사고 • 통치행위 • 경찰관의 순찰 중 빈집 절도 • 통상적인 근무지로 출근하기 위한 자가용 운행 행위 • 군의관의 포경수술 • 군인의 휴식 중 비둘기 사냥 • 상호장난 • 피해자가 불법행위에 가담한 경우 • 불법휴대 카빈소총으로 보리밭의 꿩사냥

태만행위를 인정하여 국가배상책임을 부과할 수 있다.

2) 고의 또는 과실로 인한 행위

(1) 고의 · 과실

「국가배상법」은 과실책임주의에 입각하여 배상책임의 성립에는 공무원의 가해행위가 고의 · 과실에 의한 것이어야 한다. 여기서의 고의 · 과실은 민법 제750조의 불법행위의 성립요건으로서의 고의 · 과실과 같은 관념이다.

(2) 공무원의 고의 · 과실의 판단기준

고의 · 과실의 유무는 가해공무원을 기준으로 판단하므로 공무원에게 고의 · 과실이 있으면 국가와 지방자치단체는 공무원의 선임 · 감독에 고의 · 과실이 없더라도 손해배상책임을 진다. 반대로 공무원에게 고의 · 과실이 없는 경우에는(공무원의 심신상실 중의 행위 등) 손해배상해임이 성립되지 않는다.

(3) 과실의 객관화 경향

국가의 배상책임이 고의 · 과실이라는 공무원의 주관적 요소에 의하여 좌우되면 피해자는 충분한 배상을 받을 수 없는 경우도 있게 된다. 그래서 최근에는 과실의 관념을 객관화하려는 시도가 나타나고 있다. 즉 과실을 공무원의 위법행위로 인한 국가작용의 흠(하자)이라는 정도로 해석한다.

(4) 고의 · 과실의 입증책임

과실책임주의를 채택하고 있는 「국가배상법」에서는 원칙적으로 피해자인 국민이 가해공무원의 고의 · 과실을 입증해야 한다. 그러나 국민이 그것을 입증하는 것이 매우 곤란하여 권리구제를 받지 못하는 경우가 있을 수 있다. 그래서 최근에는 국민이 일정한 사실을 입증하면, 일응 공무원에게 고의 · 과실이 있는 것으로 추정하고 국가가 무과실을 반증하도록 하는 추정과실주의(推定過失主義)로 전환해 나가고 있는 추세이다(一應推定의 法理).

(5) 가해공무원의 특정

공무원의 고의 · 과실을 입증함에 있어서 가해공무원을 특정할 필요가 없다. 누구의 행위인지 판명되지 않아도 손해발생의 상황으로 보아서 공무원의 행위에 의한 것이면 국가는 손해배상책임을 져야 한다. 야간시위 중 경찰공무원의 구타 행위나 다수의 공무원에 의한 사무처리에서는 그 성질상 가해공무원을 특정할 수 없다.

3) 법령에 위반한 행위

법령위반이란 위법성을 의미한다. 여기서 법령은 헌법, 법률, 명령, 조례 등 공무원이 직무집행에 있어서 준수해야 할 모든 법규범뿐만 아니라 법의 일반원칙(인권존중, 권리남용금지, 신의성실, 공서양속)을 포함한다. 법령위반이란 법령위반행위를 포함하여, 널리 그 '행위가 객관적으로 부당함'을 의미한다(통설, 판례).

그러나 훈령, 직무명령 등 행정규칙 위반행위는 원칙적으로 법령위반에 해당하지 않는다. 재량권을 위반한 행위도 원칙적으로 부당한 행위에 불과하므로 손해배상을 청구할 수 없지만 재량권 행사가 남용 · 일탈하면 위법이 되어 법령위반에 포함된다. 그리고 행정청에게 재량권이 인정되어도 구체적 사안에서 재량권이 영으로 수축되어 그 권한 행사만이 의무에 합당한 것으로 판단되면 위법성이 인정된다.

4) 타인에게 손해가 발생하였을 것

(1) 타인

타인이란 가해행위를 행한 공무원 자신과 그에 가세한 자 외의 모든 자를 말한다. 일단의 공무원이 상호 협력하여 공동의 직무를 집행하던 중 그 중 한 사람의 고의 · 과실로 다른 공무원에게 손해를 가한 경우 피해자인 공무원도 타인에 포함된다.

(2) 경찰공무원 등에 대한 특례

헌법 제29조 제2항 및 「국가배상법」 제2조 제1항 단서에 규정된 바와 같이 경찰공무원 · 군인 · 군무원 또는 향토예비군대원이 전투 · 훈련 등 직무 집행과 관련하여 전사 · 순직하거나 공상(公傷)을 입은 경우에는 여기서의 타인에서 제외된다.

(3) 손해의 발생

손해는 공무원의 불법행위를 원인으로 하여 발생하는 모든 종류의 불이익이다. 적극적 손해와 소극적 손해, 재산적 손해 · 생명적 손해 · 신체적 손해 · 정신적 손해를 포함한다. 반사적 이익은 제외된다.

(4) 인과관계

공무원의 직무상 불법행위와 손해발생 사이에 상당인과관계가 있어야 한다. 이것은 사회생활의 경험법칙상 어떤 원인이 있으면 어떤 결과가 발생할 것이라는 것이 일반적이라고 생각되는 범위 안에서만 법률이 요구하는 인과관계를 인정하는 것을 말한다. 이에 의하면 배상범위는 통상손해를 의미하게 된다.

3. 손해배상책임에 대한 선택적 청구권

「국가배상법」 제2조에 의하여 국가 또는 지방자치단체가 지는 책임의 법적 성질에 대하여, 대법원은 공무원에게 경과실만 있는 경우 국가가 손해배상책임을 부담하나, 고의 · 중과실이 있는 경우 국가가 손해배상책임을 부담하는 외에 공무원 개인도 배상책임을 진다[6]고 선언하였다.

따라서 가해공무원에세 고의 또는 중과실이 있는 경우에는 공무원의 행위는 더 이상 행정기관의 행위로 인정할 수 없으므로 피해자가 선택적으로 청구할 수 있다. 그러나 경과실인 경우에는 공무원의 행위는 공무원의 개인의 행위가 아니고 기관행위로서 국가에 귀속되므로 공무원이 일체의 책임을 지지 않으므로 국가에 대해서만

---

6) 공무원이 직무수행 중 불법행위로 타인에게 손해를 입힌 경우에 국가 등이 국가배상책임을 부담하는 외에 공무원 개인도 고의 또는 중과실이 있는 경우에는 불법행위로 인한 손해배상책임을 진다고 할 것이지만, 공무원에게 경과실뿐인 경우에는 공무원 개인은 손해배상책임을 부담하지 아니한다고 해석하는 것이 헌법 제29조 제1항 본문과 단서 및 「국가배상법」 제2조의 입법취지에 조화되는 올바른 해석이라고 할 것이다. 그리고 위와 같이 공무원의 직무상 위법행위가 경과실에 의한 경우에는 국가배상책임만 인정하고 공무원 개인의 손해배상책임을 인정하지 아니하는 것이 피해자인 국민의 입장에서 보면 헌법 제23조가 보장하고 있는 재산권에 대한 제한이 될 것이지만, 이는 앞에서 본 바와 같이 공무수행의 안정성이란 공공의 이익을 위한 것이라는 점과 공무원 개인책임이 인정되지 아니하더라도 충분한 자력이 있는 국가에 의한 배상책임이 인정되고 국가배상책임의 인정 요건도 민법상 사용자책임에 비하여 완화하고 있는 점 등에 비추어 볼 때 헌법 제37조 제2항이 허용하는 기본권 제한 범위에 속하는 것이라고 할 것이다(대판 1996.2.15, 95다38677).

청구할 수 있다(판례).

4. 손해배상책임의 내용

1) 배상책임자

배상책임자는 가해 경찰공무원이 소속된 국가 또는 지방자치단체이다.

공무원의 선임 · 감독자와 공무원의 봉급 · 급여 기타 비용을 부담하는 자가 동일하지 않을 경우 피해자는 어느 쪽에 대하여도 선택적으로 손해배상을 청구할 수 있다. 여기서 공무원의 선임 · 감독자는 사무의 주체를 말하고, 공무원의 봉급 · 급여 기타 비용을 부담하는 자는 사무비용부담자를 말한다.

2) 배상범위

손해배상액은 민법상 불법행위로 인한 손해배상의 경우와 같이, 가해행위와 상당인과관계에 있는 모든 손해를 정당한 가격으로 환산한 가액이다.

행정상 손해배상에 대하여 헌법은 정당한 배상을 규정하고 있다. 그리고 「국가배상법」 제3조는 생명 · 신체의 침해 또는 물건의 멸실 · 훼손 기타 손해에 대한 배상액결정기준을 규정하고 있다. 여기서 규정한 '배상기준'은 단순히 하나의 기준에 불과하여 구체적 사안에 따라 증감을 할 수 있다.

3) 손해배상청구권의 양도 · 압류 금지

사회보장적 견지에서 피해자와 피해자 유족의 보호를 위하여, 「국가배상법」에서는 '생명 · 신체의 침해로 인한 국가배상을 받을 권리는 이를 양도하거나 압류하지 못한다'고 규정하고 있다. 그러나 재산의 침해로 인한 손해배상청구권은 그러하지 아니하다.

4) 이중배상 금지 원칙

헌법과 「국가배상법」은 군인 · 군무원 · 경찰공무원 등에 대한 특례를 인정하여, 국가배상청구권을 제한하고 있다. 즉 군인 · 군무원 · 경찰공무원 · 향토예비군이 전투 · 훈련 등 직무집행과 관련하거나 국방 또는 치안유지의 목적상 사용하는 시설 및 자동차 · 선함 · 항공기 기타 운반기구 안에서 전사 · 순직 기타 공상을 입은 경우, 본인 또는 그 유족이 다른 법령의 규정에 의하여 재해보상금 · 유족연금 · 상이연금 등의 보상을 지급 받을 수 있을 때에는 「국가배상법」 또는 민법의 규정에 의한 손해배상을 청구할 수 없다.

5) 손해배상청구권의 소멸시효

손해배상청구권의 소멸시효에 관하여 「국가배상법」에는 특별한 규정이 없다. 다만, 제8조에 의하여 민법의 규정이 적용된다. 민법 제766조에 의하면 손해배상청구권의 소멸시효는 3년이다. 즉 피해자나 그 법정대리인이 손해 및 그 가해자를 안 날로부터 3년이 경과함으로써 시효로 소멸된다.

5. 구상권

구상권이란 국가 · 지방자치단체가 공무원의 직무상 불법행위로 인한 피해자의 손해를 배상한 후 가해 공무원에게 배상액의 상환을 청구할 수 있는 권리를 말한다.

이에 대하여 헌법 제29조 제1항 단서는 '공무원 자신의 책임은 면제되지 아니한다'고 규정하고 있으며, 「국가배상법」 제2조 제2항은 '공무원이 고의 또는 중대한 과실이 있는 때에는 국가 또는 지방자치단체는 그 공무원에게 구상할 수 있다'고 규정하고 있다.

Ⅲ 영조물의 설치 · 관리의 하자로 인한 손해배상책임

1. 의의

국가 또는 지방자치단체의 공공의 영조물의 설치 · 관리의 하자로 인하여 개인이 손해를 입은 경우 국가나 지방자치단체가 그 손해를 배상하는 것을 말한다.

「국가배상법」 제5조는 '도로 · 하천 기타 공공의 영조물의 설치 또는 관리에 하자가 있기 때문에 타인에게 손해를 발생하게 하였을 때에는 국가 또는 지방자치단체는 그 손해를 배상하여야 한다'고 규정하여 영조물의 설치 · 관리의 하자로 인한 손해배상책임을 규정하고 있다.

2) 손해배상책임의 성질

「국가배상법」 제5조에 의한 손해배상책임은 영조물의 설치 · 관리를 담당하는 공무원의 고의 · 과실의 유무를 불문하고 인정되고 있으므로 이 배상책임은 무과실책임의 성질을 가진다.

2. 손해배상책임의 성립 요건

1) 공공의 영조물

영조물이란 국가 · 지방자치단체 등 행정주체에 의하여 행정목적에 공용되는 유체물, 즉 강학상 공물(公物)을 의미한다. 따라서 공용물(도로, 공원 등) · 공공용물(경찰청사, 학교운동장 등) · 공적 보존물(국보, 천년기념물 등)을 포함하며, 자연공물(하천, 해변 등) · 인공공물(교량, 관용차 등) · 동산(권총, 소방차 등) · 동물(군견, 경찰견 등)을 포함한다. 판례는 지하케이블선의 맨홀, 철도건널목의 자동경보기, 공중전화, 공중변소, 가로수, 전신주 등을 영조물로 인정하고 있다.

그러나 국유재산 중 사경제적 목적을 위하여 제공되는 잡종재산은 공공의 영조물에 해당되지 않기 때문에 「국가배상법」 제5조가 적용되지 않는다. 따라서 그 설치 · 관리의 하자로 인하여 손해가 발생한 경우 민법 제758조의 공작물책임에 의해 규율된다.[7]

그리고 고속도로와 같이 공공조합 또는 영조물법인이 관리주체인 것에 대해서도 「국가배상법」 제5조가 적용되지 않는다.

2) 설치 · 관리의 하자

(1) 설치 · 관리의 하자

설치란 영조물의 축조 또는 건설을, 관리란 행정목적에 공용됨에 있어서 그 용도에 따라 사용할 수 있도록 유지하는 것을 의미한다. 그리고 '설치 · 관리의 하자'란

---

7) 국유림(잡종임야), 국유미개간지, 폐차처분한 관용차 등의 경우를 들 수 있다.

영조물이 통상 갖추어야 할 안전성을 결여한 것을 말한다. 그 하자 유무의 결정에서는 당해 영조물의 구조 · 용법 · 장소적 환경 · 이용상황 등 여러 사정을 종합적으로 참작하여 개별 · 구체적으로 판단하여야 한다.

(2) 관리자의 귀책사유

하자의 유무를 객관적으로 판단하여 사회통념상 영조물의 설치 · 관리 · 보관 · 수선 등에 불안전한 점이 있어 일반적인 용도에 따라 사용할 때 통상 갖추어야 할 안전성을 결여한 것을 말한다. 따라서 하자 유무의 판단에서 관리자인 공무원의 고의 · 과실을 문제 삼지 않고, 객관적으로 판단하여 영조물 자체의 물적 하자만을 문제로 한다. 그러므로 「국가배상법」 제5조의 책임은 행위책임이 아니라 상태책임이며, 과실책임이 아니라 무과실책임이라 한다.

(3) 하자의 입증책임

영조물의 설치 · 관리의 하자의 입증책임은 원칙적으로 피해자인 원고에게 있다.

3) 타인에 대한 손해의 발생

영조물의 설치 · 관리의 하자로 인하여 타인에게 손해가 발생하여야 한다. 여기서 타인에는 일반인은 물론 영조물을 관리하는 공무원도 포함된다. 손해는 영조물의 설치 · 관리의 하자와 상당인과관계가 있는 모든 손해로서, 재산적 손해, 정신적 손해, 적극적 손해, 소극적 손해를 모두 포함한다.

그리고 하자와 손해 사이에 상당인과관계가 있다는 입증책임은 피해자인 원고가 진다.

4) 면책사유

(1) 불가항력

인간의 능력으로 예견할 수 없거나 예견할 수 있어도 회피할 수 없는 외부의 힘(태풍, 폭우 등 자연력)에 의하여 손해가 발생한 경우 손해배상책임이 면제된다. 여기서 예견 가능성은 그 당시의 과학기술 수준을 기준으로 판단하여야 하고, 예견의 정도는 위험발생의 시기 · 장소 · 규모 등을 구체적으로 예측할 것을 요구하지 않고 위험발생에 대한 현재의 학문적 · 기술적 수준에 비추어 개연적으로 인정되면 족하다.[8)]

(2) 예산부족

예산부족으로 인한 영조물의 설치 · 관리의 하자에 대하여, 판례는 원칙적으로 면책을 인정하고 있지 않다. 즉 영조물의 설치의 하자 유무는 객관적인 견지에서 본 안전성의 문제이므로 재정사정(예산부족 등)은 안전성의 정도나 배상액의 산정에 참작사유가 될지언정 안전성 판단에 절대적 결정적인 요건은 되지 못한다.[9)]

(3) 피해자의 과실

피해자의 과실로 손해배상의 범위가 확대된 경우 그 한도 내에서 국가 · 지방자치단체의 책임은 부분적으로 감면된다.

3. 손해배상액과 배상책임자

1) 배상액

배상액은 영조물의 설치 · 관리의 하자와 상당인과관계가 있는 모든 손해액이다. 이 산정은 「국가배상법」 제3조의 배상기준에 따른다.

2) 배상책임자

영조물의 설치 · 관리의 하자로 인한 손해배상에서 원칙적인 배상책임자는 국가 또는 지방자치단체이다.

그러나 영조물의 설치 · 관리를 맡은 자와 영조물의 설치 · 관리의 비용을 부담하는 자가 다를 경우 그 비용을 부담하는 자도 손해배상책임이 있나. 이 경우 피해자는 영조물의 관리주체와 비용부담자에 대하여 선택적으로 손해배상청구를 할 수 있다.[10)]

---

8) 태풍으로 인하여 수해가 발생한 경우 하천의 계획고수량(計劃高水量)의 산정이 과학적 수준에서 적정한 것이고 그 기준에 의하여 제방을 축조했으면 불가항력에 의한 손해에 해당하므로 손해배상책임을 지지 않는다.

9) 대판 1967.2.21, 66다1723.

10) 지방자치단체장이 설치하여 관할 지방경찰서장에게 관리의 권한이 위임된 교통신호기의 고장으로

3) 원인책임자에 대한 구상권

국가 · 지방자치단체가 배상책임을 지는 경우, 그 손해의 원인에 대하여 책임질 자가 따로 있으면 그 자에게 구상할 수 있다. 여기서 원인책임자란 고의 · 과실로 영조물의 설치 · 관리에 하자를 생기게 한 자(부실 영조물의 설계자 및 시공자, 장애물 방치자, 불법 과도한 이용으로 안전에 흠을 만든 자, 이용상 안전관리를 태만히 하여 손해를 발생하게 한 자 등)를 말하다.

Ⅳ 손해배상청구권의 행사절차

1. 서론

「국가배상법」 제9조는 '이 법에 의한 손해배상의 소송은 배상심의회에 배상신청을 하지 아니하고도 이를 제기할 수 있다'고 규정하고 있다. 따라서 피해자가 배상심의회에 배상금지급신청을 하여 그 결정에 따라 배상금을 지급 받으면 그 절차는 종료된다. 이에 불복하는 경우 법원에 손해배상청구소송을 제기할 수 있다. 또한 배상심의회에 배상신청을 하지 아니하고 곧 바로 법원에 손해배상청구소송을 제기할 수도 있다.

2. 행정절차에 의한 배상청구

1) 임의적 결정전치주의

「국가배상법」에 의한 손해배상청구소송은 배상심의회의 배상지급 또는 기각의 결정을 거치지 아니하고도 제기할 수 있다(「국가배상법」 제9조).

2) 배상심의회

배상심의회는 국가 · 지방자치단체의 배상결정을 심의한다. 배상심의회는 배상신

인한 교통사고가 발생한 경우 지방자치단체뿐만 아니라 국가도 손해배상책임이 있다. 지방자치단체는 지방경찰청장에 대한 관리권한의 위임은 기관위임이므로 권한을 위임한 관청으로서 사무의 귀속주체로서의 책임이며, 국가는 교통신호기를 관리하는 경찰관에 대한 봉급을 부담하는 비용부담자로서 배상책임이다.

청에 대하여 심의 · 의결하고 이를 신청인에게 알리는 권한을 가진 합의제 행정관청이다.

배상심의회에는 본부심의회 · 특별심의회 · 지구심의회가 있다. 본부심의회는 국가 · 지방자치단체에 대한 배상신청사건을 심의하기 위하여 법무부에 두고, 특별심의회는 군인 · 군무원이 타인에게 가한 손해에 대한 배상신청사건을 심의하기 위하여 국방부에 두며, 이들 밑에 각각 지구심의회를 둔다.

본부심의회 · 특별심의회 · 지구심의회는 법무부장관의 지휘를 받으며, 각 심의회에는 위원장을 두며, 위원장은 심의회의 업무를 통할하고 심의회를 대표한다.

지구심의회는 고등검찰청 · 지방검찰청 또는 각 군부대에 두되, 그 관할에 속하는 국가 또는 지방자치단체에 대한 배상신청사건을 심의 · 처리한다. 본부심의회와 특별심의회는 지구심의회로부터 송부받은 사건, 재심신청사건, 기타 법령에 의하여 그 소관에 속하는 사항을 관할한다.

3) 배상결정 절차

(1) 배상금 지급신청

배상금 지급신청은 피해자의 주소지 · 소재지 또는 배상원인발생지를 관할하는 지구심의회에 하여야 한다.

(2) 심의와 배상결정

배상신청을 받은 지구심의회는 지체 없이 증인신문 · 감정 · 검증 등 증거조사를 한 후 심의를 거쳐 4주일 이내에 배상금을 지급 · 기각 · 각하하는 배상결정을 하여야 한다. 다만, 긴급한 사유가 있다고 인정할 때에는 장례비 · 요양비 · 수리비의 일부를 사전에 지급하도록 결정할 수 있다.

(3) 결정정본의 송달

심의회는 배상결정을 한 때에는 그 결정이 있는 날로부터 1주일 이내 결정정본을 신청인에게 송달하여야 한다.

(4) 재심신청

지구심의회에서 배상신청이 기각 · 각하된 신청인은 결정정본을 송달받은 날로부터 2주 이내에 해당 지구심의회를 거쳐 본부심의회 · 특별심의회에 재심을 신청할 수 있다.

본부심의회 · 특별심의회는 재심신청에 대하여 심의를 거쳐 4주일 이내에 다시 배상결정을 하여야 한다.

4) 배상결정의 효력

(1) 신청인의 동의에 의한 효력발생

배상심의회의 배상결정은 신청인이 동의함으로써 그 효력이 발생한다. 즉 배상결정만으로는 법적 구속력을 갖지 않는다. 배상책임자가 국가인 경우 배상결정에 대하여 신청인의 동의만 있으면 효력이 발생하지만, 지방자치단체일 경우에는 신청인의 동의 외에 지방자치단체의 동의가 있어야 효력이 발생한다.

배상결정을 받은 신청인은 지체 없이 결정에 대한 동의서를 첨부하여 국가 또는 지방자치단체에 대하여 배상금지급을 청구하여야 한다. 그러나 배상결정을 받은 신청인이 배상금지급의 청구를 하지 아니하거나 지방자치단체가 신청인으로부터 배상금 지급청구를 받고 2주일 이내에 배상금을 지급하지 아니한 때에는 그 결정에 동의하지 아니한 것으로 본다.

신청인은 배상결정에 동의하여 배상금을 수령한 후에도 손해배상청구소송을 제기하여 배상금증액을 청구할 수 있다.

(2) 강제집행

국가가 손해배상책임자인 경우 국가로부터 배상금을 지급받지 못한 신청인은 지방법원으로부터 결정정본에 집행문을 부여받아 강제집행을 할 수 있다.

3. 사법절차에 의한 배상청구

사법절차에 의한 배상청구는 민사소송절차에 의하여 손해배상청구소송을 제기하는 경우와 행정상 손해배상청구소송을 취소소송과의 관련청구로 병합하는 방법이 있다.

우리나라에서는 행정상 손해배상청구소송에 관한 특별절차가 없으므로, 실무상으로는 일반법원이 「민사소송법」에 따라 소송을 진행한다. 그러므로 신청인은 배상심의회의 배상결정에 동의하지 않은 경우 또는 배상심의회의 배상신청을 하지 않고 바로 민사소송절차에 의하여 행정상 손해배상청구소송을 제기할 수 있다.

국가가 피고인 경우 법무부장관이, 지방자치단체가 피고인 경우 그 대표자가 소송에서 국가 또는 지방자치단체를 대표한다. 그리고 법원은 국가가 패소하여 배상책임을 지는 경우에 가집행선고를 할 수 있다.

한편, 행정청의 위법한 처분의 취소·변경을 구하는 취소소송에 그것과 관련된 행정상 손해배상청구소송을 병합하여 제기할 수 있다. 이것은 하자있는 행정행위에 관련된 소송을 일시에 심리하여 심리의 중복이나 판결의 모순·충돌을 방지하기 위한 것이다.

제2항 행정상 손실보상

I 개설

1. 행정상 손실보상의 개념

행정상 손실보상(行政上 損失補償)은 공공의 필요에 의하여 적법한 공권력 행사로 인하여 개인의 재산권에 직접적인 침해가 발생하여 특정한 국민에게 특별한 손해가 발생한 경우, 이 특별한 희생을 전체적인 공평부담의 견지에서 조절하기 위하여 행하는 재산상의 보상을 말한다. 경찰긴급권에 의하여 경찰책임자가 아닌 제3자가 책임을 지는 경우가 여기에 해당할 수 있다.

2. 근거

1) 이론적 근거

행정상 손실보상제도는 사유재산제도를 기초로 한 개인의 재산권의 존중에 그 이론적 근거를 둔다. 정의 · 공평원칙에 입각하여, 공익을 위하여 사유재산에 대해 가해진 특별한 희생에 대하여 공평부담의 원칙에 따라 공동체 전체의 부담으로 조절적인 보상을 하는 것이 정의와 공평의 요구에 합치되는 것이라고 한다(특별희생설, 통설, 판례).

2) 실정법적 근거

귀책사유 없이 개인의 재산권에 특별한 희생을 가하는 것은 재산권을 침해하는 것이므로 이에 대해서는 실정법적 근거가 있어야 한다.

(1) 헌법적 근거

헌법 제23조 제3항은 '공공의 필요에 의한 재산권의 수용 · 사용 또는 제한 및 그에 대한 보상은 법률로써 하되, 정당한 보상을 지급하여야 한다'고 규정하여 행정상 손실보상을 인정하고 있다.

(2) 법률

헌법의 규정에 따라 국민의 재산권을 침해하는 행위는 형식적인 법률에 근거를 두어야 하고 보상의 기준과 방법 등도 법률로써 규정하여야 한다. 그러나 이에 관한 일반법은 없고, 개별법으로는 「수난구호법」, 「소방기본법」, 「도로법」, 「산림법」, 「사방사업법」, 「징발법」, 「공익사업을 위한 토지 등의 취득 및 보상에 관한 법률」 등이 있다.

Ⅱ 행정상 손실보상의 요건

1. 서설

행정상 손실보상은 공공의 필요에 의하여 적법한 공권력 행사로 개인의 재산권에 직접적인 침해가 발생하여 특정인에게 특별한 손해를 가한 경우 그 특별한 희생을 전체적인 공평부담의 견지에서 조절하기 위하여 행하는 재산상 보상을 말한다. 따라서 행정상 손실보상은 ㉠ 적법한 공권력 행사로 ㉡ 공공필요에 의하여 개인의 재산권을 직접적으로 침해하였으며, ㉢ 그 침해가 특별한 희생이어야 한다.

2. 적법한 공권력 행사

행정상 손실보상이 법률에 근거를 두고 적법하게 행하여진 행정작용에서 발생한다. 따라서 위법한 행위로 인한 손해는 행정상 손해배상으로 전보된다. 그리고 행정상 손실보상은 행정주체가 권력적 지위에서 행하는 공권력 행사에서 발생한다.

3. 공공의 필요에 의한 재산권의 침해

1) 공공의 필요

공공의 필요란 공익을 의미하며, 특정한 공익사업 · 공공복리를 위한 경우뿐만 아니라 공공목적을 위한 경우까지 포함하는 개념이다. 국가안전보장, 질서유지, 공공복리, 국가 또는 지역경제상의 이익 등이 공공의 필요로 인식되고 있다.

2) 재산권

재산권이란 소유권은 물론이고 물권과 채권, 공법상 권리와 사법상 권리 등 재산적으로 가치있는 모든 공권과 사권을 포함한다.

여기서 '가치있는'의 의미는 현재가치를 말하고, 장래의 가치는 포함되지 아니한다. 따라서 지가상승과 같은 기대이익은 보호대상에서 제외된다. 그리고 자연적 문화적인 학술적 가치 또는 사람의 자유 또는 생명 · 신체에 대한 침해는 손실보상의 대상이 아니다.

3) 공권적 침해행위

공권적 침해란 공법상의 일체의 재산적 감손을 의미한다.

4. 특별한 희생

손실보상을 요하는 특별한 희생이란 일반인에게 발생하지 않고 특정인에게 한정된 손실로서, 그 손실을 방치하면 평등원리에 반하고, 재산권에 일반적으로 내재하는 사회적 제약을 넘어선 손실을 말한다.[11)]

예를 들면, 경찰책임자에게 경찰권을 행사한 경우 원칙적으로 손실보상을 할 필요가 없다. 경찰권은 공공의 안녕 · 질서에 장해를 발생시킨 경찰책임자에게 발동되는 것이므로 경찰책임자가 그 의무를 이행하면서 입은 손실에 대해서는 그가 당연히 수인하여야 하기 때문이다.

그러나 경찰책임자 이외의 제3자에게 경찰권을 발동하여 그로 인하여 발생한 손실 또는 경찰책임자에게 경찰권을 발동하였더라도 통상의 수인한도를 넘는 손실이 발생한 경우에는 그 손실을 보상해 주어야 한다.

Ⅲ 행정상 손실보상의 내용

1. 행정상 손실보상의 기준

1) 헌법상 기준

헌법 제23조 제3항은 '공공필요에 의한 재산권의 수용 · 사용 또는 제한 및 그에 대한 보상은 법률로써 하되, 정당한 보상을 지급하여야 한다'고 규정하고 있으나, 정당한 보상이라는 관념 그 자체만이 손실보상의 구체적 판단기준이 될 수 없다.

여기서 '정당한 보상'이란 완전보상을 의미한다(헌법재판소 결정, 대법원 판례, 다수설).[12)]

---

11) 따라서 특별한 희생은 재산권에 대한 사회적 제약(내재적 한계)과 구별해야 한다. 법령위반 등 스스로 자초한 원인에 의한 침해(「청소년보호법」 제36조 보안상 위생상 위험한 상태를 방지 · 제거하는 경우(「건축법」 제79조), 검 · 시험을 위한 필요 최소한의 견품 수거(「식품위생법」 제22조), 공공복리에 제공하기 위하여 재산권의 어떤 효용을 제한하는 경우(「문화재보호법」 제5조) 등은 수인해야 할 재산상의 손실로서 재산권의 사회적 제약 또는 내재적 한계에 해당한다.

12) 헌법 제23조 제3항이 규정하는 정당한 보상이란 원칙적으로 피수용재산의 객관적인 재산가치를 완전하게 보상하는 완전보상을 의미하며, 토지의 경우에는 그 특성상 인근 유사토지의 거래가격을 기준으로 하여 토지의 가격형성에 미치는 제 요소를 종합적으로 고려한 합리적 조정을 거쳐서 객관적인 가치를 평가할 수밖에 없는데 이 때, 소유자가 갖는 주관적인 가치, 투기적 성격을 띠고 우연히 결정된 거래가격 또는 흔히 불리는 호가, 객관적 가치의 증가에 기여하지 못한 투자비용이나 그 토지 등을 특별한 용도에 사용할 것을 전제로 한 가격 등에 좌우되어서는 안되며, 개발이익은 그 성질상 완전보상의 범위에 포함되지 아니한다(헌재결 2001.4.26, 2000헌바31; 대판 2001.9.25, 2000두2426).

2) 법률상 보상기준

「공익사업을 위한 토지 등의 취득 및 보상에 관한 법률」에서는 재산권 보상뿐만 아니라 부대적 손실에 대한 보상도 규정하고 있다. 따라서 완전보상을 그 내용으로 하고 있다.

「소방기본법」, 「수난구조법」 등에서는 보상규정만 있고, 구체적인 보상기준이나 내용이 없다.

2. 손실보상의 내용

1) 의의

개별적 · 구체적인 재산상 손실에 대한 대가성을 가지는 보상을 말하며 부대적 손실인 실비변상적 보상 및 일실손실보상을 포함한다.

2) 토지 취득에 대한 보상

협의나 재결에 의하여 취득하는 토지에 대하여는 「부동산 가격공시 및 감정평가에 관한 법률」에 따른 공시지가를 기준으로 하여 보상하되, 그 공시기준일부터 가격시점까지의 관계 법령에 따른 그 토지의 이용계획, 해당 공익사업으로 인한 지가의 영향을 받지 아니하는 지역의 대통령령으로 정하는 지가변동률, 생산자물가상승률과 그 밖에 그 토지의 위치 · 형상 · 환경 · 이용상황 등을 고려하여 평가한 적정가격으로 보상하여야 한다.

3) 토지 사용에 대한 보상

협의 또는 재결에 의하여 사용하는 토지에 대하여는 그 토지와 인근 유사토지의 지료(地料), 임대료, 사용방법, 사용기간 및 그 토지의 가격 등을 고려하여 평가한 적정가격으로 보상하여야 한다.

4) 건축물등 물건에 대한 보상

건축물 · 입목 · 공작물과 그 밖에 토지에 정착한 물건에 대하여는 이전비로 보상하여야 한다.

5) 권리의 보상

광업권·어업권 및 물 등의 사용에 관한 권리에 대하여는 투자비용, 예상 수익 및 거래가격 등을 고려하여 평가한 적정가격으로 보상하여야 한다.

6) 영업의 손실 등에 대한 보상

영업을 폐지하거나 휴업함에 따른 영업손실에 대하여는 영업이익과 시설의 이전비용 등을 고려하여 보상하여야 한다.

농업의 손실에 대하여는 농지의 단위면적당 소득 등을 고려하여 실제 경작자에게 보상하여야 한다. 다만, 농지소유자가 해당 지역에 거주하는 농민인 경우에는 농지소유자와 실제 경작자가 협의하는 바에 따라 보상할 수 있다.

휴직하거나 실직하는 근로자의 임금손실에 대하여는 「근로기준법」에 따른 평균임금 등을 고려하여 보상하여야 한다.

Ⅳ 행정상 손실보상의 지급 및 불복

1. 손실보상의 방법

1) 현금보상의 원칙

손실보상은 원칙적으로 다른 법률에 특별한 규정이 있는 경우를 제외하고 현금(보상금)으로 지급하여야 한다. 금전이 가치의 척도이고 유통의 자유가 보장되고 있기 때문이다.

2) 채권보상 또는 현물보상

현금보상원칙의 예외로서 일정한 조건하에서 채권보상과 현금보상을 할 수 있다.

채권으로 지급하는 경우 채권의 상환기한은 5년을 넘지 아니하는 범위 안에서 정하여야 하며, 국고채 금리 또는 정기예금 이자율을 지급하여야 한다. 그리고 토지소유자가 원하는 경우로서 공익사업의 시행으로 조성한 토지로 보상할 수 있다.

2. 보상의 지급방법

1) 선불원칙(사전보상원칙)

사업시행자는 당해 공익사업을 위한 공사에 착수하기 이전에 토지소유자 및 관계인에 대하여 보상액의 전액을 지급하여야 한다.

2) 일괄불 원칙

사업시행자는 동일한 사업지역에 보상시기를 달리하는 동일인 소유의 토지 등이 여러 개 있는 경우 토지소유자나 관계인이 요구할 때에는 한꺼번에 보상금을 지급하도록 하여야 한다.

3) 개별불 원칙

보상은 수용 또는 사용의 대상이 되는 물건별로 하는 것이 아니라 토지소유자나 관계인에게 개인별로 하여야 한다.

4) 사업시행자 보상

공익사업에 필요한 토지등의 취득 또는 사용으로 인하여 토지소유자나 관계인이 입은 손실은 사업시행자가 보상하여야 한다.

3. 보상액의 결정방법과 불복절차

1) 보상액의 결정방법

손실보상액의 결정방법에 관한 통칙적 규정은 없고 각 개별법에서 규정하고 있다.

「공익사업을 위한 토지 등의 취득 및 보상에 관한 법률」에서는 당사자간의 협의(제26조) 또는 토지수용위원회가 수용과 동시에 보상액을 결정(제50조)하도록 하고 있다.

그러나 「도로법」, 「산림법」, 「징발법」 등에서는 행정청의 처분이나 제한으로 손실을 입은 자에 대하여 국가나 지방자치단체가 보상을 협의하되, 협의가 성립되지 아니하거나 협의를 할 수 없으면 토지수용위원회의 재결에 의하도록 하고 있다.

한편 「소방기본법」에서는 재산권 침해와 이에 대한 보상을 정하고 있으나, 협의 또는 재결절차 등 보상금 결정을 규정하고 있지 않기 때문에(제25조 제4항), 토지소유자 등은 처음부터 보상금지급청구소송을 제기하고(보상금지급청구소송) 보상금을 결정받게 된다.

2) 보상액 결정에 대한 불복절차

보상액의 결정 및 재결에 이의가 있는 자는 행정쟁송(보상금 증감청구소송)을 제기할 수 있으며, 그 절차에 관해서는 각 단행법에서 정한다.

「공익사업을 위한 토지 등의 취득 및 보상에 관한 법률」에서는 이의신청을 거쳐 행정소송을 제기할 수 있도록 하고 있다.

(1) 이의신청

보상액을 정한 지방토지수용위원회의 재결이 위법 · 부당하다고 이의가 있는 자는 당해 지방토지수용위원회를 거쳐 중앙토지수용위원회에 이의를 신청할 수 있고, 중앙토지수용위원회의 재결에 대하여 이의가 있는 자는 중앙토지수용위원회에 이의를 신청할 수 있다(「공익사업을 위한 토지 등의 취득 및 보상에 관한 법률」 제83조).

이 이의신청은 행정심판의 성질을 가지며, 특별행정심판의 일종이다. 이의신청을 받은 중앙토지수용위원회는 원재결이 위법 · 부당한 때에는 원재결의 전부 또는 일부를 취소하거나 손실보상액을 증액 또는 감액할 수 있다(제84조).

(2) 행정소송

사업시행자 · 토지소유자 또는 관계인은 수용재결에 대하여 불복이 있는 때에는 재결서를 받은 날부터 60일 이내에, 이의신청을 거친 때에는 이의신청에 대한 재결서를 받은 날부터 30일 이내에 각각 행정소송을 제기할 수 있다(제85조).

V 수용유사적 침해와 수용적 침해 등

1. 수용유사적 침해

1) 의의

수용유사적 침해(收用類似的 侵害)는 공공필요에 의하여 재산권을 침해하여 특별한 희생을 가하였으나 보상규정이 결여되어 보상을 할 수 없게 된 공용침해를 말한다. 따라서 위법·무책한 공용침해의 성질을 가진다.

이것은 위법한 공용침해로 인하여 특별한 희생을 당한 자에 대한 보상으로서, '적법한 공권력 행사로 인한 손실보상'의 요건을 갖추고 있으나, 법률에서 공용침해에 대한 근거규정을 두면서 '손실보상'에 관한 근거규정을 두지 아니한 결과로 위법하게 된 공용침해를 말한다.

2) 성립요건

수용유사적 침해는 '공법상 행정주체의 공권력 작용에 의한 타인의 재산권 침해에 대한 위법한 공용침해로서 특별한 희생'이다. 즉 행정상 손실보상과 성립요건을 같이 하지만 보상에 관한 규정만을 두지 않은 경우이다.

3) 우리나라의 도입 여부

독일에서 인정되고 있는 수용유사적 침해를 우리나라 법제에 수용하여 손실보상을 청구할 수 있는가 하는 것이 문제된다. 학설상으로는 헌법 제23조 제3항 규정의 성격과 관련되어 의견의 대립이 있다. 대법원에서 수용적 침해이론이 거론된 사건이 있었지만 그 도입을 판단하지는 않았다.[13]

---

13) 수용유사적 침해의 이론은 국가 기타 공권력의 주체가 위법하게 공권력을 행사하여 국민의 재산권을 침해하였고, 그 효과가 실제에 있어서 수용과 다름없을 때에는 적법한 수용이 있는 것과 마찬가지로 국민이 그로 인한 손실의 보상을 청구할 수 있다는 내용으로 이해되는데, 과연 우리 법제하에서 그와 같은 이론을 채택할 수 있는 것인가는 별론으로 하더라도 위에서 본 바에 의하여 이 사건에서 피고 대한민국의 이 사건 주식취득이 그러한 공권력의 행사에 의한 수용유사적 침해에 해당한다고 볼 수는 없다(대판 1993.10.26. 93다6409).

2. 수용적 침해

1) 개념

수용적 침해(收用的 侵害)는 공공필요를 위한 적법한 행정작용에 의해, 의도되지 않은 부수적 효과로서 재산권에 대한 침해가 나타나고, 그것이 어떠한 보상규정에 의해서도 보상되지 아니한 경우, 그 부수적 효과에 의한 재산권의 침해를 말한다.[14] 이 침해는 비의도적 침해로서 행정작용의 부수적 결과라는 면에서 적법 · 무책 · 결과책임이다.

이 경우에 상대방은 처음부터 침해에 대한 수인의무를 지고 있으므로 보상을 받을 수 없으나 시간이 지나면서 수인할 수 없을 정도로 의도되지 아니한 적법한 피해가 발생하여 그 피해정도가 재산권의 내재적 사회적 제약을 초과하게 된 것이다.

2) 성립요건

수용적 침해이론이 적용되기 위해서는 행정주체의 적법한 공행정작용의 부수적 효과로서 비의식적 비유형적인 재산권의 침해가 있어야 한다. 그 침해가 사회적 수인의 한계를 넘어 특별한 희생이어야 한다.

3) 우리나라 도입 가능성

우리나라에 수용적 침해이론의 도입 가능성에 대하여 찬반론이 대립되고 있으며, 법원에서도 이에 대한 판단이 없다.

3. 희생보상청구권 및 희생유사침해론

희생보상청구권 및 희생유사침해론은 생명 · 신체 · 자유 등의 비재산적 법익의 침해에 대한 구제제도로 발달되었다.

희생보상청구권은 행정기관의 적법한 공권력 행사에 의해 비재산권적 법익이 침해되어 발생한 손실에 대한 보상제도이다. 감염병 대책으로서 실시한 예방접종에

---

14) 지하철공사가 장기화됨으로써 영업소로의 통행이 곤란하여 인근 상가에서 장기간 영업을 하지 못하여 재산상의 불이익을 입은 경우를 그 예로 들 수 있다.

의한 신체 · 건강상의 피해를 그 예로 들 수 있다. 희생보상청구권의 요건은 손실보상청구권의 것과 동일하며, 보상범위는 당해 행위로 인한 재산적 손해(의료비 · 소득상실 등)에 한정된다. 다만, 정신적 손해는 포함되지 아니한다.

그리고 독일에서는 수용유사침해의 법리와 같은 논거에서 재산적 권리에 대한 위법한 침해에 대하여 희생유사침해의 법리를 전개하여 그에 대한 보상청구권을 인정하고 있다.

우리나라에서는 이 이론에 의하지 않아도 비재산적 법익에 대한 손실보상이 가능하므로 이 제도의 도입이 필요하지 않다.

Ⅵ 공법상 결과제거청구권

1. 의의

공법상 결과제거청구권은 위법한 권력적 행정작용으로 인하여 야기된 사실상의 결과로 인하여 자신의 권리 · 이익이 침해된 자가 행정권에 대하여 그 위법한 결과를 제거하여 침해 이전의 상태 또는 그와 대등한 상태로 회복(적법한 행정행위를 하였더라면 존재할 권리상태의 회복)시켜 줄 것을 요구하는 공권을 말한다.[15)]

결과제거청구권은 금전적 배상을 내용으로 하는 손해배상청구권과 구별된다. 손해배상청구권에서는 고의 · 과실을 요구하고, 금전배상을 원칙으로 하는 채권적 청구권이지만, 결과제거청구권은 고의 · 과실을 요구하지 않고, 사실상태의 원상회복을 원칙으로 하는 물권적 청구권이다.[16)]

15) 사유지가 수용에 의하여 도로부지로 편입된 이후, 그 수용처분이 행정소송에서 취소되었음에도 불구하고 그 토지를 계속하여 도로로 사용하는 경우 그 토지의 반환을 청구하는 경우를 예로 들 수 있다.

16) 행정상 손해배상청구권과 공법상 결과제거청구권을 비교하면 다음과 같다.

구분	손해배상청구권	결과제거청구권
성질	채권적 성질	물권적 채권적 성질
요건	가해자의 고의 · 과실 요구	고의 · 과실 불요, 위법상태의 존재 필요
내용	금전배상의 청구	위법상태 제거하는 원상회복청구
관계	별개의 권리, 원상회복이 되더라도 손해 있으면 손해배상과 병합청구 가능	

2. 성질

공법상 결과제거청구권은 행정주체의 공행정적용으로 인하여 야기된 위법한 상태를 제거함을 목적으로 하므로 공권이라고 할 수 있다. 그러나 판례는 이 권리의 목적이 권원 없는 행위로 야기된 침해상태를 제거하는 것이어서 사인상호간의 법률관계와 동일하게 취급할 수 있으므로 사권으로 보고 민사소송에 의하고 있다.

3. 법적 근거

결과제거청구권의 근거에 대하여 헌법상 법치행정원리(헌법 제107조), 기본권 규정(제10조 인간의 존엄성, 제17조 사생활의 비밀과 자유, 제23조 재산권 보장) 및 민법 규정(제213조 소유물반환청구권, 제214조 소유물방해제거 · 방해예방청구권)을 유추적용하고 있다.

이와 함께 헌법 제29조(손해배상청구권), 「행정소송법」의 취소판결의 구속력, 관련청구의 이송 및 병합, 당사자소송, 당해 처분과 관련된 원상회복청구소송에 관한 규정 등을 근거로 들 수 있다.

결과제거청구권을 인정하고 있는 개별법으로는 「징발법」을 들 수 있다. 「징발법」은 징발해제시 피징발자에 대한 징발물의 반환의무를 규정하고 있다(「징발법」 제14조 및 제15조).

4. 요건

1) 행정청의 공행정작용에 의한 침해행위

공행정작용에 의한 재산권 등 권리의 침해가 있어야 한다. 공행정작용에는 권력작용 · 비권력적 작용, 법적 행위 · 사실행위, 작위 · 부작위 등 모든 행위가 포함된다.

공무원의 고의 · 과실을 요구하지 아니한다. 이것은 법적합성보다 국민의 권익구제에 중점을 두는 것으로서 손해배상책임과 다른 결과책임이기 때문이다. 행정주체의 사법적 활동으로 인한 침해의 경우에는 공법상 결과제거청구권이 아니라 민법상 물권적 청구권(원상회복 및 방해제거청구권)에 의한다.

2) 개인의 권익 침해

행정주체의 공행정작용에 의한 결과로 타인의 권리 또는 법률상 이익이 침해되어야 한다. 권익에는 재산적 가치가 있는 것에 한정되는 것은 아니고, 명예 · 신용 등과 같은 비재산적인 것도 포함된다.[17]

3) 위법상태의 존재 · 계속

행정주체의 공행정작용으로 야기된 결과적 상태가 사실심의 변론종결시까지 위법한 상태로 계속 존재하고 있어야 한다.

당초에는 적법한 행정작용이 이후 사정변경(기간의 경과, 해제조건의 성취, 처분요건의 소멸 등)에 의하여 위법하게 된 경우, 행정청은 그 위법하게 된 행정작용으로 인하여 야기된 위법상태를 시정하여야 할 의무가 있고, 이를 시정하지 않으면(부작위) 그 위법상태의 제거를 구하는 청구권이 인정될 수도 있다.[18]

행정행위가 처음부터 무효이거나, 성립된 이후 권한 있는 기관에 의하여 취소되어야 결과제거청구권이 성립할 수 있다. 취소되기 전에는 공정력이 발생하므로 유효한 행위로 통용되며, 그것이 권리침해의 근거가 된다. 따라서 이 경우 위법한 침해상태라는 요건이 성립되지 아니한다.

4) 다른 방법으로 제거 불가능

결과제거청구권은 다른 방법으로 위법상태의 제거가 불가능한 경우에만 인정된다. 결과제거청구권은 원칙적으로 취소소송을 먼저 제기하고 2차적으로 제기되어야 한다. 2차적으로 제기한 경우에도 손해배상청구권과 결과제거청구권의 선택적 청구가 인정된다.

---

17) 공직자의 공석에서의 발언으로 자신의 명예를 훼손당한 자는 명예훼손발언의 철회를 요구할 수 있다.

18) 위법하게 행정청에 의하여 압류된 물건에 대하여 행정청이 그 압류결정을 해제하고도 그 물건을 반환하지 않고 있는 경우 소유자가 그 반환을 청구하는 경우를 그 예로 들 수 있다.

5. 내용

1) 결과제거의무의 주체

행정상 결과제거청구권은 그 결과를 발생시킨 행정주체에게 주장할 수 있다. 따라서 행정주체가 결과제거의무의 주체가 된다.

2) 원상회복

결과제거청구권은 소극적으로 위법한 결과를 제거하여 침해가 없는 원래의 상태로 회복하는 것을 목적으로 한다. 이 경우 원상회복은 행정행위 기타 사실행위에 의한 침해가 있기 전의 상태로의 회복을 말한다.

결과제거청구권은 행정청의 침해에 대한 소극적 제거를 내용으로 하는 방어권이 아니라, 위법하게 설치된 시설의 철거, 명예훼손적 발언의 취소 등과 같은 행정청의 적극적 행위를 구하는 권리이다.

3) 직접적 결과의 제거

결과제거청구권은 위법한 공행정작용의 직접적인 결과의 제거만을 그 대상으로 한다. 예를 들어 행정청이 특정주택에 무주택자를 입주시키는 위법한 결정을 한 경우 그 입주자가 수백에 손상을 가한 때에도, 주택의 소유자는 당해 입주자의 축출을 요구할 수 있을 뿐이고 손상된 주택을 원상회복하라고 청구할 수 없다.

4) 과실상계

피해자의 과실이 위법한 침해상태의 한 원인이 된 때에는 과실상계가 인정되고 결과제거청구권의 행사가 제한된다. 그러나 명예훼손발언의 철회와 같이 과실상계의 문제가 처음부터 문제되지 아니하는 경우도 있다.

6. 한계

1) 원상회복이 사실상 법률적으로 가능할 것

결과제거청구권은 원상회복이 사실상 가능하고, 법적으로 허용되며, 행정청의 수

인한도 내의 것일 때에만 인정된다. 의무자에게 기대가능성이 없는 경우 이 청구권은 인정되지 아니한다.

원상회복조치에 과다한 비용이 소요되는 경우 또는 원상회복이 신의칙에 반하는 경우 의무자의 수인한도를 넘는 것은 원상회복의 기대가능성이 없는 것으로 인정되며 이 경우 행정상 손해배상 또는 행정상 손실보상으로 구제되어야 한다.

2) 위법한 상태가 계속 유지될 것

위법한 것으로 취소된 행정행위가 다른 적법한 행위에 의하여 대체되는 경우 등과 같이 위법한 상태가 합법화된 경우 결과제거청구권은 부정된다.

7. 쟁송절차

결과제거청구권을 공법상 권리로 보면 이에 관한 소송은 행정상 당사자소송에 의한다. 당사자소송을 독자적으로 제기할 수도 있고, 처분등에 대한 취소소송의 관련청구소송으로서 병합하여 제기할 수 있다. 판례에 의하면 이 청구소송은 민사소송에 의한다.

제3절 행정상 쟁송

제1항 개설

I 행정쟁송의 의의

일반적으로 행정쟁송이란 행정법상 법률관계에 있어서의 다툼을 당사자의 청구에 의하여 심리·판정하는 절차를 말한다. 행정쟁송은 행정의 적법성과 타당성을 확보하는 방안 중의 하나이다. 행정의 적법성·타당성은 행정감독을 통하여 확보할 수도 있으나, 쟁송절차에 의한 방안이 국민의 권익을 보장하는 차원에서 타당하며, 실질적 법치주의에 부합한다.

II 행정쟁송의 종류

1. 정식쟁송과 약식쟁송

행정쟁송을 그 절차에 따라 정식쟁송(正式爭訟)과 약식쟁송(略式爭訟)으로 나눈다. 정식쟁송은 분쟁의 공정한 해결을 위한 절차상의 요건으로, 심판기관이 독립된 지위를 가지는 제3자이고, 당사자에게 구두변론의 기회를 보장한다는 두 가지 요건을 모두 갖춘 쟁송제도이다.

약식쟁송은 위의 요건 중 어느 하나가 결여된 쟁송제도이다.

2. 주관적 쟁송과 객관적 쟁송

행정쟁송을 쟁송의 목적을 기준으로 주관적 쟁송(主觀的 爭訟)과 객관적 쟁송(客觀的 爭訟)으로 분류한다.

1) 주관적 쟁송

개인의 권리 · 이익의 구제를 주된 목적으로 하는 쟁송을 말한다. 즉 행정청의 처분으로 인하여 개인의 권익이 침해된 경우 그 구제를 구하는 쟁송으로서, 권익이 침해된 자만이 제기할 수 있다. 주관적 쟁송은 그 성질에 따라 항고쟁송(抗告爭訟)과 당사자쟁송(當事者爭訟)으로 나눌 수 있다.

(1) 항고쟁송

이미 행해진 행정청의 처분의 위법 또는 부당을 이유로 그 취소 · 변경을 구하는 쟁송이다. 항고쟁송은 행정청의 처분의 존재를 전제로 하므로 언제나 복심적 쟁송이다. 행정심판과 항고소송이 그 예이다.

(2) 당사자쟁송

행정법상 대등한 두 당사자 사이에서의 법률관계의 형성 · 존부에 관한 다툼에 대하여 그 판단을 구하는 절차이다. 1차적 행정작용 그 자체가 쟁송의 형식에 따라 형성되므로 대부분 시심적 쟁송이다.

2) 객관적 쟁송

행정작용의 적법 · 타당성의 통제를 주된 목적으로 하는 쟁송으로서, 개인의 권익침해가 요건이 되지 않는다. 법률적 쟁송이 아니므로 법률의 명시적 규정이 있는 경우에만 가능하다. 객관적 쟁송은 그 주체를 기준으로 민중쟁송(民衆爭訟)과 기관쟁송(機關爭訟)으로 나눌 수 있다.

(1) 민중쟁송

행정법규의 적정한 적용을 확보하기 위하여 선거인 등 일반민중이 제기하는 소송으로서 선거소송, 당선소송, 선거소청 등이 그 예이다.

(2) 기관쟁송

국가 또는 공공단체의 기관상호간에 있어서 권한의 존부 또는 그 행사에 관한 다툼이 있는 경우 이에 대하여 제기하는 쟁송으로서, 지방의회 의결의 위법을 이유로 지방자치단체의 장이 대법원에 제소하는 경우를 들 수 있다.

3. 행정소송과 행정심판

심판기관을 기준으로 행정소송(行政訴訟)과 행정심판(行政審判)으로 구분된다. 행정심판은 행정기관이 행정법상의 분쟁에 대해서 심리 · 판정하는 절차이고, 행정소송은 법원이 행정법상의 분쟁에 대해서 심리 · 판정하는 절차이다.

제2항 행정심판

I 행정심판의 의의

1. 행정심판의 개념

행정심판이란 행정청의 위법 · 부당한 처분 또는 부작위에 대한 불복이 있는 경우 행정기관이 심판하는 행정쟁송절차를 말한다.

2. 행정심판제도의 법적 근거

「행정심판법」의 헌법적 근거로서는 헌법 제107조 제3항을 들 수 있고, 이 규정에 의하여 제정된 「행정심판법」이 행정심판의 일반법으로서 성격을 가진다.

그리고 사안(事案)의 전문성과 특수성을 살리기 위하여 특히 필요한 경우에는 「행정심판법」에 따른 행정심판을 갈음하는 특별한 행정불복절차로서 특별행정심판을 둘 수 있다. 「국가공무원법」의 소청, 「공직선거법」에 의한 선거소청 등을 들 수 있다.

Ⅱ 행정심판의 종류

1. 취소심판

취소심판은 행정청의 위법 또는 부당한 처분을 취소하거나 변경하는 행정심판을 말한다. 취소심판은 공정력이 있는 행정행위의 취소·변경을 요구하는 항고쟁송이며 행정심판의 중심적 위치를 차지한다.

취소심판에는 심판청구기간의 제한, 집행부정지 원칙, 사정재결제도 등 특수한 제도가 인정된다.

2. 무효등확인심판

무효등확인심판은 행정청의 처분의 효력 유무 또는 존재 여부를 확인하는 행정심판이다. 즉 당해 처분의 무효, 유효, 실효, 존재 또는 부존재의 확인을 구하는 행정심판이다.

3. 의무이행심판

의무이행심판은 당사자의 신청에 대하여 행정청이 행한 위법 또는 부당한 거부처분이나 부작위에 대하여 일정한 처분을 하도록 청구하는 행정심판이다. 취소심판과 무효등확인심판이 적극적인 공권력발동을 전제로 하여 권익이 침해된 경우에 구제하는 제도인데 반하여, 의무이행심판은 거부처분이나 부작위 등 소극적 행정작용으로 인하여 권익이 침해당한 경우에 구제하는 제도이다.

부작위가 존재하는 한 의무이행심판을 언제든지 제기할 수 있으므로 처분의 부작위를 전제로 한 의무이행심판에서는 심판제기기간의 제한이 없다. 그러나 저분의 거부를 전제로 한 의무이행심판에서는 심판기간의 제한이 있다. 집행정지는 침해적 처분의 집행정지라는 소극적 형성을 내용으로 하며, 수익적 처분이 행하여진 것과 같은 상태를 적극적으로 창출하는 것이 아니기 때문에 집행정지에 관한 규정을 적용할 수 없다.

Ⅲ 행정심판기관으로서 행정심판위원회

1. 의의

행정심판기관은 행정심판의 청구를 수리 · 심리 · 재결하여 행정상 법률관계에 관한 분쟁을 해결하는 권한을 가진 행정기관이다. 행정심판법상 행정심판기관은 행정심판위원회이다.

행정심판위원회는 행정심판사건을 심리 · 재결하기 위하여 설치된 의결기관으로서 합의제 행정관청이다. 행정심판위원회는 소속기관으로부터 직무상으로 독립된 행정청이다.

행정심판위원회는 비상설기관이다. 즉 행정심판위원회는 행정심판청구를 심리 · 재결할 필요가 있을 때마다 이미 임명되어 있는 행정심판위원 중의 일부위원으로 구성된다. 원칙적으로 행정심판위원은 비상임이다. 다만, 중앙행정심판위원회에는 4명 이하의 상임위원을 둘 수 있다.

2. 종류

행정심판위원회에는 처분청 소속 행정심판위원회, 국민권익위원회 소속 중앙행정심판위원회, 시 · 도 행정심판위원회, 직근 상급행정기관 소속 행정심판위원회가 있다.

중앙행정심판위원회는 「부패방지 및 국민권익위원회의 설치와 운영에 관한 법률」에 따른 국민권익위원회 소속으로 설치되는데, 국가행정기관의 장 또는 그 소속 행정청의 처분 또는 부작위에 대한 심판청구를 심리 · 재결한다.[1] 국가경찰의 모든 경찰상 처분 또는 부작위의 효력은 경찰청에 귀속되므로 중앙행정심판위원회가 심

1) 제6조(행정심판위원회의 설치) ② 다음 각 호의 행정청의 처분 또는 부작위에 대한 심판청구에 대하여는 「부패방지 및 국민권익위원회의 설치와 운영에 관한 법률」에 따른 국민권익위원회에 두는 중앙행정심판위원회에서 심리 · 재결한다.
1. 제1항에 따른 행정청 외의 국가행정기관의 장 또는 그 소속 행정청
2. 특별시장 · 광역시장 · 특별자치시장 · 도지사 · 특별자치도지사 또는 특별시 · 광역시 · 특별자치시 · 도 · 특별자치도의 의회
3. 「지방자치법」에 따른 지방자치단체조합 등 관계 법률에 따라 국가 · 지방자치단체 · 공공법인 등이 공동으로 설립한 행정청. 다만, 제3항제3호에 해당하는 행정청은 제외한다.

의 · 재결권을 가진다.

그리고 제주특별자치도 소속 자치경찰의 경찰처분도 제주특별자치도에 귀속되므로 중앙행정심판위원회가 행정심판권을 가진다.

3. 구성

중앙행정심판위원회는 위원장 1명을 포함한 50명 이내의 위원으로 구성하되, 위원 중 상임위원은 4명 이내로 한다.

상임위원은 별정직 국가공무원으로 임명하되, 3급 이상 공무원 또는 고위공무원단에 속하는 일반직공무원으로 3년 이상 근무한 사람이나 그 밖에 행정심판에 관한 지식과 경험이 풍부한 사람 중에서 중앙행정심판위원회 위원장의 제청으로 국무총리를 거쳐 대통령이 임명한다. 비상임위원은 전술한 민간인 전문가 중에서 중앙행정심판위원회 위원장의 제청으로 국무총리가 위촉한다.

중앙행정심판위원회의 회의는 위원장, 상임위원 및 위원장이 회의마다 지정하는 비상임위원을 포함하여 총 9명으로 구성한다.

그리고 중앙행정심판위원회는 심판청구사건 중 「도로교통법」에 따른 자동차운전면허 행정처분에 관한 사건을 심리 · 의결하게 하기 위하여 4명의 위원으로 구성하는 소위원회를 둘 수 있다.

중앙행정심판위원회 및 소위원회는 지정된 구성원 과반수의 출석과 출석위원 과반수의 찬성으로 의결한다.

행정심판위원은 그 직에 재직하는 동안 재임한다. 중앙행정심판위원회 상임위원의 임기는 3년으로 하고, 1차에 한하여 연임할 수 있으며, 기타 위촉된 위원의 임기는 2년으로 하되, 2차에 한하여 연임할 수 있다.

4. 권한

행정심판위원회는 행정심판사건을 심리하여 재결할 수 있다. 그리고 불리한 법령 등의 시정조치요청권을 가진다.

Ⅳ 행정심판의 당사자

1. 청구인

청구인이란 행정청의 처분 또는 부작위에 불복하여, 그 취소 또는 변경 등을 구하기 위하여 행정심판을 청구하는 자이다.

청구인은 자기를 위하여 이익을 주장할 수 있는 청구인적격을 가지고 있어야 하며, 자연인 또는 법인이 될 수 있다. 그러나 법인이 아닌 사단 또는 재단으로서 대표자나 관리인이 정하여져 있는 경우에는 그 사단이나 재단의 이름으로 심판청구를 할 수 있다.

2. 피청구인

피청구인(被請求人)이란 행정심판청구가 제기된 행정청, 즉 처분청 또는 부작위청을 말한다.

여기서 행정청이란 행정에 관한 의사를 결정하여 표시하는 국가 또는 지방자치단체의 기관, 그 밖에 법령 또는 자치법규에 따라 행정권한을 가지고 있거나 위탁을 받은 공공단체나 그 기관 또는 사인을 말한다.

Ⅴ 행정심판의 대상

1. 의의

행정심판의 대상이란 행정심판사항, 즉 행정심판청구의 대상을 말한다. 우리나라 「행정심판법」에서는 '행정청의 처분 또는 부작위에 대하여 다른 법령의 특별한 규정이 있는 경우를 제외하고는 이 법에 의하여 행정심판을 제기할 수 있다'고 하여 개괄주의를 채택하고 있다.

2. 처분 또는 부작위

'처분'이란 행정청이 행하는 구체적 사실에 관한 법집행으로서의 공권력의 행사 또는 그 거부, 그 밖에 이에 준하는 행정작용을 말한다. 이는 강학상 행정행위의 개념인 '공권력 행사'를 중심으로 '그 거부'와 '그 밖에 이에 준하는 행정작용'을 추가하여 그 개념을 보다 넓혔다.

'부작위'란 행정청이 당사자의 신청에 대하여 상당한 기간 내에 일정한 처분을 하여야 할 법률상 의무가 있는 데도 불구하고 처분을 하지 아니하는 것을 말한다.

3. 제외사항

일정한 사항은 행정심판의 대상에서 제외된다.

첫째, 대통령의 처분 또는 부작위에 대하여는 다른 법률에서 행정심판을 청구할 수 있도록 정한 경우 외에는 행정심판을 청구할 수 없다.

둘째, 심판청구에 대한 재결이 있으면 그 재결 및 같은 처분 또는 부작위에 대하여 다시 행정심판을 청구할 수 없다(행정심판 재청구의 금지).

셋째, 다른 법령에서 사안(事案)의 전문성과 특수성을 살리기 위하여서 특별행정심판을 정한 경우 「행정심판법」에 의한 행정심판을 제기할 수 없다. 공무원의 징계처분에 대한 소청을 인정하고 있는 「국가공무원법」, 조세부과처분에 대한 심사청구와 심판청구를 인정하고 있는 「국세기본법」 등을 들 수 있다.

또한 법률에서는 검사의 불기소처분이나 경찰서장 등의 통고처분은 행정심판의 대상에서 제외하고 있다.

Ⅵ 행정심판의 청구

1. 개설

행정심판은 청구인적격이 있는 자가, 심판청구사항인 처분 또는 부작위를 대상으로 하여, 심판청구기간 내에, 처분청이나 부작위청을 피청구인으로 하여, 심판청구서를 제출·청구하여야 한다.

행정심판이 제기되면 행정심판위원회가 심판청구를 심리 · 의결하여야 하고, 행정처분의 집행이 원칙적으로 정지되지 아니한다.

2. 행정심판청구의 요건

1) 실질적 요건

행정청의 처분 또는 부작위에 불복하여 행정심판을 통하여 그 취소 또는 변경 등을 구하기 위해서는 행정심판을 청구하여 권리를 구제받을 법률상 이익이 있는 자가 행정심판의 대상인 행정청의 작위 · 부작위 등에 대하여 제기하여야 한다.

2) 형식적 요건

(1) 심판청구기간

행정심판은 원칙적으로 처분이 있음을 안 날부터 90일 이내, 처분이 있은 날부터 180일 이내 제기하여야 한다. 두 기간 중 어느 하나라도 도과하면 행정심판을 제기할 수 없다. 이 기간 중 90일은 불변기간이고 180일은 불변기간이 아니다.

행정청이 처분을 하면서 심판청구기간을 '처분이 있음을 안 날부터 90일 이내'보다 긴 기간으로 잘못 알린 경우 그 잘못 알린 기간에 심판청구가 있으면 그 행정심판은 '처분이 있음을 안 날부터 90일 이내'에 청구된 것으로 본다. 그리고 행정청이 심판청구기간을 알리지 아니한 경우에는 처분이 있은 날부터 180일 이내에 심판청구를 청구할 수 있다.

(2) 심판청구의 방식

행정심판청구는 서면(행정심판청구서)으로 하여야 한다(요식행위). 형식과 관계없이 그 내용이 행정심판을 청구하는 것이면 제목이나 형식에 관계없이 행정심판청구로 보아야 한다.

(3) 행정심판청구의 절차

행정심판을 청구하려는 자는 행정심판청구서를 작성하여 피청구인(처분청 또는 부작위청)이나 행정심판위원회에 제출하여야 한다.

3. 행정심판청구의 효과

행정심판이 청구되면 행정심판위원회는 이를 심리 · 재결할 의무를 지며, 심판이 청구되더라도 원칙적으로 그 처분의 효력 등은 정지되지 아니한다(집행부정지의 원칙).

그러나 행정심판위원회는 처분, 처분의 집행 또는 절차의 속행 때문에 중대한 손해가 생기는 것을 예방할 필요성이 긴급하다고 인정할 때에는 직권으로 또는 당사자의 신청에 의하여 처분의 효력, 처분의 집행 또는 절차의 속행의 전부 또는 일부의 정지를 결정할 수 있다(예외로서 집행정지의 원칙).

Ⅶ 행정심판의 심리

1. 심리의 의의

심리는 행정상 쟁송을 해결하기 위하여 분쟁당사자에게 증거서류 · 증거물의 제출 및 구술로서 주장과 반대주장을 하게 하여 그것을 조사 · 평가하고, 또한 객관적 사실을 발견하기 위하여 필요할 때에는 직권으로 조사하여 재결의 기초가 되는 사실문제 및 법률문제를 밝히는 일련의 절차를 말한다. 절차의 공정성을 위하여 대심적 구조를 채택하는 것이 일반적이다.

행정심판의 심리는 행정심판위원회에서 한다.

2. 심리의 내용

1) 요건심리

요건심리는 행정심판청구가 그 제기요건을 갖추고 있는지 여부를 심리하는 것을 말한다. 행정심판의 대상인 처분 또는 부작위의 존재, 당사자 능력 및 당사자 적격의 존재, 심판청구기간의 준수, 필요적 전치절차의 이행, 행정심판청구서 기재사항의 구비 등을 심리한다.

요건심리의 결과, 제기요건을 구비한 경우에는 수리하고, 구비하지 못한 경우에는 이를 각하(却下)한다. 다만, 요건을 구비하지 않았을지라도 보정을 할 수 있을 때에는 상당한 기간을 정하여 보정을 명하고 보정사항이 경미할 때에는 행정심판위원회가 직권으로 보정할 수 있다.

2) 본안심리

본안심리는 행정심판청구의 내용을 실질적으로 심사하는 것이다. 당해 심판청구가 적법 · 타당한가 또는 위법 · 부당한가를 심리하는 것이다.

본안심리 결과, 심판청구가 이유 있다고 인정되면 청구인용재결을 하고, 이유 없다고 인정하면 청구기각재결을 한다.

3. 심리의 범위

1) 법률문제, 재량문제와 사실문제

행정심판위원회는 사실관계를 확정한 후(사실문제) 이에 대한 당 · 부당의 행정적 평가를 행하거나(재량문제), 위법 · 적법의 평가를 한다(법률문제). 즉 행정심판위원회는 심판청구의 대상인 처분 · 부작위의 적법 · 위법의 판단인 법률문제를 심리할 뿐만 아니라, 당 · 부당 여부를 판단한다. 그리고 그 판단의 기초가 되는 사실관계의 확정을 위하여 그 사실을 조사할 수 있다.

2) 불고불리의 원칙과 불이익변경금지의 원칙

행정심판위원회는 심판청구의 대상이 된 처분 또는 부작위 외의 사항에 대하여는 재결하지 못하고(불고불리의 원칙), 심판청구의 대상이 된 처분보다 청구인에게 불이익한 재결을 하지 못한다(불이익변경금지의 원칙).

4. 심리의 기본원칙

1) 심리절차의 사법화

행정심판은 행정법관계에 관한 쟁송을 행정기관이 심리 · 판단하는 절차로서 준사법적작용이다. 따라서 행정심판은 당사자의 심판제기, 증거와 의견진술을 통한 사실관계의 확정, 법령의 해석 · 적용에 의한 판단 등의 일련의 절차를 거치며, 국민의 권리구제를 위하여 공정성과 객관성을 보장하기 위하여 법원의 쟁송절차에 준하는 절차가 요구된다.

이를 위하여 「행정심판법」은 심리기관을 독립하고, 심리절차에서 원칙적으로 대심구조를 채택하며, 서면심리주의와 아울러 구두변론주의를 채택하고 있다.

2) 심리절차의 기본원칙

(1) 대심주의와 직권심리주의

① 대심주의

「행정심판법」은 심판청구의 당사자를 청구인과 피청구인으로 하여 대등한 대립관계를 인정하고, 각자 권리의 주장을 위한 공격 · 방어를 하도록 하고, 이를 심리 · 재결의 기본으로 하는 대심주의를 취하고 있다.

② 직권심리주의

「행정심판법」은 실체적 진실을 밝히고 심리의 간이 · 신속한 진행을 도모하기 위하여 직권심리주의를 인정하고 있다. 즉 행정심판위원회가 필요하면 당사자가 주장하지 아니한 사실에 대하여도 심리할 수 있고, 당사자 · 참고인을 심문할 수 있다. 그리고 증거자료의 제출을 요구하며, 전문가에게 감정 · 검정을 명할 수 있다.

(2) 서면심리주의와 구술심리주의

행정심판의 심리는 구술심리나 서면심리로 한다. 다만, 당사자가 구술심리를 신청한 경우에는 서면심리만으로 결정할 수 있다고 인정되는 경우 외에는 구술심리를 하여야 한다.

(3) 비공개주의

「행정심판법」이 직권심리주의 · 서면심리주의 등을 채택한 취지에 비추어 보면 비공개주의를 원칙으로 하고 있다고 보아야 한다. 또한 행정심판위원회에서 위원이 발언한 내용이나 그밖에 공개되면 행정심판위원회의 심리 · 재결의 공정성을 해칠 우려가 있는 일정한 사항은 공개하지 아니한다.

(4) 불합리한 법령 등의 개선

중앙행정심판위원회는 심판청구를 심리 · 재결할 때에 처분 또는 부작위의 근거가 되는 대통령령 · 총리령 · 부령 · 훈령 · 예규 · 고시 · 조례 · 규칙 등의 명령이 법령에 근거가 없거나 상위 법령에 위배되거나 국민에게 과도한 부담을 주는 등 크게 불합리하면 관계 행정기관에 그 명령 등의 개정 · 폐지 등 적절한 시정조치를 요청할 수 있다. 이 요청을 받은 관계 행정기관은 정당한 사유가 없으면 이에 따라야 한다.

3) 심리기일의 지정과 변경

심리기일은 행정심판위원회가 직권으로 지정한다. 심리기일의 변경은 직권으로 또는 당사자의 신청에 의하여 한다. 행정심판위원회는 심리기일이 변경되면 지체 없이 그 사실과 사유를 당사자에게 알려야 한다.

4) 심판청구의 병합과 분리

행정심판위원회는 필요하면 관련되는 심판청구를 병합하여 심리하거나 병합된 관련 청구를 분리하여 심리할 수 있다. 관련청구의 병합은 심리의 병합에 그치므로 심리만을 동일한 절차에서 진행하고 재결은 병합된 각 심판청구별로 하여야 한다.

5. 당사자의 절차적 권리

1) 위원 · 직원에 대한 기피신청권

당사자는 행정심판위원 또는 사건의 심리 · 의결에 관한 사무에 관여하는 행정심판위원 아닌 직원에게 심리 · 의결의 공정을 기대하기 어려운 사정이 있는 경우에는 기피신청을 할 수 있다.

2) 보충서면제출권

당사자는 심판청구서 · 보정서 · 답변서 · 참가신청서 등에서 주장한 사실을 보충하고 다른 당사자의 주장을 다시 반박하기 위하여 필요하면 행정심판위원회에 보충서면을 제출할 수 있다.

3) 구술심리신청권

당사자는 행정심판위원회에 구술심리를 신청할 수 있다.

4) 물적 증거제출권

당사자는 심판청구서 · 보정서 · 답변서 · 참가신청서 · 보충서면 등에 덧붙여 그 주장을 뒷받침하는 증거서류나 증거물을 제출할 수 있다.

5) 증거조사신청권

당사자의 신청이 있는 경우 행정심판위원회는 사건의 심리를 위하여 필요하다고 인정할 때에는 증거조사를 할 수 있다. 증거조사의 방법으로는 본인 · 참고인 신문, 증거자료의 제출 요구, 감정, 검증이 있다.

Ⅷ 행정심판의 재결

1. 재결의 의의 및 성질

재결이란 행정심판위원회가 심판청구에 대한 심리절차를 종결하고 일정한 절차를 따라 판단 · 확정하는 행위이다.

재결은 행정법상의 법률관계의 존부 또는 정부에 관한 분쟁에 대하여 일정한 절차를 거쳐 행하는 판단작용이기 때문에 준법률행위적 행정행위(확인행위)이며 준사법행위에 해당한다. 따라서 기속행위로서의 성질을 가지며, 불가변력이 강하게 나타난다.

2. 재결의 절차 등

행정심판위원회는 심리를 마치면 그 심판청구에 대하여 지체 없이 직접 재결하여야 한다.

1) 재결의 형식 및 기간

재결은 재결서라는 서면으로 하며, 재결서에는 사건번호와 사건명, 당사자·대표자 또는 대리인의 이름과 주소, 주문, 청구의 취지, 이유, 재결한 날짜가 포함되어야 한다.

재결은 피청구인 또는 행정심판위원회가 심판청구서를 받은 날부터 60일 이내에 하여야 한다. 다만, 부득이한 사정이 있는 경우에는 위원장이 직권으로 30일을 연장할 수 있다.

2) 재결의 범위 및 효력발생

행정심판위원회는 심판청구의 대상이 되는 처분 또는 부작위 외의 사항에 대하여는 재결하지 못한다. 그리고 심판청구의 대상이 되는 처분보다 청구인에게 불리한 재결을 하지 못한다.

행정심판위원회는 지체 없이 당사자에게 재결서의 정본을 송달하여야 한다. 재결서의 정본이 청구인에게 송달되었을 때에 재결의 효력이 생긴다.

3. 재결의 종류

재결은 그 내용에 따라 각하재결, 기각재결, 사정재결, 인용재결로 나눈다.

1) 각하재결

각하재결은 행정심판위원회가 심판청구의 형식적 요건의 구비 여부를 심리한 결과, 심판청구의 제기요건을 구비하지 못하였다고 판단된 경우 이를 부적법한 심판청구라 하여 본안심리를 거절하는 재결을 말한다.[2)]

---

2) 각하재결을 하는 경우로서 ① 행정심판청구의 대상이 아닌 행위에 대하여 행정심판을 제기한 경우, ② 청구인적격이 없는 자가 행정심판을 청구한 경우, ③ 행정심판 제기기간이 경과한 후 행정심판이 제기된 경우, ④ 심판청구가 부적법하여 「행정심판법」 제32조에 의한 보정을 명하였음에도 불구하고 보정기간 내에 보정하지 않은 경우, ⑤ 행정심판의 대상이 된 처분이나 부작위가 심판청구의 계속 중에 기간의 경과, 처분의 집행, 그 밖의 사유로 효력이 소멸한 경우, ⑥ 특별한 규정이 없음에도 이미 재결의 대상이 되었던 처분이나 부작위에 대하여 다시 행정심판을 제기한 경우 등을 들 수 있다.

2) 기각재결

기각재결은 본안심리 결과, 행정심판청구가 이유 없다고 하여 청구인의 주장을 배척하고 원처분의 적법 · 타당성을 인정하는 재결이다.

3) 인용재결

인용재결은 본안심리 결과, 심판청구가 이유있다고 하여 청구인의 주장을 받아들이는 재결이다. 행정심판위원회는 재결로서 스스로 직접 청구의 취지에 따른 처분을 할 수도 있고, 처분청에 청구취지에 따른 처분을 하도록 명할 수도 있다.

4) 사정재결

사정재결이란 심판청구가 이유 있는 것으로 인정되는 경우에도, 이를 인용하는 것이 공공복리에 크게 위배된다고 인정되면 그 심판청구를 기각하는 재결을 말한다. 이것은 기각재결의 일종이다. 이 재결은 청구를 인용함으로써 공공복리에 크게 위배되는 경우, 공익과 사익을 비교형량하여 그 조화를 꾀하기 위하여 인정된다.

4. 재결의 효력

1) 기속력

재결의 기속력은 심판청구의 당사자인 처분청과 관계 행정청이 재결의 취지에 따라 행동하도록 구속하는 효력을 말한다. 특히 처분의 취소재결, 변경재결 또는 무효 · 부존재 · 실효재결이 확정되면 처분청은 동일한 사정 하에서 동일한 이유에 기하여 동일인에게 동일한 내용의 처분을 하여서는 아니된다(반복금지효). 그리고 행정행위에 의하여 법률관계 또는 사실관계가 변동한 경우에 그 행위가 취소되면 변동한 법률 · 사실관계는 위법한 것이 되므로 행정청이 이를 원상으로 회복하여야 할 의무를 진다(원상회복의무). 또한 신청을 요하는 처분에 대하여 재결이 있으면 처분청은 재결의 취지에 따라 다시 처분할 의무를 진다(재처분의무).

한편, 행정청이 행정심판위원회의 처분명령재결의 취지에 따라 이전의 신청에 대한 처분을 하지 아니하는 때에는 행정심판위원회가 당해 처분을 직접 행할 수 있다.

2) 형성력

재결의 형성력이란 재결의 내용에 따라 새로운 법률관계의 발생이나 기존의 법률관계에 변경 · 소멸을 가져오는 효력을 말한다.

형성력이 인정되는 재결로서는 처분취소재결, 처분변경재결, 처분재결이 있다. 처분취소재결이 있으면 행정청이 이를 다시 취소하지 않아도 소급하여 그 효력이 상실되어 처음부터 처분이 없었던 상태가 된다.[3] 일부취소재결의 경우 일부취소된 부분에 한하여 소급적으로 효력을 상실하고 일부취소되지 아니한 부분에 한하여 원처분은 효력을 가진다.

처분변경재결이 있으면 원처분은 효력을 상실하고 변경재결로 인한 새로운 처분은 제3자의 권익을 침해하지 않는 한 소급하여 효력을 발생한다. 의무이행재결 중 처분재결이 있는 경우에는 당해 재결은 장래에 향하여 즉시 효력을 발생한다.

3) 집행력

거부처분 또는 부작위에 대한 취소심판 또는 의무이행심판에서 인용재결이 있을 경우 처분청이 재결의 취지에 따른 처분을 하여야 하는 의무가 있다. 당해 처분청이 재결의 취지에 따른 처분을 하지 않는 경우 행정심판위원회는 당사자의 신청에 따라 기간을 정하여 서면으로 시정을 명하고 그 기간 내에 이행하지 아니하면 직접 그 처분을 할 수 있다.

4) 확정력

재결도 행정행위에 해당하므로 이에는 확정력이 발생한다. 재결은 그 자체에 고유한 위법이 있는 경우 그에 대한 행정소송을 제기할 수 있으나, 제소기간이 경과하면 누구든지 더 이상 그 효력을 다툴 수 없다(불가쟁력). 그리고 재결은 쟁송절차를 거쳐 행하는 판단행위(준사법적 행위)이므로 일단 재결이 있으면 그것이 위법하다고 하더라도 행정심판위원회도 스스로 이를 취소 · 변경할 수 없다(불가변력).

---

3) 형성재결이 있는 경우 그 대상이 된 행정처분은 재결 자체에 의해 당연히 취소되어 소멸한다(대판 1999.12.16, 98두18619).

5) 공정력

재결도 행정청의 행위로서 본질적으로 행정행위의 일종이므로 다른 행정행위의 경우와 마찬가지로 공정력이 발생한다.

5. 재결에 대한 불복

심판청구에 대한 재결이 있으면 그 재결 및 같은 처분 또는 부작위에 대하여 다시 행정심판을 청구할 수 없다(재심판청구의 금지). 즉 재결에 대한 불복이 있더라도 재결이 아닌 원처분을 대상을 행정소송을 제기하여야 한다(원처분주의). 그러나 재결 자체에 고유한 위법이 있는 경우 예외적으로 재결을 대상으로 할 수 있다.

IX 고지제도

1. 고지제도의 의의 및 법적 성질

고지제도는 행정청이 행정행위를 함에 있어서 처분의 상대방 또는 이해관계인에게 처분에 대한 행정심판의 제기 가능성 및 그에 필요한 사항을 알려 주는 제도이다.

고지는 행정청이 처분을 하는 경우에 처분이 불복청구의 대상이 되는지 여부 및 불복절차 등을 알려 주는 비권력적 사실행위이다. 고지는 행정처분의 통지에 따르는 법정절차에 해당하지만 행정처분 그 자체의 절차는 아니므로 고지를 하지 않는 경우에도 처분이 위법으로 되지 아니한다. 다만, 고지를 하지 않는 경우와 잘못 고지한 경우 처분의 상대방 또는 이해관계인에게 국가배상청구를 인정할 수 있을 것이다.

2. 고지의 종류 및 내용

1) 직권에 의한 고지

상대방의 신청 없이 처분청이 직권으로 하는 고지이다. 행정청이 처분을 할 때에는 처분의 상대방에게 직권으로 ㉠ 해당 처분에 대하여 행정심판을 청구할 수 있는 가능성, ㉡ 행정심판을 청구하는 경우의 심판청구 절차 및 심판청구 기간을 고지하여야 한다. 고지는 통상적으로 서면에 의한다.

2) 청구에 의한 고지

상대방의 청구에 의하여 처분청이 하는 고지이다. 행정청은 그 처분에 대한 이해관계인이 고지를 신청하면 지체 없이 ㉠ 해당 처분이 행정심판의 대상이 되는 처분인지, ㉡ 행정심판의 대상이 되는 경우 소관 위원회 및 심판청구기간을 알려주어야 한다.

고지방법에 대해서는 특별한 제한이 없으나 서면으로 알려 줄 것을 요구받은 경우 서면으로 고지하여야 한다.

3. 불고지 · 오고지의 효과

1) 불고지의 효과

처분청이 고지의무를 이행하지 아니한 경우 그 처분 자체의 효력에는 아무런 영향을 주지 않는다. 행정청이 고지를 하지 아니하여 청구인이 심판청구서를 다른 행정기관에 제출한 때에는 그 행정기관은 그 심판청구서를 지체 없이 정당한 권한있는 행정청에 송부하여야 한다. 이 경우 심판청구기간을 계산함에 있어서는 다른 행정기관에 심판청구서가 제출된 때에 심판청구가 제기된 것으로 본다.

그리고 행정청이 심판청구기간을 알리지 아니한 때에는, 처분이 있음을 안 날부터 90일이 경과하여도 처분이 있은 날부터 180일 이내에 해당하면 적법한 심판청구를 제기할 수 있다.

2) 오고지의 효과

행정청이 심판청구절차를 잘못 알려서 청구인이 심판청구서를 다른 행정기관에 제출한 때에는 당해 행정기관은 그 심판청구서를 지체 없이 정당한 권한있는 행정청에 송부하여야 한다.

행정청이 심판청구기간을 '처분이 있음을 안 날부터 90일 이내'보다 긴 기간으로 잘못 알린 경우에 그 잘못 알린 기간 내에 심판청구가 있으면 그 심판청구는 적법한 기간 내에 제기된 것으로 본다.

행정심판제기 절차에 관하여 잘못 고지한 경우 행정심판절차를 거치지 않고 바로 행정소송을 제기할 수 있다.

제3항 행정소송

I 개설

1. 행정소송의 의의

행정소송(行政訴訟)이란 행정법규의 적용에 관한 분쟁에 대하여 당사자가 소를 제기하고, 제3자적 지위에 있는 법원이 재판절차에 따라 이를 심리 · 판단하는 정식재판절차를 말한다.

2. 행정소송의 법적 근거

1) 헌법

행정소송의 헌법상 근거는 헌법 제101조와 제107조 제2항이다. 제101조에서는 "사법권은 법관으로 구성된 법원에 속한다"고 하여 사법권을 규정하고, 제107조 제2항에서는 "명령 · 규칙 또는 처분이 헌법이나 법률에 위반되는 여부가 재판의 전제가 된 경우에는 대법원은 이를 최종적으로 심사할 권한을 가진다"고 하여 행정소송의 법적 근거를 규정하고 있다.

2) 법률

헌법의 취지에 따라 행정소송에 관한 일반법으로서 제정된 「행정소송법」이 있고, 특별법으로서 「공직선거법」, 「특허법」, 「공익사업을 위한 토지 등의 취득 및 보상에 관한 법률」 등이 있다.

그리고 「행정소송법」 제8조 제2항의 규정에 따라 「법원조직법」, 「민사소송법」 등도 행정소송에 관한 중요한 법원이 된다.

3. 행정소송의 종류

행정소송을 내용에 따라 분류하면 항고소송 · 당사자소송 · 민중소송 · 기관소송으로 나눈다. 항고소송과 당사자소송은 주관적 소송에 속하고 민중소송과 기관소송은 객관적 소송에 속한다.

항고소송은 다시 「행정소송법」에서 명문으로 규정하고 있는 취소소송 · 무효등확인소송 · 부작위위법확인소송으로 분류된다. 이를 법정항고소송(法定抗告訴訟)이라 한다. 이와 반대로 「행정소송법」에서 규정하고 있지 아니하는 항고소송으로서 의무이행소송 · 작위의무확인소송 · 예방적부작위소송 등을 들 수 있다. 이를 무명항고소송 또는 법정외항고소송(法定外抗告訴訟)이라 한다.

Ⅱ 행정재판권의 한계

1. 서설

우리 헌법 제27조 제1항은 모든 국민에게 재판을 받을 권리를 기본권으로 보장하고, 제107조 제2항은 행정소송사항의 개괄주의(概括主義)를 규정하고 있다. 이에 따라 국민은 행정권의 모든 위법한 처분 기타 공권력작용에 대하여 소송을 제기할 수 있어 국민의 권리구제의 길을 넓혀주고 있다. 그러나 사법의 본실상 또는 권력분립의 원칙에 따라 일정한 경우 법원의 재판권이 제한된다.

2. 사법권의 본질상 한계

「법원조직법」 제2조 제1항은 '법원은 헌법에 특별한 규정이 있는 경우를 제외한 일체의 법률적 쟁송(法律的 爭訟)을 심판하고 ……'라고 규정하고 있다. 이 규정에 따라 법원은 행정사건을 포함한 모든 법률적 쟁송에 관한 관할권을 가진다.

법률적 쟁송이란 대립된 당사자 사이의 구체적인 권리 · 의무에 관한 다툼으로 법령의 적용을 통하여 해결할 수 있는 분쟁을 말하다. 즉 ㉠ 두 당사자가 대립하여, ㉡ 권리 · 의무에 관하여 분쟁이 발생하고, ㉢ 그 분쟁이 추상적 가정적인 것이 아니라 실질적 구체적인 것이고(구체적 사건성), ㉣ 법령의 적용으로써 종국적으로 해결할 수 있는 분쟁(법적 해결성)이어야 한다.

그러나 반사적 이익, 단순한 사실행위, 추상적 법령의 효력 및 해석, 객관적 쟁송[4]은 구체적 사건성이 결여되어 행정소송의 대상이 될 수 없다. 그리고 학술 · 예술상의 문제, 재량행위, 통치행위, 방침규정 등은 법적 해결성이 없기 때문에 이에 대해 행정소송을 제기할 수 없다. 검사의 불기소처분, 통고처분, 행정지도, 공법상 계약 등도 행정소송의 대상이 되지 아니한다.

3. 권력분립적 한계

1) 의무이행소송

의무이행소송(義務履行訴訟)이란 상대방의 신청에 대하여 행정청이 일정한 처분을 하여야 할 의무가 있음에도 불구하고, 이를 하지 않고 방치하거나 신청된 처분을 거부한 경우, 행정청에 그 처분을 할 것을 명하는 내용의 판결을 구하는 소송을 말한다.

법원은 법률적 쟁송에 대한 소의 제기가 있는 경우 법규의 적용을 통하여 그것을 판단하고 해결하는 기관으로, 사법권의 조직 · 구조 및 재판의 절차 · 구조 등은 이 사법권 본래의 기능을 적절히 수행하도록 형성되어 있으므로, 법원은 의무이행판결을 할 수 없다.[5]

2) 예방적 부작위소송

예방적 부작위소송은 위법한 행정작용이 임박하여 권리침해가 우려되는 경우, 행정청에게 사실행위 또는 당해 처분을 하지 아니할 것을 명하거나, 그러한 처분권한이 없는 것임을 확인하는 판결을 구하는 소송이다.

이 소송은 행정청이 적극적인 행위를 하기 전에 당해 권한행사를 사전에 차단하는 것으로서 권력분립 및 행정청의 1차적 판단권 존중의 관점에서 인정하기 곤란하다(판례).[6]

4) 객관적 쟁송은 법률의 규정이 있는 경우에는 행정소송으로 인정된다.
5) 행정청에 대하여 행정청의 처분의 이행을 구하는 청구는 특별한 규정이 없는 한 행정소송의 대상이 될 수 없다(대판 1996.10.29, 95누10341).
6) 신축건물의 준공처분을 하여서는 아니된다는 내용의 부작위를 구하는 원고의 예비적 청구는 행정소송에서 허용되지 아니하는 것이므로 부적법하다(대판 1987.3.24, 86누182).

Ⅲ 항고소송

1. 개설

항고소송(抗告訴訟)이란 행정청의 처분 등이나 부작위에 대하여 제기하는 소송으로서 행정청의 위법한 공권력의 행사 또는 불행사로 인하여 권리 · 이익이 침해된 경우 그 위법상태를 배제하여 권익구제를 받기 위하여 제기하는 소송이다.

항고소송에는 취소소송, 무효등확인소송, 부작위위법확인소송이 있다.

2. 취소소송

1) 취소소송의 의의

취소소송(取消訴訟)은 행정청의 위법한 처분 또는 재결의 취소 · 변경을 구하는 소송이다. 취소소송은 취소사유에 해당하는 위법한 처분 · 재결에 대하여 제기하는 것이 원칙이나 무효인 행정행위에 대해서도 무효선언의 의미에서 취소를 구하는 무효선언취소소송(無效宣言取消訴訟)을 인정하고 있다.

취소소송에는 출소기간의 제한, 사정판결, 집행부정지의 원칙을 규정한 「행정소송법」의 조문이 적용된다.

2) 취소소송의 소송요건

취소소송은 주관적 쟁송으로서 행정청의 위법한 처분등의 취소 · 변경을 구하는 소송으로서 일정한 요건을 충족하여야 한다. 이를 취소소송의 소송요건이라 한다.

소송요건의 존부는 사실심 구두변론종결시(口頭辯論終決時)를 기준으로 판단하므로 소송을 제기할 때 소송요건이 흠결되어 있더라도 이 때까지 구비하면 적법한 소가 된다.

(1) 취소소송의 당사자

취소소송도 당사자인 원고와 피고가 공격 · 방어절차를 거쳐 법원이 판결로 분쟁을 해결한다. 그리고 이해관계가 있는 제3자와 행정청이 참가인으로서 소송에 참가할 수 있으며, 소송대리인을 둘 수 있다.

① 원고

취소소송도 당사자의 실질적 구제를 기하기 위한 제도이므로, '소익(訴益) 없으면 소권(訴權) 없다'는 원칙이 적용된다. 따라서 처분의 위법을 주장하여 그 취소를 주장하는 자는 소의 이익이 있어야 한다.

소의 이익은 취소소송의 원고가 될 수 있는 요건으로서, 처분의 취소를 구하기 위한 법률상 이익이 있어야 한다는 것이다. 이를 원고적격(原告適格)이라 한다. 그리고 원고적격은 처분이 취소된 경우 현실적으로 법률상 이익이 회복될 수 있는 상태에 있는가의 문제이다.

법률상 이익은 제소시에는 물론 사실심의 구두변론종결시까지 존재하여야 한다.

② 피고

취소소송에서 처분이나 재결의 효과가 귀속되는 권리주체인 국가·공공단체가 피고적격을 가지는 것이 원칙이지만, 「행정소송법」은 소송수행의 편의를 위하여 처분이나 재결을 한 행정청(처분청·재결청)을 취소소송의 피고로 하고 있다.

행정청이란 국가·공공단체의 행정에 관한 의사를 결정·표시할 수 있는 권한을 가진 행정기관을 말한다. 따라서 국가 또는 공공단체 자체 또는 관청은 행정청에 포함되지 않지만, 행정사무의 처리권한을 부여받은 기관은 모두 포함된다.

③ 참가인

소송의 결과에 따라 권리 또는 이익의 침해를 받을 제3자가 있는 경우 법원이 당사자 또는 제3자의 신청 또는 직권으로 결정하여 소송에 참가하는 제3자를 말한다. 여기서 제3자란 취소판결의 형성력이 미치는 자뿐만 아니라 판결의 구속력에 의하여 그 권리의 침해를 받게 되는 자도 포함한다.

④ 소송대리인

「행정소송법」에는 소송대리인에 관하여 특별한 규정이 없으므로 「민사소송법」의 규정에 따른다. 다만, 국가를 당사자로 하는 소송에서는 「국가를 당사자로 하는 소송에 관한 법률」에 의한 특례가 인정된다. 즉 법무부장관과 행정청의 장은 소송수행자를 지정할 수 있고, 변호사를 소송대리인으로 선임할 수도 있다.

(2) 취소소송의 대상

취소소송은 처분등을 대상으로 한다. 다만, 재결취소소송의 경우에는 재결 자체에 고유한 위법이 있음을 이유로 하는 경우에 한한다.

처분등이라 함은 행정청이 행하는 구체적 사실에 관한 법집행행위로서의 공권력의 행사 또는 그 거부와 그 밖에 이에 준하는 행정작용 및 행정심판에 대한 재결을 말한다.

① 처분

처분은 ㉠ 행정청이 행하는 구체적 사실에 관한 법집행으로서의 공권력의 행사(행정행위 · 권력적 사실행위 등), ㉡ 공권력의 거부, ㉢ 공권력행사 또는 그 거부에 준하는 행정작용을 말한다.

공권력의 행사는 행정청이 행하는 구체적 사실에 관한 법집행이다. 학문상 행정행위가 주된 대상이 된다. 실체법상 행정행위에 해당하는 법률행위적 행정행위와 순법률행위적 행정행위에는 처분성이 인정된다. 그리고 권력적 사실행위도 포함시킬 수 있다. 처분에 속하지만 특별한 절차가 인정되는 것(검사의 불기소처분 및 형집행정지처분, 각종 통고처분, 국회의원후보자에 대한 등록취소처분 등)은 취소소송의 대상이 될 수 없다.

공권력의 거부는 부작위를 의미한다. 부작위라 함은 행정청이 당사자의 신청에 대하여 상당한 기간내에 일정한 처분을 하여야 할 법률상 의무가 있음에도 불구하고 이를 하지 아니하는 것을 말한다.

공권력행사 또는 그 거부에 준하는 행정작용은 공권력 행사나 거부처분이 아니더라도 행정청의 작용으로서 국민의 권익에 실질적인 영향을 미치는 작용을 말한다. 처분적 행정입법, 구속적 행정계획 등을 들 수 있다. 그러나 행정주체가 사인과 대등한 지위에서 행하는 사법행위, 행정사법행위, 공법상 합동행위, 공법상 계약, 행정지도 등은 처분성이 부정된다. 그리고 일반추상적 행정입법, 비구속적 행정계획, 비권력적 사실행위, 통치행위, 질의에 대한 회신 등도 그 성질상 처분성을 인정하기 곤란하다.

② 행정심판에 대한 재결

「행정소송법」은 원처분주의를 채택하여 원처분을 대상으로 행정소송을 제기하여야 하고, 행정심판에 대한 재결에 대해서는 행정소송을 제기할 수 없다.

다만, 재결 자체에 고유한 위법이 있음을 이유로 하는 경우에 한하여 재결에 대하여 취소소송을 제기할 수 있다. '재결 자체에 고유한 위법이 있는 경우'란 재결의 주체 · 형식 · 절차에 관한 위법이 있거나 재결에 의하여 제3자(처분의 상대방)의 권리가 위법하게 침해되는 경우 등을 말한다.

(3) 처분등의 위법성

취소소송에서 원고가 처분등의 위법성을 주장하여야 하다. 위법성이란 처분등이 법령(법률, 명령 등 성문법 또는 불문법)에 객관적으로 위반한 것을 말한다. 그러나 처분의 객관적 위법성 자체는 소송요건이 아니라 본안청구의 이유 유무의 문제이다.

자유재량행위를 위반한 경우 원칙적으로 부당함에 그치므로 행정소송의 대상이 될 수 없으나 재량권의 남용 · 일탈이 있는 경우 위법성을 띠게 되므로 이에 대해 행정소송을 제기할 수 있다.

그리고 행정규칙은 법규성이 없으므로 이를 위반한 행위는 위법이 아니다(판례). 따라서 이에 대해 행정소송을 제기할 수 없다. 그러나 행정규칙 위반의 경우에도 헌법상 평등원칙 또는 행정의 자기구속의 법리 등 행정청의 일반원칙을 위반한 경우 이 법원칙의 위배로 위법한 것이 된다.

선행행위의 위법을 이유로 후행행위의 취소를 구할 수 있는가에 대하여는 선후행 행위가 결합하여 하나의 효과를 완성하는 행위일 경우에는 후행행위를 취소할 수 있으나, 각각 개별적인 효과를 목적으로 하는 경우 후행행위를 취소할 수 없다.

단순히 부당한 경우는 행정소송을 제기할 수 없다.

(4) 제소기간

취소소송은 제소기간 내에 제기되어야 한다. 제소기간이 경과하면 불가쟁력이 발생한다.

첫째, 취소소송은 처분등이 있음을 안 날 또는 행정심판을 거친 경우 재결서의 정본을 송달을 받은 날부터 90일 이내 제기하여야 한다. 이 기간은 불변기간으로서 법원이 직권으로 단축할 수 없다. '처분이 있음을 안 날'이란 처분의 존재를 현실적으로 안 날이다.

둘째, 취소소송은 처분등이 있은 날 또는 행정심판을 거친 경우 재결이 있은 날부터 1년을 경과하면 이를 제기하지 못한다. 다만, 정당한 사유가 있는 때에는 그러하지 아니하다. 이 제소기간은 불변기간이 아니다. '처분이 있은 날'이란 처분의 효력 발생일을 말한다.

셋째, 이 두 기간은 선택적인 것이 아니므로 어느 하나의 기간이 만료하면 제소할 수 없다.

(5) 법률의 규정이 있는 경우 행정심판을 거칠 것

다른 법률에 당해 처분에 대한 행정심판의 재결을 거치지 아니하면 취소소송을 제기할 수 없다는 규정이 있는 때에는 행정심판을 거치지 아니하고 행정소송을 제기할 수 있다.[7] 그러나 일반적으로는 행정심판을 거치지 아니하고 취소소송을 제기할 수 있으므로(임의적 행정심판전치주의), 원고는 행정심판을 거친 후 취소소송을 제기할 수도 있고, 행정심판 없이 바로 취소소송을 제기할 수도 있다.

그러나 ㉠ 행정심판청구가 있은 날부터 60일이 지나도 재결이 없는 때, ㉡ 처분의 집행 또는 절차의 속행으로 생길 중대한 손해를 예방하여야 할 긴급한 필요가 있는 때, ㉢ 법령의 규정에 의한 행정심판기관이 의결 또는 재결을 하지 못할 사유가 있

---

7) ① 조세소송의 전치주의로서 이의신청(임의적), 심사청구와 심판청구(택일)(「국세기본법」), ② 공무원징계처분에 대한 소청심사위원회의 소청심사(「국가공무원법」), ③ 교원징계처분의 교원소청심사위원회의 소청심사(「교원지위 향상에 관한 특별법」), ④ 노동위원회결정에 대한 중앙노동위원회의 재심(「노동위원회법」, 「노동조합 및 노동관계조정법」), ⑤ 운전면허의 취소 · 정지처분에 대한 행정심판(「도로교통법」), ⑥ 토지거래불허가처분에 대한 이의신청(「국토의 계획 및 이용에 관한 법률」), ⑦ 사용료 · 수수료 · 분담금의 부과징수처분에 대한 이의신청(「지방자치법」), ⑧ 징발보상금지급결정에 대한 징발보상심의회의 재심청구(「징발법」) 등을 들 수 있다.

는 때, ㉣ 그 밖의 정당한 사유가 있는 때에는 행정심판의 재결을 거치지 아니하고 취소소송을 제기할 수 있다.

그리고 ㉠ 동종사건에 관하여 이미 행정심판의 기각재결이 있은 때, ㉡ 서로 내용상 관련되는 처분 또는 같은 목적을 위하여 단계적으로 진행되는 처분 중 어느 하나가 이미 행정심판의 재결을 거친 때, ㉢ 행정청이 사실심의 변론종결 후 소송의 대상인 처분을 변경하여 당해 변경된 처분에 관하여 소를 제기하는 때, ㉣ 처분을 행한 행정청이 행정심판을 거칠 필요가 없다고 잘못 알린 때에는 행정심판을 제기함이 없이 취소소송을 제기할 수 있다.

3) 취소소송 제기의 효과

(1) 법원에 대한 효과(주관적 효과)

취소소송이 제기되면 사건이 법원에 계속되므로 법원은 이를 심리 · 판결을 해야 하며, 당사자는 동일한 사건에 대하여 다시 소를 제기할 수 없다.

(2) 처분에 대한 효과(객관적 효과)

취소소송이 제기되더라도 처분등의 효력이나 그 집행 또는 절차의 속행(續行)에 영향을 주지 아니한다(집행부정지의 원칙). 그러나 취소소송이 제기된 경우에 처분등이나 그 집행 또는 절차의 속행으로 인하여 생길 회복하기 어려운 손해를 예방하기 위하여 긴급한 필요가 있다고 인정할 때에는 본안이 계속되고 있는 법원은 당사자의 신청 또는 직권에 의하여 처분등의 효력이나 그 집행 또는 절차의 속행의 전부 또는 일부의 정지를 결정할 수 있다(예외적인 집행정지). 집행정지는 공공복리에 중대한 영향을 미칠 우려가 있는 경우에 허용되지 아니한다.

4) 취소소송의 심리

(1) 의의와 종류

취소소송의 심리(審理)는 판결을 하기 위하여 그 기초가 되는 소송자료를 수집하는 절차를 말한다.

심리는 요건심리와 본안심리로 나눈다.

① 요건심리

요건심리(要件審理)란 법원에 소가 제기된 때에 일정한 소송요건을 구비하였는가를 심리하는 것을 말한다. 제소기간 · 전심절차 · 관할권 · 피고의 지정 등 형식적 요건을 대상으로 하며, 법원의 직권조사사항이다. 요건심리의 결과 소송제기요건을 구비하지 못한 경우 부적합한 소로 인정되어 각하된다. 소송제기요건은 소의 제기 당시에 반드시 충족될 필요는 없으며, 사실심의 구두변론 종결시까지 이를 구비하면 적법한 소로 인정된다.

② 본안심리

본안심리(本案審理)란 요건심리의 결과 소송제기요건을 구비하고 있을 때 그 다음 단계로서, 소의 실체적인 내용을 심리하여 원고의 청구를 인정할 것인가 또는 기각할 것인가를 심사하는 것을 말한다. 그 결과 인용 또는 기각판결을 하게 된다.

(2) 심리의 범위

심리에는 불고불리의 원칙이 적용되어 소의 제기가 없으면 재판할 수 없고, 당사자의 청구범위를 넘어서 심리 · 판단할 수 없다. 그러나 「행정소송법」에서는 예외로서 직권탐지주의를 적용하여 법원이 필요하다고 인정할 때에는 당사자가 주장하지 아니한 사실에 대하여도 판단할 수 있다.

법원은 법률문제 · 사실문제 · 재량문제를 심리할 수 있다.

(3) 심리절차

행정소송에서 공개심리주의 · 구술심리주의 · 변론주의의 원칙이 적용된다. 그러나 「행정소송법」은 판결의 공정성과 타당성을 보장하기 위하여 변론주의의 예외로서 직권증거조사와 법원의 행정심판기록제출명령을 인정하고 있다.

(4) 입증책임

취소소송에서는 실체법상 요건규정의 형식에 따라 입증책임을 원고와 피고에게 분배하여야 한다(입증책임분배설, 통설, 판례). 따라서 법률이 정하고 있는 요건규정이 행정청의 권한행사 규정(……한 경우 …… 처분을 할 수 있다)인 경우 권한행사를 주장하는 자가 요건사실에 대해 입증책임을 진다(적극적 처분에 대해서는 행정청, 소극적 처분에 대해서는 원고). 이에 반하여 행정청의 권한불행사 규정(……한 때에는 ……처분을 해서는 아니된다)인 경우 권한불행사를 주장하는 자가 요건사실에 대한 입증책임을 진다(적극적 처분에 대해서는 원고, 소극적 처분에 대해서는 행정청).

5) 취소소송의 판결

(1) 의의

판결은 법원이 소송의 목적인 구체적 쟁송을 해결하기 위하여 원칙적으로 변론을 거쳐 무엇이 법인가를 판단하여 선언하는 행위이다.

(2) 위법판단의 기준시

취소소송의 소송물은 처분의 위법성이다. 처분의 위법 여부의 판단은 처분시의 법령 또는 사실상태를 기준으로 한다(처분시설, 통설, 판례).[8)]

(3) 판결의 종류

① 기각판결

기각판결(棄却判決)은 원고의 청구가 이유 없다고 하여 이를 배척하고 원처분을 지지하는 판결이다. 소의 이익이 없는 경우(처분이 위법하지 않거나 단순히 부당한 경우, 또는 법률상 이익이 없는 경우 등) 또는 소송을 제기한 후에 소송 목적물 또는 소의 이익이 소멸한 경우(소송의 대상인 처분이 직권취소된 경우 등)에 내린다.

② 인용판결

인용판결(認容判決)은 원고의 청구가 이유 있다고 하여 그 전부 또는 일부를 받아들이는 판결로서, 위법한 처분 등의 취소 또는 변경을 내용으로 하는 판결이다.

---

8) 이 설에 의하면, 취소소송은 행정처분의 사후심사의 성격을 가지고 있으며, 판결시에 처분 이후의 법령의 개폐 또는 사정변경을 고려하여 취소 여부를 결정하면 법원이 행정감독적 기능을 하게 되므로 부당한 결과를 낳게 된다고 한다.

③ 사정판결

사정판결(事情判決)은 원고의 청구가 이유 있다고 인정하는 경우에도 처분등을 취소하는 것이 현저히 공공복리에 적합하지 아니하다고 인정하여 법원이 원고의 청구를 기각하는 판결을 말한다. 이 경우 법원은 사정판결에 앞서서 그로 인하여 원고가 입게 될 손해의 정도와 배상방법 그 밖의 사정을 조사하여야 한다.

(4) 판결의 효력

법원이 취소소송의 절차를 종결하면 판결을 내린다. 취소소송의 판결의 효력에는 판결의 일반적 효력인 기판력(旣判力; 법원과 양당사자에 대한 효력), 취소소송의 고유한 효력인 형성력(形成力; 당사자와 제3자에 대한 효력)과 기속력(羈束力; 행정기관에 대한 효력)이 있다.

① 기판력

기판력이란 판결이 확정되면 그 판단내용이 당사자 및 법원을 구속하여 후소(後訴)에서 당사자 및 법원은 확정된 판결 내용과 동일한 사항에 대하여 반복적으로 제소할 수 없을 뿐 아니라, 확정판결의 내용과 모순되는 주장·판단을 할 수 없는 효력을 말한다(一事不再理의 原則). 이것은 확정판결의 내용적 효력으로서 실질적 확정력이라고도 한다.

만약 확정판결 후에 그 확정판결에 반하는 처분을 할 경우 그 처분은 당연무효이다.[9]

② 형성력

판결의 형성력(形成力)이란 판결의 취지에 따라 기존의 법률관계 또는 법률상태에 변동을 가져오는 힘을 말한다. 즉 처분을 취소하는 판결이 확정되면 행정청이 별도의 행위를 할 필요 없이 소급하여 그 효력이 상실되어 처음부터 처분이 없었던 상태가 된다.[10]

---

9) 대판 1989.9.12, 89누985.

10) 예를 들면 파면처분을 받은 공무원이 법원으로부터 그 취소판결을 받은 경우 임용권자의 임용 또는 복직을 명하는 처분이 없어도 소급하여 공무원의 신분이 회복된다.

판결의 형성력은 당사자 사이에만 발생하는 것이 아니고, 제3자에게도 발생한다.[11)]

③ 기속력

판결의 기속력(羈束力) 또는 구속력(拘束力)이란 처분등을 취소하는 확정판결이 소송당사자인 행정청과 관계 행정청이 판결의 취지에 따라 행동하여야 할 실체법적 의무를 발생시키는 효력을 말한다. 기속력은 반복금지효와 원상회복의무 및 재처분의무를 그 내용으로 한다.

2. 무효등확인소송

1) 의의

무효등확인소송은 처분 · 재결의 효력 유무 또는 존재 여부를 확인하는 소송이다. 따라서 무효확인소송 · 유효확인소송 · 실효확인소송 · 존재확인소송 · 부존재확인소송 등이 포함된다.

2) 적용법규

취소소송에 관한 행정소송법상 규정이 거의 대부분 준용되고 있다. 그러나 행정심판전치주의(「행정소송법」 제18조), 제소기간(제20조), 재량처분의 취소(제27조), 사정판결(제28조)에 관한 규정이 준용되지 아니한다.

3. 부작위위법확인소송

1) 의의

부작위위법확인소송은 행정청의 부작위가 위법하다는 것을 확인하는 소송이다. 행정청이 상대방의 신청에 대하여 일정한 처분을 하여야 할 의무가 있는 데도 불구하고 이를 방치하고 있는 경우에 이러한 부작위가 위법하다고 확인하는 것이다. 그러나 의무이행소송과 달리 적극적으로 행정청에 일정한 처분 의무를 명하는 것은

---

11) 예를 들면 체납처분절차의 공매처분의 효력에 위법이 있어 체납자가 공매처분의 취소를 청구하여 법원이 그 취소판결을 한 경우 공매처분은 그 처분이 행하여진 때에 소급하여 소멸하게 되며, 제3자인 경락인도 그 재산을 취득할 수 없다.

아니다. 이 소송은 「행정소송법」이 부작위에 대한 적극적 의무이행소송을 도입하지 않은 대신에 채택된 것이다.

2) 적용법규

취소소송에 관한 행정소송법상의 규정이 거의 대부분 준용되고 있으나,[12] 제소기간의 제한,[13] 처분의 변경으로 인한 소의 변경, 집행정지,[14] 사정판결,[15] 피고의 소송비용 부담에 관한 규정이 준용되지 않는다.

Ⅳ 당사자소송

1. 의의

당사자소송이란 행정청의 처분등을 원인으로 하는 법률관계에 관한 소송, 그 밖의 공법상의 법률관계에 관한 소송으로서, 그 법률관계의 한쪽 당사자를 피고로 하는 소송을 말한다. 즉 대립하는 당사자 사이에서 공법상 법률관계의 형성 · 존부에 관한 소송을 말한다.

2. 적용법규

당사자소송은 민사소송과 유사한 소송이므로 원칙적으로 민사소송의 예에 의한다. 그러나 당사자소송의 소송물이 공법상의 법률관계이고, 소송의 결과가 공익에

12) 개별법에서 행정심판전치주의를 채택하고 있는 경우 부작위위법확인소송을 제기하기 위해서는 먼저 의무이행심판을 거쳐야 한다. 양자는 모두 행정청의 부작위에 대한 쟁송수단이며, 행정심판에는 부작위위법확인심판이 없으므로 의무이행심판을 전심절차로 규정하고 있다.

13) 부작위 상태가 계속되는 한 상대방은 언제든지 부작위위법확인소송을 제기할 수 있으므로 제소기간에 관한 규정은 부작위위법확인소송에 적용될 수 없다.

14) 「행정소송법」은 취소소송의 가구제제도로서 집행정지제도를 인정하고 있다. 집행정지는 침익적 처분에 대하여 소극적으로 그 효력이나 그 집행 또는 절차의 속행을 정지하는데 그치고 적극적으로 임시의 지위를 정하는 것을 내용으로 하는 것은 아니다. 따라서 부작위위법확인소송에는 그 성질상 집행정지제도를 적용할 수 없다. 부작위를 다투는 중에는 가구제제도가 없으므로 집행정지제도의 적용에 실효성이 없다.

15) 부작위에는 처분의 효력이 처음부터 없으므로 사정판결을 부작위위법확인소송에 인정할 이유가 없다.

영향을 주므로 민사소송의 경우를 그대로 따를 수 없다. 그리고 형식적 당사자소송은 실질적으로 취소소송의 성질을 가지므로 일정한 한도 내에서 취소소송에 준하여 취급하여야 한다.

「행정소송법」은 이러한 점을 고려하여 취소소송에 관한 일부 규정을 당사자소송에서 준용하도록 하고 있다. 항고소송의 관련청구의 이송·병합, 피고경정, 공동소송, 소의 변경, 소송참가, 행정심판기록제출명령, 직권심리주의, 판결의 기속력, 소송비용부담에 관한 규정은 당사자소송에 준용된다. 그러나 취소소송에 특유한 규정인 원고적격, 피고적격, 행정심판전치주의, 소송대상, 집행정지, 사정판결, 제3자의 재심청구에 관한 규정은 당사자소송에 준용되지 아니한다.

3. 종류

1) 실질적 당사자소송

실질적 당사자소송은 대립되는 당사자 사이의 공법상의 법률관계에 관한 다툼으로서, 그 일방 당사자를 피고로 하는 소송을 말한다. 당사자소송의 대부분이 이에 해당한다.

(1) 처분 등을 원인으로 하는 법률관계에 관한 소송

처분등의 무효·취소를 전제로 하는 공법상의 부당이득반환청구소송(조세과오납금반환청구소송), 공무원의 직무상 불법행위로 인한 국가배상청구소송(위법한 작위·부작위로 인한 국가배상청구소송) 등을 들 수 있다. 이 경우 처분의 적법 여부는 선결문제에 그친다. 실무상으로는 민사소송으로 취급된다.

(2) 공법상 법률관계에 관한 소송

① 공법상의 신분·지위 등의 확인소송

지방의회의원·공무원·국공립학교 학생 등의 신분이나 지위의 확인을 구하는 소송이다.

② 공법상의 금전지급청구소송

공무원 급여, 공법상 손실보상금의 청구 등에 관한 소송이다. 법령의 규정에 의하여 손실보상금청구권이 발생하는 경우에도 바로 손실보상금지급청구소송을 제기할 수 있다. 판례는 이를 사법상의 권리로 보고 민사소송으로 다루고 있다.

③ 공법상 계약에 관한 소송

행정주체와 사인간의 공법상 계약(행정사무 위임계약 등) 및 사인상호간의 공법상 계약 등과 관련하여 제기되는 분쟁에 관한 소송이다. 판례는 민사사송으로 취급하고 있다.[16)]

④ 공법상 결과제거청구에 관한 소송

판례는 민사소송으로 취급하고 있다.

⑤ 각종 사회보장급부청구

「산업재해보상보험법」·「공무원연금법」·「군인연금법」·「국민건강보험법」·「고용보험법」 등 각종 사회보장 관련 법률에서 정한 급여의 수급권은 당사자의 신청과 그에 대한 행정청의 인용결정이 있어야 비로소 구체적으로 발생한다. 그러므로 이 경우 곧바로 국가를 상대로 당사자소송을 제기하여 권리의 확인이나 급여의 지급을 청구할 수 없고, 급부청구를 신청하고 행정청의 결정을 기다려 기각결정이 나면 이에 대한 항고소송을 제기하여야 한다. 다만, 행정청이 인용결정이 났음에도 불구하고 급부를 하지 않으면 당사자소송으로 급부청구의 소를 제기할 수 있다.[17)]

그러나 근거법령에 의할 때 공법상 급부청구권이 행정청의 1차적 결정 없이 곧바로 발생하는 경우 행정청의 인용결정이 없어도 당사자소송을 제기하여 그 이행을 구할 수 있다.[18)]

---

16) 예외적으로 지방자치단체와 계약에 의하여 임용된 전문직 공무원 또는 서울시립무용단원의 해지통고 또는 해촉에 관한 다툼을 당사자소송으로 인정하고 있다.

17) 대판 1995.9.15, 93누18532.

18) 대판 1999.7.23, 97누1057; 대판 1997.5.30, 95누28960.

2) 형식적 당사자소송

형식적 당사자소송은 실질적으로는 행정청의 처분 등을 다투는 것이지만, 형식적으로 처분 등의 효력을 다투지 않고 처분청을 피고로 하지도 않으며, 행정청의 처분 등에 의하여 형성된 법률관계를 다투기 위하여 처분등에 의하여 형성된 법률관계의 그 일방 당사자를 피고로 하여 제기하는 소송이다.

이는 처분 등에 불복하는 항고소송으로서의 실질을 갖추고 있으나, 법령의 규정에 의하여 권리주체 간의 당사자소송의 형식에 의하는 것이다.[19]

4. 당사자

1) 원고

공법상 법률관계에 있어서 법률상 이익이 있는 자는 당사자소송에서 원고적격을 가진다. 당사자소송의 원고적격에 관하여 「행정소송법」에서는 특칙을 규정하지 않고 있다. 당사자소송은 민사소송과 유사하므로 원고적격에 관해서는 민사소송에 관한 규정을 준용한다.

2) 피고

당사자소송은 국가 · 공공단체 그 밖의 권리주체를 피고로 한다. 행정청을 피고로 하는 항고소송과 다른 점이다.

국가를 피고로 하는 경우 「국가를 당사자로 하는 소송에 관한 법률」에 따라 법무부장관이 국가를 대표하고, 지방자치단체가 피고가 되는 때에는 당해 지방자치단체의 장이 대표한다.

5. 재판관할

취소소송의 재판관할에 관한 규정은 당사자소송의 경우에 준용한다. 따라서 피고

---

19) 「공익사업을 위한 토지 등의 취득 및 보상에 관한 법률」 제85조의 규정에 의거하여 (손실)보상금액의 문제에 관하여 (재결)취소소송을 제기하지 않고, 이해관계인이 곧바로 상대편인 당사자를 피고로 하여 보상금액의 증액 또는 감액지급청구를 하는 보상금증감청구소송도 형식적 당사자소송이다.

의 소재지를 관할하는 행정법원이 일반관할법원이 된다. 다만, 국가 또는 공공단체가 피고인 경우에는 그 소송과 구체적인 관계가 있는 관계 행정청의 소재지를 피고의 소재지로 본다. 따라서 이 경우에는 그 행정청의 소재지를 관할하는 행정법원을 일반관할법원으로 하고 있다.

6. 소의 제기

「행정소송법」은 당사자소송의 제소기간에 대해 취소소송의 제소기간에 관한 규정을 적용하지 아니한다.

당사자소송은 시심적 소송이므로 행정심판전치주의가 적용되지 아니한다. 그러나 손실보상청구소송과 관련하여 개별법에서 이의신청 또는 재심절차 등 전치주의를 규정하고 있다.

7. 심리 및 판결

1) 심리

항고소송과 마찬가지로 소의 변경, 행정심판기록의 제출명령, 직권심리주의 및 직권탐지주의 등이 인정된다.

입증책임도 민사소송법상 일반원직에 의하여 분배된다.

2) 판결의 기판력과 구속력

당사자소송의 확정판결에는 기판력이 발생하므로 후소법원에서 확정판결의 내용에 저촉되는 법원의 판단 또는 당사자의 주장은 금지된다. 그리고 동일한 소송물에 대하여 반복적으로 제소하는 것이 금지된다.

확정판결의 기판력은 판결의 주문에 포함된 것에 한하며, 사실심의 변론종결시를 기준으로 하여 발생한다. 또한 확정판결은 당사자 및 당사자와 동일시할 수 있는 자에게만 미친다.

그러나 취소판결에서 인정되는 제3자효, 재처분의무, 간접강제 등은 성질상 당사자소송에 준용되지 아니한다.

취소판결의 구속력 조항은 당사자소송에 준용되므로, 당사자소송의 확정판결은 당사자뿐만 아니라 행정청을 기속한다.

3) 가집행선고

국가를 상대로 하는 당사자소송의 경우에는 가집행선고(假執行宣告)를 할 수 없다(「행정소송법」 제43조).

Ⅴ 민중소송

민중소송(民衆訴訟)은 국가 또는 공공단체의 기관이 법률에 위배되는 행위를 한 경우 사인이 직접 자기의 법률상 이익과 관계없이 그 시정을 구하기 위하여 제기하는 소송을 말한다. 이 민중소송은 구체적인 권리 · 이익의 침해와 무관하게 행정법규의 적법한 적용을 확보하기 위하여 제기하는 소송이므로 객관적 소송에 해당한다. 따라서 실정법에 명시된 경우에만 인정된다.

현행법에서는 「공직선거법」 제222조의 선거소송(대통령선거 및 국회의원선거에 있어서 선거의 효력에 관하여 이의가 있는 선거인이 당해 선거구선거관리위원회위원장을 피고로 하여 대법원에 제소), 「국민투표법」 제92조의 국민투표무효의 소송(국민투표의 효력에 관하여 이의가 있는 투표인이 중앙선거관리위원회위원장을 피고로 하여 대법원에 제소), 「주민투표법」 제25조의 주민투표무효소송 등이 있다.

Ⅵ 기관소송

기관소송(機關訴訟)은 국가나 공공단체의 기관 사이에서 권한의 존부 또는 그 행사에 관한 다툼이 있을 때에 제기하는 소송을 말한다. 행정기관 사이에 권한의 존부 또는 행사에 관한 분쟁이 있는 경우 권한행사의 통일성을 확보하기 위하여 쌍방의 공통상급관청이 있으면 그 상급감독관청이 결정을 하고, 쌍방의 공통상급관청이 없는 경우 상급 감독관청간의 협의하여 결정한다. 그러나 이러한 협의를 위한 적절한 해결기관이 없거나 협의가 이루어지지 않으면 최종적으로 행정소송을 통하여 해결한다.

이 기관소송은 행정기관의 권리보호를 위한 것이 아니라 행정활동의 법적합성을 담보하기 위한 것이므로 객관적 소송에 해당한다. 그래서 실정법의 명문 규정이 있는 경우에만 인정된다.

현행법에서는 지방의회의 재의결사항에 대한 지방자치단체의 장의 제소로 진행되는 경우가 있다(「지방자치법」 제107조 제3항 및 제172조 제3항, 「지방교육자치에 관한 법률」 제28조).

「헌법재판소법」 제2조에 의하면, 국가기관 상호간, 국가기관과 지방자치단체간, 지방자치단체 상호간의 권한쟁송에 관한 심판은 헌법재판소 권한이므로 이것은 기관소송의 대상이 될 수 없다.

저자약력

김영환(金寧煥)

영남대학교 대학원 법학과 졸업(법학박사)

현) 경주대학교 교수

각종 고시 및 공무원시험 출제위원

【논문】

- 21세기 지식기반사회와 변리사의 역할
- 헌법상 지방교육자치제도의 기본원리
- 현행 교육감 선출제도의 문제점과 보완방안
- 변리사법 제2조 · 제8조의 헌법적 분석
- 제대군인 가산점제도에 관한 연구
- 유럽에서의 문화적 다양성의 수용
- 문화적 다양성의 합헌성
- 미국 대학입학 지원자의 권리분석과 시사점
- 헌법에서의 다양성
- 대학입학사정에 관한 법적 고찰
- 미국 적극적 평등실현조치의 퇴조경향과 대안
- 유럽의 문화적 이민정책의 합법성
- 최근 미국 연방대법원의 판례에 나타난 적극적 평등실현조치의 합헌성 기준
- 정보화 사회에서 개인정보보호에 관한 연구
- 토지재산권 제한의 한계와 그 구제
- 장애인의 고용권 보장
- 미국에 있어서 장애인의 시민권 보장에 관한 연구
- 적극적 평등실현조치(Affirmative Action)에 관한 연구
- 환경영향평가제도에 관한 연구

【저서】

- 생활법률
- 법학개론
- 행정법총론
- 최신 관광법규론
- 법과 생활

경찰행정법

2012년 9월 5일 초판 1쇄 인쇄
2012년 9월 10일 초판 1쇄 발행

저 자 김 영 환
발행인 寅製 진 욱 상

발행처 백산출판사
서울시 성북구 정릉3동 653-40
등록 : 1974. 1. 9. 제 1-72호
전화 : 914-1621, 917-6240
FAX : 912-4438
http://www.ibaeksan.kr
editbsp@naver.com

저자와의 합의하에 인지첩부 생략

값 23,000원
ISBN 978-89-6183-624-1